KB212839

법화경 설법지 영축산
法華經 說法地 靈鷲山
Gridhrakuta Mountain

삼 귀 의

거룩하신 부처님께 귀의합니다

거룩하신 가르침에 귀의합니다

거룩하신 스님들께 귀의합니다

법화사상사

法 華 思 想 史

이 광 준 지음

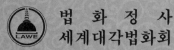

법 화 정 사
세계대각법화회

법화사상사
法 華 思 想 史

이광준 지음

諸法從本來 常自寂滅相
佛子行道已 來世得作佛

책을 펴내며

일본 교토의 류코쿠대학(龍谷大學)에서 연구생활을 하고 있는 필자는 카운슬링을 비롯한 불교심리학이 주요 연구 분야였지만 일본에 있으면서는 자연히 한국학이나 불교학 전반에 걸쳐 한국에서 필요하다고 생각되는 분야의 연구 자료들을 폭넓게 손보고 있었다. 그러던 중 대학 동창이기도 한 법화정사의 도림(道林) 스님에게 법화사상을 정리한 책을 펴내면 어떻겠냐는 말과 함께 『법화경의 노래』, 『법화경예찬』, 『법화행자 기도문』 등 몇 권의 책을 받았다.

그 후 법화사상에 관한 연구 자료를 부지런히 수집하면서 틈나는 대로 조금씩 살펴보곤 했다. 『법화경』의 그 유명한 화택삼차(火宅三車)의 비유, 장자궁자(長子窮子)의 비유, 삼초이목(三草二木)의 비유 등은 사상적으로는 물론 문학적·심리학적으로도 명문장인 것은 널리 알려진 사실이다.

그러던 차 지난해 4월, 오랜만에 법화정사에를 들렀더니 도림 스님은 반가워하면서 법화사상의 연구를 적극 권했다. 그것은 적수공권으로 불사리탑을 창건하고, 불교 흥륭을 한다고 무슨 죄를 뒤집어쓰고 귀양을 가서 순교하신 보우선사와 지안선사의 사리탑을 조성하며, 세계 불교의 수도원을 조성하여 사경탑과 부처님 동산을 꾸미고, 그리고 유사 이래 금시초문의 금자 법화경 전문으로 장식된 석경법화정사의 신축과 훈민정음법화경법당을 이루고 있는 도반 도림 스님이 평생을 연구생활만 하고 있는 필자에게 포교도 연구도 함께하자는 뜻이었다.

필자는 바로 그동안 조금씩 정리해두었던 자료들을 부지런히 정리하는 한편, 사상사로서의 체계를 세우기 위한 작업을 시작했다. 자료를 찾고 원고를 작성하고 다시 이를 보충하고 수정하는 동시에 서울과 일본에서 컴퓨터에 원고를 입력시키면서 교학 중심으로 법화사상의 대체적인 흐름을 사적(史的)으로 정리해나갔다. 그러면서 일 년이 지났다.

이때까지만 해도 필자는 잘 몰랐다. 그저 해두지 않으면 안 될 연구만 할 수 있으면 시간가는 줄 몰랐다. 10여 년 전 일본의 국제일본문화연구센터에서 연구생활을 할 때는 생사 문제 특히 불교에 있어서의 생사학(生死學)의 초과학적 이론과 현대 생명과학의 융합적 연구로 인간의 탄생 과정을 해명하고자 노력했다. 그러나 이후 다른 것은 몰라도 법화사상 연구에 손대게 된 것이 참 다행이라는 생각이 들었다. 그리고 집필을 마치고 나서『법화경』이야말로 부처님께서 일대 시교를 하신 후 회통을 보여주신 경전이 아닌가 하는 생각이 들었다.

많은 경전 가운데 대중불교의 대승경전인『법화경』은 다종다양한 근기의 중생에게 평등하게 두루두루 구원의 손길을 뻗치고 있는 경전이다. 또한『법화경』을 삼주설법(三周說法)의 경전이라고도 한다.『화엄경』은 보리심(菩提心)을 기본으로 하여 출발하고『법화경』은 청문(聽聞)과 수지(受持)를 기본으로 하여 나아간다. 그리하여『법화경』은 어느 시대에나 중시되었다. 인도 대승불교의 초안자 용수는『법화경』을 중시하여 논했고 유가유식의 거장 세친은『법화경론』을 남겼다. 또한 중국의 고승대덕 중『법화경』에 손대지 않은 이가 없다. 특히 지의의『법화경』에 대한 애정은 특별하여 법화사상을 주축으로 하여 법화삼대부를 짓고『대지도론』과『중론』을 비롯한 몇 가지 사상을 곁들여 천태종을 세웠다. 우리나라에서도 통일신라시대에 정토불교가 성하였으나 가장 많은 연구가 이루어진 경전은『법화경』이고, 고려시대에 선불교가 세력을 떨쳤으나 가장 많은 사랑을 받은 경전은『법화경』이다. 조선시대에도 숭유배불의 풍조 속에서 왕궁으로부터 두메산골의 토암에 이르기까지『법화경』을 사경하고 독송하였으며, 사찰에서는 선수 교과목으로『법화경'계환해'』를 연구했다.

부처님은 아버지	우리들은 자식이고
정법에 시련 따르니	중생심의 영향이며
만선이 성불의 길	보살심의 발현이요
이승도 삼승도 아닌	오직 하나 일승이라

『법화경』의 회삼귀일(會三歸一) 사상은 신라와 고려의 삼국 통일 과정에서 사상적 밑받침이 되었다고 전해진다. 21세기 초반 분단 한국에서 『법화경』의 사상적인 흐름을 소개하는 인연과 『법화경』 사경 운동으로 이승(二乘)도 삼승(三乘)도 아닌 오직 하나 일승(一乘)이라는 『법화경』의 중심 사상이 한반도의 공기를 새롭게 변화시켜가는 밑거름이 되기를 빌어 마지않는다.

새로이 건축하는 법화정사의 낙성식 이전에 이 책을 출간하고자 노력하다보니, 언제나 그렇듯 아쉬움이 남는다. 그러나 그러한 아쉬움을 또 다른 연구로 채우라는 부처님의 밀명으로 받아들이고 싶다. 필자가 자유롭게 연구생활을 할 수 있도록 배려해준 류코쿠대학 당국과 법화정사 도림 스님의 지원으로 이 책이 완성될 수 있었다. 이 자리를 빌려 감사의 말씀을 전한다. 더불어 도서출판 ㈜레미옛나의 법련화 보살님과 직원 여러분에게 감사의 말씀을 드리지 않을 수 없다.

감사합니다. 성불하십시오!

2014년 부처님 오신 따스한 봄날
이광준 합장

제1부
인도의 법화사상

영축산

제1장
인도의 『법화경』

1. 『법화경』이란 무엇인가

1) 경전의 이름에 대하여

『법화경(法華經)』의 원래 이름은 범어로 saddharma-puṇḍarīka-sūtra(삿다르마 푼다리카 수트라)이다. 직역하면 '무엇보다도 바른 백련(白蓮)과 같은 가르침'이다. 이것을 인도의 세친(世親)은 다음과 같이 주석한다.

연꽃이 진흙 속에서 싹터 나왔음에도 불구하고 청정하고 티 없이 깨끗한 꽃을 피우는 것과 같이 최승(最勝)의 법 즉 불승(佛乘)은 소승(小乘)의 진흙 속에서 나왔으되 그 진흙으로 인해 흐려진 물을 벗어난다. 그와 같이 성문(聲聞)도 『법화경』을 지님으로써 그들이 처한 진흙에서 벗어나 성불할 수 있다. 또 연꽃이 꽃과 열매를 동시에 갖추고 있는 것과 같이 믿음이 어려운 사람에게 『법화경』은 부처의 실체 즉 법신(法身)을 열어 보여 신심을 일으키게 한다.

그리고 이것을 중국어로 번역할 때 서진(西晉)의 축법호(竺法護)는 본래의 뜻에 따라 『정법화경(正法華經)』이라고 했고, 요진(姚秦)의 구마라집(鳩摩羅什)은 바른(正)을 '묘(妙)'라고 해석하여 『묘법연화경(妙法蓮華經)』이라고 했다.

이 경명(經名)의 의미에 대해 여러 가지 설이 있다. 수(隋)의 지의(智顗)는『법화경』이 선 입장 즉 일승(一乘)의 가르침은 가장 뛰어난 교법이며 말로써 이를 직접 표현할 수 없으므로 세간에 있는 여러 가지 모양 중에서 가장 아름다운 미(美)의 극치라고 할 연꽃, 그중에서도 가장 빼어난 흰 연꽃에 비유함으로써 그 지상(至上)의 우위성을 표방했다고 한다.

또한 법운(法雲)은『법화경』은 역겁(歷劫)의 수행으로 모든 사람이 성불한다는 것(因)과 구원(久遠)의 부처(果)를 설하고 있는데, 이는 연꽃의 꽃(因)과 열매(果)가 동시에 존재하는 것과 같아서 인과(因果)를 함께 갖추고 있어『법화경』이 지닌 가르침의 우수함을 나타내므로 묘법(妙法)이라고 이름 한다고 주석했다.[1]

2)『묘법연화경』이란

(1) '묘법'이란

『법화경』을 구마라집은『묘법연화경』이라 번역했고 축법호는『정법화경』이라 번역했다. 구마라집의 문하에서 번역에 참가했던 도생(道生)은 중국에 현존하는 최초의『법화경』주석서인『묘법연화경소(妙法蓮華經疏)』에서 "묘법은 형태도 없고 소리도 없으며 모든 사고영역을 초월한 것"이라고 풀이했다. 또한 법운은『법화경의기(法華經義記)』에서 "묘(妙)란 상대적인 것을 초월한 경우를 가리키는 것"이라고 기술했다.

지의는 이들의 해석을 받아들여『법화현의(法華玄義)』에서 "묘(妙)는 '절(絕)'이며 절은 이 묘의 다른 이름이다"라고 말했다. 즉 묘법은 '최고', '절대'의 진리라는 의미이다. 다만 지의는 절대의 개념에 상대적인 절대(相待妙)와 절대적인 절대(絕待妙) 두 가지가 있음에 주목했다. 가령 상대적인 존재로서 인간이 규정되면 그것에 대

1『법화경 외』(한글대장경 41), 동국대학교역경원, 1985, 1-2쪽 참조.

해 유일 절대의 신(神)이 수립되지만, 그렇게 세워진 신은 인간과 상대하고 대립하는 존재로서 참된 절대적인 존재라고는 할 수 없다. 참으로 절대적인 신은 인간과 신의 이원적 대립을 초월해 존재한다. 따라서 범부와 부처의 상대와 대립을 초월한 즉 중생도 아니고 부처도 아니며 부처와 중생이 둘이 아닌 일체인 경우에 참으로 절대적인 부처가 존재한다는 것이다.

지의는 묘법이 묘(妙)인 까닭은 참된 절대 즉 절대적인 절대(絶待妙)에 있다고 주장한다. 그래서 묘를 고양하는 수단인 추(麤)에 대해 묘를 세우지만(相待妙), 본래는 추와 묘라고 하는 이원적이고 분별적인 사고와 판단을 초월한 불가사의에 묘의 진실한 의미가 있다고 설한다. 이러한 천태의 절대관은 불교의 근본적 진리관인 공(空)에 근원을 두고 있는데, '공'이라는 관념에서 발전해 이러한 절대관이 나온 것이 아닌가 생각된다. 더구나 불교 교리의 유형이나 깨달음으로 인도하는 방식에 성문승, 연각승(소승), 보살승(대승)의 삼승(三乘)[2]을 세웠는데, 거기에서 『법화경』의 가르침은 일승(一乘)이 된다. 앞의 논리를 삼승일승에 적용하면 상대적 절대의 입장에서는 폐삼현일(廢三顯一)이 되지만, 절대적 절대의 입장에서는 개삼현일(開三顯一) 또는 회삼귀일(會三歸一)이 된다. 삼승을 통합하고 통일한 곳에 참된 일승의 묘법이 있다는 것이다.

---

2 깨달음에 이르는 세 가지 방법을 탈것에 비유하여 '삼승(三乘)'이라고 한다. 그중에서 성문승은 불타의 가르침을 들어서 깨달음에 이르는 방법으로서 성문은 직접 불제자를 가리킨다. 연각이란 인생과 자연이 인연에 따라 생멸하는 모습을 관찰하여 깨달은 자로 독각(獨覺)이라고도 한다. 이를 '연각승'이라 부른다. 보살이란 현실적인 진리의 실천에 힘쓰는 자로서 그와 같은 실천을 통해 깨달음에 이르기 때문에 이 방법을 '보살승'이라고 한다. 성문승과 연각승을 합쳐 2승이라 부르는데 이는 소승불교 본연의 자세를 가리키는 것으로 사용된다. 이에 대해 보살승은 대승불교 본연의 자세를 가리키는 것으로 사용된다. 전자는 자신의 현실 이탈에만 전념하기 때문에 대승불교에서 비판을 받는다. 이에 비해 보살승은 이타행이 풍부한 것이다. 또 삼승을 다시 통일하는 것으로서 불승(佛乘)을 세워 그 결과 일승(一乘)이란 보살승이라든가 불승이라는 논의를 초래한다. 타무라 요시로 외, 『천태법화의 사상』, 李永子 옮김, 민족사, 1989, 52쪽.

(2) ‘연화’란

‘연화(蓮華)’도 여러 가지로 해석된다.『법화경』「종지용출품」에서는 보살의 생애를 연꽃에 비유하여 다음과 같이 말하고 있다.

연꽃이 물에 젖지 않는 것처럼

지금 여기서 그들은

대지를 벌리고 모여든다.

세간법에 물들지 않는 것

연꽃이 물에 있는 것처럼

땅으로부터 용출한다. (구마라집 번역)

이것은 연꽃이 더러운 연못이 아니면 자라지 않듯이 또는 더러운 연못에 물들지 않고 청정한 꽃을 피우듯이, 보살도 더러운 연못과 같은 현실에서 진리의 아름다운 꽃을 피운다는 것을 묘사한 것이다. 즉 보살의 특색을 연꽃으로 상징한 것이다. 연화가 묘법에 덧붙여져『법화경』의 제목이 되었던 것은 묘법이 보살에 의해 현실 생활 속에 구현되어야만 할 진리로서 존재함을 뜻한다. 이것이 연화가 지닌 본래의 의미이다.

세친은 인도 유일의『법화경』주석서인『법화경론(法華經論)』에서 연꽃에 ‘출수(出水)와 화개(華開)’의 두 가지 의미를 부여하고 있다. 즉 진흙물은 소승의 세계를 가리키며 그런 소승교도를 대승의 세계로 구원하는 것이 ‘출수와 화개’이다. 또한 도생의『묘법연화경소』나 법운의『법화경의기』에서 연화는 꽃과 열매를 함께 가지고 있다는 점에서 원인이자 결과를 비유한 것으로 보며, 묘법에 연화가 덧붙여진 것은 그것이 ‘묘인묘과(妙因妙果)’의 법임을 말하는 것이라고 해석한다.

꽃과 열매는 반드시 함께한다. 이 함께한다는 의미를 끌어들여 경전의 인과쌍설(因果

雙說)을 비유하게 된다.…이 법은 묘인묘과 법이다. 이 경은 이미 인과로서 근본을 삼는 다. 그러므로 연꽃을 빌어서 비유로 삼는다.[3]

지의는 이들의 해석을 받아들여 "법화의 법문은 청정하고 인과가 미묘하다. 이 법문을 이름 하여 연화라 한다"[4]고 말하면서 더욱 자세한 해설을 덧붙였다.

인과는 현실 존재를 유지하는 법칙으로 그것을 받아들인 데는 중국의 일반적인 경향인 현실과 구체성의 존중이라는 사유와 어느 정도 관계있다고 생각된다. 『법화경』 자체는 인(因)·과(果)의 두 문(門)으로 나뉘고, 나아가 연화를 밀교에서 주장하는 '심성연화(心性蓮華)'의 의미로 파악하여 한순간 한마음에 영원·절대의 진리가 보인다고 설하면서 그것이 바로 '묘법연화'의 의미라고 해석하기에 이른다. 또한 묘법연화 그대로가 일체 중생이며 일체 중생 그대로가 묘법연화라고 하는 '당체연화(當體蓮華)'를 강조했다.

(3) '경'이란

'경(經)'에 대해서는 특별히 상세하게 해석하지 않는다. 타무라 요시로(田村芳郎)는 '경'이란 진리가 가르쳐지고 말이 되고 문자가 된 것이라고 보고 있다. 결국 '경'이란 진리로서의 묘법은 추상적인 이법(理法)이 아니고 실제로 문자가 되고 말이 되어 작용하는 인격적이고 생명적인 약동임을 알려준다. 그래서 원시 경전에서도 흔히 '불법'이라든가 '경(敎)법'이라고 불렀던 것이다. 『법화경』은 크게 보아 우주의 통일적인 진리 즉 일승묘법(一乘妙法)을 밝힌 부분, 영구한 인격적 생명(久遠本佛)을 밝힌 부분, 현실에서의 인간적인 활동(菩薩行道)을 강조하는 부분 등 세 부분으로 구성되어 있다. 요컨대 『묘법연화경』이란 제목은 이 삼위일체를 밝힌다는

---

3 『法華經義記』 卷一.
4 『法華玄義』 卷七下.

의미이다.[5]

3) 『법화경』의 내용과 사상

세친은 『법화경론』에서 『법화경』의 17가지 다른 이름을 들어 경의 내용이 얼마나 훌륭한가를 말하고 있다. 즉 『묘법연화경우바제사(妙法蓮華經優波提舍)』(『법화경론』의 원래 이름) 상권에 기술된 17가지 『법화경』의 이름은 무량의경(無量義經), 최승수다라(最勝修多羅), 대방광경(大方廣經), 교보살법(教菩薩法), 불소호념(佛所護念), 일체제불 비밀법, 일체제불의 장(藏), 일체제불 비밀처, 능생일체제불경, 일체제불의 도량, 일체제불 소전법륜(所轉法輪), 일체제불 견고사리(堅固舍利), 일체제불 대교방편경(大巧方便經), 설일승경(說一乘經), 제일의주(第一義住), 묘법연화경, 최상법문 등이다. 이 같은 경명에서 알 수 있듯이 세친은 경명 하나하나에 담긴 뜻으로 『법화경』의 내용을 찬탄하고 있다.

『법화경』은 「방편품」과 「여래수량품」이라는 두 개의 주요한 골간을 가지고 있다. 이 두 품이 교의적(教義的)으로 가장 중요하다는 것이 정설이다.

「방편품」은 부처님의 제자 중 지혜제일인 사리불(舍利佛)이 등장하는, 지적으로 깊은 문답이 전개되는 품이다. 부처님은 사리불에게 부처의 위대한 지혜를 무량하고 무변하며 미증유의 법이라고 찬탄한다. 이때 설해진 법문이 그 유명한 '십여시(十如是)'이다. 십여시란 부처의 지혜로 본 만물의 실상 즉 제법실상(諸法實相)을 제시한 것이다. 그것은 상(相, 形態), 성(性, 特質), 체(體, 本質), 역(力, 能力), 작(作, 作用), 인(因, 原因), 연(緣, 攀緣), 과(果, 結果), 보(報, 果報), 본말구경(本末究竟)[6] 등 열 가지이다. 이 열 가지는 만물이 갖추고 있는 실상이므로 이 범주로 만물의 실상을 파악할 수 있

---

5 타무라 요시로 외, 『천태법화의 사상』, 50-55쪽 참조.
6 상(相)에서 보(報)에 이르는 관계는 평등하다.

으나 그 구명(究明)은 오직 부처만이 가능하며 성문과 연각의 이승(二乘) 즉 소승(小乘)은 불가능하다고 설한다. 때문에 부처님은 이승(二乘)에 머물러 있는 이들을 일승(一乘)으로 나아가게 해서 만물의 실상을 깨닫도록 해준다. 이 같이 모든 사람에게 부처의 지혜를 얻게 하는 것이 『법화경』의 목적임을 「방편품」에서 설하고 있다. 그리고 '십여시'라는 열 가지 범주를 통해 사물의 진실한 모습을 깨닫는다는 논리는 『법화경』 사상에서 주요한 위치를 점하고 있다.

「여래수량품」은 『법화경』 본문(本門)의 중심인 동시에 『법화경』의 중심 안목이다. 여기에서 부처님은 다음과 같이 설한다.

> 그대들은 내가 이승에서 처음으로 성불했다고 생각하지만 그렇지 않다. 내가 성불한 이래 지금까지 무량백천만억의 아승기겁(阿僧祈劫)이니라. 이로부터 무수억(無數億)의 중생을 교화하여 불도로 이끌어왔으며, 그 사이에 연등불 등으로 출현했고 또 중생을 구하기 위해 방편으로 열반을 나타내었느니라. 그러나 나는 본래 보살도를 행하여 이루고 수명이 아직 다하지 않았으며 상주(常住)하여 법을 설하느니라.

이는 곧 석가모니부처만이 아니고 모든 부처가 구원(久遠)의 본불(本佛)임을 설하는 것이다. 다만 중생을 구제하기 위해 석가모니불로도 연등불로도 이승에 출현하여 열반을 나타내 보인다. 「여래수량품」은 열반을 나타내 보이는 부처님을 『법화경』의 유명한 일곱 가지 비유 중 하나인 양의치자유(良醫治子喩)로 설명하고 있다.

아버지인 양의(良醫) 즉 부처님이 길을 떠나 집에 없을 때 아이들 즉 중생이 잘못해서 독약(無明, 번뇌)을 마시고 괴로워하고 있었다. 집에 돌아온 아버지는 양약(良藥) 즉 『법화경』을 주어 치료했으나 정신(本心)을 잃어 약을 받아먹을 수 없는 아이가 있어 이를 가엾이 여겨 약을 주고서 길을 떠난다. 아버지는 떠나면서 고용인에게 자신이 죽었다고 아이들에게 말하라고 한다. 아버지가 죽었다는 말을 들은 아이들은 본심을 되찾고 약을 복용하여 병이 나았다는 비유이다.

아버지의 방편인 죽음은 방편으로 나타내 보이는 열반이다. 따라서 부처의 수명은 영원하다는 것을 설한다. 또한 「여래수량품」은 그 제목이 가리키듯 여래의 수명을 설하는 장으로 세 여래의 세 가지 수명에 대해 설한다. 즉 화신불은 수명이 유시유종(有始有終)하고, 보신불은 유시무종(有始無終)하며, 법신불은 무시무종(無始無終)이라고 설한다.

『법화경』에서 설하고 있는 내용 가운데 다른 경전과 취지를 달리하는 것은 악인과 여인의 성불설(成佛說)이다. 어떠한 악인일지라도 예컨대 부처님을 해치고 교단을 분열시킨 제바달다 같은 악인일지라도 성불하며 여인이 성불한다고 하는 주장은, 모든 중생을 남김없이 성불시키고자 하는 『법화경』의 원대한 의욕과 원(願)의 발로이다. 이러한 사상으로 「상불경보살품」에서 설하는 인간의 찬탄이 필연적으로 나오는데, 인간에 대한 찬탄은 곧 모든 사람에게 갖추어져 있는 불성(佛性)에 대한 예배이다. 이와 같이 『법화경』은 인간 누구에게나 평등하게 갖추어져 있는 불성을 인정함으로써 인간에 대한 신뢰를 설하는 동시에 인간 각자가 실천하여 성불하도록 구체적인 실현 방법을 설하고 있다.

『법화경』은 악을 본질적으로 인정하지 않는다. 아무리 오탁(汚濁)이 극에 달한다 해도 부처가 출현하여 악을 제거한다고 예언하고 있다. 이 예언이야말로 불성을 가진 인간에 대한 신뢰에서 출발한 것이다. 이런 점에서도 『법화경』은 인간의 진실된 구원(久遠)의 생명을 설한 경전이라고 할 것이다.

2. 붓다의 성도와 『법화경』의 설법

1) 출가와 성도

불교의 교주 석가모니불은 기원전 624년 4월 8일(음력) 해 뜰 무렵 북인도 카필라 왕국의 정반왕과 마야 부인 사이에서 태어났다. 그때까지 왕자가 한 사람도 태어나지 않았던 터이라 그의 탄생은 대단한 기쁨이었다. 그가 태어날 때 은은한 전단향이 돌고 하늘에서 오색 연화(蓮華)가 흩날리며 지상으로 내리 퍼졌다고 한다. 바라문은 태자의 상을 보고 왕위를 계승하면 세상에 흔치 않은 성군으로서 사천하를 영유하고 선정을 베풀고 세상의 빛이 되시며 만일 왕위를 버리고 출가한다면 삼계의 주(主)인 부처님으로서 도(道)를 여실 것이라고 예언했다고 한다. 그의 이름은 싯다르타이다.

싯다르타는 생후 7일 만에 어머니와 사별하고, 그 후 이모인 마하프라자파티에 의해 양육되었고 왕족의 교양에 필요한 학문·기예를 배우며 성장했다. 16세 때 야쇼다라와 결혼하여 왕손 라훌라를 얻었다. 이같이 왕궁에 전해 내려온 천하의 환락에 싸여 안락한 생활을 하고 있었음에도 불구하고 싯다르타는 인생에 대해 깊은 의문을 품고 있었다. 그리하여 그는 부왕의 배려 깊은 왕성의 환락에도 질리게 되고 둔세(遁世)의 생각을 갖게 되었다. 유일한 태자가 출가하면 어떻게 하느냐고 하면서 왕은 물론 여러 사람들이 많은 걱정을 하며 온갖 기쁨과 즐거움으로 그의 마음을 사로잡으려 했다.

어느 날 태자는 왕궁의 동쪽 문을 통해 성 밖의 조용한 원림으로 행차했다. 훌륭한 탈것들이 오가는 도로는 깨끗하게 정리되어 있었고 혐오스런 마음이 생기지 않도록 주변에 주의를 기울였으나 어찌된 일인지 많은 사람들 가운데 늙은 노인이 눈에 띄었다. 그것을 본 태자는 "저것은 도대체 어떤 사람인가"라고 물었다. 이에 신하가 "노인이옵니다"라고 대답했다. 태자가 "저 보기 흉한 모습이 노인인가.

하지만 나는 한 나라의 태자이니 만약 나이를 먹어도 저 노인과 같이 보기 흉한 모습으로는 되지 않겠지"라고 말하자, "아닙니다. 한 나라의 태자라 하더라도, 또는 한 나라의 왕이라 하더라도 사람은 모두 나이와 함께 저러한 모습으로 됩니다. 이는 어떻게 할 수 없는 것이옵니다"라고 했다. 이 말을 들은 태자는 갑자기 원림으로 산보하려는 마음이 사라져 행차를 보류하고 왕궁으로 돌아왔다.

며칠이 지난 어느 날, 이번에는 남쪽 문을 통해 원림으로 향하다가 아파하는 병자를 보게 되었다. "저것은 대체 어떤 사람인가." "예, 병자이옵니다." "저것이 병자인가. 하지만 나는 한 나라의 태자이니까 저렇게 병에 걸리지는 않겠지." "한 나라의 태자라고 하더라도 병마를 이길 수는 없습니다. 한번 병에 걸리면 누구나 모두 저런 모습이 되는 것입니다." 태자는 마음이 안 좋아져서 이날도 행차를 도중에 돌렸다.

또 며칠 후 어느 날 성의 서쪽 문으로 나가 원림으로 향하고 있을 때 마침 장례 행차가 지나가고 있었다. 태자는 "저 행렬은 무엇인가. 모두 대성통곡하고 슬퍼하고 있는 것이 아닌가"라고 물으셨다. "저것은 장례 행렬이옵니다. 살아 있는 모든 것은 한 번의 죽음을 비켜갈 수 없는 것이옵니다." 이에 죽음 등 인생 문제에 대한 걱정이 점차 깊어진 태자는 그날도 곧바로 성내로 돌아갔다. 이후 태자는 점점 출가의 뜻을 굳히게 되었다.

그러다가 왕궁의 북쪽 문 밖으로 행차한 태자는 그곳에서 몸차림은 누추하지만 얼굴에는 온화한 빛을 띤 사문(沙門)을 보게 되었다. 태자는 그의 모습을 이상하게 생각하고 "그대는 무엇 하는 사람인가" 하고 물었다. "저는 사문이옵니다. 인생의 생로병사의 고통이 두려워 출가하고 지금은 재욕도 없고 색욕도 없고 산림의 조용한 곳에 거주지를 마련하여 세상의 명리를 떠나 신명(身命)을 편안하게 하며 도를 구하는 사람이옵니다"라고 대답했다. 그 말을 들은 태자는 매우 기뻐하며 "지금 내가 원하는 것이 바로 그것이다. 세상은 제행무상(諸行無常)하고 상(常)이라고 하는 것은 하나도 없고 시시각각 변해간다. 생(生)에는 사(死)가 있고 번영함에는 약해짐이 있고 만남에는 반드시 헤어짐과 슬픔이 있다. 출가하여 참된 해탈의 길을 찾는 것이 내가 가야 할 길이다"라고 결심하였다.

세월이 흘러 29세가 되던 해 어느 날 밤, 그는 마부이며 시종인 찬나(車匿)를 데리고 애마 칸타카(犍陟)를 타고 성을 떠나 나이란자나 강(尼連禪河)의 서안 고행림에 들어 해탈의 길을 찾기 시작했다.

그곳에서 싯다르타와 함께 길을 구하는 바라문의 고행은 정말 고통스러운 것이었다. 그것은 물 또는 불로 몸을 괴롭히고 또는 먹는 것을 줄이고 또는 음식을 완전히 단절한다거나 해(日)에 몸을 그슬리는 등 여러 가지 고행을 하며 사후에는 하늘에 태어나기를 바라며 이 세상에서 모든 고행을 하는 것이 도리어 미래에 안락의 결과를 부르는 까닭이라고 하는 것이었다. 이러한 것을 보고 들은 싯다르타는 '이것은 결코 참된 도(道)를 얻는 방법이 아니다. 해탈의 길은 무작정 몸을 괴롭힘으로써 얻어지는 것이 아니다. 충분한 음식을 섭취하고 몸의 모든 기능을 완전히 함으로써 비로소 정신의 활동이 될 수 있다'고 느끼게 되었다.

그리하여 결국 더럽고 구속받는 곳을 떠나지 않으면 안 되고 또한 신체를 충분히 보호하고 유지하지 않으면 안 된다고 생각을 하고 싯다르타는 6년간 고행을 계속하던 자리에서 일어나 앞을 흐르는 나이란자나 강에 들어 깨끗한 물로 몸을 씻고 물가의 가지를 늘어뜨린 한 그루의 나무 그늘에서 피로한 몸을 쉬었다. 그때 언덕에서 가축을 방목하던 '수자타'라는 소녀가 말라빠진 몸으로 강변에 누워 있던 젊은 사문인 싯다르타에게 우유죽을 바쳤다. 싯다르타는 그 우유죽을 공양받고 기운을 회복하여 핍팔라(보리수) 아래에 금강좌로 앉아 반드시 생사의 속박에서 해탈해야 한다고 하는 굳건한 서원을 세우고 정진했다.

그러던 중 35세의 12월 8일 대오철저(大悟徹底)의 대각(大覺)을 성취하여 붓다가 되었다. 그 후 45년간 설해야 할 것은 모두 설해 마치고 제도해야 할 사람들은 모두 제도해 마치고 나서 80세에 쿠시나가라 성 밖의 사라수(沙羅樹) 숲속에서 열반에 드셨다.

2)『법화경』의 설시에 대한 논의

부처님 생애에 대한 연차적인 사실에는 많은 설들이 있다. 출가 연령이 19세, 24세 또는 29세, 성도 연령이 30세, 32세 또는 35세 등 여러 가지 설이 있는데, 역사적인 연구에 의해 오늘날에는 29세에 출가하여 35세에 성도했다는 설이 일반적으로 받아들여지고 있다.

『법화경』을 설하신 때에 관해서도 여러 가지 설이 있지만, 29세에 출가하여 35세에 성도했다는 설에 의하면 성도 후 40년간 여러 가지 교법을 설하시고 72세에 처음으로『법화경』을 설하셨다고 한다. 여러 가지 설을 하나하나 역사적으로 증명하고 고증하는 일은 쉽지 않지만, 적어도 석존의『법화경』설시는 정각 후 40여 년 정도 지난 뒤의 일임을『무량의경』또는『법화경』에서 설하고 있다.『법화경』의 서론이라 할 수 있는『무량의경』에는 다음과 같은 구절이 있다.

불안(佛眼)을 가지고 일체의 법을 관하건대 선설(宣說)할 수가 없다. 왜 그런가 하면 모든 중생의 성격(性)과 욕심(慾)이 똑같지 않음이다. 성격과 욕심이 똑같지 않으므로 여러 가지(種種)로 법을 설해야 한다. 여러 가지로 법을 설하는 것은 방편력(方便力)을 가지고 해야 한다. 사십여 년으로는 아직 진실을 알려줄 수가 없다. 그러므로 중생의 득도에도 차별이 있어 속히 무상보리(無上菩提)를 이룰 수가 없는 것이다.

이것은 석존이 "부처의 눈으로 세상을 조용히 관찰해보건대 좀처럼 나의 정각의 실제를 있는 그대로 말할 수가 없다. 왜냐하면 사람들의 마음이 천차만별이기 때문이다. 따라서 설하는 법 또한 천차만별이지 않으면 안 된다. 그 때문에 나는 정각을 열고 40년이 지났지만 진실을 말하지 않았다. 진실을 말한 적이 없기 때문에 들은 자도 참된 정각을 열지 못하였다. 그러면 이제부터 참된 이상을 설할 것이다"라고 말씀하신 것이다. '40년이 지났지만 진실을 말하지 않았다(四十餘年未顯眞

實)'라고 하는 것은 이제 설하려고 하는 『법화경』이야말로 진실의 법문이고 그 이전에 설한 경전은 모두 방편이라고 하신 뜻이다. 이 문장에 의하면 『법화경』의 설시는 석존의 성도 후 40년이 지난 뒤의 일이다.

또한 『법화경』의 「용출품」에는 다음과 같은 이야기가 있다.

> 세존이시여, 여래가 태자이셨을 때 석가의 궁을 나와 가야성에서 멀지 않은 도량에 앉아서 아뇩다라삼먁삼보리(阿耨多羅三藐三菩提)를 이루셨고, 그로부터 40여 년이 지났습니다. 세존이시여, 이 짧은 시간 동안 어떻게 그렇게 큰 불사를 이루셨나이까.

이러한 「용출품」의 내용을 보더라도 『법화경』의 설시는 성도 후 40여 년이 지난 뒤라는 것이 확실하다. 석존은 『법화경』을 약 8년에 걸쳐 설하시고 입멸하신 것이다. 이러한 연유로 『법화경』을 설하신 것은 성도 후 40여 년이 지난 일로 생각되고 있는 것이다.[7]

3) 교상판석상의 오시설

깨달음을 열고 입멸하시기까지 50년간 석존은 8만 4천의 법문을 설하여 중생을 교화하셨다고 한다. 교화를 받는 사람의 지식과 경험의 정도에 따라 8만 4천의 법문을 설법하셨기 때문에 교설 내용의 깊고 얕음이 다르고, 게다가 형식적으로 각각 독립된 경전으로 전해지고 있다. 그런데 석존이 8만 4천의 법문을 단순히 상대방의 근기에 따라 그때그때 설법하신 것인지, 아니면 처음부터 끝까지 관통하는 목적을 정하고 설법하신 것인지의 판명은 석존이 불교를 여신 참 뜻을 아는 데 그리고 불교의 종교적 가치를 정하는 데 매우 중요하다. 이를 위해서 모든 경전을 체

---

7 中川日史, 『體系的法華經槪觀』, 平樂寺書店, 昭和 63, 16-22頁 참조.

계적으로 분류하여 내용을 판단하는 것이 필요하다. 이를 교상판석(敎相判釋) 또는 간략히 교판이라고 한다.

『대승의장(大乘義章)』에 의하면 진(晉)의 유규(劉虬, 437~495)가 이를 처음 시도했다. 그는 부(部)를 나누어서 5부로 하고 교(敎)를 나누어 돈점이교(頓漸二敎)로 한 5시7계(五時七階)의 교판을 세웠다고 한다. 그 후 지의에 이르기까지 많은 사람이 관심을 가졌으나 여러 가지 불충분한 점이 있었는데 이를 지의가 해결했다.

간략히 살펴보면 지의는 종래의 사람들이 법문의 내용이나 설법 시기(說時)만 생각하고 교화를 받은 중생이 어떻게 변화했는지에 주의하지 않는 점에 유념하여 법문의 내용과 설시뿐만 아니라 근기의 변화 즉 언제 어떤 사람을 상대로 어떻게 법문을 설했는지, 그 설법을 들은 중생은 사상이나 행동에 어떤 변화가 있었는지를 면밀하게 조사했다. 그 결과 5시8교(五時八敎)의 교판을 세웠다.

'5시'는 설시의 분류로『법화경』의 장자궁자(長者窮子) 비유를 기본으로 하여『반야경』의 오미(五味) 비유,『화엄경』의 삼조(三照) 비유로부터 석존 일대(一代) 교화의 진도를 감안한 것이다. 5시설은 다음과 같다.

(1) 제1 화엄의 시

석존은 무상의 진리를 깨닫고 보리수 아래에 앉아 1.7일간 해인삼매(海印三昧)에 들어 사유하고, 이어서 2.7일에 걸쳐『화엄경』을 설했다.『화엄경』은 석존의 깨달음을 그대로 설하고 있기 때문에 내용이 고상한 진리의 표현인 만큼 수행을 쌓은 대보살은 이해했지만, 보통 사람들은 부처님의 설법을 조금도 이해할 수 없었다. 그래서 이때의 모습을 여롱여아(如聾如啞)의 경계라고 표현한다. 경의 이름에 따라서 '화엄의 시'라고 한다.

(2) 제2 녹원의 시

어려운 교리를 처음부터 알아듣게 설해도 사람들에게 이해능력이 없다는 것을 안 석존은 보리수 아래에서 일어나 녹야원(鹿野苑)[8]으로 나와서 석존이 출가했을 때부터 추종하고 있던 아야교진여(阿若憍陳如), 알비(頞鞞), 발제(跋提), 십력가섭(十力迦葉), 구리(拘利) 등 다섯 명을 교화하여 출가시킨 후 각지를 돌며 주석하면서 12년간(30~42세) 소승(小乘)을 위해 『아함경(阿含經)』 등 소승의 가르침을 설했다. 소승은 자신의 깨달음에만 열중하여 다른 사람들을 인도하는 것을 생각하지 않는 종교적 개인주의의 사람으로 성문 또는 연각이라 부르며 사제(四諦)나 12인연(十二因緣)의 법문을 수행하기 때문에 이러한 법문을 소승의 가르침이라고 한다. 이 시절의 설법을 '녹원의 시'라고 한다.

(3) 제3 방등의 시

『아함경』 등 소승교를 설하여 소승을 인도한 석존은 그들이 그러한 가르침에 만족하려고 하는 것을 막기 위해 8년간(42~50세) 『유마경(維摩經)』, 『승만경(勝蔓經)』, 『금강명경(金光明經)』 등의 여러 대승교를 설하여 널리(方) 균등하게(等) 사람들의 지식을 향상케 했다. 이 시기에는 "소승의 가르침은 얕고 부족하지만 대승의 가르침은 깊고 뛰어나다"라고 하면서 소승을 배척하고 대승을 권유했다. 이 시기에는 설법의 방법이나 법문의 내용에 따라 '방등(方等)의 시'라 이름 붙였다.

(4) 제4 반야의 시

방등의 시 이후 22년간(50~72세) 오로지 대승교를 설하여 사람들의 지식이나 생각하는 방법을 도야하고 근기를 조숙(調熟)케 했다. 이 기간 동안 왕사성의 취봉산(鷲峯山)이나 사위국(舍衛國)의 급고독원(給孤獨園) 등 4곳에서 16차례 오직 『반야경』만 설했다. 이 기간의 교도에 의해 사람들은 『법화경』의 깊은 의리를 듣고 이해할 수 있을 정도로 진보했다. 이 시절의 설법을 경의 이름에 따라서 '반야의 시'라고

---

8 중천축의 바라나시에 있다.

한다.

(5) 제5 법화·열반의 시

반야의 시 이후 8년 동안(72~80세) 『법화경』과 『열반경』을 설하고 모든 사람에게 부처와 같은 깨달음을 열게 하면서 장래에 이러이러한 공덕을 쌓기만 한다면 부처가 된다는 기별(記莂)[9]을 주었다. 그리고 동시에 일일일야(一日一夜) 『열반경』을 설하여 멸후(滅後)의 중생에게 귀중한 가르침을 남기고 입멸했다. 이 시절의 설법을 경의 제목에 따라 '법화·열반의 시'라 부른다.[10]

그러나 원효(元曉) 등은 지의의 오시설을 비판하면서 경전 전체에 대한 수시설법설(隨時說法說)을 논한다.[11]

3. 『법화경』의 편집과 성립 경과

1) 인도인의 경전관

『법화경』은 석존 멸후 500년경 즉 기원 전후에 즈음하여 불교에서 일종의 종교 개혁으로 대승불교운동이 일어나면서 그 일환으로 작성된 것으로 보고 있다. 『법화경』은 산스크리트로 '삿다르마 푼다리카 수트라' 즉 절묘한 백련의 가르침이라고 하듯이, 그 이름처럼 많은 비유로서 심묘한 가르침을 알기 쉽게 설하고 있다. 그리고 『법화경』 본문에는 "세상의 더러움에 물들지 않는 것은 예컨대 연꽃이 진흙 속에서 태어나서 그 탁함에 더러워지지 않듯이"라고 하여, 『법화경』의 가르침

---

9 미래의 성불을 보증하는 일.
10 타무라 요시로 외, 『천태법화의 사상』, 참조.
11 원효, 『열반경종요(涅槃經宗要)』 참조.

의 의도를 아름답게 설명하고 있다.

그런데 불교 사전(史傳)에 의하면 석존이 열반에 든 후 오백 명의 제자들이 모여 왕사성 교외의 칠엽굴(七葉窟)에서 남은 가르침을 경전으로 편찬했다고 한다. 그 후 경전의 많은 부분이 오랜 기간에 걸쳐 편집·보강되면서 불제자들에 의해 보태 졌으나, 모두 석존이 설한 것 즉 불설(佛說)로서 숭배되었다. 그렇게 된 여러 가지 이유 중 하나로 인도인은 역사에 별로 관심이 없었기 때문이라는 것이 꼽힌다. 인도의 불교도들은 석존의 역사적 사실에 흥미가 없고 나아가 후세의 작품인 경전을 석존의 말씀이나 교설로 인정해버렸다는 것이다. 여기서 인도인의 역사에 대한 특이한 사고방식을 엿볼 수 있다.

2) 경전의 편집과 여러 나라로의 전파

처음에 석존의 말씀은 제자들의 암송을 통해 전해졌다. 당시 인도에는 석존의 시대보다 수천 년 이전부터 문자가 존재하고 있었다. 다만 품격 높은 가르침은 문자로 베낄 수 없다고 하여 입에서 입으로 전해졌던 것이다. 석존 입멸 후 경전 편집회의(결집)가 몇 차례 열리게 되는데, 얼마 동안은 암송하고 있던 것을 입으로 말하여 확인하고 해산하는 형식을 취하고 있었으므로 글로 옮기지 않았다. 그러나 시간이 흐르면서 원시 경전이라고 하는 수많은 경전이 나타나고 각 파 또는 개인이 신봉하는 경전을 달리하게 되었다. 많은 원시 경전이 나타난 이유 중 하나는 고정된 형식이 아니라 사람들의 이해능력에 따라 가르침을 설하는 석존의 설법방식 때문이었다.

이후 최초로 현재와 같은 형태로 팔리어 원전이 정리된 것은 5세기에 붓다 고사가 스리랑카에 건너가 편집되면서부터이다. 산스크리트로 된 경전의 사본이 중앙아시아나 네팔 등에서 발견되고 있는데, 오래된 것으로 보이는 사본 예컨대 카슈미르의 기르기트에서 발견된 『법화경』 사본의 제작 연대는 5·6세기를 넘지 않는다.

2세기에는 여러 경전이 중국에 전해지면서 한역되었다. 현존하는『법화경』의
한역본은 286년 축법호가 번역한『정법화경』(10권 27품), 406년 구마라집이 번역한
『묘법연화경』(7권 27품, 후에 8권 28품), 601년 사나굴다와 달마급다가 번역한『첨품
묘법연화경』(7권 27품) 등 세 가지이다.『첨품묘법연화경』은 구마라집이 번역한
『묘법연화경』을 보강한 것이다.

3)『법화경』의 성립 경과

현재『법화경』은 28장(품)으로 되어 있지만,「제바달다품」은 6세기 지의를 전후
하여 보이기 시작하는 것으로 원래는 27장이었다.『법화경』은 전통적으로「안락
행품」과「종지용출품」사이에서 구분되어 나뉘었으나 후대에 들어 좀 더 세분화
되었다. 즉 ① 첫 번째로「방편품」부터「수학무학인기품」까지 50년경에 성립되었
고, ② 두 번째로「법사품」부터「촉루품」까지 그리고「서품」이 100년경에 성립되었
으며, ③ 세 번째로「약왕보살본사품」부터「보현보살권발품」까지 150년경에 성립
된 것으로 간주했다. ①은『법화경』의 원시 부분이고, 그 후 ②를 덧붙이면서 두 부
분을 통합하기 위해「서품」을 지어 가장 앞에 두었으며, ③은 당시의 사상이나 신
앙을 순차적으로 추가한 것으로 본다. 이것은 각각의 부분이 따로 작성되어 시간
의 흐름에 따라 덧붙여졌다는 견해이다.

한편으로 각 부분의 경전이 따로따로 전해지고 있지 않다는 점에서 ①·②·③이
동시에 이루어졌다고 보기도 한다. 그러나 어떤 과정을 통해서든『법화경』은 150
년경에는 체제를 갖추게 되는데, 200년 전후의 사람인 용수(龍樹)가 쓴『대지도론
(大智度論)』에는『법화경』의 마지막 장까지 인용되고 있는 것이다.

여기에서 ①부분과 ②부분이「수학무학인기품」과「법사품」사이에서 나뉜다는
점에 대해 좀 더 검증해보자. 우선 눈여겨볼 것은「수학무학인기품」까지 석존의

설법 상대 즉 대고중(對告衆)이 이승(二乘) 가운데 성문(聲聞)인 반면에 「법사품」이하에서는 현실의 세속사회에서 불교의 실천에 힘쓰는 보살이라는 점이다. 이승이란 석존의 가르침을 듣고 깨달음으로 향하는 제자(聲聞), 혼자서 인생.자연의 인연·생멸을 관찰하여 깨달음으로 향하는 수행자(綠覺), 이 두 가지를 말한다. 또한 「서품」의 대고중이 보살이라는 점에서 「서품」이 ②부분의 성립 때 ①부분과의 정합(整合)을 위해 지어진 것으로 볼 수 있다.

다음으로 주목해야 할 것은 「수학무학인기품」까지는 개인의 성불에 대한 보증인 수기(授記)를 설하고 있는 반면 「법사품」부터는 말법(末法)에 법의 홍포가 사명으로 부여(부촉)되어 있고 석존 입멸 후 홍경자(弘經者)의 이상상과 이상국토를 보여주고 있다는 점이다. 수기란 주로 소승의 성문이 일승(一乘)인 묘법에 눈을 떠 미래에 다 같이 부처가 되는 것을 인증한 것이다. 일반적으로 미래의 성불에 대한 부처의 보증 또는 예언을 의미한다.

마지막으로 문제가 되는 것은 「촉루품」의 위치이다. 제자들에 대한 법(法)의 부탁 또는 사명의 부여에 대한 장(章)이라고 할 수 있는 「촉루품」은 현존하는 『법화경』 원전이나 구마라집의 번역본에서는 맨 마지막에 놓여 있다. 구마라집의 번역본에서 「여래신력품」 다음에 위치하고 있는 「촉루품」은 그 제명(題名)이나 내용으로 볼 때 그곳이 본래의 위치였다고 볼 수 있다. 또한 「법사품」 이전에는 사리탑으로서의 '스투파'를 설한 데 비해 이후에는 경탑(經塔)으로서의 '차이티야'를 강조하고 있다. 이것은 과거의 사리탑 숭배로부터 『법화경』을 수지하는 것의 중요성으로 가치를 전환시키고 있다고 볼 수 있다. 여기에서 설하고 있는 법사(法師)란 보살을 뜻하는 것으로 현실의 괴로움으로 가득 찬 세상에 내려서서 사람들과 함께 생활하면서 구제활동을 하고 깨달음을 구하는 『법화경』의 신봉자들이다. 이것은 『법화경』의 ②부분에서 강조하고 있는 것이다.

이상과 같은 이유로 「수학무학인기품」까지, 그리고 「법사품」에서 「촉루품」까지 각각 한 묶음으로 작성되어 합쳐진 것이 아닌가 추정한다. ②부분의 작성 의도는 보살정신의 고양, 보살운동의 추진에 있었다고 볼 수 있다. 또한『법화경』을 설할 때 땅속에서 출현한 다보여래를 보려면 시방세계의 각각에서 활약하고 있는 석존의 분신인 제불(諸佛)을 모두 불러 모으지 않으면 안 된다고 하는「견보탑품」의 내용에서 여러 대승불교의 경전이 석존 이외의 다수 불타를 숭배하고 있던 당시의 대승불교운동을 구원(久遠)의 석존으로 통일하려고 한 의도를 볼 수 있다.

여기에서 간단히 성립의 연대를 구분해보자.『법화경』의 글 중에는 게송(음문체)과 장행(長行, 산문체)이 있는데, 게송은 기원전 1세기에 편성되고 장행은 기원후 1세기경에 편성되었다고 전해왔다. 그러나 최근 2세기나 되는 세월에 걸쳐 게송과 장행의 편성이 이루어졌다는 것은 부자연스럽다는 이론이 제기되면서『법화경』의 성립 당시에 게송과 장행이 동시에 편성되었다고 보기도 한다. 또『법화경』수행의 오종법사행(五種法師行)[12]에 관해 ①부분에서는 서사행(書寫行)을 설하고 있지 않으나 ②부분에서는 이것을 설하고 있으므로 두 부분 사이에 성립 연대의 차이가 있다고 보고 있다. ①부분에서 서사행을 설하고 있지 않은 것은 서사의 습관이 없었던 것을 반영하는 것으로 이 부분에 포함된 여러 품은 문자 경전의 출현 이전에 성립된 가장 오랜 내용이라는 것이다.[13]

---

12 受持, 讀, 誦, 解說, 書寫. 또는 受持, 讀誦, 解說, 書寫, 供養.

13 三友健容,「法華經の成立と展開」, 大法輪閣 編輯部 編,『法華經入門』, 大法輪閣, 平成 15, 6-13頁 참조.

제**2**장

『법화경』의 구성

1. 이처삼회의 분류론

1) 이처삼회란

앞서 소개했듯이 『묘법연화경』의 범어명은 '삿다르마 푼다리카 수트라'이다. 삿다르마란 올바른 불법, 진실의 법이란 뜻이지만 불가사의하고 미묘한 것이기 때문에 '묘법(妙法)'이라고 번역한 것이다. 푼다리카란 인도에 있는 연(蓮)의 한 종류인데, 이 연꽃에 묘법의 실천 즉 보살행의 모습을 비유하고 있다. 경(經)을 뜻하는 수트라는 원래 물건을 묶는 '실(줄)'이라는 의미로 붓다의 가르침을 하나로 정리한 것을 말한다.

네팔에서 발견된 『법화경』의 범본(梵本)은 네팔의 구대보전(九大寶典) 중 하나이다. 1910년 페테르부르크에서 케른(Hendrik Kern)과 난조 후미오(南條文雄) 두 사람이 교정본을 출판했다. 또한 티베트어로 번역한 것은 『티베트대장경』에 수록되어 있다. 네팔의 범본 사본은 11세기경의 것인데, 이보다 수세기 후의 범본 잔간(殘簡)이 중앙아시아 지방에서 발견되었고 완전한 사본이 같은 지방에서 발견되었다는 보도가 있었다.

현존하는 『법화경』은 28품(장)으로 되어 있지만, 과단(科段)의 분류는 예전부터 여러 가지로 시도되었다. 지의 이래 전반 24품의 적문(迹門)과 후반 14품의 본문(本

門)으로 나뉜 것을 보면 이분법보다 이처삼회(二處三會)에 의한 삼분법이 자연스러 웠던 것 같다. '이처'란 영축산(靈鷲山)의 영산(靈山)과 허공을 말하는데, 설법의 회좌 가 영축산, 허공, 다시 영축산으로 바뀐다. 그런데 이와 같이 '삼회'에 걸쳐 법을 설 하는 형식에 각각의 특색이 보이는 것이다. 우선 전품의 개요를 살펴보자.

2) 전(前) 영산회(靈山會): 「서품」부터 「법사품」까지

「서품」은 『법화경』 전체의 서(序), 「법사품」은 다음의 허공회로 연결되는 위치에 있다. 따라서 「방편품」에서 「학무학인기품」까지가 영산회의 설에서 중심을 이루 는 것이다. 여기에서는 모든 법의 실상(實相)을 내용으로 하는 지혜에 의거하여 '삼 승방편 일승진실(三乘方便 一乘眞實)' 즉 『법화경』 이전에 설한 붓다의 가르침에 성 문·연각·보살의 삼승으로 구별이 있는 것은 실은 중생을 이끌기 위한 방편설이고 진실로는 일승뿐임을 설하고 있다. 그러므로 삼승을 세워 일승을 나타내는 개삼 현일(開三顯一), 삼승을 통해 일승으로 돌아가게 하는 회삼귀일(會三歸一)의 도리를 설하고, 이에 의거하여 성문연각의 이승에게 성불할 기별(記莂)과 단정(斷定)을 주 신다. 이승작불(二乘作佛)이 주안으로 되어 있는 것이다. 이것이 적문(迹門)의 가르 침이다.

「방편품」은 이 강령을 보여준 것으로 제불의 내증(內證)에 속하는 심원한 일승교 (一乘敎)의 법문을 십여시(十如是)의 이법(理法)으로 보여주고 있다. 「비유품」의 삼차 화택(三車火宅) 비유, 「신해품」의 장자궁자(長者窮子) 비유, 「약초유품」의 삼초이목(三 草二木) 비유, 「화성유품」의 화성보처(化城寶處) 비유, 「오백제자수기품」의 의리보주 (衣裏寶珠)의 비유 등이 그것이다.

또한 『법화경』에서는 개삼현일·회삼귀일의 뜻을 철저하게 하기 위해서 성문 중 즉 소승불교도에게 성불의 기별을 주고 있다. 즉 「비유품」에서 사리불이 성불의 기별을 받은 것을 비롯해 「수기품」, 「오백제자수기품」, 「학무학인기품」 등에서 대가섭 이하 모든 성문이 성불의 기별을 받고 있다.

그런데 어떻게 해서 기별을 받는 인연이 있는가를 설명한 것이 「화성유품」의 과거불 이야기이다. 삼천진점겁(三千塵占劫)이라고 하는 무한한 옛적에 대통지승불이 그 아들들인 16명의 왕자에게 『법화경』을 가르치고 나서 16명의 왕자는 보살로서 무량한 중생에게 일불승(一佛乘)을 설하여 그들에게 『법화경』과 인연을 맺게 하였으나, 과거세의 중생 가운데 사리불을 비롯한 성문중의 전신이 포함되어 있었다. 왕자들 모두가 성불하여 시방세계의 제불이 되었는데, 석가모니불은 그 16번째 왕자였다. 성문중은 이미 과거에 『법화경』과의 불종(佛種)을 갖고 있으므로 지금 『법화경』의 가르침에 의해 자기 본연의 모습을 자각하면 성불할 자격이 있다고 한다. 이것은 과거세로 거슬러 올라가 『법화경』을 청문(聽聞)한 인연으로 중생에게 불성이 있는 것을 분명히 한 것이다. 그러나 모든 중생을 널리 성불케 하려면 아직 『법화경』을 청문하지 못한 사람들에게 『법화경』을 들려주어 불종을 심고 성불의 기별을 해야 한다. 그러나 석존은 80세에 입멸하여 열반에 들었다.

멸후의 중생은 오로지 불사리탑을 통해서만 석존을 예배할 수밖에 없다. 멸후에도 석존의 인격이 멸하지 않고 존속하는 것을 분명히 하고 그 불멸의 인격이 『법화경』 그 자체임을 주장하여 붓타 인격의 영원성과 『법화경』의 홍통을 강조하는 것이 허공회(虛空會)에서의 설이다.

「법사품」은 허공회에 이르는 전제로서 멸후의 『법화경』 홍통에 대한 기본적인 실천태도를 보여주고 있다.

『법화경』은 부처님의 여러 설 가운데 가장 난해하지만 멸후에 널리 퍼뜨려야 한다. 『법화경』의 일게일구(一偈一句)까지 듣고 또는 일념수희(一念隨喜)하는 사람은 정각을 이룰 것이다. 여래가 난해한 『법화경』을 재세(在世)에 설하시는 것조차도 원질(怨嫉)하는 자가 많았다. 멸후에 이 경을 널리 홍포하는 사람에 대해서는 더욱 그러할 것이다.

그러나 『법화경』을 홍통하는 독송자를 얽아매는 죄는 여러 불을 매도하는 죄보다도 무겁다. 홍경자(弘經者)는 수지, 독, 송, 해설, 서사의 5종법사행을 행하고 또는 탑 속에 경권(經券)을 넣어두고 예배하라. 탑에 불사리를 안치하는 것 이에 미치지 못한다. 이 경권에는 여래의 전신이 계시기 때문이다. 그리고 홍경자는 여래의 실(室, 慈悲), 예를 들어 여래의 옷(衣, 柔和忍辱)을 입고 여래의 좌(座, 一切法空)에 앉아서 경을 설하라. 그래도 도장와석(刀杖瓦石)을 가하는 등의 박해를 입을 것이지만 참아야 한다. 여래는 반드시 이 사람을 수호하실 것이다.

「법사품」의 의의는 보살행의 실천은 『법화경』 홍통으로 실현된다는 것에 있지만 이 의미는 다음에 이르러 더욱 분명해진다.

3) 허공회(虛空會): 「견보탑품」에서 「촉루품」까지

이 부분은 앞에서 말한 『법화경』 홍통의 보살행 실천이 구원(久遠)의 본불(本佛) 및 구원의 불제자라고 하는 사상을 떠받치고 있음을 강조하면서 멸후 홍경(弘經)의 실천 규범을 가르친 것으로 『법화경』의 정채 있는 부분을 이루고 있다. 이 구원의 본불 사상은 본문(本門) 가르침의 중핵으로 그 중심은 「여래수량품」이다. 다만 허공회는 각 품의 사상적 연관이 꽤 복잡하기 때문에 그 배독(拜讀)에서 「수량품」과의 관계를 고려하면서 여러 품의 위치를 정할 필요가 있다.

주제는 다보탑을 계기로 하는 구원의 본불과 그 제자들의 활약에 있지만, 서술은 대체로 「견보탑품」, 「종지용출품」, 「여래수량품」, 「분별공덕품」, 「여래신력품」, 「촉루품」 수순으로 발전하고 있다.

「견보탑품」을 보면, 지하로부터 돌연히 장려한 보탑이 출현하여 허공 가운데 걸리고 다보여래가 나타나 석가세존이 설하는 것 모두가 진실이라고 증명한다. 다보여래란 과거의 붓다로서 이미 열반하여 색신(色身)이 사리로서 다보탑 안에 담겨 있지만, 『법화경』을 설하는 곳이라면 어디라도 보탑과 함께 허공중에 출현하여 『법화경』을 찬탄하고 그 진실성을 증명하는 부처님이다. 이때 석존은 사바 삼천세계를 일변하여 정토로 변화시키고 시방세계 분신의 부처를 모두 모은다. 그리고 허공에 올라 탑의 문을 열고 안으로 들어가 다보여래와 함께 앉아 대중을 향해 "지금이야말로 멸후에 『법화경』을 홍통해야 한다"고 알리고, 멸후 악세의 홍경이 얼마나 어려운 일인지 육난구이(六亂九易)를 교시한다.

여기에서 석존은 시방제불을 자신의 분신이라고 설하여 유일 절대의 부처임을 드러낸다. 그리고 증명의 부처인 다보여래는 우주의 진리로서의 부처의 성격을 나타내고, 이에 대해 석가모니불은 부처의 인격적 방면을 나타내고 있다. 두 부처님이 나란히 앉은 것은 진리와 인격이 일체인 부처 즉 법신과 보신이 일체인 것을 나타내고 있다. 그런데 분신의 부처는 응신에 해당되기 때문에 법(法), 보(報), 응(應)의 삼신일체(三身一體)인 부처의 성격을 말하는 것이며, 이것이 사리탑의 본체에 다름 아님을 주장하고 있는 것이다.

「종지용출품」을 보면, 지하로부터 상행(上行), 무변행(無邊行), 정행(淨行), 안립행(安立行)의 네 보살을 비롯한 무량의 보살이 솟아나와 두 불을 뵌다. 이들 보살은 대중의 창도사(唱導師)이고, 특히 사바세계에서의 『법화경』 홍통의 소임을 맡고 있다. 그리고 석존은 지용(地湧)의 보살은 나의 아들이고 구원 이래 중생을 교화하고 있다고 가르친다. 그러면 왜 석존이 구원 이래의 제자가 있다는 것을 설하는 것인가.

「여래수량품」에서 부처의 본체가 분명해진다. 즉 출가하여 붓다 가야의 도량에서 처음 정각을 이루고 입멸하여 열반에 든 유한적 존재인 석존은 임시로 모습을 드러낸 수적(垂迹)의 붓다이지만, 그 본체는 구원실성의 본불 즉 무한적 존재의 석존이다. 개적현본(開迹顯本), 개근현원(開近現遠)이라고 설한다. 석존은 오백진점겁(五百塵点劫)이라고 하는 영원한 옛날부터 실성(實成)의 부처이고 그 수명은 무량하여 항상 사바세계에서 법을 설한다. 부처가 있는 사바세계는 천인(天人), 당각(堂閣), 보수(寶樹) 등이 충만한 훼손되지 않는 상락(常樂)의 정토이다. 그런데 중생은 미혹하기 때문에 석존의 참모습을 친견하지 못하고 세계를 고(苦)라고 생각하고 있다.

거기에서의 본체는 상주하여 멸하지 않는 것이지만 중생을 인도하기 위해서 임시로 생사의 몸으로 중생의 기근(機根)에 응하여 자타신(自他身)을 시현(示現)하고 열반에 든다. 이를 여러 가지로 방편설을 설한다. 그리고 이 도리를 양의치자(良醫治子) 비유로 반복하여 설한다.

「분별공덕품」에서 세존은 무량의 보살과 대중이 부처의 수명(佛壽)이 장원(長遠)함을 설하고 또 이에 신해(信解)를 일으킬 때 절대적인 공덕을 얻을 것임을 가르치셨다. 이와 같이 하여 구원 본불의 관념이 명확화되었다. 이것은 다른 면으로 말하면 본불의 가르침인 법화일불승(法華一佛乘)의 정신이 영원히 유통되어야 함이 확립된 것이다. 『법화경』을 미래에 유통케 하는 자는 모든 어려움을 넘어 말법의 아득한 미래에도 진실의 가르침을 유통케 하는 것이기 때문에 홀로 구원 본불의 제자인 자격을 갖는 자이다.

「여래신력품」에서는 특히 '구원의 본불로부터 구원 본불의 제자로'라는 『법화경』의 홍통이 선고되고 명령되고 있다.

세존은 대신통력을 나타내어 보살과 대중이 찬탄하는 가운데 시방세계가 통달되어 일불토(一佛土)와 같이 되었을 때 특히 상행(上行) 등의 지용보살에게 이르셨다. 지금 멸후에 유통하게 될 이 경을 너희들에게 부촉하는 것이니 이 경을 수지하고 설하는 바와 같이 수행해야 한다. 어느 곳에서나 이 경을 수지하고 거기에 탑을 세워서 공양하는 것이 좋다. 왜냐하면 경권이 있는 곳은 제불의 도량이고 경을 수지하는 사람은 그 장소에서 일체 모든 불도를 이룰 것에 틀림이 없기 때문이다.

「촉루품」에서 세존은 회좌에 있는 일체 무량의 보살에게 『법화경』으로 부촉하여 멸후에 유포하고 홍통케 해야 할 것을 명하고, 무량의 보살은 마음으로부터 세존의 칙명과 같이 실행할 것을 맹세한다.

이상이 허공회의 주제가 되는 대체적인 줄거리이다. 그러면 『법화경』의 홍통에서 이 경을 수지하는 자에게는 어떤 공덕이 있는 것일까. 이것을 설한 것이 「분별 공덕품」, 「수희공덕품」, 「법사공덕품」, 「제바달다품」 등이다.

「분별공덕품」에서는 현재에 신해(信解)를 내는 자의 공덕 사신(四信)과 멸후에 경을 수지하는 자의 실천 정도와 공덕의 5품(五品)을 설하고, 「수희공덕품」에서는 멸후에 경을 듣고 수희하는 것만으로도 그 공덕이 광대무변한 것을 설하며, 「법사공덕품」에서는 멸후에 5종법사행을 행하는 것과 육근청정의 신통력을 얻는 등의 공덕이 있음을 가르친다. 특히 「제바달다품」에서는 과거에 『법화경』을 들은 인연에 의해 극악인(極惡人)인 제바달다가 성불한 고사를 말하고, 『법화경』을 들은 8세의 동녀가 회좌 대중의 현전에서 홀연히 남자로 변하여 성불하면서 『법화경』의 위력이 얼마나 큰지 현증(現證)으로 보여주고 있다.

『법화경』은 이와 같은 공덕으로 홍경해나가야 하는데, 멸후 홍경자의 실천 방규와 각오를 설한 것이 「권지품」, 「안락행품」, 「상불경보살품」이다. 「권지품」은 「안락행품」 및 「상불경보살품」과 대조적인 의의를 갖는데, 전자는 절복(折伏), 후자는 섭수(攝受)라는 실천법에 해당된다.

「권지품」은 멸후 악세에서의 홍경의 각오를 가르치는 것으로, 악세에 이 경을 설하면 ① 무지(無智)한 속인은 악구(惡口)에 욕질하고 도장(刀杖)까지 휘두르기도 하며, ② 사지(邪智)로서 마음이 삐뚤어진 비구는 만심(慢心)을 일으켜 방해할 것이며, ③ 스스로 성자의 풍(風)을 과장하면서 몰래 이익을 탐내고 있는 고승들은 사람을 경멸할 것이다(세 가지 强敵). 그리고 그들은 국왕·대신 등의 권력자와 손잡고 홍경자를 박해하고 따라서 종종 배척을 가하여 탑사(塔寺)를 물리치도록 하는 일도 일어나겠지만, 그런 중에도 실로 인욕의 갑옷을 입고 어려운 일을 참고 자신의 신명(身命)을 애착하지 않고 오로지 무상도(無上道)를 아낀다는 각오를 가져야 한다고 설하고 있다.

「안락행품」은 이와 반대로 마음을 편안하게 하여 경을 홍포하는 주의사항을 가르친 것으로, 다음과 같은 4안락행을 설하고 있다. ① 몸을 삼가 국왕·대신 등의 권력자나 사악한 직업에 종사하고 있는 사람들과 가까이 하지 않는 신안락행(身安樂行), ② 조용하게 법을 말하고 타인의 결점을 공격하거나 하지 않는 구안락행(口安樂行), ③ 질투나 아첨의 마음을 품는 일이 없이 『법화경』 이외의 교를 믿고 있는 자라해도 경멸하고 욕하지 않는 의안락행(意安樂行), ④ 대자비심을 가지고 일체 중생에게 『법화경』을 믿게 하고자 하는 서원을 일으키는 서원안락행(誓願安樂行)이다.

「상불경보살품」에서는 하나의 고사를 설한다. 오랜 옛날 위음왕불(威音王佛) 멸후 정법(正法) 멸하여 상법(像法)의 마지막에 증상만(增上慢)의 비구가 세력을 차지하고 있을 때 상불경(常不輕)이라는 보살이 있었다. 그는 어떤 사람을 만나든지 합장예배하고 "당신은 실로 부처가 될 것이므로 나는 당신을 가벼이 보지 않는다"라고 말하였기 때문에 이런 이름이 붙었다. 이 보살의 예배행은 무지·허망한 짓이라고 여겨져 도장(刀杖)·와석(瓦石)으로 맞는 등의 박해를 받았으나 보살은 이 일을 그치지 않았다. 이 보살은 죽을 때까지 『법화경』을 수지하여 육근청정을 얻고 또 수명을 늘리어 널리 사람들을 위해 『법화경』을 설하였으니 과거의 상불경보살이야말로 지금의 석존인 것이다.

이것은 「권지품」에서의 실천법을 인격화한 것이라고 해석할 수 있다. 「권지품」과 「상불경보살품」은 「법사품」과 상응해 멸후 악세에 당연히 나오게 될 『법화경』의 방법자(謗法者)를 교화하여 성불케 한다는 보살행의 실천 각오를 가르치고, 이에는 반드시 박해가 일어날 것을 예언한 것으로 『법화경』 보살행의 특색을 이룬다.

4) 후(後) 영산회(靈山會): 「약왕보살본사품」에서 「보현보살권발품」까지

다보탑은 공중에 매달려 있으나 이미 문이 닫히고 분신불(分身佛)은 각기의 국토로 돌아가고 설법의 회좌는 다시 영산으로 바뀐다. 허공회에서는 구원의 본불을 설하고 시방 제불은 본불의 수적(垂迹)이라고 하여 모두 본불로 통일된다고 설한다. 이에 대응하여 이곳에서는 상행(上行) 등의 구원 본불의 제자 즉 본화(本化)의 보살을 설하고 있다. 수적불(垂迹佛)의 제자인 모든 보살은 구원 본불의 제자라는 관념에 의해 통일되지 않으면 안 된다. 불교에서 신앙의 대상으로 되어 있는 모든 수적의 보살을 무대에 올려 그 인격 활동이 법화일승교의 홍경정신의 발양에 있음을 분명히 한다. 그리고 수적의 보살들을 홍경하는 실천에서 구원 본불의 세계로 종속시키고 거기에 나타나고 있는 불교의 여러 가지 신앙 형식을 법화신앙으로 통일한 것이 후 영산회에서의 설이다.

「약왕보살본사품」에는 약왕보살이 과거의 『법화경』 청문에 대한 은혜에 보답하기 위해 팔을 태워 탑을 공양한 인연을 설하고, 가장 수승한 경인 『법화경』의 공덕이 광대함을 들어 만일 여인이 이 경을 듣고 수행하면 사후에 극락세계의 아미타불 아래 태어난다고 가르친다.

「묘음보살품」, 「관세음보살보문품」 등에는 34신(身)으로 변하여 나타나서 중생제도로 광대한 이익을 초래하는 관세음보살 등이 석가다보 두 부처님께 공양드린 것을 설하면서, 이 보살의 자비행으로 법화일승교에로 지향한다. 「다라니품」에서는 약왕, 용시보살, 비파문, 지국천왕, 귀자모신(鬼子母神), 십나찰녀(十羅刹女) 등이 각각 다라니 신주를 외우고 창하여 『법화경』 행자를 수호할 것을 맹세한 것에 대해 세존은 『법화경』 수지자의 공덕과 그 수호를 크게 칭양한다.

「묘장엄왕본사품」에서는 묘장엄왕이 홍경의 서원을 일으킨 두 사람의 인도에 의해 『법화경』을 듣는 인연을 얻어 성불의 기별을 받은 과거 이야기를 설한다. 마지막의 「보현보살권발품」에서는 『법화경』을 수지하는 자에 대해서는 보현보살이 신통력을 가지고 몸을 나타내어 다라니주(陀羅尼呪)를 주고 이를 수호한다는 서원을 말하고 있다. 멸후 『법화경』의 수지자는 이 신력을 입어 보현행을 행하는 자로서 도솔천의 미륵보살 아래로 왕생하게 될 것이며, 석가모니불을 친견하게 되어 그 손으로 머리를 어루만져주실 것이라고 가르치고 있다.

후 영산회의 설은 『법화경』 신앙을 응용과 실효 면에서 설했다고 볼 수 있는 것으로 현세 이익적 사상이 농후하다고 볼 수 있다.

2. 『법화경』의 기본 사상

초기 대승경전의 하나인 『법화경』의 사상적 해명은 『법화경』이라는 경전뿐만 아니라 초기 대승불교에서 자리매김하고 있는 그 사상의 특질을 해명할 필요가 있다. 종래에는 『반야경』을 대승경전의 중심으로 보고 『아미타경』이나 『법화경』을 방계의 것으로 간주했다. 그러나 『법화경』은 초기 대승경전 가운데서 '포스트 『반야경』'의 위치에 있는 것 즉 선행하는 『반야경』을 비판하고 그것을 넘어서 하나의 새로운 불교를 세상에 제시한 것으로 볼 수 있다. 여기에서는 이러한 관점에서 『법화경』의 기본 사상을 고찰해보고자 한다.

1) 불탑신앙

초기 대승경전은 개개인의 경전 작자가 바로 이것이 붓다의 말씀이고 진실의 불교라고 확신한 것을 널리 세상에 발표한 신앙 표명서이다. 그렇기 때문에 작자는 자신이 창작한 경을 붓다석존이 정각 내용을 설명한 초전 법륜에 대비하여 제2의 전법륜이라고 말한다. 무엇보다 붓다의 초전 법륜 이래 45년간에 걸친 설법의 상대는 출가자였지만, 초기 대승경전에서 '선남자', '선여인'이라고 부르는 사람들은 불교의 재가 신자라고도 할 수 없는 일반 민중이었다. 그렇기 때문에 초기 대승경전은 본래 일반 민중에게 말하고 들려주는 '이야기(唱導文學)'였던 것이다.

이와 같이 초기 대승경전은 불멸후 무불(無佛)·악세(惡世)에서 출가하지 못하는 범부에 상응한 손이 닿는 불교, 즉 아무리 먼 장래든 궁극적으로는 정각의 획득에 이르게 하는 성불도로서의 불교를 설명하는 것이다. 그런데 일반 민중은 출가 없이 성불할 수 없다는 것을 충분히 알면서도 원한다 해도 출가할 수가 없었다. 이러한 일반 민중은 초기 대승불교의 출현 이전에 불탑신앙(佛塔信仰)과 관련되어 있었다.

그러나 불탑신앙의 연장선상에 즉 그 발전적인 단계에 초기 대승불교의 출현이 있었던 것은 아니다. 대부분 새로운 사상운동은 현상에 만족하지 않고 선행하는 것을 비판하는 것으로부터 생겨난다. 초기 대승경전은 불탑신앙, 그중에서도 '성불도로서의 불탑신앙'을 비판하고 뛰어넘으면서 나타났다. 불탑신앙은 붓다 석존이 먼 옛날에 보살이었을 때 연등불에게 산화(散華)·포발(布髮)을 하고 그에 의해 수기작불(授記作佛)을 얻었다[1]고 하는 보살의 행위를 따르는 일반 민중의 불탑 예배 공양이다. 다시 말하면 불탑 공양을 매개로 일반 민중이 자신과 석가보살을 같이 놓고 보살인 이상 언젠가 성불할 수 있다고 생각하는 것으로 "오로지 불탑신앙을 수기작불을 얻는 도(道)로서 권하는 것"이다.

불탑신앙은 붓다석존의 입멸에 기원하지만, 붓다 추모의 정에서 일어난 것이 아니라 불탑이야말로 살아 있는 부처라고 하는 종교 감정에 따른 것이었다.

2) 『반야경』과의 비교

초기 대승경전 가운데 『법화경』은 '포스트 『반야경』'의 위치에서 선행하는 『반야경』을 비판하면서 그에 대신하는 성불도를 내놓은 것이다. 그렇기 때문에 『법화경』의 성불도를 해명하기에 앞서 그 비판의 대상이 된 『반야경』의 성불도를 알 필요가 있다.

"대승이란 반야바라밀에 의거한 이타(利他)의 실천에 힘쓰는 보살을 말하는 것으로 (출가·재가의 구별 없이) 널리 유정(有情) 일반에게 요청되는 가르침"[2]이라고 『반야경』을 간결하게 정의할 수 있다. 즉 『반야경』은 불멸후 무불(無佛)·악세(惡世)에서도 부처의 재세와 멸후 구별 없이 깨달음을 향해 뜻을 발하여 보살(보리를 구원하는 유정)이라는 자각하에 반야바라밀에 의거한 보살행을 실천하는 것이다. 그

---

1 연등불 수기에 대해서는 田賀龍彦, 『授記思想の源流と展開』, 平樂寺書店, 1974 참조.
2 高崎直道, 『大乘佛敎の形成』(岩波講座 東洋思想 第8券), 岩波書店, 1988, 152頁.

러므로 정각의 획득을 향하는 자주 독립 노선이라고도 할 수 있다. 그리고 반야바라밀에 의거한 이타의 보살행이란 "모든 것과 모든 일에 마음을 두지 않고 집착하지 않는 것이다."[3] 따라서 출가할 수 없는 범부가 부처가 되는 길은 『반야경』이 수립한 보살도 외에는 없다. 여기에 『반야경』의 가르침을 대승(大乘)이라고 하는 이유가 있고, 또 『반야경』이 대승불교에서 중핵적인 위치를 차지하는 이유가 있는 것이다.

그런데 『반야경』에서 말하는 보살에 도저히 따를 수 없는 사람들 즉 『반야경』에서 멀어진 사람들은 불멸후 무불악세의 고해에 빠져 원한다 해도 출가할 수 없는 범부밖에 안 되지만, 그러한 사람들에게 새로운 성불도(成佛道)를 제시한 것이 『법화경』이다. 『법화경』의 작자가 보기로는 『반야경』의 성불도를 걸을 수 있는 사람은 극히 한정된 엘리트들뿐이며 결코 모든 사람이 특히 일문부지의 남녀노소가 그러한 성불도를 갈 수가 없다고 보았던 것이다.

『법화경』이 보여준 성불도는 단적으로 말해서 "일문부지의 남녀노소 누구나 본래부터 보살·불자이다"라는 것이다. 대부분의 초기 대승경전이 불멸후에 출가할 수 없는 범부에게 가능한 성불도를 밝히는 것이라고 한다면, 불멸후의 중생은 본래부터 보살이라고 주장하는 『법화경』이야말로 초기 대승불교의 궁극이라고 할 수 있다. 『법화경』은 「서품」에서 「여래신력품」에 이르는 수십 품이 "하나의 유기적 결합체"[4]를 이루고 있는 것이다.

3) 보살승

진정 불멸후의 중생은 본래부터 보살인가. 이에 대해 『법화경』은 "일체 중생-

---

3 高崎直道, 『大乘佛敎の形成』, 166頁.
4 苅谷定彦, 『法華經-佛乘の思想』, 東方出版, 1983, 57頁.

과거·현재·미래의 삼세에 걸친 육도의 중생 모두—어느 한 명도 예외 없이 본래부터 보살·불자"이며, 이 일체 중생이 본래부터 보살인 것은 불지견(佛知見),[5] 불지(佛智)라고 말한다. 「방편품」에서는 삼세시방제불이 세상에 출현해서 해야 할 유일하게 위대한 임무는 '일체 중생은 본래부터 보살'이라고 하는 불지견을 중생에게 보여주고 이해시키고 깨닫게 하고, 불지견의 길(道)에 들어가게 하는 것이라고 말한다. 요약하면 '보살을 (정각을 향해) 고무(鼓舞)하는 것'이라는 것이다. 이를 받아 차례로 성문에게 수기한 후 「법사품」의 서두에 지금 『법화경』 회좌에서 부처님과 마주하고 있는 성문승·독각승·보살승에 대해 "그들은 모두 보살이기" 때문에 이 법문의 일게일구라도 듣고 한순간이라도 수희의 마음을 일으킨 자에게 기별(記莂)을 내려주고 있다. 그러면 왜 이 법문을 듣는 것이 불가결한 것인가. 불지견으로 "일체 중생은 본래부터 보살이다"라고 설하여 밝힌 것은 이 『법화경』뿐이기 때문이다.

그리고 이에 이어서 다음과 같이 설한다.

여래가 입멸한 후에 누구든 이 법문을 듣는다고 해서 게송(偈頌) 하나라도 듣고 한순간이라도 수희하는 마음이 일어난다면, 그들 선남자 선여인에게도 나는 무상등정각(無上等正覺)을 향하여 수기(授記)하겠다.

불멸후의 선남자 선여인 즉 일문부지의 남녀노소라도 『법화경』의 일게를 들은 것만으로 미래에 성불이 보장된다(=授記)고 하는 것은 그들 불멸후의 중생이 모두 보살이기 때문이다. 그리고 「화성유품」에서는 다음과 같이 설하고 있다.

정말 대통지승여래(大通智勝如來)가 묘법연화라고 하는 법문을 설하였을 때 성문들은 신해(信解)했고, 그 16명의 사미(沙彌 = 菩薩) 또한 신해했다. (그런데) 다(多), 코티, 나유타,

---

5 여래에 의한 지혜의 직관.

백, 천의 사람들(일반 민중)은 (도리어) 의혹을 가진 것이다.

부처님의 재세 때 일반 민중은 부처님에게 직접『법화경』을 들으면서도 절대로 그것을 신수(信受)할 수 없었다. 게다가 부처님은 의혹을 가진 많은 일반 민중을 그대로 두고 입멸했던 것이고, 불멸후 16명의 사미가 무량생(無量生)에 걸쳐서 이러한 일반 민중에게『법화경』을 설하여 정각을 향해 고무하고 성숙케 했다는 것이다.[6] 이 16명의 사미와 의혹을 가진 사람들의 관계가『법화경』을 매개로 하는 과거세에서 현재세에 이르기까지의 연결인 것이다.

4) 성불도의 제시

『법화경』에는 부처님의 재세시와 불멸후가 엄연히 구별되어 있는데, 그것은 『법화경』 작자가 품고 있던 불멸후라는 현실을 응시하는 엄격한 역사관에 의한 것이라고 볼 수 있다. 사바세계는 불멸후 무불악세라고 하는 시대 인식은 모든 초기 대승경전의 기반이며, 불멸후의 중생에게 가능한 성불도를 제시한다는 것이 초기 대승경전의 기본적인 성격이다.

「여래수량품」은 부처 입멸의 진실상을 밝히는 것이다. '아버지가 죽음을 가지고 아이의 전도(顛倒)된 생각을 바로 고치는 비유'에 의하면, 불멸후의 중생은 무시이래로 전도된 사상을 가진 자이며, 그것이 전도(顛倒)되지 않은 올바른 생각이 되지 않는 한 부처님의 말씀을 받아들일 수 없다. 이에 대한 비유로 독약을 잘못 마심으로써 친전팔도(七顛八倒)의 고통에 빠져 있는 아이들 가운데 전도되지 않은 올바른 생각을 가진 자는 아버지(名醫)가 준 좋은 약을 복용하여 고통에서 벗어나지만 전도된 생각을 가진 남은 아이들은 좋은 약을 복용하지 않았다고 말한다. 이 전

---

6 苅谷定彦,『法華經·佛乘の思想』, 44-51頁 참조.

도된 생각을 전도되지 않게 올바로 인도할 분은 붓다석존 외에는 아무도 없지만, 그를 위한 최후 수단[7]의 방책은 석존의 입멸 외에는 없었다. 이것은 비유에서는 칠전팔도의 고통 속에서 아버지의 죽음을 알게 된 아이들(전도의 마음을 가진 자)은 "자기를 보호자(父) 없는 사람으로 보고 끊임없이 비탄에 빠져들었다. 그리고 비탄에 빠짐으로 인해 그들의 전도된 마음은 전도되지 않은 올바른 마음으로 되었다"고 말하고 있다.

「방편품」에서는 석존뿐만 아니라 삼세시방제불의 출현은 '보살고무(菩薩鼓舞)'라고 하는 중생 교화에 있다고 밝히고 있는데, 그와 마찬가지로 석존뿐만 아니라 삼세시방제불의 입멸 또한 전도의 중생을 부전도하는 중생 교화(菩薩鼓舞)하는 부처의 작용기전 그 자체이다. 여기에서 사바세계에서 구원(久遠)의 과거로부터 출현하고 입멸해간 수없는 제불과 현재불인 석존, 그리고 미래에 출현하고 입멸할 무수한 제불의 출현과 입멸에 의해 맥맥이 이어지는 중생 교화라는 부처의 작용기전 즉 부처님의 수명의 존재를 『법화경』을 지은 작자는 발견한 것이다. 또한 그것은 붓다석존의 입멸의 진상을 추구하는 것에서 발견되었기 때문에 그것은 다름 아닌 붓다석존 자신의 수명이다. 이것을 게송(自我偈)에서는 다음과 같이 말하고 있다.

(옛날에) 그 양(量)을 절대 알 수 없는 불가사의한 일천의 겁(劫)이 있다. 그때 나(釋尊)는 최상의 정각을 얻은 것이고 (그 이후 오늘날까지) 항상 교법을 설하고 있다.[8]

붓다석존은 아주 먼 옛날 성도하신 이후 오늘날에 이르기까지 수없는 부처에 다름 아닌 것이지만, 부처의 출현과 입멸로 이어져온 것은 '교법(教法)의 설시(說示)'

---

7 최후 수단이란 정교한 방법 또는 방편을 뜻한다.
8 苅谷定彦, 「法華經における佛教觀」, 『密教研究』 七, 1975, 71-85頁 참조.

라고 하는 부처의 작용기전 즉 부처의 수명이다. 이것은 결코 불신론(佛身論)적인 영원 불사의 법신과는 같은 것이 아니다. '멸도(滅道)의 경지를 시현(示現)한다(입멸한다)'는 것은 중생[9]을 교도하기 위한 수단이고, 그 입멸에 의해 실은 '교법을 설시하고 있는' 즉 전도된 중생을 교화하고 있다. (부처님의) 입멸에 조우한 사람들, 일반 민중 즉 불멸후의 중생이 "내 육신의 멸도를 보고 유골에 여러 가지 공양을 하는" 즉 불탑신앙이 성행했고 '성불도로서의 불탑신앙'이 형성되었다.

이러한 신앙은 어떻게든 부처님을 보고 싶다는 마음에서 생긴 것으로, "거기서 그들의 바른 마음이 생긴다"고 말한다. 앞의 든 비유에서 전도되어 있는 아이들이 아버지의 죽음을 통보받고 비탄의 바닥으로 떨어지면서 도리어 거기서 전도의 마음이 전도되지 않은 올바른 마음이 되었다는 것에 해당된다. 바른 마음이란 전도되지 않은 마음에 다름 아닌 것이다. 그리하여 "불멸후의 전도된 중생이 올바르고 유연하고 온화하며 애욕을 버리게 되었을 때 거기서 나는 성문 승가를 만들어 (부처의 설법의 상을 보이고), 영축산에 자신을 나타낸다."

이는 무시 이래로 전도된 생각에 매어 있는 불멸후의 중생이 부전도의 마음이 되었을 때 신앙 차원에서 불멸후 무불의 세계인 사바세계의 영축산은 『법화경』의 설법 자리이지만 거기서 사람들은 생신(生身)의 아름다운 몸을 가진 붓다석존과 만나게 된다고 말하는 것이다. 그리하여 마치 아미타불의 불국토인 극락세계를 아미타불이 살아 계시고 설법하고 있음으로써 '정토'라고 하는 것처럼, 사바세계의 영축산은 역사적 현실로는 불멸후 무불악세이면서도 석존의 살아 계신 법을 설하고 있는 '정토'라고 할 수 있다. 이것이 바로 영산정토(靈山淨土)이다.

게다가 아미타불의 극락세계는 사바세계 사람들이 사후에 다시 태어나는 곳이지만, 이 영산정토는 불멸후 무불악세에 빠져 있는 사람들이 그 무불악세의 한가운데에서 자신의 전도된 마음이 전도되지 않은 올바른 마음이 되었을 때 종교적

---

9 전도(顛倒)의 뜻을 가진 자이다.

인 차원에서 즉시 현성되는 곳이다.『법화경』은 이것을 강조하기 위해 다음과 같이 말하고 있다.

너희들(전도의 중생)은 "이 세간의 보호자(佛陀釋尊)는 입멸했다"라는 말밖에 듣지 못한다. 나는 사람들이 (부처는 입멸했다고 듣고) 낙담하는 것을 보지만, 그때 나는 (절대) (혈조가 통하는 아름다운) 육신을 나타내지 않는다. 어쨌든 나(살아 있는 모습)를 보기를 열망케 한다. 연모하고 갈앙(渴仰)하는 자에게 올바른 마음이 생기고, 바르고 유연하고 온화해지고 애욕을 버렸을 때 (비로소 나의 산 모습을 보여주는) 정법(正法)을 설하여 밝힌다.

붓다석존이 아름다운 생신의 몸을 가지고 영축산에서 정법을 설하는 광경은 『법화경』의 작자가 석존의 입멸에서 중생 교화라는 생명의 약동을 감득했을 때의 그 광경, 그리고 부처님이 설하는 정법을 분명히 들은 그 광경임에 틀림없는 것이다.

5) 범부의 성불도

대부분의 초기 대승경전은 역사상 붓다석존이 입멸한 후 수백 년 후에 등장한 것이다. 모든 경전의 작자는 붓다의 말씀으로 확신하는 것을 경전에 담았다. 대부분의 경전은 붓다석존의 금구직설(金口直說) 전승을 가진『아함경』을 빗대어 여시아문(如是我聞)으로 시작하고 일시불주(一時佛住)라는 형태를 취한다.『법화경』도 예외는 아니다.

『법화경』에서 이 과정은 영축산 회상에서 설법하는 붓다석존이 그곳에 용출한 다보여래의 불탑 안으로 들어가 다보불과 나란히 앉는 데서부터 시작된다. 그리고 불탑 안에 다보불과 나란히 앉은 석존은 중생 교화의 책임 영역인 사바세계에서 불멸후에『법화경』을 창도할 자(法師)를 권한다.

비구들이여, 너희들 가운데에서 이 사바세계에서 (불멸후의 악세에서) 이 묘법연화의 법문을 설하여 밝히는 것에 감당할 수 있는 자는 누구인가. 여래(釋尊)께서 얼굴을 마주보고 계신 (지금이) 그때인 것이다. (지금이) 그 기회인 것이다. 비구들이여, 여래는 이 '묘법연화'라고 하는 법문을 위탁하고 입멸하기를 원한다.

이를 받아서 회좌의 약왕보살을 필두로 한 200만 보살이 이름을 내놓지만, 석존은 이에 답하지 않는다. 왜냐하면 이 보살들이 아무리 젊거나 또는 장수한다고 해도 부처님의 멸후 수백 년이라는 시점에 살아서 『법화경』을 설한다는 것은 전혀 불가능하기 때문이다.

이어서 수기를 받은 성문들이 이름을 내놓지만 그것은 '타방세계(他方世界)에서'라고 하는 것으로 처음부터 문제 밖이다. 거기서 80, 코티, 나유타, 백, 천의 보살들이 자연히 흥분하면서 어떠한 어려움에 부딪혀도 불석신명(不惜身命)으로 창도할 것을 맹세하는데, 석존은 이에 대해 불멸후의 『법화경』 창도자는 '안락주(安樂住)에 있다'고 하여 이를 물리친다. 여기에 이르러 분신불(分身佛)과 함께 온 타방세계의 보살들이 사바세계에서의 창도를 말하지만, 석존은 이들도 밀어놓고 다음과 같이 말씀하신다.

사바세계에는 나의 멸후에 이 법문을 기억하고 (타인에게) 말하여 들려주고 설하는 6만 항하사(恒河沙)에 동등한 보살들, 그러한 보살들의 한 명 한 명에게 같은 6만 항하사에 동등한 보살이 시자(侍者)인 즉 6만 항하사의 한 명 한 명의 보살에게 그와 같은 수의 따르는 자가 있다. 이러한 보살이 있다.

이 말이 끝나자마자 대지의 아래 허공계(虛空界)에 살고 있던 무량무수의 보살들이 대지로부터 용출하여 공중에 떠 있는 다보탑의 주위를 에워싼다. 그때 회좌의 사부대중들은 "사바세계가 백, 천의 허공에 의해서 포섭되고 보살들로 충만해 있는 것을 보았다"고 말한다. 도대체 이것은 무엇을 말하려고 하는 것일까. 다보불탑은 공중에 떠 있는 것이고 허공과는 전혀 관계가 없다. 그렇기 때문에 이 허공은 지용보살과 함께 용출해온 것이라고밖에 생각할 수 없다.

그렇다면 왜 지용보살은 허공에서 나오지 않으면 안 됐던 것일까. 그 이유는 이 보살들은 미래 즉 불멸후에 이 지상에 출현하여 『법화경』을 창도하는 보살들인데, 그 존재를 일문부지의 남녀노소도 알 수 있듯이 부처님의 신통력에 의해 지금 불재세시(佛在世時)의 『법화경』 설법 회좌에 출현하여 그 모습을 보인 것이다. 이 무량의 지용보살을 장기에 걸쳐서 정각을 향하여 성숙시켜온 것은 다름 아닌 붓다석존 자신이라는 것을 기회로 다음의 「여래수량품」에서 붓다석존의 구원의 옛적부터 이어지는 수명의 존재가 밝혀진다. 그리하여 「여래신력품」에 이르러 지용보살은 다음과 같이 말한다.

저희들은 세존이시여, 모든 불국토―어디도 세존의 불국토인데, 세존이 입멸하고 계신 곳이라면 어디라도―에서 여래의 멸후에 이 법문을 설해주십니다. 세존이시여, 우리는 정말로 이 고귀한 법문(『법화경』)을 기억하고, (타인에게) 말해 들려주고 설시하고 설명하고 또는 서사(書寫)하기 위해서 구하는 것입니다.

지용보살의 이 말에 끌리어 문수보살을 필두로 한 회좌의 수많은 보살들은 다음과 같이 말한다.

우리들도 또한 이 법문을 설해 보입시다. 여래의 멸후 신체는 보이지 않지만 공중에서 목소리만을 들려주겠습니다.

여기에서는 불멸후에는 문수보살 등 부처님 재세시의 자들은 이미 돌아가시고 지상에서는 모습이 없어진 것을 나타내고 있다. 그러나 사바세계에 머물러 목소리만이라도 들려주고『법화경』을 창도하고 싶다고 하는 것이다. 이렇게 생각해보면 일월등명불의 멸후에『법화경』을 창도한 묘광보살이나 대통지승불의 입정중(入定中) 또는 멸후와 같이『법화경』을 창도한 16보살이나 사미와는 달리 지용보살의 대규모적인 등장 이유가 납득될 것이다. 그리하여 부처님은 지용보살에 대해서만 다음과 같이 말씀하고 있다.

> 상행(上行을 필두로 한 지용보살들)이여, 괜찮느냐, 괜찮느냐. 너희들에 의해서 그렇게 되어야 한다. 너희들은 이 법문(의 불멸후에 있어서 창도)을 위해서, 여래에 의해서 (구원의 옛적부터) 성숙되어온 것이다.”

여기에「견보탑품」에서 권한 불멸후의『법화경』창도자는 결국 지용보살[10]이라고 하는 것이 분명해진다. 이것은 지용보살이 본래부터 불멸후의『법화경』창도자로서 구원의 옛적부터 석존에 의해서 고무되고 성숙되어왔다고 하는 것이기 때문이다. 그리고 보다 본질적인 이유는『법화경』에서는 성불도 그 자체 즉 불멸후의 중생이 정각을 획득하기 위한 필수 행위로서의 자리이타(自利利他) 일체 보살행 그 자체이기 때문이다.「여래신력품」의 마지막 게는 다음과 같다.

> 그렇기 때문에 현자보살은 이와 같은 이점(利點)을 들었으면, 나(釋尊)의 멸후에 (이) 경을 기억(하고 말해 들려주며 설명하고 서사)해야 한다. 그것들의 정각(의 획득이 있는 것)에 대해서는 의심이 (절대) 없다.

‘이와 같은 이점’이란,『법화경』청문에 의해 자신이 본래부터 보살이라는 것을 알고 깨달은 자의 정각을 위한 보살행은『법화경』의 전도 이외에는 없음을 가리

---

10 그것은 역사적 현실에서는『법화경』의 작자나 그 창도자(法師) 자신의 일인 것이다.

킨다. 그렇기 때문에『법화경』을 들은 자는 바로『법화경』을 전도해야 한다.『법화경』이 범부의 성불도임을 단적으로 밝히고 있는 이 게송은「여래신력품」의 마지막 게송임과 동시에『법화경』전체를 매듭짓는 문장으로 볼 수 있다.

「여래신력품」에서는 지용보살에 대한 석존의 인가가 끝났을 때 석가모니불과 다보불이 미소를 짓고 설근(舌根)을 범천에 달할 정도로 늘리고, 그 설근으로부터 무량 무수의 광선이 퍼지고, 게다가 하나하나의 광선 속에 무량무수의 연화대에 앉은 금색의 보살이 나타나 수백수천의 세계에 펴져 그곳의 사방팔방에서 공중에 머물면서 교법을 설하는 신력(神力)의 시현을 보여주고 있다. 이것은 초기 대승경전 가운데에서도 앞선 시기의 것에서 공통적으로 보이는 '부처님의 미소 → 방광(放光) → 수기(授記)'라고 하는 전승을 잇는 것으로 볼 수 있다.[11]

그런데『법화경』에는 수기에 해당되는 것이 먼저 있다. 즉「법사품」의 서두에서 불멸후의『법화경』청문자에 대한 수기에서 시작하여 불멸후에『법화경』을 들려주는 자로서 지용보살이 확정되고, 여기에 '부처님의 미소 → 방광'이 있는 것이다. 게다가『법화경』에서는 단순히 방광하는 것뿐만 아니라 그 빛 속에서 무량의 보살이 출현하고 무량의 세계로 퍼져서 거기서 설법하는 광경을 전한다. 이에 따라 보면『법화경』은 '불멸후의 보살의, 보살에 의한, 보살을 위한 경'이라고 요약할 수도 있을 것이다.

3.『법화경』의 사상적 특징

『법화경』은 종종 "이 경이 붓다의 제설 가운데 제일인 경왕"이라고 설하고 있다. 따라서『법화경』의 특색을 알려면 다른 경전과 널리 비교해볼 필요가 있다.

---

11 靜谷正雄,『初期大乘佛敎の成立過程』, 百華苑, 1974, 225-233頁 참조.

『법화경』은 모든 경전의 장점을 종합하여 보다 고차적으로 독자적인 입장으로 보여주며, 고차의 입장에서 불교 일반의 사유(思惟)와 실천 즉 보살행의 모습을 규정하고 있다는 것이 특징이라 할 수 있다. 이런 이유로 『법화경』 사상의 본질은 개회(開會) 또는 개현(開顯)에 있다고 할 수 있다.

『법화경』은 불교가 내세운 방편인 여러 가지 권(權)의 교리를 지양·통일하여 진실절대의 가르침을 나타내는 것 즉 개권현실(開權顯實)을 이념으로 하며, 개삼현일(開三顯一)과 개적현본(改迹顯本) 두 방면의 설을 가지고 있다. 그러나 이것을 단지 추상적·형식적으로 말하는 것만이 아니라 여기에 개현된 가르침이 어떠한 의미에서 수승한 것인지 하는 것을 『법화경』이 설하는 실제에 즉하여 우리들은 배워가지 않으면 안 된다. 이에 『법화경』의 수승한 사상적 특징이라고 볼 수 있는 것을 살펴보기로 하겠다.

1) 인생론적 경전인 것과 이승작불의 설

수기작불(授記作佛)의 사상은 대승불교의 통설이지만 이승작불(二乘作佛)을 명확하게 설한 것은 『법화경』뿐이고 다른 경전에는 없다. 그러나 일체 성불이라든가 악인 성불 또는 여인 성불이라고 하는 것이라면 사상 내용은 별도로 하고 표현은 다른 경전에도 나타나 있다. 여기에서 『법화경』만 이승작불을 분명히 하고 있는 의미를 생각해볼 필요가 있다.

이승작불은 말할 것도 없이 개삼현일의 가르침의 결론이지만, 이것은 「방편품」에서 설하는 그대로 제법실상의 불지견(佛知見)에 의거하고 있다. 왜냐하면 이 불지견 즉 반야의 작용은 실상을 보는 공관(空觀)에 다름 아니기 때문이다. 공(空)이란 소승의 고정적이고 차별적인 세계관을 부정하고 이것을 대승의 연기설에 기인한 통일적 세계관을 지향하는 것이다. 따라서 공관(空觀)은 소승의 학설을 파괴하는 것이 목적이 아니라 이것을 고차적인 대승으로 섭취시켜 살리는 것이 참 목적이다. 그러므로 반야(智慧)라고 하는 것은 대·소승의 불교도에 공통적인 가르침이고 여기에 제법실상의 이론이 개삼현일의 근거로 되는 이유가 있다.

이 사고방식의 원리를 분명히 한 것이 『반야경』이다. 그러나 『반야경』은 다만 이것을 이론상으로 설하는 것에 머물고 있다(法開會). 여기에서는 성불이라고 하는 인간적 문제에까지 파고들어 고찰하지 않는다. 그러나 『법화경』은 이승작불을 설하고 이것을 인생론적으로 구체화했다(人開會). 이것은 『반야경』이 이론 일방적인 경인데 대하여 『법화경』은 인생론적 경전인 것을 본령으로 하는 것이고, 추상적인 이론이나 철학을 가지고 가르치는 것을 가능한 한 구체적으로 인생에 즉하고 있는 것이 특징으로 되어 있기 때문이라 할 것이다.

기타 불신관(佛身觀)에서나 보살행에서도 『법화경』은 깊은 철학사상을 내포하면서 어려운 이론으로서가 아니라 알기 쉬운 인생의 사례로 생생하게 표현하고 있다. "만일 이 세상의 경서(經書, 세상의 도덕론), 치세의 언어(정치론), 자생(資生)의 업(業, 경제) 등등을 설한다 해도 모두 정법(正法)에 따른다"고 하는 말이 「법사공덕품」에 있지만 이와 같이 인생의 실제 생활에 도움이 되는 가르침이 『법화경』의 이상이었다. 이를 위해 서술하는 데도 많은 비유나 희곡적인 구상을 사용하여 심리학적이면서도 문학적 향기가 높은 경전이 되었다.

2) 상대적인 보살승을 넘어선 절대적인 불승의 입장

보살승(菩薩乘)은 대승의 공통 입장이지만, 『법화경』의 일승(一乘)은 "유유일승 법무이역무삼(唯有 一乘 法無二亦無三)"(「방편품」)이라는 말 그대로 보살승의 입장까지 넘어서 있다는 점에서 다른 경전보다 우위의 입장을 보여주고 있다. 『반야경』이나 『유마경』에서는 소승과 대승의 대립이 명확하지만 이것은 아직 상대적인 보살승의 위치에 머무르고 있다. 그러나 『법화경』은 이 대립을 지양하여 절대적인 일불승으로 돌아가게 한다. 보살이란 붓다가 되기 전의 위계이므로 수행을 완성한 절대자로서의 붓다에 비하면 아직 미완성의 붓다인 것이다. 그러므로 보살승과 불승을 대조하면 불승의 절대성에 대해 보살승은 상대적이라고 할 수 있다. 그러나 일반적인 대승경전에서는 이 보살을 중생의 인격 발현의 최고 목표로 하고, 보살과 그 위에 위치하는 붓다의 차원적인 차이를 확실하게 생각하지 않는다.

보살행을 강조하는『화엄경』의 인격 이상은 여러 가지 보살이고, 붓다의 인격은 거기에 나타난다. 정토경전은 아미타불이 신앙의 대상으로 되어 있지만 아미타불의 인격은 법장비구라고 하는 보살의 성격을 토대로 한다. 이에 대해『법화경』은 보살에 대한 붓다의 인격적 권위가 분명하게 확립되어 있다. 즉 붓다는 구원실성(久遠實成)의 절대적 석존이고, 상행(上行) 등의 보살은 석존의 자식이다(「종지용출품」). 다시 말해서 아버지와 자식으로 비유되는 질서적 관계가 여기에 명시되고 있는데, 이것은 붓다와 중생의 관계에서도 똑같다.

나도 또한 이 세상의 아버지로 모든 고통을 구제하는 사람이다(「수량품」).

지금 이 삼계는 무엇이나 나의 유(有)이다. 그 가운데 중생은 모두 나의 자식이다. 그리고 지금 이곳은 모든 환난이 많고 오직 나 한 사람만이 능히 구호를 한다(「비유품」).

이와 같이 붓다는 중생의 아버지로서 자비와 함께 그 권위적 성격이 명료하게 나타내고 있다. 이러한 절대적인 붓다의 권위를 받든 가르침이『법화경』의 일불승이다. 그러므로『법화경』에서는 보살의 실천은 보살의 인격에 유래하는 것이 아니라 붓다의 인격을 규범으로 하고 있다. "모든 보살은 여래의 명(命)을 받아 실천하는 것이고 여래를 정재(頂載)하고 여래의 사자(使)로서 여래의 일을 행하는 자"이라고 하는 취지를 종종 설하고 있다. 이처럼 보살승이 단순한 보살승이 아니라 불승에 의거한 것을 드러내고 있다는 것이야말로『법화경』의 보살행이 일반적인 대승경전의 그것과 구별되는 커다란 특징이다.

3) 인격적 불타의 절대성·유일성을 갖춘 구원실성의 석존이 본불이다

일불승을 인격화한 것이 개적현본의 원리에 의거한 구원실성의 본불관(本佛觀)이다. 모든 경전 가운데 유례없는 『법화경』의 최고 가치는 본불관에 집중적으로 표현되어 있다고 볼 수 있다. 그것은 본불관이 신앙의 대상인 붓다의 본질을 가장 잘 함축하고 있기 때문이다. 단지 절대적 불타관이라고 하는 것이라면 『화엄경』이나 『대일경(大日經)』에도 있다. 그러나 『화엄경』에서는 비로자나불을 우주의 진리라고 표현하고 있으므로 부처는 법신론적인 경향이 강하고 인격성이 희박하다. 그러므로 설법자는 보살로 되어 있다. 이에 비하면 밀교의 대일여래는 인격적이지만 다신론적(多神論的)이기도 하여 중생은 신앙에 들기 위해서 대일여래의 변화신인 제불제보살을 그 의향에 따라 본존으로 삼는다. 그런데 『법화경』은 시방의 제불을 지양한 유일신론(唯一神論)에 입각해 있다. 따라서 붓다의 인격성이 선명하고 신앙의 대상으로 통일되어 있다.

이와 같이 절대성·영원성·유일성을 모두 갖춘 불타관은 오직 『법화경』에만 나타난다. 그러나 『법화경』의 가치는 이것으로 그치지 않는다. 이러한 불타관이 역사적 실재로서의 인격적 석존의 색신에 즉하여 나타나고 있는 것이 중요하다. 『법화경』의 불타관이 지닌 가장 큰 특징은 역사적 석존의 육신의 형견(形見)인 사리탑 숭배를 매개로 하여 구원실성의 본불을 표현하는 것이고, 어디까지나 역사적 석존을 중심으로 하는 것을 잊지 않는다는 것이다. 이 점이 『법화경』이 석가모니불이라는 교조의 명칭을 사용하는 이유인 것이다. 일반의 대승경전의 불타관은 법신(法身), 보신(報身), 응신(應身)의 어느 한쪽으로 기울고 있으나, 『법화경』은 삼신일체(三身一體)의 절대적인 교조 석존이 본불인 것이다.

4) 모든 경전의 장점을 모두 갖추고 있다

개적현본에 의해 제불은 일체불로 귀일(歸一)한다는 것은 불신(佛身)뿐만 아니라 제불의 가르침 즉 모든 경전의 가르침의 테두리가『법화경』으로 모아진다는 것을 의미한다. 먼저『반야경』을 본령으로 하는 지혜와 제법실상의 가르침은「방편품」에서 자세히 설하고 있고, 또한「수량품」에서 이르기를 "여래는 여실하게 삼계(三界)의 모습(相)을 지견(知見)한다. 생사의 퇴출은 있는 것이 아니고 재세(在世) 또는 멸도(滅度)라고 하는 것도 없다. 실(實)이 아니고 허(虛)가 아니며 여(如)가 아니고 이(異)가 아니다. 삼계의 삼계를 본 것과 같지 않다"라 하여 반야공관(般若空觀)의 취지를 간명하게 나타내고 있다.

또한 정토교가 본령으로 하는 자비·구제(救濟)의 사상은「수량품」,「비유품」,「신해품」,「약초유품」 등에서 정토경전보다도 더욱 인간미에 넘치는 표현으로 설한다. 정토경전에서는 서방의 극락세계를 정토라고 하지만,『법화경』에서는 본불을 믿을 때에는 사바세계가 정토로 나타난다. 그리고 그것은 시방세계를 일체로 한 절대적 정토이기 때문에 서방정토는 그 가운데 포함된다.『반야경』은 지혜에 치중하고 정토경전은 자비를 중심으로 한 가르침이지만,『법화경』은 지혜와 자비의 양면을 겸하여 갖추고 있다. 그러므로 정토경전은 물론『법화경』역시 말법·악세의 중생을 구제의 대상으로 한다. 그러나 정토경전은 중생을 범부악인(凡夫惡人)이라 하여 정의적(情意的)인 측면에서 접근하는 데 대해,『법화경』은 악세의 중생을 부처님의 가르침에 등지는 방법자(謗法者)라 하여 지적(知的)으로 접근하고 있다. 이것은『법화경』이 자비와 함께 지혜의 입장을 취하고 있기 때문이다. 따라서『법화경』에는 절복(折伏)이라고 하는 엄격한 구제관이 수반된다.

『화엄경』은 법계정토관, 보살행, 자비, 믿음, 불덕(佛德) 찬탄 등의 사상을 특징으로 하지만, 이것도『법화경』에 모두 나타나고 있다. 특히 보살행을 강조하는 것과 붓다의 신력(神力)·위력을 찬탄하는 염(念)이 강한 것은『법화경』과『화엄경』에 가장 선명한 특징이라 할 수 있다.『열반경』은『법화경』의 사상에 의거하여 특히 그 성불사상을 실유불성(悉有佛性)의 이론으로 세운다. 일천제(一闡提)의 성불 즉 방법자의 성불이라고 하는 생각은『법화경』과『열반경』의 특징이라 할 것이다.

밀교경전은 복잡한 특수한 종교의례를 가르치지만, 대중에게 개방적인 가르침인『법화경』에는 이와 같은 것이 필요 없다. 원래 밀교경전의 장점은 수행 면에서 즉신성불(卽身成佛)의 이행도(易行道)와 현세 이익을 설하는 점인데,『법화경』의 각처에서 "이 경의 일게일구까지도 수지하면 성불한다"고 이행도적(易行道的) 성불관을 설하고, 특히「제바품」에서 용녀(龍女)의 즉신성불을 보여주고 있다. 또 현세이익은「수량품」이후의 여러 품에서 역설하고 있다. 이와 같이『법화경』에는 모든 경전 내용의 테두리가 종합적으로 함축되어 있다.

5) 보살도의 실천행

불멸후 출가하지 못하는 범부, 그중에서도『반야경』이 나타낸 대승보살도에 따를 수 없는즉『반야경』에서 멀어진 사람들은 '일체 중생은 본래부터 보살'이라는 불지견을 밝히는『법화경』을 청문하고 신수(信受)함으로써 자신이 본래부터 보살이라는 것을 이해하고 깨닫고서 본성이 보살이기 때문에 미래의 성불을 보증받는다.『법화경』의 청문 신수에 의해 얻을 수 있는 것은 어디까지나 자신이 본래부터 보살·불자라는 것이며, 그것이 실제로 정각을 획득하기 위해서는 보살행의 실천(불지견의 길에 들어서는 것)이 불가결하다. 그렇다면『법화경』의 보살행이란 무엇인가. 이에 대해서「법사품」은 다음과 같이 설하고 있다.

그런데, 약왕(藥王)이여, 누구인가 어떤 남성 또는 여성이 다음과 같이 말했다고 하자. "도대체 어떤 사람들이 미래에 여래(如來), 응공(應供), 등정각자(等正覺者)가 되는 것일까." 약왕이여, 그 남성 또는 여성에게는 다음과 같은 선남자 또는 선여인이 나타나야 한다. 즉 "이 법문에서 겨우 사구(四句)밖에 안 되는 게(偈) 하나라도 기억하고, (다른 사람에게) 들려주고 설시하며 또는 이 법문을 공경하는 그러한 선남자 선여인이야말로 미래에 여래, 응공, 등정각자가 될 것이다."

이 문장이 단적으로 나타내는 것처럼, 본래부터 보살인 불멸후의 중생이 성불하기 위한 인행(因行) 즉 보살행은 다름 아닌『법화경』을 다른 사람에게 들려주고 설해주는 것 즉 창도하는 것이다. 이것은 많은 초기 대승경전 중에서도『법화경』만의 특이점이라고 볼 수 있다.

『법화경』은 보살도의 실천으로서 멸후의 홍경활동(弘經活動)을 강조한다. 대개의 대승경전은 가르침을 설한 후에 그 설하는 법을 미래에 유통시킬 것을 권하고 있다. 하나의 경(經) 가운데 이 부분을 유통분(流通分)이라 칭하는데, 보통 권말에 잠깐 설하고 있다. 그런데『법화경』에서는「법사품」이하의 품들은 거의 경전 유통에 관한 것으로 그 역할은 전체의 7분의 4에 이르고 있다. 이와 같은 비율은 여러 경 가운데 파격적으로 이례적이다. 이렇게 유통분이 많은 것은『법화경』이 보살행의 실천을 멸후의 홍경활동에 있는 것이라고 보고 있기 때문이며, 이와 같이 보살행사상과 홍경사상이 완전히 일체시되고 있는 것은 다른 경전에는 없는『법화경』의 가장 커다란 특징이다.

그리고 이 실천자의 인격을 상징한 것이 상행(上行) 등 본화(本化)의 보살이다.『법화경』이 미륵보살마저 알지 못하는 특이한 보살을 지하에서 용출(湧出)케 한 것은 보살의 사상을 홍경사상에 집중화시켜 나타내기 위해 대중에게 인상적인, 특히 참신한 가르침을 전개하고 있기 때문이다. 이와 같이 경전의 유통을 강조하는 것은『법화경』이 멸후의 상법(像法) 또는 말법(末法)의 악세에 널리 펼쳐야 할 것을 예정하고 설하신 경전인 것을 보여주고 있다.

제3장

인도의 법화교학과 주석

1. 인도의『법화경』주석

1) 석존과『법화경』

불교의 개조(開祖) 석존은 한 나라의 왕이 될 신분과 행복한 궁정의 생활을 버리고 일개 걸식수행자가 되어 도(道)를 구했다. "처자도 값진 보물도 왕위마저도 죽을 때 자신을 따라오는 것이 아니다. 인생은 이와 같이 덧없는 것이다"라고 생각하고 세상을 버리고 도를 구해 출가했다고 전하고 있다. 그리하여 싯다르타는 태어난 고향(오늘의 네팔 카필라 성)으로부터 남쪽으로 내려가 갠지스 강 건너 마갈타국의 왕사성(오늘날의 라즈기르 지방)으로 갔다. 그리고 그로부터 그리 멀지 않은 나이란자나 강 주변의 가야마을의 교외(오늘날 붓다가야라고 부르는 지역)의 큰 나무 아래에서 깨달음을 얻었다고 전한다. 불교에서는 이를 '대각성취(大覺成就)' 또는 '수하정각(樹下正覺)'이라고 부른다. '핍팔라'라고 부르는 이 나무는 석존이 그 아래에서 깨달음을 연 나무이라는 의미로 보리수(菩提樹)라고 부르고, 여기에서 싯다르타는 '붓타(佛陀)'가 되었다.

석존은 무엇을 깨달았을까? 연기설을 깨닫고 제법실상을 깨달았다고 하는 것은 인간을 포함한 존재 일반을 지배하고 있는 '법(法)'을 깨달았다는 뜻이다. 이 '법'이『법화경』의 '법'이다.『묘법연화경』의 묘(妙)도 연화(蓮花)도 이 '법'을 형용하거나 수식하거나 설명하는 것이다. 실체는 '법'이다. 이와 같이 깨달은 '법'으로 인생 제반의 문제를 해결하고자 한 것이 붓타의 활동이다.

그러나 이 세상에 살고 있는 사람들의 고뇌는 천차만별인 동시에 사람들의 소질, 재능, 교양, 처지 등도 다종다양하다. 부처님이 되신 싯다르타 즉 석가모니부처님의 설법은 실로 다종다양하다. 부처님의 최대 관심사는 괴로움을 가지고 자신을 찾아오는 중생의 고통을 해결해주는 것이었다. 그러므로 가르침은 천차만별인 것이다. 하나의 '법'에서 나오는 것이지만, 때와 장소와 경우 그리고 상대에 따라 각각 다르다는 것은 당연하다. 이것을 방편(方便)이라고 한다. 『법화경』이 방편의 문을 열어 진실한 실상(實相)을 보여준다고 하는 것은 이 때문이다.

2) 『법화경』 정신의 발양

3세기경부터 대승불교는 점차로 학문적으로 조직되었다. 학문적 대승불교는 다음과 같은 세 가지 계통으로 크게 나누어 볼 수 있다.

첫째, 용수(龍樹) 계열의 중관학파(中觀學派)

둘째, 무착(無着)·세친(世親) 계열의 유식학파(唯識學派)

셋째 마명(馬鳴) 계열의 여래장학파(如來藏學派)

2~3세기에 활동한 용수는 『중론(中論)』과 『12문론(十二門論)』을 지어 대승의 공(空)과 실상(實相)에 대해 연기설(緣起說)에 의한 이론을 세웠다. 이 이론은 널리 대승불교의 철학적 기초가 되었다. 그는 『대품반야경』을 주석하여 『대지도론』을 지었는데, 모든 대승경전을 『반야경』이라 칭하고 모든 경전 가운데 특히 『법화경』을 "심심(甚深)·비밀(秘密)의 반야"라고 표현했다. 그리고 그의 제자인 제바(提婆)는 『백론(百論)』을 지었다.

5세기경의 인물인 무착과 세친은 형제이자 사제지간이다. 그들은 협력하여 '유가행유식론(瑜伽行唯識論)'을 폈다. 이 사상은 공관(空觀)을 유심론화(唯心論化)한 것으로, 정신 주체에 아뢰야식(阿賴耶識)을 세우고 유식무경(唯識無境) 즉 대상세계는 유식(唯識)의 나타남이기 때문에 실재적(實在的)이 아니라고 설한다. 주된 저술로는 『유가론(瑜伽論)』,『섭대승론(攝大乘論)』,『성유식론(成唯識論)』,『십지경론(十地經論)』 등이 있다. 세친은『법화경』의 강요(綱要)를 해설하여『법화경론』을 짓고『법화경』의 17명칭, 13심심(甚深), 3무상(無上) 등을 들어『법화경』이 최승(最勝), 심심(甚深), 무상(無上)인 것을 선양했다.

마명은 2세기경의 사람인데, 그의 저술이라고 하는『대승기신론(大乘起信論)』은 5세기경에 작성된 것으로 보는 학설도 있다.『대승기신론』은 중생의 일심(一心)을 여래장(如來藏)이라 칭한다. 여래장은 일체 중생이 갖추고 있는 진여(眞如), 불성(佛性)으로 이에 의거하여 성불이 가능하다는 것이다. 그러나『대승기신론』에서는 성불을 본각(本覺)과 시각(始覺)의 관계에 의해 논하고 있다. 본각이란 무시(無始) 이래 지니고 있는 선천적인 불성으로, 중생은 그대로 깨달음의 세계에 있다는 절대적 성불관이다. 시각이란 본각에 의거하여 중생이 수행하여 일정한 시간이 지나고 나서 성불을 실현하는 것 즉 후천적 성불관을 뜻한다.

3)『법화경전기』의 기록

초기 대승불교의 대표적 경전 중 하나인『법화경』은, 인도에서 일찍이 용수, 견의(堅意), 세친 등에 의해 인용·강찬(講讚)되었다.『법화경』은 1세기경부터 150년경까지 27품이 거의 성립되었고,[1] 「제바달다품」은 3세기 전반에 추가된 것으로 보고 있는 연구 보고도 있다.[2]

구마라집(鳩摩羅什)이 번역한『법화경』이 용수의『대지도론』(100권)에 인용되었

---

1 布施浩岳,『法華經成立史』, 大東出版社, 昭和 9, 263頁; 田村芳朗,『法華經』(中公新書196), 中央公論社, 昭和 44, 44頁.
2 塚本啓祥,『佛教史入門』(レグルス文庫62), 第三文明社, 昭和 51, 128頁.

고,[3] 용수와 제바 이후의 인물인 견의[4]의 『입대승론(入大乘論)』(2권)은 북량(北凉)의 도태(道泰) 등이 번역한 것으로 여기에도 『법화경』이 인용되고 있다.

견의는 대승을 보살장이라고 하고,[5] 이 대승 가운데 삼승(三乘) 즉 '삼장(三藏, 성문장, 벽지불장, 보살장)'을 설한다. 그러나 보살은 대승을 배우고 보살의 설법은 삼승을 잘 갖추고 있으므로 보살승을 '삼장'이라고 이름 하지만, 성문승 또는 벽지불승을 가지고 '삼장'이라고는 하지 않는다고 말한다. 즉 대승＝보살승이라는 관계가 보이고 삼장을 삼승이라고도 부르고 있으므로 삼승 중의 보살승을 대승으로서의 보살승과 동일시하고 있는 것을 볼 수 있다. 또한 일승(一乘)과 다승(多乘)에 대해서 길 가운데 성을 만들어내는 화성유(化城喩)를 들고 나서 "단 일승만이 있고 실제로는 삼(三)은 있지 않다. 부처님도 스스로 설하시기를 오직 일승만이 있고 이(二)도 삼(三)도 없다"[6]고 했다. 견의는 『법화경』의 「방편품」 제54게 '유유일승법 무이역무삼(唯有一乘法 無二亦無三)'에 상응하는 문장을 들고 있다.

그가 말한 대승과 삼승의 관계에 일승다승관(一乘多乘觀)을 대비시켜보면, 「비유품」의 삼차(三車), 대백우차(大白牛車)에는 언급하고 있지 않지만, 견의가 논하는 것에서 후세의 삼차가(三車家) 출현을 간취할 수가 있다. 또 불신관(佛身觀)과 관련해서는 "법신을 설하는 가운데 법신의 상존은 『법화경』의 「수량품」에서 밝히는 바와 같다"라고 하여 『법화경』「수량품」의 부처를 법신이라 하여 「수량품」을 법신상주의 전거로 삼고 있다.

당나라 혜상(慧詳 또는 僧詳)이 찬한 『법화전기(法華傳記)』 권 제1 '논석부'와 권 제5

---

3 塩田義遜, 『法華敎學史の硏究』, 地方書院, 昭和 35, 15頁.

4 宇井伯壽, 『印度哲學史』, 岩波書店, 昭和 7, 424頁. 塩田義遜은 『法華敎學史の硏究』에서 견의를 견혜(堅慧)와 동일 인물이라 하고, 宇井伯壽는 다른 사람으로 보고 있다. 또한 『望月佛敎大辭典』(世界聖典刊行協會, 昭和 8, 925頁)에서도 別人說을 볼 수 있다.

5 大正三二·三六中一下.

6 大正三二·四五下.

'진제삼장(眞諦三藏)'[7]에는 인도에서 『법화경』의 논(論)을 만들고 그 문장의 뜻을 주석하는 자가 '오십여 가'라고 하면서 다음과 같이 말하고 있다.

부처님의 열반 후 500년 말기에 용수보살이 『법화론』을 짓고, 600년 초기에 견의보살이 『석론(釋論)』을 지었다. 그와 함께 아직 이 국토에 오지 않으므로 그 지귀(旨歸)를 헤아릴 수 없다. 900년 중에 북천축장부국(北天竺丈夫國)의 국사 대바라문 교시가(僑尸迦)의 아들인 바수반두 즉 천친(天親, 世親)이라고 하는 사람도 또한 『법화론』을 지어 64절의 법문을 가지고 그 대의를 주석하고 있다.

그러나 용수와 견의의 것은 현존하지 않고 견의와 비슷한 시기의 인물인 세친[8]은 인도 찬술로는 유일하게 현존하는 『법화경』 주석서를 지었다. 범본은 전하지 않지만 한역본 『묘법연화경우바제사(妙法蓮華經憂波提舍)』는 두 권 있다.[9] 그런데 '우바제사'는 upadesa의 음사로 '논(論)'을 의미한다. 그러므로 『법화론(法華論)』이라고 부르고 있다. 508년 중국의 낙양(洛陽)에 중인도 출신의 늑나마제(勒那摩提)와 508년 낙양에 온 북인도 출신의 보리유지(菩提留支)는 함께 『십지경(十地經)』을 번역하고 출간했으나 후에 뜻이 맞지 않아 헤어졌다고 한다. 앞에서 말한 두 가지 번역의 출간은 508년 이후의 일이다. 수말당초(隋末唐初)에 태어나 『법화경』을 중시한 삼론종의 길장(吉藏)은 『법화론소(法華論疏)』[10]를 저술했는데, 그의 『법화경』 찬술들 가운데서 종종 '만견법화론'이라 하여 법운(法雲) 등의 구설(舊說)을 논파하는 경우에는 그 전거를 세친의 『묘법연화경우바제사』에서 찾고 있다.[11]

---

7 大正三二·四七下(『日本國譯大藏經 論部二十』, 國民文庫刊行會, 大正 10), 21-23頁 참조.

8 세친의 연대에 대해서는 異說이 있다. 金倉圓照, 『インド哲學史』, 平樂寺書店, 昭和 37, 91頁 참조.

9 妙法蓮華經憂波提舍二卷 大乘論師婆藪槃豆釋 後魏 菩提留支共曇林等譯. 妙法蓮華經論優波提舍一卷 或二卷 婆藪槃豆菩薩造 元魏 勒那摩提共僧朗等譯.

10 大正四〇·七八五.

2. 용수의 법화사상

1) 『대지도론』의 법화경관

당의 혜상이 찬한 『법화경전기』 권1에 '진제삼장(眞諦三藏)의 상전(相傳)'이라 하여 다음과 같이 말하고 있다.

『법화경』은 오천축에 유전(流傳)하고, 그 논을 지은 자 50여 가(家). 불멸후 오백년의 끝에 용수보살은 『법화론』을 짓고 육백년의 시작에 견의보살은 또 『석론』을 지었으나 중국에 전역(傳譯)되지 못했다. 9백년 중에 북천축의 천친(天親, 世親)보살은 『법화론』을 짓고 64절의 법문(法門)을 가지고 그 대의(大義)를 주석했다.

용수(龍樹)의 『법화론』과 견의의 『법화론』은 다른 곳에 전하는 것은 없지만, 용수의 『대지도론』 및 견의의 『입대승론』을 보면 누누이 『법화경』을 인용하고 있어 그 인용문에 의해 두 사람의 법화경관을 어느 정도 살펴볼 수 있다.

『대지도론』은 『대품반야경』의 석론이지만, 대승과 소승의 경론을 널리 인용하고 있어 불교의 통론적인 데가 있다. 여기에서는 『법화경』의 이름이 20여 곳에 미치고 거의 15품에 걸쳐 있다. 이를 살펴보면 다음과 같다.

「서품」: 제30권에 오도육도(五道六道)의 이숙(異熟)에 대하여 『법화경』에는 육취 중생이 있다고 설하는 것을 들고, 제38권에 겁수(劫數)를 설하는 예로 부처님께서 삼매로부터 벗어나 60소겁(小劫) 중에 『법화경』을 설한다고 하고, 또 제50권에 불보살은 곧잘 다시(多時)를 소시(小時)로, 소시를 다시로 만든다고 하는 예로서 부처님은 60소겁 중 『법화경』을 설할 때는 사람들은 새벽부터 식시(食時)에 이른다고

---

11 丸山孝雄, 『法華敎學研究序說』, 平樂寺書店, 昭和 53, 3-5頁 참조.

하는 것을 든다.

「방편품」: 제79권에 부처님은 수승한 복전(福田)을 설할 때『법화경』중에 사람들은 일화소향(一華少香)을 가지고 부처님을 공양하고, 또 한 번 나무불(南無佛)이라고 칭하는 것도 모두 성불할 것이라고 인도하고, 제93권에도 부처님의 명호를 듣는 공덕의 예로 만약 사람이 좋은 마음을 가지고 부처님의 명호를 들으면 모두 마땅히 성불할 것이라고『법화경』에서 설하고 있다고 하고, 또 같은 곳에서 부처님에게 짓는 작은 공덕 또는 웃으면서 한 번 나무불이라고 칭하는 것도 점차 반드시 성불할 것이다. 또 성문의 사람도 모두 마땅히 성불할 것이라고『법화경』에서 설하는 것과 같은 것은 결코 피할 수 없다. 다른 경(經)에서 설하는 것은 퇴(退), 불퇴(不退)가 있다고 한다.

「비유품」: 제84권에 부처님의 여러 가지 말씀은 집착을 없애는 데 있다. 그 예로『법화경』에 화택(火宅)을 설하는 것처럼 삼승(三乘)을 가지고 여러 아이들을 이끌어 내고 다만 명(名)과 상(相)을 가지고 제법(諸法)을 설하나 제일의(第一義)를 허물지 못한다고 인용하고, 또 38권에 사리불의 작불을 인용한다.

「수기품」: 제38권에 겁수(劫數)를 설하고 정법주세(正法住世) 20소겁(小劫), 상법주세(像法住世) 20겁이라고 인용하고 있는 것은 사리불의 성불 이후라고 하지만 가섭 등의 수기(授記)가 이 품인 것과 같고, 또 제100권에『법화경』등의 제경에 아라한의 수결작불(受決作佛)을 설한다고 하는 한마디는 이 품과「비유품」,「오백품」,「인기품」,「권지품」에 걸쳐 있는 것과 같다.

「화성유품」: 제32권에 제불보살은 대천(大千)의 미진수까지 아는 예로 대통혜불의 옛적의 겁수 삼천진점겁(三千塵點劫)을 들고, 제93권에 아라한이 삼계를 벗어나 번뇌 없는 국토에서 부처님을 따라『법화경』을 듣고 불도(佛道)를 구족한다고 하는 것은 이 품에서 설하는 "또한 이 경을 듣지 못한 제자가 있어 스스로 공덕을 얻은 바 멸도상(滅度想)을 내어 마땅히 열반에 든다. 내가 다른 국토에서 성불하여 다시 이명(異名) 있으니 이 사람이 멸도의 생각을 낸다 하더라도 열반에 들어 그 국토에서 불지(佛智)를 구하여 이 경을 얻어 듣게 된다"라는 글을 가리키는 것과 같다.

「보탑품」: 제7권에 부처는 청하지 않으면 설법하지 않고 바로 열반에 든다고 하는 예로 다보여래의 신탑(身塔)의 법화 증명(證明)을 설하고, 제32권에 모든 보살이 부처님의 설법을 청함에 대천세계의 모든 산을 없애고 땅을 평등하게 하는 예로 『법화경』에서 부처님은 화불(化佛)을 집합시키려고 먼저 땅을 평정하게 하는 예를 든다.

「용출품」: 제33권에 부처님에게 내권속(內眷屬), 대권속(大眷屬)이 있음을 설할 때 지용의 보살을 부처님의 법성생신(法性生身)의 내권속, 대권속이라고 한다.

「수량품」: 제26권에 부처님이 중생을 제도하심에 현전득도(現前得道), 멸후득도가 있다고 설하고, 『법화경』의 약사(藥師)는 여러 아이들을 위해서 약을 주고 더욱이 아이를 버리는 것은 멸도에 의해 도탈(度脫)케 하는 것이라고 하는 예를 든다.

「법사공덕품」: 제38권에 근(根)의 이둔(利鈍)을 설할 때 눈 등의 육근(六根)은 『법화경』에 설하는 것과 같다고 인용한다.

「촉루품」: 제100권에 어째서 『반야경』을 아난에게 부촉하고 『법화경』 등의 제경을 희왕(喜王) 등의 모든 보살에게 촉루하는가 하고 묻는다.

「약왕품」: 제10권에 보살이 부처님의 설법을 듣고 여러 가지 삼매, 총지(總持), 신통을 얻은 은혜를 갚는 예로 약왕보살의 천이백세 소신공양을 인용하고, 제88권에 또 보살신을 가지고 보시하지 않으면 스스로 뜻에 차지 못한다고 하는 예로 약왕보살은 몸을 가지고 등(燈)으로 삼아 부처님을 공양하고 나서 만족한다고 하는 예를 든다.

「관음품」: 제34권에 관세음보살을 염(念)하면 모든 위난(危難)을 벗어난다고 하는 것은 이 품의 설상(說相)을 인용한 것과 같다.

「보현품」: 제9권에 제불보살은 한때에 중생의 일심귀념(一心歸念)에 의해 몸을 나타내어 제도하는 예로 오로지 『법화경』을 독송하는 한 노비구에게 변길보살이 금색의 몸으로 백상(白象)을 타고 와서 가르쳐 인도하는 예를 들고, 또 풍나자(風頼

耆)가 변길보살을 염(念)하니 변길보살 상(像)의 손이 병자를 어루만져 병을 없애고 치유하는 예를 든다.

생각건대 용수보살이 여러 대승경전 중에서 특히 『법화경』을 이와 같이 빈번하게 인용하는 것은, 첫째로 『법화경』은 담리(談理)가 적고 여러 가지 설상(說相)이 많아서 인용하기에 편리한 것, 둘째로 아마도 당시에 많이 유전(流傳)되고 대중이 이를 아는 자가 많았던 것, 셋째로 보살의 심중에 특히 『법화경』을 중시하는 경향이 있었던 것 등에 의한 것은 아니었을까 생각된다.

용수의 홍전하는 법이 『반야경』, 『화엄경』, 『법화경』으로부터 또는 밀교, 정토교, 선교(禪敎)에 걸쳐 있고, 팔종(八宗)의 고조(高祖)라고 하는 것도 인도로부터 전승되고 널리 전해지게 된 것이 분명한 것은 『대품반야경』에 의한 공(空)사상과 중관(中觀)의 사상적인 흐름이다. 그런데 『대품반야경』의 주석서인 『대지도론』에 누차 『법화경』을 인용하고 『법화경』과 『반야경』을 대비시켜 그 설하는 법의 같은 뜻과 다른 뜻을 보여주고 있다. 그리고 설주(說注)에 대한 같고 다름을 논하고 있다.

먼저 같은 뜻이란 『논(論)』의 제57권에, 경(經)의 '제여선법(諸餘善法), 입반야바라밀(入般若波羅蜜)'의 글을 주석하는 가운데 『법화경』, 『밀적경(密迹經)』 등의 여러 대승경전은 뜻이 『반야경』에서와 같은 것으로서, 이름은 다르다 하더라도 필경 반야바라밀 가운데 들어가야 할 것이라고 하는 것이다. 또 제46권에 『본기경(本起經)』, 『운경(雲經)』, 『법화경』, 『육바라밀경』 등 열 가지의 대승경전의 이름을 들어 이들 무량무변의 여러 대승경전에서도 반야를 설하지만, 널리 제법실상 무상불상(諸法實相 無相不相)의 여실제진여(如實際眞如)를 설하는 것은 반야바라밀경을 가지고 가장 크다고 하는 뜻을 말하는 것이다.

또 제79권에는 이 심반야바라밀(深般若波羅蜜)은 불모(佛母)의 실상(實相), 속히 성불하는 도(道), 삼세제불 모두 다 반야에 의해서 불도를 얻고 반야의 제법실상을 가지고 불성을 깨닫는 것을 내용으로 한다. 내지 성문을 위한 설법도 반야를 찬한다고 한다. 『법화경』 또한 그 제법실상 무상불상을 가지고 오직 불여불(佛與佛)의 법이라고 하는 것이 이 심반야(深般若)의 일부인 것을 암시하고 있다. 이와 같은 것들은 같은 뜻으로, 오히려 『법화경』은 『반야경』의 일부라고 보는 것이 아닌가 하는 느낌마저 있다.

다음으로 다른 뜻이란 제200권의 「촉루품」 주석에 15의 문답이 있는데, 그중의 제2문답에서 어째서 마하연의 반야바라밀을 성문인인 아난에게 부촉하는가 하고 묻는다. 이에 답하는 제1인(囚)은 제보살은 불멸 후 제방(諸方)으로 분산하여 각기 제도해야 할 중생이 있는 곳으로 가서 이 땅에 있지 않기 때문이고, 제2인(囚)은 모든 보살은 반야바라밀에 숙달하고 아쉽게도 촉루하는 경계를 배려하지 못하여 아난은 숙달하지 못하기 때문에 은밀히 촉루한다고 하고, 다음에 제3문답에서는 『법화경』 등의 여러 대승경전을 보살에게 촉루하고 성문에게 촉루하지 않는 데 대한 세 가지 연유를 들고 있다. 즉 이들의 대승경전은 첫째는 성문설법의 자리에 있지 않다. 둘째, 있다고 하더라도 들을 수가 없다. 셋째, 듣는다고 해도 사용할 수가 없다고 하는 것이다.

그런데 『법화경』에서는 성문은 자리에 있고 청문하고 이해하고 또 수기(授記)하고 있다. 그러므로 성문에게 촉루하지 않는 이 가운데 앞의 두 가지 연유(二由)에 유래하지 않는다. 이미 성불의 수기를 받은 오백 나한, 학(學)·무학(無學)의 8천 인, 대애도(大愛道) 등 6천의 비구니들은 사바국토는 악하고 피폐한 사람이 많아서 증상만(增上慢)을 품고 마음이 부실하기 때문에 타방 국토에서 이 경을 설하겠다고 서원하고 있다. 이에 의하면 『법화경』의 성문은 위의 제3연유에 든다 하더라도 사용할 수 없는 종류에 해당되는 것이다. 또 제4문답에는 다시 무슨 법인가 심히 깊은 것으로 『반야경』보다 수승한 것이 있는가, 어째서 『반야경』을 아난에게 촉루하고 여타의 경을 보살에게 촉루했는가 하는 물음에 다음과 같이 답하고 있다.

양단(兩段)이 있다. 초단(初段)은 반야는 아직 비밀 심심(甚深)의 법이 아니다. 『법화경』 등의 여러 경전에 아라한의 성불을 설하는 자, 참된 심심 비밀의 법으로서 대약사(大藥

師)가 능히 독을 가지고 약이라고 하는 것과 같이, 대보살만이 능히 수지하고 응용한다. 성문 소약사(小藥師)는 쓸 수 없는 것이므로 이들의 경을 보살에게 촉루한다고 한다. 둘째는 그러면 이들 제경이 전혀 『반야경』과 다른가 하면 반드시 그렇지 않다. 성문에게 함께하는 『반야경』은 낮고 성문에게 함께하지 못하는 『반야경』은 깊다. 지금 아난에게 촉루한 것은 공반야(共般若)이기 때문에 잘못이 없다고 회통(會通)하고 있다. 그런데 그 불공반야(不共般若)는 또는 성문자리에 있지 않고 또는 있다 하더라도 들을 수가 없는 자로, 오직 법신의 대보살을 위해서만 설한다.

이것이 본론의 통설이다. 그런데 『법화경』은 성문의 자리에 있어 듣고, 또 듣는다고 해도 사용할 수 없을 뿐이다. 촉루 유통을 성문에게 허용하지 못하는 것으로 보면 불공반야와 같고, 자리에 있어 함께 듣는 점에서 보면 공반야와 같다. 논주(論主)가 『법화경』을 비밀의 법이라고 하는 것은 이 때문일 것이다.[12] 또 『대지도론』에서는 『법화경』 등 제경(諸經)이라고 한다. 아라한의 성불은 『법화경』에서만 설하는 것은 아니다. 그러나 그 철저한 설은 『법화경』에서 처음 본다. 즉 『대지도론』의 제93권에서는 다음과 같이 논한다.

이 국토에서 성문의 정위(正位)에 들어 무여열반(無餘涅槃)에 든 자는 번뇌 없는 삼계를 벗어난 정토에 있다. 『법화경』의 설하는 것은 부처 또한 그 국토에서 법화를 설하여 작불케 한다고 설함으로써 다만 현재의 아라한을 도탈하여 불도를 구족케 할 뿐만 아니라 저 삼계를 벗어나서 이미 열반에 들어 있는 자까지도 또한 그 열반의 곳에서 이 경을 듣게 하여 작불케 한다고 하는 것으로 철저한 아라한의 성불인 것을 뜻하고 있다.

---

12 『법화경』의 특질을 공(共), 불공(不共)의 양 반야를 초월한 것이라고 보면 천태의 태도로 되고, 『법화경』을 공반야에 섭하여 불공반야에 대하는 과도섭입(過渡攝入)의 방편이라고 보면 화엄·진언의 태도로 된다.

그러나 이것은 「화성유품」의 피토득문(彼土得聞) 즉 저 피안의 국토에서 들을 수 있다고 하는 말일 것이다. 이것이 『법화경』을 아라한의 수결작불(受決作佛)의 대표적인 경전이라고 하는 이유일 것이다. 또 같은 권에서 다음과 같이 말하고 있다.

불법(佛法)에 오대(五大) 불가사의가 있다. 누진(漏盡)의 아라한의 작불은 그 가장 첫째인 것은 오직 부처님만이 능히 알게 하신다. 논의자가 깨달아 알 수 있는 바가 아니고 작불 후에 비로소 이를 알 수 있으리라. 등각(等覺) 이후로 돌아가는 것은 믿어야 할 뿐이다.

공반야(共般若)는 "보살마하살, 성문, 벽지불, 마땅히 배워야 할 것"[13]이지만 사람들의 기대하는 바는 각기 다르다. 불공반야(不共般若)는 오직 십주십지(十住十地)의 보살을 위해 설한다. 그런데 『법화경』 등의 아라한의 수결작불은 이 두 가지의 반야에서 설하지 않는 불가사의한 설이다. 이것은 논주가 바로 부처님의 경계로서 보살론의자의 경계가 아니라고 하는 이유일 것이다. 논주의 아라한 성불에 관한 견지는 이와 같은 것이다.

그리고 『법화경』의 다른 특수한 수량작불(壽量作佛)에 관한 견해를 생각하면 제26권에 「수량품」을 인용하여 멸도(滅度)를 나타내는 방편을 가지고 중생을 도탈케 한다고 설하는 것은 법신상주(法身常住)를 암시하는 것이지만 그 법화의 법신에 대하여 따로 설하는 곳은 없다.[14] 그런데 『대지도론』 제33권에서 제불의 내권속(內眷屬)·대권속(大眷屬)을 설하는 가운데 "석존의 내권속이란 차익 내지 야수다라 등이고, 출가고행의 때는 5명, 득도 이후에는 미희라타, 아난, 밀적역사(密迹力士) 등이며, 대권속이란 사리불, 목련, 가섭, 수보리 등 여러 성인(聖人) 및 문수, 발타바라 등의 불퇴의 보살이다"라고 논하고 있는 것은 불가사의해탈경과 『법화경』을 예시

---

13 『대품반야경』 제3 「권학품」.
14 용수는 생신(生身), 법성신(法性身)의 이신설(二身說)을 주장하기 때문에 법신이라고 하는 것도 보신(報身)을 포함한다고 설명한다.

하는 것이다.

이상 『대지도론』의 논주 용수가 설한 것을 요약하면, 『법화경』은 그 설법에서 제법실상을 설하는 점은 『반야경』과 같은 뜻의 경이지만, 아라한의 수결작불을 철저하게 설하는 점은 공반야불공반야를 넘어선 비밀법이라고 보는 것이다. 이와 같이 보면 용수의 법화경관을 공반야불공반야의 두 가지로 받아들이기는 어렵고, 이 양자를 일체(一切)로 하는 이승(二乘)의 작불과 구성(久成)의 불신(佛身)에 중점을 두는 것이 아닌가 하는 느낌을 금하기 어렵다. 그리고 이것은 소승과 대승을 융합할 뿐만 아니라 『반야경』 『화엄경』을 융합하는 『법화경』의 본령으로부터 오는 자연적인 결과가 아닌가 생각되는 것이다.[15]

2) 『보리자량론』의 법화사상

용수의 저술을 자재(自在)가 주석하고 수(隋)의 달마급다(達磨笈多)가 번역한 『보리자량론(菩提資糧論)』(6권)이 있다. 반야바라밀이 보살 붓다의 어머니이고 보리(菩提)의 가장 수승한 최초의 자량(資糧)인 것을 논한다. 대체로 그 송(頌)은 용수의 것으로서 이론(異論)이 없고 그 주석은 자재의 것으로 보는 것이 타당하다. 제3권의 송 가운데 이승지(二乘地)에 드는 것에 대해 두려워해야 할 것을 설하는 것이 간절하고, 보살은 무생인(無生忍)을 얻고 나서 성불의 기별(記莂)을 받아 법이(法爾) 불퇴전(不退轉)의 지혜를 얻어도 이승(二乘)은 얻을 수 없음을 설한 후에 다음과 같은 송을 읊고 있다.

우리들이 모두 수희하여 부처님의 밀의어(密意語)로 수기하여 성자(聖者)되면 어찌 사리불(舍利弗)이 두려움이 있으랴.

---

15 山川智應, 『法華思想史の日蓮聖人』, 新潮社, 昭和 9, 101-107頁 참조.

우리들 또한 당래에 득작불하여 세상에 위없고 또한 밀의어로 무상정각(無上正覺)을 설하리라.

이 밀의어(密意語)의 수기라고 하는 것에 대해 자재의 주석에 먼저 대승경 중에 4종류의 수기가 있다. 이근(利根)으로서 증상(增上)의 믿음을 갖춘 자는 다음과 같다고 한다.

① 아직 발보리심 하지 못해도 수기한다(未發菩提心授記).

② 보리종(菩提種)이 성숙하고 오근맹리(五根猛利)하여 증상(增上)의 행이 있는 자에게는 발보리심의 때에 수기한다(發菩提心授記).

③ 그 사람의 해태심을 막기 위해, 타인의 의심을 끊기 위해, 그 사람으로 하여금 듣지 못하게 하고 타인으로 하여금 듣게 한다(隱覆授記).

④ 출세의 오근(五根)을 성숙하고 무생인(無生忍)을 얻어 부동지(不動地)에 주함에 대해서는 현전수기(現前授記)라 하고 "또 따로 밀의(密意)의 수기가 있으니 그것으로서 제5라고 한다. 『법화경』에 설하는 바와 같다"고 논하고 있다.

이를 '성문의 수기'라고 하고, 어느 논사(論師)는 이를 미입결정성문(未入決定聲聞)을 위한 것이라고 하며, 또는 퇴대취소(退大取小)의 마음을 일으키는 초심의 보살의 보리심을 견고케 하기 위한 것이라 하고, 또 다른 곳의 타방 불토(佛土) 보살이 모인 그때에 이르러 서로 비슷한 이름을 가지고 수기하게 된 것이라고 하는 세 가지 설이 있음을 말하고 있으나 그 실제 뜻은 오직 부처님만이 아신다.

또 제4권에, 보살은 번뇌를 두려워해야 하나 다 없애서(盡)는 안 된다. 보살은 번뇌를 막더라도 이를 태우는 일이 없다. 그로부터 보리의 씨앗을 틔운다고 설하는 게송이 있다. 그 번뇌를 태우고 있는 이승에게 성불의 기(記)를 주는 것으로 부처님이 선교방편을 설할 때 다음과 같은 게송이 있다.

저 모든 중생들이 기(記)를 받는 것은 인연이 있는 것이니, 오직 이 부처님의 방편의 도피안(到彼岸)이다.

다음에 모든 대승경에 설하는 것으로, 이승이 성불하지 못하는 것은 허공 또는 광야에 연화가 생겨날 수 없는 것과 같다. 이승은 높은 절벽이며 심히 깊은 굴 또는 불타는 씨앗이라고 하는 등의 뜻을 설하는 게송이 있다. 이 게송에 대한 자재(自在)의 주석에는 다음과 같이 말하고 있다.

　　번뇌는 유전(流轉)의 원인이지만 이를 끊어 없애서는 안 된다. 이를 끊어 없애면 보리의 자량(資糧)을 모을 수가 없으므로 보살은 차제법(遮制法)을 가지고 이를 가려 무력화시키고 선근을 모아서 본원(本願)을 만족하고 보리에 이른다. 보살의 번뇌성에서 이것은 열반의 성(性)이 아니지만, 이 모든 번뇌를 다 태워버리는 것이 아니고 이로부터 보리의 씨앗이 생겨나게 하는 것이다. 모든 성문의 성인은 열반을 성(性)으로 하여 그 과(果)를 얻으나 모든 부처는 도리어 번뇌를 성(性)으로 하는 것은 보리심이 이 번뇌로부터 생기기 때문이다. 이승(二乘)의 사람은 번뇌심을 태우기 때문에 보리심의 씨앗을 틔우지 못하고, 이승심(二乘心)의 씨앗은 유전하지 않기 때문에 보리의 것(事)을 이루지 못한다. 그러므로 번뇌를 가지고 여래성(如來性)으로 하고 번뇌를 가진 중생은 보리심을 발하여 불종(佛種)을 탄생시키기 때문에 번뇌를 여의지 않는 것이다.

　　그런데 『법화경』 가운데 종자를 태우는 성문에게 수기를 한 것은 왜 그런가 하면, 이것은 부처님의 선교방편으로서 도피안을 위한 것이다. 그러나 이 선교방편은 어떠한 중생을 성취하게 하시기 위함인가. 그 가운데의 인연은 오직 부처님만이 아신다. 다른 사람은 알 수 없는 것이다. 이승은 보리심의 씨앗을 발생하지 못하는 무위정정(無爲正定)의 계위(位)에 들어가는 자이므로 그의 수기는 다른 중생과 비슷하지 않은 것이다. 경에서 설하기를, "그들의 성불은 공중에 씨앗이 생겨나지 못하고, 고원광야에 연꽃이 생겨나지 못하는 것과 같다. 그들의 열반은 준애(峻崖)와 같고 심갱(深坑)과 같으며 무위계(無爲界)에 매어 있는 근패불남(根敗不男)의 장부와 같이, 산뽕나무(迦柘株)가 비유리보(鞞瑠璃寶)로 되지 못함과 같이, 타고 있는 씨앗에 수요일난(水澆日煖)도 또한 싹을 내기 어려움과 같이, 번뇌를 태워버리는 이승은 삼계(三界)에 태어날 수 없으므로 보리심을 발하여 성불할 수 없다.

『보리자량론』에서 용수의 게송은 첫째로는 성문의 수기를 밀의(密意)의 말씀이라고 하고, 둘째는 부처님의 선교방편을 도피안의 말씀이라 하고, 모든 경의 설하는 것은 이승은 성불을 하지 못하기 때문이라고 그 이유를 밝히고 있다. 이에 대하여 자재의 주석은 다음과 같다. "이 부처님의 밀의어는 첫째로는 미입결정위(未入決定位)의 성문을 위해, 둘째로는 퇴대취소(退大取小)의 헤아림이 있는 보살을 위해, 셋째로는 이불토(異佛土)의 보살의 화현(化現)한 자를 위해서라고 하는 세 가지 설을 들고 있다. 그러나 어느 것이 불의(佛意)를 얻은 것인지는 부처님만이 아신다. 또 어떤 중생을 성취시키기 위한 선교방편인지는 오직 부처님만이 아시는 것이다." 그리고 이상의 세 가지 설은 『섭대승론』의 일승(一乘)의 십인(十因) 중 제1, 제2와 제8인(因)의 별의(別意)와 대체로 그 뜻을 같이하고 있다.[16]

3. 견의의 『입대승론』

1) 『입대승론』의 기조

견의(堅意 또는 堅慧)의 『입대승론』은 중국 도태의 번역이라고 한다. 견의의 학계(學系)에 대해서는 『논(論)』 가운데 용수, 제바, 라후라 등을 존자라고 존칭하여 종종 그 저술인 『중론(中論)』, 『백론(百論)』 등의 게(偈)를 인용하고 또 그 사상이 본론의 기조를 이루고 있기 때문에 대체적으로 중관파의 계통에 속하는 것으로, 연대는 350년 전후경으로 추정되고 있다.

---

16 山川智應, 『法華思想史の日蓮聖人』, 108-110頁 참조.

『입대승론』은 대승의 수승한 이유를 설하고, 이에 깨달음에 들기 위해 실천해야 할 것을 헤아린 것으로, 80번 이상에 미치는 문답으로 되어 있다. 많은 대승경전을 인용하고 있지만 그 가운데 『법화경』의 인용이 단연 많아서 약 10회에 이르고 있다. 이와 같이 『법화경』의 인용이 특별히 많은 것은 견의가 『법화경』의 『석론』을 지었다고 하는 전설[17]을 뒷받침해주고 있는 것이다.

2) 『입대승론』의 법화사상

『입대승론』은 삼품(三品)으로 되어 있는데, 이하 이 품의 순서에 따라서 『법화경』의 인용 부분을 검토해보기로 하겠다.

제1품은 '입대승의 의의'로부터 시작된다. 대승이란 보살장이고 삼승은 삼장이라고 설하고, 중반에 이르러 대승은 마설(魔說)이라고 하는 비난을 문제 삼아 그렇지 않은 까닭을 매우 길게 논하고 있는데 여기에 『법화경』을 인용하고 있다. 즉 대승법은 중생을 위해서 설하기 때문에 마사(魔事)가 많고 따라서 여래는 대승 가운데는 마(魔)를 막는다고 설한다. 소승법은 자도(自度)이기 때문에 마(魔)에 괴롭힘을 당하는 일이 없고 따라서 마를 막을 필요도 없다. 거기에서 부처님은 옛적에 『법화경』과 『반야경』을 설하실 때 미래 세계에 많은 중생들이 질투를 일으키기 때문에 그들이 대승을 비방하고 악취에 떨어지는 것을 막기 위한 것이라고 한다.

그리고 제1품의 끝 부분에는 보살이 성문보다도 수승한 까닭을 논하는 것인데, 성문은 생사를 두려워하여 멸도(滅度)를 구하여 출세간도에 의해 법계를 보고 열반에 들어 무위과(無爲果)에 이르고 있다. 보살은 중생의 고통을 보고 대자비를 일으켜 이것을 제도하기 위해서 아승지겁에 걸쳐 출세간도를 닦지만, 세간에 머물고 일체법계를 관하여 무위의 과증(果證)에 이르지 않는다. 이것을 보여주는 것으

---

17 『법화경전기』에서 眞諦三藏이 한 말.

로서 『아뇩대지경(阿耨大池經)』의 비유를 들고 있다. 그리고 "보살은 무량아승지겁의 공덕을 가지고 등지(登地)하여 열반으로 향하나, 중생을 가엾게 여기기 때문에 도리어 생사(生死)에 들어 오랫동안 고통을 받는다"고 한다.

「기론공품(譏論空品)」 제2에서는 후반에서 성문도 보살의 화작(化作)인 것임을 논한다. 먼저 라후라가 실은 보살임을 말하고, 그러면 "다른 성문도 같은가" 하는 물음에 답하여 "『법화경』과 같은 것들 가운데 사리불 등 오백 제자는 모두 이 보살이니 모두 마땅히 부처를 이룬다. 일체 모든 성문은 이것은 불퇴의 보살이다"라고 한다. "그렇다면 모든 성문은 성불하는 것인가 아닌가" 하는 물음에 답하여 말하기를, "성문은 먼저 결장(結障)을 해결한 후에 지장(智障)을 끊기 때문에 성불한다고 해서 잘못 없다"고 한다. 그렇다면 번뇌의 결(結)을 끊는다고 하는 것은 조바심 어린 곡식의 싹과 같이 보리(菩提)를 얻지 못할 것이라고 하는 비난에 대하여 다음과 같이 말한다. "그렇다면 번뇌를 갖춘 사람이 부처가 되는데 이것은 불합리하다. 번뇌를 갖춘 씨앗으로부터 불법(佛法)의 싹이 생긴다는 것은 생각할 수 없다. 번뇌를 불법의 씨앗이라고 하는 것은 무지전도(無智顚倒)된 해석이다."

아라한은 번뇌를 끊고 있어도 나중에 지장(智障)을 없애지 않으면 안 된다. 아라한 중에는 지장을 어느 정도 끊은 자와 전혀 끊지 못한 자가 있다. 무명(無明)에 세간과 출세간의 둘이 있어 아라한은 세간의 무명을 끊고 있지만 출세간의 무명 즉 지장은 끊지 못하고 있다. 성문은 두 가지 종류가 있다. 하나는 선정(禪定)을 즐거이 닦는 자로 둔근(鈍根)의 사람, 둘째는 보리에 회향하고 지장을 끊은 자로 이근(利根)의 사람이다. 전자는 수정(水精)이 마니보주로 되지 못하는 것과 같이 보리(菩提)의 과(果)를 이룰 수 없다. 그러나 성문의 성불은 제불의 경계로 내가 알 수 있는 것이 아니다. 일승(一乘), 다승(多乘)도 지금은 단지 그 뜻을 들어 부처님의 가르침을 밝히는데 어느 것이나 불설에 반(反)하는 것은 아니겠지만, 이것도 자신은 아직 알지 못하고 있다. 경 가운데 "여장자원행피극(如長者遠行疲極), 현작화성(現作化城)"이라고 하는 것은 단지 일승만이 있고 실제로는 3은 없는 것을 설하고 있는 것이다.

부처님은 스스로 "오직 일승만이 있고 다시 2, 3은 없다"고 설한다. 이 경문은 「화성유품」을 가리키는 것일 것이다.

「순수제행품(順修諸行品)」 제3에는 생신(生身)의 부처에 대하여 법신(法身)의 부처를 논하고 다음과 같이 말한다. 『법화경』, 『지조경(智照經)』 등에 널리 설하는 바와 같이 여래는 불생불멸이지만, 이 불생불멸의 법신이 방편을 가지고 생멸을 나타내어 중생을 교화한다. 부처가 실제 몸을 갖고 나타나면 한 사람도 교화를 받을 자가 없어지기 때문이다. 그러면 법신은 상주적멸(常住寂滅)이고 무상무위(無相無爲)인데 어째서 유상(有相)에 따를 수 있는가 하면 그것은 본원(本願)에 의한 것이다. 본원력에 의해서 색신을 나타내고, 붓다의 수명을 버리고, 입태(入胎)하는 등의 팔상성도와 같은 것을 이루는 것이지만, 법신이 항상 존재하는 것은 『법화경』의 「수량품」 또는 「문수사리수기품」에서 밝히고 있는 것이다. 또 경의 게송[18]에서 말하는 것처럼, 색신을 보는 자는 부처를 보지 못하고 법신을 가지고 보는 것이 참으로 여래를 보는 것이므로 위계 십주(十住)에서 법신을 본다고 하는 것을 알아야 하는 것이다. 법신에 예배하면 일체 모든 색신에 예배하는 것이다. 『법화경』에 관세음보살의 법신을 칭명 공양한다고 설하는 것은 62억의 제불의 색신을 공양하는 것보다 낫다. 위계 십지(十地)를 가지고 부처의 법신을 얻는 것을 보살이라고도 하고 부처라고도 하기 때문이다. 무량의 색신은 모두 법신을 기본으로 하여 화현한 것이기 때문에 항하사와 같은 색신을 공양한다고 해도 하나의 법신을 공양함에 미치지 못한다고 하는 것이다.

최후의 문답에서 법복(法服)을 입은 보살은 백의(在家)의 보살에게 예배해야 하는 것인지 아닌지를 묻는 데 대해, 속복(俗服)의 자에 대해서도 예배해야 한다고 하면서, 보살의 법신의 의의를 강조하여 여러 가지 경전을 인용하고 있다. 그리고 보살의 법신은 제불의 색신보다 낮고 항하사의 제불 색신을 공양해도 보살의 한 법

---

18 『금강반야경』의 게송의 말함.

신을 공양하는 것에 미치지 못한다고까지 설하면서『법화경』「수량품」중의 게송, 즉 "상재영취산 급여제주처 범부무지자 수재불견(常在靈鷲山 及餘諸住處 凡夫無智者 雖在不見)"을 인용하고 있다.

그리고 이러한 대승의 뜻을 받아들이고 믿는 자는 업보와 번뇌를 모두 소멸하지만, 만일 중생이 정법(正法)을 비방하면『반야경』이나『법화경』에서 널리 설하는 바와 같이 그 정법을 비방한 죄는 오역죄(五逆罪)보다 더하다고 설하고 있다.[19]

4. 세친의『법화경론』

1)『법화경론』의 해설

『법화경론』의 저자인 세친은 인도 대승불교의 논사로 5세기경 간다라국의 푸르샤프라에서 출생했다고 한다. 소승불교에 귀의하고 카슈미르에 이르러『대비바사론(大毘婆舍論)』을 연구하여『구사론(俱舍論)』을 짓고 대승불교를 비판했다. 그러나 일찍이 대승불교로 전향한 친형 무착(無着)의 권유로 대승불교로 전향하고 논서와 주석을 지어 대승불교인 유가행파의 기초를 쌓았다. 유식학자로서 명성이 높아『유식삼십송』,『유식이십론』,『섭대승론』의 주석이 전해지고 있다. 그리고『십지경론』,『무량수경론』,『금강반야경론』등의 경전 주석서도 있다.

『법화경론』의 범본은 현존하지 않지만, 한역본이 있어 중국 법화사상사에 커다란 영향을 주고 있다.『법화경론』의 번역은 늑나마제가 번역한『묘법연화경우바제사(妙法蓮華經憂婆提舍)』(1권)과 보리유지가 번역한『묘법연화경우바제사』(2권)가 있으며, 일반적으로 후자가 많이 이용되고 있다.[20] 중국의 지의는『법화문구』에서

---

19 勝呂信靜,『法華經の思想と形成』, 山喜房, 平成 21, 529-532頁 참조.

「방편품」을 해석하면서 "세친의 『법화론』은 불경을 해석하고, 지금의 소(疏, 法華文句)는 은밀하게 이성(二聖, 석존과 세친)에 맞는다 말해야 할 것이니, 『수다라(묘법연화경)』와 『우바제사(법화론)』는 모두 일치한다"라고 하여 지의가 『법화경』을 해석하면서 세친의 『법화경론』을 참조함으로써 석존의 설하신 『묘법연화경』을 올바로 해석할 수 있었다고 하고, 경(經)과 논(論)에 지금의 주석이 부합하는 것이라고 말하고 있다.

그뿐만 아니라 「방편품」 해석(『법화문구』 제3하)에 이르기를, "제론(諸論)에 의하면 소승을 가지고 우유에 비유하고 대승을 제호(醍醐)에 비유한다"라고 하는 것은 『법화경론』의 오시현(五示現) 가운데서 불도(佛道)의 개(開), 시(示), 오(悟), 입(入)에 의한 인도에 입각하여 "비유로 말하면, 소(牛)에 의해서 유(乳), 낙(酪), 생소(生酥), 숙소(熟酥), 제호(醍醐)가 있는데, 제호를 제일이라고 하는 것과 같다. 소승은 유(乳)와 같고, 대승은 제호(醍醐)와 같기 때문이다"라고 하는 문장과 대비된다.

『법화경론』 주석서 가운데 『법화론기(法華論記)』(10권, 日本 円珍 撰)이 현존한다. 엔친(円珍)의 『법화론기』에 의하면 『법화경론』은 『법화경』을 다음과 같이 다섯 가지 면에서 논술한 것이라고 볼 수 있다.

① 「서품」을 분별한다: 칠성취(七成就) 서설분(序說分)

② 「방편품」을 해석한다: 오시현(五示現)

③ 칠유(七喩): 정설분(正說分)

④ 여품(余品)을 판석한다: 삼평등(三平等), 십무상(十無上), 구무상(九無上)

⑤ 제십묘승의(第十妙勝義): 유통분(流通分)

이와 같이 「서품」, 「방편품」 및 「비유품」 이하라는 구분에 의해 구성되어 있음을 알 수 있지만, 반드시 전문에 걸친 주해가 아니다. 「비유품」 이하에 대해서는 순서를 따라 논술하는 것이 아니고 칠유, 삼평등, 십무상에 대해서 각 품에 걸친 경문

20 이하의 인용은 후자를 주체로 한 일본의 清水梁山의 『國譯法華論』에 의한 것이다.

을 적절하게 나타내고 있는 것이다. 『법화경론』은 소품(小品)이지만 이들과 「방편품」을 『법화경』의 중심이라고 보는 견해를 잘 결합시킨 구성이라고 볼 수 있다.

그런데 『법화경론』의 구성을 대략 살펴보면, 「서품」에서는 "석존이 『법화경』을 설하려고 하실 때에 이르러 그것이 성취된다(如來欲說法時至成就)"고 하는 문장을 중심으로 한 칠성취(七成就)가 분명해진다. 「방편품」에서는 "일심(一心)으로 믿고 이해하여 부처님의 말씀을 수지해야 한다. 제불여래의 말씀은 허망하지 않다. 여승(余乘)이 있지 않다. 오직 일불승(一佛乘)이다"이라고 하는 경문에서 볼 수 있는 일불승의 설을 받아들여 "보리심(菩提心)을 발하여 보살의 행을 행하는 자는 지은 바 선근(善根)으로 능히 보리를 증득할 것"을 분명히 한다. 그리고 또 『법화경』의 칠유(七喩)에 의해서 증상만(增上慢)의 마음을 경계하여 일불승을 깨닫게 하려고 하고, 또 번뇌는 없지만 염만(染慢)하여 전도된 믿음을 가진 사람을 깨닫게 하기 위해서 삼평등(三平等)을 설하고, 그리고 끝으로 위없는 불도(佛道)의 종자, 이해, 설법, 열반 등의 구무상(九無上)과, 이어서 위없는 승묘의(勝妙義)로 법력(法力), 지력(持力), 수행력(修行力)이 분명하게 되는 것이다.

『법화경론』은 전체가 세밀한 분과로 구성되어 있다. 그리고 그 해석은 명쾌하게 『법화경』의 뜻을 간취하려고 하고 있다.

2) 『법화경』을 설하기 위한 칠성취: 「서품」

「서품」은 일곱 가지 공덕이 성취되고 있다는 '칠성취(七成就)'를 설하는 것이다.

① 『법화경』을 왕사성 기사굴산에서 설하신 것은 모든 경전 가운데서 이 경의 내용이 가장 수승하고 자재(自在)의 공덕을 갖추고 있음을 논하고 있다.

② 거기에 모인 대중이 수없이 많고 여러 가지 행(行)을 닦고 있는 것이고, 성문보살은 각기의 공덕을 성취하고 위의(威儀)를 여법하게 성취하고 있는 것이다.

③ 모든 보살을 위해서 대승경인 『법화경』을 설할 것을 성취하고 있는 것이다.

④ 부처님이 법화삼매에 주(住)하시고 세계가 진동하며 과거 무량겁(無量劫)의 사적(事蹟)이 나타나게 된 것이다.

⑤ 너무나도 불가사의한 일이 연속적으로 일어나 대중이 석존의 경설을 갈앙(渴仰)하고 있음으로써 설법을 위한 조건이 갖추어지고 있는 것이다.

⑥ 모두가 듣고 싶다고 하는 원(願)을 일으키고 있다는 것이다.

⑦ 문수사리보살이 과거의 수행과 공덕을 숙지하고 대중은 들으려고 하고 있다고 하는 것처럼 『법화경』을 설해야 할 필연의 조건이 하나하나 모두 갖추어졌다(성취되었다)고 하는 취지이다.

요컨대, 일불승(一佛乘)에 이르지 못하고 여러 가지 수행에 머물고 있는 성문승 연각승의 이승(二乘) 등에 대해 『법화경』이 열려 나타나게 된다고 하는 것이다. 그중에서도 제3에서는 "모든 보살을 위해서 대승경을 설해주시기 때문이다. 이 대승수다라에 17종의 명칭이 있어 심히 깊은 공덕을 현시한다"고 『법화경』의 특색을 다음과 같은 17종류로 분명하게 밝히고 있다.

① 무량의경(無量義經): 이 법문에 의해 제불 여래의 가장 수승한 경계를 설한다.

② 최승수다라(最勝修多羅): 삼장 가운데서 가장 수승한 묘장(妙藏)이 성취된다.

③ 대방광(大方廣): 무량대승의 법문이 중생의 근기에 따라서 주지성취(住持成就)된다.

④ 교보살법(敎菩薩法): 근기가 숙련된 보살을 교화하기 때문에 법기(法器)에 따른다.

⑤ 불소호념(佛所護念): 불여래에 의해 이 법이 있다.

⑥ 일체제불비밀법(一切諸佛秘密法): 이 법은 심히 깊다. 다만 제불 여래만이 아신다.

⑦ 일체제불지장(一切諸佛之藏): 여래의 공덕 삼매의 장(藏)이 이 경에 있다.

⑧ 일체제불비밀처(一切諸佛秘密處): 근기가 미숙한 중생들은 법을 받을 그릇(器)이 아니다.

⑨ 능생일체제불경(能生一切諸佛經): 능히 대보리(大菩提)를 이룬다.

⑩ 일체제불도량(一切諸佛道場): 이 법문을 듣고 제불의 무상등정각을 성취한다.

⑪ 일체제불소전법륜(一切諸佛所轉法輪): 이 법문에 의해 모든 장애를 잘 돌파한다.

⑫ 일체제불견고사리경(一切諸佛堅固舍利經): 여래의 진여법신이 이 경으로 훼손되거나 파괴되지 않는다.

⑬ 일체제불대교방편경(一切諸佛大巧方便經): 이 법문에 의해서 대보리를 성취하고 나서 중생을 위해서 모든 선법(善法)을 설한다.

⑭ 설일승경(說一乘經): 여래의 등정각의 구경(究竟)의 몸을 현시한다.

⑮ 제일의주(第一義住): 여래법신이 구경에 머무시는 곳.

⑯묘법연화(妙法蓮華). 출수(出水)의 뜻: 모든 보살은 연꽃 위에 앉아서 여래의 무상지혜 청정의 경계를 듣고 여래의 심밀장(深密藏)을 증득할 수가 있다. 화개(華開)의 뜻: 제불의 정묘법신(淨妙法身)을 개시(開示)하여 신심을 나게 한다.

⑰ 최상법문(最上法門): 무량의 명구자신(名句字身)이 미혹한 자를 섭취한다.

이상과 같은 것들은 결국 『법화경』이 얼마나 수승한 경전인지를 논증하기 위해서 예를 든 것이겠지만, 후에는 제호(題號)의 주석으로 논하고 특히 '묘법연화'에 대한 주석이 많이 이루어진다.

3) 성문을 붓다의 깨달음으로 이끄는 오시현: 「방편품」

「방편품」의 오시현(五示現)이 『법화경론』의 중심을 이루지만, 먼저 「방편품」의 최초 부분을 들고 있다. 『묘법연화경』의 십여시(十如是)에 해당된다.

처음에 "이제부터 이하의 설은 법의 인과를 시현한다"는 뜻을 명시하고, 석존이 삼매로부터 나와서 설하신 것은 여래의 자재력을 얻은 것을 보여주는 것이며, 성문 가운데서도 특히 사리불에게 말씀하신 것은 여래의 깊은 지혜와 상응하기 때문이라고 하고, 보살에 대하여 말씀하시지 않은 것은 성문의 눈을 뜨게 하기 위한 경설인 것을 분명히 한다.

① 묘법으로써 증심심(證甚深)[21]과 아함심심(阿含甚深)[22]을 논하고,

② 묘법을 설하는 법사로서의 여래의 주성취(住成就), 교화성취, 공덕필경성취, 설성취(說成就)라는 공덕을 논하고,

③ 방편증득의 심법(深法)에 굳게 집착하고 있는 성문들이 의문을 일으킨 것을 논하고,

④ 그에 대해 석존이 수기(授記)[23] 주신 것을 논하고,

⑤ 이들에 대해 4종류의 의문을 끊기 위해 여래가 설법하신 것을 밝힌다.

오시현이란 석존께서 성문으로 하여금 일불승의 불지견으로 이끌어가는 과정을 이와 같이 5단계로 밝힌 것을 말한다. 그 과정에서 수기가 왜 이루어졌는가 하면 "제불세존은 오직 일대사(一大事)의 인연을 가지고 세상에 출현"하셨기 때문이고, 그것이 네 가지 측면에서 분명해진다. 「방편품」의 "제불세존은 불지견을 열게 하고 청정한 것을 얻게 하려고 하기 때문에 세상에 출현하심"에서 불지견을 나타내 보여주시고, 불지견을 깨닫게 하시고, 불지견의 길에 들게 하시는 이른바 사불지견(四佛知見)의 문장에 즉하여 다음과 같이 논하고 있다.

첫째로 법신은 붓다만이 얻을 수 있는 최고의 경지이고(無上), 둘째로 법신은 성문도 연각도 붓다도 모두 평등하게 가지고 있고(同), 셋째로 법신을 가지면서도 성문이나 연각은 스스로의 진실처(眞實處)를 알지 못하는 것이고(不知), 넷째로 그렇기 때문에 불지견을 증득케 하려고 하는(불퇴전의 경지[地]를 증득케 하겠다는) 것이라고 말하고 있다. 여기에 앞서 언급한 유(乳), 낙(酪), 생소(生酥), 숙소(熟酥), 제호(醍醐)의 오미(五味)를 들어, 소승은 유와 같고 대승은 제호와 같은 것이고, 모든 성문 등도 또한 대승무상의 뜻과 같은 것이며, "제불 여래의 법신의 성(性)은 모든 범부, 성문, 연각 등과 같은 것임을 시현한다. 법신은 평등하여 차별이 없기 때문이다"라고 하여 법신의 평등을 강조하고 있다.

---

21 제불의 지혜는 심심무량하기 때문에.

22 그 지혜의 문은 심심무량하기 때문에.

23 장래 성불의 증언.

그리고 다섯째로 여래의 설법은 네 가지의 의심을 끊기 위해서 설하셨다고 한다. 즉 ① 언제 설할까, ② 어떻게 해야 증상만인(增上慢人)이라고 알 수 있을까, ③ 어떻게 해야 설하는 것에 견딜 수 있을까, ④ 어째서 여래는 망어(妄語)로 되지 않는 것인가 하는 것들을 묻고 있다.

4) 일불승의 가르침: 「비유품」이하의 여러 품

「비유품」이하는 칠유(七喩), 삼평등(三平等), 육처수기(六處授記), 십무상(十無上)에 의해서 『법화경』의 경설을 분과하고 있다. 그러나 분량도 적고 각기의 과제에 의해서 「비유품」이하의 각 품을 분류하여 「방편품」의 일불승을 다시 상세하게 설하려고 하는 것이다.

(1) 칠유: 7종의 만심(慢心)을 물리치다

먼저 사리불이 설한 "32의 금색(金色), 십력(十力)의 모든 해탈을 똑같이 한 법 가운데서 얻지 못했다. 80종의 묘법, 18불공의 법, 이와 같은 것들의 공덕을 나는 또한 이미 모두 잃은 것이다"라고 하는 두 게송만을 들어, 이 게송은 사리불이 "제불을 모시지 않고, 제불이 계신 곳에 가지 않고, 붓다의 제법을 경청하지 않고, 제불을 공양공경하지 않고, 중생을 이익케 하는 일 없이 인무아, 법무아, 일체제법의 평등을 증득하지 못하고 도중에 퇴타(退墮)한 것을 스스로 후회한 것을 나타낸 것"이라고 했다. 즉 「방편품」은 사리불에 대한 설법인 것은 말할 것도 없지만, 그에 이어서 사리불의 깨달음을 논하는 가운데 먼저 개회(改悔)를 행했다고 하는 것이다. 그리고 칠종구족(七種具足)의 번뇌중생을 위해서 일곱 가지 비유를 설하여 7종의 증상만심(增上慢心)을 대치할 것을 밝히는 것이다. 그것은 다음과 같다.

① 「비유품」의 화택(火宅) 비유는 전도(顚倒)되어 모든 공덕을 구하려고 하고, 유루(有漏)의 과(果)를 구하는 증상만심을 대치하기 위해서 설하셨다.

②「신해품」의 궁자(窮子) 비유는 성문이 여래승과 동등하다고 생각하는 것을 대치한다.

③「약초유품」의 운우(雲雨) 비유는 별다른 성문승과 연각승은 없다고 전도되어 이해하는 대승의 사람을 대치한다.

④「화성유품」의 화성(化城) 비유는 세상의 유루삼매(有漏三昧)를 가지고 열반이라고 오해하는 자를 대치한다.

⑤「오백제자수기품」의 계보주(繫寶珠, 衣裏繫珠) 비유는 대승을 구하지 않고 허망한 해석을 해가지고 제일승(第一乘)이라고 하는 것을 대치한다.

⑥「안락행품」의 윤왕계중명주(輪王髻中明珠) 비유는 대승의 법을 들으면서 대승이 아니라고 오해하고 있는 자를 대치한다.

⑦「여래수량품」의 의사(醫師) 비유는 제일승을 설하는 것을 들으면서도 모든 선근을 닦지 않고 제일승인 것을 알지 못하는 자를 대치한다.

이상의 7종 사람은 각기 잘못된 견해를 가지고 있다고 하고, 그 잘못을 바로잡는 것이 즉 삼승(三乘)의 방편을 열어 일승(一乘)의 진실을 나타내는 것을 가리키는 것이라고 보는 것이다.

(2) 삼평등: 3종의 차별을 멀리하다

다음에 '3종의 염만(染慢), 즉 번뇌가 없는 사람의 삼매, 해탈, 견(見) 등의 염만'을 퇴치하기 위해서 다음과 같이 3종의 평등을 설한다.

① 승평등(乘平等): '여러 가지의 승(乘)은 다른 것이다'라고 하는 이견(異見)에 대하여,「수기품」등에서 성문에게 수기하도록 성문에게 보리의 기별(記莂)을 주어 다만 대승뿐이고 이승은 존재하지 않는다고 하는 가르침.

② 세간, 열반평등: '세간과 열반은 다른 것이다'라고 하는 이견에 대하여,「견보탑품」에서 다보여래가 열반에 드시고 세간에서 세존이 열반에 드는 것을 보여주고 있는 것처럼 세간과 열반이 평등하여 차별이 없음을 나타내고 있다고 하는 가

르침.

③ 법신평등: 번뇌 없는 사람이 염만하여 '그와 이의 몸은 다르다'고 믿는 자에 대하여, 다보여래는 한 번 열반에 드시고부터 법신사리로 시현된 것이기 때문에 자신과 타신(他身)은 법신평등한 것이고 차별이 없다고 하는 가르침.

이와 같이 3종의 번뇌 없는 사람은 불성과 법신이 모두 평등한 것을 알지 못하고 차별관에 떨어져 있었다. 거기에서 성문에의 수기에 의해 결정심을 얻게 하려고 했던 것이고, '여래는 3평등에 의해 일승의 법을 설해주셨던 것'이라고 한다.

(3) 육처수기: 6종의 성불의 예언

『법화경론』은 '육처의 수기(여래의 記 5처와 보살의 記 1처)'와 수기를 얻은 성문 4종을 들고 있다.

① 사리불, 대가섭 등과 같은 이름 있는 자에의 수기: 붓다가 된 후의 명호가 다르기 때문에 따로 수기한다.

② 부루나 등의 오백 명, 천이백 명 등에의 수기: 붓다가 된 후의 명호가 같기 때문에 일괄 수기한다.

③ 학(學), 무학(無學) 등에의 수기: 일괄 수기한다.

④ 제바달다에의 수기: 여래에게는 원수가 없음을 시현한다.

⑤ 비구니 및 천녀(天女)에의 수기: 여인의 재가, 출가의 보살행을 닦는 자도 모두 불과(佛果)를 증득하는 것을 보여준다.

⑥ 그 외 보살의 수기: 불경보살(不輕菩薩)이 한결같이 "나는 그대들을 경멸하지 않는다. 그대들은 모두 마땅히 부처를 이루리라"고 사람들을 예배·찬탄한 것은 중생에게 모두 불성이 있는 것을 나타낸다.

이어서 성문에게 ① 결정성문, ② 증상만성문, ③ 퇴보리심성문, ④ 응화성문(應化聲聞)의 4종을 들고, ①과 ②는 근미숙(根未熟)하기 때문에 여래기(如來記)를 수여하지 않고 보살의 기(記)를 주어 방편하여 발심케 하려고 한다. ③과 ④에는 여래기를 수여한다. 왜 '여래는 삼승을 설하여 이름 하여 일승이라'고 하는가 하면 '여래의 법신과 성문의 법신과 피차 평등하여 차별이 없기' 때문이라고 한다.

(4) 십무상: 그 밖의 수승한 가르침

마지막으로 십무상을 설한다. 즉 칠유, 삼평등으로 나타내신 이 외에 10종의 위없음(無上)에 의해서『법화경』의 뜻을 나타내려고 하는 것이다.

① 종자무상(種子無上): 이것을 시현하기 위해서 비(雨)의 비유를 설하고 "그대들의 행하는 바 보살이란 보리심을 발하여 물러섬으로써 오히려 발한다고 하는 순환에 있어서 전에 수행한 선근이 멸하지 않고 똑같이 후에 과(果)를 얻기 때문이다"라고 한다. 즉 불종(佛種)의 귀중함을 말하는 것일 것이다.

② 행무상(行無上): 대통지승여래의 본사(本事. 前生譚)

③ 증상력무상(增上力無上): 상주(商主)의 비유

④ 영해무상(領解無上): 계보주(繫寶珠)의 비유

⑤ 청정국토무상(淸淨國土無上): 다보여래 탑의 시현

⑥ 설무상(說無上): 계중명주(髻中明珠)의 비유

⑦ 교화중생무상(敎化衆生無上): 땅속으로부터 무량의 보살마하살들이 솟아나온다.

⑧ 성대보리무상(成大菩提無上): 두 종류의 불보리(佛菩提)를 시현한다.

⑨ 열반무상(涅槃無上): 의사(醫師)의 비유

⑩ 승묘력무상(勝妙力無上): 무상(無上)을 시현하기 위해서 남은 수다라(經)을 설한다.

이후에 본문(本門)의 경설로서 현창되는「종지용출품」,「여래수량품」은 ⑦, ⑧, ⑨에 해당한다. 자세한 것은 언급하고 있지 않지만 ⑧성대보리무상에서 3종의 불보리 즉 응화불보리(應化佛菩提, 가야성 보리수 아래에서의 성도), 보불보리(報佛菩提, 十地의 行이 만족되어 常涅槃을 증득), 법불보리(法佛菩提, 여래장, 청정열반, 항상 청량·불변)를 설하고 있다. 이와 같이『법화경론』은 법(法), 보(報), 응(應)의 삼신설(三身說)을 취하고 있는 것이다.

5)『법화경』해석의 역사와『법화경론』

지금까지『법화경』의 위치, 개요 등을 간략히 살펴보았다. 앞서 언급한 바와 같이 인도의『법화경』논서 가운데 현존하는 것은『법화경론』뿐이지만, 인도에서의『법화경』해석은 용수의『대지도론』이나 견의 등의『법화경』이해와 견주어볼 필요도 있을 것이다.

『법화경론』에는 여래장 사상과의 관련성을 볼 수 있는 대목이 곳곳에 나타나고 있다. 예컨대,「석방변품」에서 "실상(實相)이라고 하는 것은 이른바 여래장이다. 법신의 체(體) 즉 불변의 뜻이기 때문에"라고 논하고,「석비유품」에서 "삼계(三界)의 상(相)이란 이른바 중생계즉열반계이다. 중생계를 여의지 않고서 여래장이 있기 때문에"라고 논하고 있는 것이다.

인도, 중국, 한국, 일본의 불교에서 사유나 신앙에의 접근은 각기 특색을 가지고 있는 것이고, 그러한 흐름 가운데서『법화경』이 어떻게 찬앙되어왔는지를 추구하는 것은 매우 중요한 것이다. 그러한 의미에서『법화경론』을 비롯하여 인도에서의 법화론석 연구와 후대의『법화경』수용에 대한 연구가 보다 관심의 대상이 되지 않으면 안 된다.

5. 그 밖의 여러 법화사상

1)『섭대승론』의 법화사상

『섭대승론(攝大乘論)』은 피과지분(彼果智分)에 제불의 법신은 성문, 연각승과 불공(不共)인데, 어떠한 뜻을 가지고 일승을 설하는가 하고 묻는 데 대하여 "① 부정성(不定姓)의 성문을 끌어들인다. ② 부정성의 보살을 임지(任持)한다. ③ 삼승에서 법(眞如)

이 동등하기 때문에, ④ 무아(無我)가 같기 때문에, ⑤ 해탈이 같기 때문에, ⑥ 종성(種姓)의 차별에 의해 부정성(不定姓) 성문을 성불케 한다. ⑦ 두 종류의 의락(意樂)을 얻기 때문에, ⑧ 성문승으로 화(化)를 나타내기 때문에, ⑨ 구경승(究竟乘)이기 때문에" 등의 이유를 든다. 이것은 『대승장엄경론』 「술구품(述求品)」이 설하는 것과 같은 것이지만, 『섭대승론』에서 논하는 것이 알기가 쉽다.

①부터 ⑥까지 일승(一乘)이란, 부정성을 성불케 한다고 하는 것은 법성, 무아, 해탈신에서 평등하다고 하는 것이고, 이것이 유식설(唯識說)의 일승사상의 기본이다. ⑦의 두 종류의 의락(意樂)을 얻는다고 하는 것은, 하나는 제불과 중생은 평등하다고 하는 의락이고 피차(彼此)가 모두 정각을 이룬다고 하는 것이지만 이 가운데 성문이 포함되는지는 분명하지 않다. 둘은 『법화경』에서 성문이 기별(記莂)에 의해서 모두 성불한다고 하는 의락을 얻는 것이지만 이 의미는 성문은 '법성(法性)'에서 부처와 평등하다고 하는 의락을 얻는 것이고 아직 '법신(法身)'을 이루었다고 하는 것은 아니다. ⑧은 다소 의미가 확실하지 못한 점이 있지만, 불보살이 성문승을 임시로 나타내어서 그 열반으로 인도 한다고 하는 의미인 것 같다.

『섭대승론』이 『법화경』을 참조하는 내적인 의미는 정성성문(定性聲聞)의 성불을 인정하는 방향으로 기울어 있는 것으로 추정된다고 해도 유식설의 틀을 지키고 있는 것은 위의 언급에 의해 알 수 있다. 『법화경』의 사상적 기본 구조는 여래장 사상의 방향으로 전개되어 있는 것으로 이른바 유식설은 이와 대조적인 점이 있다고 볼 수 있지만, 유식설도 그 발전 과정에서 점차적으로 여래장 사상의 영향을 받아 이것이 진제(眞諦)의 번역에도 반영되고 있었던 것으로 보인다.[24]

---

24 勝呂信靜, 『法華經の思想と形成』, 542-543頁.

2)『유가론』의 법화사상

유식파의 최초 문헌인『유가론(瑜伽論)』등이『법화경』에 관심을 갖고 있었다고 볼 수 없지만, 보살지(菩薩地)의「보리분품」에는 다음과 같은 비유를 들고 있다.

아버지인 장자(長者)가 아직 실내에서 나온 적이 없는 아이들을 위해서 장난감인 녹차(鹿車), 우차(牛車), 마차(馬車), 상차(象車)를 주었더니 이것을 진짜라고 생각했다. 거기에 아이들이 성장한 다음 진짜의 사슴, 소, 말, 코끼리의 네 가지 수레(車)를 절찬하면서 보여주었더니 그것이 정말 사실이라고 이해했다. 아버지란 부처님, 아이들은 보살 및 성문승에 비유한 것이고, 진실의 녹차(鹿車) 등을 칭찬한다고 하는 것은 불보살의 증견(證見)의 열반, 모든 성문과 독각이 증득한 열반을 찬탄하는 비유이다. 또 그다음에 양의(良醫)의 비유를 인용하고 있는데 이 역시『법화경』을 본떠서 변용한 것이 아닌가 생각해볼 수 있다.[25]

3) 기타

여래장설의 논서 가운데『구경일승보성론(究竟一乘寶性論)』은 대표적인 논으로서 다수의 경전을 인용하고 있는 것으로 유명한데,『법화경』은 단 한 번만 거명되고 있다.「신전청정보리품(身轉清淨菩提品)」(범본은「보리품」의 행)에 부처의 삼신(三身)을 논하는 곳에서 변화신의 팔상성도를 논한 후 자신은 열반에 이르렀다고 생각하고 있는 사람들에게『법화경』등의 진실한 법을 설하여 그들을 반야와 방편으로 끌어들여 그 집착을 버리게 하고 무상보리의 기(記)를 준다고 한다. 이 구절에 대응하는 것이『불성론(佛性論)』의 설로서 한층 더 조직적으로 논하고 있다. 그에 의하면 화신(化身)의 14사(十四事)를 들고, 그에 5인연(五因緣)이 있다고 한다. 그리하

---

25 勝呂信靜,『法華經の思想と形成』, 543頁.

여 부처님은 중생에게 생사를 두려워하게 하여 이승(二乘)의 성도(聖道)로 이끌지
만, 그것을 구경열반이라고 집착하는 자에게는 대승의 『법화경』 등의 진실한 법
을 설하여 무상보리의 기(記)를 준다고 논하고 있다.[26]

---

26 勝呂信靜, 『法華經の思想と形成』, 544頁.

제2부
중국의 법화사상

천태산 국청사

제**1**장

『법화경』의 현존 전본과 경전의 번역

1.『법화경』원전과 번역의 역사

1)『법화경』원전의 발견

『법화경』은 대승불전 가운데서도 고래로 '제경의 왕'이라 칭해지면서 아시아 제국에서 가장 신봉되어왔다. 그 산스크리트 원전(斷簡을 포함)은 네팔, 파키스탄, 중앙아시아, 티베트 등지에서 발견되고 있다. 최근에는 아프가니스탄의 바미얀에서 단편이 발견되었다.

2)『법화경』의 번역

『법화경』은 한자, 티베트어, 위구르어, 서하(西夏)어, 몽고어, 만주어, 한글, 일본어 등으로 번역되었고 아시아 제국에서 널리 읽혀져왔다.『법화경』의 한역은 6역이 존재했으나 현존하는 것은 3역뿐이다. 286년 축법호가 번역한『정법화경』(10권 27품), 406년 구마라집이 번역한『묘법연화경』(7권27품, 후에 8권28품으로 보충), 그리고 구마라집의 번역을 보정하여 601년 사나굴다와 달마급다가 공역한『첨품묘법연화경』이다. 구마라집이 번역한『묘법연화경』이 27품에서 28품으로 늘어난 것은 당초 포함되어 있지 않던「제바달다품」이 나중에「보탑품」다음에 삽입되었기 때문이다.

중국에서 경전이 한역되자 산스크리트 원전을 보는 일은 전혀 없게 되었고 한 번 사용된 원전은 보존되는 일이 없었다. 따라서 저본으로서 사용된 『법화경』 원전도 남아 있지 않다. 유럽 사람들도 팔리어로 된 불교 경전을 보는 일은 있어도 산스크리트로 된 경전을 보는 일이 없어 산스크리트 원전은 남아 있지 않은 것으로 생각하고 있었다.

3) 산스크리트 원전의 발견과 교정·출판

네팔 주재 영국 공사 호지슨(Brian Houghton Hodgson)은 1837년 네팔에서 다수의 산스크리트 불전을 가지고 귀국했다. 그 가운데 『법화경』도 포함되어 있었다. 그 후 각지에서 『법화경』 원전이 발견되어 네팔계(11세기 이후), 중앙아시아계, 카슈미르계로 대별된다. 종종 네팔을 찾는 사람들에 의하면 네팔에서는 오늘날에도 예로부터의 방법으로 사경(寫經)을 하고 있을 정도로 네팔계에는 완전한 형태의 사본이 많다고 한다. 네팔계보다도 오래된 것으로 생각되는 중앙아시아계에는 단편(斷片)으로 된 것이 많다. 카슈미르계는 1931년 카슈미르의 기르기트에서 발견된 것으로 6·7세기경에 서사된 것으로 보이며 내용상 네팔 계통에 가깝다.

이렇게 『법화경』 원전이 발견되자 교정 작업과 원본의 출판이 이루어졌다. 먼저 네덜란드의 케른(Johan Hendrik Caspar Kern)과 일본의 난조 후미오(南條文雄)는 네팔계 사본을 기초로 중앙아시아 계통의 카슈가르본을 가미하여 데바나가리 문자로 1908~1912년에 출판했다(케른·난조본). 그 후 일본의 오기와라 운라이(荻原雲來)와 츠치다 가즈야(土田勝彌)가 케른·난조본에 가와구치 에카이(河口慧海)가 가지고 온 티베트어본 및 한역과 비교·교정을 거쳐 정정(訂正)하고 영어 발음으로 표기한 사본을 1934~1935년에 출판했다(오기와라·츠치다본). 그리고 중앙아시아 출토의 사본은 1983년 도다 히로후미(戸田宏文)에 의해 영어 발음으로 표기되어 출판되었다. 기르기트본은 1975년 와타나베 쇼코(渡邊照宏)에 의해, 1979년 도다 히로후미에 의해 출판되었다. 기타 사본들도 단간(斷簡)을 포함하여 영어 발음으로 표기되거나 사진판 등의 형태로 출판되었다.

『법화경』등 초기 대승경전의 산스크리트 원전은 정규의 산스크리트로 된 산문의 장행(長行)과 프라크리트(方言)가 섞인 혼효범어(混淆梵語)로 된 운문(韻文)의 게(詩句) 2부로 구성되어 있다. 미국의 에저턴(Franklin Edgerton)은 혼효범어를 체계적으로 연구하여 1953년 『불교 혼효범어문법과 사전(Buddhist Hybrid Sanskrit Grammar and Dictionary)』(2권)을 출판했다. 이것은 초기 대승불전을 읽는 데 꼭 필요한 책이다.

유럽에서는 원전 사본의 교정과 출판에 앞서 번역이 이루어졌는데, 호지슨이 제공한 사본을 프랑스의 부르누(Eugène Burnouf)는 3년이 못 되어 프랑스어로 번역했다. 그러나 불교를 알지 못하는 유럽 사람에게 소개한다고 해도 기이하게 비추어질 뿐이라고 생각하고 출판을 늦추고 있다가 부르누가 세상을 뜬 1852년에 출간되었다. 이어서 1884년 케른은 옥스퍼드 대학에서 영역 『법화경』을 출판했다. 또한 한역의 『묘법연화경』을 1993년 미국의 왓슨(Burton Watson)이 영역하고 1996년 로베르(Jean Noël Robert)가 프랑스어로 번역했다.

일본에서는 산스크리트 번역으로 난조 후미오와 이주미 호케이(泉芳璟)가 함께 작업한 『범한대조신역법화경(梵漢對照新譯法華經)』(1913)과 오카 교츠이(岡敎邃)가 번역한 『범문화역법화경(梵文和譯法華經)』(1923)이 출판되었으나 모두 한역어를 답습한 번역이었다. 그러한 가운데 일반 독자도 읽을 수 있는 현대어로의 번역이 요청되어 이와모토 유타카(岩本裕)에 의한 번역이 이와나미(岩波)출판사에서 출간되었고(1962~1967), 마츠나미 세이렌(松濤誠廉), 나가오 가진(長尾雅人) 등이 1975년과 1976년 『법화경 I』과 『법화경 II』[1]를 출판했다. 우에키 마사토시(植木雅俊)는 케른·난조본 및 오기와라·츠치다본을 문법적으로 검토하고 교정하여 다시 번역했는데, 케

---

[1] 松濤誠廉, 長尾雅人, 丹治昭義 譯, 『法華經』, 中央公論社, 1976.

른·난조본에 기초한 이제까지의 번역이 지닌 문제점도 주석(注釋)에서 지적하고 문법적 정확성을 기한 것으로 평가된다. 근래에는 완본(完本)이 많이 남아 있는 네팔계 사본의 정리와 해명의 중요성이 주목되고 있다.

2. 현존본의 내역

1) 범문 전본(傳本)

① 케른·난조본(Kern and Nanjio, *Saddharmapuṇḍarīka-sūtra*, St. Petersburg, 1912): 1826년 영국의 탐험가 호지슨이 발견한 태본(台本)을 난조 후미오과 케른이 일본과 기타 여러 나라에 전승되는 모든 번역서와 대조·교정하여 러시아 상트페테르부르크에서 출간했다. 전후(戰後)에 사진으로 찍은 책자를 일본에서 출판했다.

② 난조 후미오, 이주미 호케이 공저 『범한대조신역법화경』: 난조 후미오가 제자인 이주미 호케이와 함께 범본 및 한역본을 대조하여 출판한 것으로, 케른·난조본과 같은 해인 1912년 교토에서 발행되었다.

③ 오기와라 운라이와 츠치다 가츠야의 영역본(U. Wogiwara and K. Tsuchida, *Saddharmapuṇḍarīka-sūtraṁ: Romanized and Revised Text of the Bibliotheca Buddhica Publication*): 케른·난조본의 누락 부분을 보충하고자 범(梵)·장(藏, 티베트)·한(漢)의 전본을 참조한 후 영문으로 출간한 것이다(3책으로 분책). 1934~1935년 도쿄 다이쇼대학(大正大學) 성어연구회(聖語研究會)에서 발행.

④ 가와구치 에카이의 『서장장래패엽본(西藏將來貝葉本)』: 1926년 사본을 영사(影寫)하여 출간했다.

⑤ 단편(斷片)으로 전하는 범본들

　•혼다 기에이(本田義英), 데구치 조준(出口常順), 『서역출토범본 법화경(西域出土梵

本法華經)』(本田博士還曆記念梵本法華經刊行會, 1949): 런던 대영박물관, 런던 인도성도서 관, 베를린 한림원, 파리 기메 박물관 등에 소장된 서역 출토본을 영사하여 한 권 의 책으로 출간했다. 전체 278편이 수록되어 있다.

• 회른레(Augustus Frederic Rudolf Hoernle)의 『사본집(寫本集)』(An Early Text of the Saddharmapuṇḍarīka-sūtra-J.A.R.S., 1916)

• 모로노의 『범어 경전편(片)』(N. D. Moronow, A List of Fragments of Brahmi MSS., belonging to Count Otani. 여래신력품, 약왕품)

• 카슈가르본(新疆省 喀什噶爾 出土)

• 카다리크본(제바품, 권지품, 견보탑품, 수량품, 분별공덕품, 약왕품, 법사공덕품, 상불경품)

카슈가르본과 카다리크본 모두 단편으로 네팔에서 발견된 것보다 더 오래된 전본(傳本)이라고 전한다.[2]

2) 한역 현존 3본

① 『정법화경』(10권): 서진의 축법호가 우전(于闐) 왕궁의 소장본6500송(頌)을 가 지고 와서 286년 8월 몸소 호본(胡本)을 취하여 입으로 전하고, 그것을 우바새 섭승 원(聶承遠)이 받아 장사명(張仕明), 장중정(張仲政) 양인이 필수(筆受)하고 천축 사문 축 력(竺力), 구자국(龜玆國) 거사 백원신(帛元信) 등이 교열하여 9월에 이르러 번역해 마 쳤다고 전해진다.[3]

② 『묘법연화경』(7권 또는 8권): 이것의 원본은 계빈(罽賓) 즉 카슈미라 왕궁에 소 장된 육천송백첩본(六千頌白氎本)이라고 한다. 이것을 번역자인 구마라집이 후진(後 秦)에 가지고 와서 406년 장안(長安)에 있는 대사(大寺)에서 번역하여 출간한 것이라

---

2 本田義英, 出口常順, 『西域出土梵文法華經』, 本田博士還曆記念梵本法華經刊行會, 1949 참조.

3 『出三藏記集』卷3(大正 55, 56c頁), 『正法華經記』 등 참조.

고 전해진다. 현존본에는 명 태종(太宗)과 당 도선(道宣)의 서(序) 및 승예(僧叡)의 후
서(後序), 원의 성조(成祖)의 서(序)가 붙어 있다.[4]

③『첨품묘법연화경』(7권): 601년 사나굴다(闍那崛多)와 달마급다(達磨笈多) 두 사
람이 번역한 것으로, 6200송의 패엽본(貝葉本)에 의한 것이라고 한다.[5]

이상에서 특히 현존하는 세 가지 한역본에 대해서 초기 한역본인『정법화경』은
구마라집의『묘법연화경』문장과 비교해보면 한문 문장이 유려하지 못하고 한역
문만으로는 그 의미 전달이 충분하지 않은 대목이 적지 않다. 세 번째 한역본인
『첨품묘법연화경』은 기본적으로 구마라집의 한역 문장을 답습하고 있다.

그러면 구마라집 한역본(『묘법연화경』)을 중심으로『정법화경』과『첨품묘법연
화경』각 품의 순서를 검토해보면 다음과 같다.

『정법화경』	『묘법연화경』	『첨품묘법연화경』
① 광서품(光瑞品)	① 서품	① 서품
② 선권품(善權品)	② 방편품	② 방편품
③ 응시품(應時品)	③ 비유품	③ 비유품
④ 신락품(信樂品)	④ 신해품	④ 신해품
⑤ 약초품(藥草品)	⑤ 약초유품	⑤ 약초유품
⑥ 수성문결품(授聲聞決品)	⑥ 수기품	⑥ 수기품
⑦ 왕고품(往古品)	⑦ 화성유품	⑦ 화성유품
⑧ 수오백제자결품(授五百弟子決品)	⑧ 오백제자수기품	⑧ 오백제자수기품
⑨ 수아난라운결품(授阿難羅云決品)	⑨ 수학무학인기품	⑨ 수학무학인기품

---

4 『出三藏記集』卷3(大正 55, 57ab頁) 所載, 慧觀「法華宗要序」, 僧叡「法華經後序」(大正 9, 62c頁; 55, 57bc頁);
　『出三藏記集』卷2(大正 55, 10c頁)『歷代三寶紀』卷8(大正 49, 77c頁)『歷代三寶紀』卷3(大正 49, 40b頁) 참조.
5 이상 三漢譯 외의 漢譯으로 古來로 六譯三存이라 칭하고 지금은 散逸된 다음과 같은 三譯도 존재했
　다고 전한다(『開元錄』卷11및 卷14; 大正 55, 591bc頁). ①『法華三昧經』(6권), 吳의 彊梁接 譯(255년). ②
　『薩芸芬陀利經』(6권), 西晉의 竺法護 譯(265년), ③『方等法華經』(5권), 東晉의 至道根 譯(335년).

⑩ 약왕여래품(藥王如來品)	⑩ 법사품	⑩ 법사품
⑪ 칠보탑품(七寶塔品)	⑪ 견보탑품	⑪ 견보탑품
⑫ 권설품(勸說品)	⑫ 제바달다품	⑫ 권지품
⑬ 안행품(安行品)	⑬ 권지품	⑬ 안락행품
⑭ 보살종지용출품(菩薩從地踊出品)	⑭ 안락행품	⑭ 종지용출품
⑮ 여래현수품(如來現壽品)	⑮ 종지용출품	⑮ 여래수량품
⑯ 어복사품(御福事品)	⑯ 여래수량품	⑯ 분별공덕품
⑰ 권조품(勸助品)	⑰ 분별공덕품	⑰ 수희공덕품
⑱ 탄법사품(歎法師品)	⑱ 수희공덕품	⑱ 법사공덕품
⑲ 상피경만품(常被輕慢品)	⑲ 법사공덕품	⑲ 상불경보살품
⑳ 여래신족행품(如來神足行品)	⑳ 상불경보살품	⑳ 여래신력품
㉑ 약왕보살품(藥王菩薩品)	㉑ 여래신력품	㉑ 다리니품
㉒ 묘후보살품(妙吼菩薩品)	㉒ 촉루품	㉒ 약왕보살본사품
㉓ 광세음보문품(光世音普門品)	㉓ 약왕보살본사품	㉓ 묘음보살품
㉔ 총지품(總持品)	㉔ 묘음보살품	㉔ 관세음보살보문품
㉕ 정부정왕품(淨復淨王品)	㉕ 관세음보살보문품	㉕ 묘장엄왕본사품
㉖ 낙보현품(樂普賢品)	㉖ 다라니품	㉖ 보현보살권발품
㉗ 촉루품(囑累品)	㉗ 묘장엄왕본사품	㉗ 촉루품
	㉘ 보현보살권발품	

구마라집의 『묘법연화경』과 축법호의 『정법화경』을 비교 검토해보면, 무엇보다도 각 품의 명칭이 서로 다른 점이 주목된다. 제1장 명칭을 구마라집은 「서품」, 축법호는 「광서품(光瑞品)」이라 붙였고, 축법호는 「방편품」 대신 「선권품(善權品)」, 「비유품」 대신 「응시품(應時品)」, 「신해품」 대신 「신락품(信樂品)」, 「화성유품」 대신 「왕고품(往古品)」 등이라 붙이고 있다.

그런데 현존하는 세 가지 한역 『법화경』의 상호 연관성을 살펴보기 위해서는 산스크리트본과의 세밀한 비교 검토가 요구된다.[6]

3) 현존하는 여러 완역 『법화경』

① 티베트어 역: 당(唐)대에 번역되어 전해진 것이다.

② 여진어 역: 송(宋)나라 때 번역.

③ 몽고어 역

④ 만주어 역

⑤ 조선시대의 언문 역

원·청대에 번역된 ③, ④, ⑤의 『법화경』은 여러 곳에서 전본(傳本)이 발견되고 있다.

4) 현대 완역본 『법화경』

① 부르누의 프랑스어 완역본 『법화경』(Eugène Burnouf, *Saddharmapuṇḍarīka*(Le Lotus de la bonne loi), 2 vols., Paris, 1852): 호지슨이 발견한 뒤 출판된 범본에 의한 프랑스어 번역본이다. 상권에는 프랑스어로 번역된 『법화경』이, 하권에는 불교(특히 대승불교)에 관한 해설 등이 실려 있다.

② 케른의 영어 완역본 『법화경』(Hendrik Kern, *Saddharmapuṇḍarīka or The Lotus of the true Law*, 1884): 부르누와 같은 법본을 영어로 번역하여 출간한 책이다.

③ 난조 후미오와 이주미 호케이의 『범한대조신역법화경』.

④ 가와구치 에카이의 『범장전역묘법백연화경(梵藏傳譯妙法白蓮華經)』(世界文庫本 3冊, 世界聖典全集刊行會, 1924): 티베트어론 된 『법화경』을 티베트에 전해진 범본과 비교하면서 일본어 번역했다(☞ 3)의 ① 참조).

⑤ 오카 교츠이의 『범문화역법화경(梵文和譯法華經)』(1923): 범어로 된 전본(傳本)을 직접 일본어 번역한 것이다.

---

6 한글대장경, 『正法華經』 외, 동국대학교역경원, 1994. 9~13쪽 해제 참조.

⑥ 시미즈 료잔(淸水梁山)의 『묘법연화경』(國民文庫刊行會, 1916), 우마다 교케이(馬田行啓)의 『국역일체경: 인도찬술부법화부(国訳一切経: 印度撰述部法華部)』(大東出版社, 1928), 야마카와 치오우(山川智應)의 『화역법화경(和譯法華經)』(新潮社, 1912), 평락사(平樂寺) 판 『훈역묘법연화경병개결(訓譯妙法蓮華經并開結)』(平樂寺書店, 1956) 등은 구마라집의 한역본 『묘법연화경』을 일본어로 번역하고 주석이나 해설 등을 붙인 것들이다.

5) 단간(斷簡)의 번역본

① 『살담분다리경(薩曇分陀利經)』 1권에 구마라집이 한역한 『묘법연화경』의 「견보탑품」 일부와 「제바달다품」에 해당하는 부분이 실려 있다.

② 서하어로 번역된 잔결(殘欠)

③ 위구르어와 고대 터키어로 된 「보문품」(구마라집이 한역한 『묘법연화경』의 「관세음보살보문품」)이 있다. 고대 터키어로 된 것은 라들로프(Vasilij V. Radlov)에 의해 출판되었다(*Kuan ši-im Pusar, Bibliotheca Buddhica XIV*).[7]

6) 법화삼매경 등

호승(胡僧) 지강(枝薑)이 256년 교주(交州)에서 6권을 출간하고 『법화삼매경』이라 이름 지었고, 이것을 사문 지도근(至道根)이 335년 발췌하여 5권으로 하고 『방등법화경』이라 이름 지었다. 이들 중 『법화삼매경』 1권만 전할 뿐이다. 또한 「견보탑품」과 「제바달다품」에 해당되는 『살담분다리경』 1권, 법화삼매를 설하는 지엄 역 『불설법화삼매경』 1권이 현존한다.[8]

---

7 渡邊棋雄, 『法華經を中心としての大乗經典の研究』, 靑山書院, 昭和 31, 23~28頁참조.

8 管野博史, 『法華とは何か - ‘法華遊意’を讀む』(春秋社, 1992) 참조.

3. 경전의 번역

1) 경전의 번역과 불교계의 사상혁명

인도에서 『법화경』은 간단히 말하면 인도인들이 보편적 세계를 사모(思慕)한다는 데서 『법화경』의 통일적 진리 내지는 보편·평등성의 강조를 높이 평가한다는 데 의미가 있다고 볼 수 있다. 그러면 그것이 중국에 와서는 어떻게 되었을까. 이를 분명히 하기 위해서는 수많은 경전이나 논서가 번역된 시대로 거슬러 올라가 살펴보지 않으면 안 된다.

중국에서는 5세기경 서역 출신의 구마라집이 중심이 되어 수많은 불교 경전이나 논서가 번역·소개되었다. 그와 함께 중국의 불교계에는 사상혁명이라 해도 지나치지 않을 정도로 일대 전기가 찾아오게 된다. 이와 관련해 특히 격의불교와 교상판석이라는 두 가지 점을 들 수 있다. 이를 간략히 설명하고 이에 따른 지의의 사상과 법화 찬앙사를 살펴보겠다.

(1) 격의불교와 교상판석

① 격의불교

수많은 불교 경전이 번역·소개되자 당시의 학승들은 우선 불교 진리의 근본적 모습, 즉 공(空)에 관해 그때까지의 잘못된 해석을 바로잡았다. 불교의 경(經)과 논(論)이 별로 알려지진 않았던 때는 불교의 '공(空)' 관념을 중국의 사상 특히 노장(老莊)의 '무(無)' 사상을 차용하여 이해하고 있었다. 예컨대 『노자』 제40장의 "천하의 만물은 유(有)로부터 생기고 유(有)는 무(無)로부터 생긴다"라는 말에 따라 불교의 공(空)을 해석했다. 이와 같이 의의를 맞추어 해석된 불교를 후에 격의불교(格義佛敎)라고 평했다.

격의불교에 대한 비판은 이미 구마라집 이전에도 있었지만, 구마라집을 통해 수많은 경론이 번역되는 가운데서 공(空)의 해설을 중심으로 하는 경론이 번역·소개되자 그 잘못이 한층 분명해졌다. 이에 잘못을 바로 하고 불교를 불교 자체에 의거하여 이해하려고 하는 운동이 일어났다. 그 선두가 구마라집의 문하 중 해공제일(解空第一)이라고 하는 승조(僧肇, 384~414)이다. 승조의 저서는 후에 『조론(肇論)』으로 편집되었다. 그것을 읽으면 격의불교의 설이 어떠한 것이고 승조가 그에 대해서 어떻게 비판하고 있으며, 그 비판을 통해 공(空)의 진실한 뜻을 어떻게 분명하게 하고 있는지를 알 수 있다.

② **교상판석**

둘째로, 여러 경론이 번역·소개되자 그것을 정리하고 체계를 세워야 할 요구가 생겨났다. 이에 교상판석(敎相判釋)이 세워지기에 이르렀다. 불교의 여러 경론은 인도에서는 역사적으로 발전하여 경론의 전후관계나 성립 순서를 자연히 알게 되는 것인데, 중국에서는 그러한 것은 알지 못한 채 보이는 것부터 질서 없이 소개되고 연구되었다. 그 결과 교상판석이 생기게 되었던 것이다. 교상판석이란 불교학자가 각자의 견해에 의거해 모든 경론의 위치를 잡고 배열하는 것이다. 5·6세기의 남북조시대에 이와 같은 교판(敎判)이 성행하였는데 대표적인 것이 남삼북칠(南三北七)의 십사(十師) 교판이다. 이것은 지의의 『법화현의』(제10上)에 소개되어 있다.

(2) **지의와 『법화경』**

① **법화 사상의 체계 지움**

지의가 보기에 『법화경』에서 가장 문제로 된 것은 불교 진리의 근본적인 모습 즉 공(空)을 분명하게 설한 『반야경』을 근저에 두면서 『화엄경』, 『법화경』, 『열반경』의 3경을 어떻게 배열할 것인가 하는 것이었다. 그때 『화엄경』은 진리의 순일성(純一性)을 밝히는 것으로서 돈교(頓敎), 『법화경』은 진리의 통일성을 밝히는 것으로서 만선동귀교(萬善同歸敎), 『열반경』은 진리의 영원성을 밝히는 것으로서 상주교(常住敎)라고 정의되었다. 대체로 『화엄경』을 최초에, 『열반경』을 최후에, 『법화경』을 중간에 두어 화엄·열반을 알파이자 오메가인 것으로서 최고시했다고 볼 수 있다.

그러나 지의는 만선동귀교, 종합통일교로서의『법화경』을 최고위로 앉히고 독자적인 교판을 세웠다. 그의 교판은『법화경』을 통해 통일적인 불교 체계를 수립하고 교판 논쟁에 종지부를 찍으려고 한 의도를 드러내고 있다. 때는 마침 수(隋)에 의한 통일국가의 실현을 맞이하고 있었다(589년). 통일 불교의 수립은 불교의 종합통일적인 진리관·세계관 내지 인생관의 확립을 의미하는 것이었다. 여기에 지의에 의해 형식과 내용이 모두 종합되어『법화경』에 대한 일대(一大) 사상체계가 이루어지게 되었다.[9]

② 5시8교의 신설

지의는 5시8교의 교판에 의해 석존은『법화경』을 설하기 위해 이 세상에 출현하셨던 것이라고 말하고 있다. 그러면 무엇 때문에『법화경』을 설하신 것인가. 또 왜『법화경』을 설하지 않으면 안 되었던 것인가. 이 두 가지 조건을 생각하면서 지의는 오시판(五時判)이나 화의(化儀)의 사교(四敎)만으로는 부족하여 지금까지 그 누구도 언급하지 않았던 화법(化法)의 사교(四敎)를 논하게 된 것이다.

(3) 중국 불교에서『법화경』의 지위

① 삼승인과 8종 근기

지의는 왜『법화경』을 설하기 위해 부처님이 이 세상에 출현하셨다고 했을까. 지금까지의 교판자는 석존의 교설을 중심으로 감안한 것에 대해, 지의는 석존과 중생의 관계를 면밀하게 연구한 후 이러한 결론을 내린 것이 아닌가 생각된다. 즉 경은 중생을 교화하기 위해 설하신 것이다. 그러므로 청문하는 중생이 그것을 어떻게 받아들이고 어떤 영향을 받았는지 알지 않으면 경의 가치를 알 수 없다. 따라

---

9 田村芳郎,『法華經』, 中央空論社, 昭和 44, 121~123頁 참조.

서 경의 가치를 위치지우기 전에 일단 교화를 받은 사람들, 소위 각자가 지닌 근기(根機)에 대해 연구할 필요가 있었다.

불교에서의 근기는 성문, 연각, 보살의 3종으로 이것을 삼승인(三乘人)이라 부른다. 육취(六趣)[10] 가운데의 인간과 천상(天上)도 그 대상이 되지만, 먼저 성문(聲聞) 이상으로 편입되는 신분이 되어서 비로소 부처님의 교화를 입고 이익을 얻게 되어 있다. 즉 불교에서는 수행위(修行位)에 범위(凡位)와 성위(聖位)가 있다. 인간계나 천인계의 자는 범위에 속하고 성문 이상의 성위가 교익(敎益) 즉 부처님의 가르침을 받아들일 수 있는 이익을 받게 되어 있다. 그것은 범부도 교화는 받을 수 있으나 슬프게도 죄업이 깊고 지중하여 번뇌를 끊을 수 없기 때문에 교화를 받아도 현전(現前)의 효과가 나타나지 못하고 현전단악(現前斷惡)은 성문 이상이 될 수 있기 때문에 이것을 성위(聖位)라고 한다. 성(聖)이란 성과(聖果)라고 하는 것으로 깨달음을 얻는 것이다. 그러므로 부처님의 목표는 성과를 얻는 사람을 대상으로 교화를 베푸시기 때문에 삼승(三乘)의 사람이 대기(對機)로 되는 것인데, 이 삼승의 인간에도 이둔(利鈍)의 차이가 있다. 따라서 인간은 3종이라도 근기는 6종이 되기 때문에 부처님의 교설 또한 이에 따라서 행하게 된다.

그러나 이 삼승의 사람들은 자기의 안심(安心)에만 전념하여 타인을 돌아보는 일이 없이 항상 적멸위락(寂滅爲樂)을 목표로 하지만,[11] 이것은 부처님의 목표에 맞는 것이 아니다. 부처님은 항상 자기를 잊고 이타(利他)를 염원하여 자신과 함께 타인을 이락(利樂)하도록 노력하는 인간[12]이 아니면 불교의 진수는 깨달을 수 없다고 설한다. 따라서 자기의 안락만을 바라는 성문, 연각, 소승의 보살은 바람직하지 않고 대승의 보살만이 부처님의 본원(本願)에 적합한 본격적인 수행자가 되기 때문에 6종의 근기는 다시 대승이둔(大乘利鈍)의 보살을 더하여 8종으로 된다.

---

10 지옥, 아귀, 축생, 수라, 인간, 천상을 말한다. 육도(六途 또는 六道)라고도 한다.
11 이것을 小乘의 人이라 한다.
12 이것을 大乘의 人이라 한다.

그러나 부처님은 성문이나 연각을 돌보지 않는 것이 아니라 이들을 대승의 보살로 전향케 하여 모두 함께 대승의 불과(佛果)를 얻도록 하는 것을 궁극의 목적으로 하여 교화를 베푼다. 40여 년에 걸친 설법은 훌륭하고 그 성과를 발휘했으며 목적은 드디어 이루어졌다고 그 경위를 『법화경』에서는 상세하게 설하고 있는 것이다.

② 상말법시대의 근본 경정

『법화경』에서 부처님은 가장 둔한 근기의 성문을 불과(佛果)로 인도하여 들이는 것에 참 목표가 있었던 뜻을 말씀하셨을 뿐만 아니라 성도 이래의 어떤 경에도 설하지 않았던 진리를 설해주시고, 이에 더하여 부처란 무엇인지를 분명히 하고 있다. 지의는 이 점을 놓치지 않았다. 8년간에 걸친 설법을 최후로 하여 "여아석소원(如我昔所願) 금자이만족(今者已滿足)"의 말씀을 『법화경』에 남기고 입멸하신 것이라든지, 석존 이전의 어떤 부처님도 반드시 『법화경』을 설하고 나서 입멸하셨다고 하는 것으로 보아 『법화경』이야말로 부처님의 본회(本懷)의 경이라고 정리했던 것이다. 따라서 『법화경』의 대상으로 되는 중생은 회소향대(回小向大)하여 대승의 불과를 구하는 가장 둔한 근기의 성문이고, 그와 동시에 상말법(像末法)시대의 일체 중생에게 성불의 희망을 갖게 하는 일대사(一大事)를 포함하여 설해주신 것이 『법화경』이라고 하는 것이며, 모든 각도에서 이것을 증명해놓은 것이 지의이다. 지의가 정리한 5시8교의 판석은 교판에 관한 한 영향을 받지 않는 자가 없다고 할 정도로 수승한 위치에 놓여 있으며, 동시에 이 교판에 의해 불교에서의 『법화경』 지위가 결정되었다. 상법말법(像法末法)시대에 불교의 중심은 『법화경』이라는 것이다. 『법화경』을 믿고 『법화경』에 의거하여 생활하는 사람은 부처님을 닮아간다고 하는 취지가 『법화경』에 설해져 있다. 결론적으로 『법화경』은 말세 중생을 위한 근본 경전인 것이다.[13]

---

13 山田惠諦, 『法華經と傳敎大師』, 第一書房, 昭和 63. 10~12頁 참조.

2) 10대 주석가

용수가 『법화경』의 수승한 사실을 세상에 발표하고 난 이후 인도에 오십여 가의 주석자가 있었다고 전하고, 중국에 홍전(弘傳)된 이후 구마라집과 그 문하에 의해 『법화경』의 주석서가 크게 강구(講究)되었다. 일여(一如)가 『법화신주(法華新註)』의 「서(序)」에서 "육조(六朝)의 제사(諸師) 다투어 주소(註疏)를 지으니 손을 헤아려 대충 칠십여 가를 헤아린다"고 썼듯이, 구마라집의 번역·홍전으로부터 지의에 이르는 대략 150년 사이에 70여 명의 주석가가 있었다고 한다. 오늘날 그들의 주석이 대부분 멸실되어 전하지 않지만, 『법화경』이 당시 얼마나 존신(尊信)되고 있었는지는 상상할 수 있다.[14]

지의의 '삼대부(三大部)'라든지 담연의 주석은 실로 고금에 유일의 저서이며, 그밖에 길장·규기(窺基) 등의 말서(末書)도 적지 않다. 한국에서는 원효의 『법화경종요』와 의적(義寂)의 『법화경론술기』를 비롯해 산실된 여러 주석서들이 나왔고, 일본에서는 쇼토쿠(聖德) 태자의 『의소(義疏)』와 치쇼(智證)의 『강연법화』같은 것이 나왔다. 이렇게 인도를 비롯해 동양 삼국에서 나온 주석을 모두 들자면 기백 종에 이를 것이다. 이를 일일이 소개할 수 없으므로 그중 대표적인 인물을 10대 주석가로 정리해볼 수 있다.

이 밖에 근대에도 상당히 많은 주석서가 있지만 그것들은 일단 별도로 하고, 이 많은 주석가 가운데 불교의 정계(正系)에 속하고 내용의 수준 등에서 반드시 읽어보아야 할 것은 세친, 지의, 담연, 원효, 니치렌의 저술일 것이다. 물론 일부 산실된 신라의 의적이 쓴 『법화경론술기』과 경흥(憬興)의 주석서 또한 결코 뒤질 수 없는 것이다. 특히 세친의 저술은 인도 본토의 정론이고, 지의의 저술은 천태종(天台宗)

---

14 宮沢英心, 『法華經の新見解』, 博文館, 大正 13, 81~83頁 참조. 10대 주석가의 선택은 여러 문헌을 종합 참조하여 필자의 견해로 작성된 것이다.

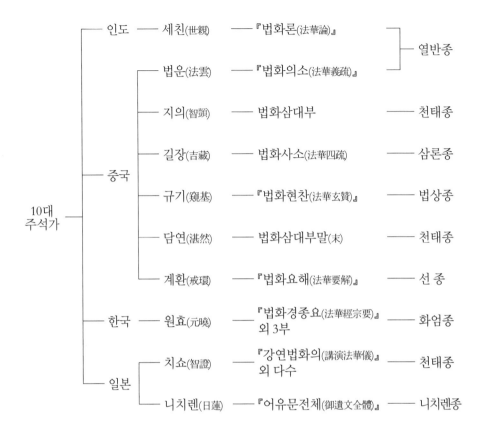

의 근본 성전이며, 원효의 저술은 한국사상의 백미이고, 니치렌의 저술은 일본 니치렌종(日蓮宗)의 근본 성전으로, 『법화경』 연구에서 이들의 저술을 읽어보지 않고는 『법화경』의 근본사상과 정법의 대계를 파악할 수 없을 것이다.

제2장

『법화경』 찬앙사

1. 『정법화경』 찬앙사

1) 축법호의 생애

(1) 축법호의 생애

축법호(竺法護)는 둔황 사람으로 8세에 출가하여 축고좌(竺高座)에게 사사했다. 서역 제국을 유력하고 외국어 36종에 통했다고 한다. 많은 범본(梵本)과 호본(胡本)을 가지고 중국에 들어와 오랫동안 번역에 종사했다. 그러나 그가 언제 중국에 있었는지에 대해서는 이설이 있다. 『중국 불교사강화』[1]에서는 다음과 같이 설명하고 있다.

법호가 가장 열심히 번역에 따랐던 것은 무제(武帝)의 태강(太康) 전후의 경부터 혜제(惠帝)의 원강(元康)경까지 약 20년간이었던 것 같고, 『출삼장기집』에는 태시(太始) 회제 영가이년(懷帝永嘉二年)에 이르기까지의 번역출간이라고 말하고 있다. 만일 그렇다고 하면 법호의 역경(譯經)사업이 140여 년에 걸친 것으로 『법호전』에 말하는 바와는 크게

---

1 境野黃洋, 『支那佛教史講話』上卷, 共立社, 1927, 56頁.

어긋날 뿐만 아니라, 또 사실로서도 그것은 용이하게 허용되지 않는 것이다.

그러나 이것은 잘못이라고 본다. 문구 중에 무제(武帝)의 태강(太康)이라고 하는 것도 잘못이고 경제(景帝)의 태강(太康)일 것이다. 살펴보건대 경제의 태강 원년은 280년에 해당되고, 혜제(惠帝)의 원강(元康) 말년은 299년에 상당하기 때문에 이에 의해 '약 20년간'의 기간을 얻지만, 이것은 『법호전』에 "선륭불화이십여년(宣隆佛化 二十餘年)"이라고 하는 것을 잘못 해독한 결과이다. '선륭불화이십여년'이란 법호의 재중 연간을 말하는 것이 아니라 진(晋)의 무제의 말년(274년)에 일단 깊은 산에 은거한 법호가 다시 도(都)에 나와 장안을 중심으로 활약한 기간을 보여주는 것에 지나지 않는다.[2] 이와 같이 심산에 은거했다가 다시 장안으로 나와 전역홍법(傳譯 弘法)에 따르는 것으로 그 기간이 약 20년간이었다는 것이다. 또 위의 문구에 의하면 이 시대의 말기에 혜제의 장안 행차에 해당되고 있다. 혜제의 장안 행행(行幸)은 『진서(晋書)』 5권에 의하면 영흥 원년(304년) 11월이고, 2년 후인 광희 원년(306년) 5월에 다시 낙양으로 돌아가서 신병으로 퇴위하고 회제(懷帝)가 즉위했다. 그러므로 이 사건에 조우한 축법호는 적어도 304년까지는 장안에 있었을 것이다.

다시 『출삼장기집』 7의 기록[3]을 보면 영가(永嘉) 2년은 308년이고 건무 원년은 317년이기 때문에, 축법호는 적어도 317년까지 장안 이외의 어느 곳에서 번역에 종사하고 있었다고 보아야 한다. 따라서 진무 말년(274년)부터 기산하면 이것만으로 이미 44년간 중국에 있었던 것이 된다. 『출삼장기집』 2[4]의 기록을 보면 태시(太

---

2 『出三藏記集』 13의 문구가 이를 명시하고 있다. "逢大貲胡本, 還歸中夏, 自敦煌至長安 沿路傳譯…護 以晋武之末隱居深山…(여기에 湧泉의 奇蹟을 傳한다.)…"

3 『出三藏記集』 7 「普曜經記」에는 다음과 같이 기록되어 있다. "…普曜經永嘉二年太歲在戊辰五月本齋 菩薩沙門法護在天水寺, 手執胡本, 口宣晋言…"

4 『寶藏經』 卷2, 太始六年十月; 『方等泥洹經』 卷2, 太始五年七月二十三日; 『須眞天子經』 卷2, 太始二年十 一月; 『出三藏記集』 7.

始는 태시(泰始)와 같은 것으로 태시 2년은 266년에 상당한다. 그러므로 축법호의 역경사업은 승우(僧祐)의 기록에 의하는 한 그 처음을 266년에 두지 않으면 안 된다. 그리하여 축법호가 중국에 있었던 기간은 약 266년부터 317년에 이르는 52년 간이라고 볼 수 있다. 승우가 참고한 자료 및 우록(祐錄)을 재음미하면 '선륭불화이 십여년'은 축법호가 중국에 있었던 기간의 총계가 아니라 장안을 중심으로 활약한 햇수를 보여준 것임을 알 수 있다. 또 동시에 축법호가 중국에 들어온 것은 그의 나이 25, 26세경이었음을 알 수 있다.

『출삼장기집』7·8·9에 실려 있는「수진천자경기(須眞天子經記)」,「지심경기(持心經記)」,「마역경기(魔逆經記)」,「정법화경후기(正法華經後記)」,「성법인경기(聖法印經記)」,「점비경기(漸備經記)」등에 의해 축법호의 재중 기간과 있었던 곳의 관계를 살펴보면 대체로 다음과 같다.

266~274년　　재장안(在長安)

274~279년　　심산은거(深山隱居)

280~287년　　재장안(在長安)

288~290년　　재낙양(在洛陽)

291년　　　　재장안?(在長安?)

292~296년　　재주천(在酒泉)

297~304년　　재장안(在長安)

305~317년　　하남지방(河南地方)

그런데「정법화경기」에 의하면 다음의 번역은 태강 7년(286년) 8월 10일로『지심경(持心經)』의 역출과 같은 해이기 때문에 장안에서 번역된 것임을 알 수 있다.

다음으로 법호와 그 제자 및 신자들의『정법화경』찬앙의 유무를 찾아보면 다음과 같다.『출삼장기집』8의「정법화경기」에 의하면 섭승원(聶承遠), 장사명(張仕明),

장중정(張仲政), 백원신(帛元信), 엄위백(嚴威伯), 속문승(續文承), 조숙초(趙叔初), 장문용(張文龍), 진장현(陳長玄), 축덕성(竺德成), 축문성(竺文盛), 축력(竺力) 등은 『정법화경』의 번역에 간여한 사람들로 찬앙의 사실도 있었겠지만, 문헌적으로 명시되어 있는 것은 낙양에서의 강찬 사실이다. 『출삼장기집』의 「정법화경후기」에 의하면, 사문 강나율(康那律)은 영희 원년(290년) 8월 28일 낙양에서 『정법화경』을 서사하여 마쳤다고 전하고, 장계박(張季博)·동경현(董景玄)·유장무(劉長武) 등은 본경을 가지고 낙양의 백마사(白馬寺)로 축법호를 찾아 고훈(古訓)을 대조하여 깊은 의미를 강출한 것이라고 한다. 또 영희 원년 9월 14일에는 낙양 동우사(東牛寺)의 시단대회(施壇大會)에서 본경을 강송하고 밤낮으로 모두 다 환희하고 또 거듭하여 교정(校正)을 마쳤다고 전하고 있다.

축법호의 제자 중 법승(法乘)은 중하(中夏)에 머무르지 않고 둔황으로 돌아가고, 동학인 법행(法行), 법존(法存) 또한 지명당세(知名當世)라고 전해지지만 산에 숨어 그 전(傳)은 자세히 알 수 없다. 기타의 신자들도 대체로 그 동정을 알 수 없다. 그러나 『정법화경』의 찬앙이 장안 특히 낙양을 중심으로 이루어졌고 구마라집 시대에 이르기까지 약 100여 년간 전승되었다.

(2) 축법호의 번역과 찬앙

본래 중국 불교는 후한(後漢)의 초전 이후 안세고(安世高), 지루가참(支婁迦讖) 등에 의해 역경사의 막이 열리고, 265년 축법호가 둔황으로부터 장안으로 와서 무제(武帝)의 보호 아래 장안, 낙양, 주취안(酒泉), 장쭤(江左) 등에서 번역사업을 했다. 36국의 언어에 통한 축법호를 당대의 사람들은 둔황보살이라 불렀다. 그는 장안으로 온 이듬해 『수진천자경(須眞天子經)』을 역출한 것을 시작으로 78세로 입적할 때까지 약 50년간에 150여 부 300여 권을 역출했다. 현재 95부 198권을 전하고 있다.

축법호 번역 출간에서 구라라집의 『묘법화』 역출까지 약 120년의 간격이 있지만, 『묘법화경』의 역출 후 『법화경』의 찬앙은 오로지 이에 집중되었다. 『정법화경』

의 「후기(後記)」를 보면, 역출 후 축법호가 직접 낙양의 백마사(白馬寺), 동우사(東牛寺) 등에서 강송(講誦)했다고 한다(290년). 『법화문구』 및 『현론(玄論)』, 『명승전(名僧傳)』 등에 의하면, 그 후로는 축법호뿐만 아니라 도안(道安)·축법태(竺法汰) 등의 강경이 있었다고 한다. 그리하여 서진 말에 이르면 축잠(竺潛)은 『대품반야경』과 함께 『법화경』을 강설하고, 우법개(于法開)는 『방광반야』와 『법화경』을 강설하고, 축법숭(竺法崇)은 법화일경(法華一經)에 가장 뛰어나 『정법화경』 유일의 『법화의소』(4권)을 내었다. 또한 축잠의 제자 등이 그의 영향으로 법화에 통하여 크게 강석(講席)을 열고, 375년에는 동진 효무제(孝武帝)의 청에 의해 강설하고, 380년 74세로 입적했다.

이상은 승전(僧傳)에 보이는 『정법화경』 유통 일반이다. 오늘날 『정법화경』의 주소(註疏)는 남아 있지 않지만, 당시의 중국 전토에 걸쳐 강찬되었다.

2) 남지의 찬앙 계통

『정법화경』의 찬앙은 축법호 이후 남지(南地)[5]에 유행하고 북지(北地)에서는 매우 부진하였는데, 그 주된 원인은 서진 말기의 소란에 기인한다. 법호가 입적하고 얼마 되지 않아 서진이 멸망하고 동진(東晉)이 건업(建業, 지금의 남경)에 천도했기 때문에 대부분의 승려는 혼란한 북지를 떠나 양쯔강 하구 방면으로 남하했던 것이다. 『정법화경』의 찬앙도 축법호가 이미 난을 피해 남하했기 때문에 이후에는 남지에서의 찬앙만 눈에 띈다. 그 주된 계통은 다음과 같다.

(1) 축잠과 그 계통

축잠(竺潛, 286~374)은 자를 법심(法深)이라 하고 낭야(瑯琊) 사람이다. 축잠과 그 제자들의 관계에 관한 '전(傳)'의 기록은 없으나 307년 난을 피해 강을 건너 건업으

---

5 양쯔강 남쪽 지역을 남지(南地), 북쪽 지역을 북지(北地)라고 한다.

로 향했으며 24세(309년)에 『법화대품』을 강했다고 전해진다. 그가 『법화대품』을 강한 것은 건업에서의 업적이고, 그 『법화경』은 축법호 번역의 『정법화경』이다. 동진의 원제(元帝)·명제(明帝)의 신임을 얻어 참전강의(參殿講義)했으며, 명제가 죽자 회계(會稽)의 섬산(剡山)에 은거하여 30여 년을 보냈다. 그 후 애제(哀帝) 때 다시 건업으로 나왔으나 얼마 후 다시 섬산으로 은거한 후 입적했다. 제자에는 축법의(竺法義), 축법우(竺法友), 축법온(竺法蘊), 축법제(竺法濟), 강법식(康法識) 등이 있고, 축법의의 제자에 담협(曇夾)이 있으나 그 가운데 『『법화전기』에 전하는 것은 축법의뿐이다.

축법의(307~380)는 13세 때 축잠의 제자가 되었으며, 326년 축잠이 은거했던 섬산을 떠나 건업으로 나오니 '유창중전우선법화(遊刅衆典尤善法華)'라고 전해진다. 건업에서 보산(保山)으로 옮긴 후 다시 건업으로 나와 개강하다가 380년에 입적했다.

(2) 간법개와 그 계통

간법개(干法開: 304~363)는 간법란(干法蘭)의 제자로 '선방광급법화(善放光及法華)'라고 전해진다. 의술에 뛰어난 사람으로 주로 건업 및 섬(剡)에서 활동했고 간도수(干道邃)와 동학이다. 축법호는 간도수를 "고간아소(高簡雅素)하여 옛사람들의 풍이 있다"고 칭찬했는데, 지리적·시기적으로 가능한 일이기 때문에 간도수는 축법호와 직접 관계있는 사람이라고 볼 수 있다. 그런데 동학인 간법개의 '전(傳)'에 축법호나 축잠과의 관계가 드러나지 않지만, 간도수의 사적(事蹟)으로 미루어보아 간법개와 『법화경』의 관계는 직접 또는 간접으로 축법호의 영향이라고 볼 수 있다. 제자에 간법위(干法威)가 있으나 지둔(支遁)과의 관계를 말하고 있을 뿐이다.

(3) 축법숭

축법숭(竺法崇, 300~360)은 간법개와 동시대 사람으로 뛰어난 법화일교(法華一敎)라고 전해진다. 그가 『법화의소』(4권)를 지었다고 하나 오늘날에는 전해지지 않는다. 이것은 기록상 가장 오랜 '의소(義疏)'이다. 축법숭은 창사(長沙)의 산기슭에 정사를 세우고 활동했으나 후에 섬(剡)의 갈현산(葛峴山)으로 이주했다고 한다.

지금까지 살펴본 축잠, 간법개, 축법숭은 모두 『정법화경』의 강찬자이고, 지리적으로는 섬현(剡縣)에 살면서 홍법에 종사한 승려들이다. 섬현은 오(吳)와 월(越)의 중간 지역으로 후세 유명하게 되는 천태산이 있는 곳이다. 건업과 섬현은 모두 법화찬앙사와 관계 깊은 곳이었음을 간과해서는 안 된다.

(4) 축법광

축법광(竺法曠, 327~402)은 오흥(吳興) 사람으로, 주로 오흥을 중심으로 활약했다. 『법화경』·『무량수경』의 찬앙자로이다. 『법화경』의 특색을 회삼(會三)의 뜻으로 받아들이고 『무량수경』을 정토의 인(因)이라 하여 대중이 있으면 강경했다고 한다.

3) 북지의 찬앙 사정과 『묘법연화경』의 관계

동진시대에 북지 불교는 매우 부진하여 겨우 두세 명의 『정법화경』 찬앙자를 들 수 있을 뿐이다. 그러나 그마저 전기(傳記)가 간단하고 연대를 알기 어렵다. 진대(晉代) 인물 가운데 『정법화경』 찬앙자라고 생각되는 사람들을 살펴보겠다.

(1) 북지의 찬앙자들

먼저 파촉(巴蜀)의 포교에 종사한 법서(法緖)와 승생(僧生)을 들 수 있다. 전자는 선계통의 사람으로 수선(修禪)을 주로 하고 『법화경』·『유마경』 등을 송했다고 전하고, 후자는 파촉의 성도(成都)를 중심으로 활약한 사람이라는 것밖에는 알 수 없다. 다음으로 강북(江北)에서 홍법을 한 담수(曇邃)와 백법교(帛法橋)를 들 수 있다. 4세기 후반경의 인물로 추정되는 담수는 낙양 부근의 백마사에 머물면서 항상 1일 1편의 『정법화경』을 송하고, 경의 뜻에도 정통하여 사람들을 위해 강설했다고 한다.

백법교는 중산(中山) 사람으로 전독(轉讀)을 행으로 하고 관음신앙에 깊었다고 하는데, 진(晉)의 영화(永和) 연간(345~356)에 90세쯤에 입적했다고 한다.

북지에서의 찬앙은 5세기 초 구마라집이 『묘법화경』을 역출하기까지 어느 정도 행해지고 있었으며, 구마라집이 건너올 즈음에는 남북을 통하여 『정법화경』을 찬앙하는 사람들이 상당히 있었다. 서진이 멸망하고 난 후 북지는 오호(五胡)의 침입에 의해 매우 혼란스러웠지만 장안에 도읍을 둔 후진(後秦)의 왕은 전화를 입기까지 구마라집을 맞이하려고 했을 정도로 열심인 불교신자이었기 때문에 장안에 모이는 승려들이 많았다는 것은 상상하기 어렵지 않다. 이러한 정세를 타고 장안으로 온 사문 가운데 문헌적으로 가장 명확한 것은 후에 구마라집의 제자로 된 담영(曇影)이다. 담영은 구마라집의 도래 이전 장안에서 홍법에 종사하고 후진의 왕 요흥(姚興)의 신임을 얻어 『정법화경』 및 『광찬반야(光讚般若)』를 강했으며, 구마라집이 『묘법화경』을 역출하자 『법화의소(法華義疏)』(4권)을 지었다고 전해지고 있다.

『고승전』 등에 명문(明文)이 있는 사람은 담영뿐이지만 여러 자료를 고증하면 두세 명의 예를 더 들 수 있다. 승도(僧導)의 전(傳)[6]에 보면 어릴 때 이미 법화 1부를 찬앙하고 그 후 승예(僧叡)를 만나 구마라집에게 사사하고 송의 고조(高祖)가 장안을 서벌(西伐)하자 그를 피해 수춘(壽春)[7]에 있다가 454년 송의 효무제(孝武帝)의 청을 받아 건업의 중흥사(中興寺)에서 주석하고 다시 수춘으로 돌아가 460년경 96세로 입적했다고 전해진다.

(2) 축법호에서 구마라집으로

승예의 『법화경후서』[8] 중 "주성사전운운(注誠斯典云云)"이 『묘법화경』이 아니라

---

6 梁七-釋僧導京兆人. 十歲出家從師受業. 師以觀世音經授之. 讀竟諮師此經有幾卷. 師欲試之乃言止有此耳. 導曰, 初云爾時無盡意故知爾前已應有事. 師大悅之, 授以法華一部.

7 北齊 慧文의 활동한 지방

8 安城侯姚嵩, 擬韻玄門, 宅心世表, 注誠斯典, 信詣彌至, 每思尋其文深識譯者之失. 旣遇究摩羅法師, 爲之

축법호 번역의 불완전함을 탄식한 것임은 직후에 "우구마라법사운운(遇九摩羅法師云云)"이라고 한 것으로 보아 틀림없는 것 같다. 또한 같은 글에 있는 요숭(姚崇)은 『정법화경』의 열심인 찬앙자라고 볼 수 있다. 그리고 구마라집 문하의 준재이고 관중사걸(關中四傑)의 한 사람인 혜관(慧觀)은 『법화종요서』를 지은 『정법화경』의 찬앙자일 뿐만 아니라 이 경에 대해 상당한 식견이 있는 것을 알 수 있다.

지금까지 살펴본 인물들이 『정법화경』 찬앙자였다고 하는 사실은 남지는 물론 북지에서도 축법호의 번역 이후 끊임없이 『정법화경』이 찬앙되었음을 증거하고 있다. 동시에 이들 인사들이 구마라집 문하로서 『묘법화경』 찬앙자로 전향했기 때문에 『정법화경』 찬앙사의 최후를 장식하는 이들이었다고 할 수 있다.[9]

2. 『묘법연화경』 찬앙사

1) 구마라집의 생애

(1) 구마라집의 생애

『묘법연화경』을 번역한 구마라집(鳩摩羅什, 344~413)에 대해 약간의 지식을 갖는 것은 『법화경』을 믿는 자로서 보은(報恩)의 의미에서도 중요한 일이다. 구마라집은 산스크리트 쿠마라지바(kumārajīva)의 음사이다.[10]

구마라집은 인도 출신의 아버지와 구자국(龜玆國) 왕녀인 어머니 사이에 서역 지방인 지금의 신강성(新疆省) 구자에서 태어났다. 어릴 때 어머니를 따라 계빈국(罽賓國)으로 가서 『아함경』과 아비달마(阿毘達磨)의 여러 논서를 배우고 3년 만에 구자

傳寫, 指其大歸(『出三藏記集』8).

9 『大崎學報』 第83號, 立正大學宗學研究室, 昭和 8, 141~156頁 참조.

10 山田惠諦, 『法華經と傳敎大師』, 第一書房, 昭和 63, 15頁.

로 돌아오는 도중 사차국(莎車國)의 왕자 수리야소마(須利耶蘇摩)를 만나『중론(中論)』
을 배우고, 또『반야경』을 읽고 나서 마침내 대승으로 전향했다. 20세에 구자국의
왕궁에서 구족계를 받고 사원에서 여러 대승경론을 연구했다. 그 후 양주(涼州) 고
장(姑藏)에 오래 머물러 있다가 401년 장안으로 왔다. 장안에서 후진의 왕 요흥에
게 극진한 대우를 받으며 경론의 번역과 제자의 훈육에 힘쓰다가 412년에 입적했
다. 그는 수많은 경전을 번역했을 뿐만 아니라『유마경』을 주석하고 또 여산 혜원(慧
遠)의 질문에 답하며 불교학의 여러 문제를 논한『대승대의장(大乘大義章)』(3권)을 남
겼다.

(2) 구마라집의 역경

중국에 불교가 전래된 후 실로 210여 년 만인 286년 축법호가『정법화경』을 처
음 번역했고 약 300년 후인 601년『첨품법화경』이 번역되었으며, 그 중간에 구마
라집에 의해『묘법연화경』이 역출되었다. 최초『정법화경』의 역출은 용수와 견혜
시대 직후에 해당되고,『묘법연화경』은 그 후 무착과 세친 시대에 상당한다.

401년 구마라집은 장안으로 와서 국사(國師)의 예우를 받으며 소요원(逍遙園) 등
의 사원에서 경전을 번역하기 시작하여 입적하기까지 12년간『법화경』,『대품반
야경』,『유마경』,『아미타경』,『대지도론』,『백론』,『중론』,『십이문론』,『십송률』등
74부 384권에 달하는 경전과 논서를 번역했다(『開元錄』). 현재 대정대장경에 수록
된 것은 44부 272권에 이르고 있다.

또『묘법연화경』7권에 대해서는 고래로 구마라집이 가지고 온 구자본(龜玆本)
이고 혹은 소요원의 번역출간이라고 전하고 있으나,『고승전』제6의「승조전」에
는 소요원의 번역업을 말하고 이어서, "어서역환득방등신경이백여부(於西域還得方
等新經二百余部), 집사어대사출신지제경(什師於大寺出新至諸經)" 등이라 하여 이때를
승예의『법화경후서』에는 "홍시(弘始) 8년 세차경화(歲次鶏火)"라고 기록하고, 혜관
의『법화종요』「서(序)」및 승조의『주유마(註維摩)』「서」등에는 다시 번역한 곳까지

도 들어 "진홍시8년하어장안대사(秦弘始八年夏於長安大寺)"라고 기록하고 있는 것과 같이, 『법화경』은 당시 누구인가에 의해서 서역으로부터 새로 가지고 온 범본(梵本)에 의해 앞서 소요원에서 『대품』, 『대론』 등 제1차의 번역업을 마치고 다시 새로 들여온 범본에 의해 장안의 대사(大寺)에서 제2기의 번역업을 개시하고 『유마경』과 함께 역출된 것이다. 또 고래로 『법화문구』 등에는 『법화경』의 역장을 장안초당사(長安草堂寺)라고 하는 설이 있는데, 이 사찰은 장안의 남쪽 오십지리(五十支里)의 종남산(終南山)에 있는 계단수계(戒相授戒)의 도량이다.

2) 구마라집과 그 문하의 강찬

(1) 구마라집

구마라집은 수많은 역경 외에 『주유마경』과 『대승대의장』 등의 저술을 남겼다. 특히 『대승대의장』에는 불교학에 대한 그의 소양과 식견이 가장 명료하게 나타나 있다. 여기에서 그는 다음과 같이 말하고 있다.

아라한이 부처가 된다고 하는 것은 불교경전 중 오직 『법화경』에서만 설하는 것이고, 그 의미에서 이것은 제불의 비장(秘藏)이라고 말하고 있다. 『반야경』에서는 반야바라밀의 중요성을 알리기 위해서 반야와 방편이 보살에 있어서 필수라고 한다. 그러나 『법화경』에서는 불력(佛力) 신통력에 의해 아라한을 발심작불(發心作佛)케 한다고 한다. 그러므로 이 두 가지 경은 각기 설하는 취지를 달리하기 때문에 한쪽의 설이 다른 쪽에 없다고 해서 서로 비난하는 것은 맞지 않다. 또 아라한이 무여열반(無余涅槃)에 들지 않고 성불한다고 하는 것도, 그것은 이미 대방편이라고 해야 할 것이기 때문에 아라한에게 방편이 없다고 하는 것은 맞지 않다. 또 아라한은 번뇌가 다하고 있을 뿐, 번뇌의 여습(余習)은 아직 남아 있다. 그러므로 성문 소승의 입장에서는 삼계의 애(愛)를 다하고 있는 점에서 다시 생(生)을 받을 일이 없다고 하겠지만, 대승의 입장에서 보면 삼계를 나온 뒤

사랑심(愛)이 아직 남아 있는 이상, 이에 의해 금후 또 보살도를 행하여 불(佛)이 될 도(道)를 진척시키지 않으면 안 된다. 그리하여 『법화경』이 아라한의 성불을 설하였다고 해도 이론적으로 어떤 불합리한 점은 없는 것이다. 원래 『반야경』과 『법화경』은 강조하려고 하는 문제는 같지 않지만 본질적으로는 차이가 있는 것은 아니다. 『법화경』은 석존이 최후에 설한 경이고 『반야경』은 그 전에 설한 경이다. 『반야경』이 처음에 삼승(三乘)의 구별을 설한 것은, 첫째는 사람들의 능력에 따라 법을 설하여 불도를 뜻하지 않는 자가 있어도 그를 버리지 않기 위한 것이고, 둘째는 보살도를 구하는 자에게 대해서 성문이 아라한으로 되어 우회(迂廻)의 도를 취하지 않게 하기 위해서이다. 이러한 두 가지 이유에 의한 것이다. 그러나 『법화경』의 때가 되어보면 이미 그와 같은 배려를 할 필요가 없어졌다. 그러므로 아라한도 성불한다고 하는 것을 공언한 것이다.

이렇게 구마라집은 『반야경』과 『법화경』의 차이를 명확하게 구별하면서 양자의 관계를 붓다의 설시(說時) 전후라고 하는 시간적 차원에서 질서지우고 있다. 그의 사상적 근저는 주로 『대지도론』에서 찾을 수 있다. 그러나 그렇다고 해도 불교 교의의 강격(綱格)을 완전히 소화하면서 투철한 식견을 가지고 당시의 학계를 지도했던 그의 공적은 중국 불교학의 발전을 돌아볼 때 높이 평가되지 않으면 안 될 것이다.[11]

(2) 승예

구마라집의 제자 중 승예(僧叡), 승조(僧肇), 축도생(竺道生), 혜관(慧觀) 등은 중요한 인물이다. 승예(?~421)는 처음에 석도안(釋道安)에게서 배웠다. 승조는 처음부터 구마라집에게 사사하고 젊어서 세상을 떴다. 축도생과 혜관은 강남 출신으로 책궤를 짊어지고 장안으로 가서 구마라집에게 배우고 이후 다시 강남으로 돌아갔다.

---

11 橫超慧日, 『法華思想』, 平樂寺書店, 1969, 226~227頁.

『유마경』에 대해서는 구마라집·승조·축도생의 주(注)를 모은 『주유마경』이 전하고 있지만, 『법화경』에 대해서는 오직 축도생의 소(疏)가 남아 있을 뿐이다. 승예와 혜관에게는 『법화경』에 대한 서문이나 기타 『법화경』에 관련 있는 소문(小文)이 전하고 있으나, 승조에게는 단지 『주유마경』 가운데 약간의 『법화경』에 관해 설한 소문(小文)이 있을 뿐이다.

승예는 처음에 스스로 쓴 『법화경후서』와 『소품경서(小品經序)』에서 『법화경』과 『반야경』의 관계를 논했다. 『법화경후서』에서 『반야경』과의 관계를 설하는 것은 『반야경』의 지위를 옛 스승인 석도안에게 사사한 이래 그의 염두를 떠나지 않았던 때문일 것이다. 또 『소품경서』에서 『법화경』과의 관계에 언급하는 것은 『법화경』의 특이성을 스승인 구마라집으로부터 평소 듣고 있었기 때문일 것이다. 이들 두 가지 저술에 나타난 그의 생각은 『법화경』과 『반야경』은 서로 어울려 완전하게 되는 것이고, 법화는 종극(終極)의 근본을 분명히 하는 것에, 반야는 잘못된 견해를 바로하는 것에 각각의 특징이 있기 때문에 우열을 정할 수 없다고 본다. 이것은 구마라집으로부터 받은 전승설(傳承說)에 의한 것이다.

그런데 구마라집의 입적한 후 그가 강남의 건강(建康)에 갔을 때 담락(曇樂)이라고 하는 사람이 『법화경』을 비난하고 있었다. 그러나 의희(義熙) 13년(417)에 각현(覺賢)에 의해 법현삼장(法顯三藏)이 가지고 온 『대반니원경』 6권이 번역되자 승예가 그 『대반니원경』을 읽어보니 일체 모든 중생에게 불성(佛性)이 있는 것은 분명했다. 승예는 바로 「유의(喩疑)」라는 논문을 썼다. 그것은 『출삼장기집』에 수록되어 있는데, 그는 『니원경』의 일체중생 개유불성(一切衆生 皆有佛性)이라는 설은 『법화경』의 '모든 사람이 불지견(佛知見)을 열게 된다'는 것과 완전히 일치하는 설이라고 설파했다. 『반야경』과 『법화경』과 『니원경』의 3법문(三法門)은 서로 다른 것을 조성하는 것으로, 종래는 『반야경』이나 『법화경』을 부인하는 자도 있었지만 이제는 『니원경』의 출현으로 『법화경』도 『반야경』도 기초지울 수 있었던 것이다.[12]

(3) 도융

구마라집이 번역한『묘법연화경』이 나온 이후 처음으로 이 경을 강(講)한 자는 도융(道融, ?~430)이다. 구마라집의 제자 중 담영·축도생 등이『법화경』소(疏)를 지었다고 전해지지만, 도생의 소는 있어도 담영에 대해서는 4권의 의소(義疏)가 있었다고 할 뿐 현존하지 않는다. 또한 최초의 강경자(講經者)라는 도융에 관해서는 그가 일경(一經)을 열어 구철(九轍)로 했다고 전할 뿐이고, 수(隋)의 법화학자 길장(吉藏)은 그것이 어떠한 것인지 본 일이 없다고 말하고 있다.[13]

(4) 혜관

혜관(慧觀, ?~436)은 처음 혜원에게서 배운 사람으로, 중반에 장안으로 가서 구마라집으로부터『법화경』을 받고 후에는 건강(建康)으로 가서 남조송대(南朝宋代)의 불교계에서 지도적 인물이 되었다. 그는 장안에 있을 때『법화경』의 요의를 적시한『법화종요서』를 썼다. 이것은 승예의『법화경후서』나「유의」등과 함께 승우가 편집한『출삼장기집』에 수록되어 있다. 승예나 축도생과 같이 그도 '묘법연화'라고 하는 제명은 진실의 일승(一乘)이 유일 최고의 법임을 분다리(分陀利)라고 하는 연화(蓮華) 가운데 최고인 것에 의거하여 비유한 것이라고 해석했다. 이것은 구마라집 이래의 상전(相傳)의 설에 틀림없다.

또『법화경』의 내용을 평등대혜(平等大慧)라 했는데, 이 점에서 혜관은 축도생과 일치된 견해를 보이고 있다. 그러나『법화종요서』에서는 법화의 요지를 일승이라고 하는 일점으로 집약해 볼 수 있을 뿐이고, 그것이 대승의 여러 경전에서 어떤 지위를 점하는지를 논하지 않았다. 승예와 같이『법화경』과『반야경』의 관계에 대한 문제라든지, 도생이 4종법륜의 설을 하는 것과 같은 종합화의 움직임은 혜관의

---

12 橫超慧日,『法華思想』, 227~228頁.

13 橫超慧日,『法華思想』, 230~231頁.

『법화종요서』에서는 찾아볼 수 없다. 그런데 혜관은 혜원이나 구마라집에게서 배웠으므로 『반야경』・『유마경』・『법화경』 등의 여러 경전에 깊이 마음을 기울이고 있었겠지만, 강남의 송도(宋都) 건강으로 돌아온 이후 그가 머물고 있던 도장사(道場寺)에서 『화엄경』 60권을 번역하였다. 그 경을 번역한 각현은 혜관이 장안에서 배우고 있을 때부터 존경하고 함께 남방으로 데리고 왔던 사람이다.

얼마 후 『열반경』 40권이 중국의 서북방 양주(涼州) 고장(姑藏)으로부터 전해져왔다. 『열반경』은 고장에서 담무참(曇無讖)에 의해 번역된 것으로, 이전에 법현(法顯)이 인도에서 가져와 각현이 번역한 6권의 『니원경』과 동본(同本)으로 그 처음 약 4분의 1에 해당하는 것이었다. 거기에서 혜관은 혜엄(慧嚴)이나 시인인 사영운(謝靈運) 등과 협력하여 6권의 『니원경』을 참조하여 『열반경』을 다시 손질했다. 품(品)을 상세하게 나누고 사구(辭句)에 약간의 수정을 가하여 36권본으로 고쳤다. 이것이 『남본열반경(南本涅槃經)』이다.

그 뒤에 구나발타라(求那跋陀羅)에 의해 『승만경』이 번역(436)되자 혜관은 이에 대해서도 서(序)를 지었다. 그러나 『열반경』과 『법화경』은 밀접한 관계를 갖는 경이고, 『열반경』에서 실유불성(悉有佛性)이라고 하고 여래상주(如來常住)라고 설하고 있는 것은 『법화경』이 주장하는 일승진실(一乘眞實)・불수장원(佛壽長遠)의 설과 따로 생각할 수 없는 것이다. 그리고 『승만경』은 삼승과 일승의 본말관계가 이론화되고 상주법신(常住法身)의 설도 밝혀지고 있다. 따라서 이들 제경에 접한 혜관은 일승을 기준으로 주요한 대승경전의 체계를 잡았다.

『법화경』은 석존이 성도 후 40여 년을 지나 설하였다고 하는데, 입멸시의 설인 『열반경』과 『법화경』은 바로 전후 상접한 경이라고 볼 수 있다. 또 법화 이전에 『반야경』을 설하였다고 하는 것도 구마라집 이래의 상전하는 것이다. 『화엄경』은 부처님의 성도 직후의 설인 것을 그 경 가운데서 설하고 있다. 이와 같은 점에서 판단하면 주요한 대승경전은 최초의 『화엄경』으로부터 『반야경』・『법화경』・『열반경』과 연대적으로 전후 순서가 되는 것이다. 즉 불교는 처음에 갑자기 높은 가르침을 설하는 돈교(頓敎)와, 낮은 가르침으로부터 점차로 높은 가르침으로 나아가는 점교(漸敎)로 대별된다.『화엄경』은 돈교이다. 점교에는 5단계가 있어 처음은 삼승의 구별을 설하는 가르침으로 이것은 소승이다. 다음은 모두 삼승을 가르치는 가르침으로 이것은『반야경』이다. 다음은 성문을 억제하고 보살을 칭찬하는 가르침으로 이것은『유마경』이다. 다음은 삼승을 모두 같은 일승으로 귀결하는 가르침으로 이것은『법화경』이다. 그리고 끝으로 불신(佛身)은 상주한다고 밝히는 가르침으로 이것은『열반경』이다.『열반경』에 이르러 불교는 완성된다.

혜관의 이러한 견해는 돈점오시설(頓漸五時說)이라 칭한다. 후에『승만경』의 소속이 문제로 되어 양(梁)대의 학자들에 의해서 이것은 최초의 설이 아니므로 돈교가 아니고, 또 일승법신(一乘法身)을 설하지만『열반경』과 달라 최후의 설도 아니므로 점교에 넣을 수 없다고 해서 편방부정교(偏方不定敎)라고 하는 새로운 범주에 넣게 되었다. 말하자면 원칙을 지키지 않고 규격외의 설을 한 가르침이었다고 하는 것이다. 그 때문에 이것을 더해 삼교오시설(三敎五時說)이라고 하게 되고, 이 돈점오시설이 혜관의『열반경서』에 서술되고 있었다고 하는 것을 길장과 지의 등이 전하고 있다.『열반경서』는 현존하고 있지 않지만 그 설은 충분히 생각할 수 있는 것이고, 그 골격을 이루는 것이『법화경』의 전삼승후일승(前三乘後一乘)의 설이다.[14]

(5) 혜용·승인

'제2의 용사(龍師)'는 여산의 혜용(慧龍)[15]이고, '제4 중흥사(中興寺) 인사(印師)'는 승인(僧印, 435~499)이다. 제2 용사의 「평(評)」[16]에는 "광택(光宅)은 경을 인(印)으로부터 받다. 인은 용(龍)으로부터 품승(稟承)하다. 용은 법화의 장(匠)이다"라고 기록되어 있다. 또『양고승전(梁高僧傳)』권8의 「승인전(僧印傳)」에는 "승인은 처음 팽성(彭城)

---

14 橫超慧日,『法華思想』, 231~233頁.
15 坂本幸男,「中國佛敎と法華思想の連關」,『法華經の思想と文化』, 平樂寺書店, 1971, 494頁.
16 大正34·379下

에서 담도(曇度)[17]로부터 삼론(三論)을 받았으나 후에 여산으로 가서 혜용으로부터 법화를 받았다. 혜용도 또 당시에 저명하고 법화의 종지를 넓혔다. 승인은 그 후 경사(京師)로서 중흥사에 머물렀다.『열반경』및 많은 경전을 배웠으나 오로지 법화를 가지고 이름을 날리고 법화를 강설하기를 무릇 252편이었다. 제(齊)의 영원(永元) 원년(499) 65세로 세상을 떠났다"고 한다.

이상으로 보아 제2 용사는 여산의 혜용이고, 제4 중흥사 인사는 승인인 것을 알 수 있다. 그러나 이들의『법화경』주석서는 현존하지 않는다. 제2 용사의「평」에서 『법화경』에 관해 혜용-승인-법운이라는 상승의 계보를 볼 수 있다.[18]

(6) 법운

법운(法雲, 467~529)은 양(梁) 무제의 가승(家僧)으로서 광택사에 머물렀다. 개선사(開善寺) 지장(智藏), 장엄사(莊嚴寺) 승민(僧旻)과 함께 양의 3대 법사로 칭해진다. 이들 3대 법사는 혜차(慧次)의『성실론』・『삼론』의 강석(講席)에 함께했다. 법운은『열반경』에도 통했으나, 식자(息慈, 沙彌) 때부터 특히『법화경』에 조예가 깊고 30세 때 『법화경』・『정명경』의 2경을 강설하자 사부대중이 법당에 차고 사람들은 법운을 작환법사(作幻法師)라고 불렀다. 강경(講經)의 묘한 것이 당시에 독보적이었다고 한다.

법운이 찬한『법화경의기』(8권)는 현존하며『법화의기』,『법화광택소』등으로도 부른다. 이것은 도생의 소(疏) 이후 수 이전의『법화경』주석서 가운데서 현존하는 가장 상세한 것이다. 지의나 길장은 법운의 설을 종종 인용하고 비판한다. 특히 길장은 법운을 사차(四車) 및 불신무상(佛身無常)의 설을 하는 자라 하여 강하게 비판했다. 그러나 양으로부터 수에 걸쳐 법운의 설이 널리 유행하고 지의 및 관정이나 길장도 이 영향을 피해 갈 수 없었다.[19]

---

17 大正50・375中
18 丸山孝雄,『法華敎學硏究序說』, 平樂寺書店, 昭和 53, 18頁.
19 丸山孝雄,『法華敎學硏究序說』, 19頁.

3) 4영10철(四英十哲)과 그 후

구마라집의 번역 사업에 3천의 학사와 8백의 영수(英秀)가 참여했다고 전해지는데, 그중에서 뛰어난 인물을 십철(十哲), 팔준(八俊), 사걸(四傑) 또는 사성(四聖), 사영(四英) 등으로 불렀다고 한다. 현재 이름이 전해지는 사람은 40명 내외에 지나지 않는다. 10철(十哲)은 도생(道生), 승조(僧肇), 도융(道融), 승예(僧叡), 담영(曇影), 혜엄(慧嚴, 曇濟), 도항(道恒), 혜관(慧觀), 도표(道標), 도빙(道憑) 또는 승도(僧導)를 말하고, 그 가운데 도항과 도표 두 사람을 제외하고 8준(八俊)이라 하기도 한다. 또한 도생, 승조, 도융, 승예 등 네 사람을 관중(關中)의 4걸(四傑) 또는 4성(四聖)이라 부르며, 담영, 혜엄, 혜관, 도빙 등의 네 사람을 4영(四英)이라 불렀다.

구마라집 문하 가운데 도융, 담영, 승예, 혜관, 승도 등은 혜원(慧遠)과 함께 일찍부터 『정법화경』의 찬양자였으나, 구마라집의 『묘법연화경』이 번역되어 나오자 그를 찬양하는 쪽으로 기울었다. 구마라집의 문하에 그 이름을 남긴 자는 약 40명에 이르나, 그중 승예는 『법화경후서』를, 혜관은 『법화종요서』를 남겼다. 이들 찬양자 중에 도융, 담영, 축도생, 승도 등은 법화를 주석하고 있으나 위의 제서(序)와 도생의 『법화경소』(2권)만 전할 뿐이다.

『묘법연화경』이 역출되고 80여 년이 지난 뒤 법헌(法獻)은 고창(高昌)에서 구마라집 역의 이본(異本)으로부터 「제바품」을 얻고, 490년 법의(法意)는 이것을 금릉(金陵)의 와관사(瓦官寺)에서 역출하여 혜사와 지의의 즈음에 구마라집본에 보충했다. 구마라집 이후 송(宋)·제(齊)·양(梁) 시대의 법화 찬양을 『양고승전』에서 찾아보면 50여 명을 헤아린다. 구마라집 문하 이후의 소(疏)를 보면 승전(僧傳) 또는 지의·길장 등의 소에서 승경(僧鏡), 법진(法珍, 瑤), 혜기(慧基), 혜용(慧龍), 현창(玄暢) 등이 소(疏)를 지은 것을 전하고 있다.

그리고 송대의 담무밀다(曇無蜜多, 424~447)는 법화의 결경(結經)인 『관보현경』(1권)을 펴내고, 481년 제(齊)의 담마가타야사(曇摩伽陀耶舍)는 개경(開經)인 『무량의경』

(1권)을 펴냈다. 『내전록(內典錄)』에 의하면, 유규(劉虯)가 『주법화경(註法華經)』(10권)을 펴내고, 『무량의경서(無量義經序)』와 『주무량의(註無量義)』(1권)을 펴냈다고 전하지만, 현재 『무량의경서』만 남아 있을 뿐이다. 또한 508년 북위 때 늑나마제와 보리유지가 이어서 낙양에 와서 각각 인도의 유일한 『법화경』 주소(註疏)인 『법화론』(摩提 2권, 流支 1권)을 역출하고, 북주(北周)의 무제 때인 560년 장안에 온 사나굴다는 이듬해 익주(益州)의 승주(僧主)에 임명되어 그곳에서 구마라집의 번역에서 빠진 보문품 중송(重頌)을 역출했다.

진(陳)·수(隋) 이후의 법화 찬양은 『속고승전』에서 보면 정전(正傳) 420여 명 중 법화에 통하는 자 실로 90여 명으로 거의 5분의 1에 미치고 있지만, 그중 소(疏)를 지은 지장(智藏)·혜정(慧淨) 등 9명의 찬술이 있으나 그들의 소는 모두 산실되고 지금은 법운의 『법화의기』만 볼 수 있을 뿐이다. 당대에 지장·승민과 함께 양의 3대 법사라고 불린 법운은 그중에서도 독보적인 존재로 칭함을 받고, 용수의 『대지도론』의 석의(釋義)를 받아 「방편품」의 "불설일해탈의(佛說一解脫義)"를 '삼승동일해탈(三乘同一解脫)'이라 해석하여 보살과 함께 이승(二乘)의 작불을 논했던 것이다.

혜사(慧思, 515~577)는 『법화경안락행의』(1권)를 펴냈으며, 이어서 혜사의 제자 지의(智顗, 538~597)는 『법화현의』, 『법화문구』, 『마하지관』의 삼대부(三大部) 각 10권을 펴내어 수(隋)의 3대 법사 중 첫째로 칭송을 받고 『법화경』으로써 초팔제호석가출세본회(初八醍醐釋迦出世本懷)의 설을 주창하고 지의 이전의 삼승설을 취합하여 이승작불(二乘作佛)을 논했다. 이어서 지의·혜원과 함께 수의 3대 법사로 칭해지는 길장(吉藏, 549~623)은 묘(妙)에 법화를 중시하여 『법화현론』(10권), 『법화의소』(12권), 『통략』(6권), 『법화유의』(2권), 『법화론소』(3권) 등 삼국수일(三國隨一)의 소(疏)를 지었다. 그런데 601년 법화 최후의 완역인 『첨품법화경』(7권)이 번역되었지만, 아무런 찬양의 표시도 보지 못했던 것 같다. 그리고 이보다 앞서 신라의 원효(元曉)는 묘본(妙本)에 의해 『법화경종요』를 내어 불성일승의(佛性一乘義)를 논하고 있다.

4) 신역시대의 도래

구마라집에서 시작된 이른바 구역(舊譯)의 시대는 보리유지와 진제(眞諦)에 이르러 일단 마침표를 찍고, 현장(玄奘)이 천축국(인도)을 다녀온 후 이른바 신역(新譯)시대의 막이 열렸다. 이후 현장의 제자 규기(窺基)는 박릉(博陵)에서『법화경』을 강설하여『법화현찬』(10권)을 내고, 법상(法相)은 '일승방편삼승진실(一乘方便三乘眞實)'의 교리에 따라 길장에 이어서 삼차의(三車義)를 주장하니 이에 법상종과도 교류하게 되었다. 또한 당시 천태 제6조 담연(湛然)은 천태의 3대부를 주석하고 있었다.

『송고승전』을 보면, 이 시대에 정전(正傳) 530여 명 중『법화경』에 숙달한 자 거의 70여 명에 이르러 전체의 1/8이 넘는다. 이들 가운데서 법화를 종(宗)으로 한 것은 오직 지의 한 사람뿐이었다. 천태종은 장안(章安) 이후 점차 제1기 암흑시대에 들었으나, 제6조 담연 무렵에 화엄종·법상종 등과 함께 상당한 교학의 발전을 이룩했다. 또한 당(唐) 말기에 선무외(善無畏), 금강지(金剛智), 불공(不空) 등에 의해 새로이 진언밀교(眞言密敎)가 전래되었다. 이 사이 일행(一行)이『대일경소』(20권)를 지어 밀교와 교류하게 되었고, 불공(不空)이『관지의궤(觀智儀軌)』(1권)을 역출하여 밀교와의 교류가 좀 더 빈번해졌다.

그 후 법화의 찬앙은 대략 다음과 같다. 송(宋)대에는 도위(道威)의『법화입소(法華入疏)』(12권), 계환(戒環)의『요해(要解)』(7권), 혜홍(慧洪)의『합론(合論)』(7권), 문달(聞達)의『구해(句解)』(8권), 수륜(守倫)의『과주(科註, 古註)』(10권) 등이 나왔고, 원(元)대에는 서행선(徐行善)의『과주(科註)』(8권), 명(明)대에는 일여(一如)의『과주(科註, 新註)』(7권), 여우(如愚)의『지음(知音)』(7권), 무상(無相)의『대의(大意)』(3권), 덕청(德淸)의『통의(通義)』(7권), 통윤(通潤)의『대규(大窺)』(7권), 지욱(智旭)의『회의(會儀)』(16권)와『륜관(綸貫)』(1권) 등이 있다. 청(淸)대에 이르러서는 서창치두(徐昌治逗)의『탁해(卓解)』(7권), 대의(大義)의『대성(大成)』(9권), 지상(智詳)의『수수(授手)』(10권), 일송(一松)의『연의(演義)』(20권), 보덕(普德)의『과습(科拾)』(7권), 통리(通理)의『지장소(指掌疏)』(7권) 등이 있다.

법화삼부는 본래 삼부일구(三部一具)의 경전이 아니었으나 미륵삼부, 정토삼부 등과 같이 삼부설(三部說)에 따랐다고 한다. 물론 법화 서품의『무량의경』, 제28의 「보현품」 등에 연관되고,『내전록(內典錄)』에 의하면 일찍이 유규의『법화경』 및 『무량의경』의 주(註)가 있고, 장안(章安)의『지의별전(智顗別傳)』에는 대현산(大賢山) 수행을 서술하는 가운데 3부구경(三部究竟)의 설을 보인다고 한다.[20]

3.『첨품묘법연화경』고찰

『첨품묘법연화경』(이하『첨품법화경』으로 약함)은 첨품된 극히 일부분을 제하고 완전히『묘법화경』과 같은 것으로 보인다. 그러나 서문에 의하면, 역출자는 경장 (經藏)을 검색하고 빠짐없이 축법호와 구마라집이 보았던 범본(梵本)을 열람한 후 에 거듭해서 천축의 다라엽본(多羅葉本)을 교감(校勘)하고『첨품법화경』을 번역했 다고 한다. 그러면 번역자의 의도를『묘법화경』과 똑같이 보이는『첨품법화경』의 어느 곳에서 찾아볼 수 있을까.『정법화경』 및 범본 등을 참조하면서『묘법화경』 과『첨품법화경』을 비교 검토하여 과연 서문에서 말하는 번역 출간의 의미가 있 는지 살펴보자.

1) 번역자와 번역출간 연대

『첨품법화경』은 일반적으로 사나굴다와 달마급다의 공역으로 되어 있다. 그것 은 이 경의 서문에 의한 것이다. 그 서문의 내용을 보면, 여기에서 여(余)라고 칭하 는 서문의 작자와 사나굴다 및 달마급다에 의해 교감(校勘)·번역된 것으로 되어 있

---

20 塩田義遜,『法華教學史の硏究』, 日本圖書センター, 昭和 53, 103~110頁 참조.

다. 다만 서문의 처음에 있는 "수인수원년굴다급다이법사첨품(隋仁壽元年崛多笈多二法師添品)"이라는 14자는 원본(元本)과 명본(明本)에는 없다. 이 서문에 대해 가무미라 신조(上村眞肇)는 "언종(彦琮)의 작일 것"[21]이라고 하고 있다. 확실히 당시의 상황에서 보면 언종이 가장 유력한 작자라고 볼 수 있지만, 이 서문에 언급하는 것은 경록(經錄)에 의하면『개원록(開元錄)』이후의 것으로 그 이전의 경록은 저촉되지 않는다. 언종이 지은 서문이 수많이 있었던 것은 경록[22]에 언종제서(彦琮製序)라고 명기되어 있는데서 알 수 있지만,『개원록』에는『첨품법화경』서문의 작자 이름이 실려 있지 않다. 따라서 언종이 지은 것이라고 단정할 수 없을 것 같다. 또 번역자인 사나굴다와 달마급다에 대해서도 차이가 있다.『내전록』[23]에 의하면 사나굴다와 달마급다가 공역한 경전으로『무소유보살경』,『호국보살경』등 6경을 헤아리고 있지만『첨품법화경』은 들고 있지 않고, 도선(道宣)은 이 경의 번역자로 달마급다만을 들고 있다.[24]

지금 이들에 관하여 설하는 경록들[25]과『첨품법화경』에 관계가 있다고 볼 수 있는「보문품」(重誦偈) 및 여러 가지 잡주경(雜呪經)을 주로 살펴보면,[26] 북천축 건달국

---

21 上村眞肇,「普門品漢譯偈頌の 添加について」,『印度學佛教學研究』제2권 제2호, 1954, 129頁.

22 『三寶紀』및『內典錄』에 의하면 釋彦琮의 찬으로서「達摩笈多傳」,「通極論」,「弁敎論」,「弁正論」,「通學論」,「善財童子諸知識錄」,「新譯經序合」의 7(6)부를 들고 있지만 그 가운데『신역경서합』은 당시에 번역한 신역제경전에 첨부된 서문을 모은 것이다. 그러나 현재는 전하고 있지 않다.

23 大正55권 277頁上

24 다만『내전록』에서도 권5의 달마급다의 역출경 목록에는 들어 있지 않고 도선술(道宣述: 大正9권 1頁中)이라고 되어 있는『묘법연화경』「弘傳序」에는 "隋代仁壽, 大興善寺北天竺沙門闍那笈多"의 번역이라고 하고 있는 등의 불일치가 보인다.

25 ①『첨품법화경』서문, ②중경목록권제2(靜泰錄), ③대당내전록권제6, ④동권제9 역대중경거요전독록록제4, ⑤대주간정중경목록권제2, ⑥개원석교록권제7, ⑦동권제11 별록의1, ⑧동권제19, ⑨개원석교록약출권제1(726頁下), ⑩정원신정석경목록권제10(846頁下), ⑪동권29(1027頁上~中). 위의 ⑨, ⑩, ⑪ 및 다른 경록은『개원록』즉『첨품법화경』서문에 따르고 있다.

26 歷代三寶紀,「金色仙人問經 於長安四天王寺譯, 妙法蓮華經普門品重說(誦)偈, 種種雜呪經1권, 佛語經,

(捷達, 乾闥國) 사문 사나굴다가 북주(北周) 무제 대에 익주(益州) 용연사(龍淵寺 또는 龍泉寺)에서 역출했다고 전하는 것은 여러 경록이 거의 일치한다.[27] 그러나 연대에 대해서는 굴다 등이 북주의 명제(明帝) 무성(武成)의 연초(559)[28]에 장안에 이르러 사나굴다가 익주의 용연사로 옮긴 것은 3년[29]이라고 『속고승전』에 있지만, 『삼보기(三寶紀)』에는 사나굴다는 천화(天和) 3년, 5년, 6년에 번역한 여러 경전에 관계한 일이 기록되어 있고, 『불조통기』[30]에는 천화 4년(569) 지덕(至德)이 번역한 기록이 있어 그것이 전자에 해당하고 가장 사실에 가까운지도 모른다. 또 천화는 7년 3월부터 건덕(建德)으로 되고 3년의 파불(破佛)에 의해 사나굴다는 서역으로 간다.

『첨품법화경』의 번역에 대해 혜상(惠祥)의 『홍찬법화전(弘贊法華傳)』[31]에도 언급되어 있다. 『홍찬법화전』의 사나굴다와 달마급다에 관한 기술은 주로 『속고승전』에 의한 것으로, 사나굴다는 "개황 20년 78세로 서거"했고 「보문품」 중송게만 그의 번역이며, "묘법연화경 「약초유품」 가오지(加五紙) 제주병이(諸呪並異)"는 달마급다의 번역으로 전품을 언종과 증편 번역했다고 말하고 있다. 『속고승전』에 없는 기술이 무엇에 의한 것인지 분명하지 않지만 주목된다.

이상의 자료로부터 보면 번역출간 연대는 ① 인수 원년, ② 인수 2년, ③ 대업 연간의 셋으로 되지만, 무엇 때문인지 개황 12년부터 대흥선사(大興善寺)의 번역에 참가하고 후에 이름하 여 교감자(校勘者)라 하고, 또 『첨품법화경』의 번역에도 관계했던 것은 아닌가 생각되는 언종이 인수 2년에 칙명에 의해 찬한 『언종록(彦琮錄)』에

上三經竝在益州龍淵寺譯, 上四經合5권. 武帝世. 北天竺捷達國三藏法師闍那崛多. 周言志德. 於益州. 爲總管上柱國譙王宇文儉譯. 沙門円明筆受.(大正49권 100頁下)

27 內典錄(大正55권 272頁上), 譯經圖紀(同 366頁上), 大周錄(同 385頁下), 開元錄(同 545頁中), 貞元錄(同 843頁下), 續高僧傳(大正50권 433頁下)

28 『續高僧傳』에는 "以周明帝武成年初屆長安"이라고 있어 '무정(武定)년 초기'라고 읽혀진다.

29 "會譙王宇文儉鎭蜀. 復請同行於彼三年."

30 大正49권 358頁上.

31 大正51권 16頁中, 下.

는『첨품법화경』이 전혀 언급되고 있지 않은 점이 주목된다. 대업 연간이 되자 사나굴다는 이미 생존하지 않고 3년에는 번역 장소도 상림원(上林園)의 번경관(翻經館)으로 옮기고 만다. 다만 준식(遵式)의「보문품」중송(重頌)[32]에「보문품」의 중송은 대업 연간 중에 달마급다에 의해 번역되어 보충되었다고 하는 것 외에는 이에 관계있는 것이 없는 것 같다.

다음에 번역자에 대해 생각해보면 ① 사나굴다, 달마급다(彦琮), ② 달마급다(彦琮), ③ 사나굴다 등으로 되지만, 언종은 당시 역출된 경전의 대부분에 관여하고 있지만 번역자로서 이름을 내고 있는 것은 하나도 없다. 또 사나굴다에 대해서는「보문품」[33] 중송게는『첨품법화경』역출 이전에까지 장행에 부가되어 있었다고 보이고, 여러 가지 잡주경(雜呪經)의 법화 내의 주(呪) 6수(首)는『첨품법화경』의 것과 유사한 점도 있지만 그대로 사용되고 있지는 않다. 끝으로「약초유품」의 후반에 대해서는 사나굴다가 관계하지 않았다고 하는 확실한 증거는 없지만, 개황 20년에 서거했다고 하는 것은 별도로 해도 고령 때문인지 인수 연간에 들었을 즈음에는 다른 경의 번역에 함께 협력한 기록이 없는 것 등을 고려하면 최종적인 역출자로서 남는 자는 달마급다라고 볼 수 있다.[34]

2)『첨품법화경』과 이본의 대조

『첨품법화경』번역에 사용된 원전은『정법화경』의 것과 같은 계통에 속하고 그것은 현존하는 네팔계의 범본과 극히 유사한 것으로 짐작된다. 이것은 첨품된 부분을 고찰함으로써 알 수 있다.『첨품법화경』,『정법화경』,『묘법화경』세 가지 책의 구성상 상이점, 범본과의 관계를 요령 있게 말하는 것으로 종종 인용되는 것이

---

32 續藏 55권 144頁右上 "重頌是煬帝大業中. 智者滅後笈多所譯……"

33 塩田義遜,『法華教學史の研究』, 23頁이하; 上村眞肇 註(2).

34 立正大學佛教學會,『大崎學報』第120號, 昭和40, 34~40頁 참조.

『첨품법화경』의 서문이다.[35]

　『첨품법화경』은 「보문품」 중송게(重頌偈)의 아미타불에 관한 게문을 제한 네팔 범본 및 서장본과 구성이 일치한다.[36]

　『첨품법화경』에서 증보한 「약초유품」의 후반 부분도 이미 『정법화』에 존재하는 개소이지만, 『정법화』에는 있고 『묘법화』에는 없으며 『첨품교감본(添品枝勘本)』에도 없다고 『첨품법화경』의 서문에서 말하는 부루나의 처음이란 「수오백제자결품(授五百弟子決品)」의 처음 장행 및 게송[37](貧者求宝分)이고, 또 「법사품」의 처음이란 「약왕여래품」의 처음 장행과 게송(善蓋本生分)이다. 후자[38]는 『유마경』의 「법공양품」에 관계가 있다고 한다. 그리고 「칠보탑품」의 처음 부분에 다보불, 약왕사에 언급하는 장행과 게송이 있고, 「여래현수품」에 주석적인 부분이 삽입되어 있지만, 이것들도 물론 부가되어 있지 않다. 이 점에서는 『정법화경』 및 『첨품법화경』은 같은 계통의 범본일 것이라고는 말하면서도 상당한 간격이 있는 것이 된다.

　『첨품법화경』을 번역할 때 사용된 범본은 언제 전래된 것인지 분명하지 않지만, 『속고승전』[39] 및 『삼보기』, 『내전록』에 의하면 지주(智周) 등 10명이 서역으로부터

---

35 그에 의하면 다음과 같은 것이다. ①호소궐자(護所關者). 보문품게야(普門品偈也). ②집소궐자(什所關者). 약초유품지반(藥草喩品之半). 부루나급법사등이품지초(富樓那及法師等二品之初). 제바달다품(提婆達多品). 보문품게야(普門品偈也). ③즙우이촉루(什又移囑累). 재약왕전(在藥王前). ④이본(二本: 正·妙) 다라니(陀羅尼). 병치보문지후(並置普門之後). ⑤(첨)부루나급법사등이품지초(添富樓那及法師等二品之初). 감본유궐(勘本猶闕). ⑥약초유품갱익기반(藥草喩品更益其半). ⑦제바달다통입답품(提婆達多通入塔品). ⑧다라니차신력지후(陀羅尼次神力之後). ⑨촉루환결기종(囑累還結其終).

36 한역삼본(漢譯三本)의 제품 존궐(存闕)과 위치는 고래로 크게 문제되어 있던 것이다. 이에 대해서는 塩田義遜, 『法華教學史の研究』에 자세한 논술되어 있다.

37 境野黄洋, 「『正法華經』と『妙法蓮華經』との比較」, 『駒澤大學佛教學會年報』, 第1集, 74頁 이하.

38 塚本啓祥, 「インド社會と法華經の交涉」, 『法華經の思想と文化』, 50頁 이하.

39 大正50권 433頁下, 55권 276頁下. 『속고승전』은 보(宝)·도수(道邃)·승담(僧曇) 등 10인이라고 하지만, 『三宝紀』와 『內典錄』에서는 보(宝)·도수(道邃)·지주(智周)·승위(僧威)·법보(法寶)·승담(僧曇)·지조(智照)·승율(僧律) 등의 십유일인(十有一人)이라고 한다.

범본 260부를 얻어 개황 원년(581)에 가지고 돌아와서 이들의 범본을 대흥선사에서 사나굴다, 달마급다 등이 번역 출간했다고 한다. 이 260부 가운데 『법화경』이 포함되어 있었는지 어떤지는 기록되어 있지 않다. 그러나 『언종전』에는 언종이 범본의 『반야경』, 『법화경』, 『유마경』 등을 수지 독송하고 있던 것을 말하고 있으므로 당시 『법화경』의 범본이 존재하고 있던 것만은 알 수 있다.

일반적으로 『정법화경』은 직역이고 『묘법화경』은 의역이라고 말하지만, 『정법화경』에 대해서는 만일 직역의 의미가 추가 설명하는 직역의 의미라면 직역이라고만은 말하기 어려울 것이다. 그러나 곳에 따라서는 『정법화경』이 『첨품법화경』의 용어보다 의역을 한 곳도 보인다. 현존의 범문에 대해서 말한다면 『첨품법화경』이 원문(原文)에 매우 충실하고 축어적인 번역이면서 정돈된 번역문이라고 볼 수 있다.

(1) 「약초유품」의 후반

「약초유품」의 첨가된 부분은 이미 「방편품」이나 같은 「약초유품」의 전반에 설한 불지(佛智)의 평등, 삼승(三乘)의 평등, 일승(一乘)만으로서 두세 가지 다른 것이 없는 것을 다른 비유로서 반복하여 설한 것이므로 발전적인 점도 있지만, 두 번 손을 본 감은 면할 수 없다. 따라서 「첨품」 번역의 후도 별로 문제가 되지 않았던 것 같다. 오히려 비유 그 자체에 흥미가 있는 기술이 보이지만 역시 주제로 되는 것은 일승설(一乘說)이기 때문에 관련한 곳을 중심으로 『정법화경』과 『첨품법화경』, 『범문』을 비교 검토해보면, 먼저 여래의 중생교화의 지혜는 평등하다. 비교하면 일월의 광명이 세간을 비추는 것이 다음과 같다고 설하고 있다.[40]

• 『정법화경』
불역여시(佛亦如是) 이지혜광보조(以智慧光普照) 일체오도생사(一切五道生死) 보살연각

---

40 이 부분은 한문과 번역문만 소개하기로 하겠다.

성문(菩薩緣覺聲聞) 혜무증감(慧無增減) 수심소해각득기소(隨心所解各得其所)

•『첨품법화경』

여시가섭(如是迦葉) 여래응정변지일체종(지)지심지광명(如來應正遍知一切種(智)智心之光明) 어제오취중생수생지중(於諸五趣衆生受生之中) 여기신해대승연각승성문승중(如其信解大乘緣覺乘聲聞乘中) 위설정법평등이전(爲說正法平等而轉) 여래지혜역무증감(如來智慧亦無增減) 여기복지취집이생(如其福智聚集而生)(이하첨품의 원문은 생략)

• 시역(試譯)

이와 같이 실로 가섭이여. 여래응공정변지(如來應供正遍知)의 일체지지(一切智智)의 마음의 광명은 일체 모든 오취(五趣)에 태어난 중생에게서 (그) 신해(信解)에 따라서 대승, 연각승, 성문승 가운데 정법을 설해 보여주는 것은 평등하게 바뀐다. 그리고 여래의 지(智)의 광명은 증감이 없고 그에 따라서 복(福)과 지혜가 취집되어 발생하는 것이다.

•『정법화경』

본무삼승(本無三乘) 연행치지(緣行致之)

•『첨품법화경』

가섭이여. 삼승(三乘)은 있는 것이 아니다. 오직 중생이 각기 다르게 행동하기 때문에 삼승을 시설하는 것이다.

•『정법화경』

가섭백불언(迦葉白佛言), 설무삼승(說無三乘), 하고득유보살연각성문(何故得有菩薩緣覺聲聞)

• 『첨품법화경』

이와 같이 말하고 혜명(慧命) 마하가섭은 세존께 다음과 같이 말씀드렸다.[41] "세존이시여, 만약 삼승이 있지 않으면 어째서 현세에 성문, 연각, 보살을 시설하는 것입니까."

• 『정법화경』

불고(佛告) 비여도가연식작기(譬如陶家埏埴作器) 혹성감로밀(或盛甘露蜜) 혹성락소마유(或盛酪蘇麻油) 혹성농음식(或盛醲飲食) 니본일등(泥本一等) 작기별이소수부동(作器別異所受不同) 본제역이일등무이(本際亦爾一等無異) 각수소행성상중하(各隨所行成上中下)

• 『첨품법화경』

이와 같이 말씀드리자 세존은 혜명마하가섭에게 다음과 같이 말씀하셨다. "그것은 마치 가섭이여, 도기사(陶器師)가 동등한 점토로 모든 그릇(器)을 만드는 것과 같은 것이다. 그 가운데서 어느 것은 사탕의 그릇으로 되고 어느것은 소유(蘇油)의 그릇, 어느 것은 유락(乳酪)의 그릇, 어느 것은 더러운 부정물(不淨物)의 그릇으로 된다. 점토에 의해서 다른 것이 있는 것이 아니라 물건을 넣는 것에 의해서만 그릇의 별이(別異)가 시설된다. 이와 같이 실로 가섭이여, 이것은 오직 일승 소위 불승만이 있고, 제2 또는 제3의 승은 존재하지 않는다"라고.

• 『정법화경』

가섭우문(迦葉又問), 종사별이(縱使別異), 구경합불(究竟合不)

• 『첨품법화경』

이와 같이 말씀하시고 혜명마하가섭은 세존께 다음과 같이 말씀드렸다. "만일 중생

---

41 혜명마하가섭백불언(慧命摩訶迦葉白佛言).

이 여러 가지로 신해하여 삼계로부터 벗어나왔다고 하면 그들에게 하나의 열반이 있겠습니까, 아니면 둘 또는 셋이 있는 것이겠습니까."

•『정법화경』
고왈(告曰) 당합(当合) 명자해지(明者解之)

•『첨품법화경』
세존은 말씀하셨다. "제법의 평등을 깨닫기 때문에 실로 가섭이여, 열반이 있다. 그리고 그것은 하나이고 둘도 셋도 아니다. 그러므로 가섭이여, 나는 그대를 위해서 비유를 말할 것이다. 지혜 있는 사람들은 하나의 비유로 설하는 의의를 이해하기 때문이다."

이어서 생맹자(生盲者)의 비유로 이것은 설명하는 것이다. 그러나 위의 인용문의 비교에 의해 알 수 있듯이『정법화경』의 번역문은 이해하기 어려운 점이 있을 정도로 간략하고 요약적인 표현인 것처럼 보인다. 이에 대해『첨품법화경』의 번역문은 현재의 범본에 대단히 가까운 것임을 알 수 있다. 다만 중요한 점은 원문에서 떨어져 있다는 점이다. 이에 대해『묘법화경』은 사자구(四字句)이기 때문에 제(第)라고 하는 글자를 넣을 수 없었던 것으로도 보이지만,『첨품법화경』은 그렇지도 않다. 이승(二乘), 삼승(三乘)이라고 번역한 것은 또는 당시의 일승삼승관(一乘三乘觀)을 고려한 것일까. 또한 범문의 buddha-yāna에 해당하는 곳이 대승으로 되어 있는데 이것은 과연 번역자가 고친 것인지는 알 수가 없다. 케른본의 각주(脚註)에는 세 개의 마누스크립트에 mahā-yāna라고 있는 것을 기록하고 있으므로『첨품법화경』의 원본도 그것일 수 있기 때문이다. 대승의 예는 "여기신해(如其信解), 대승연각승성문승중(大乘緣覺乘聲聞乘衆)"에도 있지만『정법화경』에서는 그 해당하는 곳을 '보살'이라고 하고 있다. 한역의 대승(大乘), 불승(佛乘), 일불승(一佛乘) 등에 대응하는 현존의 범본의 곳은 반드시 일정하지 않은 것 같다.『묘법화경』에는 '대승'이라고 하는 말이 16번 정도 나오고 있지만 mahā-yāna에 대응하는 것은 두 곳뿐이고, 삼승의 내용으로서도 bodhisattva-yāna가 『묘법화경』에서는 불승(佛乘)으로 되어 있는 곳이 있다.

그런데 다음에 얻어지는 열반은 하나이고 둘도 셋도 아니라고 하는 열반에 대해서는, 제법의 자성은 환(幻)과 꿈(夢)과 같고 또 파초(芭蕉)의 골수가 없는 것과 같으며, 음향에 동등하다고 알고, 삼계(traidhātuka)에 속박되지 않고(abaddha), 제법(sarva-dharma)은 평등(Sama), 공(空: śūnya)으로서 여러 가지 성질이나 실체가 있지 않고(nirnānā-karaṇʼ ātmaka), 그것을 구하는 일 없고(na câitām prekṣate), 어떠한 법을 보지 못한다(nāpi kiṃ-ciddharmaṃ vipaśyati)면, 그 사람은 위대한 지자(智者, mahā-prajñā)로 법신을 남김없이 보고(sa paśyati… dharmakāyam aśeṣataḥ), 삼승은 결코 있는 것이 아니며, 여기에서 일승만이 있다고 알고(nāsti yāna-trayaṃ kiṃ-cidekam ihâsti), 제법은 평등하고 모두 똑같으며 항상 등등(等等: sama-samāḥ sadā)이라고 알아서, 불멸(amṛta)에서 안락한(śiva) 열반을 상세하게 아는(vijñānāti nirvāṇam) 것이라고 한다. '공(空)'의 부정적 표현은 『정법화경』에는 종종 볼 수 있는 것으로, 특히 일승설(一乘說)을 말하여 깨달음의 내용으로서 법신을 드는 것은 『정법화경』의 「수오백제자결품」의 서두에 첨가된 '빈자구보분(貧者求宝分)'에 여의주를 얻는 것은 여래의 무극(無極)의 법신을 얻는 것이라고 설하는 것과 통하는 것이다.

또 「약왕여래품」의 부가부분의 '선개본생분(善蓋本生分)'도 "도법일등(道法一等) 무유이승(無有二乘)" 또는 "분별일승(分別一乘) 무유삼승도(無有三乘道)"이라고 설하는 바와 같이 부가된 부분은 모두가 일승사상에 관련되는 것이고, 『법화경』의 후분(後分)이 증가되어감과 동시에 중심사상인 일승사상(一乘思想)을 발전적으로 설하고 있다. 그리고 부가적 부분도 생겨나고 「약초유품」의 후반의 경우에는 덧붙인 형태로 크게 첨가된 것인데 결국은 필요 없는 문장으로서밖에 받아들이지 못하고 거의 문제가 되지 못했던 것 같다.

(2)「다라니품」

『법화경』의「다라니품」의 한역에는『정법화경』『묘법화경』의 것 이외에 현장(玄奘)의『현응음의(玄應音義)』, 불공(不空)의『관지의궤』에 포함된 번역 등이 있고, 또 경록에 주문(呪文)이 다르다고 부기되어 있는 바와 같이『첨품법화경』의 번역문도『묘법화경』의 것과 다른 것으로 되어 있다. 그러나 다른 것은 고려본(高麗本)뿐이고, 송·원·명본은 거의『묘법화경』의 것과 같다.『법화경』의「다라니」에 대해서는 이미 일본의 혼다 기에이(本田義英), 시오다 기손(塩田義遜) 등에 의해 자세하게 연구되고 제본의 대조도 시도된 바 있다. 그러나 여기에서는『첨품법화경』과의 관련을 주로 생각하여 사나굴다가「보문품」의 중송게와 함께 익주 용연사에서 번역했다고 하는 여러 가지 잡주경 가운데『법화경』내의 6수와『첨품법화경』의 것을『묘법화경』 범본을 참조하면서 비교 고찰한 결과,『첨품법화경』의 번역자로 보이고 있는 사나굴다가 번역한 여러 가지 잡주경의 주문(呪文)은 고려본의『첨품법화경』의「다라니」와 확실히 유사한 점은 있지만 동일한 번역자의 것이라고는 생각할 수 없을 정도로 번역문이 다르다. 그것은 아마도『첨품법화경』의 번역문은 첨품의 즈음에 달마급다 등에 의해서 따로 번역된 것인지 또는 다시 개역되어 사용된 것은 아닌지 하는 생각이 든다.

또 같은『첨품법화경』의「다라니」에서도 고려본 이외의 3본의 번역은 거의『묘법화경』의 주문(呪文)과 같은 것이다. 이것은 어떠한 이유에 의한 것인지 분명하지 않다.『내전록』에는「약초유품」의 후반을 더하고 주문의 다른 것을 부기하여『첨품법화경』의 특색이라고 하고 있지만,『첨품법화경』의 서문에서는 그것은 명확히 나타나고 있지 않다.「다라니품」을「신력품」의 후에 놓고「촉루품」을 또 가장 끝부분으로 돌려 끝맺음을 하고 "자구차별(字句差別) 파역개정(頗亦改正)"이라고 말하고 있지만「다라니」를 개정한 것을 가리키고 있는 것인지는 분명하지 않다.[42]

---

42 立正大學佛敎學會,『大崎學報』第120號, 41~51頁 참조.

3) 개편으로서의 『첨품』

앞에서 살펴본 「약초유품」의 후반, 「다라니품」을 다시 번역한 『첨품』 외에 「보문품」 중송게의 첨가문제가 있지만 이에 대해서는 종종 언급한 바이고, 또 예컨대 「제바품」의 아사선(阿私仙)을 단지 선인(仙人)으로, 또 『문묘법화경(聞妙法華經)』 「제바제다품(提婆提多品)」을 「문차묘법화경품(聞此妙法華經品)」 또는 단지 묘법[연]화경이라고 범문과 같게 고친 곳 등이 보이고 있어 확실히 타당한 개정[43]이라고 생각되는 점도 있다. 그러나 전혀 채용되지 않은 채로 『묘법화경』이 찬양되어온 것은 『묘법화경』 그 자체의 뛰어난 번역과 『첨품법화경』 번역보다 약 200년이나 빠르게 번역되고, 특히 그에 의거하여 조직을 본 천태의 교학 아래에서는 『첨품』의 부분도 거의 무시되는 형태로 서문에 말하는 바와 같이 『정법화경』, 『묘법화경』의 범본을 비교하고 전문을 번역자의 번역문으로 한 것이라면 다른 의미에서 귀중한 것이기도 하겠지만, 현재 발견된 정도[44]로는 이러한 개정도 서문의 과장적인 표현으로밖에 볼 수 없다. 오히려 번역 출간 후 문제로 된 것은 『첨품법화경』보다도 범본과 같이 제품의 위치를 전이시킨 점에 있었던 것이 아닌가 볼 수 있고, 따라서 번역 출간이라고 하기보다는 개편(改編)으로서의 『첨품법화경』이라고 하는 쪽이 적당할지도 모른다.[45]

---

43 다만 『첨품』의 즈음에 이루어진 것인지는 불확실하다.

44 「약초유품」 후반, 「다라니품」 및 「보문품」, 「제바품」 등의 극히 일부를 제하고는 단순한 문자상의 차이는 볼 수 있지만 개역은 인정하지 못한다.

45 立正大學佛教學會, 『大崎學報』 第120號, 59~60頁 참조.

4. 둔황 벽화와 법화 찬앙의 제상(諸相)

범문 『법화경』이 중국어로 번역됨으로써 중국 문화와 『법화경』 찬앙의 연관은 처음 성립된다. 그리고 현존하는 역경 중에는 286년 8월 축법호가 이룬 『정법화경』(10권)이 가장 오래이고, 『법화경』이 참으로 중국 문화에 족적을 남긴 것은 406년 5월 구마라집이 『묘법연화경』(7권)을 역출한 것에 비롯된다고 보아도 좋을 것이다. 왜냐하면 남아 있는 중국의 『법화경』의 연구서는 구마라집 문하 4철의 한 사람인 도생의 『법화경소』(2권)[46]이나, 스타인(Mark Aurel Stein)이 수집한 둔황 출토 석실본(石室本)[47] 『법화경소』(3권) 등을 필두로 하여 모든 경문은 『묘법연화경』에 의거해 있고, 또 목록류 안에 그 명칭을 남기고 실물은 남아 있지 않는 연구서도 담영의 『법화의소』(4권)을 비롯하여 모두 구마라집 문하 또는 그 후계자의 손으로 되어 있고, 또는 현존하는 벽화 등에 방기(傍記)되어 있는 경문(經文) 단편 또는 경문요록(經文要錄)도 거의 모두가 『묘법연화경』의 글에서 초출된 것이기 때문이다.

---

46 묘법화(妙法華)의 주소(註疏) 중 가장 오랜 것. 구마라집 역 『妙法華』의 원형을 가장 잘 보존하고, 「提婆品」 「普門品重頌」 등을 欠하고 二十七品法華의 형태가 있다. 서(序)에 의하면 "草稿를 元嘉 9년(432) 춘3월 廬山東林精舍에서 再治하고 앞서 탐방한 衆本을 더하여 1권으로 하다"라고 함(卍續二乙·23·4).

47 3종 있다. ①首部破碎, 여래수량품제16의 경문의 후반에 해당하는 「如來値遇云云」의 疏釋으로부터 분별공덕품제17, 수희공덕품제18, 법사공덕품제19, 상불경보살품제20(後半欠)에 이르기까지 수문 해석을 한 것. ② 수희공덕품제18(前半欠), 법사공덕품제19, 상불경보살품제20, 여래신력품제21, 촉누품제22, 약왕보살본사품제23, 묘음보살품제24, 관세음보살보문품제25, 타라니품제26, 묘장엄왕품제27, 보현보살권발품제28의 11품에 대하여 대요개석(大要槪釋)을 한 것. 往往 「又解」 또는 「有一解」라하여 異解를 늘어놓을뿐, 타경론을 인용하지 않는다. 육조시대(六朝時代)의 疏로 보인다. 大正85·189수록(둔황출토고사본. 대영박물관소장 S. 2463. 鳴沙余韻, 解說 第一部, 99~100頁 참조). ③什譯妙法蓮華經의 여래신력품제21의 장행(長行)의 후반부터 囑累品·藥王品·妙音品·觀世音品·陀羅尼品·妙莊嚴王品·普賢品의 大半에 이르는 疏文이나, 전후를 통하여 오직 약간 勸發品의 제22행에 他師의 一解를 인용할 뿐이다. 大正85·194 수록(둔황출토고사본. 대영박물관소장 S. 2430. 鳴沙余韻, 解說 第一部, 100~101頁 참조).

여기서는 이들 가운데 둔황 막고굴(莫高窟, 千佛洞)에서 볼 수 있는 『법화경』 관계 벽화와 방기(傍記)된 경문 단편 등을 중심으로 중국에서의 법화 칭송의 상황 일반을 살펴보고자 한다. 둔황 벽화 자체에 대해서는 이미 펠리오(Paul Pelliot)의 『둔황 석굴(Les Grottes de Touen-houang)』(이하 GT로 약칭)을 비롯하여 수많은 도록이 간행되었다. 둔황 벽화에 관한 연구로 마츠모토 사카에(松本榮一)의 명저 『둔황화(燉煌畵)의 연구 도상편(圖像篇)』이 있는데, 그중 『법화경』과 관계된 것은 '제1장 둔황화의 각종 변상 연구' 가운데 '제5절 법화경변상(變相)'이다. 여기서는 GT 도록을 중심으로 정리하여 해설하고 있다. 그러나 이 책은 변상(變相)의 소재나 도식(圖式) 등에 한정되어 있고 그것의 의의에 대해서는 거의 설명이 없다. 이 책에 의하면 소재·도식은 다음과 같다.

1) 『법화경』 전반에 걸친 도상

- 천불동 제168굴 좌벽의 1도(GT, P1. 329; 松本, 附圖 33a)
- 천불동 제8굴 좌벽의 1도(GT, P1. 17; 松本, 附圖 33b)
- 천불동 제117굴 좌벽의 1도(GT, P1. 206; 松本, 附圖 34a)
- 천불동 제74굴 좌벽의 1도(GT, P1. 136; 松本, 附圖 34b)
- 천불동 제81굴 좌벽의 1도(GT, P1. 164; 松本, 附圖 35a)
- 천불동 제130굴 좌벽의 1도(GT, P1. 276; 松本, 附圖 Fig 24)

이 6가지 벽화 도상(圖相)의 공통점은 『법화경』 각 품을 망라하여 도시한 것이 아니라 회화화(繪畵化)가 어려운 것은 생략되었고, 「서품」, 「비유품」, 「신해품」, 「약초유품」, 「화성유품」, 「오백제자수기품」, 「수학무학인기품」, 「법사품」, 「견보탑품」 「종지용출품」, 「약왕보살본사품」, 「관세음보살보문품」, 「묘장엄왕본사품」이 주요 도상을 이루고 있다는 점이다. 또한 각 품의 도상 배치는 항상 화면의 중앙 아래쪽에 「서품」 도상(석존을 중심으로 하여 諸聖衆이 모여 있는 그림)이 있고, 'の' 자형으로 각

그림이 배열되어 마치「서품」의 상부 중앙에「견보탑품」도상이 오듯이 유의되어 있다는 점이다.

『법화경』 전반에 걸친 도상이지만 다른 도식을 채용하는 것으로는 제118F굴 천정(GT, P1. 241; 松本, 附圖 36b)과 제102굴 좌벽(GT, P1. 181; 松本, 附圖 38a)을 들 수 있다. 전자는 천정벽화이기 때문에 벽면이 사다리형(梯形)으로 되고 이에 응해 도형(圖形)이 무너져 내린 것이다. 후자는 굴 내 좌벽 전면에 걸친 대벽면을 여덟 개로 구획하고 『법화경』 8권의 각 1권씩 좌상(左上)으로부터 우하(右下)로 배열하고 각 구획마다 각각 요약문(모두 좌로부터 우로 縱書)을 붙인 것이다.

중국 회화사상 문헌에 남아 있는 법화변상도(法華變相圖)로서 『도화견문지(圖畵見聞誌)』(권 제5)에 수록된「상람십절(相籃十絕)」안에 "기구(其九), 문하유괴사(門下有瓌師), 화범왕제석(畵梵王帝釋), 급동랑장일내화법화경이십팔품공덕변상(及東廊障日內畵法華經二十八品功德變相), 위일절(爲一絕)"라는 글이 있다. 괴사(瓌師)라는 인물에 의해 법화변상도가 그려지고 그것이 당대에 유명했다는 기록이다.

2)『법화경』 중 일품만 그린 도상

(1)「견보탑품」에 의거한 도식: 석가·다보 이불병좌

가장 오랜 예는 천불동 제120N굴 남벽(GT, P1. 250; 松本, 附圖39a)의 벽화이다. 제102N굴 북벽에 있는 벽화(GT, P1. 258)에는 대대대통(大代大統) 4년(538) 및 5년(539)의 명기(銘記)가 있지만, 이것과 마주하여 남벽에 있는 병좌도(竝坐圖)는 북벽의 그림보다 이전 연대에 그려진 것으로 추정된다. 물론 천불동에는 당(唐)대 이후 제작된 병좌도도 꽤 많다. 마츠모토 사카에(松本榮一)는 이에 속하는 것으로 제120G굴 오벽(奧壁)의 이불병좌도(GT, P1. 250; 松本 附圖 39b), 제135C굴 오벽의 이불병좌도(GT, P1. 290; 松本, 附圖 39c), 제149굴 오벽의 이불병좌도(GT, P1. 325; 松本, 附圖 71a) 세 가지를 들고 있다.

또 병좌소상(並坐塑像)으로는 제111굴 오정면(奧正面)의 병좌상(GT, Pl. 193; 松本 附圖 39a), 제97굴 오정면의 병좌상(GT, Pl. 177; 松本, 附圖 40a), 제135F굴 오정면 불감(佛龕) 위쪽의 병좌상(GT, Pl. 286; 松本, 附圖 40b) 등 세 가지를 든다. 그중에서 제111굴 오정면의 병좌상은 북위시대에 모방한 것으로 제120N굴 남벽의 이불병좌도와 함께 진귀하고 유물이다. 나머지 두 소상은 당대에 작성된 것으로 추정된다.

(2) 「관세음보살보문품」에 의거한 도식: 칠난구제, 십이난구제, 관음삼십삼신

천불동에는 이와 관련한 실례가 매우 많다.

① 석존을 중심으로 구도(構圖)된 것

• 천불동 제104굴 우벽(GT, Pl. 187; 松本, 附圖36a)

• 천불동 제118F굴 좌벽(GT, Pl. 237; 松本, 附圖35b)

• 천불동 제70굴 동벽 입구 좌우(GT, Pl. 122, 118; 松本, 附圖37ab)

이 세 가지 그림은 모두 주요부에 석존을 중심으로 한 성중(聖衆)으로 묘사한 것으로 『법화경』 전반에 걸친 도상의 「서품」 설상(說相)에 유사한 도식을 크게 그리고 그 주위의 간극에 「보문품」 경문에 나타나는 제난(諸難)을 나타내고 있다.

② 관음을 중심으로 하여 구도된 것

천불동의 벽화에서 이에 속하는 유품도 매우 많다. 마츠모토 사카에는 다음과 같이 9가지 예를 도시하고 그 특색을 말하고 있다.

• 제120G굴 좌벽의 1도(GT, Pl. 248; 松本, 附圖40c)

• 제71굴 좌벽의 1도(GT, Pl. 126; 松本, 附圖41a)

• 스타인 둔황장래(燉煌將來) 견본저색(絹本著色) 1도(British Museum 소장; 松本, 附圖42)

• 스타인 둔황장래 견본저색 1도(British Museum 소장; 松本, 附圖43b)

• 스타인 둔황장래 견본저색 1도(British Museum 소장; 松本, 附圖44a)

• 스타인 둔황장래 마포저색(麻布著色) 1도(British Museum 소장; 松本, 附圖45)

• 페리오 둔황장래(Musée Guimet 소장; 松本, 附圖41b)

- 페리오 둔황장래(Musée du Louvre 소장; 松本, 附圖44b)
- 단방구장둔황출(端方旧藏燉煌出)(Boston Museum 소장; 松本, 附圖 43a)

9점 가운데 제120G굴 좌벽의 그림은 벽면을 전부 사용한 대형 벽화로 중앙에 관음입상, 그 좌우로 상반(上半)에 관음의 삼십이응화신(三十二應化身)을 3단으로 그리고, 응화신의 순서 배열을 마주하면서 우상(右上)으로부터 좌측으로 나아가 다시 제2단의 우로부터 좌로 나아가도록 그려져 있다.

제71굴의 그림도 중앙에 관음입상을 그리고 주위에 제위난(諸危難) 도상을 채우고 있다. 런던 대영박물관에 소장된 4점은 제작연대가 약간 내려오는 것으로, 그 제1예는 중앙의 관음보살 하단의 공양자상 중간에 일란(一欄)을 설치하고 여기에 송초(宋初) 건륭(建隆) 4년(963) 5월 7일이라 명기(銘記)했다. 제2·3예는 모두 중앙에 일면사비(一面四臂)의 좌상관음(坐像觀音)을 그리고, 좌우에 제위난도(諸危難圖), 하단에 공양자상을 그리고 있고, 제작연대는 5대(五代)의 송초(宋初)로 추정되고 있다. 그리고 제4도 송초의 것으로 추정되는 마포착색(麻布着色)의 서장식 불화로 중앙은 관음, 주위에 12존상을 배치하고 그 공간에 도장(刀杖)·뇌우(雷雨)·악수(惡獸)·화(火)·수(水)·나찰(羅刹)·원사(蚖蛇)·추타(推墮) 등을 그려 넣었다. 파리 기메 박물관에 소장된 것은 가장 많은 형으로 관음입상을 중심으로 좌우에 제난(諸難)을 구제하는 그림을 그린 것이지만, 특히 방기란(傍記欄)을 설치하고 아래와 같은 중송게를 기입해 넣었다.

우상(右上): 或在須彌峰 爲人所推墮 念彼觀音力 如日虛空住
　　　　　　　혹재수미봉　위인소추타　염피관음력　여일허공주

우하(右下): 蚖蛇及蝮蠍 氣毒煙火然 念彼觀音力 尋聲自廻去
　　　　　　　원사급복헐　기독연화연　염피관음력　심성자회거

좌상(左上): 或被惡人逐 墮落金剛山 念彼觀音力 不能損一毛
　　　　　　　혹피악인축　타락금강산　염피관음력　불능손일모

좌하(左下): 仮使興害意 推落大火坑 念彼觀音力 火坑變城池
　　　　　가사흥해의　　추락대화갱　　염피관음력　　화갱변성지

　루브르 박물관이 소장하고 있는 그림은 송화(宋畵)인데, 우측에 타수미산(墮須彌山)·도장(刀杖)·원사복헐(蚖蛇蝮蠍)·가쇄(枷鎖)의 사난(四難), 좌측에 운뇌포우(雲雷雹雨)·주저독약(呪詛毒藥)·악수위요(惡獸圍繞)·원적(怨賊)의 사난(四難)이 그려져 있다.

　보스턴 미술관 소장의 것은 송초(宋初) 개보(開寶) 8년(975) 7월 6일의 제기(題記)를 갖는 견본화(絹本畵)로 중앙의 관음은 일면육비(一面六臂), 제난(諸難)도 4종만 그리고, 방기란(傍記欄)에 중송게 중 "타락금강산(墮落金剛山), 혹표류거해(或漂流巨海), 혹재수미봉(或在須彌峯), 추락대화갱(推落大火坑)"의 구(句)가 인용되고 있다.

　이상과 같이 둔황 벽화 또는 둔황 출토 회화 중에는 「보문품」을 주제로 한 것은 매우 많다.

(3) 「보현보살권발품」에 의거한 것

　보현보살에 대해 설하는 경전은 『화엄경』을 첫째로 하고, 이어서 『법화경』의 「권발품」, 후에 『법화경』의 결경(結經)으로 간주되는 『보현보살행법경』 등이 유명하지만, 천불동의 벽화 중에는 석가를 중존(中尊)으로 하는 협시(脇侍), 즉 문수보살의 대상으로서 제작된 것으로, 「권발품」에서 설하는 바와 같은 "육아(六牙)의 백상(白象)"을 타고 대보살중과 함께 있는 모습을 한 보현보살상은 꽤 많이 있지만 「권발품」의 설상(說相)에 의거한 단독의 보현보살상 사례는 보이지 않는다.

3) 영산석가설법도

　천불동 벽화 중에는 영산석가설법도(靈山釋迦說法圖)도 많이 보인다. 이에 대해서 마츠모토 사카에는 다음의 네 가지 예를 들어 도상을 논하고 있다.

• 제67굴 정면 소상(塑像) 영산석가설법상(GT, Pl. 117; 松本, 附圖94b)

• 둔황 출 견본저색(絹本著色) 불보살도상 중 석가설법상(British Museum 소장; 松本, 附圖94a)

• 둔황 출 자수(刺繡) 영산석가설법도(British Museum 소장; 松本, 附圖95a)

• 둔황 출 견본저색 영산석가설법도 단편(British Museum 소장; 松本, 附圖95b)

이 네 가지 예는 모두 석가입상(釋迦立像)을 중앙에 크게 모시고 그 광배(光背)의 배후에 '영축산'을 나타낸 것이다. 더욱이 중앙의 석가입상은 거의 같은 형으로, 형자(形姿)를 똑같이 하고 있는 점이 주목된다.

이것은 석가설법의 성지로서 『고승법현전』의 「기사굴산(耆闍崛山)」조[48]를 보면, 법현(法顯)이 참예했을 때 영산은 황폐해 있었던 것을 알 수 있다. 그런데 『대당서역기』 권9 「길율타라구타산(姞栗陀羅矩吒山): 영취산(靈鷲山)」[49]을 보면, 현장이 갔을 때 영산(靈山)에는 전조(甎造)의 정사(精舍)가 훌륭하게 서 있고 등신대(等身大)의 석가설법상이 안치되어 있었다고 한다. 따라서 이 영산의 설법상은 법현이 여행했을 때(399년에서 414년 사이. 아마도 405년)는 없었고, 현장이 갔을 때(629~645년. 정확히는 633년)에는 다시 가꾸어 분명히 존재하고 있었던 것이다.

『대당서역기』 권12의 기술에 의하면, 현장은 이 설법상의 소형모상(小型摹像)을 인도에서 구해가지고 중국으로 모셔오고 있다.

　　은불상일구(銀佛像一軀), 통광좌고사척(通光座高四尺), 의마게타국취봉산설법화등경상(擬摩揭陀國鷲峯山說法華等經像)[50]

---

48 大正51·946c

49 大正51·921a, b. 또 이 내용은 그대로 「弘贊法華傳」 권1(大正51·13a)에도 同文에서 거듭된다.

50 大正51·946c. 또 이 내용은 석가방지 「釋迦方志」 권下(大正51·946b)에도 채용되고, 또는 「홍찬법화전」 권1 「西域, 前의 說法金像에 본뜨다」 條(大正51·13a, b)에도 채용되고 있다.

이에 의하면 당시 영산에서는 성적 순례자에게 영산석가설법상의 소형모상을 반포하고 있었던 것 같고, 현장도 그 하나를 모셔온 것으로 보인다. 이렇게 해서 중국에서 이러한 형태의 영산설법상은 현장이 모셔온 은상(銀像) 및 왕현책(王玄策) 등이 현지에서 도사(圖寫)해온 것 등을 원형으로 하여 제작된 것으로 판단된다.

『홍찬법화전』 권1에는 "송(宋)의 석혜호(釋惠豪), 영취산도(靈鷲山圖)를 만들다"[51] 의 조(條)가 있다. 422년 석혜호가 조상(造像)했다고 하는 영산도의 모습은 어디까지나 영산을 정토로 하여 묘사해낸 것으로, 후대의 해석과 같이 중존석가(中尊釋迦)을 구원실성(久遠實成)으로서 보는 것이 아니라 아미타정토변상, 관경변상(觀經變相), 약사정토변상, 미륵정토변상, 유마경변상, 화엄경변상, 보은경변상, 부모은중경변상, 뇌도차투성변상(牢度叉鬪聖變相) 등과 같이 일련의 의미에서의 '법화정토변상'의 형태를 보이고 있을 뿐이다.

지금까지 살펴보았듯이, 둔황 천불동에서 볼 수 있는 법화변상도는 도시(圖示)하기 쉬운 것에 한정되어 있었고, 당시 이미 학승 사이에 문제가 되고 연구되고 있었을 '개현(開顯)' 또는 '구원실성(久遠實成)' 등의 사상을 나타내기 위해 그려진 것은 볼 수 없었다. 이러한 풍조는 둔황 벽화에서만 특화된 것은 아니고 다른 굴원(窟院) 벽화에서도 공통적으로 나타나고 있다. 벽화와 관련되어 『법화경』 가운데 가장 중시된 곳은 「견보탑품」이고, 또한 『관음경』이었다.[52]

---

51 大正51·13b
52 坂本幸男, 『法華經の思想と文化』, 平樂寺書店, 1971, 97~110頁 참조.

제3장
중국 초기의 주석가

1. 도생의 생애와 법화사상

1) 도생의 생애

도생(道生, ?~434)은 구마라집 문하의 4철(四哲)의 1인으로 『출삼장기』, 『고승전』 등에 전기가 있다. 팽성(彭城)[1]에서 태어나고 법태(法汰)를 찾아 출가했다. 준수하고 기발한 생각으로 학문에 뜻을 두었을 때 이미 강좌(講座)에 올랐고 일찍부터 이름이 알려졌다고 한다. 건강(建康)의 청원사(靑園寺)에 거주하면서 왕공귀승(王公貴僧)을 위해 강찬할 때 여산에 혜원(慧遠)이 있음을 듣고 그 회하에 들어가 7년 동안 경론을 찬앙하고 다시 건강으로 나오니 마침 그해(401) 구마라집이 장안에 와서 번역업에 종사했다. 그는 곧 혜예(慧叡), 혜엄(慧嚴), 혜관(慧觀) 등과 함께 구마라집의 회하에 들었다. 그 후 장안에 머물기를 5년, 관중(關中)의 승중들로부터 수오(秀悟)라는 말을 들었다.

그 후 율(律)을 전해받기 위해 399년 천축에 들어갔던 법현(法顯)이 돌아와 418년 양주 도장사에서 『대반니원경(大般泥洹經)』(6권)을 역출하자 도생은 이 경에 의해 당시 누구도 생각하지 못했던 천제성불설(闡提成佛說)을 제창했다. 그런데 당시 학계

---

1 지금의 강소성(江蘇省) 동산현(銅山縣)의 서주(徐州).

는 이를 '경을 등진 사설(邪說)'이라 하여 도생을 420년 소주(蘇洲)의 허구산(虛丘山)으로 귀양 보냈다. 그러나 법현이『대반니원경』을 역출하고 3년 뒤 북량(北涼)에서 담무참(曇無讖)에 의해 번역된『대열반경』(40권)이 건강에 전해지자 학자들은 도생의 천제성불설의 탁견(卓見)에 경탄했다고 한다. 말년에 여산에 은거했다고 전해지는 도생은 434년 입적했다. 그 때 그의 나이는 분명하지 않으나 동년배의 혜관이 그 무렵에 72세, 443년에 혜엄이 80세로 입적한 것에 비추어 도생도 거의 비슷한 나이로 볼 수 있을 것이다. 그렇게 보면 도생의 활약시대는 약 70년의 생애 가운데 40세 전후의 장안(長安) 유학 즈음부터 60세 전후 여산에 은거하기까지 약 20년이라고 볼 수 있다.[2]

2) 도생의 법화사상

승예와 함께『법화경』의 현창에 가장 공적이 컸던 이가 도생이다. 그는 구마라집에게서 배운 후 일찍 강남으로 돌아가『법화경소(法華經疏)』(2권)을 지었다. 대소승이 일치하는 것을 확신하고 득의(得意)의 태도를 보였다는 그는『니원경』에서 불신자일천제(不信者一闡提)는 성불이 불가능하다고 설하고 있음에도 불구하고 일체중생 모두 불성(佛性)이 있다고 설하는『니원경』의 근본 뜻에 비추어 일천제(一闡提)는 반드시 성불할 수 있다고 주장했다. 그러한 도생이기 때문에 그의『법화경소』에는 예민한 견해가 나타나 있다. 이것은 현존하는『법화경소』중 가장 오랜 것이지만, 초기의 주석서가 단순하고 피상적인 설일 것이라고 하는 생각은 전혀 잘못된 것임을 알게 한다. 권두에 스스로 쓴 곳에 의하면, 그의 소(疏)는 구마라집의 강의를 듣고 기록하여둔 것에 의거하여 432년 여산의 동림정사(東林精舍)에서 결심한 것이라고 한다.

---

2 塩田義遜,『法華教學史の研究』, 日本圖書センター, 昭和 53, 111~113頁 참조.

이 소의 특징은, 첫째, 후세에 비하면 매우 간단하긴 하지만 처음에 총론적인 설 즉 현담(玄談)을 넣고 있는 점, 둘째, 경 전체에 걸쳐 단락을 나누어 취지의 체계적 이해를 꾀할 방법 즉 분과(分科)를 실시하고 있는 점, 셋째, 이 경을 해석할 때 다른 경론의 이름을 들어 인용하고 있지 않지만 실제로는 『반야경』, 『니원경』, 『십주경』 등을 완전히 이해하고 그것을 활용하여 종합적으로 해석하고 있다는 점, 넷째, 상 징적 이해에 깊은 통찰을 더해 경의 정신이 전편에 침투하는 해석법을 취하고 있 다는 점 등이다.

그는 현담에서 4종 법륜을 설하는데, 불교는 선정법륜(善淨法輪), 방편법륜(方便法 輪), 진실법륜(眞實法輪), 무여법륜(無余法輪)으로 나뉜다고 생각했다. 또한 그는 『법 화경』의 근본정신은 진리는 하나인 것에 입각해 아무리 작은 선(善)이나 최고 경지 인 붓다의 깨달음도 근원적으로는 동등한 평등대혜(平等大慧)라고 주장했다. 또 경 제목의 '묘법연화'는 방편으로서의 삼승(三乘)이 부정되고 진실이 분명해진 것을 모든 형상 가운데서 최고인 연화(蓮華)의 만개 때 명칭인 분다리(分陀利)에 의해 비 유된 것이라고 말했다.

분과에 대해서는 전 27품³을 3단으로 나누어, 「서품」부터 「안락행품」까지의 13 품은 삼승(三乘)의 인(因)이라고 생각되고 있던 것이 모두 부처가 되기 위한 일승(一 乘)의 인(因)임을 분명히 하는 부분이고, 「용출품」부터 「촉루품」까지의 8품은 삼승 의 과(果)로서의 아라한·벽지불·불(佛)이라는 구별은 실은 없는 것이고 오직 부처 (佛)라고 하는 일과(一果)뿐이라는 것을 분명히 하는 부분이고, 「약왕본사품」부터 「보현권발품」까지의 6품은 삼승의 사람이 인보살(人菩薩)로 되는 것을 분명히 한 부분이라고 했다. 이와 같이 크게 나눈 후 다시 각단각품(各段各品)이 전후 상호 긴 밀한 관계를 가지고 연결되어 있는 것이라고 주석하고 있다.⁴

---

3 당시는 「제바달다품」이 없었다.

4 橫超慧日, 「竺道生撰, 法華經疏の硏究」, 『大谷大學硏究年報』, 第五號 참조.

3) 도생의 교학

도생의 교학을 전하는 것은 『법화경소』(2권) 외에 『열반경집해』의 「관중소(關中疏)」와 승조의 『주유마경』(10권)에 산견되는 해문(解文) 등이다. 도생의 『법화경소』는 과연 어떤 내용일까. 도생은 '소'의 최초 연유에 이어 경제목의 '묘법'을 "묘법이란 상무형(像無形)에 이르는 것이다. 음(音)은 무성(無聲)에 이르고 나의 생각하는 경지가 끊어질 듯 희미하다. 어찌 형언(形言)할 수가 있겠는가" 등으로 주석하는 것은 아마도 『유마경』의 "불이일음연설법(佛以一音演說法), 중생수류각득해(衆生隨類各得解)"의 뜻에 의한 것으로, "여래는 하나같이 원음(圓音)을 가지고 설하나 중생은 기류(機類)가 만품(萬品)이므로 듣는 바에 따라 경전에 대소의 구별을 둔다"고 하고, 이러한 뜻에서 도수(道樹)로부터 니원(泥洹)까지의 경전에 4종의 구별을 세운 것이 『법화경소』에 보이는 도생의 4종 법륜의 교판이다.

4종 법륜의 교판은 불교를 4종으로 판석하여 세운 것으로 다음과 같이 설한다.

① 선정법륜(善淨法輪): 설일선사공 거삼도예(說一善四空 去三塗穢)

② 방편법륜(方便法輪): 이무루도품 득이열반(以無漏道品 得二涅槃)

③ 진실법륜(眞實法輪): 파삼승위 성일지미(破三乘僞 成一之美)(實)

④ 무여법륜(無余法輪): 회귀지담설 상주묘지(會歸之談說 常住妙旨)

그리고 『법화경』의 뜻을 주석하여 "경은 대승으로 종(宗)을 삼는다. 대승이란 소위 평등대혜(平等大慧)이다. 일선(一善)으로 시작되어 극혜(極慧)로 끝나는 것이 이것이다. 평등이란 이무이취 동귀일극(理無異趣 同歸一極)이고 대혜란 수행하는 데 대해 칭하는 것이다. 약총론시말(若總論始末)이란 일호지선(一毫之善) 모두 이것이다" 등으로 해석하는 것으로 보면 4종 법륜의 교판은 구마라집의 일음교(一音敎)의 뜻에 입각해 만품(萬品)의 각기 다른 해석을 임시 4종으로 나누고 법화에 의한 득탈(得脫)을 분명히 한 것이다.

또한 『법화경』을 대승이라고 말하는 것을 보면 용수의 『대지도론』 등의 대소승의 두 교판에 의해 대소(大小)에 각 2종을 열어 4종 법륜으로 하고, 선정·방편의 둘은 소승, 진실·무여의 둘은 대승으로 보는 것이다. 그런데 도생의 4종 법륜판에는 후세의 점교(漸敎)에서 보는 인천(人天)·유상(有相)은 선정·방편에 상당하지만, 진실·무여를 동귀법화(同歸法華)와 상주열반(常住涅槃)으로 분리하여 대하는 것 같은 해석은 소(疏)의 문장 중에는 전혀 보이지 않는다.

『법화경소』에 의하면 도생은 법화 27품을 인과인(因果人)의 3단으로 나누고, 「서품」에서 「안락행품」까지의 13품을 "삼인위일인(三因爲一因)을 밝히는 것이고", 「용출품」에서 「촉루품」까지의 8품을 "삼과위일과(明三果爲一果)를 밝히는 것이고", 「약왕품」이하 6품을 "삼인위일인(均三人爲一人)을 고루는 것"이라 하여 인과이문(因果二門)을 법화의 대종(大宗)이라고 하는 것은 분명하다. 따라서 4가지 중 뒤의 2법륜은 자연히 법화의 인과 2문에 상당하는 것은 분명하다. 도생의 4종4륜판(四種四輪判)은 온전히 『법화경』 중심으로 조직된 교판으로, 후의 혜관 등이 동귀상주(同歸常住)를 『법화경』과 『열반경』 2경으로 분리하여 대하는 것과는 전혀 다른 것이다.

2. 도생의 『법화경소』

1) 인과이문(因果二門)의 개현

고래로 『법화경』은 이승작불(二乘作佛)을 그 특징으로 하고 있다. 도생이 실상(實相)을 2승의 것이 아니라 오직 1승의 실(實)이라고 해석하는 이유이다. 이를 「비유품」에서는 중근(中根)의 설을 가지고 "향권인여 삼차지락(向權引與 三車之樂), 금여대차 묘일지락(今与大車 妙一之樂)"이라고 하여, 삼차묘차(三車妙車)의 사차(四車)에 의거하여 주석하고, 다시 "각기 모든 아이들에게 균등하게 대차(大車)를 준다(各賜諸子等一大車)"고 하는 것을, "3은 리(理)가 1에 말미암은 것이므로 리(理)는 3이 아니고 그 1을 주는 것이다" 등으로 풀이하고, 「화성유품」의 하근설(下根說)에 의해 대통(大通)의 선삼후일(先三後一)로 지금의 설을 증거하는 등에 비추어 역시 사차가(四車家)의 설에 입각하여 제3의 진실법륜을 "3의 가짜는 파해버리고 1의 멋짐을 이룬다(破三之僞 成一之美)(實)"라고 해석하는 것이다.

삼인위일인(三因爲一因)에 대해서는 만일 삼인(三因)을 선정·방편의 2법륜에 배치하면 인(人)·천(天)과 이승(二乘)을 삼인이라 하고, 삼승별교(三乘別敎)의 삼승을 삼인과 함께 보살을 가지고 일인(一因)이라고 이해해야 하지만, 소(疏)의 문장에서는 일인(一因)에 대한 어떤 판연한 주석을 볼 수 없다. 이미 4차(四車)에 입각해 3차(三車)를 방편으로 보고, 묘일대차(妙一大車)를 고르게 해주는 일차(一車)라고 주석하는 것으로 보면 삼인일인(三因一因)이 아니라 삼인일과(三因一果)라고 해석해야 하는 것이다.

무여법륜(無余法輪)의 삼과일과(三果一果)에 대해서 보면 후세의 법화 동귀(同歸)에 대한 상주열반이 아닌 것은 「용출품」에서 "이 품은 수량품의 다음의 서(序), 삼과위일과(三果爲一果)를 밝히려고 하는 것이다"라고 설하여 「수량품」의 서(序)로 하고, 「수량품」에 이르러서 그 품의 제목을 풀이하고 있다. 그리고 과문(果門)에서의 삼과일과를 상주법신이라고 해석하기 때문에 제4의 무여법륜은 열반의 상주(常住)가 아니라 법화의 과문(果門)으로서 회귀(會歸)를 말하는 것이고 상주(常住)의 묘지(妙旨)로 삼는 것이다.

「용출품」 등의 8품이 밝히는 삼과(三果) 즉 일과(一果)의 삼과란 『반야경』 등 삼승통교(三乘通敎)에의 십주(十住) 또는 건혜(乾慧) 등의 공십지(共十地)에서의 제7의 성문과, 제8의 벽지불과, 제9의 보살과의 삼승에 해당하는 부분의 삼과(三果)를 말하고, 후의 일과란 삼승별교의 불지(佛地) 즉 제십주(第十住)의 제10법운지(法雲地)의 불과(佛果)로, 이것은 바로 「수량품」에서 나타나는 상주법신에 상당하는 것이다.

2) 『법화경』의 조직

이러한 법화 일부는 과연 어떤 조직을 갖는가. 이에 대해서는 『법화경소』 최초의 분절 문에 의하면, 『법화경』을 인과인(因果人)의 3단으로 나누고 이를 밝히는 것은 인천이승(人天二乘) 등의 경계가 다른, 감정과 분류(分流)의 막힘을 없애고 진실·무여의 대승일실(一實)로 귀입하는 것에 있다고 한다. 그리고 「법사품」에서 정종분을 상세하게 논하여, 고래로 삼설삼수기(三說三授記)는 삼인(三因)으로써 일인(一因)의 뜻을 밝힌다. 삼설이란 「방편품」, 「비유품」, 「화성품」이다. 「신해품」은 눈으로 살펴 그를 알고, 「약초품」은 부처님이 그 설을 말씀하시니 별과(別科)가 아니며, 삼수기란 ① 사리불에게 주고, ② 4대 성문에게 주고, ③ 5백 제자 및 학(學)·무학(無學)에게 주는 것이라고 주석한다.

「보탑품」에서는 인과이문(因果二門)의 연관성을 보탑의 증전기후(証前起後)에 의거하여 교묘하게 나타내고, 「권지품」과 「안락품」에는 악세타토(惡世他土)의 유포를 밝힌다고 하며, 「용출품」에서는 인문(因門)에 「서품」의 꽃비가 내리고 땅이 진동하는 상서로움이 있음에 대해, 과문(果門)은 대신보살(大身菩薩)이 솟아남에 입각하여 다음의 「수량품」에서 논하는 상주불과의 서(序)를 잇는 것이라고 하고, 「분별품」은 문수(聞壽)에 의한 공덕의 차이를 논하여 "또는 이 경을 한번 듣고 일생보처(一生補處) 또는 무생인(無生忍)에 문득 이른다"라고 하여 도생의 돈오성불의 뜻을 밝히고 있다. 그리고 「수희품」 등의 삼품은 수희(隨喜), 공보(功報), 순역(順逆)에 의한 공덕의 유통을 밝히고, 「신력품」과 「촉루품」의 두 품은 난장(難將) 마정(摩頂)의 부촉을 밝히는 것을 과문(果門)으로 한다. 이로써 인과이문에 의해 『법화경』의 종(宗)인 진실·무여의 뜻이 분명해지는 것이다. 여기에 도생의 일경삼단(一經三段)을 소개하면 다음과 같다.

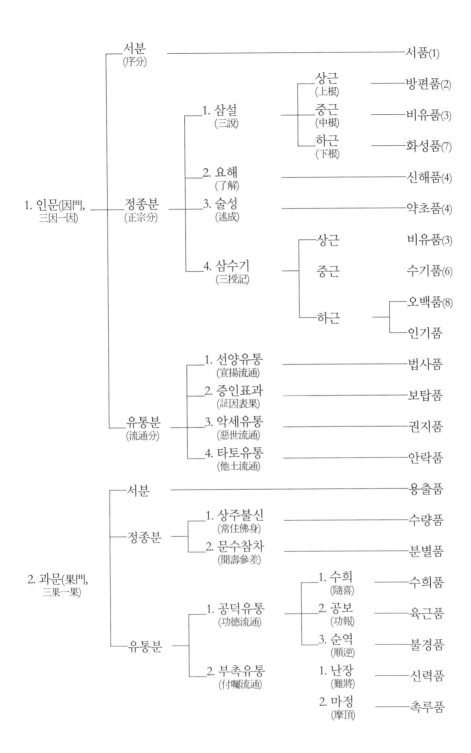

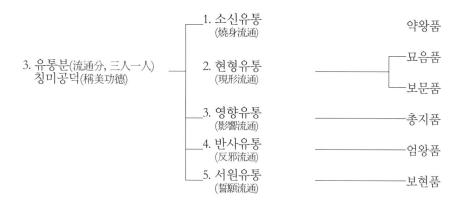

이와 같은 도생의『법화경소』는 현존 '법화경소' 가운데 가장 오랜 것으로, 현재 『대일본속장경』(제1집, 제2편, 乙第23套 제4책)에 수록되어 있다. 중국에서 일찍이 산실되었으나 고현(古賢)에 의해 일본에 전래되어 다행히 출판된 것이다.

도생의『법화경소』는 도생이 구마라집의 번역장에서 들은 것을 기록한 것을 다시 손본 것이기 때문에 부분적으로는 '구마라집의 소'라고 해도 지장은 없다. 그러나 문체가 고아(古雅)하고 초본인 때문인지 읽기 어려운 문자(文字)를 곽상(郭上)에 표시했으며, 특히 그 분절에서 보이는 인과이문(因果二門)은 후세의 지의에 의해서 적본(迹本)의 2문으로 개변된 것이다.

3) 돈오성불의 묘전

도생이 쓴『법화경소』에서 뜻을 가장 명쾌하게 논한 것은 최초의 경제목에 대한 해석이다. 그것은『법화경』을 대승진실 무여상주 불과(大乘眞實 無余常住 佛果)의 묘전이라 하여, 4종 법륜의 교판에 의거하여『법화경』의 전반은 삼승동귀(三乘同歸)를 밝히는 인문(因門), 후반은 상주불과(常住佛果)를 밝히는 과문(果門), 이것을 진실·무여의 법륜에 의거하여 그 뜻을 분명히 한 것이다. 그리고 인문(因門)의 정종(正宗)인「방편품」의 앞부분을 간략히 논한 후, 실상(實相)을 가지고 진실한 부처님의 깨달음이라 하고, 만선동귀(萬善同歸)의 부처님의 지혜를 가지고 일승의 실상이라고 해석하며, 오직 다음의 장광설인 '일대사인연(一大事因緣)'으로 『법화경』의 마루인 삼권일실(三權一實)을 4불지견(四佛知見)의 불성에 의거하여 본유불지견분(本有佛知見分)이라고 논한다.

도생이 4불지견에 대해 "차사구시종 위일의이(此四句始終 爲一義耳)"라고 설하는 것은 돈오(頓悟)의 풀이이다. 다음에 '일의운(一義云)' 아래 초주내지칠주 점제번뇌(初住乃至七住 漸除煩惱)를 개(開), 8주를 시(示), 9주를 오(悟), 10주전입불혜(十住轉入佛慧)을 입(入)으로, 행자의 일오(一悟)를 사의(四義)의 단계로 배치하는 것은 점오(漸悟)의 풀이이다. 이렇게 도생이 여러 경에서 항상 설하는 십주(十住)의 단계적 점오에 대해 불지견(開佛知見)을 연 후에 돈오의 설을 논하고, 「법사품」의 일념수희(一念隨喜)를 "일게수희(一偈隨喜)도 적건 많건 그 뜻을 깊이 하라"고 풀이한 것은 전적으로 「법사품」에서 "문묘법화경, 일게일구(一偈一句), 내지 일념수희라도 내가 모두 수기(授記)를 주리라"라고 설하는 것에 유래하는 것이다.

「분별공덕품」에서도 문수(聞壽)의 이익을 얻는 데 돈점(頓漸)의 차이가 있다고 설하고 있다. 경에는 일생보처, 무생법인 등과 돈오에도 가위(假位)가 있는 것처럼 해득에 의해서 깨달음을 얻는 것이라고 하면, 마땅히 십주(十住)를 위한 길잡이인 계위에 의한 점오에 의하지 않으면 안 된다. 그러나 경의 글 뜻은 단계를 두지 않는 돈오라고 이해해야 하는 것이라고 일념신해에 의한 돈오를 풀이하고, "팔생당득 무상보리(八生當得 無上菩提)란 팔주(八住)에 대한 말이다"라고 점오로 풀이하여, 돈점의 차이를 분별하기 때문에 분별공덕이라 한다고 한다. 분별소(分別疏)에는 앞의 4불지견의 해석과 똑같이 돈·점의 해석에 의거하여 논하지만, 이미 일념수희를 가지고 '이소황다(以少況多)'라고 주석하고 법화를 가지고 일념신해에 의한 돈오라고 풀이한 것은, 법화의 수지의 어려움을 목마른 자의 고원의 샘물 파기 비유에 입각해 해석하고, 「분별공덕품」의 '겸행육도(兼行六度)'를 해석하는 곳에서는 법화의 행법은 육도가 아니라 일념신해 즉 『반야경』에서 설하는 수지를 가지고 정행(正行)

이라고 해석하고, 『법화경』을 가지고 일념신해의 수지에 의한 돈오성불의 묘전이라고 풀이한 것이 도생의 돈오성불론(頓悟成佛論)인 것이다.[5]

3. 법운의 생애와 법화사상

1) 법운의 생애와 논저

(1) 법운의 생애

법운(法雲, 467~529)의 전기는 당의 승려 도선(道宣)이 쓴 『속고승전』[6]에 상세하게 소개되어 있다. 법운의 속성(俗姓)은 주(周) 씨이고 장쑤성(江蘇省) 의흥(宜興)에서 태어나 7세 때 출가하여 정림사(定林寺)의 승인(僧印)으로부터 『법화경』 강의를 들었다. 그 후 10년간 도림사(道林寺)에서 승유(僧柔)의 강의를 듣고, 지장(智藏)·승민(僧旻)과 함께 혜차(慧次)에게 『성실론』과 『삼론』을 배웠다.[7] 그즈음 혜집(慧集)에게 『비담(毘曇)』도 배웠다.[8] 후에 지장·승민·법운은 양(梁)의 3대 법사로 불렸다.

497년 30세에 이르러 법운이 묘음사(妙音寺)에서 『법화경』과 『정명경(淨名經)』을 강설하니 청강하는 학도들이 강당에 넘쳤다. 강경(講經)의 묘(妙)함이 독보적이라 당시의 사람들은 그를 작환법사(作幻法師)라고 불렀다. 502년 이후 양(梁) 무제(武帝)의 요청을 받아 여러 경론을 강설하고 주석했다. 예컨대 503년에는 여러 『성실론석(成實論釋)』을 42권으로 합해 편찬하고, 506년에는 화광전(華光殿)에서 기우(祈雨)를 위한 『승만경』을 강하니 효험이 있었다고 하며,[9] 승민 등과 함께 화림원(華林園)

---

5 塩田義遜, 『法華教學史の研究』, 135-138頁 참조.

6 大正50·463下~465上.

7 『梁高僧傳』 권제8의 「慧次傳」(大正50·379中~下).

8 『梁高僧傳』 권제8의 「慧次傳」(大正50·382中~下).

에서 도의(道義)를 강론했다.[10]

507년에는 백료(百僚)를 위해『어주대품반야경(御註大品般若經)』을 강설[11]하고 이 듬해『주대품(注大品)』을 지었다. 무제는 법운을 예우하여 가승(家僧)으로 모시고 광 택사(光宅寺)[12]의 사주(寺主)로 삼았다. 511년 5월 무제는 승니 1448인을 화림원으로 청해 스스로『단주육문(斷酒肉文)』을 저술하고 법운으로 하여금『열반경』사상품(四相品)의 단육편(斷肉篇)을 강설케 했다.[13] 또한 법운은 화림전에서『법화경』을 강하 였는데 하늘에서 꽃과 눈이 흩날려 내리고,[14] 그 후도 종종『법화경』을 강했다.[15]

518년 보창(宝唱) 등과 함께 승가바라(僧伽婆羅)의 번역장에 참여하여『문수사리 문경』등을 번역 출판하고,[16] 이듬해 말릉현(秣陵縣)에 법운사를 세우고 담론으로 지냈다. 525년 대승정(大僧正)에 임명되고 동태사(同泰寺)에서 천승회(千僧會)를 개최 하고 그 후 몸이 좋지 않음에도 강설을 그치는 일이 없었다고 한다. 529년 63세로 입적했다.

(2) 법운의 논저

구마라집과 그 문하들이 번역업에 종사할 때 경전의 번역과 함께 서로 강의하 고 주석서도 지었다.『법화경』에 관해서도 고승전(高僧傳)이나 후세의 법화 주석자 의 저술에 그것들이 소개·인용되고 있다.[17] 그러나 현존하는 것은 도생의『법화경

---

9 『梁高僧傳』권제10의「保誌傳」(大正50·394下).

10 『續高僧傳』권제5의「僧旻傳」(大正50·462下).

11 志盤,『佛祖統記』(1269) 권제37(大正49·349上).

12 『佛祖統記』권제37(大正49·348下).

13 道宣,『廣弘明集』(664) 권제26, 大正52·294中~299上참조.

14 『佛祖統記』권제37(大正49·350上).

15 『佛祖統記』권제37(大正49·349上).

16 費長房,『歷代三寶紀』권제11(大正49·98中);『續高僧傳』권제1(大正50·426上).

17 坂本幸男 編『法華經の思想と文化』, 平樂寺書店, 1968, 492頁 이하 참조.

소(法華經疏)』가 유일하다. 그 후도 몇 사람에 의해 『법화경』 주석이 시도되었으나 다른 논서에서의 인용으로만 알 수 있고 현존하지 않는다. 현존의 법화 주석서로 도생의 『법화경소』 다음으로 법운의 『법화의기(法華義記)』가 있다.

법운에 대한 전기에 의하면 그의 논저 내지 주석서는 여러 종이 있으나 현존하는 것은 『법화의기』(8권)뿐이다.[18] 그것도 지의나 길장에 의해 많이 인용되고 나서 당에서 송에 이르는 시기에 산실되고 말았다. 그러나 다행히 일본에 전해진 것을 1696년 화엄종의 호탄(鳳潭)이 다시 간행하여 현재 전해지고 있다. 『법화의기』는 지의나 길장의 법화주소(法華注疏)가 나오고 나서 관심이 적어졌으나, 지의나 길장이 법화주소를 작성하는 데 『법화의기』로부터 받은 영향이 매우 컸으므로 『법화의기』는 불후의 작품이라고 볼 수 있다.

2) 법운의 법화사상

지의의 남삼북칠(南三北七)로 대표되는 교판의 논의를 총괄하면, 불교의 근본진리 즉 공(空)을 확실하게 설한 『반야경』을 기초에 두면서 그 진리의 순일성을 밝히는 『화엄경』의 돈교(頓敎), 통일성을 밝히는 『법화경』의 만선동귀교(萬善同歸敎), 영원성을 밝히는 『열반경』의 상주교(常住敎)를 어떻게 배열할 것인지가 주요한 문제였다고 볼 수 있다. 그러한 가운데 강북(江北)은 『화엄경』에, 강남은 『열반경』에 강조점을 두었다고 볼 수 있다. 법운은 강남계를 받아들여 『열반경』을 중시하고 그것을 배경으로 『법화경』을 해석했다. 이렇게 해서 이루어진 것이 『법화의기』이다.[19]

---

18 단편의 것으로서는 승우(僧祐)의 『弘明集』 권제10에 神滅論에 관한 『与王公朝貴書』(大正52·60中)가 보이고, 『광홍명집』 권제21에는 『上昭明太子書』(同·247中), 『二諦義』(同·249下), 『法身義』(同·250下~251上)를 들고 있다.

19 田村芳朗, 『日本佛敎論』, 春秋社, 1991, 229~233頁 참조.

법운은 『열반경』에도 통하였지만 특히 『법화경』에 대해서는 사미 때부터 조예가 깊어 앞서 언급했듯이 30세 때 『법화경』과 『정명경』을 강설할 때 사중(四衆)이 강당에 가득 차고 강설이 묘하기가 독보적이었다. 『법화의기』, 『법화광택소』 등으로도 부르는 『법화경의기』(8권)[20]는 도생의 『법화경소』 이후 수(隋) 이전의 『법화경』 주석서 가운데서 가장 상세한 것이다.

4. 법운의 『법화의기』

1) 『법화의기』의 불교관

구마라집 문하에 20여 명의 법화 찬앙자가 있었으나 현존하는 것은 도생의 『법화경소』가 유일하다. 구철법사(九轍法師)라 불리는 도융(道融)과 『법화의소』(4권)를 지었다는 담영(曇影) 등에 대해서는 유감스럽게도 아무것도 알 수 없다. 그러고는 혜용(慧龍), 승인(僧印)을 거쳐 법운(法雲)에 이르렀던 것이다. 승전(僧傳) 및 지의·길장 등의 주소(註疏)에 의해 구마라집 문하의 강찬(講鑽)으로 알려진 이름을 추적해 보면 대체로 다음과 같이 정리할 수 있다.

법운의 법화상승(法華相乘)은 『법화의기』의 「서품」에서 논하는 육서(六瑞) 아래의 복난(伏難)의 주석에서 혜차상승(慧次相乘)을 전하고 있다. 이러한 법운 이전의 강찬은 구마라집 문하와 같이 이미 20여 명을 헤아리지만, 양전(梁傳) 중 소(疏)를 지은 것은 도생(2권)을 비롯하여 담영(4권), 혜기(3권) 이외에 승경과 법요가 있고, 지의와 길장의 소에는 도생, 도빙, 혜용, 현창에 이어 도랑(道朗)의 「통략(統略)」(2권), 유규의 「주경(註經)」(10권) 등이 보이지만, 모든 학승의 찬앙후를 받은 사람은 법운이다.

---

20 大正33·572下.

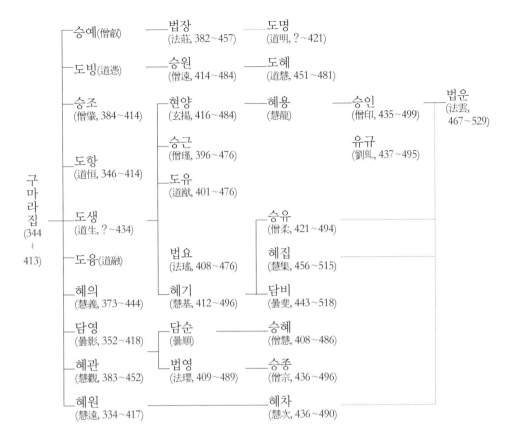

　　법운의 『법화의기』(8권)에 대해 응연(凝然)의 『오교장통로기(五敎章通路記)』에는 "청강문인(聽講門人)의 필록이 금일의 '소(疏)'로 된 것"이라고 말한다. 그런데 법운의 '소'는 도생과 같이 구마라집의 원역(原譯)인 「제바품」을 결여하는 27품본에 의한 것인데, 그 대강으로서 도생과 같이 『법화경』의 전후를 인과(因果)의 대강이라고 하는 뜻에 따라서 승인, 승유, 혜차 등의 해석에 의해 주석한 것이다. 그 개요는 『법화의기』의 최초에 논하는 녹원(鹿苑) 내지 법화 이전 여러 대승의 삼승(三乘) 이인별과(異因別果)를 다시 정리하여 일인(一因)으로 하고 "이 경은 둘을 설하지 않는 일불승(一佛乘)으로 함께 돌아가게 한다"고 하는 것이다.

그런데 「방편품」의 제불 지혜의 아래 여러 경의 이지(二智)에 다섯 가지의 같지 않은 점이 있다고 한다. 첫째 12년 전의 유상교(有相敎)를 친소(親疎), 둘째 『대품』을 횡조(橫照), 셋째 『유마경』을 본말(本末), 넷째 『열반경』을 종조(縱照), 다섯째 『법화경』을 시종(始終)이라고 하는 것이다. 그러나 이것은 언뜻 판교와 같이 보이나, 판교가 아니라 전적으로 이 경의 이지(二智)를 해석하기 위한 배열이다. 「법사품」의 "법화최제일(法華最第一)"의 글을 해석하고 있는 것을 보면 이것은 도생의 천제성불의 주장으로부터 비롯되는 것이고, 이 시대의 교학은 유상(有相), 무상(無相), 동귀(同歸), 상주(常住)의 순서로 다음의 지의 이전까지 열반상주교(涅槃常住敎)가 중심이었던 것을 알 수 있다. 법운이 『법화의기』에서 『법화경』을 "여래출세지대의(如來出世之大意)"라고 설하는 것은 삼승(三乘)을 모두 일승에 들게 한다는 뜻이고, 또 이지(二智)를 다섯 가지로 설하는 것도 『법화경』을 가지고 열반상주의 전제로 하는 것이다.

그러나 법운은 『법화경』을 "지금의 사람들에게 크게 주어 대승의 기(機)를 발하니, 과거의 삼소(三小)를 모아 지금 일대(一大)를 이룬다. 그러므로 지금 대도(大道)가 주어지는 것이다"라고 회삼귀일(會三歸一)에 의한 화도(化導)의 시종을 분명히 하는 출세대의(出世大意)의 심경(深經)이라고 해석했다. 그러므로 후세의 화엄종의 법장은 『탐현기』 및 『오교장(五敎章)』 등에서 위의 주석의 뜻에 의해 법운의 교판을 사승교판(四乘敎判)이라고 하는 것이다. 『탐현기』에는 "양조(梁朝) 광택사 법운사는 사승교(四乘敎)를 세워 이르기를, 법화 가운데 임문(臨門)에서 삼차즉위삼승(三車卽爲三乘)과 같이 사구도(四衢道) 중에 대백우차(大白牛車)를 주는 것은 즉 임문우차(臨門牛車)를 가지고 제4차(四車)로 삼기위한 것이고, 또한 양록(羊鹿) 모두 갖추어 얻지 못하기 때문이다"라고 했다. 이처럼 법운은 『법화경』의 회삼귀일(會三歸一)의 뜻에 의해 4승교판(四乘敎判)을 논했던 것이다. 이에 사승교(四乘敎)를 표시하면 다음과 같다.[21]

---

21 塩田義遜, 『法華敎學史の硏究』, 140-146頁 참조.

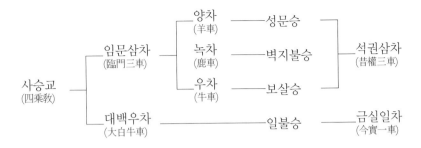

2) 『법화의기』에서의 인문(因門)의 개현

　법운은 3승의 다른 길을 일승으로 함께 돌아가는(同歸) 것을 가지고 『법화경』의 일인(一因)이라 하고, 불수장원(佛壽長遠)을 가지고 일과(一果)라 하며, 이러한 인과를 가지고 열반상주의 연유하는 점(漸)이라고 설하는 것을 『법화경』의 대지(大旨)라고 한다. 때문에 『법화의기』의 서두에서 권지(權智)의 경지인 이전 삼승의 불과(佛果)를 가지고 무상(無常)이라고 말하고, 이 경의 개현(開顯)을 논하여 인과를 화과(華果) 동시의 연화에 빗대어 경명으로 삼는다고 논하고 있다. 그러나 소승이과(小乘二果) 위에 대승보살의 대비사홍(大悲四弘)에 의한 대지(大智) 때문에 생사에 주하지 않고, 대비심 때문에 열반에 주하지 않으며, 제도해야 할 사람이 무궁하기 때문에 신통력을 빌려 무주열반(無住涅槃)의 불과에 주하고, 항상 육도(六道)에 응현하여 삼세(三世)에 이익이 되는 교화로 가없는 중생을 제도하는 것을 가지고 이 경의 대의(大意)라고 하는 것이다.

　법운은 이러한 대비(大悲)의 교화활동을 「방편품」의 개삼현일(略開三顯一)의 "불설일해탈(佛說一解脫)"의 글 위에 간략히 논하고, 다시 삼주(三周) 가운데 비유주의 정설인 「비유품」의 등여대차(等与大車) 아래 장광설을 하고 있다. 그러면 무주열반의 설은 어떤 것인가. 이 이름은 법상의 유여(有余)·무여(無余)·무주(無住)·자성(自性)의 4열반의 하나로 볼 수 있다. 이것은 『성유식론』, 『섭대승론석』 등에 나오는 것으로, 전 2를 소승, 후 2를 대승의 열반이라고 한다. 그러면 이러한 무주열반은 과연 어느 경의 설인가. 진제(眞諦) 역의 「적멸승상품(寂滅勝相品)」에 이르기를 "제보살의 혹(惑)이 멸한 즉 무주처열반이다. 이 상(相)은 어떤 것인가 하면 혹(惑)을 여의어 버리고 생사를 여의지 않는 것이다"[22]라고 하는 것과, 『대품』에 의해 보살의 총원보수(總願報酬)의 과(果)로서 무주열반을 설했던 것이다.

『대품』에 의하면 「심오품」에 이르기를, "보살의 30원(願)을 설한 최후에 보살마하살이 육바라밀을 행할 때 생사의 길 장구하고 중생의 성품(性)이 다양하다 하더라도 마땅히 올바른 억념으로 생사변(生死邊)을 허공과 같이 하고 중생의 성변(性邊) 역시 허공과 같이 하라. 이 가운데 생사왕래 실(實)이 없고 또한 해탈도 없다"라고 설하고 있다. 이로 보면 무착의 『섭론』의 무주열반은 『반야경』에 유래하는 것으로 볼 수 있다.

세친은 『불성론』의 「현과품」에서 이르기를 "본원(本願)으로 말미암아 열반에 주하지 않고 반야로 말미암아 제혹(諸惑)을 멸할 수 있다"라고 무주열반을 설하고 있다. 또한 무착의 『섭대승론』에는 무주열반에 이어서, 급다 역은 진보응(眞報應), 진제 역은 자성(自性)·수용(受用)·변화(變化)의 붓다의 삼신설(三身說)이 있고, 세친의 『불성론』의 「무변이품(無變異品)」에도 법응화(法應化), 『법화론』에도 법보응(法報應)의 삼신설을 논하고 있다. 이렇게 무착·세친이 무주열반과 붓다의 삼신설을 논하여 대승불교의 진면목을 발휘한 것과, 법운이 법화의 '소(疏)'에서 무주열반에 의한 붓다의 삼세익물의 설을 논한 것은, 때와 장소를 달리한다고 해도 대승불교정신의 현양에서는 그 궤를 하나로 한 것이라 볼 수 있다. 그러므로 법운은 『법화경』을 명의(名義)·기진(起盡)·상생(相生)의 세 가지 뜻에 입각해 1부를 서(序)·정(正)·유통(流通)의 3단으로 간추리고, 통별이서(通別二序) 각 5, 정종인과이문(正宗因果二門) 각 4, 화타(化他)·자행(自行)·유통(流通) 각 3의 24단으로 나누어 다음과 같이 해석하고 있다.

---

22 사리 혹여 불사리생사(捨離 惑与 不捨離生死).

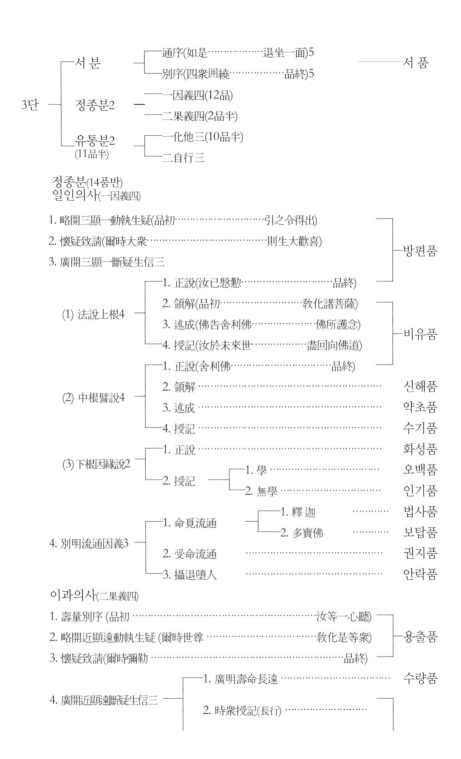

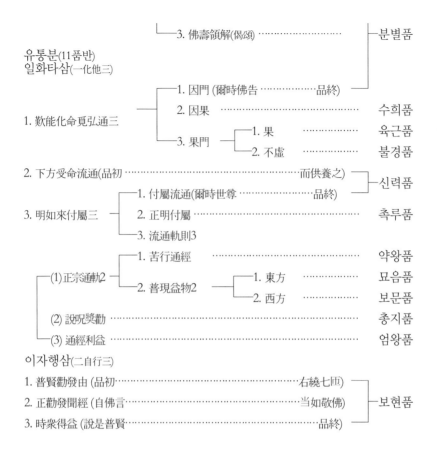

이상과 같이 법운은 인과위종(因果爲宗) 사상에 입각하고 시대의 교학에 준하여 열반지상의 정신에 입각한 것은 그의 오시판교(五時判教)로 보아도 분명하다. 『법화경』의 이러한 모습을 보면 오시(五時)의 유상(有相)·무상(無相)·억양(抑揚)·동귀(同歸)·상주(常住) 가운데 유상·무상의 전이시(前二時)를 삼승권교(三乘權教)라 하고, 이러한 권교를 만선동귀(萬善同歸)의 일인(一因)으로 돌아가게 하는 인문(因門), 동귀·상주 이후의 2시를 막이대과(莫二大果)의 과문(果門)이라 하고, 이러한 인과의 위에 삼세익물(三世益物)을 설한 것이 법운이 본 『법화경』의 대종(大宗)이다. 이것은 『법화의기』(1)에 이르기를 "『법화경』은 즉 인과로서 종(宗)을 삼는다" 등으로 논하고 있는 것을 보더라도 분명한 것이다.

삼승일해탈(三乘一解脫)의 유여(有余)·무여(無余) 2열반에 대해, 2종 열반에 들면 일단 삼계윤생(三界潤生)의 인과는 다하나 인(因)의 여분 세력인 택멸무위(択滅無爲)의 택력(擇力)이 되는 무생지(無生智)가 존재하므로 계외(界外)에 생을 받을 수 있고, 이러한 계외의 몸을 법운은 보살의 무주열반 이상의 불과(佛果)의 보신(報身)이라고 해석했던 것이다.

이렇게 광개삼(廣開三) 아래에서는 다시 삼근(三根)에 의거하여 법비인(法譬因)의 삼주(三周)를 나누고, 상근(上根)의 법설인 사불지견(四佛知見) 아래에서는 일대일좌(一代一座) 및 『법화경』에 입각해 다음과 같이 고금의 삼해(三解)를 논하고 있다.

	일가해 (一家解)		법운초해 (法雲初解)		선사사해 (善捨寺解)
개(開) ———	삼승별교 (三乘別敎)	…………	초문작불 (初聞作佛)	…………	약개삼점표원과 (略開三漸表遠果)
시(示) ———	반야경시 (般若經時)	…………	즉생문혜 (則生聞慧)	…………	광개삼점표원과 (廣開三漸表遠果)
오(悟) ———	무량의경 (無量義經)	…………	즉생사혜 (則生思慧)	…………	약개근령지장원 (略開近令知長遠)
입(入) ———	설법화경 (說法華經)	…………	즉생수혜 (則生修慧)	…………	광개근제행수학 (廣開近諸行修學)

앞에서 초해(初解)는 유규의 『무량의경서』에 보이는 칠계교판(七階敎判)에 의한 것일 것이다. 이와 같이 상근(上根)은 사불지견을 점교4시의 인과점수(因果漸修)의 뜻에 따라 이를 분명히 하고, 중근(中根)의 비유주(譬喻周)로서 「비유품」의 "등여대차(等与大車)"에 대해서는 실지소조사일(實智所照四一)의 경지에 입각하여 화택(火宅)의 3인 색차(索車)에 대해 ① 인해(人解)에 2문(二問), ② 체상(體相)에 9문(九問), ③ 색차에 7문(七問), ④ 유색무색(有索無索)에 1문(一問)의 4중19문답에 따라 4차(四車)의 위계에 입각해 개삼현일의 뜻을 분명히 하고 있다.

최초인해(最初人解)에 대해서는 고래의 여러 가지 뜻을 통만(通漫)이라 주석하고, 과거에는 아직 대승의 기(機)가 발하지 않았으므로 삼차(三車)를 인정하나, 금일은 삼승 가운데 대승의 기(機)가 발하므로 삼승일해탈(三乘一解脫)인 2열반의 위에 무생지의 대비에 의한 무주열반의 마음이 생기는 것이니 "회석삼소 성금일대(會昔三小成今一大)"라고 대승의 적극적인 화타(化他) 위에 실지(實智)의 공능(功能)을 설하고, 체상(體相)에 대해서는 『열반의기』에 의해 3승, 2과 가운데 인과공망(因果共亡)의 무위과를 버리고 유위과를 취하고, 유위과 가운데 오직 경(境)의 공덕을 버리고 관경(觀境)의 공용(功用)인 지혜를 취하며, 지혜에서는 『구사론』 등에서 밝히는 십지(十智) 가운데 사제(四諦), 명자(名字), 법(法), 비(比), 타심(他心)의 팔지(八智)를 버리고 바로 조경(照境)의 용(用)인 진(盡)·무생(無生)의 이지(二智)를 취하여 차체(車體)라고 설명했던 것이다.

둔근(鈍根)에는 이지(二智)가 있으나 아직 조경(照境)의 용(用)이 없으므로 과시유(果時有)라 하고, 이근(利根)은 조경의 용이 있으므로 연과기(緣果起)라 하며, 이러한 연과기에는 이지(二智)의 작용으로 보신을 이루기 때문에 경문의 삼차문외(三車門外)란 "이지(二智)가 일어날 때 반드시 경계(境)를 연(緣)하고, 생(生)은 삼과(三果)를 연(緣)하여 다하게 되니 즉 이것은 삼계(三界)를 벗어나는 것이다" 등이라고 이지(二智)에 의한 차체(車體)를 밝힌다. 색차(素車)의 뜻에 대해서는 이것은 삼승 중의 이둔(利鈍)에 의한다고 하며, 무여(無余)에 주하는 둔근의 삼승을 이교혹리(以敎惑理), 이지(二智)에 나오는 이근을 이리혹교(以理惑敎)라고 한다. "지금 색(素)의 뜻을 밝히어 올바로 취하면 이리혹교(以理惑敎), 취하지 못하면 이교이혹(以敎理惑)" 등이라고 하여 색차(素車)의 뜻을 관지(觀智) 위에 놓고, 제4의 유색무색(有素無素)에 대해서는 "7종의 학인 모두 무색차(無素車)의 뜻이고 아라한, 벽지불, 대력보살, 삼무학(三無學) 모두 유색(有索)의 뜻이다"라고 대승의 기를 발하는 삼승의 이근(利根)인 이리혹교(以理惑敎) 위에 색차(素車)인 이승작불(二乘作佛)을 설하고 있다.

또 하근인연설(下根因緣說)에서는 「화성유품」에 의해 경에서 설하는 본인연(本因緣)을 삼천진점겁(三千塵点劫) 이전 대통지승불의 16왕자의 복강법화(覆講法華)에 의한 결연에 있다고 하고, 지금의 삼승무학(三乘無學)을 삼백유순의 화성(化城), 칠지

(七地)에서 끊어지는 삼계의 여습(余習)을 사백유순, 팔지(八地) 이상의 금강심의 무명주지(無明住地)에서 끊어지는 것을 오백유순의 보처(補處)라 하고, 중간의 험난한 악도를 십지(十地)의 수증(修証)이라 하며, 화성을 멸하여 보처에 이르는 것을 이 경의 인연주(因緣周)의 개현(開顯)이라고 하는 것이다. 이상은 인문(因門)에서의 삼주(三周) 개현이다.

법운은 이러한 개현의 실제적 증명이라고 할 수기(授記)에 대해『법화의기』에 이르기를 "기(記, 수기)에 2종이 있다. 하나는 능기(能記)이고 둘은 소기(所記)이다. 능기란 즉 이 여래가 전해주신 기(記)의 체(體), 소기란 즉 보살의 미래불과(未來佛果) 및 국토명호(國土名號) 또는 기(記)라 한다"라고 했다. 이렇듯 능기(能記)를 과문(果門)의 참된 불과(佛果), 소기(所記)를 인문(因門)의 보살의 당래과(當來果)라고 해석하는 것은 법운의 '소'에는 무주열반의 말은 보이지 않으나 법운에게 인문의 당래과 및 과문불과(果門佛果)의 뜻에 다름 아닌 것이다. 이것은 법운이『법화경』을 일인일과(一因一果)의 동귀(同歸)의 경이라고 하고 열반상주에의 유점(由漸)이라고 하는 연유이다.[23]

3) 과문(果門)의 불신관(佛身觀)

과문(果門)의 개현에 이르러서는「용출품」이하 2품반을 과의(果義)의 올바른 설이라 하고, 이것을 4분하여「용출품」1품을 별서(別序), 약개(略開), 치청(致請),「수량품」·「분별품」전반의 1품반을 광개(廣開)의 4단(四段)으로 하고, 별서를 다시 개발(開發), 의문(疑問), 술권(述勸)의 3서로 하고, 끝의 술권서(述勸序)에 대해『법화의기』에서 밀명차삼종의단(密明此三種義端) 내지「수량품」가운데 방현차의(方顯此義) 등이라 논하여, 문장 가운데 삼세익물의 뜻을 밝힌다고 한다.

---

23 塩田義遜,『法華教學史の研究』, 147-156頁 참조.

요컨대 술권서에 "밀명차삼종의단(密明此三種義端)"이라고 삼세익물을 은밀히 나타내는 것은, 『반야경』이나 『화엄경』 등의 모든 대승경전이 보살의 총원(總願)에 입각하여 무주열반을 증득하고 가없는 중생 교화를 보살의 주요 목적이라고 하는 것을 밝히는 데 대해, 무주열반을 불과(佛果) 위에 논하고 삼세익물은 언제나 교화에 있다는 교설을 가지고 불타출세의 본회(本懷)라고 설한 것이 『법화경』이다. 그러므로 인문(因門)의 「방편품」 게송에서 이미 설하기를 "사리불이여, 마땅히 알라, 내가 본래 세운 서원은 일체중으로 하여금 나와 다르지 않게 하는 것이다. 나의 옛 소원과 같이 지금의 것에 만족하리라"고 여러 경의 무주열반의 원을 이 경에서는 이미 만족한 것을 분명히 한 것이다. 이것은 법운이 인과(因果)에 대해 "명인지처 역유과의(明因之處 亦有果義)"라고 논한 이유이고, 또 과문(果門)의 광개근현원 삼세익물(廣開近顯遠 三世益物)을 설하는 「수량품」에 "아본행보살도 소성수명 금유미진(我本行菩薩道 所成壽命 今猶未盡)"을, 또 "변과(弁果) 가운데 또한 인(因)의 뜻이 있다" 등으로 해석하는 것처럼, 이 경이 인문(因門)에서 개삼현일(開三顯一)을 설하여 삼승 외에 일불승(一佛乘)을 설하고, 과문에는 보살의 본원(本願)인 무주열반을 넘어 삼세익물 상재교화(三世益物 常在敎化)의 뜻을 밝히는 것은 소위 여래출세의 대의(大意)이다. 그러므로 광개(廣開)의 「수량품」 장행법설의 문장을 둘로 나누어 품초(品初)로부터 "여래비밀 신통지력(如來秘密 神通之力)"까지를 연기(緣起), "일체세간 천인(一切世間 天人)" 등의 아래를 정광설(正廣說)이라고 하는 것이다.

법설에 대해서는 사단(四段)이 있다. 다만 문을 약하여 오직 유삼단 내지 하비중급게 중진유시고득지(有三段 乃至 下譬中 及偈中 盡有是故得知) 등이라 설하여 글 뜻의 4단을 앞의 술권서(述勸序)의 삼종의단(三種義端)에 배치하고 있다. 즉 ① 여래과거(一切世間下): 제불자재(神通之力), ② 여래현재(如來見諸下): 제불사자(奮迅之力), ③ 여래미래(缺長行有偈): 제불위맹(大勢之力), ④ 삼세은현불허(三世隱顯不虛, 諸佛如來下) 등과 「용출품」의 밀표(密表) 3종을 붓다의 삼세익물, 즉 항상 교화에 있다는 뜻을 밝히는 과문의 정종(正宗)인 「수량품」의 개현이라고 설하는 연유이다.

그러면 현재의 삼세익물의 불신(佛身)이란 과연 어떤 것인가. 『법화의기』는 과거 익물에 대해서 바로 석가를 응신(應身)이라 하고, 이러한 응신에 의해 개근현원(開近顯遠)하는 응가(應家)의 본신을 「수량품」에서 나타내는 법신이라고 하는 것이다.

　　법운은 보살의 무주열반 위에 수증보신(修証報身)을 법신이라 설하고, 과문개현(果門開顯)의 「용출품」의 여래자재 신통지력(神通之力), 「수량품」의 여래비밀 신통지력(神通之力) 등의 글에 의해 보살의 십지(十地) 금강심을 "대비지의불한(大悲之意不限), 수능연금강심 유주어세(遂能延金剛心 留住於世)" 등과 무주열반의 뜻 위에 여래의 삼세익물을 설하고 있다. 이것은 법운이 이미 수증(修証)의 보신을 여래의 혜명인 지혜공덕에 의거하여 수량의 품제를 "이 품은 여래수명이 진사(塵沙)로써 그 양(量)을 삼는 것으로 여래의 수명을 밝히는 것이다. 그러므로 「수량품」이라고 말한다"라고 법신이 나타나는 공덕을 진점수량(塵点壽量)에 의거하여 밝히고, 삼십성도(三十成道)를 오백진점실성(五百塵点實成) 등으로 논한다. 법운은 『법화경소』의 첫머리에 팔천칠백 아승지(阿僧祇)을 가지고 유위과(有爲果)라 하고, 유위과의 유(有)로서 진점소성(塵点所成)의 보신 또는 법신을 "종지일랑 불과제명(種智一朗 佛果齊明)"이라고 논하여 "수명이 무궁하고 이익됨이 자유자재"라고도 논하고 있다. 이에 비추어 보면 법운의 법신과 보신은 이것은 동일불신이고 이것은 용수·견혜 등의 『법화경』의 불신(佛身)인 삼신미분 진응이신시대(三身未分 眞應二身時代)의 후를 이어받은 삼신배태시대(三身胚胎時代)의 불신관이라고 볼 수 있는 것이다.[24]

---

24 塩田義遜, 『法華敎學史の硏究』, 157~161頁 참조.

제4장

법화실의(法華實義)의 개현시대

중국 불교사에서『법화경』의 실질적인 의미를 드러내고 현창한 인물로 지의를 꼽지 않을 수 없다. 물론 지의의 법화사상은 구마라집과 그 문하, 특히 도생과 법운의 영향을 입은 것이고 직접적으로는 혜사(慧思)의 교학에 유래하는 것이라고 보지 않으면 안 된다. 그러나 혜사와 지의에 이르러『법화경』은 명실 공히 그 실의(實義)를 드러내게 되었다. 후대의 학자들은 이 시대를 '법화 실의의 개현시대'라고 부른다.

1. 혜사의 법화사상

1) 혜사 교학의 유래와 혜문

혜사의 교학이 유래하는 사상적 근거는 용수의 실상론(實相論)이다. 용수의 실상론에는 반야의 진공묘유(眞空妙有)를 소극적으로 설하는『중관론』과 적극적으로 설하는『대지도론(大智度論)』이 있다.『대품』의 주석에서 단지『반야경』사상에만 의거하지 않고『화엄경』,『법화경』등의 대승사상을 이용한 것이 용수의『대지도론』이라고 볼 수 있다. 이것이『대지도론』을 용수의 적극적 사상이라고 부르는 이유이다. 그리고 당시의 시대 교학에서 용수의『대지도론』의 삼지삼관(三智三觀) 사상을 기조로 한 것이 혜사의 교학이라 할 수 있다.

혜사의 당시에는 도생의 천제성불론의 주장에 이어서 담무참(曇無讖)에 의해 『대열반경』이 번역·출판(421)되자 시대 교학이 열반 중심으로 된 것은 남삼북칠(南三北七) 가운데 혜관과 북지사(北地師) 등의 5시교판에 비추어 보아도 분명하다. 이러한 『열반경』 중심의 사상에 대해 『법화경』의 적극적 실상론으로서 지의로 하여금 제5시 법화·열반을 동등한 제호미(醍醐味)로까지 높인 근저는 혜사의 교학에 있다. 이로 인해 장안(章安)의 『마하지관』 연기에서 지의의 사자상승(師資相承) 부법장 인연전(付法藏因緣傳)에 의한 금구상승(金口相承) 외에 용수-혜문-혜사-지의로 이어지는 금사상승(今師相承)을 설하게 된 것이다.

그리하여 제6조 담연은 『지관홍결(止觀弘決)』에서 말하기를, 지의의 실상론은 그 근원이 용수에서 발하고 북제(北齊)의 혜문(慧文)을 중국의 원조라고 하나 혜문의 전기가 분명하지 않다고 하면서, '약준 구사상승(若准 九師相承)' 등과 「지관수요기(止觀搜要記)」에 『국청광백록(國淸廣百錄)』의 서에 보인다고 하는 명(明), 최(最), 숭(嵩), 취(就), 감(監), 혜(慧), 문(文), 사(思), 의(顗)의 9사(師)를 들어 설명하고 있다. 그리고 제1의 명(明)은 '다용칠방편(多用七方便)', 제2의 최(最)는 '다용융심(多用融心)', 제3의 숭(嵩)은 '다용본심(多用本心) 진성부동(眞性不動)', 제4의 취(就)는 '다용적심(多用寂心)', 제5의 감(監)은 '다용료심능관일여(多用了心能觀一如)', 제6의 혜(慧)는 '다용답심 내외중간 심불가득(多用踏心 內外中間 心不可得)', 제7의 문(文)은 '다용각심 중관삼매(多用覺心 重觀三昧) 멸진삼매(滅盡三昧) 무간삼매(無間三昧) 어일체법 심불가득(於一切法 心不可得)', 제8의 사(思)는 '다여수자의안락행(多如隨自意安樂行)', 제9의 의(顗)는 '용차제관 여차제선문(用次第觀 如次第禪門) 용부정관 여육묘문(用不定觀 如六妙門) 용원돈관 여대지관(用圓頓觀 如大止觀)'이라고 9사(師)의 교학을 말하고 있다. 그리고 그 연문(連文)에는 9사 가운데 후의 3사는 앞의 금사상승(今師相承)과 합치되고 있다.

그러면 혜문의 교학은 과연 무엇이었는가. 장안(章安)은 "문사용심 일의석론(文師用心 一依釋論)"이라 하고, 지반(志磐)은 "다용각심 어일체법 심불가득(多用覺心 於一

切法·心不可得)"이라고 논하고 있다. 그러나 그의 저술이라고 볼 것이 남아 있지 않으므로 그 교학은 전혀 알 수 없다.

그런데 지반은『통기(統紀)』권6「동토구조전(東土九祖傳)」의 '혜문전(慧文傳)'에서 장안의「일의석론(一依釋論)」을 부연하여 "사숙품원승 천진독오(師夙稟圓乘 天眞獨悟) 인열 대지도론(因閱 大智度論)"이라고 하고,『석론』(권27)의 다음과 같은 글을 들고 있다.

문되, 일심(一心) 가운데 일체지 일체종지(一切智 一切種智)를 얻어 일체 모든 번뇌습(煩惱習)을 끊는 것인가. 답하되, 실로 일체 모든 것을 일시에 얻고 내지 일심 중에 얻는다 하더라도 또한 초중후(初中後)의 순서가 있으니 일심(一心)에 삼상(三相)이 있는 것과 같다.

그리고 지반은『중론』「사제품(四諦品)」의 인연소생법 등의 게송으로 "정신이 횅한 가운데 공유불이(空有不二)를 대오(大悟)한다"는 것을 논하고 있다. 이것은 지의의 삼지삼관(三智三觀)이『대론』에 유래하고, 그 기원을『속고승전』「혜사전(慧思傳)」의 "선사혜문(禪師慧文), 취도수백등(聚徒數百等)"의 글을 보고 혜문을 추정한 것이라고 볼 수 있는 것이다.[1]

2) 혜사의 생애와 저술

(1) 생애

혜사(慧思, 515~577)는 원위(元魏)의 연창(延昌) 44년, 남북조에서 진(陳) 사이에 출생하고 진의 태건(太建) 9년에 입적했으니 그는 진나라 사람이다. 그의 생애는 하남(河南)의 전도(傳道)에 오르기까지의 30여 년을 수양시대, 대소산(大蘇山) 중심의

---

1 塩田義遜,『法華教學史の研究』, 日本圖書センター, 昭和 53, 168~171頁 참조.

14년을 전도시대, 만년 남악에서의 14년을 수선시대(修禪時代)로 나눌 수 있다. 혜사의 『입서원문(立誓願文)』에 의하면 그는 15세에 출가하여 『법화경』과 여러 대승경을 독송하고 다음과 같이 말했다고 한다. "이때 『법화경』을 읽고 밝은 것을 보았다(見明類讀). 감정이 심히 즐겁고 묵직하다(情深樂重). 먼저 다 독송하기 전에 인연을 따라 다른 곳에 차용되어 빈 토굴 속에서 홀로 보았다(自看). 가르쳐줄 사람 없어 밤낮 슬피 울었다." 이것은 『홍결(弘決)』에 기록된 말이다. 그 후 20세에 세상의 무상함을 느끼고 중생과 자신을 위해 보리심을 발했다고 한다. 『홍결』에는 "법화 등의 경전 30여 권을 독송한바 (중략) 여러 경에서 선정(禪定)을 찬탄함을 보고 다시 발심하여 선지식을 찾아서 수(隨) 혜문선사의 선법(禪法)을 받았다"라고 기록되어 있다.

그는 혜문을 따라 주강야선(晝講夜禪)하던 중 활연 대오하여 법화삼매를 발득하고, 제국(齊國)의 대선사들을 역방했다. 34세 때에는 하남 연주(兗州)에서 대중들과 논하는 가운데 악비구 때문에 해침을 받아 화이허(淮河)를 건너가 4년 후 영주(郢州)에서 강연했다. 그러나 또 악중(惡衆)의 독해를 만나 554년 광주(光州) 개악사(開岳寺)로 가서 『대품』을 강설하고 이듬해 광주의 대소산(大蘇山)에 들어가서 수양시대로 들어갔다.

그해에 혜사는 대소산에서 마하연(摩訶衍)을 강설하고 이듬해 광주 관읍사(觀邑寺)에서 거듭 마하연을 강설했다. 그러자 또 중악논사(衆惡論師) 때문에 50일간 식사를 하지 못하는 난(難)에 만나 558년 대소산으로 돌아가 제광사(齊光寺)에서 금자(金字)의 『대품』 및 『법화경』 2부를 짓고 "미륵불이 출생할 때 나의 몸과 이 『법화경』이 일시에 출현하여 일체 중생을 제도할 것"을 서원하는 『입서원문』를 썼다고 한다. 이러한 대소산 시기에 강릉(江陵)으로부터 지의가 와서 삼관삼지(三觀三智)을 묻고 『금강반야』의 대강(代講)이 되어 3종지관(三種止觀)을 상승(相承)하게 되었다. 이때를 대승전홍시대(大乘傳弘時代)라고 한다.

이어서 568년 처음 남악(南岳)에 들어가자 오로지 법화삼매·반주삼매·염불삼매

등을 닦고 마침내 육근정(六根淨)을 얻었다고 한다. 그의 명성이 사방에 자자해지자 진(陳)의 선제(宣帝)가 특별히 모시니 산을 내려와 대악대선사(大岳大禪師)의 칭호를 받고 이후 577년까지 정관선사(靜觀禪思)하던 중 63세로 입적했다. 제자 지의는 이에 앞서 575년 9월 천태산으로 들어갔다.[2]

(2) 저술

혜사의 저술로는 『법화경안락행의(法華經安樂行儀)』(1권), 『제법무쟁삼매법문(諸法無諍三昧法門)』(2권), 『수자의삼매(隨自意三昧)』(1권), 『입서원문』(1권), 『수보살계의(受菩薩戒儀)』(1권) 등이 현존한다. 그 밖에 『사십이자문(四十二字門)』(2권), 『석론현의(釋論玄義)』(1권), 『차제선요(次第禪要)』(1권) 등이 있었다고 전하지만 모두 현존하지 않는다. 『대승지관법문(大乘止觀法門)』(4권)도 혜사의 찬술이라고 전해지고 있으나 확실한 것은 알 수 없다.

현존하는 혜사의 논저를 보면 그의 교학이 『법화경』을 중심으로 한 것인지 『반야경』을 중심으로 한 것인지 명확하지 않다. 『법화경안락행의』는 『법화경』을 주제로 하고 있지만, 대소산에서 찬술한 『입서원문』에는 『법화경』의 명칭은 겨우 12개소에 나올 뿐이다. 그가 『반야경』을 정법(正法)으로서 존숭했던 것은 분명하다. 그러나 그가 『지도론』에 기반을 두고 있는 혜문의 영향을 받았다는 사실을 고려하면 『반야경』과 더불어 『법화경』을 존숭한 것은 확실하다. 혜사는 『지도론』에 매우 조예가 깊었는데, 『석론현의』는 현재 전해지지 않지만 『지도론』 연구의 성과였을 것으로 여겨진다. 그가 쓴 『제법무쟁삼매법문』의 이름도 『지도론』에서 채용된 것이고, 『법화경안락행의』에 이르러서는 『지도론』과의 사상적 교섭이 매우 밀접하게 드러난다. 혜사가 『법화경』과 『반야경』을 함께 존숭한 것도 『지도론』의 사상에 의거한 것이다.

---

2 塩田義遜, 『法華教學史の研究』, 172~176頁 참조.

『지도론』은 『법화경』과 『반야경』의 관계에 대해 두 가지 점을 말하고 있다. 즉 「촉루품」의 주석에서, 이승작불(二乘作佛)을 설하는 점에서 『법화경』은 비밀교이고 『반야경』보다 우월하다고 논하고 있다. 이것은 제1의 관계이다. 또한 『대품반야경』의 "제여선법 입반야바라밀(諸余善法 入般若波羅蜜)"의 글을 주석하는 곳에서 『법화경』·『밀적경(密迹經)』 등의 대승경전은 명칭을 달리할 뿐이고 뜻은 똑같이 반야바라밀이기 때문에 결국 『반야경』과 이름은 다르나 뜻은 같다고 말하고 있다. 이것이 제2의 관계이다.

이 두 가지 관계는 어떻게 이해되어야 할까. 구마라집 문하의 승예는 『반야경』의 특색은 응조(凝照)에, 『법화경』의 특색은 실화(實化: 실제 화도)에 있으며 그 근본 취의는 하나(一)라고 『소품경(小品經)』의 서(序)에서 말하고 있다. 『지도론』이 보여주는 제1의 관계는 『법화경』의 특색을 인정하고, 제2의 관계는 근본 취의에 요약하여 두 경의 일치를 설한 것이다. 혜사도 아마 『지도론』에 의거해 승예와 같이 실제 화도(化導)의 면에서 『법화경』의 우월성을 논했을 것이다. 더욱이 근본 취의에서 두 경전이 일치한다고 생각했기 때문에 혜사는 『반야경』과 『법화경』을 똑같이 존숭했을 것이다.

혜사는 『입서원문』를 통해 정법을 수호하기 위해 금자 『반야경』을, 중생 및 자신의 몸을 수호하기 위해 금자 『법화경』을 받들어 조성한다고 말하고 있다. 『지도론』이 『법화경』에 대해 특히 주의를 기울이는 것 역시 『법화경』이 지닌 성문이승(聲聞二乘)의 성불이나 속질원오(速疾圓悟)라는 실천면이다. 혜사도 이에 따라 『반야경』은 불교의 이론 법문의 경전이고, 『법화경』은 실천 법문을 대표하는 경전으로 생각하고 이 두 경전을 서로 보충하는 관계에 있는 것으로 생각했을 것이다.

3) 신(新)법화학

(1) 『법화경안락행의』

① 교상과 관심

혜사는 『법화경안락행의』에서 법화학을 가장 체계적으로 논하고 있다. 『법화경안락행의』는 불과 1권의 소저이고 문인(門人)이 필록한 것 같지만, 혜사의 법화사상을 명확히 담고 있다. 『당고승전』에 의하면, 혜사는 대소산에서 『법화경』수문(隨文) 해석을 했다고 한다. 『입서원문』에도 대소산에 들어가기 전의 여러 곳에서 마하연을 강설했다고 기록하고 있다. 이로 보아 혹시 『법화경』을 강의했던 것은 아닌가 생각된다.

혜사는 재래의 법화학자처럼 주석학적 연구가 아니라 『법화경』의 교상(教相)과 관심(觀心)을 솔직·간명하게 설하는 것에 가장 많은 노력을 기울였다. 즉 지의가 『법화경』 현의(玄義) 및 지관(止觀)을 명확하게 체계화할 수 있도록 하는 것이 혜사의 가장 큰 관심사였고, 이에 따라 재래의 주석학적 법화학으로부터 일대 전환을 시도했다. 그의 법화사상을 신법화학(新法華學)이라 부르는 이유가 여기에 있다. 혜사는 『법화경안락행의』의 첫머리에서 "『법화경』은 대승돈각(大乘頓覺)의 경전으로 스승 없이 스스로 깨달아(無師自悟) 속히 불도를 이룬다"라고 말하고 있다. 또한 『제법무쟁삼매법문』(권하)에서는 "이 법화회는 단지 일승돈(一乘頓) 가운데 극돈(極頓)인 제불의 지혜를 설한다"고 말하고 있다. 이와 같이 혜사는 『법화경』이 구경지상의 묘전(妙典)임을 주장하고 있는 것이다.

② 교설의 4종 분류

혜사는 석존 일대의 교설을 4종으로 분류했다. 『법화경안락행의』에서는 성문·연각·둔근보살(鈍根菩薩)·이근보살(利根菩薩)의 4종 근성(根性)을 나누고, 『제법무쟁삼매법문』에서는 하지(下智, 聲聞)·중지(中智, 緣覺)·교혜상지(巧慧上智, 菩薩)·돈각상상지(頓覺上上智, 如來)의 4지(智)를 구분하고 있다. 이것은 지의의 4교판의 선구 사상으로 간주할 수 있다. 그리고 앞의 3종 근성이 점차적 행(行)을 닦는 데 대해『법화경』만이 일행즉일체행(一行卽一切行)의 돈각을 설하고 있어 말법악세에 가장 상응하는 이행(易行)을 설하는 최고 지상의 경전이라고 말한다.

(2) 법화 지상주의

앞서 언급했듯이 혜사는『지도론』에 의거하여『법화경』과『반야경』의 일치를 주장했으나 아직 완전한 법화 지상주의를 확립하지는 못했다. 그러나 이미 그의 사상 가운데 그 씨앗이 배태되어 있었다. 다만 성불을 위한 실천 수행의 방법을 설하는 점에서『법화경』이 최고 구경(究竟)이라고 말한다. 이것은 교관이문(敎觀二門)의 법화 지상주의를 완성한 천태교학의 전 단계로서 중대한 의의를 갖는 것이다.

양(梁)대 법화학의 최고 권위였던 법운이 입적한 것은 혜사가 소년일 때의 일이었다. 그 이래로 남지의 법화학은 법운의 아류에 지나지 않았고, 따라서 화엄돈교·열반제5시의 입장을 넘어설 수 없었다. 특히 북지에서는 지론종(地論宗)이 화엄원교를 부르짖고 있었다. 이러한 상황에서 혜사가 불도의 실천 수행 면에서『법화경』에 주의를 기울이고, 화엄원교사상이 우세한 북지에서『법화경』을 중시하여 대승돈각(大乘頓覺), 돈중극돈(頓中極頓), 제불지혜(諸佛智慧)를 주장한 것은 일대 영단이라고 볼 수 있다.

(3) 법화삼매

①『법화경안락행의』

혜사는『법화경안락행의』에서 법화삼매를 제창하고 있다. 혜사에 의하면 법화삼매는『법화경』의 진수이다.『당고승전』에 의하면, 혜사가 혜문 아래에서 법화삼매를 발득했다고 한다. 그러나 도선(道宣)이 기록하고 있는 그 법화삼매의 내용은 소승선법을 혼합한 공삼매(空三昧)로『법화경안락행의』의 법화삼매와는 크게 취의를 달리하고 있다.『당고승전』의 기록이 사실이라면『법화경안락행의』의 법화삼매는 혜사 후년의 원숙한 사상이라고 보아야 할 것이다.

『법화경안락행의』에서의 법화삼매야말로 이근보살(利根菩薩)이 방편행을 버리고 점차 행(行)을 닦지 않고서 바로 불과(佛果)를 증득할 수 있는 행(行)이다. 이와 같은 점차행과 불점차행의 사상은 『대품반야경』의 「차제학품(次第學品)」과 「일념품(一念品)」 및 『지도론』의 주석서에 의거한 것이다.

▶ 유상행

혜사에 의하면 법화삼매에는 유상행(有相行)과 무상행(無相行)의 2종이 있다. 유상행은 『법화경』 「보현품」에 의해 선정(禪定)에 드는 일 없이 산심(散心) 그대로 본경을 독송하고 일심(一心)으로 경전의 문자를 전념하는 것이 행상(行相)이다. 이것은 마침내 육아백상(六牙白象)에 타고 있는 보현보살이 현전하여 행자의 죄장을 멸하고 안근(眼根)을 청정케 하여 석가·칠불(七佛)·시방삼세제불을 실제 친견케 한다고 하는 신앙을 기초로 한다. 이 유상행은 오래전부터 행해진 독송행(讀誦行)으로 혜사 자신도 소년시대 실제로 수행했던 것이다.

▶ 무상행

무상행(無相行)은 『법화경』 「안락행품」에 의거해 거기에 설하고 있는 4종 안락행의 수행을 본질로 한다. 「안락행품」에서는 4종 안락행을 4법(四法) 또는 네 가지의 친근처(親近處)라고 말할 뿐이고, 그 하나하나에 대해서 이름을 붙이고 있지 않다. 거기에서 고래로 법화학자들 사이에 4종 안락행의 명칭과 내용에 대해 여러 가지 설이 생겼다. 혜사는 제1 정혜이착안락행(正慧離著安樂行), 제2 무경찬훼안락행(無輕讚毀安樂行), 제3 무뇌평등안락행(無惱平等安樂行), 제4 자비접인안락행(慈悲接引安樂行)이라고 명명했다. 이들의 4종 안락행을 무상행이라고 하는 것은 4종 안락행을 수행함으로써 행주좌와에 항상 깊고 묘한 선정(禪定)을 여의는 일없이 일체제법에 접하면서 심상적멸(心想寂滅)의 경지에 머물고 있기 때문이다.

무상행이라고 하면 무엇인가 세간을 여의고 산속의 공적한 곳에서 오로지 공삼매(空三昧)에 열중하는 것이라고 생각하기 쉽지만, 혜사의 무상행은 그렇지 않다. 소극적인 공삼매는 오히려 법화삼매의 전 방편으로, 혜사의 주장인 수자의삼매(隨自意三昧) 가운데서 설하는 것이다. 법화삼매의 무상행은 매우 적극적인 성격을 갖고 자리(自利)뿐만 아니라 이타(利他)를 행하는 보살행으로까지 전개되지 않으면 안 된다. 그러므로 혜사는 4종 안락행의 제2 무경찬훼안락행을 따로 전제성문 령득불지안락행(轉諸聲聞 令得佛智安樂行)이라 이름하고, 제4의 자비접인안락행과 함께 순수한 이타행(利他行)이라고 해석했다.

더 나아가 이타안락행의 수행에는 중대한 결의가 필요하다고 강조하고,『지도론』의 설을 인용하여 생인(生忍)·법인(法忍) 및 대인(大忍)의 삼인(三忍)을 무상행의 불가결한 조건이라고 주장했다. 생인이란 중생인(衆生忍)의 뜻으로 다른 사람으로부터 타매경욕(打罵輕辱)[3]을 받아도 정념 사유하여 성질을 내거나 화를 내지 않는다고 하는 보살의 인욕행을 의미한다. 법인이란 법성인(法性忍)의 뜻으로 일체 법의 공적함을 관하여 마음이 동하지 않음을 말하고, 대인이란 법계해 신통인(法界海 神通忍)의 뜻으로 성도(聖道)를 구족 완성하여 제종의 신통력을 얻어 법계의 중생을 제도하는 마음이 광대한 것을 말한다. 이것이 일반적인 해석이다.

그러나 혜사는 이에 만족하지 않고 적극적인 새로운 의미를 더했다. 즉 중생인도 단지 타인의 박해를 인내할 뿐만 아니라 적극적으로 상대방을 설득하고 그래도 목적을 달성하지 못할 때는 반대로 거친 말로 꾸짖고 욕을 보여 자각과 반성을 요구해야 한다고 말하는 것이다. 법인도 자기만이 마음의 부동(不動)의 경지에 이르러 만족할 것이 아니라 일체 모든 범부나 이승(二乘)을 설득하여 대승(大乘)에까지 유도하고 때에 따라서는 파계나 위의를 무시하고서 그들의 입장과 상황을 함께하면서 지도해야 한다고 말한다. 이러한 해석은『지도론』에서는 볼 수 없는 것으로 혜사의 독자적인 해석이다.

『법화경안락행의』는 무상행인 4종 안락행을 보살행의 규범으로 설하는 것을

---

3 때리고 꾸짖고 우습게보고 욕을 하는 것.

주제로 하고 있다. 따라서 4종 안락행은 이 삼인(三忍)에 관한 혜사의 독자적인 새로운 해석을 담고 있는『법화경』의 진수라고 할 수 있다. 본래부터 혜사의 독자적인 해석이라고는 해도 그는『열반경』등을 경증(經証)으로서 들고 있으니, 혜사가 특히『지도론』의 삼인(三忍)을 끌어내어 이것을 안락행의 불가결의 조건이라고 한 데에는 깊은 이유가 있었다. 즉 혜사가 대소산에 체재하고 있던 시대는 북주(北周) 무제(武帝)의 법난 직전의 시기에 속하고 있어 이미 북지의 교단에는 타락의 조짐이 있었다. 이것은 혜사가 말법(末法)의 시대에 들어 있다고 통감할 상황이었다.

②『제법무쟁삼매법문』

특히 선정(禪定)을 무시하고 문자를 강설하는 것을 불도의 모든 것이라고 생각하는 들뜬 담론 같은 경향은 혜사로서는 가장 참기 어려운 일이었다. 그리고 그는 『법화경』을 받드는 사람들이 멋대로 경문을 독송하는 것만으로 능히 된다고 하는 고래의 풍습에 대해서도 심각한 불만을 품고 있었다. 묘승정경(妙勝定經)에서 선정 (禪定)이 가장 중요하다는 것, 산심(散心) 그대로 경전을 독송하거나 강설하기를 십 겁(十劫)을 지난다 해도 일념의 입정(入定)에도 미치지 못한다고 하는 것을 가르치는 글, 또는 산심(散心)의 독송이나 문자의 강설에 빠져 선정(禪定)을 가벼이 여기는 자가 죽어서는 지옥에 떨어지고 나와서는 축생에 태어난다고 하는『비바사론』의 논설을 읽었을 때 그는 선정 수행의 필요성을 말하는 것이야말로 당시 불교 교단 을 바로잡는 유일한 길이라고 통감했다.

그는 시대의 폐단을 타파하여 진정한 불교를 부흥하기 위해 교단의 타락과 들 뜬 담론 같은 풍조를 스스로 나아가 통렬하게 꾸짖었다.『제법무쟁삼매법문』은 문 자법사에 대한 통렬한 논란의 서인 것이다. 대소산에 들어가기 전후에 혜사가 받 은 여러 가지 박해는 그가 공세적으로 교단의 타락을 꾸짖었기 때문에 스스로 불 러들인 것이었다. 그의 행동에 근거가 된 것은『법화경』의 4종 안락행이고, 특히 삼인(三忍)의 가장 심오한 경지인 절복행(折伏行) 사상이었다. 혜사는『법화경』을 주 로 보살의 실천행을 구체적으로 설하는 경전이라고 보고, 특히「안락행품」을 중시하여 『법화경안락행의』를 논했던 것이다. 그리고 그의 법화학의 기초로 되어 있는 것이 『지도론』임은 앞에서 언급한 것과 같다.[4]

4) 혜사의 유식사상

(1) 과도기적 성격

여러 기록에 의하면, 대소산에서 지의가 『대품반야경』을 대강(代講)하고 있을 때 일심구만행품(一心具萬行品, 一念品)에서 삼지삼관(三智三觀)에 대해 의문이 생겨 혜사에게 질문했는데, 혜사는 그것을 『대품반야경』의 점차(次第)의 뜻으로 이해하고 법화원돈(法華圓頓)의 뜻에 의해 파악한 것이 아니라고 답했다고 한다. 또한 『제법무쟁삼매법문』에서도 일심삼관(一心三觀) 사상을 볼 수 있다. 따라서 혜사가 이미 당시에 원융삼제(圓融三諦) 사상에까지 이르고 있었던 것이 아닌가 생각할 수 있다. 그러나 다방면에서 여러 가지 과도적 성격을 띤 학설이 존재하고 있기 때문에 예컨대 원교법문(圓敎法門)의 구상이 있었다고 해도 그것은 천태 이전의 단계에 속하는 것이다. 이 과도기적인 성격을 가장 잘 보여주는 것은 혜사의 유식사상이다.[5]

(2) 유식사상의 개요

혜사가 조직적인 유식사상을 지닌 것은 아니지만 그의 여러 저술에는 유식사상이 산견된다. 즉 『제법무쟁삼매법문』(권하)에서는 심법(心法)을 심성(心性)과 심상(心相)으로 분류한 후 심성을 여래장·자성청정심·진심·법신장(法身藏) 등으로 이름 짓고 심상을 근본식(根本識, 心識)과 지조식(枝條識, 前六識)으로 구분하고 있다. 그리고 심식(心識)을 동전식(動轉識)이라고도 부르고, 전6식을 분장식(分張識)·가명식(仮名

---

4 安藤俊雄, 『天台學』, 平樂寺書店, 1975, 16~22頁 참조.
5 혜사가 유식사상에 관심을 갖게 된 것은 유식사상 자체가 『중관론』의 공관(空觀)으로부터 비롯되어서 반야 또는 지혜를 추구하는 데 법화사상과 상호 관련성이 있다고 보았기 때문이었을 것이다.

識)이라고도 이름 짓고 있다. 『수자의삼매』에서는 근본식(根本識)을 전식(轉識)이라고도 부르고 제칠식(第七識)·강이지(剛利智)라고도 이름 지으며, 제팔식(第八識)을 장식(藏識) 또는 아리야식(阿梨耶識)이라고도 이름하고 있다. 이를 정리하면 다음과 같다.

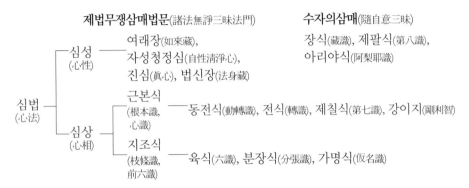

제법무쟁삼매법문(諸法無諍三昧法門)	수자의삼매(隨自意三昧)

이와 같이 정리해보면 혜사가 팔식설(八識說)을 세우고 있던 것은 분명하다. 『수자의삼매』에서 전6식을 생사식(生死識)으로, 제7식 및 제8식은 정식(淨識)이라고 말하고 있으므로 이것은 리야정식설(梨耶淨識說)을 설한 남도(南道) 지론종의 사상에 의거한 것이 분명하다. 그러나 제7전식(轉識) 또는 동전식(動轉識)을 생사식인 전6식을 바꾸어 정화하는 곳의 식(識)이라고 해석하고 있는 것은 특색 있는 사상이라고 볼 수 있다.

지금까지 혜사의 학설을 간략하게 살펴보았다. 혜사가 『법화경』의 교의를 간명·솔직하게 파악하여 공허한 들뜬 담론이나 논의를 배격하고 『법화경』의 선(禪) 바라밀적인 전개 및 그 보살행으로서의 사회적 실천을 요청한 것은 타락 일로를 걷고 있던 북조 불교학계에 대한 일대 경종이었다. 그러나 그가 울리는 경종은 얼마 되지 않아 강남에까지 울려 퍼지고, 경건하고 엄숙하게 『법화경』의 진리 탐구에 전념하고 있던 지의의 마음에 커다란 충격을 주었던 것이다.[6]

6 安藤俊雄, 『天台學』, 23~25頁 참조.

2. 지의의 법화사상

1) 지의의 생애와 저술

(1) 생애

천태종의 개조인 지의(智顗, 538~597)는 양 무제 대동 4년 형주(荊州) 화양현(華陽縣)[7]에서 태어났다. 7세의 어린 나이에『법화경』「보문품」을 송한 이래 이를 수지했다. 이에 의해 지의가 소년기부터 관음신앙을 갖게 된 것을 알 수 있다. 혜사가 소년기에 보현신앙을 가진 것과는 대조를 보인다. 지의는 17세 때 출가의 뜻을 두고 18세 때 상주(湘州) 과원사(果願寺) 법서(法緒)의 문하에 들어 출가했다. 그 후 진제(眞諦)의 문인으로 율행이 엄정하고 의문종박(義門綜博)이라 불리던 혜광(慧曠)에게 사사하여 방등(方等)을 배웠다. 혜광은 진제로부터『섭대승론』·『유식론』 및『금광명경』을 배우고 나서 오랜 기간 상영이주(湘郢二州)에서 활약하고 후에『지도론』까지도 강했다고 한다. 그러므로 지의가 후년에『금광명경현의』나『금광명경문구』를 설하고 삼법론(三法論)으로 진제의 학설을 소개·비판한 것이나 섭론종의 교학에 깊은 지식을 갖추게 된 것은 모두 수 혜광의 지도를 받은 영향이라고 볼 수 있다.

그러나 지의가 가장 커다란 관심을 기울인 것은『법화경』이었다. 혜광에게 사사한 후 그는 대현산(大賢山)에 올라『무량의경』·『법화경』·『보현관경』을 독송하기를 이순(二旬)에 미치고 또 방등참법(方等懺法)을 수행했다. 그때 불가사의한 승상(勝相)을 꿈에 보고서 확신을 얻었고『법화경』에 관해서는 강동(江東)에 물어야 할 스승이 없다는 자신을 갖기에 이르렀다. 그러다 혜사(慧思)의 학명을 듣고 마음을 고쳐먹고 대소산(大蘇山)을 찾아가 그의 문하에 들었다. 지의가 23세 때였다.

혜사는 그를 맞아 법화삼매를 주었다. 지의는 먼저 유상행(有相行)을 닦고『법화

---

7 현재의 호남성(湖南省) 악주부(岳州府) 화양현(華陽縣).

경』을 독송하기를 2·7일, 「약왕품」의 제불동찬(諸佛同讚)의 문에 이르러 활연히 대오(大悟)했다. 이것을 대소개오(大蘇開悟)라고 한다. 그 후 약 7년간 혜사의 지도를 받으니 생각대로 되었으며 일찍이 발군의 명예가 높아져 설법제일(說法第一)의 칭명을 얻었다. 30세 때 혜사가 남악으로 옮길 즈음 그의 부촉을 받아 법희(法喜) 등 동학 27명과 함께 진(陳)의 수도 금릉(金陵)에 나가 와관사(瓦官寺)에서 『법화경』의 경제목을 강설하면서 선법(禪法)을 홍포했다. 진의 시흥왕(始興王), 복(僕), 사(射), 서릉(徐陵), 상서(尙書), 모희(毛喜) 등이 다투어 귀의하고 지변(智弁), 승황(僧晃), 경소(警韶), 대인(大忍), 혜영(慧榮) 등 각 종파의 학승들이 그 강원에 참여했다. 이어서 『지도론』 및 『차제선문』을 강설하니 지의의 명성은 점점 더 올라갔다.

그 후 금릉(金陵)에 8년간 머물다가 38세에 천태산으로 들어갔다. 입산의 동기에 대해서 여러 기록들은 지의가 문인의 지도에 절망을 느꼈다거나 명리(名利)에 유혹되어 수행이 방해되는 것을 통감했다는 것 등을 들고 있다. 그러나 더욱 중대한 이유가 있었다. 입산의 바로 전년 북주(北周)가 참혹한 폐불을 단행하여 북지의 불교가 괴멸되는 지경에 빠지는 사건이 벌어졌다. 당탑가람(堂塔伽藍)의 몰수, 경론의 소각(燒却), 승니의 환속 등이 강제적으로 이루어지고 많은 승려가 난을 강남으로 피했을 뿐만 아니라 사론학자 정애(靜藹)와 같이 시절을 한탄하며 분사(憤死)하는 자도 나왔다. 지의가 조야의 간청을 뿌리치고 결연히 성대한 학장(學場)을 해산하고 금릉을 떠난 것은 이런 이유 때문이었을 것이다. 어쨌든 지의는 비장한 결의를 품고 천태산에 올랐다.

천태산은 고래로 『법화경』과 깊은 인연이 있던 섬(剡)의 남쪽에 있는 산으로, 진나라 때의 법화학자 지둔(支遁)이 천태산의 서문(西門)이라고 하는 석성산(石城山)에 머물렀던 일이 있었으며 그와 논쟁을 하던 우법개(于法開)도 석성산 기슭에 머무른 적이 있었다. 『법화경』과 연(緣)이 있는 지역에 근접한 천태산에 오른 지의는 약 9년간 청빈의 생활을 하면서 주강야선(晝講夜禪)의 날을 보냈다. 이 9년간은 후년의 원숙한 천태교학을 이루는 중요한 시기였다.

지의는 48세 때 여러 사람의 간청으로 다시 금릉으로 나아가 영요사(靈曜寺)에 기거하면서 『지도론』을 강했고 광택사에서 『인왕반야경』과 『법화문구』를 강했다. 그러다 589년 수군(隋軍)이 금릉에 쇄도하여 진제(陳帝) 등을 포로로 잡아 장안으로 보냈다. 그때 지의는 난을 피해 여산으로 갔다. 수에 의해 통일이 되고 평화가 회복된 후 그는 당시 양주(揚州)의 총관(總管)이었던 진왕(晉王) 광(廣, 후의 수양제)에게 보살계를 주었다. 이때 진왕은 그에게 지자대사(智者大師)의 호를 받쳤다. 그의 나이 54세(591년)였다. 그 후 지의는 왕의 머물러 있기를 청하는 것도 물리치고 은사인 혜사의 묘에 참예하고 592년 고향인 형주 옥천산(玉泉山)으로 들어갔다. 이듬해 그곳에서 『법화현의(法華玄義)』를 설하고 그다음 해에는 『마하지관』을 강했다. 595년 진왕의 청에 응해 양주에 이르러 왕을 위해서 『정명의소(淨名義疏)』를 찬하고 천태산으로 돌아갔다. 597년 11월 진왕(晉王)의 부름을 받아 가마를 타고 가던 중 석성산에 이르러 병을 얻어 입적했다.[8]

(2) 저술과 천태종의 개창

지의는 방대한 강록(講錄)과 찬술을 남겼다. 현존하는 것 가운데서 주요한 것을 들면 다음과 같다.

- 『법화현의(法華玄義)』(10권, 약칭 『묘현』)
- 『법화문구(法華文句)』(10권, 약칭 『문구』)
- 『마하지관(摩訶止觀)』(10권, 약칭 『지관』)
- 『석선바라밀차제법문(釋禪波羅蜜次第法門)』(10권, 약칭 『차제선문』)
- 『육묘문(六妙門)』(1권)
- 『수습지관좌선법요(修習止觀坐禪法要)』(1권, 약칭 『동몽지관』 또는 『소지관』)
- 『관음현의(觀音玄義)』(2권)
- 『관음경소(觀音經疏)』(5권)

---

8 安藤俊雄, 『天台學』, 平樂寺書店, 1975, 26~29頁.

- 『금광명경현의(金光明經玄義)』(2권)

- 『금광명경문구(金光明經文句)』(6권)

- 『관무량수경소(觀無量壽經疏)』(1권)

- 『유마경현소(維摩經玄疏)』(6권)

- 『유마경문소(維摩經文疏)』(28권, 佛道品의 釋까지)

- 『사교의(四敎義)』(6권, 『大部四敎義』 또는 『大本四敎義』라고 함)

- 『삼관의(三觀義)』(2권)

- 『각의삼매(覺意三昧)』(1권)

- 『법화삼매참의(法華三昧懺儀)』(1권)

- 『방등삼매행법(方等三昧行法)』(1권)

- 『법계차제초문(法界次第初門)』(6권)

- 『청관음경소(請觀音經疏)』(1권)

- 『아미타경의기(阿彌陀經義記)』(1권)

- 『인왕반야경소(仁王般若經疏)』(5권)

- 『보살계경의기(菩薩戒經義記)』(1권)

- 『선문장(禪門章)』(1권)

- 『사념처(四念處)』(4권)

- 『관심론(觀心論)』(1권)

- 『선문구결(禪門口訣)』(1권)

- 『관심식법(觀心食法)』(1권)

지의의 저술 가운데 『차제선문』은 일찍이 세상을 버린 문인 법신(法愼)에 의한 것 외에는 거의 장안(章安)이 필록한 것이다. 지의가 친히 찬한 것은 『육묘문』, 『수습지관좌선법요』, 『유마경현소』, 『유마경문소』, 『삼관의』, 『사교의』 등이다. 특히 『소지관』은 연구에 의해 지의의 친찬이 아니라 정변(淨弁)이 필수(筆授)한 것임이 분명해졌다.

지의의 주 저술은 말할 것도 없이 『법화현의』, 『법화문구』, 『마하지관』이다. 이 것을 법화삼대부(法華三大部)라고 칭한다. 지의의 법화학(法華學)은 주로 이 삼대부에서 전개된 것이다. 그리고 법화삼대부와 함께 중용되는 것이『금광명경현의』,『금광명경문구』,『관음현의』,『관음경소』,『관무량수경소』의 5소부(五小部)이다. 지의가 강의한 제목을 보아도 그가『법화경』연구를 생애의 중심 목표로 삼았던 것을 알 수 있다.『유마경』이나『금광명경』등의 연구에도 노력했으나 그것은 법화학을 방증하기 위한 것이었다.『법화경』의 교상(教相)과 관심(觀心)의 체계를 조직하고『법화경』이 구경지상(究竟至上)인 이유를 분명히 하는 것이 지의의 학문생활을 하는 최고 목표였다. 이러한 지의의 노력으로 법화교학이 완성되어 명(名)과 실(實)이 구비된 천태종이 개창되었던 것이다.[9]

2) 지의의 법화학

(1) 법화학의 접근방법론

① 지의의 세 가지 관점

구마라집이 번역한『묘법연화경』은「제바품」이나「보문품」의 중송(重頌) 게송이 없는 27품이었으나 제(齊) 무제 때 법의(法意)가『묘법연화경』「달다품(達多品)」을 번역하고 혜사 등에 의해『묘법연화경』에 첨가되었다.「보문품」의 게송은 지의 이후에 첨가된 것이기 때문에 지의가 본『묘법연화경』은 현존의 1부 8권 28품에서「보문품」의 중송의 게송이 빠진 것이었다. 그런데 지의는『법화경』을 3종의 관점에서 고찰해야 한다고 했다.

첫째, 제(齊) 담마가타야사(曇摩伽陀耶舍)의 번역이라고 전해지는『무량의경』(1권)을『법화경』의 서경(序經)으로 보고, 송(宋) 담마밀다(曇摩蜜多)가 번역한『관보현보살행법경』(1권)을 결경(結經)이라고 보는 것이다. 이 경우『법화경』전체는 정종분(正宗分)에 해당된다.

---

9 安藤俊雄,『天台學』, 29~31頁.

둘째, 『법화경』 28품을 서(序)·정(正)·유통(流通)의 3단으로 구분한다. 이 경우 「서품」 서분(序分), 「방편품」부터 「분별공덕품」의 최초 게송의 끝까지 정종분, 이하 나머지를 유통분으로 본다. 이것은 일경삼단(一經三段)의 분과(分科)이다.

셋째, 지의는 제3의 관점을 세워 이문육단(二門六段)의 분과를 행했다. 이 경우 『법화경』을 14품씩 나눠 앞의 14품을 적문(迹門), 뒤의 14품을 본문(本門)으로 보고, 본적이문(本迹二門)을 각기 서(序)·정(正)·유통(流通)으로 3분한다. 즉 「서품」부터 「안락행품」까지 적문이지만, 「서품」이 적문의 서분, 「방편품」부터 「수학무학인기품」까지가 적문의 정종분, 「법사품」부터 「안락행품」까지가 적문의 유통분으로 된다. 그리고 「종지용출품」의 전반을 본문의 서분으로 보고, 그 후반부터 「분별공덕품」의 최초 게송까지가 본문의 정종분, 그 뒤가 본문의 유통분이다.

이를 표로 나타내면 다음과 같다.

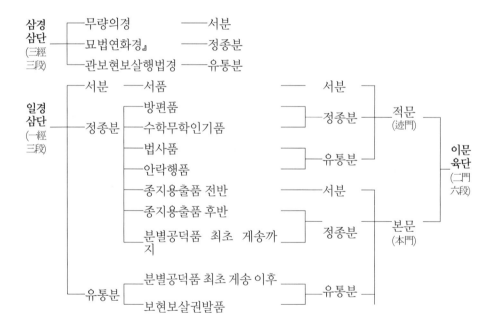

② 구마라집 문하의 해석

　모두 경전의 통일적 해석을 위해서는 먼저 명확한 분과가 반드시 필요하다. 그런데 『법화경』은 매우 복잡한 성격을 띠고 있기 때문에 고래로 학자들은 그 분과에는 많은 고심을 했다. 이미 구마라집이 『묘법연화경』을 번역하자 문인인 도융(道融)은 이것을 구철(九轍)로 나누어 강론했다고 전해진다. 지의는 승예가 구철법사(九轍法師)라고 말하고 있지만, 길장이 말하듯이 도융을 구철법사라고 하는 설이 유력하다.

　도생은 『법화경』을 3단으로 나누어 「서품」으로부터 「안락행품」까지의 13품은 삼인(三因, 三乘)을 밝히는 것, 「용출품」으로부터 「촉루품」까지의 8품은 아라한·벽지불·불의 삼과(三果)가 일불과(一佛果)인 것을 나타내는 것, 「약왕품」으로부터 「보현품」까지의 6품은 성문·연각·보살의 3인이 똑같이 보살인 것을 개현하는 것이라고 해석했다. 또한 하서(河西)의 도랑(道朗)은 『법화경』을 전교(轉敎)의 연유, 경체의 불이법(不二法), 상주법신의 과덕(果德), 수행의 공덕, 유통의 방궤(方軌) 등 오문(五門)으로 나누었다고 전해진다.

　특히 법운의 분과는 상세하여 『법화경』을 서(序)·정(正)·유통(流通)으로 3등분하고 이 3단을 각기 2분하여 서분을 통서(通序)와 별서(別序), 정종분을 인문(因門)과 과문, 유통분을 화타유통문(化他流通門)과 자행유통문(自行流通門)으로 나눈 후 서분의 이문(二門)을 각각 오문(五門), 정종분의 2문을 각각 사문(四門), 유통분의 2문을 각각 3문(三門)으로 나누었다. 이렇게 『법화경』 전체를 24단으로 나눈 법운의 분과는 너무 번잡하여 경의 뜻을 파악하는 데 도리어 어려워진 감이 있다.

　이와 같이 『법화경』의 분과에 대해서 수많은 학설이 나왔으나, 대체로 『법화경』을 인과(因果), 언신(言身), 유통(流通) 등의 범주에 의해 통일적으로 해석하려고 했던 것을 알 수 있다.

③ 지의의 본적이문

이러한 개념만으로『법화경』의 다기다함(多岐多含)한 전체 정신이 만족스럽게 파악되고 설명될 수 없는 감이 있다. 또한『법화경』의 후반에서는 교주 석존이나 권속의 과거 본지(本地)를 설하고 있으므로 이것을 많은 학자들처럼 단순한 과덕(果德)을 나타내는 것이라고 해석하는 것은『법화경』의 취지에 합치하지 않는 점이 많다. 이에 지의는『법화경』의 뜻을 온전하게 발휘할 수 있는 새로운 범주의 필요성을 느꼈을 것이다. 지의가 본적이문(本迹二門)의 분과를 새로이 행한 것은 이러한 이유에 의한 것이다.

이미 본적(本迹)의 사상은 구마라집의 문하에서도 존재하고 있었으니, 도융은『법화경』을 구철(九轍)로 분류하고 제6 본적무생철(本迹無生轍)이라 표제하여「견보탑품」을 강설했다고 전해지고 있다. 지의가 여러 학자의 설에 힘입은 것은 말할 것도 없겠지만, 그는 더욱더 본적의 사상을 확충하고 육중본적(六重本迹)의 뜻을 조직하여『법화경』의 본적이문의 교설 내용을 분명히 했다. 육중본적이란 이사(理事), 이교(理敎), 교행(敎行), 체용(體用), 실권(實權), 금이(今已)의 6가지 관점에서 본적(本迹)의 구별을 세우는 것이다. 특히 과거와 현재의 대석(對釋)에 의해서 지금 설하는 본시(本時)의 경의 뜻이 이미 설한(已說) 적중교문(迹中敎門)과 전혀 다른 것을 표시하고, 또 본(本)과 적(迹)이 상관하면서도 일체(一體)라고 하는 부사의한 관계에 있음을 보여준다. 지의는 이러한 정밀한 본적(本迹) 사상에 의해『법화경』을 본적이문(本迹二門)으로 구분하여 앞의 14품을 적문(迹門)의 개권현실(開券顯實), 뒤의 14품을 본문의 개권현실을 설하는 것으로 보았고, 이에 따라 전체의 뜻을 손상하는 일 없이『법화경』을 통일적으로 해석할 수 있다고 생각했다. 실로『법화경』은 지의의 본적이문 분과에 의해 28품 전체의 통일적이고 유기적인 관계를 가장 적절하게 표시할 수 있었던 것이다.[10]

---

10 安藤俊雄,『天台學』, 36~41頁.

(2) 주제로서의 오중현의

지의의 강의록이나 저술을 훑어보면 그가 경을 강설할 때 항상 오중(五重)의 현의(玄義), 즉 5가지 주제를 중심으로 경전을 해석했다고 것을 알 수 있다. 이 오중현의는 석명(釋名), 변체(辨體), 명종(明宗), 논용(論用), 판교(判敎)를 말한다. 그리고 이것은 지의의 연구와 강설의 주제였다. 석명이란 경제목의 의의를 해석하는 것, 변체란 경의 법체(法體)를 논구하는 것, 명종은 경의 역용(力用)을 논증하는 것, 논용은 경설의 효용을 명시하는 것, 판교는 한 경전의 지위를 판석(判釋)하는 것이다.

지의의 오중현의가 그의 동시대 선배인 혜원(慧遠)의 오요(五要) 내지 육요(六要)에 의거한 것은 아닌가 하는 설이 있다. 그러나 오중현의를 연구나 강경(講經)의 주요 제목으로서 확립한 것은 지의의 공으로 돌려야 할 것이다. 지의는 오중현의를 『법화경』「서품」및「신력품」에 의거하여 설정했던 것이고, 『법화현의』에서 상세하게 그 근거를 들고 있기 때문이다.

오중현의의 설정에 의해서 지의의 법화학은 그 규모에서 이미 완비되었고, 전대의 법화 연구를 압도하게 되었다. 고래의 법화 연구는 입문 해석을 주로 하는 주석학적 연구가 대부분이었고, 그 서문 가운데서 현의에 상당하는 논술이 적게 보였다. 현존하는 도생의 『묘법연화경소』를 보면, 그 서문에 해당되는 곳에서 차경이대승위종(此經以大乘爲宗)이라든지, 법자체무비법 진막과언(法者體無非法 眞莫過焉)이라고 말하고 있기 때문에 종(宗)이나 체(體)의 사상이 있었던 것은 분명하지만, 겨우 일면(一面)에도 미치지 못하는 서문에서 종(宗)이나 체(體)에 대해 한마디 언급한 것에 지나지 않는다.

길장의 『법화현론』에 의하면, 혜원은 일승을 종(宗)이라 하고, 혜용은 과(果)를 종이라 하고, 혜관은 진혜(眞慧)를 체(體)라 하고, 승인은 일승실혜(一乘實慧)를 체라 하고, 어느 자는 상주(常住)를 종이라 하는 등 거의 귀일(歸一)하는 바가 없었다고 한다. 길장 자신도 실상(實相)을 종이라 하고, 인과(因果)를 용(用)이라고 규정하고 있기 때문에 지의의 시대에서조차 『법화경』 연구의 제일보라 하여 주제 즉 현의 부문의 확정과 그 부문의 명확한 구분이 필요했던 것이다. 그러므로 지의는 『법화현의』의 서두에서 먼저 명(名)·체·종·용·교에 대해 명확한 개념 규정을 하는데, 그 논술이 매우 상세하다. 즉 지의에 의하면 명은 법의 명(名)이고, 본래무명의 법을 중생에게 체득케 하기 위해 시설한 것, 체는 그 명의 정체(正體)인 이름 없는 법, 종은 종요(宗要)로서 명의 종취(宗趣)이어야 하는 것, 용은 명의 이익 효용의 것, 교는 성인의 밑에서 얻게 되는 말씀이다. 이와 같이 먼저 명확하게 개념 규정을 하여 석명·변체·명종·논용·판교라고 하는 다섯 가지 주제를 설정하고 이에 의해서 『법화경』의 깊은 뜻을 강설한 것이 『법화현의』이다.

(3) 4종의 해석법
① 4석이란

『법화현의』가 진(陳)·수(隋)시대에 씌어졌음에도 불구하고 그 법문이 웅대·심연할 뿐만 아니라 천태교학에 근대적 성격을 부여하고 그 사상체계가 항상 새로운 생명을 유지하고 있는 것은 교학의 합리적 성격에 기인한다. 그리고 이 합리적 성격은 실로 지의의 뛰어난 경전 해석법과 심연한 사색에서 나온 것이라 할 것이다. 여기에서는 특히 지의가 『법화문구』에서 행한 4종의 해석법에 대해 고찰해보기로 하자. 지의는 『법화경』 문구의 해석에 인연석(因緣釋), 약교석(約敎釋), 본적석(本迹釋), 관심석(觀心釋)의 네 가지 해석방법이 필요하다고 역설하고 이를 실제로 실행했다.

인연석은 교법이 흥하는 유래를 해설하는 것으로, 예컨대 왕사성에 대해서 말하면 『지도론』 등의 인육(人肉)을 상식으로 한 박족왕(駁足王) 고사(故事)를 인용하여 설명하는 방법이 그것이다. 약교석은 장통별원(藏通別圓)의 4교를 중심으로 경문의 심천(深淺)에 4종의 의의를 분명하게 하는 해석법으로, 『상법결의경(像法決疑經)』을 인용하여 왕사성을 토사(土砂)·초목(草木)·석벽(石壁)이라고 보고, 또는 칠보(七寶)에 의해 청정 장엄된 것이라고 보며, 또는 삼세제불의 유행처(遊行處)라고 보고, 또는 불가사의한 제불의 경계인 진실법체(眞實法體)라고 보는 등 사교(四敎)에 의해서 소견이 각각 다른 것을 보여주는 것이다.

본적석은 적(迹)의 현실상을 실마리로 하여 그 그윽한 본지(本地)를 분명히 하는 해석법이다. 특히 주의해야 할 것은 관심석(觀心釋)으로, 이것은 하나하나의 문구를 관심(觀心)의 대경(對境)으로 하고, 이에 의해 자기의 마음이 넓고 높음을 실증케 한다고 하는 방법이다. 즉 왕을 심왕(心王), 집(舍)을 오음(五陰), 그리고 심왕이 이 집을 짓고 있다고 생각하여 만일 오음을 멸하면 집은 공(空)으로 되고, 공이 열반의 성(城)이라고 관하면 장교(藏敎)의 관심(觀心)이다. 만일 오음의 집이 즉 공(空), 공이 열반성(涅槃城)이라고 체달하면 통교(通敎)의 관심이고, 오음의 집을 관하여 상락아정(常樂我淨)을 관하여 득하면 별교(別敎)의 관심, 오음즉법성(五陰卽法性)·생사즉열반이라고 보는 것은 원교(圓敎)의 관심이다. 이와 같이 경문에 대해 사교의 관심 내용을 보여주는 방법이 관심석이다.

② 4석의 유래

지의는 4석(釋)이 모두『법화경』에 의거한 것으로, 인연석과 약교석은「방편품」, 본적석은「수량품」, 관심석은「비유품」의 교설에 의거해 세운 것이라고 주장한다. 이와 같은 합리성이 나타나게 된 것은 지의의 4석에서 볼 수 있는 바와 같은 완전한 해석법 때문이다. 4석은 경문에 대한 네 가지 설명방법이기도 하고,『법화경』의 진리 탐구방법이기도 하다고 볼 수 있다. 이처럼 완전하고도 합리적인 4석으로 인해 지의가 쓴『법화문구』의 내용이 조직적이고 풍부해지는 것이다.

여기에서 주의해야 할 것은 관심석이다. 관심에 의해서 지의는『법화경』의 글 속으로 들어가 그 숨겨진 깊은(秘深) 진리를 파악할 수 있었다.『법화문구』에 산견되는 관심석의 하나하나는 지의가 실제로 행한 관심의 족적이라고 보아야 한다. 그런데 지의는 관심석 또는 일반적으로 관심의 중요성을 혜사의 지도로 회득(會得)했다. 특히 처음 천태산에 올라 심도 깊은 수선(修禪)생활에 들었을 때 지의는『법화경』을 색독(色讀)[11]하고 이를 자신의 정신으로 실증하고자 노력했다.『법화문구』는 그 훌륭한 결실이라고 보아야 한다. 대체로 남북조 불교의 각 종(宗)에는 타락의 색(色)이 짙고 학계는 추상적인 논의나 담론에 빠져 선정(禪定)을 경시했다. 그런데 이 선정이야말로 일체 모든 교학의 모태이고 근원이므로 선정을 무시한 불교 연구는 전혀 내용이 없는 것이 되고 만다. 관심(觀心)은 선정에의 길이다. 『법화경』을 관심(觀心)하는 것으로 해서 지의는 내용을 풍부하게 했을 뿐만 아니라 합리적이고도 심연한 『법화경』의 사상세계를 개척할 수 있었던 것이다.

요컨대 오중현의는 지의가 수행한 법화 연구의 주요 제목이고, 『법화경』에 대한 다섯 가지의 깊은 뜻이다. 4석은 경문 해석의 방법임과 동시에 지의로 하여금 '오중현의'를 파악케 한 연구방법이었다. 『법화현의』와 『법화문구』는 지의가 이뤄낸 법화학의 최고 성과이다. 이 훌륭한 성과는 물론 명확한 주제의 한정과 뛰어난 방법으로부터 태어난 것이다.

(4) 『법화현의』의 해석

지의의 교상법문(敎相法門) 체계를 알기 위해서는 『법화현의』에 주의 깊게 살펴보아야 한다. 『수천태지자대사별전(隋天台智者大師別傳)』에 의하면, 지의는 대소산에서 처음 금릉에 입경했을 때 와관사에서 '법화경제(法華經題)'를 강의했다. 진제(陳帝)는 하루 동안 조정의 일을 쉬고 백관과 함께 이를 청강했고 각 종파의 학장(學匠)들도 강원에 참여하여 크게 감탄했다고 한다. 그러나 현존하는 『법화현의』는 그보다 훨씬 후인 593년(56세) 형주 옥천사에서 강의한 것을 장안(章安)이 필록한 것이다.

① 통석

『법화현의』는 개략적으로 경의 제목을 설하는 것으로 통석(通釋)과 별석(別釋)으로 이분된다. 통석은 『묘법연화경』의 오중현의인 명·체·종·용·교를 총괄적으로 설

---

11 문장의 뜻을 글자 그대로만 해석하고 참뜻을 돌아보지 않는 일.

명하는데, 그 설명을 일곱 번으로 나누어 설명하고 있기 때문에 칠번공해(七番共解)라고 한다. 말하자면 오중현의의 총론이다. 칠번이란 표장(標章), 인증(引證), 생기(生起), 개합(開合), 요간(料簡), 관심(觀心), 회이(會異)의 7과목이다. 표장이란『묘법연화경』이라는 이름이 원융불이(圓融不二)의 묘법을 화과동시(華果同時)의 연화로 표시한 것인 점, 이 경의 체가 실상(實相)인 점, 종(宗)이 일승의 인과인 점, 용(用)이 단의생신(斷疑生信)인 점, 모든 경을 훨씬 초절하는 구경지상의 가르침인 점 등을 먼저표시한다. 이것이 표장이다. 그리고 경의 문증(文證)을 들어 오중현의의 하나하나를 입증하는 것이 인증(引證)이고, 오중(五重)의 전후관계를 행(行)의 입장에서 보고선정(禪定)이 최후 목표임을 나타내는 것이 생기이다. 또 오중현의를 5종·10종·비유로 분해 또는 결합하여 그 광략무애(廣略無礙)의 관계를 나타내는 것이 개합이다. 요간이란 특히 문답을 설계하여 오중현의의 내용을 일층 명확히 하는 것이고, 관심은 모든 문구와 의리(義理)를 관심의 문제로 삼아 실천적 관점에서 설명하는 것이며, 회이는 모든 이명(異名)을 이 오중현의로 통일하는 것이다. 이러한 칠번공해에 의해서『법화경』의 오중현의가 총괄적으로 논술되고, 다시 별석(別釋)에 들어서이 오중현의의 하나하나를 상세하게 그리고 폭넓게 논하는 것이다.

② **별석**

『법화현의』10권 가운데 제1권에서 칠번공해를 설하고 있고, 제2권부터 9권까지는 별석에 배당되어 있다. 그리고 변체단(辨體段)은 권8상의 일부로부터 권8하및 권9상에 걸치고, 명종단(明宗段)과 논용단(論用段)은 권9하, 판교단(判敎段)은 권10상·하에 논하고 있다. 따라서 지의가 특히 석명단(釋名段)에 주력한 것은 분명하지만, 그 석명단에서도 묘법석(妙法釋), 묘법석에서도 적문십묘(迹門十妙)의 설명이 중심으로 되어 있다. 즉 석명단에 전후7권에 상당하는 부분이 배당되어 있는 가운데5권은 적문십묘(迹門十妙)의 설명이다. 지의가 이와 같이 적문의 논술에 중점을 둔것은 석존 일대의 교설을 모두 개회(開會)하여 묘법이게 하는 곳에『법화경』의 본뜻이 있다고 생각했기 때문이다. 즉 지의는 오중현의의 제1 석명단에서 본적이십묘(本迹二十妙)를 들어 적문뿐만 아니라 본문의 묘법인 것을 논했지만, 제2 변체단에서는 『법화경』의 체(體)를 실상이라 하고, 제3 명종단에서는 일승인과를 종(宗)이라 하고, 제4 논용단에서는 단의생신(斷疑生信)을 용(用)이라 하고, 제5 판교단에서는 석존이 금번에 교화·인도하는 것을 중심으로 하여 본경의 교상(教相)을 판석했다. 이와 같이 오중현의의 중심을 적문의 개현(開顯)에 둔 것은 『법화경』의 존재의의를 특히 이전 여러 경전의 개회에 있어야 할 것이라고 생각했기 때문이다.

③ 교법의 우열성과 10종 관점

지의에 의하면 석존 일대에 설한 교법의 우열은 각각의 경전이 설하는 경(境), 지(智), 행(行), 위(位), 삼법(三法), 감응(感應), 신통(神通), 설법(說法), 권속(眷屬), 이익(利益)의 10종 관점에서 고찰해야 한다. 거기에서 『법화경』 이전에 설한 모든 경전과 『법화경』 전반의 14품 즉 적문의 교설을 대조하여 『법화경』에서 설하는 법이 묘법이고 진실이며, 다른 제경에서 설하는 법이 추법(麤法)이고 방편인 것을 논증하고 있다. 그러나 이와 같이 이전의 여러 경과 대조하여 『법화경』의 우월성을 설하는 것만으로는 단지 상대묘(相待妙)를 나타내는데 지나지 않고, 『법화경』에서 설하는 것이 묘법인 이유는 이러한 상대를 초절한 절대묘(絕待妙)에 있는 것을 알지 않으면 안 된다고 한다. 이 절대묘는 상대묘와 달라서 이전의 여러 경을 단지 추법이라든지 방편이라고 하여 폐기하는 것이 아니라 절대묘법의 개현을 위해 없어서는 안 되는 매개자로 승인하고 『법화경』과 동체(同體)라고 개회하는 것에 있다. 즉 이전의 여러 교(教)를 법화진실에 대한 체외(體外)의 권가방편(權仮方便)이라 하여 부정·폐기하지 않고 체내권(體內權)으로서 포용해야만 된다. 그러므로 『법화경』은 상대묘와 절대묘의 이묘(二妙)를 갖추고 있지 않으면 안 된다.

이에 지의는 2종의 묘를 『법화경』 적문의 설법 내용에서 구체적으로 논술했다. 적문십묘(迹門十妙)가 그것이다. 즉 경묘(境妙), 지묘(智妙), 행묘(行妙), 위묘(位妙), 삼법묘(三法妙), 감응묘(感應妙), 신통묘(神通妙), 설법묘(說法妙), 권속묘(眷屬妙), 이익묘(利益妙)의 십묘를 보여줌으로써 『법화경』이 상대묘와 절대묘를 갖추고 있는 것을 논증하는 것이다. 다시 말하면 적문십묘를 세움으로써『법화경』이전의 여러 경이 설한 경, 지, 행, 위, 삼법, 감응, 설법, 신통, 권속, 이익이 추법(麁法)이고 권법(權法)인 것을 알 수 있음과 동시에 법화묘법의 체내권으로서 통일되고 그 존재의의를 인정하는 것이다.

적문십묘에 이어 지의는『법화경』후반의 14품에 의해 본문십묘(本門十妙)를 설하고 있다. 먼저 이사(理事), 이교(理敎), 교행(敎行), 체용(體用), 실권(實權), 금이(今已) 6종의 뜻 가운데 특히 금이의 본적(本迹)을 관점으로 하여 본인묘(本因妙), 본과묘(本果妙), 본국토묘(本國土妙), 본감응묘(本感應妙), 본신통묘(本神通妙), 본설법묘(本說法妙), 본권속묘(本眷屬妙), 본열반묘(本涅槃妙), 본수명묘(本壽命妙), 본이익묘(本利益妙)의 십묘를 논술한다. 이것이 이른바 본문십묘이다. 적문십묘와 출몰의 차이가 있지만 이것은 이합(離合)의 차이에 지나지 않는다. 즉 적문십묘는 인(因)을 널리 나누어 펼쳐서 경·지·행·위를 사묘(四妙)로 하고, 과(果)로서는 삼법묘(三法妙)를 들뿐이다. 반면에 본문십묘는 인(因)을 합하여 단지 본인묘만을 들고 과(果)를 분해하여 본과(本果), 본국토(本國土), 본열반(本涅槃), 본수명(本壽命)등을 든다. 그것은 본문이 과(果)를 바른 뜻으로 하고 인(因)을 보조적인 뜻으로 보기 때문이다. 요컨대 명상(名相)의 이합 차이에 지나지 않는다. 본문십묘의 개현에 의해 적문십묘가 나무 아래에서 이룩한 새로운 부처인 석가 일불만의 설법이 아니라 구원본불(久遠本佛)의 설법내용인 것을 인식케 하여 적문십묘에 권위를 부여하고 영원화하는 것이다.

이상이 묘법석(妙法釋)으로『법화현의』대부분이 이에 배당되고 있다. 이어서 연화(蓮華) 두 글자를 해석하여, 먼저 고래의 해석을 들어 이를 비평하고 이 두 글자가 본적이십묘(本迹二十妙)를 비유하여 나타낸 것을 논한다. 끝으로『법화경』의 1자에 대해서는 고래의 여러 설을 비판하고 법(法)과 심(心)에 중심을 두어 설명한다. 지금까지 살펴본 것이 오중현의의 제1 석명단의 개요이다.

제2는 변체단으로 여기에서『법화경』의 체가 실상이어야 하는 것을 논한다. 지의는 먼저 과거의 설을 비판하고『법화경』의 체로서 고래로 들고 있는 일승(一乘)·

진제(眞諦)·일승인과(一乘因果) 등이 『법화경』의 체라고 하기에는 적절하지 않다고 논한다. 대체로 고래의 법화학자들은 경의 체를 논하면서 종(宗)과 체(體)를 명확히 구별하지 않기 때문에 여러 가지 혼란이 있었다. 따라서 지의의 변체단의 논의는 이전보다 상세하다. 지의는 먼저 "체란 일부의 지귀(指歸), 중의(衆義)의 도회(都會)"라고 명확하게 정의하고, 논술을 7조(七條)로 나누어 ① 『법화경』의 체가 바로 실상인 것을 논술하고, ② 널리 실상의 진위를 논하고, ③ 실상의 이명(異名)을 논하고, ④ 『법화경』의 실상에 들어야 할 문(門)을 논하고, ⑤ 실상이 홀로 『법화경』뿐만 아니라 모든 경의 체이어야 할 것을 밝히고, ⑥ 실상이 행(行)의 체이기도 한 것을 보이고, 끝으로 ⑦ 널리 일체법의 체인 것을 논술하고 있다. 그 논지가 매우 정밀하고 쾌도난마(快刀亂麻)를 끊는 관점이 있다.

법화학자들이 경체(經體)의 구명에서 체(體)와 종(宗)을 혼동한 잘못을 지적하고 『법화경』의 여러 품을 인용하여 경체가 실상이어야 할 것을 논증하는 것조차 당시로서는 법화학의 일대 진전이었다. 그런데 지의는 『법화경』의 경체인 실상이 단순한 실상이 아니라 제법즉실상으로서의 실상이라 하여 결국 원융삼제(圓融三諦)의 실상임을 구명하고, 널리 내외·대승·소승의 모든 사상과 대조하여 그 본질을 상세하게 논술한다. 그러나 이 실상은 여러 경의 원리인 묘유(妙有), 진선묘색(眞善妙色), 실제(實際), 필경공(畢竟空), 여여(如如), 열반, 허공불성(虛空佛性), 여래장(如來藏), 중실이심(中實理心), 비유비무(非有非無), 중도제일의제(中道第一義諦), 미묘적멸(微妙寂滅) 등과 다른 것이 아니라 『법화경』의 경체인 실상의 이명(異名)임을 분명히 한다. 그리고 이 실상에 들어야 할 관법으로서 모든 경이 시설하는 방법을 십승관법(十乘觀法)으로 요약하고, 장(藏)·통(通)·별(別)·원(圓) 4교(敎)의 십승관법의 최고 목적이 부사의경(不思議境)을 관하는 것이고 또한 부사의경이 원융삼제의 실상임을 상세하게 논하고 있다. 이것이 오중현의의 제2 변체단의 개요이다.

명종단에서는 먼저 "종(宗)이란 수행의 후금(喉衿, 要地), 현체(顯體)의 요혜(要蹊, 길목)"라고 하여 종의 의의를 명확히 정의한다. 그리고 일승(一乘)을 종이라고 하는 혜원, 과(果)를 종이라고 하는 혜룡(慧龍), 제법실상을 종이라고 하는 승인, 일승인과(一乘因果)를 종이라고 하는 법운, 권실이지(權實二智)를 종이라고 하는 설,『묘법연화경』의 이름을 종이라고 하는 설, 상주(常住)를 종이라고 하는 설, 만선(萬善)을 종이라고 하는 설, 만선 가운데 무루(無漏)의 선(善)만을 종이라고 하는 설, 깨달음을 종이라 하는 설 등을 하나하나 비판한다. 지의에 의하면 이러한 설들의 종 개념이 불명확하고 타당하지 않아 그것이 종으로서 들고 있는 것들이 모두『법화경』의 교지(敎旨)와 일치하지 않는다.『법화경』은 적문(迹門)과 본문(本門)에서 모두 인과를 설하고 적인적과(迹因迹果)와 본인본과(本因本果)가 스승의 인과뿐만 아니라 제자의 실인실과(實因實果)이기 때문에 본적이문(本迹二門)을 통한 개현본적(開顯本迹)의 인과를『법화경』의 묘종(妙宗)이라 해야 한다.

『법화경』이 인과를 설하는 것은 역연한 사실으로 고래의 학자들도 이에 주의하여 인과의 개념으로 경의 교지를 파악하려고 노력했다. 이것은 도생에게서 분명히 드러나는데, 그는 아직 본적이문의 분판(分判)을 행하지 않았기 때문에 단지 적문을 가지고 인(因), 본문을 가지고 과(果)를 설하는 것이라고 해석하여『법화경』이 대승을 종(宗)으로 하고 법을 체로 한다고 규정했을 뿐이다. 그런데 지의는 인과가『법화경』의 종이고 그 인과가 본적이문에서 이중으로 설해지며,『법화경』의 체는 원융삼제(圓融三諦)의 실상이라고 명쾌하게 규정한다.

제4 논용단에서는『법화경』의 역용(力用)이 단의생신(斷疑生信)에 있고, 그 단의생신이 여러 경의 역용을 훨씬 벗어나고 있는 것을 논증한다. 즉 장(藏)·통(通) 이교(二敎)는 권(權)·실(實) 이지(二智)를 가지고 사주(四住)의 혹을 끊고 치우친 진리의 믿음을 내는 데 지나지 않는다. 또 별교는 계외(界外)를 설하여 근의(近疑)를 끊지만 원신(遠信)을 내게 하지 못한다. 그런데『법화경』에는 본적이문이 있어 적문의 설법은 번뇌의 근본인 무명을 끊고 원위(圓位)에 들게 하며, 본문의 설법은 근적(近迹)을 고집하는 편벽된 심리를 파하여 본지(本地)의 심신(深信)을 내게 한다. 이것이 논용단의 개요이다.

마지막 판교단에서는 특히 5시교판을 상세하게 논하고, 『법화경』이 『열반경』과 함께 제5시에 속하는 원돈제호(圓頓醍醐)의 가르침임을 논증한다. 남삼북칠 10가의 교판에 대해 세밀하게 비판하고 연상거취(研詳去取)하여 지의는 새롭게 5시팔교·3종교상의 교판체계를 조직했다. 이상이 오중현의의 개요이다. 오중현의는 지의가 『법화경』의 문장 속으로까지 들어가 파악한 비장의 뜻을 지닌 현의인 것이다.[12]

3) 지의의 법화 강설과 그 회본

(1) 지의의 개오와 혜사의 증명

지의는 23세 때 대소산에 올라 혜사에게 사사하며 법화삼매를 깨달았다. 이에 혜사는 "그대가 아니면 증득할 수 없고 내가 아니면 알 수 없다. 소입(所入)의 정(定)은 법화삼매의 전방편이고, 소발(所發)의 지(持)는 초선다라니이다. 예컨대 문자의 법사 천군만중(千群萬衆)이니 그대가 변재(弁才)를 구하지 않더라도 궁한 일 없으리라"라고 증명하고 칭찬했다.

법화삼매는 『법화경』「묘음보살품」에 명칭이 있지만, 그 행상(行相)은 분명하지 않다. 그러나 십육삼매(十六三昧)는 이명동체(異名同體)이며 『법화경』의 진수를 획득한 심경(心境)이라고 설하고 있다. 『법화문구기』(2)에는 "실도소증(實道所證)의 일체를 법화삼매라 한다"고 되어 있다. 공가중(空假中)의 삼제(三諦)가 원융하여 모든 법을 일실상(一實相)에 귀입시켜 구애됨이 없는 무애의 경지가 법화삼매를 증득한 것이다. 길장은 "삼승일승(三乘一乘)의 법문에서 자재하여 무애함을 법화삼매라 한다"(『법화의소』12)고 설명하고 있고, 규기는 "일승(一乘)의 진리에 이른 것을 법화삼매라고 한다"[13]고 논하고 있다.

---

12 安藤俊雄, 『天台學: 根本思想とその展開』, 平樂寺書店, 1969, 36~52頁 참조.

13 『大部補註』10.

혜사가 전방편이라고 말한 것은 『법화경』「권발품」에 "3다라니를 얻는 것을 사도(似道)라 한다"고 설하고 있는 데서 연유하므로 아직 초주(初住)의 위(位)에 들지 못한 자는 참 다라니를 얻지 못한 것이다. 3다라니는 선다라니(旋陀羅尼),[14] 백천만억선다라니,[15] 법음방편다라니[16]를 말하는데, 일체의 법문에 통달하고 변재자재(弁才自在)로 설법하여 다른 이를 이익게 하는 깨달음을 얻은 것을 의미한다. 따라서 이후 지의는 『법화경』에서 자재무애의 설법을 하게 되었던 것이다.

(2) 『법화경』 강의
① 『법화현의』 강의
지의는 30세 때 혜사의 처소를 떠나 금릉으로 나와 와관사에서 8년간 있으면서 『대론』, 『차제선문』, 『법화현의』를 강의했다. 『차제선문』은 『마하지관』의 입문이고, 『법화현의』는 『법화경』의 제목을 해석한 것으로 『법화경』에 관한 최초의 강의이다.

② 『법화문구』 강의
지의는 50세 때 금릉의 광택사에서 『법화경』을 강설했다. 『법화경』의 문문구구(文文句句)에 대해 강설한 것을 제자 장안이 초록하여 10권으로 묶었다. 이것을 『법화문구』라 한다. 장안은 그때 27세로 처음 『법화경』의 강의를 청문했다고 한다.

지의는 56세에 형주 옥천산에서 『법화경』의 제목을 강설하고, 장안은 이것을 기록하여 『법화현의』(10권)라 했다. 지의는 이전에도 이것을 강한 적은 있지만 누구도 기록하는 자가 없었다.

---

14 모든 법에서 일공일체공(一空一切空)이라고 깨닫는 것. 공제(空諦).
15 공(空)을 선전(旋轉)하여 가(假)로 나오고 백천만억의 법에 통달하는 지력(智力). 가제(假諦).
16 가(假)를 일전(一轉)하여 중도(中道)에 들어 법음설법(法音說法)에서 자재방편을 얻는 지력(智力). 중제(中諦).

③『마하지관』의 강의

지의는 57세 때 옥천산에서 『마하지관』을 강의했다. 『마하지관』은 내증(內證)의 법문으로 『법화경』을 수행하는 자를 위해 그 방법을 보여준 것이다. 장안은 이를 청강하고 10권으로 정리했다.

후세에 『법화문구』, 『법화현의』, 『마하지관』을 법화삼대부라 칭하여 반드시 지녀야 할 지남서(指南書)로 여겼다.

(3) 담연의 회본

이후 천태 제6조 담연은 법화삼대부에 주석을 붙였다. 현재 전해지고 있는 담연의 회본(會本)은 『법화현의석참(法華玄義釋籤)』(20권), 『법화문구기(法華文句記)』(30권), 『마하지관보행전홍결(摩訶止觀輔行傳弘決)』(40권) 등이다.[17]

4) 법화삼대부 약석

(1) 『법화현의』
① 오중현의로서의 해석

『법화현의』는 '묘법연화경'이라는 다섯 자의 경제목을 강설한 것으로, 석명(釋名), 변체(辨體), 명종(明宗), 논용(論用), 판교(判教)의 오중현의를 가지고 경제를 해석하고, 경 가운데 포함되어 있는 심심 미묘한 현지(玄旨)를 나타내는 것을 주안으로 하여 강연한 것이다. 『법화경』이 무엇을 설하려고 하는지를 분명히 함과 동시에 지의의 불교관을 보여준 것으로 지의의 독창적인 저작이다. 『불조통기』(권10)에 의하면, 길장이 『법화현의』를 보고 크게 깨닫고 구소(舊疏)를 불태웠다고 한다. 믿을 수 있는지는 별도로 하더라도 이 논서의 가치를 보여주는 이야기이다.

---

17 山田惠諦, 『法華經と傳敎大師』, 第一書房, 昭和 63, 23~25頁 참조.

- 석명(釋名): 명(名)은 이 경의 명칭으로 경의 제목을 해석한 것이다.

- 변체(辨體): 변(辨)은 판별하는 것이고 체(體)는 경의 체이다. 체는 본성으로 그 자체의 근본이고 그에 관한 모든 소의(所依)로 되는 것을 말한다. 따라서 경제의 명자(名字)에 나타나 있는 진리 그 자체가 경의 체이다. 이 경체(經體)를 판별하는 것을 변체라고 한다. 인체에 비유하면 밖으로부터 보이는 것은 그 사람의 상(相)이고, 상 안에 소장되어 있는 성분 즉 모든 힘(力)과 작용을 포함시켜 상(相)과 성(性)을 하나라고 보는 것이 체이다. 명과 체의 관계는 그 자체를 나타내는 것이 명이고, 나타난 그 자체가 체이다.

- 명종(明宗): 종(宗)은 경의 중추로 경의 체를 어떻게 자신의 몸에 붙일까 하는 즉 어떻게 깨달음의 도에 결부시킬까를 분명히 하는 것을 명종이라고 한다. 그러므로 경의 진리를 목표로 수행을 일으키고 자기의 깨달음을 경의 체와 일치시키는 것이 종의 중요한 길목이다. 명종은 경의 실제적 의의를 분명하게 하는 것이다.

- 논용(論用): 용(用)은 역용(力用) 즉 '작용기전'으로, 종의 수행이 성취되어 그로써 다른 사람을 제도하여 이익을 주는 즉 다른 이에게 이익이 되는 공능(功能)을 논하려고 하는 일단이 논용이다. 경의 실제적 효과를 논하는 것이다.

- 판교(判敎): 중생을 이익되게 하려면 반드시 가르침을 설해야 한다. 그런데 가르침에는 대소권실(大小權實)이 있다. 가르침의 성질을 분류·판별하여 상대방에게 적당한 교상(敎相)을 써야 한다. 이를 위한 필요로서 판교를 설치한 것이다. 즉 일대의 여러 경 가운데서 이 경의 지위를 비판하는 것이다.

② **총석과 별석**

❱ **총석**

『법화현의』는 오중현의를 써서 경명(經名)을 해석한 것인데, 전체를 총석(總釋)과 별석(別釋)으로 2분하여 논하고 있다.

총석에서는 칠번공해(七番共解)라고 해서 다음과 같이 논한다.

- 표장(標章): 약하여 명상(名相)을 든다. 기억하기 쉽고 생각을 일으키는 데 편리

하기 때문이다.

- 인증(引證): 붓다의 말씀을 인용하여 증명한다. 신심(信心)을 일으키기 위함이다.
- 생기(生起): 전후를 관섭(貫攝)하여 잡란케 하지 않는다. 마음을 일경(一境)에 머물게 하여 미혹을 일으키지 않게 하기 위함이다.
- 개합(開合): 법상(法相)의 많고 적음을 나타낸다.
- 요간(料簡): 의리(義理)의 동이(同異)를 분명히 한다.
- 관심(觀心): 청문한 것에 따라서 바로 실행케 하기 위해 설한다. 정진하는 마음을 일으키기 위함이다.
- 회이(會異): 상이점을 모아 해석한다.

이렇게 7개 조를 세워 명·체·종·용·교의 오중현의를 공통의 입장에서 해석한다.

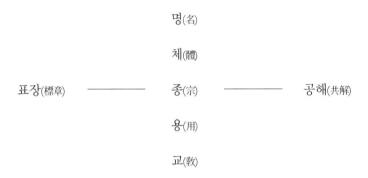

＠ 별석

석명의 장에서는 먼저 『화엄경』의 마음(心), 불(佛), 중생의 삼법묘(三法妙)을 가지고 십여권실(十如權實)의 법이 묘법의 법임을 나타내고, 다음에 상대묘와 절대묘의 약설이묘(略說二妙)와 적(迹)·본(本)의 광설이십묘(廣說二十妙)를 가지고 묘(妙) 자를 해석한다. 그리고 연화의 세 가지 비유를 들어 적본이문(迹本二門)의 경의 뜻을 나타내어 이로써 연화의 두 자는 위의 묘법을 비유한 것임을 나타내고, 경은 범명을 번역함에 열 가지 뜻(十義)이 있음을 주석한다.

변체의 장에서는 일실상인(一實相印)의 묘리(妙理)를 가지고 경의 정체를 나타내고, 명종의 장에서는 실상의 인과가 경의 종취(宗趣)임을 밝히고, 논용의 장에서는 본적이문 모두 단의생신(斷疑生信)을 일경의 역용(力用)이라 하는 것을 논하고, 판교의 장에서는 『법화경』은 순일무잡(純一無雜)의 제호미(醍醐味)로, 가르침(敎)에 중심을 두어도 원교(圓敎), 부(部)에 중심을 두어도 원교라는 순원독묘(純圓獨妙)의 교리를 전개하여 여러 가지 잡다한 가르침을 초월할 것을 결판(結判)한다.[18]

(2) 『법화문구』

① 교관이문

『법화문구』는 『법화경』의 문문구구(文文句句)를 주석한 것인데, 지의는 특수한 소석법(消釋法)으로 경의 문문구구 하나하나를 해석하고 있다. 즉 문문구구에 대하여 먼저 교(敎)와 관(觀)의 이문(二門)을 세우고, 교에서는 인연(因緣), 약교(約敎), 본적(本迹)의 세 가지 뜻을 세워 주석의 뜻을 내리고, 이것에 관심(觀心)을 붙여 일일이 실천의 요령을 보여주고 있다. 교(敎)는 깊이 그 이(理)를 탐구하나 오히려 객관적인 것으로, 말하자면 다른 사람의 재산을 헤아리는 것과 같은 것이다. 따라서 이에 실증의 체득을 거듭하여 자신의 것으로 하지 않으면 교(敎)의 의의를 잃게 되기 때문에 주관적으로 관찰하여 실천하고 경험하도록 관문(觀門)을 세우니 이는 경의 진가를 몸에 배게 하려는 것이다.

② 4석

• 인연석(因緣釋): 능화(能化)와 소화(所化)의 감응 인연 즉 사실에 대해 현실적으로 해석한다. 예컨대 교주 석존을 정반왕의 태자로 카필라 성에서 태어나 19세에 출가하여 12년간 고된 수행을 하고 30세에 성도하여 붓다로 되어 50년간 중생을 교화하고 80세에 입멸한 역사상의 인물로 다루는 해석이다. 사실단(四悉檀)을 세워

---

18 山田惠諦, 『法華經と傳敎大師』, 26~29頁.

가르침의 동기를 찾는다.

• 약교석(約敎釋): 오시팔교(五時八敎)의 시설에 중심을 두어 인연석으로 해석한 것을 다시 장통별원(藏通別圓)의 4교(敎)의 교리에 걸쳐 해석한다. 『법화경』은 원교의 해석임을 나타낸다.

• 본적석(本迹釋): 『법화경』에서 설하는 바는 원교이지만, 원교에도 적문(迹門)에서 설하는 원교(始覺의 法門)와 본문에서 설하는 원교(本覺의 法門)가 있으며 『법화경』의 원교는 본각의 원교로 다른 경에서는 전혀 설하고 있지 않은 것을 밝혀 『법화경』의 특이성을 보여준다.

• 관심석(觀心釋): 약교석에서 어느 정도 심현고묘(深玄高妙)한 가르침인 것을 밝혀도 그냥 내버려두면 필경 많은 보배를 잃어버리는 우(愚)를 반복할 뿐이기 때문에 이것을 자기가 깨달은(證) 것의 과(果)로 하기 위해 고의적으로 일단(一段)을 설치하여 경에서 설하는 제호미(醍醐味)를 자기 마음속으로 받아들여 실제로 활용하도록 관법(觀法)을 집중시키는 것이다. 이에는 탁사(托事)·부법(付法)·종행(從行)의 삼관법(三觀法)이 있는데, 지력(智力)에 따라 그 어느 것인가를 써서 자신에 맞는 경계의 법을 취해들이도록 하는 것이다.

이를 표로 나타내면 다음과 같다.[19]

(3) 『마하지관』

① 첫머리

『마하지관』은 형주 옥천사에서 90일의 하안거(夏安居) 중에 매일 아침저녁의 두 때에 설법한 것이다. 항목이 있으면서 설명이 없는 것은 안거가 종료되어 강의가 끝났기 때문이며, 장안이 기록한 것도 제대로 정리되지 못한 것 같다. 담연은 "내용이 다소 다른 『마하지관』이 3책이 있다"(『마하지관보행전홍결』1의 上)고 말한다.

---

19 山田惠諦, 『法華經と傳敎大師』, 29~30頁.

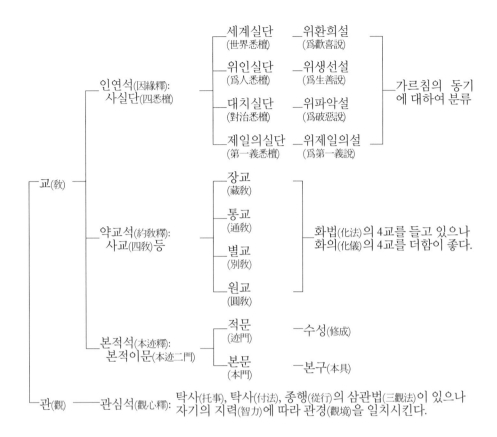

『마하지관』은『지의화찬』에 "『지관』일부는 대사의 마음속(心中) 법이므로『법화경』을 사람들에게 알리려고 명자(名字)를 바꾸어 설하는 것이다"라고 서술되어 있듯이, 지의가 38세 때 금릉을 떠나 천태산에 은거하고 있던 10년간 체험하고 실증한 수행의 요도(要道)를 조직하여 펼친 것이다. 장안이『마하지관』의 첫머리에서 "지관명정(止觀明靜) 전대미문(前代未聞)"이라고 한 말은 결코 단순한 형용사가 아니라 마음으로부터 존중하는 말로, 오직 경전의 여시아문(如是我聞)에 준하여 말한 것이다.

『마하지관』은 설자(說者), 설시(說時, 594년), 설소(說所, 형주 옥천사)를 기록한 뒤 전법륜의 개황을 불타의 전법륜에 비교하고 별서(別序)라고도 할 수 있는 일단에서

종(宗)의 원류를 찾아 금구상승(金口相承)을 보여주고 있다. 그리고 현실에 즉해서는 금사상승(今師相承)을 들고 다시 점차(漸次), 부정(不定), 원돈(圓頓)의 3종 지관을 개설하여 삼제실상(三諦實相)의 깨달음에 이르는 연기를 설하며 서설을 마친다.

② 본론

본론에서는 십광(十廣)으로 내용을 총괄하고 대의(大意)를 나타내기 위해 오략(五略)을 정리하여 논하고 있다.

▶ 오략

오략(五略)의 발대심(發大心)은 발보리심을 말하는 것으로, 발심이 바르지 않으면 보성(寶城)에 이를 수 없으므로 사정(邪正)을 택하고 십비심(十非心)을 버리고 이로써 정당한 일대결심(一大決心)을 일으키는 것이다. 보리심은 정각(正覺)을 구하는 마음을 말한다. 그리고 이 구하는 마음을 만족시키려면 방심하지 않는 노력이 필요하며, 그를 위해 노력의 목표를 서원(誓願)에 두어야 한다. 따라서 발보리심은 서원을 발하는 것으로 불교를 믿고 행하는 자의 서원은 모두 사홍서원(四弘誓願)이다. 이것을 닦는 데 사제(四諦)의 법문을 가지고 수행하는 것을 밝히고 있다.

수대행(修大行)은 발심을 구체적으로 수행하는 것을 가르친 것으로, 방법으로서 4종삼매(四種三昧)를 설하고 있다. 사종삼매는 상좌(常坐), 상행(常行), 반행반좌(半行半坐), 비행비좌(非行非坐)로 이 내용은 십광의 제6방편과 제7정수에서 상세하게 설명하고 있다.

감대과(感大果)는 수대행에서 사종삼매를 닦는 공과(功果)에서 반드시 초주(初住)의 위계에 들 수 있는 것을 밝히고 있다. 초주는 처음 일분(一分)의 무명 번뇌를 끊는 계위로, 이미 무명을 파하는 지혜를 얻은 이상은 절대로 퇴보하는 일이 없으므로 임운유입 살바야해(任運流入 薩婆若海)라 한다. 『화엄경』에서는 초주보살(初住菩薩)의 소유 공덕은 삼세의 제불도 찬탄하여 다할 수 없다고 말한다.

열대망(裂大網)은 초주에 든 보살은 십계(十界)에 몸을 나타내어 응병여약의 화타(化他)를 베풀 수 있음을 설하고 있다. 열대망의 명칭은 일체 중생의 의문의 망(網)

을 파해 없애는 의미로 붙인 것이다.

귀대처(歸大處)는 자행화타(自行化他)의 공(功)을 이루어 삼덕비밀장(三德秘密藏) 가운데 귀입하여 대열반을 얻는 것을 밝힌 것이다.

이 오략은 십광 제일의 대의(大意)의 설명임과 동시에 최초의 발대심은 십광의 제5의 편원(偏圓)에까지 미치고 있다.

▶ 십광

십광(十廣)에서 가장 중요한 것은 제7의 정수(正修)로, 여기에서 십승관법(十乘觀法)을 설하고 있다. 십승관법은 제1의 관부사의경(觀不思議境)으로, 불끈불끈 일어나는 미혹의 마음을 확실하게 보고 이론적으로나 현실적으로도 마음의 미혹인 것을 깨닫는 수행법이다. 미혹의 마음은 그대로 진실심이기 때문에 미혹의 밖에 깨달음 없고 미혹이라고 알았을 때 그것이 그대로 깨달음인 것에 도달하기 때문에 번뇌즉보리, 생사즉열반의 경계에 달하도록 수행하는 것이다. 그러나 이 수행은 쉽지 않고 정돈상태에 빠진 자를 위해서 제2의 진정발보리심(眞正發菩提心), 제3의 선교안심지관(善巧安心止觀), 제4의 파법편(破法徧), 제5의 식통색(識通塞), 제6의 도품조적(道品調適), 제7의 대치조개(對治助開)를 논하여 순차로 수행하도록 지시하고 있다. 그래도 깨달을 수 없는 자에게는 제8의 지차위(知次位), 제9의 능안인(能安忍), 제10의 이법애(離法愛)를 수행하라고 가르치고 있다. 만약 이 십승관법을 현재 상황에 비유해본다면 다음과 같이 될 수 있지 않을까.

몇몇 사람이 어느 목적지를 향해 여행한다고 한다. 지도자는 목적지의 즐거움만 이야기하고 가버렸다. 사람들이 밖을 보니 거기에 사람 수만큼의 자동차가 놓여 있었다. 수승한 지혜자(上根)는 이를 이용할 생각으로 바로 연구에 착수했다. 자동차의 구조, 성능, 취급방법을 알고, 움직이지 않는 차가 기름(智識)의 작용에 의해서 움직이는 것을 알아내고, 운전 기술을 연마하고 익혀 차를 운전하여 목적지에 도달했다(제1). 중근(中根)의 사람은 자동차를 보았지만 그것이 무엇인지 알지 못했다. 그래서 서적을 구입하여 연구하고(제2), 알지 못하는 곳을 선배에게 배우

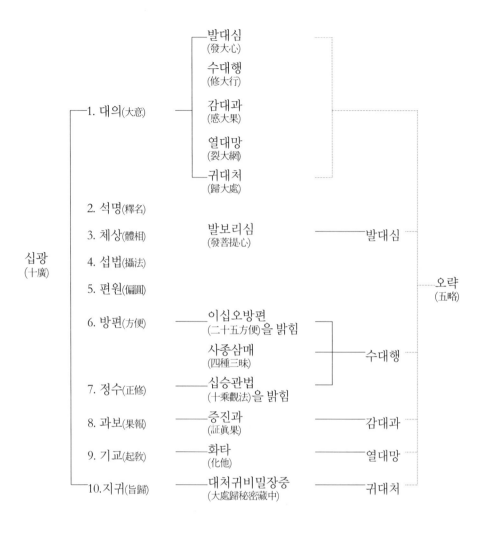

고(제3), 고장이 났을 경우의 수리법이나(제4), 교통규칙(제5), 통과하는 길의 연구(제6), 만일의 경우의 비품(제7)을 갖추어 출발했다. 하근(下根)의 사람은 그래도 자력(自力)에 불안을 느끼기 때문에 어느 지점까지 가서는 쉬면서 앞으로 갈 길을 연구하고(제8), 점차로 그것을 반복하여(제9, 제10) 드디어 목적지에 도달했다.

처음에 십광의 명목이 보이는데 제8 이하의 세 장은 구체적인 설명을 하고 있지 않다. 이것은 하안거가 제7장에서 끝났기 때문에 설할 수 없었던 때문이지만, 설명이 없어도 그 내용을 오략의 제3~제5 가르침으로 충분히 이해할 수 있다고 여겨 강설이 끊어진 채로 보충하지 않았던 것이라고 한다.

　지금까지 살펴본 법화삼대부를 대별하면 『법화현의』와 『법화문구』는 주로 교상(敎相)을 밝히면서 다른 한편으로 관심(觀心)을 설하고, 『마하지관』은 관심을 주로 하고 교상을 곁가지로 하고 있다. 따라서 『법화현의』와 『법화문구』는 교정관방(敎正觀傍), 『마하지관』은 관정교방(觀正敎傍)인 것처럼 보인다. 그러나 『법화현의』, 『법화문구』, 『마하지관』은 모두 교관이문(敎觀二門)을 함께 보여주고 있다는 점을 잊어서는 안 될 것이다.[20]

20 山田惠諦, 『法華經と傳敎大師』, 31～35頁 참조.

제5장

현밀(顯密) 교류시대

고래로 지의를 법화 주석의 제1인자라고 말하는 것은 지의가 『법화경』의 실질적인 의미 즉 실의(實義)를 발휘했기 때문이다. 그 이후 현교(顯敎)와 밀교(密敎)의 여러 주석가들은 각자의 교학(敎學)에 바탕을 두고 법화사상과 교류하면서 『법화경』을 강설하거나 주석을 했다. 후세에 이를 중국에서의 현밀(顯密) 교류시대라고 부른다.

1. 길장의 법화사상

1) 길장의 생애와 저술

(1) 생애

길장(吉藏, 549~623)은 동시대에 가장 많은 법화의 주소(註疏)를 남겼으며 혜원·지의와 함께 수(隋)의 3대 법사라고 불린다. 속성은 안(安)씨이며 양 무제 3년 금릉(金陵)에서 태어났다. 어린 시절에 아버지와 함께 진제(眞諦)를 찾아가 길장이라고 이름 지었다. 그 후 깊이 불법을 믿고 청법(聽法)을 업으로 삼아 출가했다. 13세 때 법랑에게 『백론(百論)』의 강설을 받았으며 19세 때 대중을 위해 이를 복강(覆講)했다고 한다. 21세에 구족계를 받았다. 그때 사회가 크게 혼란하여 문서의 산실을 염려한 그는 여러 문서를 은밀하게 수취하여 은닉했다. 그의 저술이 주(註)를 인용하는데 해박한 것은 이 때문이라고 전한다. 그 뒤 동진(東晉)의 효무제 때 회계(會稽) 가상사(嘉祥寺)에 10여 년간 머물면서 『중론』, 『백론』, 『십이문론(十二門論)』 등 삼론을 강의하고 주석서를 내놓았다. 그가 강론을 펼 때 명성을 듣고 온 많은 사람들이 운집했다고 한다. 후일 그를 가상대사(嘉祥大師)라고 부르는 것은 이에 연유한다.

606년 수양제는 길장의 강설을 들으려고 양주에 혜일도량(慧日道場)을 설치하고 거듭해서 장안에 청선(淸禪)·일엄(日嚴)·향태(香台)의 세 도량을 열고 길장을 청하여 도(道)를 중원에 펼치게 했다. 또한 제왕(齊王)은 길장을 청하여 논주로 삼고 승찬(僧粲) 등과 강론을 시켰다. 그리하여 수가 망한 후 당 고조는 천하를 통일하고 나서 무덕 초기에 길장을 10대 고승의 1인으로서 존중하고 실제사(實際寺)와 정수(定水寺)에서 주석케 했다. 그 후 제왕(齊王)의 청을 받아 연흥사(延興寺)에 주석했으나 무덕 6년 병을 얻게 되자 병상에서 『불포론(不怖論)』을 짓고 입적했다.[1]

길장은 '묘법화'를 중시하였고 지의에게 강(講)을 청하기도 했으며 수양제 초기에 『법화경』 2천 부를 서사하기 시작해 수 말기에 이르러 그 공을 마쳤다고 전한다. 그러나 중국 불교사에서 길장은 흥황(興皇)·법랑에 이은 삼론종(三論宗) 중흥조로 추앙받는다. 고구려의 혜친(慧親)은 친히 길장에게 삼론을 받아 일본 나라(奈良)에 있는 간코지(元興寺)에 전했다고 한다.

(2) 저술

길장의 저술은 42부 174권을 헤아리지만, 현존하는 것은 24부 130권 즉 『삼론현의』, 『중론소』 각 2권, 『십이문론소』 6권, 『백론소』 9권을 비롯하여 『승만경』, 『화엄경』, 『열반경』, 『대품반야경』, 『금강경』, 『인왕경』, 『금광명경』, 『무량수경』, 『관무량수경』, 『미륵성불경』 등의 대승경전에 '유의(遊意)'와 '소(疏)'를, 『유마경』과 『법화

---

1 安澄, 『中論疏記』 1本.

경』에는 유의·현론(玄論)·통략(統略)·소를 내었다. 길장의 저술 중 법화사상과 관련된 것은 다음과 같다.

『법화의소(法華義疏)』(12권),『법화유의(法華遊意)』(2권),『법화통략(法華統略)』(6권),『법화현론(法華玄論)』(10권),『법화론소(法華論疏)』(3권),『법화과문(法華科文)』(2권),『법화현담(法華玄談)』(1권),『법화신찬소(法華新撰疏)』(12권) 등이다. 이들 중『법화현담』은 일찍이 산실되고,『법화과문』과『법화신찬소』또한 망실되었는데,『법화과문』은『법화의소』의 별출로 추정되고『법화신찬소』는『법화통략』6권을 각각 상·하권으로 나눈 것으로 보인다.[2] 또한『법화론소』는 세친이 저술하고 보리유지가 번역한『묘법연화경우바제사』에 대한 주석서이다.

2) 저술로 본 길장의 법화사상

(1)『법화현론』

① 해제

『법화현론』은 길장이 가상사에 머무르고 있을 때 지은 것으로, 대략의 찬술 연대는 596년으로 보고 있다.[3]『법화현론』은 홍경방법(弘經方法), 대의(大意), 석명(釋名), 입종(立宗), 결의(決疑), 수문석의(隨文釋義)의 6장으로 되어 있다.

② 개요

제1장 홍경방법은 석법사의(釋法師義), 취안락행품명홍경방법(就安樂行品明弘經方法), 명실의(明失義), 논홍경난의(論弘經難義), 명번역연기(明飜譯緣起), 명강경연기(明講經緣起)의 6절로 되어 있다. 즉『법화경』을 홍통하는 데 주의할 점이나『법화경』번역·강의의 역사에 대해 논하고 있다.

---

2 塩田義遜,『法華敎學史の硏究』, 日本圖書センター, 昭和 53, 243~245頁.

3 平井俊榮,「法華玄論の註釋的硏究」,『駒澤大學禪硏究所年報』, vol.8(1988年 10月), 461-467頁 참조.

제2장 대의는 '서설경의(序說經意)'라고도 부르는데, 『법화경』을 설하는 의의를 17개 항목으로 정리하고 있다.[4] 이상이 권1에 수록되어 있다.

제3장 석명은 『법화경』의 경제목인 '묘법연화'의 해석이다. 『법화현론』의 석명은 다음의 네 부분으로 구성되어 있다. ① 축법호 역 『정법화경』과 구마라집 역 『묘법연화경』의 '정(正)'과 '묘(妙)'의 비교 부분. ② '묘'의 해석에서 상대묘·절대묘를 논하는 부분. ③ '묘'와 '법'의 관계에 대해 『법화경』의 개삼현일(開三顯一)과 개근현원(開近顯遠)을 '묘'라고 규정하여 두 가지의 교설에 의해 '묘'를 논하는 과정이 그대로 '법'을 해석하는 것이 된다고 말하고, '총(總)'(종합적 해석)으로 개삼현일과 개근현원에 대해 십점(十点)부터 해설하고, '별(別)'(개별적 해석)로 '인묘(因妙)의 뜻'과 '수량(壽量)'(果妙)에 대해 분명히 하는 부분. ④ '연화'로 『법화경』을 비유하는 이유를 16종을 들고 있는 '연화'의 해석 부분.

제4장 입종은 '변경종지(辨經宗旨)'라고도 부르는데, 『법화경』의 종지(근본 취지)에 대해 과거의 13종 이설(異說)을 소개·비평한 후 길장의 입장을 분명히 하고 있다. 이상이 권2에 수록되어 있다.

제5장 결의는 『법화경』의 교판적 위치 지음에 대한 문제를 논하고 있다(이상이 권3에 수록되어 있다). 그리고 명일승의(明一乘義)와 서권실이지의 론권실명(序權實二智義 論權實名)을 따로 논하고 있다(이상이 권4에 수록되어 있다). 지금까지의 내용은 후에 찬술한 『법화유의』의 구성과 밀접한 관계를 가지고 있다.

권5 이후는 제6장 수문석의에 관계되는 것이고, 「방편품」, 「비유품」, 「신해품」, 「약초유품」, 「수기품」, 「화성유품」, 「안락행품」, 「법사품」, 「견보탑품」, 「제바달다품」을 다루고, '논본적의(論本迹義), 석수량 신해등품(釋壽量 信解等品)'이라 제하여 불신론(佛身論)을 논하고 있다. 이어서 「분별공덕품」, 「수희공덕품」, 「법사공덕품」,

---

4 『法華玄論標條』에 의하면 「序說經意」는 16개조로 되어 있다고 한다. 그러나 '서설경의' 서두의 '삼륜(三輪: 他心輪, 神通輪, 說法輪)'에 대한 단을 제일조로 하여 헤아리면 17개조가 된다.

「관세음보살보문품」, 「묘장엄왕본사품」을 들고, 끝으로 정상의(正像義), 논불입열반(論佛入涅槃)을 논하고 있다. 이것은 『법화경』의 모든 품을 망라한 것은 아니고, 수문석의라고 해도 경문을 단락 지은 후 경전의 문문구구를 해석한 것도 아니다. 『법화경』의 중요한 주제를 다루는 길장의 견해를 나타낸 것이다. 이와 같은 내용적인 특색은 『법화현론』이라는 서명에도 합치된다고 볼 수 있다. 글자 그대로의 수문석의는 『법화의소』에서 발휘되고 있다.[5]

(2) 『법화의소』

① 해제

『법화의소』의 성립 연대는, 『법화통략』 서두의 "석재회계(昔在會稽) 저차경현문(著此經玄文), 범이십권(凡二十卷)"[6]이라는 기술이 『법화현론』 10권과 『법화의소』 12권을 가리킨다고 추정되기 때문에 길장이 가상사에 거주하고 있던 시기로 볼 수 있다. 길장은 597년까지 회계에 있었다[7]고 하므로 성립의 하한은 그때가 된다. 또한 『법화현론』보다 『법화의소』에서 새로운 사상 표현이 검출되기 때문에 『법화현론』보다 늦게 『법화의소』가 찬술된 것으로 추정된다.

『법화의소』는 수문(隨文) 해석 형식의 주석서인데, 곳에 따라 수문의 해석과는 다른 총론적 주석 항목을 세워 논하고 있다. 또한 도생의 『묘법연화경소』나 법운의 『법화의기』와는 달리 「제바달다품」을 포함한 『법화경』 28품 모두에 주석하고 있다. 수문 해석을 일일이 거론할 수는 없기 때문에 길장이 총론적인 주석을 하고 있는 곳을 중심으로 『법화의소』의 구성과 내용을 간략히 살펴보자.

② 개요

「서품」의 주석에서는 수문 해석에 앞서 부류의 부동(不同), 품차(品次)의 차별, 과

---

5 菅野博史, 『中國法華思想の硏究』, 春秋社, 1994, 293-294頁 참조.

6 續藏1-43-1·1左上

7 平井俊榮, 『中國般若思想史の硏究－吉藏と三論學派』, 春秋社, 1976, 348-349頁 참조.

경분제(科經分濟)에 대해 논하고 있다. 부류의 부동에서는 일부 경전이 어떤 부분으로부터 구성되어 있는지에 대해 7가지 경우가 있음을 말한다. 품차의 차별은 생기(生起)의 순서, 구의(具義)의 다소(多少), 품의 전후, 품의 유무, 「서품」의 의의 5항목에 대해 논하고 있다. 과경분제는 『법화경』의 단락 나눔에 대해 논한다. 이와 같은 총론적인 주석 후에 「서품」의 문장에 대해 차례대로 자세하게 주석하고 있다. 상세한 단락의 나눔을 시도하면서 그 단락의 요지를 분명히 하고 다수의 경론을 인용하며, 적의문답(適宜問答)을 두어 주석하는 방법을 취하고 있다. 이 방법은 『법화의소』 전체에 해당한다.

「방편품」의 주석에서는 수문 해석에 앞서 내의문(來意門), 석명문(釋名門), 동이문(同異門), 통별문(通別門)에 대해 논하고, 「방편품」으로부터 「분별공덕품」의 격량게(格量偈)까지의 정설에 대해 초분(初分, 「방편품」부터 「법사품」까지)과 후분(後分, 「견보탑품」부터 「분별공덕품」의 격량게까지)으로 이등분하고, 초분과 후분의 특색과 상이점을 10가지 관점에서 분명히 하고 있다.

「비유품」의 주석에서는 특별히 항목 명을 들고 있지는 않지만, 수문 해석에 앞서 비유의 의의 등을 간결하게 설명하고 있다. 「신해품」의 주석에서는 수문 해석에 앞서 신해(信解)의 의의에 대해 내의문, 석명문, 출체문(出體門), 신해상문(信解相門), 신해위문(信解位門), 동이문의 6항목으로 설명하고 있다. 「약초유품」의 주석에서는 수문 해석에 앞서 품의 내의(來意)나 품명의 의의 등을 논하고 있다. 「수기품」의 주석에서는 수문 해석에 앞서 수기의 의의에 대해 내의문, 석명문, 능수인문(能授人門), 소수인문(所授人門), 계위문(階位門), 요간문(料簡門), 동이문의 7항목으로 설명하고 있다. 「화성유품」의 주석에서는 수문 해석에 앞서 내의문, 석명문, 결의문(決疑門)의 3항목을 세우고 있다. 여기까지의 서술에서 8권이 끝난다. 따라서 최초의 7품에 『법화의소』 12권의 3분의 2를 할당하고 있다.

「오백제자수기품」의 주석에서는 수문 해석에 앞서 「오백제자수기품」과 「수학무학인기품」의 2품으로 나누는 이유 등을 논하고 있다. 「수학무학인기품」의 주석에서는 수문 해석에 앞서 유학(有學)과 무학(無學)의 의의를 논하고 있다. 「법사품」의 주석에서는 수문 해석에 앞서 내의문, 석명문, 체상문(體相門), 계위문의 4항목을 세우고 있다. 「견보탑품」의 주석에서는 수문 해석에 앞서 「견보탑품」의 위치지움에 관해 종래의 세 가지 설을 소개·비평하고 정설의 초분과 후분의 형식적인 상이점을 10가지로 정리하고 있다. 「제바달다품」과 「권지품」의 주석에서는 수문 해석에 앞서 품의 내의나 품명의 의의 등을 논하고 있다.

「안락행품」의 주석에서는 수문 해석에 앞서 내의문, 석명문, 개합문(開合門), 체상문, 계위문, 동이문의 6항목을 세우고 있다. 「종지용출품」의 주석에서는 수문 해석에 앞서 품의 내의나 품명의 의의 등을 논하고 있다. 「여래수량품」의 주석에서는 수문 해석에 앞서 내의문, 득실문(得失門), 석명문, 개합문의 4항목을 세우고 있다. 「분별공덕품」의 주석에서는 수문 해석에 앞서 품명의 의의 등을 논하고 있다. 「수희공덕품」·「법사공덕품」·「상불경보살품」의 주석에서는 수문 해석에 앞서 품의 내의나 품명의 의의 등을 논하고 있다.

「여래신력품」의 주석에서는 수문 해석에 앞서 찬탄, 유통 두 부분[8]의 관계에 대해 설명하는데, 이것은 「여래신력품」의 내의를 밝히는 내용이다. 「촉루품」의 주석에서는 수문 해석에 앞서 부촉의 의의나 촉루라고 하는 품명의 의의를 논하고 있다. 「약왕보살본사품」·「묘음보살품」·「관세음보살보문품」의 주석에서는 수문 해석에 앞서 품의 내의 등에 대해 논하고 있다. 「다라니품」·「묘장엄왕본사품」·「보현보살권발품」의 주석에서는 수문 해석에 앞서 품의 내의나 품명의 의의를 논하고 있다. 「수희공덕품」부터 「보현보살권발품」까지 11품의 주석이 『법화의소』 권11과 권12에 수록되어 있다. 따라서 후반부의 주석은 극히 간결하다.

이와 같이 『법화의소』에서는 수문 해석뿐만 아니라 이론적인 구성을 설명한 부분이나 길장의 법화경관을 나타내는 부분도 볼 수 있다. 그러나 『법화의소』의 주

---

8 「분별공덕품」의 格量偈 이후의 三品半과 「여래신력품」.

된 내용은『법화경』을 상세하게 단락 짓고, 그 단락의 요지를 분명히 하고, 용어를 해설하고 품이 오게 된 뜻, 품명의 의의를 설명하는 것 등으로 구성되어 있다.[9]

(3)『법화유의』

① 해제

길장은『법화현론』과『법화의소』에서『법화경』을 연구한 후 그때까지의 연구 성과를 간결하게 정리하려고 시도했다. 그것이『법화유의』이다.『법화유의』는 길장이『법화현론』과『법화의소』를 지은 후 비교적 만년에 집필한 것이다.

『법화유의』의 '개제서(開題序)'에서는『법화경』의 깊은 뜻을 십문(十門)에 의해 분명히 한다.「개제서」는 경제목(『묘법연화경』)을 분명히 하는 서(序)라는 의미이지만, 내용적으로는『법화경』의 중심 사상인 승(乘, 敎法)의 방편과 신(身, 佛身)의 방편 모두를 밝히면서 교법의 진실과 불신(佛身)의 진실을 나타내는 데 주력한다. 즉 삼승(三乘)이 방편이고 일승(一乘)이 진실인 것, 그리고 단수(短壽)의 불신(보리수하에서 처음 성불했다고 하는 입장)이 방편이고 장수의 불신(久遠의 옛적에 이미 성불했다고 하는 입장)이 진실임을 증명한다. 그리고 두 가지의 방편을 추(麤)라고 규정하고, 두 가지의 진실을 '묘(妙)'라고 규정한다. 그러나 두 가지의 진실마저 두 가지의 방편에 대한 상대적 존재이기 때문에 '묘'라고 부르기에는 충분하지 못하다. 궁극적으로『법화경』에 밝혀지는 도리는 언어·사려를 초월한 것이고 그야말로 진실로 '묘'라고 표현하기에 족하다고 논한다. '법(法)'은 그 도리가 중생의 규범인 것을 가리키며, 그 도리가 형식을 넘어 나온 것이기 때문에 '연화'에 비유한다. '경(經)'에 대해서는 영원히 변하지 않는 것과 규범인 것의 의미를 취하고 있다.

대체로『법화유의』의 형식적인 특징으로 '10'이라고 하는 수가 눈에 띈다. 전체를 10장으로 나눈 것이 그 전형이지만, 각 장에서도 10이라고 하는 수에 의한 정리

---

9 菅野博史,『中國法華思想の研究』, 295-297頁 참조.

를 종종 볼 수 있다. 여기에서 구성의 형식미를 추구하는 태도를 볼 수 있다. 이것이 극단으로 나아가면 내용이 없는 형식적인 분류만이 눈에 띄는 결과를 초래할 위험성이 있는데, 『법화유의』에서도 그와 같은 약간의 결점이 눈에 띈다.

② 개요

제1장은 내의문(來意門)이다. '내의'란 경소(經疏)에서 보이는 술어로, 경이나 품이 설하는 의의 즉 경이나 품의 존재의의를 의미한다. 구체적으로는 "욕설(欲說)…고설시경(故說是經)" 등의 형식으로 『법화경』이 어떤 사상을 설하고 있는지 분명히 하는 것으로, 길장의 법화경관을 이해하는데 매우 중요한 자료이다. 제1장에서는 『법화경』을 설하는 이유 열 가지를 들고 있다.

어떤 옛 주석서에 경을 설하는 이유를 아주 자세하게 밝혔다. 지금은 요약하여 십문(十門)으로 분명히 한다(一舊疏本明說經因緣甚廣. 今略明十門也).

여기서 말하는 '일구소본(一舊疏本)'은 『법화현론』이다.

제2장은 종지문(宗旨門)이다. 종지란 근본 취지라는 의미로 여기서 『법화경』의 근본 취지가 무엇인지 설한다. 내의문이 『법화경』에서 설하는 구체적인 사상과 교설을 분명히 한 것이라면, 종지문은 인과론 즉 수행과 그 과보(果報)라는 관점에서 『법화경』의 근본 취지를 고찰한 것으로 이 또한 길장의 법화경관을 이해하는데 중요한 자료이다. 종지문은 『법화현론』과 내용적으로 밀접한 관계를 가지고 있음을 다음과 같이 말하고 있다.

옛날 회계에서 『법화경』의 종지에 대해 제설을 모아 해석했는데, 모두 십삼가가 있었다. 지금은 간추려 세간에 유행하고 있는 것에 삼설이 있는 것을 밝힌다(昔在會稽撰釋法華宗旨, 凡有十三家. 今略明卽世盛行有其三說).

이것은 『법화현론』의 변경종지(辨經宗旨)에서 『법화경』 종지에 대해 십삼가의 이설(異說)을 설하고 있지만 『법화유의』에서는 세 가지 설로 밝힌다는 것을 지적한 것이다.

제3장은 석명제문(釋名題門)이다. '석명제'란 『법화경』의 제목 명으로 여기서는 '묘법연화경'의 의미를 해명한다. 경전의 제목이 경전의 내용을 표시하는 것은 말할 것도 없지만, 표의문자인 한자를 쓰는 중국에서는 경제목 하나하나의 문자에 대해 상세하게 해석함으로써 경전의 사상을 분명하게 하려고 하는 방법이 종종 사용되었다. 이 방법은 이미 도생의 『묘법연화경소』에서 볼 수 있다. 특히 길장, 지의, 장안 등의 경소에서는 '석명' 등의 분과명으로 독립된 단락을 구성했다.

이 석명제문은 입명의문(立名意門), 입명부동문(立名不同門), 전부전문(轉不轉門), 구의다소문(具義多少門), 전후문(前後門), 번역문(飜譯門), 석명문의 7항목으로 분류되어 있다. 석명제문도 『법화현론』의 '석명'과 내용적으로 밀접한 관계가 있다.

제4장은 변교의문(辨敎意門)이다. '변교의'란 『법화경』의 가르침의 의의를 분명히 한다고 하는 의미로, 여기서는 『법화경』의 교판적 위치 세움을 시도하고 있다. 그 서두에서 다음과 같이 말하고 있다.

> 남방의 오시의 설, 북토의 사종론은 근거가 되는 것이 없어 글의 의의를 손상시킨다. 옛날에는 이것을 상세하게 논했다. 지금은 생략하여 논하지 않는 것이다(南方五時說北土四宗論無文傷義. 昔已詳之. 今略而不述也).

이것은 『법화현론』의 '결의(決疑)'의 단을 가리키는 것이다. 인용문에 있듯이 『법화유의』에는 오시교판(五時敎判)과 사종교판(四宗敎判)에 대한 비판이 생략되고 있다.

제5장은 현밀문(顯密門)이다. 성문과 보살에 대한 교화의 태도를 현(顯, 顯露의 뜻)과 밀(密, 秘密의 뜻)로 나누고, 석존 일대의 교화를 사문(四門)으로 정리하고 있다. 이 현밀의 사문은 『법화유의』에서 완성된 교판사상으르, 특히 『법화경』과 『반야경』

의 비교에 적용되고 있다. 현밀문은 독립된 단(段)으로 되어 있지만, 앞의 변교의 문에서 취급해도 될 만한 내용을 서술하고 있다.

제6장은 삼일문(三一門)이다. 『법화경』 「방편품」의 중심 사상인 상승(三乘)과 일승(一乘)의 관계에 대해 논하고 있다. 제7장은 공용문(功用門)이다. 『법화경』이 위대한 구제력(救濟力)을 갖는 것은 10종의 불가사의한 사항을 갖춘 경전이기 때문임을 분명히 하고 있다. 10종의 불가사의한 사항은 『법화현론』의 '홍경방법(弘經方法)' 제7항 차명소홍지경(次明所弘之經)에서 설하고 있다.

제8장은 홍경문(弘經門)이다. 『법화경』을 홍통하는 방법과 홍통하는 법사(法師)에 대해 논하고 있다. 이 장은 『법화현론』의 '홍경방법' 제1항 초석법사의(初釋法師義)와 밀접하게 대응된다. 제9장은 부당문(部党門)이다. 『법화경』의 이역(異譯), 법화부에 속하는 경전에 대해 정리하고 있다. 번역에 대한 역사적인 연구 부분이다. 이 장은 『법화현론』의 '홍경방법' 제5항 차명번역연기(次明翻譯緣起)와 밀접하다.

제10장은 연기문(緣起門)이다. 『법화경』 강의의 역사를 정리하고 있다. 강경(講經)에 대한 역사적 연구 부분이다. 이 장은 『법화현론』의 '홍경방법' 제6항 차명강경연기(次明講經緣起)와 밀접하다.[10]

(4) 『법화통략』

① 해제

『법화통략』은 길장이 쓴 마지막 '법화경소'로 만년에 이르기까지 『법화경』 연구에 몰두한 그의 법화경관을 파악하는 데 빼놓을 수 없는 자료이다. 『법화통략』은 기본적으로는 『법화의소』와 마찬가지로 『법화경』의 수문 해석을 추구하지만, 수문 해석에 앞서 경제석(經題釋)을 갖는다 점이 다르다. 또한 『법화통략』은 『법화경』 28품을 대상으로 하고 있지만 「약초유품」, 「수기품」, 「화성유품」에 대한 주석 부분

---

10 菅野博史, 『中國法華思想の硏究』, 298-302頁 참조.

이 산실되어 현존하지 않는다. 이 3품의 주를 제외한『법화통략』의 분량을『법화의소』와 비교하면 대략 절반 정도에 이른다.

② 개요

먼저 '석서품'에서는『법화통략』의 집필 동기를 살펴볼 수 있는데, 여기에서는『법화경소』와의 상이점에 대해 6가지를 들고 있으며 이어서 '석경제(釋經題)'라고 하여『법화경』의 경제목인 '묘법연화경'을 상세하게 주석하고 있다.

다음에 그 새로운 분과 중에서 '설경인연분(說經因緣分)'이라고 규정되는 부분이 '여시아문(如是我聞)…'의 육사(六事)이고, 특히 '여시(如是)'를 무생관(無生觀)의 입장에서 상세하게 주석하고 있어 흥미가 있다. 이 육사 가운데 제6의 '도중(徒衆)'을 밝히는 단에서는『법화경』의 회좌에 참여한 청중들의 이름을 열거하고 그다음의 "이때 세존은 사중(四衆)에 에워싸여"에 대한 주석을 하는 가운데『법화경』에 일의(一義)·이의(二義)·삼의(三義)·사의(四義)·칠의(七義)·십의(十義)·십이의(十二義)가 있다고 말하고 있다.

이것은『법화경』이 설하는 사상내용을 다양한 각도에서 정리한 것으로, 이에 의거해서 길장의 법화경관의 일단을 알 수 있다. 특히 여기에『법화의소』에 보이지 않던 사처칠회(四處七會)라고 하는 생각을 볼 수 있고, 다음에 칠회(七會)의 생각으로『법화경』의 분과에 대해 논하고 있으며, 또 십방편(十方便)에 대해 논하고 있다. 그 후 서품의 문을 주석하여 석서품을 끝내고 있다.

그리고 '장단(章段)을 주석한다'라는 부분에서는『법화경』의 분과에 대해 새로운 견해를 보이고 있다. 즉『법화경』은 대체로 세 부분으로 나뉘는데, 첫째로 설경인연분(說經因緣分, 경을 설하는 이유를 밝히는 부분), 둘째로 정설분(正說分, 중심적인 내용을 설하는 부분), 셋째로 신수봉지분(信受奉持分: 경을 신수하고 받들어 섬기고 보유하는 부분)이다. 최초의 육사(六事)는 설경인연분이다. "이때 세존은 사중(四衆)에 에워싸여"로부터「보현보살권발품」의 말미까지가 정설분이며, 불설차경(佛說此經) 이하가 신수봉지분이라는 것이다.[11] 그러므로 실질적으로는『법화경』대부분이 정설

분에 해당된다. 이 점이 이 분과의 커다란 특징이다.[12]

2. 도선의 법화경관

1) 도선의 생애와『법화경』

도선(道宣, 596~667)의 법화경관을 알기 위해서는 먼저 그의 생애와 저술에 대해 살펴보고 그에게『법화경』주석이 있었는지를 밝힐 필요가 있다. 그러나 결론부터 말하면 도선과『법화경』의 밀접한 관계를 찾아보기 힘들다.

몇몇 기록에 따르면, 도선은『법화경』의 서(序)를 지었다고 한다. 또한 16세 때 법화를 송하여 이순(二旬)에 확철했다고 한다.[13] 또한 도선의 저술에는『법화경』의 인용이 보이고 있으므로 그가『법화경』을 독송하고 있던 것은 확실하다. 일본 가마쿠라시대의 승려 교넨(凝然)의『율종강요(律宗綱要)』에는 도선의 업적을 다음과 같이 기록하고 있다.

남산대사(南山大師, 도선)는 수조(隋朝)에 강생하여 화(化)를 당운(唐運)에 베푼다. 이것은 사의홍경(四依弘經)의 살타(薩埵)이다. 삼생지율(三生持律)의 조사(祖師)이다. 종남산에 있으면서 율장(律藏)을 크게 홍포한다. 개화(開化)와 섭어(攝御), 병지제일(秉持第一)이다. 명(名)을 서천(西天)에 날리고 예(譽)를 동토(東土)에 높이며, 대승의 교리는 현지(玄旨)를 다한다. 법화의 소(疏)를 지어 일승을 홍포하고 열반을 개연(開演)하여 불성종(佛性宗)을

---

11 續藏1-43-1·5左上

12 菅野博史,『中國法華思想の研究』, 303-307頁 참조.

13『歷朝法華持驗紀』卷上, 續藏第一集·第二篇乙·第七套, 第五册, 四六一右;『律苑僧宝傳』第五, 大日本佛教全書, 第105卷, 51頁.

넓힌다.『능가경』을 강하여 유식의 뜻을 보여주고『섭대승(攝大乘)』에 통탈하여 원통(圓通)의 진리를 보여준다. 논(論)은『성실론』 따르고, 율(律)은 사분율을 보급한다. 상교(像敎)에 강기(綱紀)이다. 유법(遺法)을 주지하고 교를 세워 종(宗)을 열며 체(體)를 드러내고 용(用)을 나타내니, 광대하여 생각하기 어렵고 빛이 나서 측량하기 어려운 사람이다.[14]

이처럼 교넨은 도선이 '법화의 소'를 지은 것을 말하고 있다. 그러나『율종강요』에는 도선의 '법화의 소'로부터의 인용이 없다. 도선이『법화경의원(妙法蓮華經義苑)』(30권)이라는『법화경』주석서를 지었다는 것이 예로부터 전해지고 있기 때문에 이렇게 말한 것 같다. 그러나 이것이 실제로 있었는지는 의문시된다.

『법화경의원』이 도선의 저술 목록으로 등장하는 것은 지반(志盤)의『불조통기(佛祖統紀)』(권29)이다.『불조통기』는 1269년에 완성된 것이므로 도선이 입적한 후 600년 이상 지난 기록이다. 지반은 도선의 전기를 간단하게 언급한 후 그의 저술로『산정승계본』1권을 비롯하여 '24부 149권'을 들고 있는데, 그 가운데『법화의원』30권을 망본(亡本)으로 들고 있는 것이다. 이것으로 보면 지반은 도선에게『법화의원』의 저작이 있었다고 하는 전승은 알고 있었지만 그것은 망실되어 존재하지 않는다고 하고 있던 것을 알 수 있다.

『불조통기』보다 약 200년 전에 펴낸 원조(元照)의『지원유편(芝苑遺編)』(권하)에는 '남산율사찬집록(南山律師撰集錄)'이라 하여 도선의 저술을 들고 있는데, 그중에 "홍찬경론부(弘贊經論部) 7건 합64권"라는 대목이 있다. 즉 원조는 "『묘법연화경원』30권, 미견(未見).『묘법연화경음의(音義)』1권, 미견(未見)…『묘법연화경홍전서(弘傳序)』1권, 경수(經首)를 보다"라고 하여『법화경』에 관한 저술을 3부 들고 있다.

여기에 원조가 들고 있는『묘법연화경원』30권은 아마『불조통기』등에서 말하는『묘법연화경의원』30권일 것이다. 어떠한 사정으로 '의(義)'자가 탈락한 것으로

14『律宗綱要』卷上, 大正74, 8中下. 國譯一切經, 和漢撰述部, 護敎部4上, 30頁.

보인다. 그러나 원조의 시대에도 이것은 '미견(未見)'이라고 한다. 아마 원조의 시대에도 이 저술들은 존재하지 않았을 것이다.

사정이 이와 같으니, 도선의 저술이 있었다고 해도 이미 일찍부터 망실되었던 것이고, 따라서 그의 법화경관을 알아보기 위한 자료를 찾아보는 것은 불가능한 일이다.[15]

2) 도선의 사상적 입장

(1) 계체론과 열반개회

도선은 많은 저술은 펴냈지만 가장 힘을 기울인 것은 율종(律宗)이다. 도선은 율장의 해명과 주석 즉 그 교리적 기초를 쌓는 데 노력을 기울였다. 율장은 출가자의 행의 규칙을 밝히는 것을 주요 목적으로 하지만, 『법화경』은 경전의 독송·서사·공양을 강조하고 있으며 재가자의 입장의 경전이다. 『법화경』에서는 출가자의 계율은 거의 설하고 있지 않다. 「안락행품」 등은 행자의 행의작법(行儀作法)을 비교적 상세하게 설하고 있지만 정리된 계율은 보이지 않는다. 이 때문에 『법화경』에는 오계(五戒)·십선(十善)·구족계(具足戒)등의 율장의 술어도 나타나지 않는다. 그 때문에 도선의 율장에 관한 저술에는 『법화경』이 거의 인용되지 않는다.

도선의 주저는 『사분율행사초(四分律行事鈔)』이다. 그는 율종의 교리적 기초를 세우는 데 『법화경』을 거의 이용하지 않는다. 도선은 『사분율행사초』에서 계체론(戒體論)을 전개하는데, 계체(戒體)의 모양, 수수(受隨, 받고 따름)의 같고 다름, 연경(緣境)의 폭넓고 협소함, 발계(發戒)의 수량 등 4문(門)으로 나누어 계율을 논하고 있다.[16] 그는 계체에 대해서 『잡아비담심론(雜阿毘曇心論)』과 『성실론(成實論)』의 설을

---

15 坂本幸男, 『法華經の中國的展開』, 平樂寺書店, 1975, 319~327頁 참조.
16 『四分律刪繁補闕行事鈔』 권중1, 大正40, 51下.

인용한 후 "본종(本宗)의 계체는 『성실론』에 의해서 비색비심(非色非心)을 체(體)로 한다"[17]고 규정하고 있다. 이것은 비색비심의 심불상응행(心不相應行)을 계체로 하는 설이다.[18] 그러나 『갈마소(羯磨疏)』에서는 달리 논하고 있다. 즉 『갈마소』에서는 계체를 논하면서 "『성실론』에서 논하는 것은 바로 사분담무덕종(四分曇無德宗)에 통하고, 『잡심(雜心)』·『구사(俱舍)』는 즉 십송살바다종(十誦薩婆多宗)을 해석한다"[19]고 말하고 있다. 살바다종 즉 소승유부(小乘有部)의 계체론은 『잡아비담심론』이나 『구사론』에 보이는 색법계체설(色法戒體說)이다.

또한 "후에 원교를 중심으로 계체를 밝히면 계(戒)는 뜻(意)을 훈계하고 경고하는 연(緣)이다. 범부는 무시로부터 망(妄)에 따라 업(業)을 일으켜 가지고 망(妄)과 만난다.…본장식(本藏識)에서 선(善)의 종자를 이룬다. 이것이 계체이다"[20]라고 논하고, 원교는 본장식에서 선(善)의 종자를 계체라고 하는 입장이라고 한다. 즉 여기에서는 남산율종(南山律宗)의 입장을 원교(圓敎)라 하여 사분율종으로부터 따로 세우고 이 입장은 종자계체설(種子戒體說)이라고 하는 것이다.

이상과 같이 종자계체설은 『사분율행사초』에서는 명확하게 말하지 않지만 『갈마소』에서 설하기 때문에 이것을 남산율종의 입장이라고 볼 수 있다. 그리고 『사분율행사초』의 주석인 원조의 『자지기(資持記)』에서는 "첫째 실법종(實法宗) 즉 유부(有部), 둘째 가명종(假名宗) 즉 법장부(法藏部), 셋째 원교종(圓敎宗) 즉 열반의 개회(開會)의 뜻을 쓴다. 권승(權乘)을 결정하여 똑같이 실도(實道)로 돌아간다. 그러므로 수체(受體)를 생각하면 즉 이것이 식장(識藏)의 훈종(熏種)이다"[21]라고 논하여 원교종 즉 남산율종은 『열반경』의 개회 입장에 입각해 있음을 보여주고 있다. 『열반

---

17 『四分律刪繁補闕行事鈔』권중1, 大正40, 52中.

18 平川彰, 『原始佛敎の硏究』, 昭和39년, 173頁 이하 참조.

19 續藏第一編, 64套, 第5冊, 418右上.

20 續藏第一編, 64套, 第5冊, 428左上~430右上.

21 『四分律刪繁補闕行事鈔』권중1, 大正40, 157中下.

경』에 의하면서도 '개회(開會)'라고 하는 점에 어느 정도『법화경』사상으로 기울고 있음을 볼 수 있지만, 개회를 말하면서도『법화경』을 들고 있지 않는 점에 율(律)이 『법화경』과 결부되지 않음을 알 수 있다.

(2) 화교·제교와『법화경』의 위치

도선은『사분율행사초』에서 '화제이교(化制二敎)'의 교판을 논하고 있다. 제교(制敎)란 제지·금지의 가르침으로 계율을 말한다. 화교(化敎)란 교화의 가르침으로 일반불교를 말한다. 그러나『사분율행사초』에서는 "화교를 밝히면 교는 도속(道俗)에 통한다"고 하여 화교는 출가와 재가의 양쪽에 공통적인 것으로 논하고, "제교(制敎)는 승(僧)을 참회케 하여 모습(迹, 行業)을 새롭게 하는 것에 그친다"고 논하고 있다. 화교의 전거로는『대집경』,『십륜경』,『열반경』등이 인용되고 있다.[22]

그런데 도선의 입장이 일승교(一乘敎)였다고 하는 것을 그의 다른 저술로부터 추정할 수 있다. 이것은『열반경』을 중요시했다고 하는 점과 관계 있을 것이다.『열반경』에서는 불성상주(佛性常住)를 설하고 있는데, 이것은 바로 일승(一乘)으로 연결되는 사상이다. 따라서『열반경』과 밀접한 관계에 있는『법화경』에 도선이 관심을 가졌을 것이라고는 충분히 생각할 수 있다. 그러나 일승교로는『화엄경』이 있다.『사분율행사초』에서『열반경』보다는『화엄경』의 인용이 많고, 도선의 저술 전체에서도『화엄경』은 중요시되고 있다. 또한 도선은 청량산에 주하는 문수보살을 존중한다. 이것은『화엄경』에 유래한다.

도선에게 '자성청정심'의 신념이 있었던 것은『열반경』의 실유불성(悉有佛性) 교리나『화엄경』교리에 연결된다. 자성청정심의 사상은 도선의『석문귀경의(釋門歸敬儀)』에 보인다. 즉 그는 "일체삼보(一體三寶)라고 하는 것은 행자가 이미 심성본정

22『四分律行事鈔』卷上2, 大正40, 18上~下 卷上1에는 化敎를 小乘經, 小乘論, 大乘經, 大乘論 등 넷으로 나누고, 制敎를 律本과 律의 論으로 나눈다.

(心性本淨)을 알고…"[23]라고 논하며, "실로 자심(自心)의 청정본성을 알아야 한다"[24]

든지 "자심(自心)은 본래부터 자성청정이다. 공(空)이 아니고 유(有)가 아니며 염(染)

이 아니고, 정(淨)이 아니라고 안다"[25] 등의 표현으로 심성본정을 설하고 있다.[26]

3) 도선과 『법화경』

(1) 저술로부터의 인용

도선의 『사분율행사초』는 『사분율』의 주석이기 때문에 율(律)과 관계가 적은

『법화경』을 인용하지 않는다. 그러나 도선은 16세 때 『법화경』을 송하여 이순(二旬)

에 확철할 정도였기 때문에 『법화경』에도 일가견을 이루었을 것이다. 도선의 사

상적 입장은 『화엄경』으로부터 진제 역 『섭대승론』에 이르는 일승적인 유심론(唯

心論) 또는 유식설(唯識說)에 있었다고 볼 수 있다. 그리고 그의 입장이 일승교인 점

에서 『법화경』까지 충분히 수용할 수 있는 여지는 있었을 것이다. 그러나 그는 『법

화경』의 입장에서 교리를 조직한 것은 아니므로 『법화경』의 인용은 단편적인 것

에 그치고 체계적이라고는 할 수 없다.

그런데 교넨의 『율종강요』에서는 도선이 "『업소(業疏)』 및 『내전록(內典錄)』에 『법

화경』의 시방불토 등의 문을 인용하여 오직 일승계(一乘戒) 등의 뜻을 성립했다"[27]

고 말하고 있다. 여기에 『업소』와 『내전록』을 인용하는 것은 『사분율행사초』에는

『법화경』으로부터의 인용이 없는 때문일 것이다. 시방불토의 문은 『내전록』「소

승경록(小乘經錄)」 서문 중에 나오는데, 소승교는 "붓다(佛)의 본회(本懷)가 아니고

---

23 『釋門歸敬儀』 卷上, 大正45, 866下.

24 『釋門歸敬儀』 卷下, 大正45, 865中.

25 『釋門歸敬儀』 卷下, 大正45, 868中.

26 坂本幸男, 『法華經の中國的展開』, 327-335頁 참조.

27 『律宗綱要』 卷上, 大正74, 9中.

승(乘)과 기(機)를 임시로 베푼다. 그러므로 경에 이르되 시방불토에 오직 일승만이 있다. 적절하게 따르는 방편 때문에 삼승(三乘)을 설한다"[28]고 말한다. 이것은『법화경』「방편품」의 "시방불토중(十方佛土中), 유유일승법(唯有一乘法), 무이역무삼(無二亦無三), 제불방편설(諸佛方便說)"[29]과 문구는 약간 다르지만 의미는 같은 것으로 아마 이 글을 인용한 것일 것이다.

『내전록』「대승경유무록(大乘經有無錄)」의 서문에서는『방등경』의 일승은 모든 기근(機根)에 똑같이 작용하여 완성시키는 것을 설하면서 교증(敎證)을 인용하여, "그러므로 문에 이르되, 그대들의 행하는바 이것이 보살도(菩薩道)이다. 즉 그 증거이다"[30]라고 말하고 있다. 이것은 말할 것도 없이「약초유품」게송의 마지막에 나오는 말이다.

또한 도선이 쓴『석문귀경의』의「수기입교편(隨機立敎篇)」에 기(機)에 따라서 교(敎)를 세우는 것을 말하기를 "그러므로 문(文)에 이르되, 우리의 정토는 훼손되지 않으나 중(衆)은 소진(燒盡)한다고 본다. 즉 그 증거이다"[31]의 글귀가 있으니 이것은「수량품」의 게문에서 인용한 것이 분명하다. 그리고 3행 뒤에 있는, "경(經)에 이르되, 내가 성불한 이래 종종인연(種種因緣), 종종비유(種種譬喩)를 가지고 언교(言敎)를 널리 설하고 수없는 방편을 가지고 중생을 인도하며 모든 착(著)을 여의지 않는다"[32]는 귀절은「방편품」의 문장을 인용한 것일 것이다. '문(文)에 이르기를', '경(經)에 이르기를' 등으로 말하면서『법화경』의 명칭을 들지 않는 이유는 알 수 없으나 아마도『법화경』이라고 하지 않아도 당시로서는 자명한 일이었기 때문일 것이다.

28『大唐內典錄』卷7, 大正55, 296中.

29『妙法蓮華經』卷1, 大正9, 8上.

30『大唐內典錄』卷6, 大正55, 284下.

31『釋門歸敬儀』卷上, 大正45, 858中.

32『釋門歸敬儀』卷上, 大正45, 858中.

(2) 독송의 강조

지금까지 도선의 저술에서 찾을 수 있는『법화경』인용문을 살펴보았으나 자세히 검토한다면 더 많이 지적할 수 있을 것이다. 도선은『법화경』을 인용하는 것만이 아니라 다른 여러 경전도 많이 인용하고 있다. 박학한 도선이 그 저술에 많은 경을 인용하는 것은 당연하지만, 특히 주목되는 것은『내전록』에 포함된「역대중경응감경록(歷代衆經應感敬錄)」[33]이다. 이것은 송경(誦經)의 영험 또는 경전을 존중한 이야기를 모아놓은 것이다. 즉 경전을 독송함으로써 어떠한 신감(神感)·서상(瑞相)·영험(靈驗)이 있었는지, 또는 얼마나 경전을 서사하고 존중했는지를 해설한 것이다. 도선은 여기에서 33가지 이야기를 들고 있는데, 그 가운데『법화경』을 독송함으로써 특히「보문품」을 독송함으로써 재난을 모면한 이야기가 많다. 여기에서 도선은『관음경』4화,『반야경』3화,『금강반야경』3화,『열반경』5화,『유마경』2화,『밀적경』·『화엄경』·『십지경(十地經)』각 1화 등의 이야기를 들고 있다.

이처럼『법화경』의『관음경』이야기를 가장 많이 인용한 것은 도선 당시 경전신앙으로서『법화경』이 가장 존중되던 것을 보여준다고 볼 수 있다. 또한 도선 자신이 그것들을 수집하여『내전록』에 더하고 있는 점에서 경전의 독송, 서사, 특히『법화경』의 독송과 서사를 도선이 중요시하고 있던 것을 알 수 있다.

(3) 간병의 중요성

『사분율행사초』의「첨병송종편(瞻病送終篇)」[34]에는 사중(寺中)에 병인(病人)이 생겼을 때 상호 간병(看病)해야 할 것을 논하고 있다. 여기에서는 간병의 방법이나 병인식(病人食) 짓는 방법 등을 보여주면서 동시에 병인에게 법을 설하여 그 마음을 안위(安慰)할 것을 설하고 있다. 그러나 그 경우에도 병인의 그때까지의 수행이나

33『大唐內典錄』卷10, 大正55, 338上~342上.

34『四分律行事鈔』卷下4, 大正40, 143上이하.

신앙에 의거하여 그 마음을 위로하고 격려할 것을 설하고 있다. 그 1절에 "또는 서방 무량수불, 또는 도솔천 미륵불, 또는 영취 석가본사(釋迦本師)를 인연 지운다"[35]는 글이 있다. 아미타불 신앙, 미륵불 신앙, 『법화경』의 구원(久遠)의 석가불 신앙을 함께 들고 있는 것이다. 그리고 그 후 성공관(性空觀)·상공관(相空觀)·유식관(唯識觀)을 닦아야 할 것을 논하고 있다. 병인의 신앙에 의거하여 설법하고 돌보는 것을 말하고 있으므로 여기에 여러 가지 신앙을 함께 들고 있는 것은 당연하다.

이상으로 도선과 『법화경』의 관계를 살펴보았다. 자료 불충분으로 검토가 어려웠지만 다음과 같이 정리할 수 있을 것이다. 즉 도선은 율장(律藏)을 중요시하고 그 교리적 기초를 세우는 데 『유식론』의 교리를 채용했다. 그러나 실유불성(悉有佛性)이나 자성청정심의 교리에 입각하여 있었으므로 도선의 사상에는 일승경(一乘經)인 『법화경』과 합치되는 점은 있다. 그러므로 도선이 『법화경』을 존중하고는 있었으나 특히 『법화경』을 다른 경전보다도 중요시했다고 보기는 어려울 것 같다.[36]

3. 규기의 법화사상

1) 규기의 생애와 저술

(1) 규기의 생애와 현장
① 생애
규기(窺基, 632~682)는 632년에 장안에서 태어나 9세 때 아버지를 잃고 17세 때 출가하여 현장의 제자가 되었다. 신방(神昉)·가상(嘉尙)·보광(普光)과 함께 현장 문하의

---

35 『四分律行事鈔』卷下4, 大正40, 144下.
36 坂本幸男, 『法華經の中國的展開』, 336~340頁 참조.

4영(四英)으로 불린다. 653년 총예(聰叡) 5인으로 선발되어 자은사(慈恩寺)에 머물면서 현장으로부터 범어를 습득하고 2년 후 번경열역(翻經列譯)의 명을 받고 필수(筆受)의 임무를 맡았다. 규기는 현장의 직계 제자로 그에게 직접 무착·세친의 교법을 전해 받고 법상종의 기초를 닦고 종(宗)을 열었다.

『개원록』에 의하면 규기는 번경열역의 명을 받고 『성유식론』(10권), 『변중변론(弁中邊論)』(3권), 『계신족론(界身足論)』(3권), 『유식20론(唯識二十論)』(1권), 『이부종륜론(異部宗輪論)』(1권) 등을 냈다. 현장은 그에게 『유가론』을 주면서 "오성종법유여유통(五性宗法唯汝流通), 타인즉부(他人則否)"이라 격려하기도 했다. 그리고 현장은 용삭(龍朔) 3년 이래 4년간에 걸쳐 『대반야경』 600권의 번역을 마치자 규기로 하여금 임금에게 글을 올리도록 하여 주문(奏聞)케 했다.

664년 현장이 입적하자 『유가론』, 『유식론』, 『인명론(因明論)』 등을 주석하고, 현장의 신역불교(新譯佛敎)를 널리 전하는 데 전념해 서하(西河)에서 『미륵상생경』을 주석하고, 동박릉(東博陵)에서 『법화경』을 강설하고 『법화현찬』(10권)을 펴냈다. 규기는 대승기(大乘基) 또는 영기(靈基), 승기(乘基), 혜기(慧基) 등으로도 불렸지만 자신의 저술에는 항상 '기(基)'를 썼다. 그 후 682년 대자은사 번경원(翻經院)에서 입적하니 그의 나이 51세로 현장 입적 후 19년이었다.

② 현장의 입축

한편 규기를 논하는 데는 현장의 입축(入竺) 문제를 언급하지 않을 수가 없다. 후위(後魏)이래 무착·세친의 교학이 중국에 전해졌으나 지론(地論)과 섭론(攝論)에는 리야 진망(梨耶 眞妄) 내지 8·9의 두 식론(識論)의 문제가 있었고, 그 진상을 구명하기 위해서 현장(玄奘)은 대자은사 『삼장법사전(三藏法師傳)』에 전하는 『17지론(十七地論)』의 완본에 의한 의문점을 해결하고자 천축국에 들어가게 된 것이었다.

현재 9식설을 전하는 논서로는 『유가론』 63의 섭결택분(攝決擇分)에 해당하는 진제가 번역한 『결정장론』 3권이 있는데, 이 논(論)의 「심지품(心地品)」에는 구식(九識)의 문제를 설하는 것을 볼 수 있다. 그러나 진체의 제9식이란 『전식론』에서 뢰야

(賴耶)의 견식견경(遣識遺境)을 논하고, 경식구민(境識俱泯)의 실성(實性)으로서의 제9 아마라정식(第九阿摩羅淨識)을 세운 것으로 해석되는 것이다. 이러한 진제를 중심으로 한 유가파 사상의 시비를 가리기 위해 현장은 천축국으로 구법의 여정에 올랐던 것이다. 즉 현장은 30세의 정관(貞觀) 3년에 장안을 출발하여 동 19년까지 실로 17년간 110국(『西域記』)을 편력하고, 대소삼장의 경전 무려 520책을 짊어지고 657부를 20두의 우마에 싣고서 돌아온 것이었다. 그리고 그 이래로 무려 18년간[37] 76부 347권을 번역·출판했던 것이다.

(2) 저술

규기의 저술은 유가(瑜伽) 계통의 제론서를 중심으로 여러 대승경전에 걸쳐 있다. 경록에 의하면 그의 저술은 44부 180여 권에 달하며 현존하는 것도 25부 118권을 헤아리지만, 법화에 대해서는 『법화현찬(法華玄贊)』(10권), 『법화위위장』(1권), 『법화음훈(法華音訓)』(1권), 『과문(科文)』(1권)이 전하고, 『요약기(要略記)』(1권)는 산실되어 전하지 않는다.

현장과 규기의 불교를 구마라집 이후 보리유지·진제 등의 구역(舊譯)에 대해 신역(新譯)이라 부르는 것은, 이전의 불교가 거의 서역 경유의 불교임에 반해 전적으로 현장이 직접 천축에 들어가 전해 온 불교이기 때문이다. 또 이전의 불교를 일승불교(一乘佛教)라고 부른다면 규기 등의 불교를 삼승불교(三乘佛教)라고 할 수 있다. 따라서 규기의 법화경관은 삼승불교와의 교류에 관련지어 고찰해야 한다.

『법화위위장』은 『법화경』 28품본에 대해 위자(爲字), 사성(四聲)의 성훈(聲訓)을 논하는 저술이다. 즉 먼저 ① 각 품을 평거이성(平去二聲)으로 나누고, ② 평성(平聲)의 위자는 영위반(榮僞反)으로 그 뜻에 유(由), 구(求), 당(當), 득(得), 정(定), 피(被), 작(作), 시(是), 명(名)의 9가지 훈(訓)을 두고, 거성(去聲)의 위자는 영위반으로 그 뜻에 이(以), 여

---

37 『개원록』에 의함.

(与), 조(助)의 3가지 훈(訓)을 둔다. 그리고 ③ 성훈(聲訓)의 순서를 밝히고, ④ 각 품 위자의 사성을 정하고, ⑤ 고래의 작자(作者)·피자(被者)의 뜻을 밝히고 미각자(未覺者)를 위해 10의(十義)를 더해 훈석(訓釋)의 연유를 밝힌고, 끝으로⑥ 부처님 말씀의 요점을 정해 구의(九義)·삼의(三義), 일승(一乘)·오승(五乘)의 뜻을 밝히는 것이다.

『법화음훈』은『법화경』에 나오는 어려운 글자나 어구를 설명하는 저술이다. 현응(玄應)의『일체경음의(一切經音義)』에 편입되었다. 후에 혜림(慧林)이『일체경음의(一切經音義)』100권을 편집할 때 규기가 정한 음의(音義)의 음훈(音訓)을 기준으로 다른 음의를 평정했다고 할 정도로『법화음훈』은 음의로서 가장 정밀하고도 정확한 저술이다.

『법화현찬』은『법화경』의 주석서로 연기(緣起), 종지(宗旨), 품명(品名), 폐립(廢立), 품차(品次), 석문(釋文)의 6문(六門)으로 구성되어 있다. 연기에는「방편품」의 "여아등무이(如我等無異)",「수량품」의 "매자작시념(每自作是念)"을 들어 이러한 원인으로 이 경을 설한다고 하고,『법화론』의 사종성문(四種聲聞) 중에 이 경은 바로 퇴보리(退菩提)를 위해 설하는 것이라고 하는 점을 자세하게 논하고 있다. 경품득명(經品得名)에서는 분다리카를 서역에서는 백연화(白蓮華)라 부른다고 말하고, 개시오입의 사불지견(四佛知見)에 의거하여 묘법(妙法)을 해석하고 있으며,『변중변론』의 3종 무상(無上),『법화론』의 연화 등의 뜻에 의거하여 경제목을 해석하고, 품 제목은 삼의(三義) 및 부정(不定)의 4종9류(四種九類)로 나누어 설명하고 있다.

경품(經品)의 폐립에 대해서는 ①「제바품」의 유무, ②「촉루품」의 전후, ③ 보문중송(普門重頌)의 유무, ④「약초품」의 후반, ⑤「다라니품」의 위치, ⑥「오백품」·「법사품」의 초탈(超脫), ⑦「보탑품」·「제바품」의 이합(離合)의 7항으로 나누고, 널리 3역(三譯)에 걸쳐 그 똑같지 않음을 지적하고 있다.[38]

---

38 塩田義遜,『法華教學史の研究』, 294~302頁 참조.

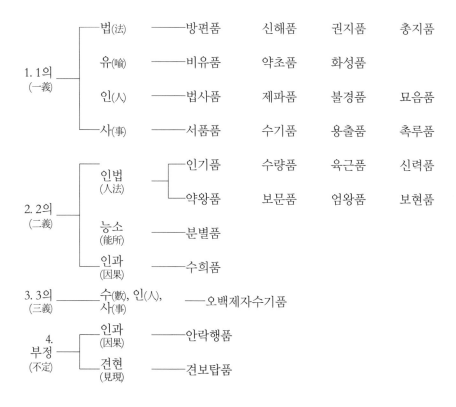

	법(法)	—— 방편품	신해품	권지품	총지품
1. 1의	유(喩)	—— 비유품	약초품	화성품	
(一義)	인(人)	—— 법사품	제파품	불경품	묘음품
	사(事)	—— 서품품	수기품	용출품	촉루품

	인법	—— 인기품	수량품	육근품	신력품
2. 2의	(人法)	—— 약왕품	보문품	엄왕품	보현품
(二義)	능소 (能所)	—— 분별품			
	인과 (因果)	—— 수희품			

3. 3의 ——— 수(數), 인(人), —— 오백제자수기품
(三義)   사(事),

4.   인과 (因果) —— 안락행품
부정
(不定) 견현 (見現) —— 견보탑품

2) 『법화현찬』

(1) 『법화현찬』의 대강

『법화현찬』이 주석하는 『법화경』은 현행 28품본과 같다. 규기는 첫머리에서 『법화경』 원전의 구조를 문제 삼아 본래의 구마라집역 『묘법연화경』에는 「제바품」이 없었고, 「촉루품」은 경말에 있어야 하며, 「보문품」의 게송은 후대에 삽입했다고 논하고 있다. 또 『첨품법화경』을 언급하고 있지만 주석에서는 그 지식을 이용하고 있지 않다. 처음에 "품의 순서를 나타내는 곳"에서는 「촉루품」을 경말에 논하고 있지만 본문 해석에서는 현행대로 제22품으로 하고 있다. 아마 그의 시대

에 현행의 형태가 이미 확정되어 유행하고 있었을 것이다.

규기는 『법화현찬』의 서두 교판론(敎判論)을 논하는 곳에서 『법화경』을 『열반경』, 『화엄경』, 『해심밀경』 등과 함께 모든 경전 중 최고의 위치에 두고 있다. 『법화현 찬』의 의의는 『법화경』에 대한 유식학적 해석을 제시한 점에 있다. 해석에서 교리 의 대강은 전면적으로 세친의 『법화론』에 의지하고 있지만, 그 이상으로 『법화현 찬』의 입장은 유식학설에 철저하다. 『법화현찬』의 유식학적 해석은 대체로 두 가 지로 나누어 볼 수 있다.

첫째, 『법화경』의 사상적 평가에 관계되는 것으로, 일승(一乘)의 설을 주로 하여 부정성(不定性)의 성문[39]에 대해 설한 것이라고 하면서 이와는 별도로 정성성문(定 性聲聞)의 존재를 인정하여 오성각별설(五姓各別說)의 취지가 『법화경』에 내포되어 있다고 말한다. 이것은 『법화론』에 의지하면서도 그 취지를 한층 유식학적으로 해석하는 경우이다. 예컨대 『법화론』은 4종 성문을 들어 그중 취적성문(趣寂聲聞) 과 증상만성문(增上慢聲聞)은 '근미숙(根未熟)'인 까닭에 부처님은 수기하지 않는다 고 하지만, 『법화현찬』에서는 전자는 '근불숙(根不熟)'인 까닭에 성불하지 못하고, 후자는 회소향대(廻小向大)할 수 있는 것으로 양자를 구별하여 정성성문의 성불을 확인하고 있다.

둘째, 불교의 일반적인 교의 개념을 유식학적으로 해석하는 경우가 매우 많다. 예컨대 「서품」의 서두에서 제중(諸衆) 가운데 아라한을 십지(十地)에 든 성인(聖人)이 라 해석하고, 「방편품」 게송의 '불종종연기(佛種從緣起)'를 염정이분 의타성설(染淨二 分 依他性說)로 해석하며, 「안락행품」에서 보살의 제2 친근처(親近處)인 '일체법공관 (一切法空觀)'을 삼성설(三性說)로 해석한다. 그 밖에 종자(種子), 훈습(熏習), 수도(修道), 근본지(根本智), 후득지(後得智) 등 유식설의 술어가 종종 사용되고 있다.

『법화현찬』이 취하는 입론(立論)의 태도에서 우선 받는 인상은, 예를 널리 인용

---

39 退菩提心聲聞.

하는 것으로 문헌 인용 특히 유식설 중에서도 『유가론』에 대한 인용이 압도적으로 많다. 길장의 『법화의소』도 인용이 많지만 『법화현찬』은 그것을 상회한다. 예컨대 「방편품」의 주석에서 일승을 논하면서 여러 경론의 일승설을 널리 인용하여 종합적으로 입론한다. 이에 대해 스스로 "『법화론』 및 다른 경에서는 일부밖에 논하지 않지만 여기에서는 모든 것에 대해 일승을 논해 마치고 있다"[40]고 말한다.

입론의 태도에서 둘째로 받는 인상은, 『법화경』 사상을 평가하는 객관주의적 태도이다. 예컨대 『법화경』은 '일승진실 삼승방편(一乘眞實 三乘方便)'의 설이지만, 이것을 『승만경』 등에 유래하는 '일승진실 사승방편(一乘眞實 四乘方便)'의 설과 연계시켜놓고 『법화경』에는 어떠한 사상도 포함되어 있지만 대체적으로 '일승진실 삼승방편'의 사상이라고 논한다. 또 중국 불교계에의 돈점교판(頓漸敎判)에 대해 『법화경』에는 돈·점의 가르침을 모두 설하고 있으나 대세는 점교(漸敎)라고 논한다. 그리고 자신은 두 가지 설로 각 품의 해석 서두에서 '내의(來意, 당품의 유래하는 의의)'를 논하고, 처음에는 제1설, 그다음에 제2설, 마지막으로 『법화론』의 교리를 들어 수문 해석을 논하는 것이 대체로 통례로 되어 있다. 또한 『법화론』이 「방편품」 중심의 해석이듯이 『법화현찬』도 「방편품」 주석에 10권 가운데 4권을 할애하고 있다.[41] 그러나 『법화론』의 사상이 규기가 이해하듯이 협의의 유식설에 한정되는 것인지는 보다 구체적인 연구가 필요할 것이다.

이제부터 『법화현찬』에서 논하고 있는 중요한 이론적 문제들을 살펴보겠다.

(2) 『법화현찬』의 교판론

『법화현찬』은 「서품」을 주석하는 서두에서 경문의 해석에 육문(六門)을 적용한다고 밝히고 있다. ①경이 연유한 뜻을 서술하고, ②경의 종지를 밝히고, ③경품(經

---

40 卷四本, 714中.

41 坂本幸男, 『法華經の中國的展開』, 343~348頁 참조.

品의 득명을 해석하고, ④경품의 폐립(廢立)을 나타내고, ⑤품의 순서를 나타내고, ⑥경의 본말(本末)을 해석하는 것의 6문이다. 이것은 경의 취지를 해명하는 관점을 총괄적으로 나타낸 것으로, 제1문부터 제5문까지는 경 전체에 관련된 총론이고, 제6문에서 경의 수문을 해석하여「서품」이하의 28품에 이르고 있다.

제1문은 인(因, 佛의 行·願·求·受持·瑞相·說法의 六因)과 청(請, 사리불 등의 요청)에 응하기 위해, 의(疑, 3승의 성불에의 의심)과 집(執, 3승의 證果에의 집착)을 파하기 위해, 기(記, 授記)와 행(行, 보살의 일승행)을 나타내기 위해, 금(今, 현재 득익의 人)과 후(後, 후에 득익의 人)에 이익되게 하기 위해, 시(時, 설법의 시간적 순서)와 기(機, 중생의 근기)를 나타내기 위함이다.

이어서 제2문에서는 교판론을 말한다.[42] 여러 경론의 설에는 입성종(立性宗:『잡심론』등), 파성종(破性宗:『성실론』), 파상종(破相宗:『반야경』등), 현실종(顯實宗:『열반경』, 『화엄경』,『법화경』등) 4종(宗)이 있다. 소승이십부(二十部), 대승 2파를 합하여 22종(宗)을 헤아리지만 3교(三敎) 8종(八宗)으로 정리된다. 3교는 다설유종(多說有宗:『아함경』, 소승), 다설공종(多說空宗:『중론』,『반야경』등), 비공유종(非空有宗:『화엄경』,『심밀경』,『법화경』등)이고, 8종은 아법구유(我法俱有: 犢子部 등), 유법무아(有法無我: 薩婆多 등), 법무거래(法無去來: 大衆部 등), 현통가실(現通假實: 說仮部 등), 속망진실(俗妄眞實: 說出世部 등), 제법단명(諸法但名: 一說部 등), 승의개공(勝義皆空:『반야경』, 중론 등), 응리원실(應理圓實: 법화 등 무착 등의 설하는 中道敎)을 말한다.

이상의 4종, 3교·8종의 어느 경우에도『법화경』은 최고 단계의 가르침이라고 하고,『열반경』『화엄경』『해심밀경』과 동격시된다. 이것은 규기 시대까지『법화경』의 권위가 부동의 지위였던 것을 뜻한다. 한편 반야계의 공사상(空思想)을 넘어서는 것으로서『열반경』『화엄경』등을 높이 평가하고, 이어서『법화경』에도 같은 의의를 인정하며, 공(空) 이상의 입장에 있는 새로운 유식설의『해심밀경』과 동격시

42『法華玄贊』卷一本, 657上~下.

한다. 그러나 종이 다르다고 해도 제교(諸敎)는 본래무차별인 것이므로 그것을 중생의 기(機)의 부동(不同)에 의해 대소돈점(大小頓漸)의 가르침으로 나눈다. 『법화경』은 성문(聲聞)을 권유하여 대승으로 귀의케 한다는 점에서 주로 대승의 점교(漸敎)로 본다. 그러나 「수량품」·「보문품」의 설에는 돈교의 취지가 포함되어 있다. 때문에 돈점은 별도의 교문(敎門)이 아니라 상통하는 것이다.

돈점이교(頓漸二敎)는 설법의 '시(時)'에 문제가 있지만 총설 제1문에서는 이 '시'와 '기(機)'에 대해 설하고 있다.[43] 이에 의하면 제불의 가르침에 돈과 점 두 종류가 있는데, 돈교는 범부로부터 곧바로 불과(佛果)를 구하는 대기(大機)에 대한 것으로 『승만경』의 일승의 가르침이 이것을 설하고, 점교는 소승으로부터 대승에 이르는 기(機)에 대한 것으로 『법화경』의 일승이 이것이다. 『승만경』은 일승권 사승실(一乘權 四乘實: 일승방편 사승진실)을 설하고, 『법화경』은 일승실 이승권(一乘實 二乘權: 일승진실 삼승방편)을 설한다고 한다.

이어서 규기는 어느 옛 사람의 5시교판을 소개하면서 이를 비판한다. 비판은 5시 중 제1시교(敎)·제2시교(敎)의 설만 다루고 다른 것은 생략하고 있다. 여기에서 「약초유품」의 '일우보윤 품해부동(一雨普潤 稟解不同)' 설에 의해 "불교는 반드시 선후가 있다고 설해서는 안 된다"고 하여 시간적 교판 그 자체를 부정하는 발언을 하고 있다. 『대승법원의림장』[44]에서는 이 5시교판을 유규(劉虯)의 설로 똑같이 인용·비판하고 있는데, 비판의 소론은 보리유지의 설에 의한다고 한다. 그는 돈교의 대승은 일시(一時)라고 할 수 있지만 점교의 대승은 3시(三時)가 있다고 하여 『해심밀경』과 『유가론』의 3시교판의 설을 인용한다. 그리고 3시(三時)의 교를 『아함경』, 『대반야경』, 『화엄경』 등으로 해석한다. 또 3시교판의 취지는 『해심밀경』만이 아니라 『금광명경』·『열반경』에도 나타나 있고 『법화경』 「신해품」의 설도 이것을 의

---

43 『法華玄贊』 卷一本, 655上~657上.
44 권1본, 총료간장, 大正45·247上~248中.

미하고 있다고 한다.[45]

이와 같이 규기는 불교에는 시간적인 전후가 없다고 하는 입장과 전후가 있다고 하는 입장의 양쪽을 인정하고 있다. 즉 점차에 의하면 교(敎)는 3시(三時)가 정당하며 일우보윤 삼초부동(一雨普潤 三草不同)의 비유로 교는 오직 하나뿐이라고 비난해서는 안 된다. 그러나 돈교에 의하면 3시의 교는 없다. 1시인지 3시인지는 기(機)에 응하여 설한다. 이(理)를 가지고 교(敎)를 만날 때 일우(一雨)라고 말하고, 교를 가지고 기를 대할 때 3승법을 설하는 것이므로 1과 3은 다른 것이 아니다.『법화경』은「방편품」부터「인기품」에 이르는 삼주설법에 의해서 성문을 점차로 이끌고, 그 후의 유통분에서 돈오의 기(機)를 교화하여 무생인(無生忍)을 얻게 하는 것이라고 한다. 그러나『법화현찬』은 각처에 '석삼승(昔三乘) 금일승(今一乘)', '석권교(昔權敎) 금실교(今實敎)'라고 설하고 있기 때문에 실제로는 점교인 3시교판 쪽을 중심으로 논술하고 있다.

기(機)에 대해서는 종성(種姓)의 유무(有無)·동이(同異)·통별(通別)에 의해 여러 경론에는 일기(一機)·이기(二機)·삼기(三機)·사기(四機)·오기(五機) 등 법을 듣는 기를 여러 가지로 설하고 있다고 하면서 실례를 인용하고,『법화경』에서의 기(機) 표현도 각각이라고 하여 다른 경의 예와 대조하여 논하고 있다. 이상과 같이 여러 가지로 표현하는 것은 요컨대 적절하게 기(機)를 교화하기 위해 이 경을 설하고 있기 때문이라고 하는 것이다.[46]

(3) 성문의 성불

『법화경』의 특징적인 교설인 성문의 성불을『법화현찬』은 어떻게 이해하고 있

---

45 즉「我等內滅, 自謂爲足, 唯了此事, 更無余事」初時敎也.「我等若聞淨佛國土敎化衆生, 都無欣樂」第二 時敎也「佛亦如是, 現希有事. 知樂小者, 以方便力調伏其心, 乃敎大智. 我等今日, 得未曾有. 非先所望而 自得」第三時敎也.(권1본, 65下~65上).

46 坂本幸男,『法華經の中國的展開』, 348~352頁 참조.

을까. 총설 제1문은 주로 이 문제를 논하고 있는데, 여기에서는『유가론』·『법화론』에 설하는 4종 성문(聲聞)에 의해 논지를 전개하고 있다. 4종 성문이란 ①결정성문(決定聲聞)=취적문(趣寂聞), ②증상만성문(增上慢聲聞), ③퇴보리심성문(退菩提心聲聞)=회향보리성문(廻向菩提聲聞), ④변화성문(變化聲聞)인데『법화론』은 이것을 수기에 관련시켜 논하고 있다.『법화경』의 수기에는 크게 불기(佛記)와 보살기(菩薩記)가 있다. 불기는 주로 성문에 대해 이루어지는 것으로, ③·④에 대해서 부처님은 기(記)를 주지만 ①·②에 대해서는 근(根)이 미숙하기 때문에 수기하지 않는다. 보살기란 상불경보살이 "그대들은 실로 작불(作佛)할 것이다"라고 하여 예배행을 한 것을 가리키고 '중생실유불성'의 의미를 나타내지만, 그것은 중생에게 보리심을 일으키게 하기 위해서 ①·②의 성문은 보살의 기를 받는다고 하는 것이다. 이상을『법화론』에서는 다음과 같이 논하고 있다.

　　2종의 성문은 여래 수기(授記)한다. 이른바 응화자(應化者), 퇴이환발보리심자(退已還發菩提心者)이다. 만약 결정자(決定者), 증상만자(增上慢者)의 2종성문이라면 근(根)이 미숙하기 때문에 여래는 수기를 주지 않는다. 보살은 방편으로 보리심을 내게 하기 위해서 수기를 주는 것이다.

　　이것에 대한『법화현찬』의 해석은 먼저 유식설에 따라서 정성성문(定性聲聞)과 부정성성문(不定性聲聞)을 구별하고 ①과 ③이 이것을 나타낸다. 법화 회상에서 기(記)를 받는 것은 주로 ③이고 사리불이 그 대표이다.

　　나(我, 佛)는 옛적에 그대에게 지원하여 불도를 가르쳤다. 그대는 지금 다 잊었다. 방편으로 스스로 이르기를 이미 득멸(得滅)했다(「비유품」).

　　자신은 잊고 있지만 전세(前世)에 보살행을 닦아 퇴전한 자로서 회심향대(廻心向

大)할 수 있다. 때문에 퇴심(退心. 退己還發菩提心)의 성문은 부정성이고 근숙(根熟)이다. 다만 부정성이 퇴심에 한한다고 하는 것은 아니다. 응화(應化)는 불·보살인 자가 성문을 인도하기 위해 그 모습을 취해 시현한 것으로 「오백제자수기품」에 설하는 부루나 등이 그것이다. 그러므로 『법화경』의 일승은 퇴심을 주로 하여 거듭 응화를 위해서 설한 것이라고 볼 수 있다.

①·②에 대해서는 부처님은 수기(授記)하지 않지만 보살은 수기한다고 되어 있다. ②의 증상만(增上慢)은 범부이면서 제4선(第四禪)을 얻어 아라한에 이른 것이라고 생각하는 것이므로 회소향대할 수 있고, 이에 대해 상불경보살은 인기(因記)를 갖추어 불종성(佛種姓)이 있음을 믿게 하고 발심하여 대승의 행을 닦게 하는 것이다. ①의 취적(趣寂, 定性)은 이미 대승의 종성(種姓, 行佛性)이 없는 것이므로 근불숙(根不熟)이기 때문에 부처님은 수기하지 않는다. 보살이 이것을 수기하는 것은 이성인(理姓因, 理佛性)을 갖춤으로써 대승을 믿어 법(法)에 우매하지 않게 하기 위한 것이다. 근미숙인 자가 후에 성숙한다고 하는 것이 아니고, 보살의 수기에 의해 대승을 수행하여 성불한다고 하는 것도 아니다.

이와 같이 취적과 증상만은 의미가 다른 것인데, 『법화론』의 역자는 양자를 한 곳에 합하여 "근미숙하므로 여래는 수기를 주지 않는데 보살은 수기를 주는 것이다. 방편으로 보리심을 발하게 하기 위해서"라고 말하고 있다. 여기서 전자는 대승을 신해하는 마음을 일으킬 뿐으로 대승을 닦는 것이 아니다. 후자는 대승에 취향하여 이를 닦는 마음을 일으키는 것이라고 이해해야 한다. 「비유품」을 주석하는 곳47에서 규기는 이를 다시 설하여 다음과 같이 논하고 있다.

여기에 미숙(未熟)이라고 하는 것은 증상만은 그럴 것이다. 취적(趣寂)은 필경 성숙하지 못하는데 왜 미숙하다고 하는가. 미(未)는 불(不)이다. 리(理)에 준하여 마땅히 말해야

---

47 권5본 大正 742中.

할 것이다. 취적의 사람은 법에 어리석지 않지만 신근(信根)이 아직 성숙하지 못하므로 부처님은 기(記)를 주지 않는다. 분명하게는 내세에 작불할 수 있다고 기하지 않기 때문이다. 보살의 기를 줄 수 있는 것은 모두 기별(記莂)한다. 이불성(理佛性)이 있으므로 방편하여 대승을 믿는 마음을 내게 하는 것이다.

즉 취적의 근미숙은 '불숙(不熟)'의 의미이고, 보살수기는 이불성(理佛性)의 존재를 확인케 한다. 유식설은 공삼승(共三乘)을 주장하고 사상·교리에서 대소승은 통일되지만 실천의 과정과 증과(證果) 즉 인격에서는 삼승은 별도라고 하는 입장에 있다. 따라서 『법화현찬』은 취적을 대승에 대한 '불우법(不愚法)'[48]이라고 이해하여 학설로서의 대승은 이해하고 신해하지만 불과(佛果)는 취하지 못한다고 말한다. "법에 우매하지 않은 자는 불혜(佛慧)를 해득하나 증득하는 것은 아닌 것이다."[49] 또한 "법에 우매하지 않은 자는 뜻을 믿을 수는 있으나 원하여 행(行)을 닦을 수는 없는 것이다."[50]

『법화론』의 '근미숙'은 후시에서 성숙하면 성불할 수 있는 것이라고 해석될 여지를 남기고 있지만, 『법화현찬』은 이를 불숙(不熟)이라 하여 정성성문의 성불을 부정한다. 또한 4종 성문에 관련하여 보살도 돈오(頓悟)·점오(漸悟)로 나뉜다고 말한다. 점오는 회소향대한 보살로 이에 두 가지 뜻이 있다. 하나는 이승(二乘)의 과(果)를 얻고부터 발심하여 대승으로 향하는 자, 다른 하나는 과(果)는 깨달음이 없으나 다투어 2승의 마음을 발하고 2승의 행(行)을 닦고부터 대승으로 귀의하는 자이다. 이에 대해 성문의 범부위(凡夫位)로부터 대승으로 귀의하는 자는 돈오에 들게 된다. 규기는 이렇게 정리하면서 결정종성(決定種姓)은 불우법이고 부정종성(不定種姓)은 다시 대승을 구하기 때문에 응화는 교화제도를 위해서 수기하는 것이라

---

48 불우법(不愚法)이란 법에 우매하지 않은 것을 뜻한다.

49 권9末, 大正826下.

50 권6本, 大正765上.

고 논하고 있다.[51]

(4) 일승론

『법화현찬』은 사상 내용으로 말하면 「방편품」 중심이다. 「서품」과 「방편품」을 상세하게 주석하고 「비유품」 이하는 눈에 띄게 간략하다.[52] 「방편품」 주석에는 여러 가지 문제를 논하고 있지만 특히 "일승의 뜻은 바로 이 경의 지붕(宗)이다"라고 말하고 있다. 따라서 가장 중요한 것은 일승론(一乘論)이라고 볼 수 있다.

『법화현찬』에서 「방편품」의 주석은 처음에 내의(來意), 석명(釋名), 출체(出體)의 3 문으로 나누고 그다음에 수문 해석을 한다. 석명에서 방편의 명목을 상세하게 논하고 출체에서는 방편을 후득지(後得智)라고 하여 유식학적으로 해석한다. 일승론은 "제불여래(諸佛如來), 단교화보살(但敎化菩薩), 제유소작상일사(諸有所作常一事)……" 이하의 경문을 해석하면서 논하고 있는데, 체성(體性), 명자(名字), 설의(說意), 차별(差別), 문답변(問答弁)의 5문으로 나누고 있다.

체성은 또 총합체(總合體)·수승체(隨勝體)·진실체(眞實體)의 셋으로 나누어 여러 경론의 설을 널리 인용하고 있다. 그 가운데 수승체는 다시 6가지로 나누고 일승은 연화의 두 가지 뜻에 의해 교리행과(敎理行果)의 네 가지 뜻을 갖춘다고 논하고 있으며, 진실체는 "근본 대승의 교리행과 및 능히 대승에 드는 방편의 4법을 모두 일승이라 한다"라고 하는 것이고, 근본의 교(敎)·리(理)·행(行)·과(果)와 방편의 교·리·행·과 하나하나에 대해 세밀하게 설명하고 있다. 여기에서 불승과 보살승의 관계에 대해 논하기를, 불승은 과(果)를 들어 인(因)을 섭함에 이름하고, 보살승은 인(因)을 들어 과를 섭함에 이름 한다고 한다.[53]

다음에 명자·설의·차별을 논하고 있는데, 제4문의 「차별을 나타낸다」고하는 곳

---

51 坂本幸男, 『法華經の中國的展開』, 352~355頁 참조.
52 『법화경론』도 같다.
53 坂本幸男, 『法華經の中國的展開』, 362~363頁 참조.

에서는『법화경』의 일승과『승만경』・『열반경』의 일승을 대조하고,『법화경』의 일승설(一乘說)은 방편인데 대하여『승만경』의 일승설은 진실이라고 함으로써『승만경』의 일승설은『법화경』의 그것을 포괄하는 것처럼 설명하고 있다. 이것은『법화경』보다도『승만경』의 쪽이 유식학적이론을 정비한 형태로 나타나고 있다고 하는 인식에 의한 것일 것이다.[54]

(5) 몇 가지 품의 해석

『법화현찬』은 사상적으로는「방편품」중심이고 일승설로 대표되기 때문에 그 이후의 품들에 대한 해석은「방편품」의 연장인 것처럼 보인다.「방편품」이후의 수문 해석에서 주의를 끄는 몇 가지 문제를 살펴보겠다.

① 지혜에 대해

『법화현찬』에서는「방편품」의 '제불지혜 심심무량(諸佛智慧 甚深無量), 기지혜문 난해난입(其智慧門 難解難入), 일체성문 벽지불 소불능지(一切聲聞 辟地佛 所不能知)'의 경문을 해석하면서 지혜를 성(性, 眞如如來藏), 상(相, 無漏能觀正體後得二智), 체(體, 塵沙万德有爲功德), 인(因, 能詮敎及万行), 경(境, 若空若有有爲無爲眞俗諦觀)의 다섯 가지로 나누어 유식학적으로 설명하고 있다.[55] 그러나 이어서 "심히 깊은 미증유법(未曾有法)을 성취하는 것은 마땅히 그 설하는 바에 따라 그 의취(意趣)를 해득하기가 어렵다"라고 한다.

그러면 붓다의 지혜를 심심(甚深)이라고 하는 것은 알 수 있지만, 지혜문은 이승(二乘)이 이미 증득한 것인데 왜 심히 깊어 2승이 해득하기 어렵다고 하는 것인가 하는 의문이 생긴다. 이에 대한 규기의 답은 "증득한 해탈은 3승이 같다고 해도 반야(般若)・법신(法身)・상성(相性)의 지혜는 2승의 얻는 바가 아니다. 그러므로 8종의 아

---

54 坂本幸男,『法華經の中國的展開』, 368頁.

55 권3, 大正697上~中(大正大藏經 第34卷의 인용으로, 이하 동일).

함심심(阿含甚深)을 설하여 2승이 알지 못함을 보여주는 것이다"[56]라고 논한다.

이것은 삼승은 법신증득(法身證得)에서의 불평등이라고 하는 유식설 이론에 따라서 설명한 것이다. 그러나 이 경문에 대응하는 「방편품」의 게송에 대해서는 2승의 부지(不知)에 더하여 "불지(佛智)는 보살에게도 부지(不知)"라고 논하고 있다. 장행(長行)과 게송 사이의 이 차이는 "이승(二乘)이 부지(不知)이기 때문에 보살도 또한 부지(不知)라고 설하는 것이다"[57]라고 하는 정도로 더 이상 문제를 발전시키고 있지 않다.

② 십여시에 대해

『법화론』의 오하법(五何法)-하등법(何等法), 운하법(云何法), 하사법(何似法), 하상법(何相法), 하체법(何体法)-의 4번 주석을 인용하여 해설하고 있다. 십여(十如)는 법상분별적(法相分別的)인 점에서 이 4번 주석 중의 제2번 석(규기는 展轉訓釋法이라고 한다)에 비슷하지만, 오하법과 십여의 차이에 대해서 그는 권3末에서, 십여는 역자가 원문을 해석하기 어렵기 때문에 『법화론』의 제2번 주석에 의해서 의역한 것이고, 이것만으로 해석하려고 하면 그것은 인정이지 성교(聖敎)가 아니라고 책하고 있는 것이다. 그리고 제2번 주석에 의해서 십여시에 오하법을 배당하여 해석하고 있다.

③ 개시오입의 사불지에 대해

『법화현찬』에서는 「방편품」에서 설하는 개시오입(開示悟入)의 사불지(四佛知)에 대해서는 세 가지 해석을 하고 있다. 첫 번째 해석은 무상의(無上義, 開), 동의(同義, 示), 불지의(佛知義, 悟), 인의(因義, 入)라는 『법화론』의 설을 부연한 것인데, 그 설명에 근본지, 후득지, 본유종자, 아뢰야식, 공여래장(空如來藏), 불공여래장(不空如來藏), 사종장의(四種藏義), 번뇌장(煩惱障), 소지장(所知障) 등 유식설의 용어가 많이 사용되고 있다. 두 번째 해석은 이 네 가지 뜻은 모두 일승을 나타낸다고 하고, 『열반경』에

---

56 권3本, 大正698上.

57 권3末, 大正705中.

의한 일승은 불성(佛性)이라고 하여 이것을 개시오입(開示悟入)의 이것저것에 맞추어 설명하고 있다. 세 번째 해석은 『열반경』의 이자삼점(伊字三点)의 가르침에 의해 네 가지 뜻 가운데 전3은 불과(佛果) 대열반의 세 가지, 즉 반야(開)·법신(示)·해탈(悟)을 나타내고, 이에 깨달아 들어가는 인(因)이 '입(入)'으로, 일반적으로 일승은 증득한 이지(理智)이지만, 능히 깨달아 들어가는 것으로서의 인(因)의 의미도 있다고 말한다.[58]

④ 삼초이목의 비유에 대해

「약초유품」의 삼초이목(三草二木)의 비유에 대해 『법화현찬』은 여러 가지 해석을 하여 매우 상세하게 논한다. 결론적으로 말하면 소초(小草)를 무종성(無種姓, 人天善根), 중초(中草)를 이승(二乘)이라 하고, 대초(大草)를 나누어 대소이목(大小二木)으로 하여 그 소목(小木)을 불퇴 이전의 보살, 대목(大木)을 불퇴 이후의 보살에 배치하고 있다. 이것은 『열반경』의 3종 병인(病人) 비유와 『승만경』의 사중담(四重担) 비유에서 모두 해석한 것인데, 『법화경』에도 4승 진실의 취지를 설하는 근거로서 이것을 이용하고 있다. 이 경우 인천승(人天乘)을 무종성(無種姓)이라고 해석하는 것은 선계경(善戒經, 『유가론』 보살지)에 '무종인 단이인천선근 이성숙지(無種人 但以人天善根 而成熟之)'[59]이라고 말하고 있는 것에 따른 것이다.[60]

⑤ 이지·이열반에 대해

『법화현찬』에서는 「화성유품」에서 보물이 있는 곳에 이르는 도중에 임시로 나타낸 이지(二地)·이열반(二涅槃)을 유여의열반·무여의열반이라고 해석하는 설을 배척하고 성문·연각의 이승(二乘) 열반이지 않으면 안 된다고 말한다.[61]

---

58 권3末, 大正710上~712下.

59 大正30, 496下·974上의 의미를 취함.

60 卷7本, 782下, 783上, 786上·下.

61 卷8本, 800中.

⑥ 불신에 대해

「수량품」의 불신(佛身)은 법신을 나타낸다고 해석한다. 『법화현찬』은 『법화론』의 「수량품」에서 말하는 3종 불보리와 그 가운데 법불보리에 대한 여래장적 해석을 인용하고 있지만, 그 이상으로 문제를 발전시키고 있지 않다. 과문(科文)의 제1설에 의하면 「수량품」은 유통분에 들어 있지만 『법화론』에서는 "근미숙(根未熟)으로서 공덕을 쌓지 않은 사람의 증상만(增上慢)을 구제하기"[62] 위해 설한 것이라고 말하고 있는데, 왜 정종분이라 하지 않는가 하는 질문에 답하여 이르기를, "일승으로 성숙한 성문에게 수기하는 것이 정종분인데, 「수량품」은 입멸시현(入滅示現) 후의 근미숙의 중생을 교화하기 때문에 정종분이 아니다. 그러므로 「제바품」에서 지적보살(智積菩薩)은 다보여래에게 본토에 돌아가도록 청하였던 것이다"[63]라고 말한다.

⑦ 예배행에 대해

『법화현찬』에서는 「상불경보살품」의 예배행에 대해서는 다음과 같이 말하고 있다. 상불경보살이 "㉠나는 그대들을 매우 존경스럽게 생각하고 그대들은 함부로 경만(輕慢)하지 않으니 과연 어찌 되겠는가(我深敬汝等 不敢輕慢 所以者何), ㉡그대들은 모두 보살도를 행하여 당래에 득작불(得作佛)하리라(汝等皆行菩薩道 当得作佛)"라 하고 예배행을 한 것이 『법화론』의 보살수기인데, 이 경문의 ㉠은 본성주종성(本性住種姓), ㉡은 수습소성종성(修習所成種姓)을, 또는 ㉠은 법신여래장, ㉡은 보신여래장의 의미를 나타낸다고 한다. 즉 잠재(潛在)와 현재(顯在)의 불성을 나누어 생각한 것이다.[64]

⑧ 신력에 대해

『법화현찬』에서는 「신력품」과 「촉루품」의 신력(神力)에 대해 모두 경의 부촉을

---

62 七種增上慢心의 對治의 제7.

63 卷9末, 大正828下.

64 卷10本, 大正839下.

나타낸다. 이 두 품에서 부촉을 나타낸다고 하는 것은 법운이나 지의 등의 견해와 같다. 그런데 심위(深位)의 지용보살이 있는데 왜 신통을 쓰는가 하면, 지용보살은 신력을 필요로 하지 않지만 초기(初機)를 권발하기 때문에 신력을 쓴다. 또 깊이 믿게 하여 중하게 부촉하고 비밀히 회이(會二)를 설하기 때문에 신력을 나타내는 것이라고 한다.[65]

4. 담연의 법화사상

1) 생애와 저술

담연(湛然, 711~782)은 진릉(晋陵) 형계(荊溪)[66] 출신으로 천태 제6대 법손이기 때문에 육조 또는 육조대사라 칭하고 형계대사(荊溪大師) 또는 묘락대사(妙樂大師), 기주(記主)라고도 부른다. 17세 때 방엄(方巖)으로부터 『마하지관』을 받고 20세 때 현랑(玄朗)의 문에 들어 약 20년 동안 오로지 법화교학의 연구에 종사하고 38세에 이르러 비로소 출가했다. 지의의 법화삼대부를 주석하여 『법화현의석참(法華玄義釋籤)』(10권, 약칭 석참), 『법화문구기(法華文句記)』(10권, 약칭 묘략), 『마하지관보행전홍결(摩訶止觀輔行傳弘決)』(10권, 약칭 보행)을 찬술하고, 그 밖에 『지관수요기(止觀搜要記)』(10권), 『유마약소(維摩略疏)』(10권), 『유마광수기(維摩廣疏記)』(6권), 『법화오백문론(法華五百門論)』(3권), 『지관의례(止觀義例)』(1권), 『지관대의(止觀大意)』(1권), 『금강비론(金剛錍論)』(1권), 『시종심요(始終心要)』(1권) 등을 찬술했다.[67]

---

65 坂本幸男, 『法華經の中國的展開』, 369~372頁 참조.
66 강소성(江蘇省) 상주부(常州府).
67 安藤俊雄, 『天台學』, 平樂寺書店, 1975, 302頁.

2) 담연의 사상적 배경

(1) 당대의 불교 상황

중국 불교에서 당(唐)대 약 300년 가운데 전기와 중기는 유례없는 황금기를 형성했다. 도작(道綽)이나 선도(善導)의 현중사(玄中寺) 계통의 정토교가 먼저 성대해지고, 이어서 도선의 남산율종(南山律宗)이 개창되고, 현장 삼장(玄奘 三藏, 600~664)이 호법(護法)·계현(戒賢) 계통의 유식사상을 가지고 천축으로부터 돌아오자 제자 규기에 의해 법상종이 개종되었다. 한편으로 현수대사(賢首大師) 법장(法藏)은 화엄교학을 대성시켜 측천무후 때 크게 활약했고 청량대사(淸凉大師) 징관(澄觀) 등의 학철을 내기에 이르렀다.

또 양(梁)대의 보리달마 이래 혜가(慧可, 487~593?), 승찬(僧粲), 도신(道信), 홍인(弘忍) 등에 의해 상승된 선종(禪宗)은 홍인 문하의 혜능(慧能, 638~712)과 신수(神秀) 이후 남선(南禪)과 북선(北禪)으로 분열되었으나, 남선 계통의 선이 유행하게 됨과 동시에 일대 비약을 이루면서 중기 이후 오가칠종(五家七宗)의 세력이 자웅을 겨루고 있었다. 또한 현종(玄宗, 682~767) 무렵부터는 선무외(善無畏), 금강지(金剛智), 불공(不空) 등에 의해 밀교계 경전의 전파와 번역이 이루어지고 당 중기에는 밀교도 융성해졌다.

이와 같이 여러 종이 성대해지는 가운데 천태종은 당 초기 이후 쇠퇴일로를 걷고 있었다. 그 이유로는 천태산이 정치나 문화의 중심인 장안으로부터 너무 먼 거리에 있다든지, 지의가 음모가인 수양제에게 지나치게 접근했다는 것 등을 들 수 있다. 그러나 천태교학의 웅대한 교상문(敎相門)의 교리체계는 물론 원돈지관의 십경십승(十境十乘)이라고 하는 관심문(觀心門)의 행규(行規)마저도 '직지인심 견성성불'을 부르짖는 선문(禪門)에서 보면 너무나 번쇄하게 보였기 때문이기도 할 것이다.

『천태별전』에 의하면 지의에게는 32명의 전법(傳法) 제자가 있었는데, 그가 입적한 후 천태교관을 전하는 데 공이 있던 사람은 장안 관정(章安 灌頂)과 지월(智越) 등이었다. 특히 관정은 삼대부를 비롯한 여러 경전 100여 권을 필록하여 지의의 강설을 후세에 전했을 뿐만 아니라『수천태지자대사별전』,『국청백록』등을 기록하여 남기고, 스스로도『열반경현의(涅槃經玄義)』와『열반경소(涅槃經疏)』를 지어 천태교학의 중심적 지도자로서 활약했다. 그러나 관정이 입적한 후 천태종은 쇠퇴의 길로 접어들었고 천태산이나 지의의 고향인 형주를 중심으로 천태교관이 겨우 전해지고 있었다.

(2) 천태종의 쇠퇴와 담연

제2조 관정이 입적한 후 제5조 현랑(左溪 玄朗)까지의 시대를 천태종의 제1기 암흑시대라고 칭하고 있다. 그러나 남산율종의 개창자인 도선, 화엄종의 현수 및 청량, 밀교의 일행(一行) 등은 천태교학을 섭취함으로써 법화사상의 영향을 받은 것으로 볼 수 있다. 특히 천태 제5조 현랑은 순정천태(純正天台)의 부흥을 위해 노력했는데, 현랑은 처음 회계묘희사(會稽妙喜寺)의 인종선사(印宗禪師)에게서 선을 배웠으나 이에 만족하지 않고 후에 혜위(慧威)에게 사사하여 천태교관을 받고 난 후 지관(止觀)을 전수했다고 한다. 그러나 그에게는『법화경과문(法華經科文)』2권의 찬술이 있고, 또『법화경문구』까지도 수치(修治)했다고 전해지고 있다. 담연은 이를 계승하여 천태의 정통 종의(宗義)를 천명하고 천태교관의 부흥을 실현하고 천태 제6조의 지위에 올랐다.[68]

그러나 지의의 웅대한 교판체계에 의해서 일단 법화지상주의(法華至上主義)는 확립되었지만 지의의 입적 후 여러 종의 흥륭에 의해 특히 법상종이나 화엄종의 개창과 함께 천태교판의 새로운 전개와 강화가 요구되었다. 특히『법화경의소』,『법화현론』,『법화통략』,『법화유의』등을 찬술한 길장은 삼론종의 입장에 입각하고 있는 것만으로도 반야 최승의 사상이 농후하지만, 비교적 후기의 저작으로 추정되는『법화통략』이나『법화유의』에서는 법화지상주의의 입장으로 전환하고 있

---

68 安藤俊雄,『天台學』, 299~302頁 참조.

었다. 또한 길장이 3차가(三車家)의 입장을 주장한 점 등은 천태종의 4차설(四車說)과는 대립되는 것이지만 법화지상주의의 사상에서는 공통되는 점이 있어 길장의 법화사상이 반드시 천태종의 법화학설과 정면으로 대립되는 것은 아니었다.

그런데 법상종의 규기의『법화현찬』은 여러 가지 점에서 법화지상주의와 갈등을 빚었다. 규기는 오성각별(五性各別)의 입장에서 삼승진실 일승방편(三乘眞實 一乘方便) 설을 주장하며『법화경』의 '삼승방편 일승진실설'이 퇴대취소(退大取小)의 성문(聲聞)·여래승성(如來乘性)·부정승성(不定乘性)·대비천제(大悲闡提)에 대한 방편 교설이라고 강조했다. 뿐만 아니라 그는『승만경』을 근거로『법화경』에 삼승진실 일승방편의 교설이 있다고 주장했다.

그리고 이 법상종의 학설에 이어서 법장(法藏, 643~712)의 화엄교학이 성립되자 이것 또한 천태교학의 법화지상주의와 일치할 수 없는 관계에 놓였다. 즉 법장은 그 5교판에서 일대불설(一代佛說)을 소(小)·시(始)·종(終)·돈(頓)·원(圓)의 5교로 분류하고, 동교일승(同敎一乘)과 별교일승(別敎一乘)을 구별하여『화엄경』을 별교일승,『법화경』을 동교일승에 속하는 것이라고 주장했다. 그리고 징관(澄觀, 738~839)에 이르러서는 법화종교설(法華終敎說)의 경향이 현저해졌다. 그의 근본법륜(根本法輪)·지말법륜(枝末法輪)·섭말귀본법륜(攝末歸本法輪)의 3종 법륜설에 의하면,『화엄경』은 근본법륜이라고 하는 별격(別格)의 지위에 있지만『법화경』은 섭말귀본법륜에 지나지 않는다고 하는 것이다. 특히 징관의 천태교관에 대한 비판적 태도는 법장보다 훨씬 엄격하여 화엄교학을 돈돈교(頓頓敎)라고 하고 천태교관을 점돈(漸頓)이라고 규정할 정도였다.

이와 같이 법장과 징관의 화엄교학이 성립함으로써 지론(地論) 계통의 화엄원돈 사상이 불교학계의 표면으로 나타나게 되자 화엄지상주의와의 심각한 교판상의 대결을 거쳐 조직된 천태학에게는 커다란 충격이 아닐 수 없었다. 따라서 천태 제6조 담연의 교학은 최고 목표를 지의 이후의 새로운 사상과 대결함으로써 법화지상주의를 재흥하는 점에 두게 되었다. 담연은 이러한 입장에서 법화초팔(法華超八)

이론을 조직했다.

3) 법화초팔 사상과 『법화문구기』

(1) 법화초팔

법화초팔이란 『법화경』이 화의사교(化儀四敎) 및 화법사교(化法四敎)를 초월한 별격의 교설을 설하는 것이라고 하는 견해이다. 즉 화의화법(化儀化法)의 팔교(八敎)는 4시(四時)의 교화 인도를 분류하는 것에 지나지 않으며, 따라서 법화 이전의 설하는 원교(圓敎)는 법화원교와 결코 동일하지 않다고 하는 것이다. 그러므로 제5시 『법화경』의 설법은 팔교의 범주에 포함되는 것이 아니라고 주장한다. 이러한 주장은 이미 지의의 학설 가운데도 있었지만, 지의는 대부사교의(大部四敎義)와 같은 석가의 일대교법 전체가 화법사교에 포함된다고도 논하는 등 법화초팔를 명확하고 일의적으로 논구하지는 않았던 것이다.

그러나 담연은 법화초팔의 주장을 세우기 위해 먼저 교(敎) 및 부(部)의 2면에서 법화원교(法華圓敎)와 법화 이전의 원교를 구별해야 할 것을 제창했다. 즉 교체(敎體)로 보면 법화원교와 법화 이전의 원교는 동일하지만, 부(部)의 관점에서 보면 법화시에만 순수원교(純粹圓敎)를 설했다는 것이다. 즉 이전에는 겸대(兼帶) 등의 제약이 있어 설한 것이 순수하지 않고 팔교도 법화 이전 4시의 설법에 지나지 않으나, 『법화경』은 팔교를 넘어선 특이한 교설이라고 하는 것이다. 이렇게 부(部)에 중심을 두고 말하면 『법화경』은 비밀교 이외의 7교를 완전히 초월한 것이다. 그리고 교에 중심을 두어 말하면 법화 이전 4시의 돈(頓)·점(漸)·부정(不定)·장(藏)·통(通)·별(別)의 6교를 초월하고, 따라서 법화 이전에 설한 원교(圓敎)와 법화원교(法華圓敎)는 동일한 것이라고 보는 것이다. 이 약교별여(約敎別与)·약부통탈(約部通奪)이라고 하는 관점은 담연이 처음 제창한 것으로 이후 천태학파의 중요한 공식이 되었다.

담연은 또 『묘락』(권1)에서 여시(如是)를 해석하는 글을 주(註)하여 이르기를 "금경(수경)(8)은 무엇에 속하는가. 만일 초팔(超八)의 여시(如是)가 아니라면 어찌 이 경을 들은 것이라 하겠는가"라고 단정하고 있다.

이렇게 하여 법화초팔의 입장을 명시함과 동시에 지의의 참뜻에 더하여 『법화경』과 다른 경의 차이를 명확히 하고, 특히 『화엄경』에 대해서는 십의부동(十義不同), 『열반경』에 대해서는 십육이(十六異)를 들 정도로 놀라운 노력을 하고 있다. 특히 징관의 3종 법륜설에 대해서는 『지관의례』(권하)에서 다음과 같이 반론을 펴고 있다.

근래의 판교(判敎)는 거의 화엄을 가지고 근본법륜(根本法輪)이라 하고 법화를 가지고 지말법륜(枝末法輪)이라 한다. 다만 천태대사(지의)만이 영취(靈鷲)에 친승(親承)하고 대소(大蘇)에 묘오(妙悟)한다. 스스로 장소(章疏)를 지어 10의(十義)를 가지고 이와 비교한다. 적문(迹門) 또한 특별하고 본문 너무 다르다. 그러므로 현문(玄文) 중에 대저 모든 해석은 모두 먼저 교(敎)에 중심을 두고 판단하면 즉 삼추일묘(三麁一妙)이다. 다음에 미(味)에 중심을 두고 판단하면 즉 사추일묘(四麁一妙)이다. 어찌 추(麁)를 가지고 돈돈(頓頓)이라 칭하고 묘를 가지고 도리어 점원(漸圓)이라 하는가.

여기서 징관이 『법화경』을 지말법륜이라고 했다고 하는 것은 섭말귀본법륜의 오류이지만, 담연이 특히 징관의 학설을 대결 상대로 하고 있는 점은 유의해야 할 것이다. 그리고 규기나 이섭이 주장한 촉루경말설(囑累經末說)에 대해서는 『묘락』과 『법화오백문론』 등에서 상세한 반론을 가하고, 규기가 논하는 팔상위(八相違)에 대해서는 팔불가(八不可), 이섭(利涉)이 주장하는 이난(二難)에 대해서는 총별(總別)의 이불가(二不可)로 대항하며 촉루경중설의 입장을 주장했다.[69]

---

69 安藤俊雄, 『天台學』, 303~307頁 참조.

(2) 『법화문구기』

　『법화문구기』는 지의의 『법화문구』에 관한 주석서이다. 『법화문구』는 청기본(聽記本), 수치본(修治本), 단구첨삭본(丹丘添削本), 천보재치본(天寶再治本)의 네 단계를 거쳐 성립되었다고 한다.[70] 청기본은 587년 지의가 50세, 관정이 27세 때 작성되었다. 즉 지의가 『법화문구』를 강설할 때 만들어진 것이다. 이것이 작성된 장소는 금릉 광택사이다. 수치본은 614년 전후에 만들어졌는데, 관정은 이때 청기본을 하나의 저작으로서 형태를 갖추었다. 그 후 629년 관정은 단구(丹丘)에서 수치본에 첨삭을 했는데, 이것이 단구첨삭본이다. 천보재치본은 천보 7년년 즉 748년에 현랑이 단구첨삭본을 다시 손질한 것이다.

　따라서 『법화문구』는 천보재치본까지 고려하면 지의의 강설이 관정의 손을 거쳐 현랑에 이르러 성립한 것이 된다. 담연이 현랑에 의해 손질된 천보재치본을 주석했다면 『법화문구기』는 748년 이후 완성되었다고 볼 수 있다. 또한 『법화문구』 권말에 불공(不空)의 제자인 함광(含光)에 대한 기사가 있는 것으로 보아 대략 780년 전후에 성립되었을 것이라고 추측하기도 한다.[71]

4) 『법화오백문론』

　『법화오백문론』은 "비릉사문 담연 술(毘陵沙門 湛然 述)"[72]이라고 하는 찬호로 담연의 찬술서임을 알 수 있다. 『법화오백문론』은 규기의 『법화현찬』을 논파하기 위한 논서로 대략 766~779년 사이에 찬술된 것으로 보고 있다.

　현재 만속장경(卍續藏經)에 수록되어 있는 『법화오백문론』은 상·중·하 3권본인데, 담연은 『법화오백문론』에서 규기의 『법화현찬』의 주요한 점을 품품(品品)마다

---

70 佐藤哲英, 『天台大師の研究』, 百華苑, 昭和 36, 361~363頁 참조.
71 佐藤哲英, 『天台大師の研究』, 298頁; 日比宣正, 『唐代天台學序說』, 山喜房, 昭和 41, 320~321頁 참조.
72 『法華五百問論』, 卍續藏 2·5·4·334 등.

적출하여 그것을 논파하는 형식을 취하고 있다. 즉 상권에서「서품」과「방편품」의 주석을, 중권에서「비유품」과「화성유품」의 주석을, 하권에서「다라니품」을 제외한「오백제자품」과「권발품」의 주석에 대해 논파하며, 하권에서『법화현찬』의『법화경』20품에 대한 주석을 다시 정리하고 힐난하고 있다.

담연은『법화오백문론』에서『법화현찬』에 대해 371(상권111, 중권135, 하권125)개에 이르는 난문(難問)을 제기하며 자신의 주장을 펼치고 있다. 예컨대「촉루품」부분을 보면, 맨 처음과 맨 마지막에 담연의 질문이 있고 중간의 해석은 모두『법화현찬』의 글을 인용하고 요약하는 형식을 띠고 있다.[73] 따라서 담연이『법화오백문론』에서『법화현찬』을 논파하는 방법은, 먼저 저자가 어떤 질문을 내고,『법화현찬』의 주석을 답으로 하고, 이어서 그 답에 대해 저자의 어려운 질문을 논하여 그 잘못된 견해(謬見)를 분명히 하는 것이다.『법화오백문론』은 대부분의 내용에서 이러한 방법에 따르고 있다.[74]

그런데 이와 같이 많은 난문의 가장 중요한 주제는 정성이승(定性二乘)의 성불성(成不成) 문제라고 할 수 있다. 또한 일승과 삼승의 권실문제(權實問題), 3차·4차론(三車四車論) 등도 제기되고 있지만 그것들은 지말적(枝末的)인 문제라고 볼 수 있다. 이들 난문 중에는 각 품의 분절(分節)이 타당한지, 석의(釋義)가 적합한지 등에 대한 것도 있다. 예를 들어「약왕품」과 관련된 부분에서 '후오백세(後五百歲)'라고 설하는『법화경』의 글을 어떻게 이해할까 하는 것을 논하는 있고,「비유품」의 일단에서는 삼차계(三車系), 사차계(四車系)의 논쟁과 관련해 규기의 삼차계에 대해 반론하고 있다. 또한 이불성(理佛性)의 위에서 모두 불성이 있고 행불성(行佛性)의 면에는 무성(無性)인 것이 있다고 말하는『법화현찬』의 설에 대해, 담연은 이(理)는 반드시 행(行)이고 행은 반드시 이(理)라고 설하여 무성(無性)의 것은 없다고 논한다. 그리고『법

73『法華玄贊』권10本, 大正34·842下, 843上.

74『法華玄贊』의 文意의 분명하지 않은 부분에는 양쪽의 질문을 내어 어느 것도 不可라고 한다.

화현찬』의 글을 인용하여 "『법화현찬』에 이르기를, 행성(行性)을 중심으로 유종성(有種性)과 무종성(無種性)을 설하고 행성이 없는 무종성은 발심하고 정진하여도 무상보리를 얻을 수가 없다. 다만 인천(人天)의 선근만을 성취하는 데 머문다"고 하는 것에 대해, "『법화현찬』은 무성(無性)을 결정성문이라고 하지 않는다고 말하면 좋지 않겠는가" 하고 힐난하고 "이승(二乘)의 사람에게조차 없다고 하기 때문에 삼도(三途)와 사취(四趣)는 도리로서 있다고 할 수가 없는 것이다"라고 말하고 있다.[75]

5. 밀교와의 교류

1) 일행의 『대일경소(大日經疏)』

(1) 일행의 생애와 저술

① 생애

『석씨요록(釋氏要錄)』에 따르면, 일행(一行, 683~728)의 속성은 장(張)씨이고 이름은 수(遂)이며, 섬국 거록현(鉅鹿縣) 출신이다. 21세에 부모를 잃은 것이 출가의 동기라고 한다. 일행의 이름은 천태의 4종삼매의 하나인 상좌삼매(常坐三昧)의 별명이므로 천태의 상좌삼매의 달인이라고 볼 수 있다. 어려서부터 총명하고 커서는 하루에 만문(萬文)을 익혔다고 한다. 『석씨요록』에 이하면 처음 장안(章安)이 제자인 형주(荊州) 옥천사(玉泉寺)의 홍경(弘景)에게 출가했기 때문에 당연히 천태의 상승이라고 보아야 할 것이다.

이어서 보적선사(普寂禪師)의 문에 들어 선문(禪門)을 깊이 연구하고 당양(當陽) 진찬(眞纂)에게 율부를 배웠다. 또 역수산법(曆數算法)의 술(術)에 정통했고 그 심오한

---

75 日比宣正, 『唐代天台學序說』, 290~298頁 참조.

뜻에 통달했다. 당나라 현종은 그 이름을 듣고 개원 3(715)년에 궁정에 들게 하니 일행의 나이 34~35세 때의 일이다. 개원 9년에는 칙소를 받들어 『대연력(大衍曆)』을 찬하고 11년에는 『황도의(黃道儀)』를 지었다.

이보다 앞서 개원 4년 처음으로 선무외(善無畏)가 중국에 오자 그에게서 태장(胎藏)의 법을 받고, 8년 금강지(金剛智)가 오니 또한 그에게 『금강정경』의 비결을 받았다. 12년 선무외가 『대일경』을 번역함에 따라 일행은 그 역장(譯場)에 참여해 금강지의 설명을 필기하여 『대일경소』(20권)을 짓고 15년 9월 병을 얻어 10월 8일 장안 화엄사에서 입적했다. 향년 45세였다. 현종은 애석함을 금치 못하고 조정의 일을 3일간 폐하고 대혜선사(大慧禪師)라 시호하고 친히 그 비명을 지었다.

쿠카이(空海)의 『진언부법전(眞言付法傳)』에는 현종이 그 입적을 듣고 스스로 비명을 짓고 또 비석 위에 썼다고 하는 글이 전해지고 있는데, 그에 의하면 음양의 외(外), 선(禪), 율(律), 밀(密)의 상승(相承)했다고 한다. 일행의 상승을 요약하면, 홍경의 천태, 보적의 선법, 감진(鑑眞)의 계법, 즉 현교의 삼학을 한 몸에 상승하고 또 후에 선무외와 금강지로부터 밀교의 상승을 받았다.

현교에서의 삼학 교류를 살펴보면, 이미 지의가 보례(普禮)의 글에 허공부동(虛空不動)의 삼학을 설하고 정혜(定慧)의 지관을 표면에 내세우고 계를 안으로 구축하여 오로지 『마하지관』을 홍통했고, 홍경은 지의의 지관을 상승한 사실이 있다. 즉 앞서 살펴본 법운과 지의의 사차대(四車對), 길장과 규기 등의 삼차설(三車說)에서 보이는 법화의 교학사상은 진언밀교와 교류했음을 알 수 있다. 이러한 현밀 교류 시대에 먼저 천태종의 일행과 진언종의 불공(不空) 두 사람을 들 수가 있다. 일행은 후에 진언종으로 돌아갔다. 이와 같이 당시 이미 삼학의 교류의 기운이 무르익고 또 일행에 의한 현밀 교류를 『대일경소』에서 볼 수 있는 것이다.[76]

---

76 塩田義遜, 『法華敎學史の硏究』, 348-355頁 참조.

② 저술

일행은 율과 여러 경론의 요문(要文)을 채집하여『섭조복장(攝調伏藏)』(10권)지었고 또 이를 스스로 주해했다. 이 외에도『숙요의궤(宿曜儀軌)』,『대비로자나불안수행의궤(大毘盧遮那佛眼修行儀軌)』,『칠요성신별행법(七曜星辰別行法)』, 북두칠성호마법(北斗七星護摩法)』,『범천화라구요(梵天火羅九曜)』,『약사유리광여래소제난염송의궤(藥師琉璃光如來消除難念誦儀軌)』,『만수실리염만덕가만애비술여의법(曼殊室利焰曼德迦萬愛秘術如意法)』각 1권이 있다. 또 번역한 것으로『금강정경비로자나-백팔존법신계인(金剛頂經毘盧遮那-百八尊法身契印)』(1권)이 있다.[77]

(2)『대일경소』와 법화만다라

일행의『대일경소』에 나타난 법화사상을 살펴보겠다. 일행은『대일경소(大日經疏)』에서『법화경』과『대론』등을 비롯한 여러 경론을 여러 곳에서 인용하고 있지만 법화에 대해서는 서(序), 방편, 비유, 신해, 화성, 법사, 제바, 안락, 용출, 수량, 분별, 수희, 육근, 불경(不輕), 신력, 촉루, 엄왕(嚴王), 보현 등 거의 일경(一經)에 걸쳐 경문과 그 뜻을 인용하거나 해석하는 것이 자재무애의 경지이다. 그 가운데「방편품」과「수량품」의 2품을 중심으로 한 점이 가장 주목된다.

다른 경론으로서는 진언 3부를 비롯하여『아함경』등 20여 부에 이르고 논과 율부에까지 미치고 있다.『대일경소』의 진언적인 입각지는 비밀태장에 속하지만, 현교의 사상으로서는『법화경』, 논으로서는『대론』, 지의의 삼제원융(三諦円融)과 진언의 삼밀유가를 오가며『대일경』을 주석하고 있다.『대일경소』의 주석은 고래의 대의(大意), 해제, 개장(開章) 등의 순서에 의하지 않고 직접 경문을 천략심비(淺略深秘)에 의거해 주석하고 있다. 이러한 천략심비의 주석은 지의가 교상과 관심에 관해 주석하는 뜻과 유사하지만, 선무외가 전하는 바라고 서술하고 있다. 또『대

---

77 望月信亨,『佛教大事典』, 佛教大辭典發行所, 193, 1129頁.

일경소』「구연품」(3)에는 천심이석(淺深二釋)에 통달함을 아암리(阿闍梨)라고 한다하고, 『대일경소』「주심품」(2)에서 아사리 즉 일체 제존의 삼밀을 해석하는 가장상수(上首)의 사람을 아사리라고 부른다고 한다. 또 『대일경소』「구연품」(7)에는 불생(不生), 공(空), 유(有)의 세 가지 뜻에 의거해, 아자(阿字)를 주석하면서 용수의 『중론』의 인연소생법 등의 4구(四句)와 『대론』의 살바야(薩婆若) 즉 지(智)에 일체지(一切智), 도종지(道種智), 일체종지(一切種智)의 세 이름이 있다고 설하는 것 등은 아자천략석(阿字淺略釋)이라 하고, 진언의 뜻에 의해 수일일문(隨一一門) 즉 일체법계문이라고 논하는 것을 심밀석(深密釋)이라고 한다.

이상과 같이 논하는 것은, 현교의 주석은 천략(淺略)의 뜻으로 이것은 지의의 수타의어(隨他意語)에 상응하고 비밀의 주석은 심비(深秘)의 뜻으로 이것은 수자의어(隨自意語)에 상당하는 것이다. 그렇다면 지의의 교상과 관심은 진언의 교상(敎相)과사상(事相)에 상응하고 천심이석(淺深二釋)은 수자타의 주석에 상응하는 것이다.

이러한 주석은 일행과 함께 선무외의 직계 제자인 신라 영묘사(靈妙寺) 부사의(不思議)의 『공양차제법소(供養次第法疏)』(2권)에도 볼 수 있다. 『공양차제법소』에는 일행의 『대일경소』를 곳에 따라 인용하고, 대의·유래·제석·수문의 4문(四門)에 대해『대일경』 최후의 공양차제를 해석하고, 하권의 끝부분에 제2비밀석까지는 상겸존유상(尙兼存有相)의 설이라고 하는데, 이와 같은 삼중비석(三重秘釋)은 전적으로일행의 이중비석에 유래하는 것이 분명하다.

그러면 일행의 적문천략설(迹門淺略說)이란 과연 무엇인가. 『대일경소』(4)에 유여무여(有余無余)의 수기를 논하면서 적문(迹門)의 비유수기 등의 현전수기(現前授記), 「법사품」의 재멸수기(在滅授記)를 무여기(無余記), 불경경훼(不輕輕毀)의 사중(四衆) 및 열반의 실유불성을 유여기(有余記)라고 하고, 이러한 점오의 유여기까지도 적문천략의 설이라고 한다. 이에 대해 현전 돈오의 무여기를 진언의 여실지자심(如實知自心)에 맞는 심비석이라고 해석한 것은 『대일경소』「주심품」(1)에 여실지자심의 글을해석하여 "진언 행자가 초발 심시에 자심의 실상을 직관하고 불생(不生)임을 깨달아 알게 된 즉 즉시인법희론(即時人法戲論)이 만약 허공처럼 맑으면 자연히 깨달음(覺)을 이루어 다른 이의 증오(證悟)에 말미암지 않으리니, 마땅히 알라, 이 관(觀)은 또 이름 하여 법명도돈오문(法明道頓悟門)이니라'고 하는 것은 여실지자심 즉 요지본불생(了知本不生)인 돈오문의 아자관(阿字觀)을 설하는 것을 본문적 심비석이라고 하는 것이지만, 이것을 자연각(自然覺)이라고 설 하는 것은 본각(本覺)의 주석에 유사하기 때문일 것이다. 그 앞의 글에서 다음과 말하고 있다.

그는 말한다. 제법실상이란 즉 이것은 이 경의 심(心)의 실상이니, 심실상(心實相)이란 즉 이 보리도 다른 뜻이 다시없다. 내지 또한 중연(衆緣)에 따라 생겨나니 즉공즉가즉중(即空即假即中)으로 모든 희론(戲論)을 멀리 여의고 본래 불생(不生)의 경계에 이른다. 본래 불생(不生)인 것 즉 이 자성청정심이니 자성청정심 즉 이 아자문이다. 마음으로 아자문에 들어가므로 마땅히 알라. 일체법 모두 아자문에 드는 것이다.

이처럼 일행은 법화의 제법실상 즉 지의의 삼제실상과 진언의 아자관을 같은 뜻으로 해석한다. 이것은 『대일경소』의 "이 가운데 개시(開示) 즉 부처의 지견(佛知見)과 법화(法華)의 뜻은 같다" 등의 문장을 보아도 분명하다. 『대일경』과 『법화경』은 완전히 같은 돈수(頓修)의 경전이다. 또한 삼밀돈수(三密頓修)의 행을 『법화경』의 돈수의 일념수희로 주석한 것은 현밀 교류의 일념돈수라고 이해할 수 있는 것이다.[78]

2) 불공의 『성취묘법연화경왕유가관지의궤』

(1) 불공의 생애와 저술
불공(不空, 705~774)은 일행보다 23년 후인705년 스리랑카에서 태어났다. 범명은

---

78 塩田義遜, 『法華敎學史の硏究』, 368-373頁 참조.

아모가바즈라(amoghavajra) 즉 불공금강(不空金剛)이라 한다. 진언의 제6조였으며 중국으로 건너와 제2조가 되었다. 어려서 도(道)를 흠모하여 14세 때 자바국에서 금강지에게 실담장(悉曇章)을 배우고, 범경(梵經)을 송지하고 720년 16세로 금강지와 함께 난하이(南海)를 거쳐 낙양으로 왔다. 724년 20세로 광복사(廣福寺)에서 구족계를 받고 항상 금강지를 따라다니며 외국어에 통하고 그의 번역업을 도왔다. 727년 일행이 입적하고 8년 후 선무외가 입적하자 이듬해 금강지를 따라 장안으로 옮겼다.

741년 금강지가 입적하자 그 유명(遺命)을 받들어 『대일경』 및 『금강정경(金剛頂經)』 등을 인도에서 구해오고자 천보(天寶) 1년(742) 제자 함광(含光) 등 승속 37인을 데리고 장안을 출발해 이듬해 상선을 타고 스리랑카로 향했다. 그는 카링가(Kalinga)국을 거쳐 사자국(師子國)에 이르자 사라메가(Salamegha)의 불치사(佛牙寺)에서 3년 동안 머물면서 보현 혹은 용지(龍智) 아사리로부터 『18회 금강정유가』, 『대비로자나』, 『대비태장』 각 십만 송, 『오부관정』, 『진언비전』 등 5백여 부를 받고, 다시 제존밀인(諸尊密印), 문의(文義) 성상(性相) 등의 가르침을 받았다. 이어서 인도제국을 순례하고 진귀한 약초목 등을 얻어 746년 장안으로 돌아와 제경론과 국서를 현종에게 받쳤다.

이때 황제는 불공을 홍려사(鴻臚寺)에 들게 하고, 또 궁중에 단을 설치하여 관정을 받은 후 정영사(淨影寺)에 머물게 했다. 이때에 한발이 이어지자 이를 해결하기 위해서 불공은 황제의 소를 받들어 공작왕법(孔雀王法)에 의거해서 삼일을 나오지 않고 비를 내리게 하니 현종은 붉은 가사와 지장(智藏)의 호를 내렸다.

그 후 하서(河西)의 개원사(開元寺)에서 함광 등에게 5부 관정을 주고 『금강정경(金剛頂經)』(3권), 『일자정륜왕경(一字頂輪王經)』(5권)을 내었다. 대흥선사(大興善寺)에 있을 때 범서 1천여 권을 역출하고 숙종(肅宗)에게 칠보관정(七寶灌頂)을 주었다. 762년 대종(代宗)이 즉위하자 대흥선사에서 매년 여름에 비법을 수(修)하며 『인왕경』, 『호국반야경』, 『밀엄경』을 번역하고 송했다. 그 후 그는 개원(開元) 이래 번역·출판한 77부 101권의 목록을 만들어 올리고 입장(入藏)을 청했다. 이에 왕은 774년 숙국공(肅

國公)에 봉하고 식읍 삼천 호를 하사했다. 불공은 그해 70세로 입적했다.

불공은 구마라집, 진제, 현장과 함께 4대 중국의 역가(譯家)라고 칭해지는데, 특히 밀교의 선포에 큰 족적을 남겼다. 불공의 번역에 대해 비문에는 83부 120권이라 하는데, 만장경에 107부 139권이 전하며 대정대장경에 141부 175권이 수록되어 있다.

(2)『법화관지의궤』

불공의 경궤 중 법화사상에 관한 것은『성취묘법연화경왕유가관지의궤』(1권,『관지의궤』로 약칭)와『법화만다라위의형색법경』(1권)이다. 대정장(大正藏)에 수록된 이 두 가지 궤는 모두『법화경』의 밀교적 사상(事相)에 대해 논한 것이고,『비밀유가관행의궤(秘密瑜伽觀行儀軌)』또는『염송의궤』라고도 부르는『성취묘법연화경왕유가관지의궤』는 염송 및 공양에 관한 의식 궤칙을 설한 것이다.

『법화만다라위의형색법경』의 정식 명칭은『증묘법백련화경왕팔엽연화상용출보탑중앙족파아종팔대보살등급삼중방탄삼마야권속묘위의형색만원회방위표지만다라팔평등대회성취법화삼매현세입초지결정보리법경』으로 75자의 긴 제목이다. 이 궤는 법화팔엽 삼중만다라의 제불보살 제천명왕 등의 위의존형(威儀尊形) 등을 자세하게 설한 이른 바 만다라 조상 설계서이다.

작자 불명의『법화십라찰법』은「다라니품」의 십라찰녀의 행자를 옹호하는 신주(神呪)를 설한 것에 유래하는 옹호법으로,『관지의궤』의 태장법 아래에「다라니품」의 약왕, 용시, 비사문, 지국, 십라찰의 신주에 의한 옹호를 싣고 있기 때문에 그 별설(別說)이라고도 볼 수 있다. 기타『묘법연화경팔향인의궤』에서도 그의 이름은 보이지만 현재 그 존재는 분명치 않다.

불공의 번역이라고 전하는『연화삼매경』은『무장애경(無障礙經)』이라고도 하고 드물게는『금태합경(金胎合經)』또는『석가다보탑법』등으로 부르는데, 고래로 중국에 전해지지 않은 경이라고 한다.

특히 대승불교 중 『법화경』의 밀교화를 보여주는 것은 『관지의궤』이다. 『관지의궤』에서 최초에 들고 있는 법화의 제품 대강송(大綱頌)에는 묘첨양본(妙添兩本)의 순서를 볼 수 있는데, 아마도 불공이 첨품과 동일 범본에 의해 이 계송을 짓고 또 태장만다라를 중심으로 한 법화법의 사상(事相)으로서 저술한 것일 것이다.

『관지의궤』에 의하면 먼저 법화 27송을 들고, 다음에 "일체 모든 중생신(衆生身)에 불성(佛性)이 있으니 여래장이 갖추어져 있다"라 하고, 중생을 무상(無上)의 법기(法器)라고 한다. 따라서 이러한 중생이 이 법을 성취하고자 하면 친근지식(親近智識), 청법정법(廳法正法), 여리작의(如理作意), 법수법행(法隨法行)의 사연(四緣)을 내어 만약 『묘법연화경』을 수지하고 수행하고자 하면 선남선녀 모름지기 진언을 닦고 보살도를 밀행해야 한다고 설한다. 또 중태(中台)에 『법화경』「보탑품」의 다보탑을 믿고 있지만 이것은 「보탑품」에 나타난 석가다보 이불병좌의 허공 회상의 의상(儀相)에 의한 것이다. 즉 「보답품」에서는 다음과 같이 설하고 있다.

높이 오백유순(五百由旬)의 칠보탑이 땅에서 용출하고 탑 속의 부처님은 법화의 회좌에는 반드시 솟아 나타나서 『법화경』이 진실임을 증명 하는 것을 본원(本願)으로 하는 동방보정세계(東方寶淨世界)의 다보여래가 와서 법화의 진실인 것을 증명한다. 만약 대중이 이러한 다보여래를 뵙고자 하면 능히 설(說)하는 교주의 시방 분신의 제불을 한 곳에 소집해야 한다. 대락설보살(大樂說菩薩)의 청에 의해 석가불은 제불을 모으기 위해 사바세계를 정토로 만들려고 인천(人天)을 모두 다른 국토로 옮기고 이국토를 정토로 하고자 세번토전(土田)을 바꾸고 분신의 제불을 모두 모으고 나서 보탑을 열어 사자좌 위에 전신불산(全身不散)의 다보불을 모셨다. 이때에 다보불은 반좌를 나누어 석가불을 탑 속으로 청하고 이렇게 하여 이불병좌의 칠보탑은 허공에 걸리고 모든 대중까지 접하여 모두 허공에 있게 하였다.

이것이 「보탑품」에 나타난 법화 허공 회의의 의상(儀相)이다. 그러므로 이러한 이

불병좌의 의상을 가지고 태장의 팔엽중태(八葉中台)의 대일여래에 대신한 것이 이
『관지의궤』의 법화만다라이다.[79]

79 鹽田義遜, 『法華教學史の研究』, 384-394頁 참조.

제**6**장

송 · 원대의 법화사상

1. 송·원대의『법화경』주소

1) 도위의『묘법연화경입소』

송의 도위(道威)의 생존 연대는 분명하지 않지만, 1116년 5월 1일『입소연기(入疏緣起)』를 쓰고 있다. 그가 지은『묘법연화경입소(妙法蓮華經入疏)』(12권)는 사명(四明)에 주하고 주로 지의의『법화현의』『법화문구』및 형계의『법화문구기』의 문을 변경하고 그 말을 이동하여 초학자에게 편익을 준 것이다. 즉 독창적인 견해는 볼 수 없고 충실하게『법화문구』및『법화문구기』를 주석한 것이다.

2) 혜홍의『법화경합론』

송의 혜홍(慧洪, 1071~1128)은 선(禪)의 황룡종(黃龍宗)에 속하고 유식종에도 밝았다. 따라서 그는 선학적 금도(襟度)로 법상종의 교학을 이용하고『열반경』『화엄경』『반야경』『유마경』『능가경』『수능엄경』『원각경』등과 중론·반야등론·지도론·유가론·기신론 등을 채용하여『법화경』의 경문을 해석하고, 다시 현밀일치(顯密一致)를 논하는 등 극히 자유분방한 교학을 연출했다. 그가 지은『법화경합론(法華經合論)』은 7권으로 되어 있다.

3) 문달의『법화경구해』

송의 문달(聞達)은 임제선(臨濟禪)의 입장에서『법화경』을 주석하여『법화경구해(法華經句解)』(8권)를 지었다(1261). 그 제명처럼 초학자를 위해『법화경』의 자구(字句)를 간이하게 주해한 것으로,『법화경』의 진의는 부처님의 지혜·방편·비유·인연을 가지고 삼승과 일승의 원융을 밝힘에 있다고 밝히고 있다. 또 "일체를 방하(放下)하여 시비를 모두 놓아버리고, 구정(垢淨)을 쌍망(雙忘)하고 망심(妄心)까지도 또한 없어져버리면 진각원명(眞覺圓明)이다"라고 말한다. 그는『법화경구해』의 처음에 도선이 쓴『법화경홍전서』를 주석하고 있는데, 이렇게『법화경홍전서』를 드는 것은 이후『법화경소』에서 답습되었다.

4) 수륜의『법화경과주』

송의 수륜(守倫)은 지의의『법화현의』·『법화문구』와 형계의『법화문구기』를 채록하여『법화경과주(法華經科註)』(10권)를 저술했다. 간결하고 경문 중에 나타난 사리의 주석에 무게를 둔 점이 특색이다.

5) 서행선의『묘법연화경과주』

원대의 서행선(徐行善)은 수륜의『법화경과주』의 인판(印板)이 없어진 것을 개탄하여 지의의『법화현의』·『법화문구』및 형계의『법화문구기』를 초록하여『묘법연화경과주(法華經科註)』(10권)를 지어(1294~1295) 많은 사람이 보다 쉽게『법화경』을 이해할 수 있도록 했다. 이것은 수륜의『법화경과주』에 비해 더욱 간결한데, 앞에 1295년 필승(必昇)이 쓴「의천태과석 주법화경서(依天台科釋 註法華經序)」와 여함(与咸)의「과주묘법연화경 경전록 천태소제의(科註妙法蓮華經 經前錄 天台疏諸義)」를 싣고 있다. 이 여함의 글은 천태종 교의에 따라『법화경』을 해석하는 규범으로서 ①5시(五時)를 중심으로 대화(大化)를 판단하고, ②4교(四敎)에서 군경(群經)을 해석하고, ③3관(三觀)으로 수증(修增)을 논하고, ④5장(五章, 五重玄義)으로 수제(首題)를 해석하고, ⑤서(序)·정(正)·유통(流通)의 3분으로 기진(起盡)을 나누고, ⑥인연(因緣)·약교(約敎)·본적(本迹)·관심(觀心)의 4석(四釋)으로 경문을 해석한다는 여섯 가지 뜻을 들고 있다. 그다음 지의의 「관심송경법(觀心誦經法)」과 「법화제품기진지도(法華諸品起盡之圖)」를 두고, 끝으로 도선의『묘법연화경홍전서』를 들어 이에 주(註)하고 경문의 주해(注解)로 나아간다.[1]

2. 선종과 계환의 법화사상

1) 선종과『법화경』

(1) 선종사상의 양면성

선종(禪宗)은 경전에서 설한 '말'의 근원에 있는 '불심인(佛心印)'을 전하려고 하는 불교 가운데 특수한 일파이다. 그렇다고 해서 선종이 경전을 경시하는 것은 아니다. 오히려 선종은 경의 설하는 내용을 어떻게 주체적으로 파악할지를 지상명제로 하는 것이다. 선종에서는 이것을 '간경(看經)의 눈(眼)'이라고 한다. 선종은 불타의 교설을 어떻게 올바로 전신적으로 받아들일까 하는 것이 중심적 관심사이고, 그를 위해서 일단 경전을 떠나서 경전의 말이 나오는 근원 즉 '불심인'을 손 안에 넣으려고 노력한다. 이 입장에서 선종은 말로서 써놓은 것에 의존하는 일이 없다. 부처님의 입으로 설한 말이나 문자에는 이미 진실의 숨결은 없다고 생각한다.

---

1 望月歡厚 編,『近代日本の法華佛教』, 平樂寺書店, 1968, 490~493頁 참조.

그러나 경전이나 조록(祖錄)은 진실의 세계로 향하여 나아가게 하는 '무해(霧海)의 나침반'이기도 하다. 경전이 없으면 나아가야 할 방향마저도 정할 수 없기 때문이다. 그러한 이유로 선종의 경전에 대한 태도는 양면적이라고 할 수 있다. 말이나 문자는 필요하지만 궁극적인 것은 아니기 때문에 이것을 '지월(指月)의 지(指)',[2] '어토(魚兎)의 망',[3] '고문(敲門)의 와자(瓦子)'[4]라고 표현한다. 어느 것이나 필요하지만 불가결한 것은 아니라는 의미이다. 그리하여 경전에 대한 선승의 관련 방식은 따르는 것도 아니고 따르지 않는 것도 아니라고 할 수 있다. 그러한 것에 도리어 선종의 특이성이 발휘되고 있다고 볼 수도 있다.[5]

그러면 이와 같은 경전에 대한 선승의 태도가 『법화경』의 경우에는 어떻게 되는 살펴보겠다.

(2) 도신과 우두의 문답

『법화경』에 대한 선승의 독특한 견해는 중국 선종의 제4조 도신(道信, 580~651)과 우두 법융(牛頭 法融, 594~657) 사이의 다음과 같은 문답으로 알 수 있다.

도신이 법융의 암자 앞에서 왔다 갔다 하면서 말했다.

"선남자여, 심심삼매(甚深三昧)에 들지 말라."

법융이 그를 홱 쳐다보자 도신이 말했다.

"그대, 배움에 유구(有求)라고 할까 무구(無求)라고 할까."

이에 법융이 대답했다.

"나는『법화경』에 의해서 개시오입(開示悟入)하는 것을 수도(修道)라고 한다."

---

2 달을 가리키는 손가락.

3 동물을 잡는 그물.

4 방문을 알리기 위해서 두드리는 돌.

5 渡邊宝陽 監修,『法華經の事典』, 東京堂出版, 2013, 4267頁.

도신이 다시 이렇게 물었다.

"개(開)는 어떤 사람을 열고 오(悟)는 무슨 물건을 깨닫는가."

법융은 대답이 없었다.[6]

『법화경』에 의해서 개시오입하는 것을 수도의 이념이라 하여 심심삼매라고 하는 인도 이래의 적조주의적(寂照主義的) 좌선에 의해 선심(禪心)을 깊이 하려던 법융이 도신에게 그러한 정적주의(靜寂主義)로 도대체 무엇을 개오(開悟)할 수 있는 것인가 하는 질문을 받고 답을 하지 못했다는 이야기이다. 교상가(敎相家)였던 법융은 도신의 힐문을 받고 『법화경』에 대한 관점이 일변하여 옷을 바꾸어 선승에게 주었다고 한다.[7] 법융이 아직 덜 익었음을 엿볼 수 있는 것이다.

(3) 혜능과 법달의 문답

중국 선종의 제6조인 남종(南宗)의 혜능(638~713)이 쓴 『육조단경(六祖壇經)』 「남북이종견성문(南北二宗見性門)」에도 비슷한 일화가 나온다. 7년간 『법화경』만을 송하고 있으면서 마음이 어둡고 부처의 정법을 깨달을 수 없던 법달(法達)이라고 하는 청년 승이 혜능을 찾아와 가르침을 청하는 이야기이다.

혜능은 또 말한다. "법달이여, 마음으로 행하면 그대가 『법화경』을 바꾼다. 행하지 않으면 『법화경』에 바뀌어진다. 마음이 바르면 법화를 바꾸고 마음이 삿되면 법화에 바뀌어진다. 불지견(佛知見)을 열면 법화를 바꾼다. 노력하여 법에 의해 수행하라. 이것이 경을 바꾸는 것이다. 자심(自心) 만약 염념수행하지 않으면 즉 경에 바뀌어진다."

법달은 이 말을 듣자 곧바로 대오(大悟)한다. 눈물을 흘리며(悲泣) 혜능에게 밝혀 말한

---

6 『祖堂集』 卷3, 「牛頭和尚章」.

7 渡邊宝陽 監修, 『法華經の事典』, 428~429頁 참조.

다. "실로 아직 전혀 법화를 바꾸지 못하고 7년, 법화에 바뀌어집니다. 지금부터 바로 불행(佛行)을 닦겠습니다."

혜능은 말한다. "불행(佛行)을 행하면 이것이 곧 불(佛)이다."

그때 그곳에 모여 있던 사람들은 각기 견성(見性)을 할 수 있었다.

혜능은 법화 7년의 행자 법달에게는 '심행(心行)'은 없고 '심사(心邪)'였기 때문에 '법화로 바뀌어질' 뿐이고 '법화를 바꾼다'고 할 수 없었던 것이다. 따라서 그러한 잘못된 것으로부터 벗어나려면 법에 의해 수행하고 불지견(佛知見)을 열지 않으면 안 된다고 하는 것이다. 아무리 『법화경』이 뛰어난 교리를 담고 있다고 해도 그 훌륭한 내용은 수행 없이는 결코 드러날 수 없고 깨달음의 체험을 거치지 않으면 맛을 볼 수 없는 것이다.[8] 이것이 혜능이 말하려고 하는 선(禪)의 법화경관이라고 볼 수가 있다.

(4) 선심의 개발과 『법화경』

돈오(頓悟)의 선(禪)을 설하여 중국의 선종을 인도의 선정(禪定) 사상으로부터 독립시킨 혜능은 중국 선종의 실질적인 창창자(創唱者)이고, 오늘날 한국의 선(禪)은 모두 그의 계통(南宗禪)을 이어받고 있다. 따라서 중국의 선승들은 물론 한국 선종의 조사들도 모두 이와 같은 법화경관에 입각해 있다고 볼 수 있다. 다음의 이야기가 그런 법화경관의 예일 것이다.

어느 좌주(座主, 學僧)가 선사(禪師, 夾山和尚)에게 참예한다. 선사가 묻는다. "오랫동안 무슨 업(業)을 익히는가." 이에 대하여 답하되, "『법화경』에 마음을 둡니다." 선사 가로되, "『법화경』은 무엇을 가지고 극칙(極則)으로 하는가." 이에 대하여 답하되, "노지백우

---

8 渡邊宝陽 監修, 『法華經の事典』, 429~430頁.

(露地白牛)를 극칙으로 합니다." 선사 가로되, "사나(舍那)의 복(服), 영락의 의(衣)에 애착하고, 타는 데는 백우(白牛)를 가지고 이 도량에 이르렀다. 좌주의 가풍(家風)이 어찌 틀린 것이 아닌가.[9]

좌주는 경전을 논하는 경론사(經論師)이다. 이 좌주의 경우는 『법화경』의 논사(論師)였던 것 같다. 이것이 '노지의 백우'에 대한 선승의 견해이다. 협산은 노지의 백우라고 하는 것이 좌주에게는 구체적인 현실생활로부터 떠나서 단지 교리에 빠져들어 조금도 살리고 있지 못한 것을 힐문했던 것이다.

어쨌든 이와 같은 예에서 당(唐)대의 선사들 사이에서 『법화경』이 화제(話題)로 되어 있던 것을 볼 수가 있다. 특히 선심(禪心) 계발의 과정을 나타내는 데 '목우(牧牛)'를 가지고 선승들은 『법화경』 「비유품」에 보이는 '노지의 백우'를 채용하여 자기의 견해를 말하는 수단으로 하고 있던 것을 알 수 있다.

(5) 서운의 『법화경론』

서운(瑞雲)의 전기(傳記)[10]에는 그가 증리(證理, 悟入)의 늦고 빠름(遲疾)을 제자에게 보여준 '사대팔상(四對八相)'이라고 하는 것이 있다. 그 가운데 『법화경』이 설하는 '노지의 백우'는 '삼귀일(三歸一)'을 만나야 하는 소(牛)'로서 견성(깨달음)이 늦다. 『화엄경』이 설하는 '식인초(食忍草)의 소'[11]는 '단박에 실성(實性)을 보는 소'이기 때문에 견성이 빠르다고 한다. 이것은 깨달음의 지속(遲速)을 말하고 있는 것이다.

묻는다. 만약 견성의 늦고 빠름이 각각 다른 것임을 논하면, 식인초우(食忍草牛)와 노지백우(露地白牛) 중에 누가 늦고 누가 빠른가. 답한다. 식인초우는 즉 화엄회(花嚴會) 중

---

9 『祖堂集』卷7, 「夾山章」.
10 傳은 『祖堂集』卷20에 있다.
11 인욕(忍辱)의 풀을 먹는 소.

에 단박에 실성을 보는 소이기 때문에 빠르다. 노지백우는 법화회(法華會) 중에 삼귀일(三歸一)을 모으는 소이므로 늦다.

요컨대 깨달음의 내용은 같다고 말하면서도 서운은 선(禪)의 입장에서 『화엄경』의 '식인초의 우'를 『법화경』에서 설하는 '노지의 백우'와 구별하여 견성이 빠르다고 하고 있는 것이다. 말할 것도 없이 이 빠르다고 하는 것은 '돈오(頓悟)'와 같은 것으로 시간적인 빠름이 아니라 깨달음과 미혹을 일거에 초월한다고 하는 논리적인 빠름이다. '식인초의 우'란 '괴로움의 인토(忍土)에 계속 머물러 있는 것'을 말한다. 그리고 이 점이야말로 대승경전 『법화경』의 안목인 '화택무상(火宅無常)의 세간에 머물러 있는 것'에 통하고 있다. 화택을 피하여 노지의 백우를 찾는 것이 아니라 화택무상의 현실세계 가운데 안주하여 인욕의 풀을 먹는 소일 것이라고 각오를 하는 것, 그것이 선사(禪師)의 면목이라고 할 것이다.

식인초우는 단밖에 실성(實性)을 '보기' 때문에 빠르고, '노지의 백우'는 삼귀일(三歸一)을 '모아 만나야 하기' 때문에 늦다고 하는데, '삼귀일'은 법화일승(法華一乘)의 사상이지만, 이것은 열기점오(劣機漸悟)의 보살을 위해 설한 것으로 어디까지나 '모아 만나는' 것이라고 볼 수 있다. '돈(頓)'이라고 하는 것은 천태에서도 '초발심(初發心)'을 초주(初住)라 하고, '변성정각(便成正覺)'이란 일분무명(一分無明)을 파하여 팔상성불(八相成佛)의 작용을 나타내는 것이라 하며, 이것을 원교(圓敎)의 초주성불(初住成佛)이라 하고 있다. 또한 『화엄경』에서는 '위(位)'는 처음 십신(十信)으로부터 불지(佛地)에 이르기까지 육위(六位)의 차이가 있지만, 일위(一位)를 얻는 것으로 일체위(一切位)를 얻는 것이고, 이것들이 상즉상입(相卽相入)하면서 원융하는 것이라고 한다. 그러므로 십신의 만위(滿位)에 일체위 및 불지(佛智)를 얻는 것이고, 이것을 신만성불(信滿成佛)이라고 하며, 이에 의해서 초심(初心)에서 구경(究竟)의 정각(正覺)을 이룬다고 한다.

그러면 서운이 "단박에 실성의 소임을 본다"고 할 때의 '실성의 소'란 어떤 것이며, '삼귀일우(三歸一牛)'와 어떻게 다른가. 『법화경』「비유품」의 취지는 대승보살의 구제 논리이고, 보살이 화택무상 가운데서 안일을 탐하는 중생을 구출해내려고 이용하는 비유로서 '노지의 백우'라고 하는 말을 쓰고 있다. 그러나 노지의 백우를 기대하기보다도 오히려 '인욕'의 풀을 계속 먹고 있는 초우(草牛)에서 해결의 길이 열려 있다고 보는 것은 조사선(祖師禪)의 입장이 될 것이다. 이것은 내적 초월이라고도 할 수 있는 것으로, 고뇌를 고뇌 가운데서 실존적으로 초월하는 것이다. 인욕의 초를 먹는 소, 그것이야말로 선사(禪師)의 참모습이고 교종(敎宗)을 늦다고 하는 비유이다.[12]

2) 계환의 생애와 저술

(1) 생애

계환(戒環)에 대한 자료는 옛 승전류(僧傳類)에 전혀 없지만, 『신속고승전(新續高僧傳)』(1919~1923)의 저술[13]에는 「송천주보승원사문 석계환전(宋泉州宝勝院沙門 釋戒環傳)」이 있다. 이에 의하면 그는 온릉(溫陵) 사람으로 성(姓), 자(字)는 분명하지 않다. 계환은 천성이 욕심이 없고 공적한 선정(禪定)을 좋아하고 학문 연구를 힘써 도(道)가 묘(妙)에 달했다고 한다. 선자(禪者)로서 『법화경』이나 『능엄경』을 배웠으나 이들 경전에 대한 오랜 주석서는 그 말이나 의미가 난해하여 초학자는 알 수 없으므로 선정의 여가에 이 두 경의 '요해(要解)'를 지었다고 한다. 그가 지은 『능엄경요해』와 『법화경요해』는 내용을 파악하기 쉽게 서술되었다고 한다. 또한 『신속고승전』은 계환에 관한 전설을 다음과 같이 소개하고 있다.

---

12 渡邊宝陽 監修, 『法華經の事典』, 432~434頁 참조.
13 「義解篇」 제2의 1.

개원사 내의 천불원(千佛院)의 주승(主僧)이 매일 『법화경』을 독송하였는데, 그때마다 한 마리의 흰 비둘기가 반드시 처마 사이에 앉아 그 경전을 듣고 있는 것 같았다. 그러나 어느 날 그 비둘기가 오지 않아서 주승은 어떻게 된 일인가 생각하고 있었다. 그날 밤 주승의 꿈에 어떤 사람이 나타나서 말하기를, "나는 비둘기입니다. 귀승(貴僧)의 경전의 힘에 의해 인간으로 전생(轉生)하여 모씨(某氏)의 집에 태어나게 되었습니다. 나의 겨드랑이(腋)에는 백모(白毛)가 있기 때문에 그것으로 분별할 수 있습니다"라고 했다. 주승은 몽고(夢告)에 따라서 그 아이를 찾았던 것인데 과연 그대로였다. 후에 이 아이의 부모는 출가를 허락하고 주승에게 찾아가 득도하여 계환(戒環)이라고 이름 지었다.

이상이 『신속고승전』의 기록인데, 계환에 관한 구체적인 것은 거의 언급하고 있지 않다. 따라서 계환에 대해서는 그의 저술에 딸려 있는 서문이나 발문으로 추측하는 방법 이외에는 없다.

먼저 『법화경요해』에서는 전주복주상생선원사조사문 급남(前住福州上生禪院嗣祖沙門 及南)의 서(序)[14]에 의하면, 계환은 급남에 대하여 선화기해(宣和己亥: 1119)와 병오(丙午: 1126)의 2회에 걸쳐 『법화경요해』의 교열(校閱)을 의뢰하고 있고, 이 서를 쓴 것이 즉 1127년 3월 중순이었다. 당시 계환은 아직 살아 있었을 것이다.

다음에 『능엄경요해』의 권머리에도 전주복주상생선원사조사문 급남찬(前住福州上生禪院嗣祖沙門 及南撰)의 서(序)가 있다.[15] 이에 의하면 계환은 세간과 두절하고 항상 절 안에 들어앉아 좌선이나 경전 연구에 전념하고 일체필경(一切畢竟)의 경지에 이르렀다고 한다. 이 서문의 작성 연월은 건염개원 중추일(建炎改元 中秋日)이라고 있으므로 1127년 8월 15일인 것을 알 수 있다. 또 『능엄경요해』의 발문[16]에 의하면, 이것은 호산(湖山: 浙江省) 만안사(萬安寺)의 비구 행의(行儀)의 발(跋)인데, 온릉 보

---

14 卍續1-47, 265b

15 卍續1-17, 341a

16 卍續1-17, 451a下

승원의 계환선사(戒環禪師)는 젊어서 불법의 묘리에 달하고 깊이 대승을 깨달았다. 그리고 그 가운데서도 『수능엄경』이 가장 숙련되어 있어 그 『요해』를 지어 경의 뜻을 명쾌하게 하였다. 계환선사가 입적하자 그를 오랫동안 수종한 제자인 사주(泗州: 江南 安徽省) 장로 행선(行璿)은 이 『요해』를 출판하려고 기부금을 모으고 행의(行儀)에게 발문을 청했다. 그래서 그는 건염기유 중추후(建炎己酉 中秋後) 5일에 이것을 썼다. 이것은 1129년 8월 20일의 일이다. 그때는 이미 계환이 입적한 후임을 알 수가 있다.

끝으로 『화엄경요해』에 대한 계환 자신의 서[17]에 의하면, 우선 "송의 온릉 백련사비구 계환집(宋 溫陵 白蓮寺比丘 戒環集)"라 하여 이 『요해』를 지음에는 방산장자(方山長者: 李通玄)의 소론(疏論)을 정의(正依)로 하고 청량국사 징관(澄觀)의 강요(綱要)를 조의(助依)로 했다고 하고 있다. 그 일부는 건염무신 상원일(建炎戊申 上元日)이므로 1128년 정월 15일이고, 이것은 계환의 생존 중의 일이다. 그런데 1129년 8월 20일은 그의 입멸 후인 것을 『능엄경요해』의 발문에서 알 수 있기 때문에 계환은 1128년 정월 15일에서 익년 8월 20일까지 사이에 입적한 것을 알 수 있다. 『불서해설대사전』의 『수능엄경요해』에 대한 타지마 토쿠옹(田島德音)의 해설[18]에는 계환이 입적한 해를 1120년 전후라고 추정하고 있으나 그 근거는 분명하지 않다.

(2) 저술

계환의 저술로 전해지고 있는 것으로는 『법화경요해』(7권 또는 20권), 『능엄경요해(대불정여래밀인수증요의제보살만행수능엄경요해)』(4권 또는 20권), 『화엄경요해(대방광불화엄경요해)』(1권)이 있다.[19] 이들 저술의 자서(自序)를 보면, 『법화경요해』의 각

---

17 卍續1-12, 360a上.

18 제5권 66 이하.

19 이상의 『법화경요해』는 卍續藏 1-47, 3~4에, 『능엄경요해』는 卍續藏 1-17, 4~5에, 『화엄경요해』는 卍續藏 1-12, 4에 수록되어 있다.

권의 맨 처음에는 "온릉 개원연사비구 개환 해(溫陵 開元蓮寺比丘 戒環 解)"라고 되어 있고, 『화엄경요해』에서는 "송 온릉 백연사 비구 계환집(宋 溫陵 白蓮寺 比丘 戒環集)" 이라고 되어 있으며, 『수능엄경요해』의 각권의 첫머리에는 "온릉 개원연사 비구 계환 해(溫陵 開元蓮寺 比丘 戒環 解)"라고 되어 있다.[20]

지금까지 언급한 여러 가지 기록을 연대순으로 열거하면 다음과 같이 된다.

1119년	급남(及南)에게 『법화경요해』의 교증(校証)을 의뢰
1126년	다시 급남에게 위의 교정(校訂)을 의뢰
1127년 3월 중순	급남이 『법화경요해』의 서문을 쓰다
1127년 8월 15일	급남이 『능엄경요해』의 서문을 쓰다
1128년 정월 15일	계환이 『화엄경요해』의 서문을 쓰다
1129년 8월 20일	계환 입적 후 행의는 『능엄경요해』의 발문을 쓰다.

이에 의해 이 책들은 송대 온릉의 개원사(開元寺 또는 開元蓮寺, 白蓮寺)에 거주하고 있던 비구 계환에 의해서 지어진 것임을 알 수 있다. 또한 계환은 복건성 천주의 온릉 개원사(白蓮寺) 내의 보승원(宝勝院)에 거주한 선승(禪僧)으로, 실제가로서의 활동보다는 학자로서 연구생활을 했다고 추정된다. 그러나 선종에 소속되어 있었기 때문에 그의 연구는 교종과 같은 이론적 교리 연구가 아니라 실천에 도움이 되기 위한 연구이었다. 그가 연구에 가장 힘을 기울인 것은 『능엄경』이고, 『법화경』이나 『화엄경』에도 뜻을 두었다. 화엄의 연구에서 징관보다 이통현(李通玄)에게 관심을 두었다고 하는데, 이것은 그가 실천을 중시했음을 말하고 있다.

그는 선인들의 경전 해석이 너무 복잡하고 난해한 것을 좋아하지 않았다. 그래서 널리 사람들에게 이해되고 실제의 면에서 도움이 되도록 평이하고 간명한 주석하고 이것을 '요해(要解)'라고 이름 붙였다. 요점을 이해시키는 것을 목적으로 하고 있었기 때문일 것이다. 이들 주해서에는 계환의 학문 계통이 분명히 드러나지

---

20 卍續1-12, 360a上; 卍續1-17, 341b.上 등.

않는다. 아마도 독자적인 입장에서 자유롭게 해설한 것이라고 볼 수 있다. 이것은 후에 그의『법화경』해석이 독자성을 지니고 있는 것을 보아도 알 수 있다. 어쨌든 그는 선(禪)의 입장에서 경전류를 보았던 것은 틀림없는 사실이다.

그런데 17세기 이래로 선종으로만 되었던 조선의 불교에서는 승려의 학습과목으로서 규정되어 있는 경론 중『능엄경』은 경문과 계환의『능엄경요해』를 회편(會編)한 10권본을 교과서로 사용하고 있고, '계환소(戒環疏)'에 갖추어지지 못한 부분을 보충한 고려 보환(普幻)의『환해산보기(環解刪補記)』등이 참고서로 병용되고 있다. 또한『법화경』은 수의과목(隨意科目)이었으나 여기에서는『법화경』의 경문에 계환의『법화경요해』를 회편한 7권본을 교과서로 사용하고 있다. 이처럼 선종에 속하는 한국 불교에서『능엄경』이나『법화경』의 학습에 선가(禪家)인 계환의 주석서만 사용된 것은 특기할 만하다.[21]

3)『법화경요해』

(1)『법화경요해』의 서명과 조직

『법화경요해』는『묘법연화경요해』,『묘법연화경해』,『법화경요해』,『법화요해』,『표치법화경요해(標幟法華經要解)』등 여러 가지 서명으로 불리고 있다. 그 권수도 7권 또는 20권이라고 하지만, 이것은 조권(調卷)의 차이에 의한 것이고 내용적으로는 동일한 것이다. 7권과 20권의 조권의 관계를 표시하면 다음과 같다.

『법화경요해』는 구마라집 역『묘법연화경』(7권 28품)을 요해한 것이다. 그런데 만속장(卍續藏)판『법화경요해』에는 ①『법화경홍전서』과문(科文), ②『묘법연화경해』과문(科文), ③ 급남(及南)의『묘법연화경해서』, ④『법화경요해』목차, ⑤ 도선의『묘법연화경홍전』서(序)에 대한 상매(祥邁)의 주(注) 등이 함께 들어 있다.

---

21 坂本幸男,『法華經の中國的展開』, 平樂寺書店, 1975, 397~402頁 참조.

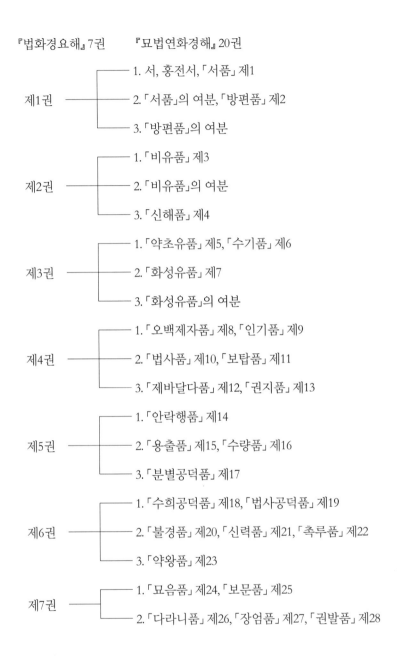

『법화경요해』7권   『묘법연화경해』20권

제1권
— 1. 서, 홍전서, 「서품」제1
— 2. 「서품」의 여분, 「방편품」제2
— 3. 「방편품」의 여분

제2권
— 1. 「비유품」제3
— 2. 「비유품」의 여분
— 3. 「신해품」제4

제3권
— 1. 「약초유품」제5, 「수기품」제6
— 2. 「화성유품」제7
— 3. 「화성유품」의 여분

제4권
— 1. 「오백제자품」제8, 「인기품」제9
— 2. 「법사품」제10, 「보탑품」제11
— 3. 「제바달다품」제12, 「권지품」제13

제5권
— 1. 「안락행품」제14
— 2. 「용출품」제15, 「수량품」제16
— 3. 「분별공덕품」제17

제6권
— 1. 「수희공덕품」제18, 「법사공덕품」제19
— 2. 「불경품」제20, 「신력품」제21, 「촉루품」제22
— 3. 「약왕품」제23

제7권
— 1. 「묘음품」제24, 「보문품」제25
— 2. 「다라니품」제26, 「장엄품」제27, 「권발품」제28

위의 만속장판(卍續藏板) 가운데서 ①은 위의 ⑤의 과문이고, ②는 본서의 본문 즉 계환의 저술로서의 『요해』 전체에 대한 상세한 과문이다. 이들의 과문은 계환의 작이 아닌 것은 물론이고, 후세의『요해』연구자가 만들어 권 머리에 끼워 넣은 것일 것이다. ③의 급남의『묘법연화경해서』는 정강정미(靖康丁未: 1127)년 전주복주 상생선원 사조사문 급남(前住福州 上生禪院 嗣祖沙門 及南)이 쓴 것으로, 본서를 출판하기 위해서 저자 계환이 급남에게 본서의 서를 의뢰하고 그에 응하여 지어진 것 같다. 이에 의하면 급남은 저자 계환보다 선배였던 것 같고, 계환은『요해』를 일단 쓰고 나서 선화기해(宣和己亥: 1119)에 그 교정을 급남에게 의뢰하고 병오(丙午: 1126)년에 급남에게 재교(再校)를 부탁했던 것 같다. 따라서 본서의 최종적인 완성은 1126년 말 또는 이듬해 초일 것이다. 왜냐하면 이 서문을 1127년 3월 중순에 쓰고 있기 때문이다.

⑤의 홍전서에 대한 상매의 주는 계환 이후에 후대의 판본에 부가된 것 같다. 주자(注者)인 상매는 도자산 여의야로 상매(道者山 如意野老 祥邁)로 되어 있지만, 원대의 사람으로 지원(至元) 23년(1286)『변위록(弁僞錄)』을 지은 것이 알려져 있다. 따라서 이「홍전서주」는 계환과는 전혀 관계가 없는 것이다.[22]

(2)『법화경요해』의 내용 분석

계환은 선종에 속하고 있을 뿐 다른 종파의 입장에 구애되는 일 없이 독자적인 견해로서『법화경』을 해석했다. 따라서 계환은 천태종의 5시8교(五時八敎)나 화엄종의 5교10종(五敎十宗) 또는 삼론종이나 법상종의 교판에도 따르고 있지 않다. 기성의 교판에 의거하는 일없이『법화경』을 부처님의 설법으로 이해하고자 하는 태도로서 스스로 교상판석을 세우는 일도 없었다. 오직 독자적인 견해로서『법화경』을『화엄경』에 의거하여 해석하고『원각경』,『능엄경』,『유마경』등까지 참조하여 이를 이해한다고 했었다. 그렇다고 해서 독단이나 편견에 빠지는 일 없이『법화경』에 대한 고래의 주소(注疏)를 충분히 참조하고 또 당시의 종장(宗匠)의 의견에

---

22 坂本幸男,『法華經の中國的展開』, 393~396頁.

도 비추어보면서 그들에 맹종하는 일없이 독자적인 판단에 의해 주해한 것이다. 이와 같은 것은 그의 다음과 같은 말에서도 드러난다.

가만히 생각하니 『법화』는 삼승(三乘)을 위해서 대사(大事)를 잘못을 고쳐 지남(指南)하고 화엄의 실상(實相)으로 시작되고 끝난다. 여기에서 양재(兩載)[23]에 생각을 『화엄』의 경론에 두어 깊이 우리 부처님의 강령(降靈)의 본치(本致)를 생각하고, 또 종장(宗匠)에 자모(咨謀)하고 색(賾: 深理)를 강사(講肆)에 찾아[24] 지자(智者)·자은(慈恩)의 광소(廣疏), 고금의 작자의 주해(注解)를 찾아 깊이 궁구하고 그 들은 바를 주워 모아 이것을 『원각』·『능엄』·『유마』의 여러 경에 참조하여 종취(宗趣)를 견주어 헤아리고, 사법(事法)을 증정(証正)한다. 그런 후에 필(筆)을 들어 과석(科釋)을 세운다 하더라도 뜻은 옛 설과 다른 것이 있다. 그리고 글을 모아 뜻을 대비하니 약간 『화엄』에 합한다. 번거로움을 없애고 실(實)을 기록하는 것은 소임을 다해 끝까지 밝혀 분명하게 하는데 있다.[25]

『법화경』의 입장은 『화엄경』과 다르지 않고 법화와 화엄이 종지에서 일치하고 있는 것에 대해서는 더욱 상세하게 다음과 같이 말하고 있다.

생각건대 화엄과 법화는 대개 종(宗)을 하나로 한다. 무엇을 가지고 이를 밝히는가. 그것은 법왕(法王: 佛)이 운(運)에 응하고 진(眞)을 내어 성(聖)을 싹틔우는 것은 오직 일사(一事)의 때문으로 여승(余乘) 있지 않다. 이곳을 가지고 처음에 화엄을 주창하여 특히 돈법(頓法)을 밝힌다. 근(根)의 둔(鈍)을 안다하더라도 또한 본회(本懷)를 일컫는다. 두려워크게 혼혹(昏惑)함에 미쳐 임시로 마땅한 방법(方宜)을 마련하여 중지(衆志)의 온전함(眞純)으로 되기에 이르러 또 실법(實法)을 나타낸다. 그러므로 즉 화엄과 법화의 2경은 하

23 양재(兩載)란 두 해, 즉 2년간을 말한다.
24 강사(講肆)란 지금의 강원(講院)으로, 『법화경』의 깊은 이치를 탐구하는 과정을 설명하고 있다.
25 『法華經要解』 卷1의 1, 卍續1-47, 270a上.

나는 시(始), 하나는 종(終)으로서 실상의 근본을 나타낸다. 그러므로 지금은 화엄을 종(宗)으로 하여 법화를 과석(科釋)한다. 또는 말하는 자 있으리라고.

화엄은 오로지 실성(實性)을 설하고 홀로 대기(大機)에게 입한다. 법화는 권(權)을 끌어 실(實)에 넣고 삼근(三根)을 동시에 받는다. 그러므로 화엄과 법화의 2경의 취지는 너무도 서로 미치지 않는다. 그 화엄을 끌어 이 법화를 주석하는 것은 대체로 종(宗)을 알지 못하는 것이다.

그리고 우(愚, 내)가 슬며시 「신해품」을 보건대 그 아버지(父)는 선(先) 무렵에 아들(子)을 찾지 못한다. 중(中)무렵에 하나의 성(一城)에 머문다. 그 집안은 크게 재산이 많다. 궁한 아들은 멀리서 보고 두려워 도망하는 것은 바로 처음의 화엄을 설하는 것에 비유함이다. 임종에 아들에게 명하여 재물을 위양하고 궁한 아들이 환희하여 대보장(大寶藏)을 얻는 것은 바로 끝으로 법화를 설하는 것에 비유함이다. 이것을 추적하여 그것을 보면 처음에 두려워하고 끝에 친하게 따르는 것도 아버지를 달리하는 일이 없다. 궁(窮)하여 버리는 것도, 달성되어 얻는 바도, 보물을 달리하는 것이 아니다. 이미 다른 것이 없다. 어찌 이것을 종(宗)이라고 하지 않으랴. 또 하물며 이 두 경이 지(智)를 가지고 체(體)로 세우고 행(行)을 가지고 덕(德)을 이루며, 빛을 놓아 상서로움을 나타내어 법계의 진기(眞機)를 완수하고, 인(因)을 통하고 과(果)를 만나서 수증(修証)의 첩경을 여는 것은 무릇 베푸는 법의 의서(意緒) 또한 같은 것이다. 2경의 상(相)과 종(宗)도 또한 성인의 설법이 시종일관하니 과연 오직 일사(一事)로서 여승(余乘)이 있지 않음을 보기에 족하다.[26]

『화엄경』의 종지도 『법화경』의 취지도 모두 일불승(一佛乘)을 설하는 데 있고, 거기에 사소한 차이도 없다고 하는 것이 계환의 견해이다. 이러한 입장에서 『법화경』의 종지를 보고 있는 것이기 때문에 그 해석이나 경전 전체를 받아들이는 방법도 이전의 여러 주소자(注疏者)의 견해와 근본적으로 다르다. 그가 가진 『법화경』의

---

26 卍續 1-47, 270a上 이하.

구조는 다음과 같았다.

『법화경』 전체를 서분, 정종분, 유통분으로 3분하여 해석하는 것은 모든 주석서가 공통되지만, 이 3분의 구분 내용은 주소(注疏)에 따라 모두 다르다. 서분을 「서품」만으로 하는 점은 모두 주소에 공통되지만, 정종분이나 유통분의 범위에 대해서는 차이가 있다. 많은 주소는 「방편품」부터 「분별공덕품」 중간 미륵설게(彌勒說偈)까지의 15품반을 정종분으로 하고, 이후 권말까지의 11품반을 유통분으로 하고 있다. 법운의 『법화의기』, 지의의 『법화문구』, 길장의 『법화의소』 등은 모두 이러한 구분이다.

그러나 계환의 『요해』는 이들의 구분법과는 매우 다르다. 즉 일반의 주소에서는 유통분에 포함되어 있는 「분별공덕품」의 후반, 「수희공덕품」, 「법사공덕품」, 「상불경보살품」의 3품 반을 정종분에 포함시키고, 유통분은 「여래신력품」 이하 권말에 이르는 8품으로 하고 있다. 이것은 계환의 『요해』가 다른 많은 주석서와 전혀 다른 점이다.

계환은 다른 주석서와 다른 설을 이유에 대해서 다음과 같이 말하고 있다. 그에 의하면 정종분에서 지중(地中)으로부터 솟아나와 석가·다보의 2불을 예배한 보살들이 「여래신력품」에서도 『법화경』의 유통을 부처님에게 청하고 있으므로 「신력품」의 전까지 즉 「상불경보살품」까지 정종분에 속한다고 보아야 한다는 것이다. 이를 『요해』(권4의 2)에서는 "멸(滅)을 부르짖고 「견보탑품」에서 경을 맺는다 하더라도 또한 후설이 있다. 「신력품」에 이르러, 용출하는 중(衆)…실로 유통을 청한다. 즉 「신력품」의 이전은 또한 정종에 속하는 것이 분명하다. 이 경의 절목(節目) 분명하게 구별해야 한다"고 말하고 있다.[27]

---

27 坂本幸男, 『法華經の中國的展開』, 402~409頁 참조.

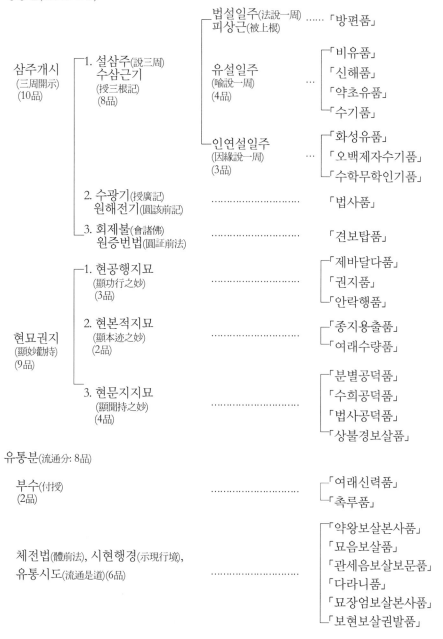

서분(序分: 1品)
　　1. 설법시처　2. 법회청중　3. 대각원발(大覺圓發)　4. 대사조발(大士助發)……「서품」
정종분(正宗分: 19品)

법설일주(法說一周) ……「방편품」
피상근(被上根)

유설일주
(喻說一周)
(4品)
　「비유품」
　「신해품」
　「약초유품」
　「수기품」

인연설일주
(因緣說一周)
(3品)
　「화성유품」
　「오백제자수기품」
　「수학무학인기품」

삼주개시
(三周開示)
(10品)

1. 설삼주(說三周)
　수삼근기
　(授三根記)
　(8品)

2. 수광기(授廣記)
　원해전기(圓該前記) …………………… 「법사품」

3. 회제불(會諸佛)
　원증번법(圓証前法) …………………… 「견보탑품」

현묘권지
(顯妙勸持)
(9品)

1. 현공행지묘
　(顯功行之妙)
　(3品)
…………………
　「제바달다품」
　「권지품」
　「안락행품」

2. 현본적지묘
　(顯本迹之妙)
　(2品)
…………………
　「종지용출품」
　「여래수량품」

3. 현문지지묘
　(顯聞持之妙)
　(4品)
…………………
　「분별공덕품」
　「수희공덕품」
　「법사공덕품」
　「상불경보살품」

유통분(流通分: 8品)

부수(付授)
(2品)
…………………
　「여래신력품」
　「촉루품」

체전법(體前法), 시현행경(示現行境,
유통시도(流通是道)(6品)
…………………
　「약왕보살본사품」
　「묘음보살품」
　「관세음보살보문품」
　「다라니품」
　「묘장엄보살본사품」
　「보현보살권발품」

(3) 계환의 법화경관

계환은 그가 가장 옳다고 믿은 곳에 따라서 『법화경』을 해석하고 상세한 과문 (科文)을 베풀어 그 조직을 명확케 하고 『법화경』의 구조를 일목요연하게 하고 있다. 그는 자신의 이상적인 생각에 따라서 『법화경』 가운데 어느 점을 특히 강조한다고 하는 취급방식이 아니라 『법화경』의 설하는 것을 객관적으로 바라보고 부처님의 대지(大智)를 체(體)로 하고 보현보살의 행원(行願)을 용(用)으로 함으로써 불교의 최고이상을 나타내고 있다. 계환의 법화경관은 다음과 같다.

실상(實相)의 묘법은 기묘하게 연화(蓮華)에 비유된다. 안으로는 즉 일심(一心)을 직지 (直指)하고, 밖으로는 즉 만경(万境)을 해통한다.…생(生)·불(佛)은 본래부터 돌아가는 변함이 있으나 특수한 것 없다. 이것이 마음(心)의 실상이다. 그 상(狀)은 허가(虛仮)이지만 그 정(精)은 심히 참된 것(眞)이다. 이것이 경(境)의 실상이다. 심(心)·경(境) 만류(万類)에 통하는 이것을 법(法)이라고 한다. 정조일치(精粗一致)하고 범성동원(凡聖同源)이다. 즉 모든 세제(世諦)는 사(事)에 접촉되어 진(眞)이다. 언사(言詞)도 나타내지 못하고 분별도 풀이할 수 없다. 그러므로 묘(妙)를 가지고 일컫는다. 육취(六趣)의 미윤(迷淪)하는바 짐작컨대 이에 미혹하는 것이다. 제불의 수증(修証)하는바 추측컨대 이를 증명하는 것이다. 이 언교(言敎)를 널리 설함에 있어서 무수하게 방편하는 것은 대개 이 때문이다. 다만 중생은 번뇌 (垢) 무겁고 근기(根器) 아직 순일하지 못하기 때문에 먼저 삼승(三乘)의 가명(仮名)을 설하여 인도한다. 그러므로 권(權)이지 실(實) 아니며 추(麁)이지 묘(妙)가 아니다. 제분(諸糞)이 미 없애고 심상(心相)이 신(信)을 체(體)로 함에 미쳐서는 즉 실상을 나타내고, 만나서 일승(一乘)으로 돌아가게 하면 즉 묘(妙)로서 추함이 없다. 제불의 능사(能事) 드디어 여기에 마친다. 그러나 소위 묘법은 추(麁)를 버리고 묘(妙)를 취함에 있지 않다. 대개 추(麁)에 즉하여 가지고 묘(妙)를 나타내는 것이다. 소위 일승(一乘)은 3을 여의고 1을 설함에 있지 않다. 대개 3을 만나서 1로 돌아가는 것이다. 추(麁)에 즉하여 묘(妙)를 나타냄은 또한 연(蓮)의 염(染)에 즉하여 정(淨)인 것과같이, 3을 만나서 1로 돌아감은 또한 연(蓮)의 꽃으로부터 열매(實)인 것과 같다. 법유(法喩)줄지어 나타나고 명실(名實) 또한 나타난다. 그러므로 묘법연화(妙法蓮華)라고 호한다. 그것은 이 법을 증득하는 자는 반드시 대지(大智)를 가지고 체(體)로 하고 묘행(妙行)을 용(用)으로 한다. 지(智)는 즉 연(蓮)에 비유되고 행(行)은 즉 꽃에 비유된다. 지행(智行)이 둘이면서 완전하여 즉 그 묘(妙)를 다한다.…넓히어 이것을 충족하면 즉 물물(物物)은 일월등명(日月灯明, 佛)의 지체(智體)이다. 미루어 이를 행하면 즉 걸음걸음(步步)이 보현의 행문(行門)이다. 직하(直下)에 법에 즉하여 가지고 마음을 훤하게 한다. 또 물(物)을 여의지 않고서 그것으로 묘(妙)를 관한다.[28]

(4) 『법화경요해』의 특징

① 다른 주석과의 대비

계환은 선가에 소속되어 있었으나 학자이기도 했다. 『화엄경』이나 『능엄경』을 비롯한 『정법화경』, 『원각경』, 『불유교경』, 『무량의경』, 『대품반야경』, 『반야심경』, 『정명경(淨名經, 維摩經)』, 『십주단결경(十住斷結經)』, 『대집경』, 『보적경』, 『아함경』, 『범망경』, 『구사론』, 『십지경론』 등을 인용하고 현장, 승조, 지의 등의 설을 들고 있다.

어구(語句)에 대해서도 일반의 선자(禪者)보다 오히려 학자적이어서 상세한 해설을 하고 있다. 그리고 계환은 『법화경』의 조직 분류에 대해 독자적인 입장을 보인다. 『법화경』 '정종분'의 최초에 있는 삼주설법(三周說法)을 법설(法說)·비설(譬說)·인연설(因緣說)이라고 하는 점은 지의 등의 설을 받아들이고 있고, 또 법설을 「방편품」으로 하고, 비설을 「비유품」, 「신해품」, 「약초유품」, 「수기품」 등 4품으로 하고, 인연설을 「화성유품」, 「오백제자수기품」, 「수학무학인기품」 등 3품으로 하는 점도 지의와 같다. 『법화경요해』에서 「법사품」과 「견보탑품」을 삼주설법과 관계지우고 있는 점은 지의 등의 설과 다르다. 이에 대해 그는 다음과 같이 말하고 있다.

---

28 『法華經要解』 卷1의 1, 卍續1-47, 269b上 이하.

삼주법(三周法)에 대하여 삼근(三根)의 기(記)를 준다고 하더라도 기(機)를 받아들이는 것 아직 다하지 못했다. 그러므로 이 원해(圓該: 法師品)는 즉 원교(圓敎)의 통요(統要)이다. 이미 통요이므로 정종분에 윤속(允屬)한다. 그리하여 천태의 구과(旧科)는 여기에서 드디어 유통분을 나눈다.[29]

지의가 「법사품」 이하를 적문(迹門)의 유통분으로 하는 것과 견해를 달리할 뿐만 아니라, 지의의 설에 의하면 삼주개시가 「견보탑품」까지 계속되고 있는 것에 대해 『요해』(권4의 2)에서는 "지금 부처님은 여기에 이르러 또 '불구열반(不久涅槃)…부촉유재(付囑有在)'라고 설하는 것은 삼주개시가 여기에 이르러 끝나는 것을 알기에 족하다"[30]라고 말하고 있다. 또한 「견보탑품」의 해석을 마칠 때에도 다음과 같이 말하고 있다.

삼주개시(三周開示)의 글은 여기에서 끝난다. 이것을 모두어 말하면 처음 법설에서 이지(二智)를 찬탄하고, 십여(十如)를 분명히 하고, 묘법을 전부들고 불지견(佛知見)을 연다. 다음에 유설(喩說)은 양록(羊鹿)을 물리치고 백우(白牛)를 나타내고 이것에 미혹하면 즉 화택(火宅)에 떨어지고 이것을 깨달으면 즉 불지(佛地)에 이르는 것을 밝힌다. 후의 인연설은 미혹한 곳의 지(智)가 통함을 나타내고 교도(敎導)의 원인(遠因)을 보여주며, 화성(化城)을 멸하여 보물이 있는 곳을 가리킨다. 이것은 모두 열어 이것을 보여주고 자기본래의 불성(佛性)을 보게 하는 까닭이다. 이 성(性)을 보는 것으로 즉 성불(成佛)하지 못함이 없다. 그러므로 깨달음의 후에 각각 부처님의 기(記)를 보여주고 원해(圓該)·원증(圓証)의 사(事)를 마친다. 이것(圓該의 법사품과 圓証의 견보탑품)을 삼주설법의 끝이라고 한다.[31]

---

29 『法華經要解』 卷4의 2, 卍續 1-47, 310b.

30 卍續 1-47, 313b下 이하.

31 『法華經要解』 卷4의 3, 卍續 1-47, 314b下 이하.

즉 『법화경요해』에서는 「법사품」은 삼주설법을 원만히 갖추는(圓該) 것이고 「견보탑품」은 삼주설법을 원만히 증득하는(圓証) 것이라고 하여, 이 두 품으로 삼주설법을 마치는 것으로 보고 있다. 이것은 다른 주소에서는 볼 수 없는 『법화경요해』의 특이점이다.[32]

② 9유와 6종 법사

『법화경요해』의 또 다른 특징으로 볼 수 있는 것은 9유(九喩)와 6종 법사(法師)이다. 일반적으로 세친의 『법화경론』이래 『법화경』의 비유는 7유로 헤아리고 있는데, 계환은 9유로 해야 한다고 주장한다.

법화의 7유는 「비유품」에 있는 삼차화택(三車火宅)의 비유, 「신해품」에 있는 장자궁자(長者窮子)의 비유, 「약초유품」에 있는 삼초이목(三草二木)의 비유, 「화성유품」에 있는 화성의 비유, 「오백제자수기품」에 있는 의리계주(衣裏繫珠)의 비유, 「안락행품」에 있는 계중명주(髻中明珠)의 비유, 「여래수량품」에 있는 양의(良医)의 비유를 말하는데, 계환은 여기에 「법사품」에 있는 착정(鑿井)의 비유, 「종지용출품」에 있는 부유자로(父幼子老)의 비유를 더해 9유라고 한다. 『요해』(권2의 1)에서는 다음과 같이 말한다.

경에 9유(九喩) 있다. 이른바 화택(火宅), 궁자(窮子), 약초(藥草), 화성(化城), 계주(繫珠), 착정(鑿井), 왕계(王髻), 부소(父少), 의사(医師)이다. 이전에는 단지 7유를 말하고 착정과 부소의 2유를 빼놓는다. 이것을 곁가지로 나온 것(旁出)이라 하나 실제로는 곁가지가 아닌 것이다.[33]

다음에 「법사품」 5종 법사의 설은 천태교학에서 받아들여 매우 유명한 것으로

---

32 이와 관련하여 "양록(羊鹿)을 물리치고 백우(白牛)를 나타낸다"고 하는 것은 삼차설(三車說), 사차설(四車說) 가운데서 계환이 삼차설에 입각해 있는 것을 보여주고 있다.

33 卍續 1-47, 282a上.

된 것인데, 계환은 5종 법사에 공양(供養)을 더해 6종 법사라고 한다. 『요해』(권4의 1) 에서는 다음과 같이 말한다.

수지독송(受持讀誦)으로부터 합장공경(合掌恭敬)에 이르기까지를 6종법사라고 한다. 수지(受持), 독(讀), 송(誦), 해설(解說), 서사(書寫), 공양(供養)이다. 능히 6종의 어려움(難)에 갖추어지기 때문에 반드시 공불(供佛)의 숙복(宿福) 및 대원(大願)에 관계되는 것이다.[34]

이것은 『묘법연화경』의 「법사품」에서는 다음과 같이 설하고 있는 것이다.

또한 어떤 사람이 있어 수지 독송 해설 서사 『묘법연화경』의 내지 일게(一偈)라도 이 경권(經卷)에서 부처님 뵙듯 공경한다. 여러 가지 공양이란 화향영락 말향도향 소향회 개 당번의복기락(華香瓔珞 末香塗香 燒香繪蓋 幢幡衣服伎樂) 내지 합장공경(合掌恭敬)하는 것이다.[35]

이 문장의 처음 부분만 취하면 5종 법사로 되지만, 뒤의 공양을 더하면 6종 법 사로 되게 된다. 또 앞의 부분의 수지 등의 용어는 이것을 범문(梵文)으로 보면, ㉠ dhārayiṣyanti(受持하리라), ㉡ yācayiṣyanti(讀誦하리라), ㉢ prakāśayiṣyanti(解說하리라), ㉣ saṅgrāhayiṣyanti(了解하리라), ㉤ likṣyanti(書寫하리라), ㉥ anusmariṣyanti(隨念憶持하리라)[36]의 여섯 가지로 된다. 그러나 ㉣ '요해하리라'와 ㉥ '수념(隨念)하리라'는 한역본 에는 나오지 않는다. 이것에 비슷한 것은 후의 「분별공덕품」 제17에서도 수지, 독 송, 해설, 서사, 교서사(敎書寫), 공양(供養)의 6종을 들고 있고, 계환의 6종법사 의외 에 교서사가 더해지고 있다. 이와 관련해 위의 범문에서는 끝의 공양이 없다.[37] 이

---

34 卍續 1-47, 310b下.

35 大正藏 9-30c

36 荻原本 196頁.

러한 것을 생각하면 천태의 5종법사나 『법화경요해』의 6종법사라도 지장이 없고, 또 이에 '요해케 하다', '서사케 한다', '수념한다'를 더하여도 좋을 것이다.

이상으로 『법화경요해』의 특징을 살펴보았지만, 계환의 해설은 대체로 정확하고 착실하며 신뢰할 수 있는 것이다. 다만 비판적이고 전통설에 따르지 않는 것은 장점이자 결점이라고 볼 수 있다.[38] 그러나 실질을 중시한 선적(禪的) 해석 때문에 그의 주소(注疏)는 선종(禪宗)으로서의 한국 불교에서 중시되었던 것일 것이다.

---

37 荻原本 287頁 以下.

38 坂本幸男, 『法華經の中國的展開』, 409~414頁 참조.

제7장
근대 중국의 『법화경』 연구

　여기에 '근대 중국'은 명조(明朝)가 성립된 1368년 이후의 시기를 가리킨다. 『법화경』의 대표적 주소는 지의의 『법화현의』와 『법화문구』, 길장의 『법화현론』과 『법화의소』, 규기의 『법화현찬』 등이고 그 이후의 저작은 대부분 이들 주소의 해석서 또는 초록이다. 또한 이 해석서 또는 초록들도 대부분 지의의 주소 및 담연의 해석서를 단순히 초집한 것이거나 그 초출을 골조로 하여 선 또는 화엄의 입장에서 해석을 가미한 것으로 전혀 새로운 입장에서 당당하게 주소한 것은 별로 보이지 않는다.

1. 명대의 법화사상

1) 일여의 『법화경과주』

　명대 최초의 주석서는 남경(南京)의 대보은사(大報恩寺)에 주석하고 있을 때(1368~1398) 일여(一如)가 지은 『법화경과주(法華經科註)』(7권)이다. 일여는 지의의 성언(成言)을 가지고 주하고 자신의 견해를 더하여 후학으로 하여금 의문이나 잘못이 없도록 했다고 한다. 일여의 『법화경과주』는 「방편품」 제하의 10쌍(十雙) 권실(權實) 및 사구(四句) 권실이 생략되었고, 「비유품」 이하 제품의 사석(四釋)이 간단하여 일반적으로는 이해하기 쉬운 저술이다.

2) 무상의 『법화경대의』

명대의 무상(無相)은 선종의 입장에서 『법화경대의(法華經大意)』(3권)를 지었다. 처음의 2품에 대해서는 대의와 경문의 해석을 하고 있지만, 3품 이하에 대해서는 대의뿐이거나 대의와 요문의 해석을 실었다. 무상은 경제(經題)인 『묘법연화경』을 다음과 같이 해석하고 있다.

만물(萬物)을 조화하여 지신(至神)인 이것을 묘(妙)라 하고, 일체를 주재하여 다름(異)이 없는 이것을 법(法)이라 한다. 법(法)은 즉 성(性)이다. 묘(妙)는 즉 마음(心)이다. 그러나 이 마음은 사람들 본래부터 갖추고 이 성(性) 또한 본래부터 갖춘다. 그런데 성(聖) 있고 범(凡) 있어 이에 틀리는 것은 이 심성에 차가 있는 것이 아니라 즉 사람의 오미(悟迷)에 차이가 있을 뿐이다. 그 심성의 본체는 성인과 범부와 원래부터 서로 간격이 없는 것이다. 생각건대 성(聖)과 범(凡)에 간격 없을 뿐 아니라 내지 상천하지(上天下地) 복잡하고 어지러운 만유(萬有)의 동정운위(動靜云爲)도 역시 터럭의 간격이 없는 것이다. 이와 같이 되므로 즉 묘법은 즉 심성(心性)의 별명이고 심성은 즉 태극(太極)과 이것이 일체이다. 인(人)과 물(物)에 함께 갖추어지고 범(凡)과 성(聖)이 근원을 같이한다. 다시 무슨 의심 있으랴. 연화(蓮華)는 청정하여 염(染)없고 연속하여 기다리는 일없다. 역시 이 마음(心)이 고(古)와 금(今)을 기다리는 일없고, 삼세(三世)서로 이어지며 색(色)과 공(空)이 기다리는 일없이 시방(十方)에 서로 이어지는 것을 비유한다. 그러나 사람의 묘심묘성(妙心妙性)은 전전(前前)에 시작 없고 후후(後後)에 끝남 없으며 대대(大大)하게 외(外)없고 세세하게 내(內)없는 것이다. 경(經)이란 나의 부처님과 대성인의 이 마음, 이 성(性)을 보여주는 직언(直言)이다. 이 말을 가지고 바로 사람의 마음속을 나타내기 때문에 이것을 경(經)이라고 한다.

또한 십여시(十如是)에 대해 혜사나 지의의 해석을 쓰지 않고 오로지 계환의 『요해』의 주석을 의용하고, 선종(禪宗)의 입장에서 전체를 해석하고 있다.

3) 여우의 『법화경지음』

명대의 여우(如愚)는 1605년 지의와 계환 등의 설을 참조하고 교선일치(敎禪一致)의 입장에서 『법화경』을 해석한 『법화경지음(法華經智音)』(7권)을 지었다. 여우는 지의의 분과와는 다르게 28품을 3분했다. 즉 「서품」을 서분, 「방편품」부터 「불경품(不輕品)」에 이르는 19품을 정종분, 「신력품」 이하의 8품을 유통분이라 했다.

여우는 "방(方)이란 법(法)이고 편(便)이란 통리(通利)로서 자유를 말하는 것이다"라고 방편(方便)을 정의하고, "지금 부처님은 이승(二乘)의 사람이 지장(智障)에 가로막혀 스스로 마음에 부처로 되는 것을 볼 수 없기 때문에 언어의 방편을 빌려 분별해 설하고 이승의 사람으로 하여금 불지견(佛知見)을 열어 수기작불할 수 있게 한다"고 해석한 후 "손을 들고 머리를 숙여 모래를 가지고 탑을 만드는 등 일대사인연(一大事因緣)의 방편이 아닌 것 없기 때문에 「방편품」이라 한다"고 주석하면서 "『법화경』의 경문은 방편 아닌 것이 없다"고 결론을 내린다.

그리고 "실상(實相)이란 십여시(十如是)와 구경(究竟) 등의 삼언(三言)이다"라고 해석하고, 십여(十如)를 "부처님이 중생의 둔근으로는 대법(大法)을 감당하지 못하는 것을 보고 생불평등(生佛平等) 일승(一乘)의 불지견을 자세히 알게 하고자 임시로 중생의 소기(小機)에 알맞게 설하신 방편설"이라고 해석한다. 즉 만법유식(萬法唯識)이라고 말할 때는 상(相)이라 하고, 삼계유심(三界唯心)이라고 말할 때는 성(性)이라고 하며, 상에 즉하여 성(性)을 말할 때는 체(體)라고 하고, 체(體)에 즉하여 용(用)을 말할 때는 역(力)이라고 하고, 역(力)에 선악의 업용(業用)이 있어 능히 세간출세간을 흥기할 때는 작(作)이라고 하고, 진여와 불지견 및 무명(無明)과 삼세(三細)를 설하여 세간출세간의 능작(能作)의 인(因)이라 하고, 제불·보살·선우(善友)에 의한 개시오입(開示悟入)과 경계에 의한 육추(六麤)를 설하여 세간출세간에 지은 바 연(緣)이라 하고, 인(因)은 반드시 과(果)를 불러온다고 해석한다.

그리고 연(緣)은 반드시 보(報)로서 반응하고, 장엄이 달라서 호추(好醜)는 표현을 나누나 전혀 다르지 않다고 논한다. 심식(心識)을 설하여 삼계의 본(本)이라 하고, 만법(萬法)을 설하여 심성의 말(末)이라 하니, 이와 같이 뜻에 따라 설하는 것은 모두 부처님의 실지(實智)의 진여에 칭하는 것으로, 반드시 이것은 방편이 아닌 것이 없는 것이다. 허다한 방편이 있어서 중생의 듣는 자 같지 않다고 하더라도 필경 모두 일체종지(一切種智)를 얻는 것이다. 그러므로 구경(究竟)이라고 한다.

이와 같이 여우는 십여실상(十如實相)을 방편설로 해석하는데, 이 점은 지의의 설과 크게 다른 것이다. 그 밖에도 「수량품」의 불을 법신(法身)이라고 주석하는 등 지의의 해석과 다른 점을 볼 수 있다. 이것은 여우가 『화엄경』·『유마경』·『능엄경』·『승만경』·『능가경』 등의 경과 『기신론(起信論)』·『유가론』 등의 논서를 채용해 자유로이 해석한 결과일 것이다.[1]

2. 덕청의 법화사상

1) 『법화경격절』

(1) 해제

명대의 남악 사문 감산(憨山) 덕청(德淸, 1546~1623)은 1598년 『법화경격절(法華經擊節)』(1권)을 지어 『법화경』 각 품의 대의를 약설했다. 덕청에 의하면, 세존 출세의 일대사인연(一大事因緣)은 일체 중생으로 하여금 각각 본유의 불지견(佛知見)을 깨닫

---

1 望月歡厚 編, 『近代日本の法華佛教』, 平樂寺書店, 1968, 490~493頁 참조.

게 하여 불지(佛地)에 오르게 한다. 이 가르침을 일승(一乘)이라 하고, 그 나타내는 것은 일승의 이(理)·행(行)·인(因)·과(果)뿐이다. 전의 40년 중에 개시된 것은 기근이 미숙하기 때문에 삼승의 이행(理行)이지만, 그 이(理)는 아직 원만하지 못하기 때문에 행도 참 행이 아니고 과도 참 과가 아니다. 그러므로 삼승은 불의 지혜에 들어가기 위한 방편권시(方便權施)에 다름 아니다.

그런데 『법화경』은 중생이 경험하는 일상의 현실세계가 그대로 제불이 스스로 깨달은 성지(聖智)의 경계인 것을 현전에 보여주어 단박(頓)에 깨닫게 하는 것을 설한 것에 다름 아니다. 그러한 입장에서 『법화경』28품 가운데 앞의 22품은 모두 일승의 원리(圓理)를 나타내고, 뒤의 6품은 모두 일승의 묘행(妙行)을 나타낸다. 즉 원리를 진인(眞因)이라 하고, 그에 의해 묘행을 일으키고 묘행에 의해서 묘덕(妙德)을 이루는 것이다. 지(智)와 행(行)이 명합(冥合)하고 이(理)와 지(智)가 일여(一如)일 때 묘과(妙果)를 증득한다. 그러므로 보현행을 가지고 공(功)을 거두는 것이다. 이 법계로부터 성립되지 않는 것 없고 이 법계에 환귀(還歸)하지 않는 것이 없다. 화엄은 신해행증(信解行証)을 가지고 성불의 기본으로 삼고, 법화는 개시오입(開示悟入)을 가지고 성불의 기본으로 삼는다. 즉 방편의 언설에 의해 개시(開示)하여 신(信)을 발하고, 신에 의해 해(解)를 발하며, 해에 의해 행(行)을 일으키고, 행이 이루어져 해(解)를 초월하여 바로 능히 증입(証入)하는 것이다. 그렇기 때문에 이경(二經)은 시종일관하고 있다고 덕청은 주장한다.

(2) 불지견의 증득

덕청에 따르면 「서품」은 모두 법계의 진기(眞機)에 나타내어 그것을 깨달아서 증입케 하는 것이고, 「방편품」으로부터 「법사품」에 이르는 9품은 삼주설법(三周說法)하여 삼근(三根)에 기(記)를 준다고 하지만, 그 실은 일체 중생에게 평등의 불혜(佛慧) 즉 '불지견'을 개시(開示)하기 위한 것이다. 이 불혜를 각각이 구족하기 때문에 이것을 알면 돈증(頓証)하지 못하는 것이 없다. 이것이 "무릇 법을 듣는 일이 있는 자는 하나같이 성불하지 못함이 없다"든지, "이 법을 가지고 다른 사람에게 가르치는 자있으면 대법사(大法師)로 된다"고 말하는 이유이다.

일게일구까지도 수지하여 일념수희하는 자에게는 성불의 기별이 주어지지만, 이것은 방편에 의거하여 깨달아서 신(信)을 내게 할 뿐이고, 해행(解行)에 의하여 깨달음에 드는(証入) 것은 아니다. 오직 수기(授記)뿐이지만 다겁을 거쳐 이(理)를 나타낼 때 단박에 깨닫는다. 이것이 돈오점수(頓悟漸修)하는 자이다. 즉 일념에 별안간 자심(自心)을 깨달아 부처와 둘이 아님을 견성성불이라고 하나, 무시(無始)의 무명(無明)이 있어 아직 단박에 맑아질 수가 없으므로 다겁(多劫)을 거쳐서 밝혀야 하는 것이다. 다시 말하면 당하(当下)의 일념에 갑자기 무시의 무명을 끊는 것을 다겁을 거친다고 하는 것이다. 따라서 구원(久遠)을 관(觀)하는 것은 금일과 같고, 이 법 가운데 일념불생(一念不生)하면 삼제돈단(三際頓斷)함으로써 예와 지금이 일제(一際)이고 범성(凡聖)이 제평(齊平)이다. 「법사품」 이전의 10품은 중생에게 불지견(佛知見)을 열게 하려고 하는 것이다.

그러나 덕청은 「법사품」까지는 응화불(應化佛)의 권적(權跡)을 볼 뿐이고 아직 법신의 경계를 보기에 이르고 있지 못한다고 본다. 여기에서 법신의 진경(眞境)을 보여 자심의 묘(妙)를 보고 실증케 하기 위해서 「보탑품」을 설하는 것이라는 것이다. 즉 무명을 파하여 별안간 심지(心地)가 열리면 오온(五蘊)의 몸과 마음에 즉하여 법신의 진불(眞佛)을 보게 된다. 그러므로 칠보(七寶)의 묘탑(妙塔)이 그 앞에 솟아 나타난다. 본래 무주(無住)이기 때문에 탑은 허공에 처하고, 불성은 상주(常住)이기 때문에 탑 속에 여래의 전신이 있는 것이며, 탑의 문을 여는 것이고, 탑의 문을 여는 것은 비롯됨이 없는 무명을 단박에 파하고 본유(本有)의 법신을 단박에 나타낸다고 보는 것이다. 또 이불병좌(二佛並座)는 진응불이(眞應不二)를 나타낸 것이니, 이것은 일체 중생에 대해 일상의 현전(現前)에 부처의 지견을 보여주려고 하는 것이라고 본다.

「제바품」부터 「수량품」까지는 자심(自心) 즉 부처의 지견을 깨닫게 하려고 하는 것이다. 불지견은 사람들에게 본래 갖추어진 것을 이미 개시했으나 그래도 이에 미혹한 것은 이미 오랜 것은 번뇌의 뿌리가 깊기 때문이다. 여기에서 인연을 빌려 깨닫고 간절하게 구하여 얻지 않으면 안 된다. 먼저 「제바품」에서 깨달음에는 쉬운 것(易)도 어려운 것(難)도 없고, 우치함도 지혜도 없는 것을 깨닫게 하는 것이고, 다겁에 애써 얻어야 할 여래의 대지(大智)는 어려운 것이고, 용녀(龍女)의 당하에 돈증(頓証)하는 것은 쉬운 것이다. 또 구하는 마음이 있는 자는 다겁에 헛되이 애쓰고, 마음을 죽이는 자는 찰나에 깨닫는 것이다. 이에 대해서는 사리불의 지혜를 가지고서도 또한 의심을 품지 않을 수 없기 때문에 「권지품」에서 이 경을 수지함에 대응할 수 없다고 하는 것이다. 상근(上根)의 이지(利智)와 광대한 비심(悲心)을 가지고 참기 어려운 것을 참고 행하기 어려움을 능히 행하여, 묘하게 무생(無生)의 불심(佛心)에 계합하는 자만이 이 경을 설할 수가 있다고 하는 것이다.

다만 불심을 얻는 방법을 알지 못하는 자는 깨달을 수가 없다. 그러므로 4안락행의 실천에 의해서 번뇌를 파하고, 스스로 자신의 마음을 믿고 스스로의 깨달음에 참구하여 부처님의 가풍을 이을 수 있게 하기 위해서 「용출품」에 자신의 마음을 개발하는 형식을 나타내는 것이다. 즉 자기의 가슴속에서 흘러나오는 것만이 하늘을 덮고 땅을 덮는 것이므로 타방으로부터 내집한 것은 보살이라 하더라도 이 경을 설하는 것은 감당할 수 없다고 배척한다. 이 세계 아래 허공가운데 주하는 6만항하사의 지용(地湧)의 보살은 본래부터 성덕(性德)을 원만히 성취하고, 현전의 번뇌도 모두 법성(法性)으로부터 유출된 것이기 때문에 먼저 교화하니 일마다 모두 진(眞)이고 처음부터 모두가 묘(妙)이다. 그러므로 이것은 모두 창도(唱導)의 으뜸이라고 칭하는 것이고, 그 행(行)은 일행에 일체행을 융화하고 일법에 일체법을 내포하기 때문에, 하나하나에 많은 권속이 있다고 하고, 또 그 짓는 것은 모두 법신으로 회향하기 때문에 허공에 참배하여 다보·석가의 2불을 뵙는다고 한다. 이것은 불심(佛心)에 계합하는 것이다. 즉 이 경을 듣고 불계(佛契, 부처님과의 약속)에 드는 것인데, 이와 같은 것은 심식(心識)의 미치는 바가 아니므로 8천항하사의 보살 및 미륵이 의문을 일으키는 것이다.

여기에서 여래는 비밀을 열어 본원상주의 심지(心地)를 보이시려고 「여래수량품」을 설하는 것이라고 덕청은 논한다. 즉 상주하는 진심(眞心)은 부동이고, 널리 시방계(十方界)에 두루하며, 수연보응(隨緣報應)의 묘한 교화를 행함에 방향이 없고, 은현무애(隱現無碍)한 심심무량(甚深無量)의 부처님의 지혜를 가지고 시현하여 중생을 이익하는 것이라고 본다. 이상의 5품은 중생으로 하여금 불지견을 깨닫게 하려는 것이라고 덕청은 해석한다.

(3) 여래 설법의 본의

덕청에 의하면 「분별공덕품」은 자신의 마음을 묘오(妙悟)하는 공덕의 승익(勝益)을 나타내어 소승을 격려하여 대승을 그리워하게 하고, 권교(權敎)의 보살을 책진(策進)하여 권증(權証)을 버리게 한다. 「수희공덕품」은 『법화경』이 신(信)을 가지고 들어갈 수 있는 것임을 나타내며, 따라서 불신(不信)의 죄는 뭇죄 가운데 최상인 것을 나타내어 천제(闡提)·외도에게 대승의 바른 믿음(正信)을 발하기를 권함과 동시에 그 여설수행(如說修行) 복(福)의 무량함을 설하여 범부로 하여금 불도의 장원(長遠)함에 대한 두려움을 내지 않게 하려고 한다. 「법사공덕품」은 이 경을 유통하는 법사의 공덕의 현실적인 증거 일반으로 6근청정을 들고, 「상불경품」은 불성의 종자를 가지고 널리 사중(四衆)을 관하여 수기하는 것이고, 여기에 이르면 간택(揀擇)의 정(情, 마음)을 잊고 시비의 집(執)을 사절하므로 대사(大事)를 떠맡을 수 있기 때문에 「신력품」을 설하여 깨달은 마음(悟心)의 공덕의 생각하기 어려운 모습을 나타내는 것이다. 그리고 수지의 공덕을 널리 찬탄하는 것은 『법화경』의 승묘(勝妙)한 것을 나타낼 뿐만 아니라 이승(二乘)의 사람에게 대승을 즐기는 마음을 발하게 하기 위한 것이다. 이것이 "이 사람은 불도에서 결정코 의심하는 일 없으리라"고 설하는 이유이다. 이상에 의해서 여래가 출세하여 설법하는 본의(本意)를 마치므로 다음에 「촉루품」을 설하는 것이다.

이상 22품은 개시오(開示悟)의 문에 견주어 신해(信解)를 이루고, 후의 6품은 행(行)을 가지고 덕을 이룬다. 그리하여 해(解)와 행(行)이 서로 도와 불과(佛果)를 궁구하고 불지견에 드는 것을 나타내는 것이다.

(4) 법화실상상매의 힘

법화실상상매를 덕청은 다음과 같이 논한다. 행(行)을 발하는 처음에「약왕품」을 설한다. 즉 관지(觀智)의 약(藥)이 번뇌의 병을 고치므로 지(智)가 생겨 혹(惑)이 없어지고 위없는 자각을 이루어 대자재를 얻기 때문에 약왕(藥王)이라고 이름 한다. 중생은 원래 아법(我法)의 이집(二執) 때문에 자재하지 못한다. 그러나 묘심(妙心)을 깨닫고 지관(止觀)의 힘으로 분별의 아(我)·법(法)의 이장(二障)을 파하여 초지(初地)에 오르는 것이다. 그러므로 약왕이 몸을 태우는 것은 아집을 파하는 것을 뜻하고, 희견(喜見)이 팔을 태우는 것은 법집을 파하는 것을 뜻하며, 정지(淨智)가 아니면 이장(二障)을 파할 수가 없기 때문에 일월정명덕불(日月淨明德佛)이라 칭하고, 평등의 진여를 증득하기 때문에 현일체색신삼매(現一切色身三昧)를 얻고, 진여가 안에 감돌기 때문에 향유(香油)를 마시고, 단박에 장식(藏識)을 베풀기 때문에 제불이 동시에 찬탄한다고 설하고, 그 집(執)을 파하나 법을 파하지 못하기 때문에 양팔은 원래와 같이 되돌아가는 것이다. 그러나 이것들은 어느 것이나 법화실상삼매(法華實相三昧)의 힘에 의한 것이다. 이 삼매에 의해 제십지(第十地)의 법사위(法師位)로 나아가 법을 설하고, 중생을 이익케 하려고 일체에 응현(應現)하기 때문에「묘음보살품」을 설하여 현일체색신삼매의 실증을 보여주는 것이다. 그러나 이것은 묘행(妙行)이 진여로부터 나와서 세속에 드는 모습을 나타낸 것으로,『능가경』의 각법자성 성의생신(覺法自性 性意生身)에 해당된다고 해석하고 있다.

이에 대해 관세음은 동일하게 관하고, 또 비출 때도 피차거래의 형태 없이 보문시현(普門示現)하기 때문에『능가경』의 종종구생 무작행 의생신(種種俱生 無作行 意生身)에 짝 지워지고, 등각(等覺)의 위계에서 묘각(妙覺)의 과해(果海)에 들고, 역류하여 나와서 십법계(十法界)를 나타냄에 무외(無畏)로서 응하기 때문에 이것을 보문시현신통지력(普門示現神通之力)이라 칭한다. 그리하여 삼십이응(三十二應), 사부사의(四不思議), 십사무외(十四無畏), 십구설법(十九說法), 팔난이구(八難二求)의 응화(應化)에 의하여 감응하니 이 묘행이 원만한 것이 법화삼매의 힘이라고 한다. 또 이 묘행이 불심(佛心)에 계합하기 때문에 3종의 가지(加持)[2]를 느끼고, 비(非)를 막고 과(過)를 여의어 행자로 하여금 묘과(妙果)를 얻게 하기 때문에 최후의 3품을 설하여 법화의 회좌(會座)가 끝남을 알린다고 하는 것이다.

3종의 가지(加持)란 신력(神力)·법력(法力)·현신이언설(現身而言說)의 가지를 말하고, 이것은 순차로「다라니품」·「묘장엄왕품」·「보현권발품」에 해당된다고 한다. 즉 다라니란 모든 법이 무량의(無量義)를 갖는 것으로 일심(一心)의 다른 이름이고, 이 것을 신주(神呪)라고 하는 것은 일체제불의 비밀의 실상의 심인(心印)이기 때문이다. 이 심인에 의해서 비롯됨이 없는 습기(習氣)를 공격하는 것이 아니면 외마(外魔)에 침범당하기 쉽고, 따라서 생사를 나와 진상(眞常)을 증득할 수도 없을 것이다. 그러므로 수행자로서 비밀신주(秘密神呪)에 의하지 않고 공(功)을 거두는 자는 한 사람도 없다고 해도 좋다. 그러나 행(行)에는 현밀(顯密)의 2행이 있으니, 전의 정관(正觀)의 힘은 현행(顯行)이고 지금의 다라니는 밀행(密行)이다. 그리고 부처님은 법화삼매의 묘행의 공(功)이 원만한 것으로 또 말법을 걱정하여 이「다라니품」을 설하여 삿되고 잘못됨을 방지하는 것이다. 이것이 신력가지(神力加持)이다.

신력가지에 의해 외마를 없애도 법력이 안으로 감돌지 못하면 내장(內障)을 제하고 이전의(二轉依)의 묘과를 증득할 수가 없으리니, 다음에「묘장엄왕품」을 설하여 법력가지(法力加持)의 모습을 보여주는 것이다. 덕청은 만일 신력(神力)에 의해서 가지(加持)하지 못하면 초지(初地) 내지 칠지(七地)의 보살은 유상관(有相觀)이 많기 때문에 외도의 악견(惡見)에 떨어지고, 팔지(八地)의 보살은 무상관(無相觀)이 많기 때

---

2 부처님의 가호를 받아 불범일체(佛凡一體)의 경지로 들어가는 것을 말한다.

문에 이승지(二乘地)에 떨어지며, 법력에 의해서 가지하지 않으면 구지(九地) 내지 등각(等覺)의 보살은 묘각(妙覺)에 들 수가 없다고 주장하고, 또 묘장엄왕(妙莊嚴王)을 재전(在纏)의 여래장의 모습이라고 해석하고, 육식(六識)을 바꾸어 묘관찰지(妙觀察智)로 하면 장식(藏識)에는 오염의 것을 받을 것이 없으므로 '정장(淨藏)'이라고 칭하고, 칠식(七識)이 바뀌어 평등성지(平等性智)로 되면 분별의 견(見)이 멈추고 견분(見分)이 멸하여 법안정(法眼淨)을 얻기 때문에 '정안(淨眼)'이라 칭하며, 지관(止觀)이 안으로 자리 잡고 각성(覺性)에 수순하여 무명을 정치(淨治)함을 이름 하여 '정덕(淨德)'이라고 하는 것으로, 이것은 지관의 모습이고 시각(始覺)의 모습이며, 정장(淨藏)·정안(淨眼)의 두 아들이 아버지의 사심(邪心)을 바꾸어 똑같이 출가하는 것은 본각출전(本覺出纏)의 모습이라고 설하는 등 다분히 유식의 교상에 의거하여 품의 해설을 시도하고 있다.

끝으로 이미 신력가지에 의하여 외마로 하여금 혼란케 하는 일이 없게 하고, 법력가지에 의해 내장(內障)이 생겨나지 못하게 하여 내외청정하게 되고, 신심해탈에 묘행의 공(功)이 원만할 때 소증(所證)의 진여와 법계가 동등하게 된다. 이것은 모두 과덕(果德)을 빌려 인심(因心)의 힘으로 되는 것이다. 인심(因心)이 이미 원만해지면 과덕(果德)도 완전해지므로「보현권발품」을 설하여 이 회(會)를 끝내는 것이다.

덕청에 의하면「보현권발품」은 현신이언설가지(現身而言說加持)에 해당되고 불지견에 드는 모습을 나타내는 것이다. 즉 법계에 일컫는 마음으로 보현행을 닦으면 초발심의 때에 이 마음을 진인(眞因)으로 하기 때문에 마침내 묘하게 진상(眞常)의 불과(佛果)에 계합할 수가 있다. 대저 보현에 2종이 있는데, 그 하나는 도전(道前)의 보현 즉 등각의 위(位)로, 행(行)이 법계에 두루함을 보(普)라 하고, 극히 이웃 성(聖)에 버금가는 것을 현(賢)이라고 하므로 이것은 인위(因位)의 보살이다. 그 둘째는 도후(道後)의 보현으로, 진법계에 일컬음을 보(普)라 하고, 만화(萬化)를 두루 다스림을 현(賢)이라고 하며, 이것은 묘각의 과해(果海)에 들지만 열반에 주하지 않고, 역류하여 나와서 과위(果位)에 있다 하더라도 인문(因門)을 버리지 않는 보살로서 이것이 이 품(品)의 보현이다. 이 보현은 법계로써 신(身)으로 삼고 일체 중생의 괴로움 중에 두루하여 일체의 인천귀신마(人天鬼神魔) 등을 위해 힘쓰는 반려로 되기 때문에, 이 세계에 와서 멸후에 어떻게 『법화경』을 얻어야 할지를 묻는 것이다.

전래(傳來)의 보살은 단지 수지독송을 묻고 아직 이것을 얻었다고 하는 말을 듣지 못한다. 그런데 지금 이 보현은 "이 경을 얻었다"고 한다. 이것은 전에는 오로지 해행(解行)으로 말미암음에 대해 이 품에서는 증입(証入)하기 때문이다. 즉 이 품에서 불지견에 드는 것을 나타내는 증좌이다. 그리고 이 경을 반드시 얻는 조건으로서 4법의 성취가 요청되고 있다. 즉 제불에 호념(護念)되는 것, 많은 선근(善根)을 심는 것, 정정취(正定聚)에 드는 것, 일체 중생을 구하는 마음을 내는 것이다.

이 4법을 성취하는 방법으로서 『기신론』 및 『화엄경』의 글을 많이 채용하여 해설하고 있지만, 3다라니까지도 『기신론』의 진여에 의해서 설명하고 있다. "심진여(心眞如)는 일법계(一法界), 대총상(大總相), 법문의 체(體) 내지 오직 일심(一心)일 뿐"이라고 하는 것이 선다라니(旋陀羅尼)에 해당되고, "일체의 언설은 가명(仮名)으로서 실(實) 없고 다만 망념(妄念)에 따를 뿐으로 불가득이다"라고 하는 것이 백천만억 선다라니(百千万億旋陀羅尼)에 해당되고, "진여라고 하는 것 또한 상(相)이 있는 것이 아니고 일체법은 설할 수가 없고 염할 수가 없기 때문에 진여라고 한다"고 하는 것이 법음방편다라니(法音方便陀羅尼)에 해당된다고 한다.

끝으로 심심비장(甚深秘藏)의 위없는 법문인 『법화경』은 오직 믿음(信)으로서만 들어갈 수가 있다고 설한다. 발심(發心)과 필경(畢竟)의 둘은 구별이 없으므로 이 경은 문수(文殊)로서 창도(唱導)의 머리로 하고 보현을 권발(勸發)의 끝으로 하는 것이다. 이것은 여래 설법의 시종일관의 극치라고 맺고 있다.

전체적으로 덕청은 종래의 천태종 해석과는 크게 다르고, 『화엄경』 『능가경』 『수능엄경』 『원각경』 등의 경과 『기신론』 및 선종의 운문(雲門) 등의 설을 교묘하게 채용하여 자유로운 해석을 시도했다고 볼 수 있다.[3]

2)『법화경통의』

(1) 해제

『법화경격절』은 경의 대강을 논했으나 경 전체의 품을 회통하지 못했기 때문에 초학자에게는 여전히 불편함이 있다. 이에 덕청이 고덕(古德)의 구해(舊解)를 존중하여 마음대로 훈석(訓釋)을 하지 않고 회통한 것이 『법화경통의(法華經通義)』(7권)이다. 덕청은 『법화경통의』에서 먼저 현판(懸判) 즉 교판론에서 현수(賢首)를 소시종돈원(小始終頓圓)의 5교(五敎)로 세우고 『법화경』을 종교(終敎)로 『화엄경』을 원교(圓敎)로 해석했다. 지의는 장통별원(藏通別圓)의 4교를 설치하여 『법화경』을 순원(純圓)이라 하고 『화엄경』을 별원(別圓)이라 평했는데, 덕청은 이를 각각 존중할 바가 있다며 변호했다.

지의가 『법화경』을 순원이라고 한 이유는 『법화경』이 순수실상을 말하고, 대백우(大白牛)와 같이 순일무잡하며, 3승은 똑같이 1승으로 돌아가고, 오성(五性)은 하나같이 열반에 들며, 이(理)는 사무치지 않는 일없고 사(事)는 다하지 않는 일 없으므로 순원이라고 했다는 것이다. 『화엄경』을 별원이라고 해석하는 것은 42위(四十二位)의 행포(行布)를 설하여 별(別)을 빌려 원(圓)을 밝히기 때문이며, 아직 원융(圓融)의 과해(果海), 사사무애(事事無碍), 칭성(稱性)의 극담(極談)을 다하지 않는다고 보았기 때문이다.

현수가 『화엄경』을 원(圓)이라고 하는 이유는 『화엄경』은 보신불이 실보토(實報土)에 따라서 법계원융자재의 법문을 설하여 모든 위(位)를 말하지만, 그 의의는 인과교철 무장무애(因果交徹 無障無碍)를 나타내는 것이므로 원교이고, 이에 반해 『법화경』은 응화불이 방편토(方便土)에 따라서 세상에 출현하고, 3승을 이끌어 일극(一極)에 돌아가게 하며, 불지견을 개시하고, 깨달음에 들게 하려고 하는 것이기 때문

---

3 望月歡厚 編, 『近代日本の法華佛教』, 493~500頁 참조.

에 종교(終敎)라고 해석한 것이라고 변호한 것이다.

덕청은 양자를 다음과 같이 회통하고 있다. 즉 『법화』의 불지견은 『화엄』의 일진법계 여래장심(一眞法界 如來藏心)의 것이고, 『화엄』의 비로자나불은 이를 증득하여 법계해의 혜(慧)라 하고, 이것은 또 『법화』의 일승상주(一乘常住)의 진심이기도 하다. 부처님은 보리수하에서 이 마음에 맞추어 정각을 이루고 화엄을 설하여 원융무애의 법계를 나타내어 홀로 대기(大機)에게 베풀어주었지만, 소근(小根)의 자는 장님과 같고 귀머거리와 같아서 아직 여래의 본회(本懷)를 얻었다고 할 수 없다. 여기에서 3·7일사유하여 일승법을 분별하고, 3승을 설하려고 응화신(應化身)을 드리워 녹야원에서 사제(四諦)를 설하고 성문으로 하여금 열반에 들게 했으나 일불승의 지견(智見)을 얻게 할 수 없었다. 이 때문에 부처님은 사십년간 권방편(權方便)을 써서 경책하고 씻겨주니 법화 회상에 이르러 사람들의 뜻이 지조가 있고 정성스러워져서 가까스로 불심을 믿으면 성불할 수가 있게 되었다. 그러므로 일일이 수기(授記)하여 바야흐로 여래 출세의 본회를 얻을 수가 있었다. 이에 중생을 이익케 하는 연(緣)이 바야흐로 끝나려고 하게 되었기 때문에 『법화경』을 종교(終敎)라고 칭하는 것이다. 이것은 화의(化儀)에 중심을 두고 부처님의 이생(利生)의 일이 끝나는 것을 종(終)이라고 하는 것이고, 원(圓)이라고 칭하는 것은 인(因)을 거두어 과(果)로 맺고 마침내 과해(果海)의 원(圓)에 거두어 들기 때문이다. 그러므로 해(日)가 떠서 먼저 고산을 비추는 것 같은 화엄을 돈원(頓圓)이라 하고, 물이 흘러 합쳐져 바다로 돌아가는 것 같은 법화를 점원(漸圓)이라 하는 것이다.

또 고덕(古德, 吉藏)은 『화엄경』을 판석하여 근본 법륜이라 하고 『법화경』을 섭말귀본법륜(攝末歸本法輪)이라 설한 것이라고 덕청은 해석하고 있다. "법화는 화의(化儀)에 중심을 두어 종교(終敎)라고 판석한다"는 덕청의 해석은 계환의 해석에 의거한 것이라고 말하고 있다.

(2) 석제

덕청은 논하기를, 석제(釋題)에서는 곧바로 일심법계 여래장심을 가리켜『묘법
연화경』이라 이름 한다고 하고, 법에 대해서는『기신론』의 "법이란 중생심을 말한
다. 이 마음은 모두 세간출세간의 일체제법을 섭하기 때문이다"라는 해석을 수용
하고 있다. 또「여래성기품」의 "기이한지고, 기이한지고, 운운"의 문에 의해 일체
중생은 본래 여래의 지혜를 갖추었으나, 망상전도에 의해 그것을 증득하지 못함
을 논하면서 다음과 같이 해석하고 있다.

한번 이 마음을 보면 당하에 이 부처이니, 이것은 마음의 묘(妙)이다. 화장세계의 의
정(依正)의 장엄은 중중무진으로서 미묘하게 원융하고, 진모초개(塵毛草芥)는 마음에 의
해서 서고(立), 실상무상(實相無相)은 이것은 경(境)이 묘(妙)이다. 심(心)과 경(境)과 둘이
아닌(不二) 것으로 오로지 이것은 일심(一心)이다. 그러므로 묘법(妙法)이라 칭한다. 그러
나 이 묘법은 중생이 이에 미혹하면 이름지어 장식(藏識)이라 하고, 제불이 이를 깨달으
면 여래장(如來藏)이라 한다. 이 일심에 의해서 법계를 건립하는 것을 연화장(蓮華藏)이
라 한다. 이것을 가지고 진망(眞妄)이 서로 통하고 염정(染淨)이 융통하니 인과동시(因果
同時), 시종일제(始終一際)이다. 그러므로 비유에 중심을 두면 즉 형상을 연화에 취하고
법에 중심을 두면 곧바로 심체(心體)를 가리키는 것이다

그리고 마음은 부처에게는 불지견(佛知見)이라 하고 중생에게는 근본무명(根本無
明)이라 한다고 하고, 이 중생이 본래 갖춘 불지견을 중생으로 하여금 스스로 알게
하는 것이 제불출세의 본회(本懷)라고 설하고 있다.

(3) 분과

분과에 대한 덕청의 견해는 세 번째 과(科)를 나눌 때 제1품을 서분으로 하고, 제
2품~제28품을 정종분으로 하고, 최후의 수구(數句)를 유통분으로 나눈 것이다. 서

분을 다시 통서(通序)와 별서(別序)로 세분하고, 정종분중을 개시오입(開示悟入)의 4자를 가지고 과판(科判)하여 「방편품」부터 「법사품」까지의 9품을 개불지견(開佛知見), 「견보탑품」을 시불지견(示佛知見), 「제바품」부터 「촉루품」까지의 11품을 오불지견(悟佛知見), 「약왕본사품」부터 「보현권발품」까지의 6품을 입불지견(入佛知見)으로 배치·해석했으나, 개(開)와 시(示)와 오(悟)를 신(信)과 해(解)에 맞추고 입(入)을 행(行)과 증(証)에 배치하여 해석하고 있다.

(4) 본문의 해석

본문의 해석에서 덕청은 종종 특색 있는 해석을 시도하고 있다고 본다. 예컨대 십여(十如)의 명칭을 쓰지 않고 십법(十法)이라 부르고, 상(相)은 상즉무상(相卽無相), 성(性)은 묘성천연(妙性天然), 체(體)는 체자진상(體自眞常), 역(力)은 역용칭진(力用称眞), 작(作)은 작이무작(作而無作), 인(因)은 생본무생(生本無生), 연(緣)은 성공성사(性空成事), 과(科)는 과불이인(果不離因), 보(報)는 업성소연(業性昭然), 본말(本末)은 시종일제(始終一際)로 해석하고, 십법(十法)을 제법이라고 칭하는 것으로, 이 제법의 하나하나가 여실(如實)의 법이기 때문에 구경평등(究竟平等), 적멸무이(寂滅無二)이고, 이것이 제법의 실상이라는 것이다. 그리고 법화일승(法華一乘)의 실상은 바로 화엄법계의 지체(地體)라고도 해석하고 있다.

또 일대사인연(一大事因緣)을 해석할 때 1을 일진(一眞) 법계상주의 진심(眞心)이라하고 심외무별법(心外無別法)이기 때문에 1이라 한다고 말하며, 실상인(實相印)을 『화엄경』의 해인삼매(海印三昧)라고 해석한다. 그리고 소선성불(小善成佛)의 글을 "일봉일게(一棒一偈)로 눈썹을 들어 눈을 부릅뜨고 비난하고 성내어 꾸짖는 사이에 다른 사람으로 하여금 단박에 생사의 정근(情根)을 벗어나게 하니 어찌 이미 성불이 아닌가"라고 설하고 있다. 이것들은 모두 『화엄경』 및 선(禪) 사상으로 『법화경』을 주석한 것이라고 볼 수 있다.

3) 기타

그 밖에도 통윤(通潤)의 『법화경대관(法華經大竅)』(8권), 원징(圓澄)의 『법화경의어(法華經意語)』(1614), 지욱(智旭)의 『법화경회의(法華經會義)』(16권)과 『법화경윤관(法華經綸貫)』(1권), 초횡(焦竑)의 『법화경정해평림(法華經精解評林)』(2권) 등이 있다.

또한 청대 서창치(徐昌治)의 『법화경탁해(法華經卓解)』(7권), 지상(智詳)의 『법화경수수(法華經授手)』(10권), 대의(大義)의 『법화경대성(法華經大成)』(10권), 통리(通理)의 『법화경지장소(法華經指掌疏)』(7권)와 『법화경현시(法華經懸示)』(1권)와 『법화경사의(法華經事義)』(1권), 보덕(普德)의 『법화경과즙(法華經科拾)』(7권), 일송(一松)의 『법화경연의(法華經演義)』(20권) 등이 있다.[4]

3. 지욱의 『법화경회의』

1) 지욱의 생애와 저술

(1) 생애

명대의 지욱(智旭, 1599~1655)은 처음에는 유교를 배우고 불교를 배척했으나, 17세 때 운서(雲棲)의 『자지록서(自知錄序)』·『죽창수필(竹窓隨筆)』을 읽은 후 불교와 가까워졌다. 23세 때 『능엄경』을 읽고 성색진공(性色眞空)·성공진색(性空眞色)의 의미를 깨닫고자 고민하다가 출가를 뜻하여 설령(雪嶺)에게 입문하여 삭발했다. 26세 때 보살계를 받은 후 약 5년간은 주로 계율의 연구에 전심했다. 이후 32세에 『범망경』을 주석하면서 불전에 서원을 세우고 사구(四鬮)를 만들어 정했으며 천태종을

---

4 望月歡厚 編, 『近代日本の法華佛教』, 500~504頁.

들어 얻게 되었으므로 천태를 종(宗)으로 하기로 결정했다. 지욱은 출가하여 처음 지욱(智旭)이라 이름하고 우익(藕益)이라 호했다. 또 팔불도인(八不道人)이라고 자칭 하고, 그 생애는 자전인『팔불도인전』(1권) 및 제자 성시(成時)가 편찬한『우익대사 종론(藕益大師宗論)』(10권)[5]에 자세하다. 지욱의 앞에는 만력(萬曆)의 3고승[6]이 있으니, 운서(雲棲) 주굉(袾宏, 1532~1612)은 계율(戒律), 자백(紫柏) 진가(眞可,1543~1603)와 감산 덕청은 선정(禪定)을 종(宗)으로 했으나, 모두 다 일종일파에 편중된 구태를 벗어나 제종융합을 시도하여 유불도(儒佛道)의 삼교일치를 설하고, 불교에 일치해야 할 유 교로서 양명학(陽明學)을 상찬했다. 삼사(三師)의 후진을 이은 지욱도 이 점은 똑같 다.[7]

지욱은 33세에 처음 영봉(靈峰)에 들어가 이곳을 본거로 하여 입멸하기까지 여 러 곳을 돌면서 강설(講說)과 저술로 날을 지새웠다. 예컨대『법화륜관(法華綸貫)』(1 권)은 41세 때 온릉에서,『법화현의절요』(2권)는 42세 때 장주(漳州)에서,『대승지관 석요』(4권)는 44세 때 호주(湖州)에서,『법화경회의』(16권)는 51세 때 영봉(靈峰)에서, 『기신론열망소』(6권)는 54세 때 신안흡포(新安歙浦)에서 각각 저술했다.

56세의 봄에 병을 얻어 영봉으로 돌아간 후 25년을 걸쳐 열독(閱讀)해 마친 대장 경에 대해『열장지진(閱藏知津)』(48권)과『법해관란(法海觀瀾)』(5권)을 탈고하고, 이듬해 서방으로 손을 들고 입적했다. 만년의 심경을 제자 성시(成時)에게 "내가 석년(昔年) 은 염념에 비구의 계법(戒法)을 부흥하려고 생각했으나 근년은 염념에 서방을 구할 뿐"이라고 전했다.[8]

---

5 兩書 모두 藏經未收.

6 荒木見悟,「智旭の思想と陽明學」,『佛敎史學』第13卷3號에『牧齋初學集』81卷에 수록된「天台山天封 寺修造幕緣疏」인용. 3인이 萬曆의 三大和尙으로서 당시 널리 천하의 존경을 모으고 있던 것의 예 증이라 한다.

7『藕益大師宗論』의 여러 곳에 왕양명(王陽明) 예찬의 구(句)가 보인다.

8『藕益大師宗論』序.

(2) 저술

지욱은『경율론』, 중국 찬술의 소초(疏抄)·목록(目錄)·음의(音義)·전기(傳記) 등 1773부의 요지를 기록한『열장지진(閱藏知津)』을 비롯해 40여 부 250여 권의 저서를 남겼다. 그중『법화경』관계의 저술은『교관강종(教觀綱宗)』(1권),『교관강종석의(教觀綱宗釋義)』(1권),『법화륜관(法華綸貫)』(1권),『법화현의절요(法華玄義節要)』(2권),『법화경회의(法華經會義)』(16권) 등이다.

『교관강종』은 지욱이 이전의 교관론과는 새로운 견지에서 천태교관의 대강·본지(本旨)를 약술한 것이고,[9]『교관강종석의』는『교관강종』가운데 특히 설명이 필요한 39개조를 추출하여 해설 한 것이다.『법화륜관』은 '『법화경』의 대요를 관통하는 줄(綸)'이라는 의미로,『법화문구』와『법화현의』에 의거해 오시(五時)를 설하여 일체경 중『법화경』의 위치를 나타내고,『법화경』의 전역(傳譯)과 주석가의 배출을 약설하여『묘법연화경』과 천태삼대부에 의거한 것을 선언하고, 오중현(五重玄)에 칙하여『법화경』의 깊은 뜻을 개설하고,『법화경』의 과문(科文)과 각 품의 해제를 설하고 있다. 그리고『법화현의절요』는『법화현의』의 광설을 절략하여 요점만 발췌하고, 초심자에게『법화현의』의 요령을 알게 하기 위해 지은 것으로 제호는 지욱 술(述)이 아니라 '지욱 절(節)'이라고 표기되어 있다. 전체는 서왕일서(序王一序)와 칠번공해(七番共解)와 오중각설(五重各說)로 되어 있고, 공해의 표장단(標章段)과 각 설의 석명단(釋名段)에 중점을 두고 있다. 석명단의 주된 교설은 인과육의(因果六義), 심불중생(心佛衆生)의 삼법묘(三法妙), 대절이묘(待絕二妙), 본적이십묘(本迹二十妙) 등이다.[10] 지금부터『법화경회의』를 중심으로 지욱의 법화사상을 살펴보겠다.

---

9 『교관강종』의 말미에서 임제(臨濟)의 "강종(綱宗)을 알고 취하라. 본디 실법(實法)없다"는 말을 인용하며 강종을 알 필요성을 설하고 있다.

10 坂本幸男,『法華經の中國的展開』, 平樂寺書店, 1975, 415~419頁 참조.

2)『법화경회의』의 내용

정식 명칭은『묘법연화경태종회의(妙法蓮華經台宗會義)』(16권)이며, 지욱의『법화경』관계 저술 중 첫째가는 대작이다. 지욱은 서문의 끝에 "나를 아는 것은 그것은 오직 회의(會義), 나를 죄 지우는 것도 그것은 오직 회의일 뿐"이라고 적고 있다.

(1) 계년

지욱은『법화경회의』의「서(序)」에서 취하고 버린『법화문구』및『법화문구기』의 문장의 곳곳에 손을 가하여 취한 뜻을 용이하게 한 것이라든지, 과문은 반드시 문구에 의하지 않았던 것, 뜻을 보충하기 위해서 사설(私說)을 가미한 것 등을 적어 놓은 것으로 보아 이를 범례(汎例)라고 할 수 있다. 따라서「서」는 본문이 완성된 후 쓴 것으로 보이며,「서」의 끝에 적힌 "기축중동오일 하필고서(己丑仲冬五日下筆故序)"의 '하필(下筆)'은 '착수(著手)'가 아닌 '각필(擱筆, 탈고)'의 의미인 듯하다. 이때의 기축년은 1649년이다.[11]

(2) 저술 목적

『법화경회의』「서」에 의하면, 지의는 묘오(妙悟) 후에 부사의묘변(不思議妙弁)으로써『법화경』을 해설하고 장안은 그 개요를 잘 기록하여『법화문구』로 하고, 담연은『법화문구기』를 저술하여 스승의 뜻을 도왔다. 그러나 그 내용이 번잡하여 초심자는 헛되이 '망양(望洋)의 탄(歎)'을 품고 콧대를 꺾을 법문을 고각(高閣)에 썩게 할 두려움이 있어 이에 지욱은 "천하의 학인을 이끌고 마음에 삼대부를 연구하지 않으면 안 된다고 생각하고" 천태삼대부의 입문서를 지어 초심자의 연구 편의를 제공할 기획을 하고 있었다. 지욱은 그 일환으로『법화경회의』를 완성한 것이다.

---

11 坂本幸男,『法華經の中國的展開』, 425~426頁 참조.

(3) 해설 방침

　지욱은 이미 초심자를 위해 『법화현의』·『법화문구』의 대강을 발췌·요약하여 『법화륜관』을 지었으나 별로 효과적이지 못했다. 그래서 지욱은, 첫째 『법화문구』는 필력(筆力)이 순박하기 때문에 뜻을 알기 쉽게 문장을 손질하는 것이 필요하고, 둘째 『법화문구기』는 담연이 정금백련(精金百煉)한 것으로 글의 뜻 또한 깊지만 시의에 적절하게 맞출 필요가 있으며, 셋째 지의의 묘변에 "범우(凡愚)의 천려(千慮) 일득(一得)"인 사설(私說)을 삽입하고자 다시 『법화경회의』를 짓기에 이르렀다.

　이처럼 지욱이 『법화문구』와 『법화문구기』로부터 절록한 장절(章節)을 조정하고 가필하여 뜻을 알기 쉽게 하고, 때로는 개인적인 의견도 가해 지어낸 것이 『법화경회의』이다. 그러므로 『법화경회의』는 경문의 사주(私註)도 아니고 문구의 부석(扶釋)도 아니며, 『법화문구』와 『법화문구기』를 합유한 회본(會本)도 아니다. 『법화문구』의 대부분을 전재하지만 전문의 게재는 아니다. 또한 전재된 문구들을 단념(丹念)으로 대조하여 자구나 해설의 순서에 다소의 변경이 있다. 담연의 『법화문구기』로부터의 초록은 약간뿐이다. 『법화문구기』에 대한 난자난문(難字難文)의 해설이 있으면 할주(割注)로서 문구의 글 속에 넣었다. 인연(因緣)·약교(約敎)·본적(本迹)·관심(觀心)의 4석 가운데 『법화문구』에 없는 것은 『법화문구기』에 보충이 있는 경우 그 부분을 채용하며 『법화문구』의 본문과 동격으로 취급했다. 만약 『법화문구기』에도 없는 경우 사설(私說)을 가필했다. 또한 십쌍탄(十双嘆)과 같은 『법화문구기』의 독특한 발휘설도 받아들였다. 『법화문구』도 『법화문구기』도 잘못된 해설을 하고 있는 것, 예컨대 「방편품」의 '시법주법위(是法住法位)'의 해설 같은 것은 할애하고 사적인 견해만을 놓아두었다. 대체로 이러한 편집 방침으로 『법화경회의』가 작성되었다.[12]

---

12 坂本幸男, 『法華經の中國的展開』, 426~427頁 참조.

(4) 과문

대개는 『법화문구』의 답습이지만, 경문의 절절(節節)을 끊는 방법 등 그와 일치하지 않는 것도 간간이 있다. 과문(科文)을 고친 이유는 "옛날은 경(經)과 소(疏)는 각행(各行)이기 때문에 경의 속뜻을 소(疏)하는 데 즉 깊이 있고 자세하게 하기를 마다하지 않는다. 그런데 경문으로 나타내면 분과점시(分科点示)할 뿐이다. 후대의 사람이 굳이 소를 경에 합치려고 하니 경문의 구절을 보는데 헷갈리게 된다. 지금은 글에 따라 뜻을 말하여 경문의 혈맥을 건드리지 않고자 한다. 어찌 다시 고치지 않을 수 있으랴"라고 밝혔다. 즉 경과 소가 별본(別本)일 때는 괜찮았지만 회본(會本)이 되자 경의 문장은 과문에 따라서 끊어지게 되고 끊어진 중간에 소문(疏文)이 삽입되어 종래의 과문대로 분절하면 곤란한 경우가 생겨 과문을 고쳤다는 것이다.

(5) 입문 해석

『법화경회의』를 구성하는 문장의 대부분은 『법화문구』로부터 초출한 것이고, 몇몇 부분은 『법화문구기』로부터 초출한 것이다.[13] 곳에 따라 삽입된 사적인 견해도 『법화문구』나 『법화문구기』의 요약에 지나지 않거나 결여 부분에 관한 보충인 경우가 태반이다. 그러므로 개략적으로 보면 『법화경회의』는 지의의 전통을 존중한, 경(經)과 『법화문구』와 『법화문구기』의 회본적(會本的)인 저술이다.

『법화문구』로부터의 발췌는 원칙적으로 원문 그대로를 실었다. 그러나 인연석과 같이 장문에 걸칠 때는 "마하가섭…인연최광(因緣最廣), 약여문구(略如文句), 수자심지(須者尋之)" 등으로 삭제하거나 요점만을 기록하거나 뜻을 취하여 문장을 단축하기도 했다. 옛 사람들의 해석 소개 부분과 그 비판 부분 등은 거의 생략하고 지의의 자설만 전재했다. 전재할 때는 문장 가운데 적당한 어구를 더하여 독자의 이해를 쉽게 하도록 배려하고 있다.

---

13 단 「관세음보살보문품」의 기나긴 제석(題釋)은 지의의 『관음현의』에서 초출한 것이다.

『법화문구기』로부터의 발췌는 『법화문구기』에 『법화문구』의 난자석(難字釋)이 있으면 이것을 할주(割註)로 하여 넣었다. 그러나 할주가 모두 기문(記文)은 아니었고 지욱의 사설인 것도 있다. 또한 『법화문구』의 4종 주석 중 어느 것인가를 빼고 『법화문구기』에 보석(補釋)이 있으면 이것을 전재했다. '문(聞)'의 인연석 중 세계실단석(世界悉檀釋), 왕사성의 본적(本迹) 주석, 「비유품」 제의(題意)의 본적 주석 등이 그것이다. 또한 『법화문구』와는 별도로 담연의 독자적인 것도 실었다.

지의와 담연을 비교할 때 가장 현저한 교풍(教風)의 차이는 '진여수연론(眞如隨緣論)'이 지의에게는 없고 담연에게는 많이 나온다고 하는 점이다. 또한 그 결과로서 지의의 호구론(互具論)은 성구(性具)이었지만, 담연은 이것을 체편(體遍)으로서 전개한다는 점이다.[14] 그러나 『법화경회의』는 담연의 이러한 해석 부분을 삭제했다. 『법화문구기』에는 '진여수연론'이 분명한 것이 3군데[15] 있지만, 『법화경회의』는 전혀 이것을 발췌하고 있지 않다. 이처럼 원칙으로서 담연의 육조풍(六朝風)의 주석을 삭제한 것은 지욱에게는 '진여수연론'을 다룬 『기신론열망소(起信論裂網疏)』라는 저술이 별도로 있기 때문이며, 오로지 지의에의 복고를 꾀했다는 것을 뜻하기도 한다.

지욱에 의한 주석 부분에도 여러 가지 차이점이 드러난다. 먼저 「서품」에 열거된 사리불·목련 등의 21인의 성문에 대하여 "이른바 이십일 대아라한 응준유식 총이십일 선심수법(二十一 大阿羅漢 應準唯識 總二十一 善心數法) 위촉작의(謂觸作意)"라 하여 유식법상(唯識法相)에 의해 관심(觀心)의 주석을 전개하는 것은 성상융회(性相融會)를 나타내고, 「제바품」의 용녀 헌주(献珠)의 글을 관심석하여 "시각위 보주본각 위불(始覺爲 宝珠本覺 爲佛), 시각합호 본각위이주상불 불즉수지(始覺合乎 本覺爲以珠 上佛 佛卽受之)"라 한 것은 기신론적 술어를 『법화경』 해석에 응용한 희유한 예이다.

---

14 성구(性具)와 체편(體遍)의 차이는 담연의 『금강비론(金剛錍論)』을 참조.

15 「방편품」의 '불종종연기(佛種從緣起)'의 주석처, 「방편품」의 '시법주법위 세간상상주(是法住法位 世間相常住)'의 주석처, 「약초유품」의 '여래설법 일상일미(如來說法 一相一味)'의 주석처.

그리고 「다라니품」제석에 "다라니 차번총지(陀羅尼 此翻總持)…차밀부공 유삼종(又密部共 有三種)"이라 하여 밀교부 진언의 종류와 효능 등에 대해 개론하는 것은 육조(六朝)까지는 없었던 진언종의 지식의 주입이다. 또 「방편품」의 "시법주법위(是法住法位) 세간상상주(世間相常住)"의 게문에 대해 지의는 "중생정각 일여무이 실불출여(衆生正覺 一如無二 悉不出如) 개여법위위야(皆如法爲位也)"라 하고, 담연은 이것을 보충 주석하여 "중생하석 주법위(衆生下釋 住法位), 중생정각 시능주법(衆生正覺 是能住法), 염정일여 시소주위(染淨一如 是所住位)"라고 하므로 두 사람은 경문의 시법주법위(是法住法位)를 "이 법은 법위(法位)에 주한다"라고 읽고 있음에 틀림없기 때문에 지욱은 위의 두 사람의 주석을 모두 삭제하고 그 대신에 '시자지상성수불이지일승야(是者指上性修不二之一乘也) 차일승자즉시법주역명법위(此一乘者卽是法住亦名法位)'라고 하는 개인적인 견해를 두었다.

본적양문(本迹兩門) 유통분의 각 품 해석방법에 관하여 지의는 「법사품」의 의좌실삼궤(衣座室三軌), 「안락행품」의 사안락행(四安樂行)과 결부지우고 그것이 두 품의 3·4양궤(兩軌)에 즉한 행법인 것을 지적했다. 지욱은 이 점을 중시하고 지의에게 이러한 류의 해석이 있으면 반드시 그 장구(章句)를 초출하고 만일 없으면 사안(私案)을 두어 3·4에 귀결시키려고 했다. 그 목적은 『법화경』의 교법과 지관(止觀) 행법의 연대를 강조하려 했기 때문이라고 볼 수 있다.

지욱에 의하면 불경(不輕)·관음·보현 등 여러 보살의 활약에 큰 이익이 있는 것이나 사신오품(四信五品)의 미미한 수행에 대과(大果)가 있는 것은 삼궤(三軌)·사행(四行)·십관(十觀)에 적합한 행위이다. 특히 「수희공덕품」의 오십전전수희(五十展轉隨喜)의 가장 낮은 행(行)의 해석에서 "일념수희 편구십승(一念隨喜 便具十乘)"이라 하여 그 이유를 간절하게 설명한 것은 그의 말법관(末法觀)은 아니라 해도 시기(時機)에 적합한 불교의 재흥을 뜻한 그의 일면을 말하는 것으로서 주목되는 것이다.[16]

---

16 坂本幸男, 『法華經の中國的展開』, 428~442頁 참조.

제8장

티베트의 『법화경』 연구

1. 티베트의 『법화경』 번역과 그 주석

1) 『법화경』의 티베트 번전지(翻傳誌)

고대 티베트 지역에서 독자적인 문자가 창제된 것은 645년 즈음이다. 물론 티베트 문자의 창제는 불교 경전을 번역하기 위한 것만은 아니었다. 당시 티베트 주변 나라들이 불교문화를 받아들여 번성하고 있었고 동북쪽으로 경계하고 있는 수·당과의 대립 관계도 티베트가 문화를 향상시키기 위해 불전의 번역을 국가사업으로 수행하게된 이유일 것이다. 티베트족은 국가를 형성하기까지 현재의 칭하이성(靑海省)과 그 주변에 흩어져 거주하고 있었고, 중국사의 기록에는 '생번(生蕃)'이나 '숙번(熟蕃)'이라는 이름으로 등장한다.

처음에 그들이 접했던 불교가 미술의 형태이건 한자라고 하는 차용문자이었다고 해도 당시의 불교도가 행하고 있던 실제의 의례라든지 지식에 대한 이해가 전혀 없었다고는 단정하기 어렵다. 티베트어로 번역된 최초의 경전은 『정법백연화경(正法白蓮華經)』인데, 누구에 의해서 언제 어느 곳에서 전래되어 번역되었는지 확정하기 어렵다. 다만 824년 작성된 티베트 최초의 역경 목록인 『덴카르마 목록』에 기록되어 있는 것으로 보아 824년 이전에 이미 티베트문자로 번전되어 있었던 것은 확실하다.[1] 즉『덴카르마 목록』의 대승경전류 제78번에 "성정법백연화(聖正法白蓮華), 3900게(偈), 13권"이라고 적혀 있다.

이 경의 권수나 번역자에 대한 기록은『덴카르마 목록』이외에도 기재되어 있다. 즉 부톤 린첸둡(Buton rinchengrub, 1290~1364)의 저술에서도 확인된다. 부톤은『덴카르마 목록』은 물론『팀프 목록』,『카메 목록』,『전론부(全論部) 목록』『현·밀양승(顯密兩乘) 목록』등을 참조하여 티베트 대장경의 목록을 작성했다. 부톤은 이 목록에서 "정법백연화 13권"이라고 기록하고, 이 경이『가야산정경(伽耶山頂經)』,『자비백연화경(慈悲白蓮華經)』15권,『대자비백연화경(大慈悲白蓮華經)』6권 등의 세 경전과 같이 이세이데(Ye śes sdeḥi ḥgyur)의 번역이라고 보고 있다.

현재 티베트 대장경에 있는『정법백연화경(正法白蓮華經)』은 나르단판, 데르게판, 베이징경판에서도 모두 역자 이름이 '이세이데'인데, 공역자로서 올라 있는 스렌도라보리(戒自在菩提, Surendrabodhi)가 부톤의 저술에는 빠져 있을 뿐이다. 이러한 점에서 현존의 티베트어 역『정법백연화경』은 초기에 번역된 '3900게본'으로부터 출발하여, 이세이데에 의해서 번전된 역본이 있고, 이세이데와 스렌도라보리의 공역인 현존본이 완성되는 경로를 가정할 수 있다.[2]

2) 고역(古譯)과 원전(原典)의 문제

티베트 대장경의 번역사에서는『정법백연화경』티베트어 역의 고역(古譯)으로서 '3900게본'이 먼저 번역·전파되었다는 사실과 관련해 당(唐)의 승상(僧詳)이 찬한『법화전기(法華傳記)』의 기록에 주목해야 한다.『법화전기』에서는 정무외(正無畏)가 전한 오천게본(五千偈本), 법호의 역본(譯本)인 육천오백게본, 구마라집이 전한 육천

---

1 芳村修基,「正法白蓮花經のチベット語譯とその展開」,『法華經研究』III, 平樂寺書店, 1970, 252頁.
2 金倉圓照 編,『法華經の成立と展開』, 平樂寺書店, 1970, 251-254頁 참조.

게본, 사나굴다가 전한 육천이백게본 등 네 가지에 대해 논하고 있다.

이들의 게수(偈數)와 티베트어 역 '3900게본'을 비교하면 티베트 역본이 여러 한역본의 2분 1의 정도 내지 그 이상이다. 여기서 한 번은 한역되었다고 하는『살담분다리경』도 고려할 수 있다.『덴카르마 목록』이 전하는 티베트어 역『정법백연화경』은 고역(古譯)으로서 현재의 본과 차이가 있지만, 하나의 체계를 갖는 완전한 역본(譯本)이다.

그런데 부톤이 인용한 게송은 그보다 훨씬 이전 사람인 산티데바(寂天, 650~750)가 저술한『대승집보살학론(大乘集菩薩學論)』(권25)에서도 인용되고 있다. 이로부터『법화경』의 범문 경전 가운데 장행(長行)이 없는 원전이 있었을 것이라고 추정되기도 한다. 산티데바의『대승집보살학론』에 인용된 게송 형식은 현재의 범본 이전 원전의 형식을 유추할 수 있는 자료로도 간주된다. 이와 같이 원형에서 파생한 여러 가지 형태의『법화경』가 있었다고 생각한다면, 8세기경에는 인도에『덴카르마 목록』이 전하는 것 같은 '3900게본'의『법화경』원전이 존재하고 있었는지도 모른다.[3]

2. 티베트 교학과『법화경』주석서

1)『법화경』과 티베트 교학

티베트 교학에서『정법백연화경』은 중요한 사상을 갖춘 경전으로 수용되고 있다. 중국에서는 이 경이 나타내는 가르침이 다른 어떤 교리보다 뛰어나다고 하는 것을 강조하여 지의가「방편품」에 기조를 두고 독자적인 교리를 세웠고, 일본에서는 니치렌(日蓮)이「수량품」을 중심으로 이 경이 갖는 특질을 발견했다. 그렇다

---

3 金倉圓照 編,『法華經の成立と展開』, 255-264頁 참조.

면 티베트에서는 어떤 것에 강조점을 두었을까.

티베트의 교학은 '사무이 논쟁' 이래 깨달음에의 길은 돈오(頓悟)가 아니라 점차로 달성된다고 하는 사상이 기조를 이루고 있다. 그것은 출가수행자의 행을 율(律)하는 「보살율 20송(菩薩律儀 二十頌)」을 보아도 알 수 있듯이, 출가수행자와 타자(他者)의 관계 또는 기타의 자를 인도하기 위한 교법 발표를 중시한다. 이런 맥락에서 「안락행품」의 설법사에 대한 자격을 규정한 내용의 글은 간과할 수 없다. 이와 같은 교사야말로 사람들을 친절하게 인도하는 자부(慈父)의 공덕을 갖출 수 있는 것이다. 따라서 『법화경』의 일곱 가지 비유 가운데 의사로서의 자부(慈父) 인용은 특히 주목된다. 부톤은 그것을 다음과 같은 인용에 의해 입증하고 있다.

(병에 걸린) 의사의 아이가 (아무리 해도) 약을 먹지 않으므로 (현명한 그 의사는 그 아이의 병을 고치기 위해서) 약을 조합하여 가지고 (그 아이에 대해서 자신이 여행에) 나가 있을 때에는 먹어요라고 말해주고 또 자신은 죽게 되어 있어요(라고 하면서 자신이) 죽었을 때는 꼭 먹어야 해요(라고 말하고 여행에 나섰습니다).[4]

그 어린이도 아버지인 의사가 죽자 그 밖에 약을 알고 있는 자가 있지 않기 (것을 알고) 때문에 (병을) 고치기 위해서 (그) 약을 먹었다. 그 후 병이 나았을 때 실은 그 아버지가 죽지 않은 것을 아이가 알았다고 해도 거짓(을 말했다고 하는) 과실이 되지 않는다(고 설하고 있다).

이 글은 「여래수량품」에 실려 있다. 이 「여래수량품」에서 경전은 여래의 수량이 영원하고 그 공덕이 현실에 끊임없이 작용하고 있음을 설하는 것인데, 그 수량과 작용기전에 대해서는 다음과 같은 게송을 인용하고 있다.

---

4 多田本, Fol. 170-a, b.

백천만억이라고 하는	생각해 미칠 수 없는
그와 같은 측량해 알 수 없는	오래전부터
나는 이 깊고 뛰어난 깨달음을	몸으로 증득하여
항상 나는 이 교법을	보다 잘 설해온 것이다.[5]

　이와 같은 여래관(如來觀)에 입각해 티베트 교학에서의 불신(佛身)은 지(智)의 작용으로 갖가지 시기(時機)에 응하여 사람들의 앞에 나타난다. 그 지(智)를 완성한 자가 「현관장엄론송(現觀莊嚴論頌)」의 '일체종상지성(一切種相智性)'을 갖춘 자이고, 그 작용이 구체적인 나타난 것이 화신(化身)으로서의 활불(活佛)이다. 활불은 사람들을 가르쳐 인도하는 어려움을 느끼고, 사람들은 또한 그 가르침을 믿거나 듣는 어려움을 알지 않으면 안 된다. 이 양면의 모습을 잘 나타낸 것이 「방편품」이라고 부톤은 생각한다. 이에 부톤은 다음과 같이 말한다.

　예컨대 (그대의) 생존을 끊는 것과 같은 일이 있었다고 해도
　뛰어난 정법(正法)을 만날 수 있는 것인가
　그렇지 않으면 만날 수 없는 것인가를 귀로 들었을 때에는
　올바른 법을 설할 수 있는 자가
　누구인지 조차 (그대는) 알지 못하기 때문에
　그 때문에야말로 그대는 힘써
　스승의 교설을 들어야 하는 것이다.[6]

　오바미라가 영역(英譯)한 주(註)에 의하면, 이 글에 대한 뜻은 「방편품」의 제129게

---

5 多田本, Fol. 48-b.

6 多田本, Fol. 29-b.

에서 136게에 이르는 게송의 취의(取意)라고 볼 수도 있다는 것이다. 사실 이러한 글의 뜻은 불교 일상의 귀의삼보의 게송에서도 접하는 글이지만, 부톤은 이러한 글의 뜻을 가지고「방편품」을 해석할 때 티베트 교학의 구체적인 모습을 볼 수 있다고 하는 것이다.[7]

2)『법화경』주석서

초기의 티베트 불교는 금성공주(金城公主)[8]가 죽은 741년경까지의 교학과 그 후의 교학으로 나눌 수 있다.『덴카르마 목록』에서의 경(經)·론(論)·석서(釋書)의 정리 방법도 이러한 경향으로 구분되는 것을 볼 수 있다. 즉 '중국으로부터의 번역서'와 '인도로부터의 번역서'를 구별하고 있는 것을 볼 수 있다.『법화경』의 주석서는 비교적 이른 시기에 티베트에 전해졌다.『덴카르마 목록』의 제568번에는 다음과 같이 기재되어 있다.

ḥphags pa puṇḍarīkaḥi ḥgrel pa ṭīkā ślokā ñis stoṅ bdun rgya bam po ñi śu

성연화(聖蓮華)의 주(註), 2700게, 20권

이 기록은 제명(題名)으로 보아『법화경』의 주석서로 볼 수 있는 것인데, 현존하는 티베트 대장경 목록에서 보면『정법백연화경』은 규기가 지은『묘법연화경현찬』의 티베트어 역이었을 것이라고 추정된다.[9] 그것은 어디까지 추정이고 확실한 자료에 의거한 추론은 아니다. 제명이『덴카르마 목록』에서는 '성연화의 주'로 되어 있고 '묘법연화(妙法蓮華)의 주(註)'로는 되어 있지 않다. 또 현존의 티베트 역『묘

---

7 金倉圓照,『法華經の成立と展開』, 267~271頁 참조.
8 당 중종(中宗)의 양녀로 토번의 찬보(贊普) 치데죽첸(棄隷縮贊)과 결혼했다.
9 窺基의 티베트어역에 대해서는 金倉圓照,『法華經の成立と展開』, 675~693頁에서 자세히 논하고 있다.

법연화주(妙法蓮華註)』와 규기가 지은 『묘법연화경현찬』을 대조하며 통독하면 다소의 차이가 있다고 하는 학자도 있다. 따라서 티베트 대장경의 목록 작성자는 양자를 비교하고 참조하는 데 그치고 반드시 일치하는 문헌으로서는 취급하지 않았는지도 모른다.

그런데 부톤이 정리한 목록에는 정법백연화의 주, 스리랑카의 승려 사이챠라크에 의한 저술, 중국으로부터의 주석서 20권이라고 하는 주석서들을 열거하고 있다. '목록'에는 스리랑카의 사이챠라크라고 하는 주석자의 이름도 나오는데, 부톤에 따르면 사이챠라크는 이 주석서 이외에 『오온론분별소(五蘊論分別疏)』(5권)을 지었다고 한다. 사이챠라크에 대한 상세한 전기는 볼 수 없지만, 이러한 기록을 보면 같은 학자의 저서가 하나는 인도로부터 직접 티베트로 번역 전파되고 다른 하나는 한역되어 간접적으로 전역되었다고 볼 수 있는 것이다.[10]

---

10 金倉圓照, 『法華經の成立と展開』, 265~266頁 참조.

제3부
한국의 법화사상

제1장

삼국시대의 『법화경』 수용

1. 삼국시대의 법화신행

법화신행은 법화삼부경이라 부르는 『무량의경』, 『묘법연화경』, 『관보현보살행법경』에 의한 신행을 말한다. 이 법화삼부경은 『법화경』을 중심으로 『무량의경』은 개경(開經)이 되고, 『불설관보현보살행법경』은 『법화경』 「보현권발품」과 표리(表裏)가 되어 결경(結經)에 해당된다. 또한 법화신행은 『법화경』에서 독립한 『관음경』에 기반한 관음신앙까지 포괄한다. 삼국시대의 법화사상은 주로 『법화경』과 법화신행을 중심으로 이루어졌으며 이에 근거하여 법화도량이 시설되었다.

불교 전통에서 등장하는 법화도량은 영축산(靈鷲山)이다. 영축산은 인도 마갈타국의 수도 왕사성 동북쪽에 자리한 기사굴산을 일컫는다. 석존은 이곳에서 『법화경』을 설했다. 『법화경』에 의하면 석존은 "무량무변 백천만억 나유타 아승기겁 이전에 성불하여 항상 이 사바세계에 머물면서 설법 교화하고 계신다. 부처님은 중생이 일심으로 부처님을 뵙고자 몸과 목숨을 아끼지 아니할 때에는 뭇 보살들과 함께 영축산에 출현하여 중생을 위해 설법하므로 항상 이곳을 떠나지 않는다(常在此不滅). 또 신통력이 그와 같으므로 부처님은 아승기겁에 언제나 영축산에 계시면서 중생을 위하여 설법하신다"고 한다. 이처럼 영축산은 부처님의 상주 설법처이며 『법화경』을 상설하는 근본 도량이다.

그런데 삼국시대 특히 통일신라시대 불교학승들은 『법화경』 관련 주석서를 다

수 저술했다. 하지만 현존하는 것은 원효와 의적 등의 일부 주석서뿐이다. 그러므로 통일신라시대의『법화경』과 법화신행에 대한 이해는 대단히 제한적일 수밖에 없다. 법화삼부경의 하나인『무량의경』에 대한 주석서는 원측과 원효와 경흥 등 일부 학승들에 의해 저술되었지만 현존하는 것은 최근에 원측의 저술로 확정된 것뿐이다. 따라서 통일신라시대의『법화경』과『무량의경』,『관보현보살행법경』에 대한 이해는 아직까지 지극히 부분적일 수밖에 없다.[1]

한편 통일신라시대의 관음신앙은 법화신앙과 화엄신앙의 경계에서 꽃피웠다. 법화신앙의 보현관행은 낭지-원효-연회로 이어졌고, 화엄신앙의 보현행원은 낭지-지통-연회로 이어졌다. 무엇보다도 이시기에는 삼국 통일전쟁으로 피폐해진 마음을 치유하기 위해서는 불교신앙이 필요했다. 따라서 중생의 발원에 집중하는 정토신앙과 함께 중생의 구제에 치중하는 관음신앙은 전국 곳곳에서 널리 유행했을 것으로 추정된다. 그 밖에도 연대를 알 수는 없지만 돌에 새긴『법화경』이 유행했다는 자료가 있다. 또한『법화영험전』에 의하면, 경덕왕대에 어떤 모자(母子)가 금자(金字)로 된『법화경』한 권을 신도들의 도움으로 만들어 매년 봄에 도량을 베풀고『법화경』의 묘리(妙理)를 홍포하여 예경참(禮敬懺)을 정성스레 닦았다는 기록이 있다.

이러한 사실들을 통해 통일신라시대에 관음신앙과『법화경』의 지위가 여타의 교학에 결코 뒤지지 않았음을 엿볼 수 있다. 이것은 보현관행과 예경참의 광범위한 실행과 법화참법(法華懺法)의 광범위한 유통에서 확인할 수 있다.[2]

---

1 원각불교사상연구원 편,『한국천태종사』, 대한불교천태종출판부, 2010, 63-65쪽 참조.
2 원각불교사상 연구원 편,『한국천태종사』, 84-85쪽 참조.

2. 『법화경』의 초전과 고구려 불교

1) 『법화경』의 초전

현존하는 사료에서는 고구려에서의 법화신행에 대한 기록을 찾기 어렵다. 그렇다고 고구려에 『법화경』이 전래되지 않고 그 신봉이 전혀 존재하지 않았다고 볼 수는 없다. 소수림왕 2년(372)에 전진의 왕 부견이 승려 순도(順道)를 보내 왔을 때 불상과 함께 경문(經文)을 가져왔다는 기록[3]과 담시(曇始)가 광개토왕 6년(396)에 경률(經律) 수십 부를 가지고 요동에 와서 선화(宣化)했다는 기록[4]을 통해서 중국으로부터 고구려에 불교가 전래되면서 경전도 함께 들어왔다는 사실을 알 수 있다.

현존하는 법화 3역(譯) 중에서 구마라집 번역의 『묘법연화경』이 오늘날까지 신봉을 받고 있어서 『법화경』이라고 하면 으레 이 경을 가리키는 것으로 되어 있다. 이 경은 중국에서 406년에 번역·출간되었는데, 그해는 고구려의 광개토대왕 16년이 된다. 광개토대왕은 희대의 영주였을 뿐만 아니라 392년 평양에 아홉 개의 사찰을 세운 불교왕이기도 했다.[5] 따라서 그의 재위 기간에 중국에서 역출된 『법화경』은 오래지 않아 고구려에 전래되었을 것으로 볼 수 있다.[6]

2) 고구려 승려에 의한 『법화경』의 전파

(1) 혜자

『법화경』이 고구려에 들어와 있었고 신수봉행(信受奉行)되었으리라는 것을 알

---

3 『삼국사기』 권18, 「고구려본기」 6, 소수림왕 2년 6월조; 『삼국유사』 권3, 흥법 3, 순도조.
4 『梁高僧傳』 권10, 「釋曇始傳」; 『삼국유사』 권3, 흥법 3, 阿道基羅條附.
5 『삼국사기』 권18, 「고구려본기」 6, 광개토왕 2년조.
6 김영태, 「법화신앙의 전래와 그 전개」, 『한국불교학』 제3집, 한국불교학회, 1977, 17-18쪽.

만한 자료가 전혀 없는 것은 아니다. 일본의 「쇼토쿠 태자전(聖德太子傳)」에 의하면 당시 일본의 섭정이던 쇼토쿠 태자가 스승인 고구려의 고승 혜자(慧慈)에게 『법화경』 모권(某券) 모구(某句)에 한 자(字)가 빠져 있다고 했을 때 혜자가 말하기를 "우리나라(고구려)의 경(經)에도 역시 이 자(字)가 없다"[7]고 말했다는 기록이 있다.

혜자는 고구려 영양왕 6년(595) 5월 일본으로 건너가서 황자(聖德太子)의 스승이 되었으며, 백제의 혜총과 더불어 불교를 홍통하고 영양왕 26년(615)에 본국으로 갔다고 한다.[8] 그러한 혜자가 일본으로 가기 전에 이미 『법화경』을 지송(持誦)했기 때문에 본국에 있는 경에 한 글자가 있고 없음을 알았던 것이라고 할 수 있다. 그리고 그 뒤 쇼토쿠 태자가 『법화경』을 강설했다는 기록이 있다.

이를 통해서 혜자 당시의 고구려에 『법화경』이 있었고, 혜자는 일본에 가서 섭정이던 쇼토쿠 태자에게 『법화경』을 가르쳤으리라는 것을 짐작할 수 있다. 더욱이 혜자 자신이 "나의 본국인 고구려에 있는 『법화경』(我本國經)이라고 명시한 것을 보면 의심의 여지가 거의 없다. 그러므로 나중에 쇼토쿠 태자가 『법화경의소』를 짓고 강설했다는 것은 스승인 혜자로부터 수학했기 때문이라고 볼 수 있다.[9]

(2) 파약

고구려의 법화신행에서 빼놓을 수 없는 인물이 파약(波若, 562~613)이다. 파약은 진(陳) 말기에 중국으로 들어가 수(隋) 초기에 천태산으로 가서 지의로부터 선법(禪法)을 받고 적정처에서 행도 정진하다가 613년(고구려 영양왕 24) 국청사(國淸寺)에서 입적했으니 그의 52세였다.[10] 그는 고구려인으로 중국에 들어가 지의에게서 선법을 받아 공부하였으므로 법화인(法華人)이라고 볼 수 있으나[11] 안타깝게도 귀국하

---

7 일본의 『高僧傳』 「聖德太子傳」.
8 일본의 『高僧傳』 「和州法興寺慧慈傳」; 『元亨釋書』 第十六.
9 김영태, 「법화신앙의 전래와 그 전개」, 18-20쪽 참조.
10 『唐高僧傳』 卷17, 習禪篇.

지 못하고 타향에서 생을 마감했던 것이다.[12]

그런데 하자마 지코(硲慈弘)의 『천태종사개설(天台宗史槪說)』는 다음과 같은 이야기를 전하고 있다.

고구려의 파약은 수(隋)의 개황(開皇) 16년(596) 법을 구하여 중국에 이르러 천태산에 참예하고 지자대사에게 사사하여 크게 깨달은 바 있었는데, 다시 지자대사의 훈계(訓戒)와 종용에 의해 화정봉(華頂峰)에 올라 이곳에서 행(行)을 닦기를 10하고도 6년에 이르렀다. 대업 9년(613) 2월이 되어 처음으로 산을 내려와 불롱사(佛隴寺)에 참예하고, 또 국청사에 이르러 자신의 수명이 다함을 알고 동지들에게 이별을 고하고, 그 후 얼마 되지 않아서 멸(滅)에 들었다 한다.[13]

3. 백제의 법화신행

백제에 대한 현존 사료는 더욱 희소하여 자세한 것은 알 수 없으나, 위덕왕 시대의 현광(玄光)과 무왕 시대의 혜현(惠現)이 법화 신봉의 수도자였다는 것을 알 수 있을 뿐이다.

1) 현광의 법화삼매

웅주 출신의 현광(玄光)은 일찍이 중국으로 건너가서 진(陳)의 혜사에게 배우고

---

11 그때는 천태종이 성립되기 전이었으므로 『법화경』 중심의 혜사로부터 전수받은 관심(觀心) 수행 위주였을 것이다. 『宋高僧傳』 第十八.

12 김영태, 「법화신앙의 전래와 그 전개」, 17-21쪽 참조.

13 硲慈弘, 『天台宗史槪說』, 大藏出版社, 昭和 44, 42頁.

'법화안락행문(法華安樂行門)'을 전수받고는 정진하여 법화삼매를 증득하니, 혜사가 "그대의 증득한 바는 진실된 것으로서 헛된 것이 아니다"라고 이를 증명했다고 한다. 이로써 현광은 지의와 함께 혜사의 고제로서 쌍벽을 이루게 되었다. 그리고 "그대는 본국으로 돌아가 선방편(善方便)을 베풀라"는 부촉을 받고[14] 귀국하던 도중 해상에서 천제(天帝)의 부름을 받고 용궁으로 들어가 몸소 증득한 법문(법화삼매)를 설한 후 고향인 웅주로 돌아와 옹산(翁山)에 자리를 잡고 사찰을 이루어 크게 교화를 펼쳤다. 그에게는 승당수별자(升堂授莂者)가 한 명 있었고, 화광삼매(火光三昧)에 들어간 사람이 한 명, 수광삼매(水光三昧)에 들어간 사람이 두 명 있었다고 한다.[15]

현광은 중국에서도 상당한 위치를 차지하고 있었던 것 같다. 이러한 사실은 중국에 있을 때 그에게는 혜민선사(慧旻禪師)라는 중국인 제자의 법사(法嗣)가 되었다[16]는 것과, 남악(南岳)의 영당(影堂) 내 28인도(二十八人圖)와 천태산 국청사 조당(祖堂)에 그가 모셔져 있었다는 사실[17] 등으로 미루어 짐작할 수 있다.

그러나 안타깝게도 현광이 진나라에 들어간 해와 귀국한 해, 그리고 생몰 연대를 알 수 없으며, 그에 대한 국내의 기록이 전혀 없어서 더 자세한 것을 알 수 없다. 다만 그는 스승 혜사의 부촉을 받고 귀국한 것으로 되어 있기 때문에 스승의 적년(寂年)인 백제 위덕왕 24년(577)을 전후한 무렵에 귀국한 것으로 볼 수 있다. 이로 미루어보면 현광은 570년을 전후한 시기에 중국 유학했고, 위덕왕대(554-597)에 웅주의 옹산에서 교화활동을 전개했다는 것을 알 수 있다.

현광이 진나라에서 혜사로부터 전수받았다고 하는 '법화안락행문'은 『묘법연화경』의 「안락행품」 또는 그 주지요문(主旨要門)을 가리키는 것으로 볼 수 있고, 그

---

14 磯慈弘, 『天台宗史槪說』, 42頁.

15 『宋高僧傳』卷18, 感通篇 6의 1 「陳新羅國玄光傳」; 『佛祖統紀』卷9, 新修科分 6 「學僧傳」, 「神僧傳」.

16 『佛祖統紀』卷9, 諸祖傍出世家 5의1 南岳傍出世家新羅光禪師法嗣條; 正藏 49卷 196頁上.

17 『宋高僧傳』.

가 증득했다는 법화삼매는 스승으로부터 받은 법화삼매를 정수근행(精修勤行)하여 얻은 증과(證果)였다고 볼 수 있다. 다시 말해서 그는 스승에게서 은밀히 전수받은 안락행의 법문을 실천하여 『법화경』의 근본 도리를 체득하고 법화삼매의 오묘한 참뜻을 증오(證悟)했다고 볼 수 있다.

이와 같은 이야기로 볼 때 백제에서는 현광이 귀국한 후 법화실상문 수행이 적지 않게 행해졌을 것이라고 짐작할 수 있으며, 현광의 동문인 지의에 의해 천태종이 성립한 것은 그의 귀국 후의 일이므로 아직 천태교학이 없었던 중국에서 수학하고 돌아온 그에 의해 백제에서는 법화교의(法華敎義)의 실천적 연구가 전해져서 널리 행해졌다고 볼 수 있다.[18]

2) 혜현의 지송

혜현(惠現, 慧顯)은 어려서 출가한 뒤 오로지 『법화경』 독송을 업(業)으로 삼았는데 그 기도에는 영응(靈應)이 많았다. 그는 『삼론(三論)』도 공부하여 통달했고, 일찍이 북부 수덕사에 머물면서 학중(學衆)이 있으면 강설하고 없으면 지송하다가 사방에서 배움을 찾아 모여드는 많은 사람을 피해 강남의 달나산(達拏山)으로 옮겨가 살았다고 한다. 그는 산이 험하여 찾아오는 이가 없는 그곳에서 정좌하여 마음을 닦다가 생을 마쳤는데, 도속(道俗)이 예를 올리고 석탑에 안장했으니, 그의 나이 58세 정관(貞觀, 627~649) 초기의 일이었다고 한다.[19] 정관 원년(627)은 무왕 28년에 해당되므로 혜현은 무왕대의 고승이었음을 알 수 있다. 그는 『법화경』 독송을 업으로 삼아 영험이 많았던 법화지송의 공덕법사였던 것으로 전해진다. 비록 자세한 것은 알 수 없다 하더라도 『법화경』의 지송을 업으로 삼고 그로 인해 영험이 있었

---

18 김영태, 「법화신앙의 전래와 그 전개」, 21-23쪽 참조.
19 『삼국유사』 卷5, 避隱 8惠現求靜條; 『唐高僧傳』 卷28 「伯濟國達拏山寺釋慧顯傳」; 『弘贊法華傳』 卷8; 『法華傳記』 卷4.

다는 것을 통해 당시 백제에서의 법화삼매 실천 경향과 그 일면을 엿볼 수 있다.[20]

3) 발정의 법화신행

양(梁)의 천감 연간(502~519)에 중국으로 들어가 수학하고 30여 년 만에 귀국한 발정(發正)의 행적[21]에서도 법화신행에 관한 것을 엿볼 수 있다. 그러나 그 이야기가 발정 자신의 일이 아니고 귀국 도중에 중국의 월주 관음도량에서 있었다는 『법화경』과 『화엄경』의 독송의 두 수도인에 관한 것이므로 백제 법화신봉의 직접적인 증거라고는 볼 수 없다. 그러나 법화 수행자의 영응(靈應)이 화엄독송자를 능가했다는 고사(故事)를 들고 또 발정이 직접 그 현장을 목격하고 돌아왔다는 것이기 때문에 어느 정도는 『법화경』과도 관련이 있을 것이라고 볼 수는 있다.[22]

4) 일본에의 불교 전수와 『법화경』

백제의 성왕이 불상과 경론을 전해주었다는 538년이 일본에 불교가 전래된 해로 되어 있다. 이것은 『니혼쇼키(日本書紀)』보다 이전에 만들어진 『죠구 쇼토쿠 법왕 제설(上宮聖德法王帝說)』뿐만 아니라 747년의 간코지(元興寺) 자료에 기록된 해이다.[23] 또한 간코지의 자료에는 577년 백제국에서 200여 권의 경론과 승니(僧尼), 불공(佛工) 등을 보내왔을 때 경론 가운데 『법화경』이 들어 있었다고 하는 기사가 있으며, 쇼토쿠 태자가 소지하고 있던 경(經) 등을 볼 때 적어도 6세기 말경 일본에 『법화경』이 전해진 것은 확실하다. 쇼토쿠 태자의 삼경소(三經疏) 즉 『법화경』·『유

---

20 김영태, 「법화신앙의 전래와 그 전개」, 24-25쪽 참조.

21 『法華經傳記』卷6 越州觀音道場人條 ; 『觀世音應驗記』.

22 김영태, 「법화신앙의 전래와 그 전개」, 24-25쪽 참조.

23 立正大學 日蓮敎學硏究所, 『日蓮宗讀本』, 平樂寺書店, 昭和 57, 69頁.

마경』·『승만경』의 소에는 『무량의경』, 『우바새계경』, 『열반경』, 『법고경(法鼓經)』, 『무량수경』, 『유광경(乳光經)』, 『주유마경(註維摩經)』 등의 경전 외에 『대지도론』, 『법화의기』 등의 논석서(論釋書)가 인용되고 있어 그즈음 전래되고 있던 경론 일반과 법화사상의 전적들을 찾아볼 수 있다.[24]

4. 신라의 법화신행

신라에서는 일찍부터 『법화경』 독송의 사실이 보이고 있으며, 신라의 법화도량과 그 신앙적 특징을 알 수 있는 자료가 남아 있다. 그리고 통일신라시대에는 『법화경』에 관한 저술이 적지 않게 있었다.

1) 낭지

신라의 낭지(朗智)와 관련되어 전해지는 이야기가 있다. 일찍이 양주(梁州) 아곡현(阿曲縣)의 영축산에는 신이(神異)한 승려 한 사람이 암자에서 살았는데, 고향이 어디인지 알 수 없었고 이름 또한 알리지 않았다. 그는 항상 『법화경』을 강송했으며 이로 인해서 신통력도 있었다. 용삭년(龍朔年, 661~663) 초에 이량공(伊亮公)의 하인이었다가 7세에 출가한 지통(智通)이라는 사미가 어느 날 "영축산으로 가서 낭지의 제자가 되어라"라는 까마귀의 소리를 듣고 그곳으로 가다가 어느 마을 나무 밑에서 쉬고 있었다. 그때 갑자기 별난 사람(異人)이 나타나서 말하기를, "나는 보현대사인데 너에게 계품(戒品)을 주려고 왔다"고 하면서 계(戒)를 주고는 어디론가 사라져버렸다. 그 후 지통은 정신이 밝아지고 마음이 활짝 열려 지증(智證)이 돌연

---

24 立正大學 日蓮敎學硏究所, 『日蓮宗讀本』, 72頁 참조.

원만해졌다. 계속 가다가 길에서 한 스님을 만나게 되어 "낭지법사가 어디 있는가" 하고 물으니, 그는 왜 낭지를 찾느냐고 반문하였으므로 지통은 그곳까지 찾아오게 된 이야기를 했다. 그러자 그는 웃으면서 "내가 낭지인데 지금 이 앞에서 한성아(聖兒)가 스님의 제자가 되기 위해 오고 있으니 출영(出迎)하라는 까마귀의 알림을 듣고 마중을 나왔다"고 말하고는 지통의 손을 잡고 감탄하면서 "신령스런 까마귀가 너의 오는 것을 알려주었고 나는 너를 마중하였으니 이는 상서로운 일인데 모두가 산신령의 음조(陰助)일 것이다"[25]라고 했다.

이 말을 듣고 지통은 제자로서의 예로 절을 하고 낭지는 새로 얻은 제자에게 계를 주려고 하자 지통은 동네 입구 나무 아래에서 이미 보현대사에게서 정계(正戒)를 받았다고 말했다, 이 말을 들은 낭지는 감탄하면서 "네가 보현보살에게서 직접 계를 받았으니 참으로 장하다. 나는 평생을 정성껏 만나기를 원하였으나 아직도 뜻을 이루지 못하였는데, 네가 지금 친히 만나 수계(受戒)하였으니 내가 너를 따르자면 아직도 멀었구나"라고 말하며 도리어 지통에게 절을 했다. 이후 지통이 보현대사를 만났던 나무를 보현수(普賢樹)라 이름 했다고 한다.

낭지와 관련된 또 다른 이야기도 있다. 원효가 번고사(磻高寺)에 있을 때 항상 낭지를 찾아가 뵈었는데, 낭지는 원효에게 초장관문(初章觀文)과 안신사심론(安身事心論)을 짓게 하였으므로 원효는 그것을 지어 그에게 바쳤다고 한다.

지통은 말할 것도 없고 원효까지 낭지를 스승으로 대우했다는 것을 미루어 보아 그의 도(道)가 고매하였음을 짐작할 수 있다. 낭지가 살던 암자를 혁목암이라 했는데 「영축사기(靈鷲寺記)」에 의하면 낭지가 "혁목암지(赫木庵趾)는 가섭불(迦葉佛) 때의 사기(寺基)였다"고 하며 그곳에서 등(燈)과 항아리를 파냈다고 한다. 이것은 원성왕대에 연회(緣會)가 이 산중에 와서 살면서 낭지의 전기를 찬하므로써 세상에 알려졌다고 한다.[26]

---

25 이 산의 주신(主神)이 변재천녀(辯才天女)라고 전해진다.

이러한 이야기를 통해 신라에서 불교가 공인된 법흥왕 14년(527)에 영축산으로 들어가 문무왕대에 이르기까지 혁목암에 살면서 신이행(神異行)을 보였던 낭지는 항상 법화를 설하는 성자였다고 짐작할 수 있다.[27]

2) 연광

신라 귀족 출신이었던 연광(緣光)은 일찍이 출가하여 특히 염혜(念慧)를 정진 수행하여 그 식량(識量)이 타인을 넘어섰지만, 중국으로 건너가 법화묘전(法華妙典)을 홍포하고 있던 지의의 문하로 들어가[28] 수년 만에 홀연히 크게 깨달은 바가 있었다.[29] 지의는 그의 증오(證悟)를 인정하고 그로 하여금 『법화경』을 강(講)하도록 하니 당대의 명덕 학승들이 모두 그의 강설에 감복했다. 그 후 그는 천태 별원에서 묘관(妙觀)을 더욱 닦았다. 하루는 홀연히 여러 사람이 나타나서 "천제께서 강경(講經, 法華講說)을 청합니다"라고 하므로 그는 말없이 허락하는 뜻을 보였는데, 그로부터 기절하여 10여 일 뒤에야 깨어났으나 그동안 그의 안색은 평상시와 조금도 다름이 없었다고 한다. 그의 정신이 천상으로 가서 천제를 위해 강경하는 동안에 그 육신이 기절해 있었던 것이다.

『법화경』의 지송(持誦)과 수관(修觀)을 모두 성취한 연광은 귀국길에 올랐다. 수십 명의 사람들과 함께 배를 타고 바다 가운데에 이르렀을 때 갑자기 배가 앞으로 나아가지 못하게 되었다. 그때 어떤 사람이 말을 타고 물결을 헤치며 배 곁으로 다가와서는 말하기를 "해신(海神)이 스님을 궁중으로 잠시 청하여 강설해주십사 하

---

26 『삼국유사』 卷5, 避隱 8, 朗智乘雲 普賢樹.
27 김영태, 「법화신앙의 전래와 그 전개」, 25-28쪽 참조.
28 지의는 50세 때 광택사에서 『법화경』을 강했는데 그때가 587년이다. 따라서 연광이 그 문하로 들어간 것은 그 이후일 것이다. 김영태, 「법화신앙의 전래와 그 전개」, 29-30쪽 참조.
29 硲慈弘, 『天台宗史槪說』, 42頁.

는 것이오"라고 말했다. 연광은 일행과 함께 해신의 궁중으로 가서『법화경』을 강설하고 해신으로부터 진귀한 보물을 크게 시주 받고는 다시 배를 타고 고국으로 돌아왔다. 고향에 돌아온 그는 언제나『법화경』을 크게 강설했다. 그는 어릴 적부터 매일『법화경』한 편씩 지송하는 것을 일과로 삼아 목숨이 다할 때까지 한 번도 거른 일이 없었다고 한다.[30]

3) 연회

신라 원성왕대의 고승 연회(緣會)는 일찍이 영축산에 은거하면서 언제나『법화경』을 독송하고 보현관행을 닦았는데, 그의 뜰 앞 연못에는 연꽃 몇 송이가 항상 피어 춘하추동 사시(四時)에도 시들지 않았다. 국왕이 이 이서(異瑞)한 소문을 듣고 국사(國師)로 삼고자 했으나 연회는 암자를 버리고 숨을 곳을 찾아 길을 나섰다. 절에서 빠져나와 도망가던 그가 서쪽 고개의 바위 사이를 지날 때 마침 그 옆 밭에서 김을 매던 한 노인을 만났다. 그 노인은 연회를 보고 어디로 가는 길이냐고 물었다. 이에 연회는 국사가 되고 싶지 않아서 도망을 간다고 했다. 이 말을 들은 노인은 "그 자리에 앉아서 장사를 할 일이지 무엇 하러 수고스럽게 멀리 가서 팔려고 하오. 스님은 이름 파는 일이 싫지도 않은가"라고 말하는 것이었다.

연회는 노인의 말을 언짢게 생각하고 한참을 더 가다가 개울가에서 다시 한 노파를 만났는데 그 노파도 그에게 어디로 가느냐고 물었다. 그 사연을 듣고는 앞에서 누구를 만나지 않았느냐고 물었다. "한 노인이 나를 모욕하기에 기분이 언짢아오는 길이다"라고 하자 그 노파는 "그 분이 바로 문수대성(文殊大聖)이신데 어찌 그 말을 듣지 않았소"라고 말했다. 연회는 그 말을 듣고 깜짝 놀라 노인이 있던 것으로 급히 되돌아가서 노인에게 머리를 숙이며 "성자의 말씀을 어찌 거역하오리까.

30『弘贊法華傳』卷3,「新羅國釋緣光傳」;『法華傳記』卷3,「隋新羅緣光條」.

지금 암자로 되돌아가겠습니다. 그런데 개울가에서 만난 그 노파는 누구입니까"
라고 하자 노인은 "그 노파는 변재천녀(辯才天女)이다"라는 말을 남기고 어디론가
자취를 감추어버렸다.

연회는 암자로 되돌아왔는데 얼마 안 있어 왕사(王使)가 찾아왔다. 이에 연회는
마땅히 받아야 할 업(業)임을 알고 왕명에 응하여 궐내로 들어가서 국사로 봉함을
받았다. 그로부터 그가 노인을 만났던 곳을 문수첩(文殊帖)이라 하고 노파를 만났
던 곳을 아니첩(阿尼帖)이라 이름 했다.[31]

이 설화를 통해 원성왕대의 고승 연회가 『법화경』 독송과 보현관행의 철저한
수행자였으며, 낭지와 같은 곳에 은거하면서 이서(異瑞, 연꽃이 四時 지지 않는 것 등)
를 나투게 한 법화도인이었음을 보게 된다.[32]

5. 중국의 두 신라원

신라 중기 이후부터 고려 초기까지 많은 구법승이 중국에 갔다. 그들은 곳곳에
신라원(新羅園, 新羅院), 신라사(新羅寺) 등을 세웠다. 특히 산둥반도에서 관정에 이르
는 신라인의 왕래가 빈번한 곳과 천태도량에 신라원이 세워졌다. 그중에 법화신
행을 한 곳으로 적산 법화원과 천태산의 국청사 법화원을 들 수 있다. 이 두 곳은
비슷한 시기 입당 구법한 신라 승려들에 의해 세워졌는데 모두 법화 천태신행을
닦는 도량이었다.

---

31 『삼국유사』 卷5, 避隱 8, 緣會逃名文殊帖.
32 김영태, 「법화신앙의 전래와 그 전개」, 30-32쪽 참조.

1) 국청사 신라원

중국의 천태산 국청사로 구법한 우리나라 고승들을 보면 고구려의 파약과 신라의 연광 등이 지의로부터 직접 천태 묘관을 전수받았고, 지의 이후로는 신라의 법융(法融)·이응(理應)·순영(純英)이 천태 5조인 현랑에게 천태교관을 전수받고 730년 귀국했다고 전한다.[33] 이와 같이 신라 고승들의 빈번한 입당 구법으로 국청사에는 그들이 거처하며 수행할 신라원(新羅園)이 세워졌다.[34] 신라원을 세운 사람은 신라의 오공(悟空)이라고 한다. 『국청사지』에는 다음과 같이 기록되어 있다.

804년 일본 천태법화종의 종조 사이쵸(最澄)가 지의(智顗)의 선법을 구하여 (신라인) 제자 의진(義眞)을 데리고 국청사에 가서 도축(道邃)으로부터 천태교의를 배우고 이듬해 학문을 이루고 돌아가 일본 천태종을 세웠다. 같은 때 신라 사람들도 끊이지 않고 찾아와 구법을 했다. 신라승 오공(悟空)이 절 앞에 신라원을 건립하자 신라 승려들이 머물며 불교 공부를 하는 장소가 되었다.[35]

신라원은 국청사 앞에 있었다. 국청사의 신라원이 언제 성립되었는지는 확실하지 않지만, 『국청사지』의 기록으로 볼 때 804년쯤이라 추정할 수 있다.[36] 신라원을 세웠다는 오공에 대해서는 『국청사지』 외에는 기록이 거의 없다. 다만 신라방은 황암현 동쪽 1리 되는 곳에 있었으며,[37] 밭 84묘(畝), 지 6묘, 산 18묘의 큰 규모를

---

33 『佛祖統紀』卷23 248頁中, 卷7 188頁.

34 『國淸寺志』, 華東師範大學出版社, 1995, 104頁.

35 『國淸寺志』, 104頁. "先是貞元二十年(804)日本最澄…新羅僧悟空…" 이 기록은 『天台山全志』第6卷 寺院條 인용이다.

36 이기운, 「중국 두 신라원의 고승과 신행」, 『한국불교학』(제4차 한국불교학결집대회논집), 한국불교학회, 2008, 348쪽.

37 『嘉定赤城志』卷2 黃岩縣條.

가진 사찰 오공원(悟空院)이 있었다[38]는 기록으로 이 오공원은 국청사 구법승들이 황암의 신라방에 이르는 길목에 세운 사찰로 오공이 세워 주석한 것이라는 추측 하기도 한다.[39]

이 신라원을 거쳐 간 승려는 오공 외에 도육(道育)이 있다. 『천태산신지(天台山新志)』에 의하면, 당시 신라원에는 신라 승려들이 많이 거주했는데, 도육 이외에도 갖은 고초를 겪으며 수행하는 자와 천태교리에 정통한 고승 대덕이 많았다고 한다. 도육은 『송고승전』에도 등장한다. 그러나 도육의 성씨나 출신지 등은 자세히 전하지 않는다. 도육은 신라 말 진성여왕 때 34세에 당나라에 들어가 그곳에서 80여 세(938년)에 입적하는데, 처음에는 천태산에 들어와 지내다가 천태종 제일의 사찰 국청사 소속 평전사(平田寺)에서 교화를 펴며 일생을 보냈다고 한다. 『국청사지』에 의하면, 신라원은 1417년경 국청사의 주요 건물과 함께 피폐해져 소실되었다.[40]

2) 적산 법화원

적산 법화원은 820년대 초반 청해진 대사 장보고가 세운 것으로 알려져 있다. 이 신라원은 산둥반도 석도진(石島鎮)에 건립되었다. 법화원은 법화신행을 한 곳으로 법화원 뒤 담홍색 층암절벽이 햇빛을 받아 붉은 빛이 내서 적산(赤山) 법화원(法華院)이라 했으며 등주(登州) 적산 법화원이라고 한다. 적산 법화원은 847년에 그곳을 방문한 일본의 엔닌(円仁)이 쓴 『입당구법순례행기(入唐求法巡禮行記)』에 의해 널리 알려졌다. 『입당구법순례행기』에 의하면 법화원의 규모는 1년에 500섬의 쌀을 생산하는 사전(寺田)을 가지고 있고, 승려 24명, 비구니 2(3?)명, 노인 3명 등 29명의 승속이 거주하고 있었다.[41] 또한 200~250명 정도의 대중과 승려 40여 명이 참여하

---

38 『嘉定赤城志』 卷14 寺院條.

39 김문경, 『한국사』 9, 국사편찬위원회, 1998, 325쪽.

40 『國淸寺志』, 18頁; 이기운, 「중국 두 신라원의 고승과 신행」, 347-349쪽 참조.

는 법회가 열리기도 했다.[42]

법화원의 구성과 운영을 살펴보면 다음과 같다. 좌주(座住, 법주) 성림(聖林), 주지 법청(法淸)을 비롯해서 사미승 영현(永賢), 소사(小師) 사준(師俊) 등의 상주승과 승속이 직책에 따라 일을 분담했다. 당나라에 대한 사무는 재당 관료였던 장영(張永)이 맡았고, 신라와의 관계는 임대사(林大使)와 왕훈(王訓)이 맡아서 처리했다. 신라원의 신행은 불경을 강의하고 예참하며 경을 외우고 예배하는 것이었다. 강경예참(講經禮懺)은 겨울과 여름에 『법화경』과 금광명경을 강의로 행해졌다.[43] 『법화경』 강의는 연례행사로 11월부터 정월 보름까지 행했다. 이때는 낮에 불경(『법화경』)을 강의하고 강론을 벌이며, 밤에는 예참과 강경을 들었다고 한다. 강의할 때에는 강론을 통해 경의 뜻을 토론했다.

엔닌이 목격한 11월 16일에는 좌주인 성림이 불경을 강의하고 돈증(頓證)과 상적을 강론했다고 한다. 불경 강의나 예참의 의례는 대부분 신라의 풍속을 따르지만 황혼과 새벽 두 때의 예참은 당나라 풍속을 따랐다. '낮에 경을 강의했다'는 법회는 신라식으로 예불하고 불경을 강의했을 것이고, 저녁과 새벽에는 지의의 『법화삼매참의』에 의한 예참 수행이었을 것이라고 추측된다.[44]

지금부터 엔닌이 기록한 적산 법화원에서의 강경의식을 살펴보겠다.

(1) 적산 법화원의 강경의식

진(辰)의 시각[45] 강경의 종을 친다. 대중에게 알리는 종을 치고 나서 잠시 후 대중은 당(堂)으로 향한다. 정중(定衆)의 종으로 경문을 강의하는 강사(講師)[46]가 당 안으

---

41 이유진, 「9세기 在唐신라인의 활동에 대하여」, 『중국사연구』 제13집(2001. 5), 115쪽.

42 円仁, 『入唐求法巡禮行記』 卷2, 開成 四年 六月 八日條, 十一月 十六日條.

43 円仁, 『入唐求法巡禮行記』, 開成 六月 七日條.

44 이기운, 「중국 두 신라원의 고승과 신행」, 349-350쪽 참조.

45 오전 8시.

46 중국의 승직에는 강사나 독사(讀師)가 없다. 법주, 법사, 좌주, 강주라는 호칭이 사용되었다. 여기

로 들어 고좌에 오르는 사이 대중은 소리를 맞추어 불명(佛名)을 창한다. 발음의 억양은 신라풍이고 당음(唐音)이 아니다. 강사가 자리에 오르자 불명을 창하기를 그친다. 그때 하좌(下座)의 한 승려가 인도식 음조로 범창(梵唱)하는데 모두 당풍(唐風)이다. '운하어차경(云何於此經)'이라고 하는 『대반열반경』 「수명품」의 한 절(節)이다. 게송 말미의 '원불개미밀(願佛開微密)' 구(句)에 이르자 대중은 같은 음으로 "계향 정향 해탈향(戒香 定香 解脫香)" 등의 게송을 창한다.

강사는 경의 제목인 '묘법연화경'을 창하며 개제(開題)한다. 서(序), 정(正), 유통(流通)의 3문으로 나누어 제목을 설명한다. 법회의 도움 역할을 하는 유나사(維那師)가 고좌의 앞으로 나가 법회 개최의 취지를 읽어 올린다. 또 법회의 시주 이름을 한 사람씩 부르고 그 베푼 물품을 읽어 올린다. 그것이 적힌 서장(書狀)을 강사에게 건넨다. 강사는 주미(麈尾)[47]을 들고 하나하나 시주의 이름을 읽고 그 서원(誓願)을 말한다.

서원이 끝나면 논의의 질문자가 논제를 들어 묻는다. 그 사이 강사는 주미를 들고 묻는 자의 말을 듣는다. 그 말이 끝나면 강사는 주미를 기울였다 다시 들어 질문한 자에게 예를 갖추고 바로 답한다. 문답의 상대의 말을 반복하는 것은 일본의 경우와 같다. 논의의 의식(儀式)은 일본과 약간 다르다. 손을 세 번 드리우고 설명하기 전에 돌연히 "질문하라"고 한다. 질문자의 소리는 매우 화가 난 사람이 소리를 질러 다투는 것과 비슷하다. 강사는 질문을 받으면 답할 뿐이고 질문자에게 질문하지는 않는다. 이와 같이 하여 논의가 끝나면 경문을 집어 들고서 독경한다. 독경이 끝나면 대중은 소리를 맞추어 장음(長音)으로 찬탄한다. 찬탄의 말 가운데 회향(回向)의 글이 있다. 강사가 자리를 내려오면 한 스님이 "처세계여허공(處世界如虛空)"이라고 게를 창한다. 발음은 일본과 너무나 비슷하다. 강사는 부처님을 예배

서는 엔닌이 일본적 용어로 강사라고 쓴 것으로 생각된다.
47 설법 등의 때에 쓰는 총채와 같은 모양의 것 즉 불자(拂子)를 말한다.

하는 대(臺)에 오르고 한 승려가 3배를 창하고 끝낸다. 강사와 대중도 함께 창한다. 그리고 복강사(覆講師)가 고좌의 남측의 하좌에서 강사가 앞서 강(講)한 경문을 읽는다. 의미를 자세히 설명하는 구절이 있으면 강사의 글을 말하여 해석을 더한다. 복강사가 앞서 강의한 전문을 다 읽으면 강사는 다음의 경문을 읽는다. 이와 같이 매일 행한다.

(2) 신라의 일일강 의식

진시(辰時)에 종을 친다. 긴 시간 종이 울린다. 그 후 강사와 도강(都講, 강사의 조교) 두 명이 당으로 들어온다. 대중은 그보다 앞서 들어가 줄을 맞추어 자리하고 있다. 강사(講師)와 독사(讀師)가 당으로 들어올 즈음 대중은 같은 소리로 불명(佛名)을 창하며 길게 음성을 끌어간다. 강사가 북쪽에 오르고 도강이 남쪽 좌에 올라가면 찬불(讚佛)을 멈춘다. 그때 하좌의 한 승려가 범패를 창한다. '운하어차경'의 게송이다. 범패 후 남쪽 좌의 도강이 경의 제목을 창한다. 독경은 장음으로 굴곡이 있다. 독경하는 동안 대중은 세 번 산화(散華)한다. 산화할 적마다 다른 게송을 창한다. 독경이 끝나면 다시 단음으로 단조롭게 제목을 창한다. 강사는 경의 제목을 소리 내어 읽고 삼문(三門)으로 나누어 경의 대의(大意)를 설한다. 경의 제목에 대한 해석이 끝나면 유나사가 법회의 목적을 말한다. 거기에는 자세하게 무상(無常)의 도리와 사자(死者)의 생전의 선행과 사망월일이 실려 있다.

(3) 신라식 송경[48] 의식

종을 치고 대중이 자리에 앉으면 하좌의 한 승려가 일어서서 목판을 친다. "일체공경 경례상주 삼보(一切恭敬 敬禮常住 三寶)"라는 구절을 창한다. 그리고 한 승려가 범패를 창한다. 여래묘색신(如來妙色身)의 게송이다. 발음은 당(唐)과 같다. 범패

---

48 당에서는 염경(念經)이라고 부른다.

가 끝날 즈음 한 사람이 향로를 받들고 대중의 좌석 앞으로 돌아간다. 그것이 끝나자 대중은 소리를 맞추어 마하반야바라밀다경의 경제를 수십 회 반복한다. 도사(導師)가 독강의 취지를 말한다. 대중은 같은 소리를 내어 독경한다. 어느 때는 경본(經本)을 분배하고 또 어느 때는 경본을 돌리지 않고 독경을 행한다. 독경이 끝나면 도사는 혼자서 "귀의불 귀의법 귀의승(歸依佛 歸依法 歸依僧)"이라 창하고 불보살의 명호를 창한다. 이어서 도사가 "나무십이대원(南無十二大願)"이라고 하면 대중은 "약사유리광불"이라고 한다. 도사가 "나무약사"라고 하면 대중은 소리를 맞추어 "유리광불"을 계속한다. 또 도사가 "나무대자비"라고 하면 대중은 소리를 맞추어 "관세음보살"을 계속한다.

모두 이와 같이 하고 있다. 예불이 끝나면 도사는 결원(結願)의 글을 창하고 회향문(回向文)을 창한다. 회향은 약간 긴 문장이다. 회향의 후에 도사가 "발심(發心)"이라고 하면 대중도 소리를 맞추어 "발심"이라고 한다. 다음에 도사가 "발원하는 일 이미 끝났다. 삼보에 정례하겠다"고 창하고 법회의 시주가 보시의 금품을 바치고 앉으면 도사는 주원(呪願)의 글을 창하고 바로 산회한다.

엔닌의 일기에 있는 이와 같은 기사는 적산 법화원 법요에 대한 설명이다. 맨 앞의 기사는 『법화경』의 연속 강의를 내용으로 하는 논의 법회에 관한 것이다. 두 번째의 것은 신라식 일일 논의의 법회로, 고인의 추선(追善)을 위해서 행한 것이라고 설명하고 있다. 세 번째는 신라식 독경 순서를 기록한 것이다. 신라에서는 송경(誦經)이라 하고 당에서는 염경(念經)이라 부르는 차이는 있지만, 경문의 읽는 발음은 당과 비슷하다고 말하고 있다.

엔닌은 일기에 양주(揚州) 개원사(開元寺), 적산 법화원, 오대산(五臺山) 대화엄사(大華嚴寺), 관정 자성사(資聖寺) 등에서의 법회를 기록하고 있다. 이 적산 법화원에서의 법회는 이듬해 1월 15일까지 계속된다. 처음에는 40명 정도가 참여했으나 마지막에는 더 많은 사람이 참가했다(1월14일에는 250명, 15일에는 200명). 종료 의식은

보살계의 수여로 끝난다고 말하고 있다.[49]

6. 법화사상과 삼국 통일 이념

삼국 통일을 성취한 문무왕은 사후에는 동해의 호법룡(護法龍)으로 다시 태어나 왜구를 막겠다는 유언을 하고 이에 따라 신문왕은 문무왕의 유해를 화장한 후 유골을 동해 가운데 큰 바위에 수장했다. 현재 경주 동쪽 감천 앞바다에 있는 대왕암(大王岩)이 바로 그곳이다. 문무왕이 보여준 동해의 호법룡과 통일의 정신은 그 후 역대 왕들에게 계승되었다. 그보다 앞서 통일을 전후하여 신라인들은『법화경』에서 삼국 통일의 이념을 찾아내고 그를 실천하려고 했다.

1)『법화경』의 회삼귀일 사상

『법화경』의 28품 중「방편품」,「견보탑품」,「안락행품」,「여래수량품」,「관세음보살보문품」 등은 경의 중심 사상을 이루는 부분이다.『법화경』을 바탕으로 중국의 지의는『법화현의』와『법화문구』를 저술하여 삼제원융(三諦圓融)과 일념삼천(一念三千) 제법실상(諸法實相)이라 일컫는 철학적 체계를 세웠을 뿐만 아니라 이를 뒷받침하기 위한 실천으로 일심삼관(一心三觀)과 일념삼천(一念三千)을 제시하려고『마하지관』과『법화삼매참의』을 저술했다.

'삼제원융'은 현상계가 차별의 원리에 서 있다고 보는 가제(假諦), 본체계가 평등의 원리 위에 이루어져 있다고 보는 공제(空諦), 본체계를 떠나서 현상계가 있을 수

---

49 적산 법화원 의식에 관한 기록은 壬生台舜,『日本の佛敎 第三卷: 叡山の新風』, 筑摩書房, 昭和 42, 183-187頁에서 발췌했다.

없고 현상계를 떠나서 본체계도 있을 수 없다고 보는 중제(中諦) 등 삼제가 결국은 서로 별개의 것이 아니라는 사상이다. 모든 참된 모습을 가리켜 실상(實相)이라 부르는데, 그는 이 실상을 공(空), 가(假), 중(中) 삼제로 설명한 것이다.

한편 신라에서는 일찍부터 『법화경』에 대한 독자적인 연구가 활발히 있어왔다. 특히 「방편품」의 "여러 부처는 방편력(方便力)을 가지고 일불승(一佛乘)의 견지에서 셋으로 나누어 설법하신다"는 내용에 대해 많은 관심이 집중되었다. 이것은 진리는 단 하나이지만 이를 듣고 이해하는 중생에는 성문(聲聞), 연각(緣覺), 보살(菩薩) 등 셋이 있고, 이들은 각기 자질을 달리하므로 이에 맞추어 정도를 높이기도 하고 낮추기도 하여서 세 가지 방법으로 설한다는 뜻이다. 이를 바꾸어 말하자면 세 가지 설법 즉 성문승(聲聞乘), 연각승(緣覺乘), 보살승(菩薩乘) 등 삼승은 서로 다른 것이 아니라 하나인 일불승(一佛乘) 안으로 담겨진다는 것이니, 회삼귀일(會三歸一)은 바로 이것을 가리키는 말이다.

『법화경』에 설해진 회삼귀일 사상은 신라, 백제, 고구려의 삼국이 하나의 그릇인 불국토 신라로 크게 통합되는 현실에 필연성과 당연성을 제공해주는 철학으로 이해되었다. 원효의 『법화경종요』는 바로 이를 목적으로 삼아 『법화경』의 핵심을 간추린 것이다.

2) 신라승들의 『법화경』 연구

신라승들의 『법화경』 연구로는 태현(太賢), 도륜(道倫), 순경(順璟), 경흥(憬興) 등의 것이 있었으나 진작 없어지고 오직 원효의 『법화경종요』와 의적(義寂)의 『법화경 논술기』 상권만 온전하게 전해올 뿐이다. 『법화경』의 근본사상은 일승(一乘)으로 돌아가는 데 있다는 것을 밝힌 것이 『법화경종요』이다. 원효는 일승의 논리를 현실적으로 개척하여 삼국 통일을 이념적으로 뒷받침했다. 진리가 한낱 객관적인 개념에 그칠 수 없음을 갈파한 원효가 『법화경종요』에서 종교가 해야 할 구실을 명시해놓았음은 극히 당연한 일이라고 할 수 있다.

원효는『법화경종요』의 제2장에서 일불승(一佛乘)을 밝히되, 일(一)은 크다는 뜻이요 따라서 모든 차별을 없앤다는 것이니 누구나 다 부처가 될 수 있다는 뜻이라고 하고, 이어서 일불승을 능승인(能乘人)과 소승법(所乘法) 두 항목으로 나누어 차례로 설명했다. 능승인은 일불승을 능히 나타낼 수 있는 사람으로, 보살이든 성문이든 가릴 것 없이 모든 중생은 다 같이 성불할 수 있으므로 일불승인(一佛乘人)이라는 것이다. 소승법에서는 일승리(一乘理), 일승교(一乘敎), 일승인(一乘因), 일승과(一乘果) 등 네 가지로 나누어 일승의 경지를 구조적으로 논술하며, 일체 중생이 다 같이 성불할 수 있는 것이 어떤 교설과 원리에 의한 것인가를 따져놓았다. '일승리' 대목에서 부처나 그렇지 못한 범부나 다 같이 평등하여 다를 것이 없다는 원리를 밝혔고, '일승인' 대목에서는 불상을 예배하거나 흐트러진 마음으로나마 염불을 단 한 번만이라도 해도 그것은 장차 부처가 될 길을 닦은 일이 된다고 강조하기도 했다. 그런데 일불승법(一佛乘法)을 원효가 이(理), 교(敎), 인(因), 과(果) 등 넷으로 설명한 것은 중국의 법운이 교(敎), 이(理), 기(機), 인(人) 등으로 설명한 것이나 지의가 교(敎), 행(行), 인(人), 이(理) 등 넷을 내세운 것보다 논리 정연하여『법화경』에 대한 그의 명석하고도 독창적인 이해를 엿보게 한다.

원효는『법화경종요』의 제3장에서 무엇을 나타내고자 하는 것이『법화경』의 목적인가를 밝혔다. 그는 그 답을 개시(開示)라고 했다. 개(開)라 함은 보살승, 연각승, 성문승 등 삼승의 문을 각기 열어젖힌다는 뜻이고, 시(示)라 함은 삼승의 문을 열어젖힘으로써 일불승의 참 뜻을 나타내 보이게 한다는 뜻이다. 결국 임시적인 삼승이 참되고 영원한 일불승 안으로 담겨지는 것이니 여기에 회삼귀일의 논리가 있다. 이렇게 신라승에 의해 강조된 법화의 회삼귀일 사상은 고려 건국 초 능긍(能兢)을 통해 태조 왕건의 후삼국 통일사상으로 전개되었다.

3) 이불병좌 사상과 다보탑

삼국 통일을 전후해 신라에서는 사찰 경내 동·서에 각각 나란히 탑을 세우게 되었다. 이는 경내에 건물 배치에서 균형을 이루려는 데도 목적이 있겠지만, 그보다는 두 부처를 나란히 함께 숭배하려는 데 근본정신이 있었다. 경덕왕 때 세워진 것으로 알려져 있는 불국사의 석가탑과 다보탑은 석가불(釋迦佛)과 다보불(多寶佛) 두 부처를 나란히 동시에 숭배하는 신앙을 보여준다. 이것은 석가여래가 『법화경』을 설법할 때 땅 밑으로부터 커다란 다보탑이 솟아 올라와 그 안에 앉아 있던 다보불이 석가불의 설법이 추호도 진리에 어긋남이 없음을 증명하고 찬양하면서 자신의 옆에 석가불을 앉게 했다는 『법화경』「견보탑품」의 가르침을 상징하는 것이다.

다보불은 과거세와 현재세를 이어주는 시간적인 의의를 지니는 외에 무한한 시간과 공간에 걸쳐 불법의 보편적인 진리를 강조하는 부처이다. 그런데 『법화경』의 다보탑 사상은 과거칠불(過去七佛) 가운데 제6불인 가섭불의 전설과 깊은 관계가 있다. 가섭불은 다보불처럼 그 자신이 부처인 동시에 역사적인 부처에 대해서는 매개자 구실을 하며 불법의 보편성을 강조하는 부처이다.

신라인은 통일 이전부터 신라야말로 현실적인 불국토인 동시에 인간의 수명이 2만 세였던 아득한 과거세부터 이미 가섭불이 설법을 해 왔던 불국토라는 믿음을 갖고 있었다. 황룡사는 아득한 전세 때의 절터 즉 일찍이 그곳에서 가섭불이 앉아 강설한 돌방석이 전해 온다고 신라인들이 믿고 있던 사찰이었다. 따라서 신라인들이 일찍부터 석가불과 함께 깊이 신앙하고 있었던 가섭불 사상은 통일을 전후해서 『법화경』의 연구와 더불어 이 경에 대한 신앙이 높아져 감에 따라 새로이 법화의 다보탑 사상으로 전개되었다.[50]

---

50 안계현, 「신라불교의 교학사상」, 불교사학회 편, 『고대한국불교교학연구』, 민족사, 1989 104-109
쪽 참조.

제2장

남북국시대의 법화신행

고구려와 백제를 통합한 통일신라와 고구려의 북방 고토에 세워진 발해는 남
북국시대를 열었다. 남북국시대는 통일신라(676~936)와 발해(698~926)를 아우르는
시대구분법이다. 이것은 신라의 삼국 통일 이후에도 한민족의 역사가 반도를 넘
어 대륙까지 지속되었음을 의미한다.

통일신라시대의 『법화경』 또는 법화삼부경 이해는 주로 불교학자들의 연구와
이것을 기반으로 한 신행으로 대별된다. 법화사상 연구는 불교학자들에 의해 주
도되었고 신행은 몇몇 고승과 다수의 백성 사이에서 이루어졌다. 원효, 원측, 의
상, 지통, 경흥, 순경, 현일, 의적, 도륜, 태현, 연회 등이 『법화경』과 그 행을 주도한
인물들로 추정된다.

발해에도 『법화경』의 이해에 기반한 법화신행과 관음신앙이 널리 퍼져 있었던
것으로 추측된다. 정소와 무명 같은 고승들의 활동으로 미루어볼 때 고구려 불교
를 계승하면서도 불교신앙을 독자적으로 일구었던 것으로 보인다.[1]

---

1 원각불교사상연구원 편, 『한국천태종사』, 대한불교천태종출판부, 2010, 52-53쪽 참조.

1. 통일신라의 법화신행

1) 통일신라 법화신행의 특징

『법화경』은 무량무변 백천만억나유타아승기겁 이전에 성불하여 항상 사바세계에 머물면서 설법 교화하는 불타는 중생이 일심으로 견불(見佛)코자 불석신명(不惜身命)할 때 중승(衆僧)과 함께 영축산에 출현하여 중생을 위해 설법하므로 항상 이곳에서 떠나지 않으며, 또 신통력이 그와 같으므로 불타는 아승기겁에 항상 영축산에 주하면서 중생을 위해 설법한다고 가르친다. 그러므로 영축산은 부처님의 상주설법처(常住說法處)이고 항상 『법화경』을 설하는 곳이다.

우리나라에는 영축산이라는 지명이 도처에 있다.[2] 따라서 이 땅에는 불타 상주의 법화도량이 많다고 볼 수 있다. 그런데 다른 영축산에는 법화영장으로서의 설화나 고사가 뚜렷하게 전해지고 있지 않지만, 양산의 영축산에는 낭지설화와 같은 구체적인 설화가 전해오고 있다. 낭지가 중국 청량산에서 꺾어 왔다는 혁목(赫木)이 "오직 서축(西竺, 인도)과 해동(海東)의 두 영축산에만 있고, 이 두 산은 모두 제10 법운지보살(法雲地菩薩)의 소재처"라고 한다는 이야기를 통해서도 낭지가 살았던 양산 영축산이 해동의 유일한 법화영장으로 알려져 있다는 것을 알 수 있다.

이것은 양산의 영축산을 중심으로 하는 법화정토의 신라화(新羅化)라고 할 수 있다. 보현보살이 나타났던 곳의 나무를 보현수(普賢樹)라 하여 전설이 아닌 실제 보현의 출현을 사실화하는 물증으로 삼은 것이나, 문수첩과 아니첩이라는 지명을 붙여서 문수 상주와 변재천녀의 호산(護山)의 사실성을 고정시키고자 했던 것 등도 모두 그러한 의도를 갖고 있었다고 할 수 있다.

---

2 경기도 개성의 영축산, 경남 창녕군 영산면 영축산, 밀양군 무안면 영축산, 전남 순천의 영축산 등이 있다.

그러한 신라였으므로『법화경』에서 설하는 관음보살이 사비(寺婢)로 또는 사문의 아내로 현신(現身)하여 수행자의 왕생을 도왔다는 이야기도 많이 전해지고 있다. 즉 정토수행승으로서 왕생한 광덕(廣德)의 처이며 그의 벗인 엄장(嚴莊)의 정진을 일깨워주었던 (분황사 노비였다고도 하는) 여인이 19응신(應身)의 하나였다는 이야기가 대표적이다.[3] 19응신이란『법화경』「보문품」에서 설하고 있는 관음보살의 수기(隨機) 19응현신(應現身) 설법을 가리키는 것으로,『삼국유사』에서의 십구응신지일(十九應身之一)은 바로『법화경』「보문품」에서 설하는 관음응화현신(觀音應化現身)의 하나이다. 따라서 사비(寺婢)와 사문의 처로 응현하여 사문의 수행을 돕고 또 성취케 했다는 관음응화신설은 법화신앙의 현실적인 일면을 보여주는 것으로 볼 수 있다. 신라의 법화인들은『법화경』강법회의 법화회(法花會)를 통해 청강하고 송경하며 참회실수(懺悔實修)함으로써 스스로의 마음속에 불법(佛法)의 연꽃을 피우고 나아가서 신라 법화정토를 실현하고 장엄하려 했다고 할 수 있다.[4]

2) 법화 관계의 저술과 연구 경향

통일신라시대에 저술된 법화 관계의 저서 가운데 현존하는 것은 겨우 2종에 지나지 않으나, 목록을 통해서 볼 수 있는 저술 명목은 그리 적은 편은 아니다.『법화경』에 관한 신라시대의 저서는 대략 다음과 같다.

원효(元曉):『법화경종요(法華經宗要)』(1권),『법화경방편품요간(法華經方便品料簡)』(1권),『법화경요약(法華經要略)』(1권),『법화약술(法華略述)』(1권)

경흥(憬興):『법화경소(法華經疏)』(16권 또는 8권)

순경(順璟):『법화경요간(法華經料簡)』(1권)

3『삼국유사』卷5, 感通 7 廣德嚴藏條.
4 김영태,「법화신앙의 전래와 그 전개」,『한국불교학』제3집, 한국불교학회, 1977, 34-41쪽 참조.

현일(玄一): 『법화경소(法華經疏)』(8권 또는 10권)

의적(義寂): 『법화경론술기(法華經論述記)』(3권 또는 2권), 『법화경강목(法華經綱目)』(1권), 『법화경요간(法華經料簡)』(1권), 『법화경험기(法華經驗記)』(3권)

도륜(道倫): 『법화경소(法華經疏)』(3권)

태현(太賢): 『법화경고적기(法華經古迹記)』(4권)

이들 저술 중에서 원효의 『법화경종요』와 의적의 『법화경론술기』 상권만 현존한다. 한 시대에 법화 관계 저술 명목이 13부가 된다는 것은 결코 적은 편이 아니다. 또한 저자들이 모두 통일신라의 초기에 활동한 인물들이라는 점에서 그동안에 그만큼의 저술이 이루어졌다는 것은 결코 가볍게 보아 넘길 일이 아닐 것이다. 이를 간략하게 살펴보기로 하겠다.

신라 진평왕 39년(617)에 태어나 신문왕 6년(686)에 입적한 원효는 신라에서 가장 많은 저술을 남겨 오늘날 볼 수 있는 서목만도 무려 80여 부 170여 권이나 된다. 그리고 『법화경』에 관한 저술은 원효 이전에는 볼 수 없고 그로부터 보이기 시작한다.

『법화경소』를 찬술한 경흥은 생몰년을 알 수 없으나, 통일을 완성한 문무왕의 당부로 그 아들 신문왕이 즉위하여 국로(國老)로 삼았다고 한다. 그의 40부(250여 권)에 가까운 저술은 당시 신라에서 높이 신봉되던 불전들로 볼 수 있다. 14권(또는 7권)의 『열반경소(疏)』[5]를 찬술했다는 그가 16권(또는 8권)의 『법화경소』를 썼다는 것으로 미루어서 비록 내용은 알 수 없으나 그의 『법화경소』가 깊이 있고 자세하게 쓴 연구서라고 짐작할 수 있다.

『법화경요간』을 쓴 순경에 대해서도 자세한 행적을 알 수 없으나, 그가 당 현장의 진유식량(眞唯識量)을 국내에서 전해 얻고는 결정상위부정량(決定相違不定量)을 세워 건봉(乾封) 연간(666~667)에 당으로 인편을 통해 보냈으나 이미 현장의 사후 2년 뒤

---

5 『新編諸宗敎藏目錄』 卷1 「法相宗章疏」.

의 일이었고, 또 그 글을 규기가 보고 매우 감탄했다는 점에서 그 또한 원효·경흥과 같은 시대에 활동한 유식 학자였음을 알 수 있다.

『법화경소』를 저술한 현일에 대한 기록은 거의 없지만, 그의 글에 원효의 설을 많이 인용하고 있는 것으로 미루어 원효 당시 또는 그 이후의 인물로 볼 수 있다. 그는 10부 37여 권의 저술을 남긴 학자였다.

의적은 의상(義湘) 문하 10대덕의 한 명인 의적일 것으로 보이지만, 그에 대한 자세한 것은 알 수 없다. 다만 그가 25부 70여 권의 많은 저서를 저술했다는 점으로 미루어 당시의 유수한 대덕이었음을 짐작할 수 있다. 그의 법화 찬서 중에서『법화경강목』과『법화경요간』은『법화경』의 대강(大綱)과 요의(要義)를 해석·저술한 것이고,『법화험기』는 일종의 영험기(靈驗記)였으리라는 것을 제목을 통해 짐작할 수 있다. 상권만이 남아 있는『법화경론술기』는 세친의『묘법연화경우바제사』 즉『법화경론』을 보리유지의 번역을 중심으로 하여 본론을 적기(摘記)하고 그 아래 해석을 붙여 논술한 것이다.

『법화경소』를 지은 도륜은 해동 흥륜사(興輪寺) 사문이었다는 것 외에 자세한 것을 알 수 없으나 통일 초기의 고승으로 여겨진다. 그는 18부 60여 권의 적지 않은 저서를 남겼다고 한다.

『법화경고적기』를 찬술한 태현은 경덕왕대의 고승으로, 52부 120여 권의 저서(목록으로만 있다)를 남기고 있어서 원효 다음으로 손꼽을 수 있는 대저술가라 할 수 있다. 유식법상학의 대가이기도 했다고 한다.

이와 같이 법화에 관한 저술을 남긴 신라 불교인들은 모두가 원효로부터 태현에 이르는 통일신라 초기의 고승들로 신라를 통틀어서 많은 저술을 남긴 대표적인 학문승들이다. 그들이 적지 않은 저술이 남겨졌다는 사실은 당시의 불교계에서『법화경』의 연구가 매우 활발했으리라는 사실을 짐작케 한다.

2. 통일신라시대의 『법화경』 연구

1) 원효

원효(元曉, 617~686)는 영축산 서쪽 골짜기의 반고사에 머물며 항상 동쪽 봉우리의 낭지를 찾아뵙고 공경했다고 한다. 그의 처녀작으로 추정되는 「초장관문(初章觀文)」과 「안신사심론(安身事心論)」은 낭지의 제안으로 이루어진 것으로 전해지고 있다. 이 두 저술은 원효가 은사(隱士) 문선(文善)을 통해 낭지에게 전하며 감수를 요청했던 것들이다. 원효는 이들 저술 말미에 다음과 같은 게송을 적어두고 있어 이 사실을 뒷받침해주고 있다.

> 서쪽 골짜기의 사미는 머리 조아려 예배하옵고
> 동쪽 봉우리의 큰스님 높은 바위 앞에다
> 가는 티끌을 불어 영축산에 보내고
> 가는 물방울을 날려 용연에 던집니다.[6]

이 게송에서 원효는 자신을 '서쪽 골짜기의 사미'로 낮추고 낭지를 '동쪽 봉우리의 큰스님'으로 높이고 있다. 이 게송은 원효가 『법화경』과 삼론학의 대가였던 낭지로부터 깊은 영향을 받았음을 시사해주고 있다. 그리고 원효는 자신의 저술을 '가는 티끌'과 '물방울'에 비유하고, 낭지의 살림살이를 '영축산'과 '용연'에 대응시키고 있다. 때문에 원효는 낭지를 통해 『법화경』의 가르침을 전수받았을 것으로 추정된다.

원효의 87부 180여 권 중 법화 관련 저술은 『법화경종요』, 『법화경방편품요간』,

---

6 원각불교사상연구원 편, 『한국천태종사』, 52-53쪽.

『법화경요략』, 『법화약술』 등이다. 현존하는 것은 『법화경종요』뿐이어서 그의 '법화경관'은 이에 의거할 수밖에 없다. 전하는 기록에 의하면 『법화경』과 원효의 관계는 대단히 긴밀했던 것으로 추정된다. 그가 사불산의 백련사(白蓮寺)에서 『법화경』을 강의하자 맨땅에서 흰 연꽃이 피어났으므로 훗날 '백련사'라고 불렀다고 전한다. 이것은 원효의 『법화경』 강론이 얼마나 깊었는가를 전하는 이야기라고 할 수 있다.

원효는 『법화경』을 『화엄경』과 동일하게 구경요의교(究竟了義敎)로 파악하고 있다. 이것은 그의 대표적 교판인 삼승별교, 삼승통교, 일승분교, 일승만교의 4종 교판에 잘 나타나 있다. 원효의 『법화경종요』는 『법화경』의 대의와 강요를 개론화한 저술인 동시에 『법화경』의 종지를 가장 요령 있게 회통한 저술로 평가받는다. 그는 『법화경』을 "삼세의 모든 부처님이 세상에 나오신 큰 뜻이며, 아홉 세간(九世)의 네 가지 생명체(四生)가 일도(一道)에 들어가는 요문"이라고 설파하고 있다. 그리고 다음과 같은 평가가 뒤따른다.

문장이 교묘하고 함의가 깊디깊어 묘법의 궁극에 다하지 않음이 없고, 언사가 활짝 펴고 이치가 환히 트여 묘법의 선언을 드러내지 않음이 없다.…

문장과 언사가 교묘하고 활짝 펴서 꽃피었으면서도 열매를 품었으며 함의와 이치가 깊디깊고 환히 트여 진실하면서도 방편과 함께 한다.…

이치가 깊디깊고 (환히) 트였다는 것은 (일승만 있을 뿐) 둘이 없고 (이승과 삼승의) 다름도 없음이요, 언사가 교묘하고 활짝 피었다는 것은 방편을 열어 진실을 보임이다.

원효는 방편의 삼승(三乘)과 진실의 일승(一乘)을 역설하며 『법화경』의 회삼귀일 사상을 보다 구체화하여 드러내고 있다. 그리하여 그는 '무량승이 곧 일승'임을 선언한다. 이것은 시방삼세의 일체 불법이 법화일승으로 회통된다는 뜻이다. 이처럼 『법화경종요』에는 원효의 통화적(統和的) 사상의 대략이 잘 드러나 있다.

2) 원측, 의상, 지통, 경흥, 순경

원측(圓測, 613~696)은 출가한 후 중국으로 건너가 23부 90여 권의 저술을 지었다. 『법화경』 주석서는 남기지 않았으나 『무량의경』에 대한 주석서인 『무량의경소』(3권)를 저술했다.

낭지는 『법화경』의 대가이면서도 늘 보현관행을 닦았다. 때문에 그의 문하에서 공부했던 지통은 낭지에게서 법화사상을 전수받았을 것이다. 그 뒤 지통은 의상(義湘)에게로 나아가 화엄사상을 배우고 10대 제자 중 하나가 된다. 그리고 의상의 문하에서 화엄 대경을 공부하여 「추동기(錐洞記)」를 지었다. 이로 미루어볼 때 지통은 낭지가 강조하는 보현관행을 흡수하여 화엄의 보현행원과 결부시켰을 것이다.

그 결과 낭지의 보현관행과 화엄의 보현행원은 의상에게도 영향을 미쳤을 것으로 보인다. 그리하여 낭지에 의해서 당시 주요 교학이었던 화엄과 법화의 접점이 이루어졌고 그의 문하에 의해 전승되고 대중화되었음을 짐작해볼 수 있다. 여기에서 낭지-지통-연회로 이어지는 화엄사상 계통과 낭지-원효-연회로 이어지는 법화사상 계통의 상관성을 볼 수 있다.

원효와 태현과 함께 신라 3대 저술가로 널리 알려진 경흥은 40여 부 250여 권의 저술을 남겼다. 그는 『법화경』에 대한 주석서로서 『법화경소』를 지었으나 현존하지 않는다. 따라서 현존하는 『무량수경연의술문찬』과 『삼미륵경소』 및 당시 불교학자들의 저술 속에 인용된 구절들을 참고해 그의 법화관을 재구성할 수밖에 없다(경흥에 대한 최근 저술은 4절에서 소개할 것이다).

순경은 기원사에 머물면서 4부 13권을 지은 유식학자로, 『법화경요간』을 썼으나 현존하지 않는다. 또 일본의 중산(中算, 935~976)이 찬한 『묘법연화경석문(妙法蓮華經釋文)』에는 "신라순경사음의(新羅順璟師音義)"라는 문장이 있다. 여기서 '음의'는 순경이 지은 『법화경음의』를 가리키는 것 같다. 그렇다면 순경은 『법화경』의 주석으로 『법화경요간』과 『법화경음의』를 지었다고 볼 수 있다. 순경은 구사(俱舍), 법상(法相), 인명(因明)에 탁월하여 중국의 여러 학승의 찬탄을 받았다고 하나. 그의 저술들이 현존하지 않아 그의 법화관을 살펴보기는 쉽지 않다.

3) 의적, 도륜, 태현

의적은 금산사에 머물면서 현존하는『범망경보살계본소』등을 포함하여 25부 70여 권의 저술을 지었다. 그중『법화경론술기』,『법화경강목』,『법화경요간』,『법화경집험기』등은 법화 관련 저술이. 하지만 세친의『법화론』에 대한 주석서인『법화경론술기』의 상권만 전할 뿐이었다. 그런데 다행히 최근에『법화경집험기』가 발견되어 부분적이나마 그의 법화 이해를 더듬어볼 수 있게 되었다.

『법화경집험기』는 법화 영험담 39항목을 선별하여 집성한 신앙서로서, 풍송(諷誦), 전독(轉讀), 서사(書寫), 청문(聽聞)의 4편으로 구성한 뒤 각기 인용 전거를 대부분 명기하고 있다. 그 서문에서 의적은『법화경』의 공덕에 대해 "대승에 귀의하는 사람은 두르고 있던 유루(有漏)를 버려 번뇌의 적을 격파하게 되고, 묘법에 회향하는 사람은 미혹을 제거하여 생사의 군대를 허물어버린다"고 찬양하고 있다. 이어 그는『법화경』의 수지, 서사, 청문, 해설의 공덕을 강조하면서 그렇게 하면 "사구게(四句偈)를 수지하여 단수(短壽)의 인연을 없애고, 목칼과 족쇄의 근심을 풀게 된다"고 영험의 실례를 제시했다. 그리하여 "『법화경』을 존경하는 이는 허공에 매려 해도 오히려 허공이 부족하고 법계에 쌓으려 해도 법계 또한 비좁다"고 이 경전의 공덕을 찬양했다.

도륜은 흥륜사 출신으로 18부 60여 종의 저술을 남긴 학승이다. 그는『법화경소』를 지었으나 현존하지 않는다. 그러므로 도륜의 저술로서 현존하는『유가론기』(24권)와『해심밀경주(解深密經注)』(10권), 그리고 당시 불교학자들의 저술 속에 인용된 구절들을 통해 그의 법화관을 재구성해볼 수밖에 없다. 그의『유가론기』는 여러 판본이 존재하고『해심밀경주』는 근래에 중국에서 발견되어 간행되었다.

태현은 52부 120여 권의 저술을 남긴 학승이다. 그는 처음 화엄가였으나 뜻한 바 있어 유식가로 전향했다. 태현은 유식에 대한 깊은 조예가 있어 불자들은 그를 '유가조사(瑜伽祖師)', '대덕태현(大德太賢)'이라고 불렀다. 태현은 "고인들의 발자취를 기록한다(古迹記)"는 겸사로 독특한 제목을 붙인 『법화경고적기』(4권), 『약사본원경고적기』(1권), 『범망경고적기』(3권 또는 2권 또는 4권), 『범망경보살계본종요』(1권), 『성유식론 고적기』(10권 또는 5권), 『기신론 고적기』(1권) 등의 저술을 지었다. 그러나 『법화경고적기』는 현존하지 않는다.[7]

3. 현존하는 주석서

현존하는 주석서인 원효의 『법화경종요』와 의적의 『법화경론술기』에 대해 좀 더 살펴보고 경흥에 대한 최근의 연구를 소개하겠다.

1) 원효의 『법화경종요』

(1) 『법화경종요』의 서

『묘법연화경』이란 곧 시방 삼세의 모든 부처님께서 이 세상에 나오신 큰 뜻이며, 구도사생(九道四生)을 모두 한길로 들어가게 하는 큰문이다. 길이 미묘하고 뜻이 깊어서 어떤 오묘함도 극치에 이르지 않은 것이 없으며, 말씀이 풍부하고 이치가 커서 어떤 법도 설명되지 않은 것이 없다. 문장과 언사가 교묘하고 풍부하므로 꽃 속에 열매를 내포하고 있고, 뜻과 이치가 깊고 크므로 진실 속에 권도(방편)를 지니고 있다.

---

7 원각불교사상연구원 편, 『한국천태종사』, 53-63쪽 참조.

'이치가 깊고 크다'는 것은, 둘도 아니고 분별도 없는 것이고, '문장과 글이 교묘하고 풍부하다'는 것은 권도의 문을 열어 진실을 보여주는 것이다. '권도의 문을 연다'는 것은 문을 열어 밖에 있는 세 가지 수레를 보여 주는 것이요, 길을 가다 보배의 성(城)을 환상으로 나타내신 것과, 보리수나무 아래에서 깨달음을 이룬 것이 시작이 아니며, 구시나가라 사라쌍수 숲속에서 열반에 드심이 끝이 아님을 보이신 것이다. '진실을 보여준다'는 것은 사생(四生)[8]이 모두 내 자식이요, 이승(二乘)[9]도 장차 모두 성불할 수 있음을 보여준 것이다.[10]

티끌 같은 수효로도 부처님의 목숨을 헤아릴 수가 없고, 겁화(劫火)로서도 이 경을 설하시는 세계를 태워버릴 수가 없다. 이를 가리켜 문장과 글이 미묘하다 한 것이다. '둘이 아니다'라는 것은, 오직 일대사인연(一大事因緣)으로써 부처님의 지견(知見)을 깨달아 들어갈 수 있음을 보여주어 위도 없고 차이도 없는 것임을 알고 깨닫게 한 것을 말한 것이다. '분별도 없다'는 것은 삼종(三種)[11]이 평등하여 모든 탈 것과 여러 몸이 모두 동일한 법규이며, 인간 세상과 열반의 두 세계를 영원히 다 벗어남을 말한 것이다. 이를 일러 '뜻과 이치가 깊고 오묘하다'고 한 것이다. 이것은 문장과 이치가 모두 오묘하여 현묘한 법칙을 가지고 고난의 세계를 벗어나게 하는 궤도가 아님이 없으므로 묘법(妙法)이라고 한 것이고, 방편의 꽃이 활짝 피게 되면 진실의 열매가 크게 빛나므로 물들지 않는 그 아름다움을 연꽃에 비유한 것이다.

그러나 그 묘법은 아주 오묘하고 절묘한 것인데, 어느 것이 삼세(三世)이고 어느 것이 하나(一道)이며, 지인(至人)은 지극히 알아보기 어려운데 누구를 못하다고 하고 누구를 낫다고 하겠는가? 그 경지는 황홀하여 들어가기가 쉽지 않으며, 여러

---

8 뱃속에서 태어난 것, 알에서 태어난 것, 습한 곳에서 태어난 것, 변화해서 태어난 것.
9 성문승과 연각승.
10 원각불교사상연구원 편, 『한국천태종사』, 53-63쪽.
11 중생의 세계, 수도자의 세계, 크게 깨닫는 자의 세계.

아들(중생)은 어리석어서 벗어나기가 진실로 어려운 것이다. 그래서 여래께서는 그들을 인도하려고 권도(權道方便)를 활용하여 녹야원에서 양이 끄는 수레를 내어 놓아 부러워하게 하여 죽기만을 기다려야 하는 위급한 몸을 구하고자 하는 뜻을 보여 주셨고, 영취산에서 흰 소에 짐을 실어 한없이 긴 수명을 나타내셨으니, 이는 바로 하나(一道)를 빌려서 삼세(三世)를 부수어버리고 그 삼세가 없어지면 하나마저도 버리며, 긴 것을 빌어서 짧은 것을 물리치되 그 짧음이 다하면 긴 것마저 없어지게 하는 이 법은 보여 줄 수가 없다, 말로써 표현할 수도 없으므로 텅 빈 것 같아 근거 삼을 것도 없고 의탁하여 붙어 있는 것도 아니니 어떻게 이 법을 말할 수가 있단 말인가. 억지로 이름 붙여『묘법연화경』이라고 한 것이다.

그러므로 자리를 나누어 앉혀 놓고 듣는 자로 하여금 전륜성왕과 제석범천왕의 자리에 앉을 수 있는 영광을 받게 했으니, 한구절만 듣는 사람도 모두가 최고의 바른 깨달음의 수기(授記)를 얻은 것인데, 하물며 설법을 받아 갖는 복이야 어찌 생각으로 헤아릴 수 있는 것이겠는가? 이 큰 뜻을 들어 제목을 붙이고 이름 하여『묘법연화경』이라고 한 것이다.

(2)『법화경종요』요약

이 경을 해석함에 있어 대략 6문으로 나누어 분별한다. 첫째는 대의(大意)를 서술함이요, 둘째는 경종(經宗)을 분별함이고, 셋째는 전용(詮用, 力用)을 밝힘이고, 넷째는 제명(題名)을 해석함이며, 다섯째는 교섭(敎攝)을 나타냄이며, 여섯째는 문의(文義)를 풀이하는 것이다. 이에 그 대의와 종취(宗趣)를 발췌하여 둔다.

① 대의

처음에 이 경의 대의를 서술한다.『묘법연화경』은 곧 시방삼세 모든 부처님들의 출세의 대의이며, 9법계 4생의 중생이 모두 하나의 도(一心의 眞如)에 들어가는 너른 문이다. 경의 문장이 정교하고 뜻이 깊어 미묘함이 극에 이르지 않음이 없고, 언사가 널리 펼쳐지고 도리가 크나 커 선명하지 않은 법이 없다. 경의 문사가 정교하고 널리 펼쳐졌기에 꽃이 열매를 함유하고 있고, 경에 담긴 뜻이 크나크므로 그 열매가 방편을 띠고 있다. 경에 담긴 도리가 크디크다는 것은 둘이 없고 다름이 없다는 의미며, 경의 문사가 정교하고 널리 펼쳐졌다는 것은 방편을 열어 실(實)을 보인다는 뜻이다. 방편을 연다는 것(開權者)은 문밖에 3가지(양, 사슴, 소) 수레(성문, 연각, 보살의 3승)를 보인 권(權, 방편)과 중도에 설치한 보성(寶城)인 화(化, 변화하여 나타냄)를 열어 석가여래께서 보리수 아래서 성도하신 것이 처음이 아니요 사라쌍수 숲에서 멸도에 드신 것도 끝이 아님을 말씀하셨다.

실(實)을 보인다 함은 삼계의 4생 중생이 모두 나의 자식이며, 2승(성문과 연각)도 모두 마땅히 성불함을 보여 부처의 수명은 산수로 헤아릴 수 없고, 겁화(劫火)에도 그 (여래의) 국토는 타지 않음을 말씀하셨다. 이것을 일러 문사의 교묘라 한다. 둘이 없다고 말한 것(言無二者)은 오직 부처님의 일대사인 부처의 지견(知見)을 열어 보여, 이에 깨달아 들어가게 함이 위없고(無上) 변이(變異)함 없음을 알게 하고 증득하게 하기 때문이다. 다름이 없다고 말한 것(言無別者)은 3가지(성문, 연각, 보살)가 평등하여 모든 승(乘)과 모든 몸이 모두 동일한 법도(法道)여서 세간과 열반이 2제(二際)임을 영원히 떠났기 때문이다. 이를 일러 의리가 깊고 미묘하다고 한다. 이런즉 경문의 의리가 모두 미묘하여 현묘함 아님이 없다. 그런즉 거친 궤적을 떠난다. 이에 묘법이라 칭한다. 방편의 꽃이 널리 펼쳐지고, 실다운 과실이 크게 나타나며, 더러움에 오염되지 않는 아름다움을 연꽃을 빌어 비유한 것이다.

그러나 묘법은 미묘함도 끊겼으니, 무엇이 삼승이며 무엇이 일승인가? (묘법은) 지극히 오래되고 지극히 깊숙하나니 누구의 수명이 짧고 누구의 수명이 긴가? 이곳은 황홀하여 들어가기가 쉽지 않고 (삼계의) 모든 아들이 난만(瀾漫, 넘칠 듯 많음)하니 이에서 나오기도 정말 어렵다. 이에 여래께서 이를 방편으로 이끌어 녹야원에서 양의 수레(성문승)를 탐내게 하여 대대(待對)가 있는 거친 몸을 보이셨고, 영축산에서는 흰 소(一佛乘)를 타시고서 무한하고 장구한 수명을 나타내셨다. 이에 하나를 빌어 셋을 깨트려 셋을 제거하고 하나마저 버렸다. 장구함을 빌어 짧은 것을 배척하고, 짧은 것을 쉬고 나니 장구함마저 쉰다. 이런 법은 가히 보여줄 수 없으니 언사의 모양이 적멸하고 탕연하여 기댈 데가 없으며 고요하여 의탁할 곳이 없다. 어떻게 말해야 할지 몰라 억지로 '묘법연화'라 칭한 것이다. 그러기에 자리를 나누어 이경을 듣게 하면 마땅히 전륜성왕, 제석천 및 범천의 법좌를 받으며, 이 경의 한 구절이라도 스치듯 듣는 사람은 모두 다 무상보리의 수기를 받나니, 하물며 이 경을 수지 연설하는 복을 어찌 사량할 수 있겠는가? 이와 같은 대의(大意)를 들어 제목을 나타냈기에 『묘법연화경』이라고 말씀하신 것이다.

② **종취**

이 경은 바로 광대하고 매우 깊은 일승실상(一乘實相)의 설명을 종취로 삼는다. 총론적으로는 비록 이와 같이 말하지만, 나누어 말하자면 다음과 같다. 즉 일승실상을 간략히 말하자면 2가지로 나눌 수 있는 바, 능승인(能乘人, 일승실상을 타는 주체)과 소승법(所乘法, 타는 대상인 법)이 그것이다. 이 경에서 말씀하신 일승인(一乘人)은 삼승 수행인과 4종의 성문(決定, 增上慢, 退菩提心, 應化聲聞) 등 삼계의 4생중이 모두 일불승을 타는 사람이며 모두 부처님의 자식이고 모두 보살이다. 왜냐하면 모두 불성을 갖추고 있어서 마땅히 부처님의 지위를 잇기 때문이며, 내지 무성유정(無性有情) 역시 마땅히 부처를 이루기 때문이다. 논(論)[12]에서 "삼계상(三界相)이란 무엇인가? 중생계(삼계)가 곧 열반계이니, 중생계를 떠나지 않는 여래장이 있기 때문이다"라고 말씀하셨다. 이것을 말하여 능승일불승인(能乘一佛乘人)이라고 한다. 이 일승인(一乘人)이 타는 법을 간략하게 말하자면 4가지가 있다. 일승리(一乘理), 일승교(一乘敎), 일승인(一乘因) 및 일승과(一乘果)가 그것이다.

일승리란 일법계(一法界)를 말하는데 또 법신이나 여래장이라고도 이름 한다. 『살차니건자경』에서 이르시기를 "문수사리보살이 부처님께 '만약 삼승의 차별성이 없다면 무엇 때문에 여래께서 삼승(三乘)을 설하셨습니까'라고 여쭙자 부처님

---

12 세친의 『법화경론』.

께서는 '모든 부처님여래가 삼승을 설하는 것은 수행하는 지위의 차별을 말씀하신 것이지 승(乘)의 차별을 말씀하신 것이 아니며, 사람의 차별을 말씀하신 것이지 승의 차별을 말씀하신 것이 아니니라. 모든 부처님 여래께서 삼승을 설하신 것은 적은 공덕을 보여서 많은 공덕을 알아 불법 가운데는 승(乘)의 차별이 없음을 보이려는 데 있는 것이니라. 왜냐하면 법계의 법에는 차별이 없기 때문이니라'라고 말씀하심과 같다." 생각건대, 여래의 법신 여래장성은 일체 중생도 평등하게 소유하고 있어서 능히 일체를 실어 함께 본원(本願)으로 돌아가게 한다. 이와 같은 도리로 말미암아 다른 승(乘)이 없다. 그러므로 이 법을 설하여 일승성(一乘性)으로 삼았다. 이와 같은 것을 이름 하여 일승리라 한다.

일승교라 함은 무엇인가? 시방 삼세의 일체 모든 부처님께서 처음 성도할 때로부터 열반에 드실 때까지 설하신 일체의 말씀과 가르침은 일체지지(一切智地)에 이르지 않게 하는 것이 없다. 그러므로 모두 일승교라 이름 한다. 「방편품」에서 이르시기를 "이 모든 부처님은 또한 무량무수의 방편과 갖가지 인연과 비유의 언사로 중생을 위하여 모든 법을 연설하시는데 이 법은 모두 일불승(一佛乘)이기 때문이다"라고 설하시는 것과 같다. 이 모든 중생은 부처님으로부터 설법을 듣고 구경에는 모두 일체종지(一切種智)를 얻기 때문이다. 그러므로 이 가르침은 시방과 삼세를 통하여 무량무변이다. 왜냐하면 광대하기 때문이다. 그러므로 부처님의 한마디 말씀과 (경전) 한 구절이 모두 일불승이요, 한 가지의 모습이고 한 가지의 맛이다. 그러므로 매우 깊다. 이와 같은 것을 이름 하여 일승교라 한다.

일승인은 무엇인가? 총설하면 2가지가 있다. 첫째는 성인(性因)이요, 둘째는 작인(作人)이다. 성인이라 말하는 것은 일체 중생이 갖춘 불성은 삼신과(斷德의 法身果, 智德의 報身果, 恩德의 化身果)의 원인이 되기 때문이다. 『법화경』 「상불경보살품」에서 "나는 당신을 가벼이 여기지 않습니다. 당신들은 모두 마땅히 부처를 이룰 것입니다"라고 말씀하신 것과 같다. 이 말씀을 풀이하면 (이 말씀은) 모든 중생이 불성을 갖추었음을 보이기 때문이다. 또 설하시기를 "결정성문(決定聲聞)과 증상만 성문은 근기가 성숙하지 못하였으므로 부처님이 수기(授記)를 주지 않으시고, 보살에게만 수기를 주신다"라고 하셨다. 보살에게만 수기를 주신다고 하는 것은 방편으로 (보살에게) 발심을 하게 하기 위한 것이다. 마땅히 알라. 이 경의 의취(意趣)에 의해 말하면, 고요함을 추구하는 이승(二乘)과 무성유정(無性有情)도 모두 불성을 갖추고 있어서 모두 마땅히 부처를 이룰 것이다.

작인(作人)이라 말한 것은 성인이든, 범부이든, 내도(內道)이든 외도(外道)이든, 도분(道分)이든 복분(福分)이든 일체 선근은 동일하게 무상보리에 이르지 않는 자가 없기 때문이다. 그 아래의 경문에서 "혹 사람이 예배하거나, 또는 다만 합장만을 하거나, 내지 한 손을 올리거나 또는 다시 머리를 조금 숙이거나 간에, 만약 사람이 산란심으로 부처님의 탑묘에 들어가 한 번만이라도 '나무불'이라고 칭하면 모두 불도를 이룬다"는 등으로 널리 설하신 것과 같다.

『니건자경』「일승품」에서 설했다. "부처님께서 문수사리에게 말씀하시기를,'나의 불국토에 있는 승가와 니건자(尼乾子) 등은 모두 여래의 주지력(住持力)으로 말미암아 방편으로 이 모든 외도를 나타내 보인 것이니, 선남자 등이 비록 갖가지 모든 이학(異學)의 상(相)을 행하더라도 모두 함께 불법의 한 가지 교량을 건넬 뿐 다시 다른 교량을 건네지 않기 때문이다"라고 하셨다. 생각건대, 이러한 등의 경문에 의하면, 마땅히 알라. 불법의 오승(人, 天, 성문, 연각, 보살)의 모든 선과 외도의 갖가지 다른 선과 같은 이와 같은 모든 것은 모두 일승이니, 모두 불성의 다름없는 체(體)에 의거하기 때문이다. 『법화론』에 따라 이와 같은 뜻을 나타내면 다음과 같다.

어떤 것이 체(體)의 법인가? 말하자면 이(理)에는 2가지 체(體)가 없다는 말이니, 2가지 체가 없다는 것은 무량한 승이 모두 일승이기 때문이다. 그리고 이하의 경문에서 "너희들이 행한 바는 보살도이다"라고 말씀하신 것은 보리심을 일으켰다가 퇴전한 다음 다시 발심하는 것은 앞서 닦은 선근이 소멸되지 않고 함께 나중에 보리과(菩提果)를 얻기 때문이다. 또 종자의 위없는 뜻(無上義)을 나타내기 위한 때문이다. 다만 발심의 선근에 의하여 말한 것은 다른 선행은 불과를 얻지 못한다는 것을 말하는 것은 아니므로, 앞에서 인용한 경문과 서로 위배되지 않는다. 이로 미루어 보건대 성인이든 범부이든, 일체중생의 내도와 외도의 일체 선근은 모두 불성으로부터 나와서 함께 본원으로 돌아간다. 이와 같은 것은 본래 부처님만이 다 궁구(窮究)하신 바이다. 이러한 뜻을 지니므로 광대하고 매우 깊다. 이와 같은 것을 이름 하여 일승인이라 한다.

일승과는 간략하게 말하면 2가지가 있다. 본유과(本有果)와 시기과(始起果)가 그것이다. 본유과란 법신불의 보리를 말한다. 「여래수량품」에서 "여래의 여실지견(如實知見)에 의하면, 삼계의 상(相)에는 생사에서 퇴타하거나 나아가는 것이 없고, 세간에 있거나 멸도에 드는 일이 없으며, 실(實)도 아니고 허(虛)도 아니며, 여(如)도 아니고 이(異)도 아니다"라고 말씀하셨다. 생각건대 이 경문은 일법계에 나아가 일과(一果)의 체(體)를 드러낸 것이다. 체가 있지 않으므로 실이 아니며, 체가 없지 않기 때문에 허가 아니며, 진제(眞諦)가 아니므로 여(如)가 아니고, 속제(俗諦)가 아니므로 이(異)가 아니다. 『본승경』에서 "과체(果體)는 원만하여 갖추지 않은 덕이 없고 두루하지 않은 이치가 없다. 명(名)이 없고 상(相)이 없어 얻을 수 있는 일체법이 아니며, 체가 있는 것도 아니고 체가 없는 것도 아니다"라는 등으로 널리 말씀하신 것과 같다. 또 말씀하시기를 "2체(보신체, 응화체)밖에 홀로 존재하여 둘이 없기 때문이다"라고 말씀하심은 법신불의 보리과체(菩提果體)를 밝힌 것이다.

시기과란 나머지 이신(보신, 응화신)을 말한다. 논에서 "보신불의 보리란 십지보살의 수행이 만족하여 상주열반을 증득하기 때문이다"라고 말씀하신 것과 같다. 경에서 "나는 실로 부처를 이룬 지 무량무변 백천만억 나유타이기 때문이니라"라고 설하신 것과 같다. 응화신의 보리라 하는 것은 응현한 바에 따라 (중생에게) 시현하기 위한 몸으로, 말하자면 석씨궁을 나와서 보리수 아래서 성도하심과 시방에 모든 부처님으로 분신(分身)하신 것이다. 이는 「보탑품」에서 널리 밝힌 바와 같다.

총괄적으로 말하자면, 일체중생은 모두 만행을 닦아 이와 같은 불보리과를 함께 얻는다. 이것을 일러 일승일승과(一乘一乘果)라 한다. 「방편품」에서 "사리불이여!

마땅히 알지니, 내가 본래 세운 서원은 일체 중생으로 하여금 나와 같아서 다르지 않게 하려는 것이니, 내가 과거에 세운 서원과 같이 지금 만족하게 이루어져 일체 중생을 교화하여 모두 불도에 들게 하느니라"라고 설하신 것과 같다.

생각건대, 위 경문의 부분은 여래의 원하신 바가 만족하게 되었음을 올바로 밝히고 있다. 왜냐하면 삼세의 일체중생을 널리 교화하여 응당 모두 불도에 들게 하기 때문이다. 『보운경』에서 이르시기를 "비유하자면 기름을 가득담은 그릇에 물한 방울을 떨어트려 보아도 끝내 이를 담을 수 없는 것과 같이, 보살이 성불하여 많은 서원이 만족하게 되는 것도 이와 같아서 조그마한 서원도 다시 감소되는 일이 없다"라고 설하신 것과 같다.

또 『화엄경』에서 이르시기를, "여래의 법륜을 굴리는 것은 삼세에 미치지 않음이 없다"라고 설하셨다. 이러한 등의 경문에 의하면, 마땅히 알라. 모든 부처님께서 처음 정각을 이루실 때의 일념 간에 널리 삼세 일체 중생을 널리 교화하여 한 중생도 무상보리를 이루지 못함이 없다. 왜냐하면 과거에 세운 서원이 이미 만족되었기 때문이다. 설사 한 중생이라도 보리를 이루지 못했다면 과거의 서원이 만족하지 못하기 때문이다. 비록 (여래께서) 실로 모든 중생을 제도하지만 (제도함이) 다할 수 없으며, 실로 다함이 없으나 제도하지 않음이 없다. 왜냐하면 무한 지혜의 힘으로 무한 중생을 제도하기 때문이다. 이경의 이하의 경문에서 "내가 본래 행한 보살도로 성취한 수명은 지금도 다하지 못했고, 다시 위에서 말한 수명(무량아승지겁 이어서 상주 불명인 것)의 배(培)나 된다"라고 말씀하셨다. 이것을 논에서 풀이하여 말하기를, "내가 본래 행한 보살도가 지금도 다 만족하지 못했다 하는 것은 본원 때문이다. 중생계가 다하지 아니하므로 서원도 다할 수 없다. 그러므로 미만(未滿)이라고 말한다. 보리가 만족하지 아니함을 말하는 것이 아니기 때문이다. 성취한 수명이 위에서 말한 수명의 배라 하는 것은 여래의 상명방편(常命方便, 영원한 수명의 방편)을 보여 위에서 말한 수를 많이 초과하여 수를 알 수 없음을 드러내기 때문이다"라고 했다. 그러므로 마땅히 알라. 원(願)과 보리(菩提)가 함께 만족되지 않다면 곧 그러하지만, 만족된다면 곧 균등하게 만족된다. 이와 같은 것을 이름 하여 일승과라 한다.

종합하여 말하자면 이(理), 교(敎), 인(因), 과(果)의 4가지 법은 다시 상호간에 함께 한 사람을 태워 살바야(薩婆若, 지혜의 완성)에 이르게 한다. 그러므로 이 4가지를 이름 하여 일승법이라 한다. 마치 4마리 말이 상호 서로 함께 한 가지로 태워 나르므로 4마리 말을 이름 하여 일승(一乘)이라 한다. 마땅히 알라. 이 가운데의 도리도 마찬가지이다.

이(理)·교(敎)·인(因)이 함께 중생을 태워 살바야에 이르게 하는 것은 가능하지만, 과(果)는 이미 구경의 자리인데 어찌하여 이·교·인과 함께 중생을 태워 살바야에 이르게 하는가? 해석하여 이른다. 여기에는 4가지 뜻이 있다. 첫째는 미래세에 있을 불과력(佛果力)으로 말미암아 중생을 그윽하게 키워 선한 마음을 내게 하여 이와 같이 계속하여 불지(佛地)에 이르게 한다. 『열반경』에서는 "현재 세상의 번뇌 인연이 능히 선근을 끊지만, 미래의 불성력(佛性力)의 인연으로 말미암아 도로 선근을 내게 하기 때문이다"라고 설하신 것과 같다. 둘째는 당래에 얻을 과보불은 여러 가지로 응화하여 지금의 중생을 교화하여 증진하게 한다. 『본승경』에서 이르시기를 "스스로 자신이 당래의 과보를 얻음을 보게 되면 모든 부처님께서는 마정설법(摩頂說法)을 하시나니, 몸과 마음이 따로 행하는 불가사의 때문이니라"라고 말씀하셨다. 셋째로 이 경에서는 여섯 곳(「비유품」, 「신해품」, 「수기품」, 「오백제자수기품」, 「학무학인기품」, 「권지품」)에서 수기하셨는데, 수기를 얻음으로 말미암아 당래에 아뇩보리를 이룬다. 이 수기를 얻음으로 말미암아 수행자의 마음으로 하여금 나아가 닦게 하여 당래의 과보가 그에게 속하며, 또 당래의 과보가 그를 태워 나르기 때문이다. 아래의 경문에서 "각기 모든 자식들에게 큰 수레를 한대씩 주신다"고 말씀하셨다. 네 번째는 이 경 가운데서 설하신 일체 종지는 다함이 없고 갖추지 않은 덕이 없어서 일체 중생을 함께 이 과(果)에 이르게 한다. 중생이 이 경의 능전소전(能詮所詮, 가르침)을 인연으로 발심하여 수승하게 40심(四十心: 十住, 十行, 十回向,

十地)으로 가로질러 나아가 유희하며, 신통으로 4부류(태·란·습·화)의 중생을 교화한다. 그러므로 중생은 과승(果乘)을 타고 그 승승(乘乘)은 능히 인지(因地)의 중생을 태워 나른다고 말한다. 아래 경문의 게송에서 "여러 자식들이 그때 환희하며 뛰어오르고 이 보거(寶車)를 타고 사방을 유희했다"고 말씀하신 것과 같다. 비로소 이 4가지 뜻으로 말아 과승과 나머지 3가지 법이 함께 한 사람을 태워 나름을 마땅히 알아야 한다. 사람마다 4가지 법의 인연 화합으로 모든 극단적인 생각을 떠나 가히 파괴되지 않는 지위에 이른다. 이를 빼놓고는 다시 넘거나 더할 것이 없다. 이와 같은 것을 이름 하여 광대심심구경(廣大甚深究竟)의 일승진실상(一乘眞實相)이라 한다. 경에 설명된 바의 종취(宗趣)에 대한 약술(略述)은 이상과 같다.[13]

2) 의적의 『법화경론술기』

(1) 해제

『법화경론술기』는 통일신라 의적이 『법화경론』을 해석·논술한 저술이다. 저자 의적은 신라 무열왕대에서 성덕왕대(600년대 중기에서 700년대 초기)의 승려로 자세한 전기가 전하지 않는다. 다만 『삼국유사』에 의상 문하 10대덕 중 한 사람으로도 나타나고 있으나, 사상적 경향으로는 법상가(法相家)에 가까워 보인다. 그는 25여 부의 다양한 찬술을 남기고 있어 원효, 태현, 경흥에 이어 신라 4대 저술가로 꼽히는 박학다식한 면모를 보여준다. 법화 관계 저술로는 『법화경론술기』, 『법화경강목』, 『법화경요간』, 『법화경험기』가 있는데, 현전하는 것은 『법화경론술기』(상권)뿐이다.[14]

세친이 찬한 『묘법연화경우바제사』(『법화경론』)를 풀이한 『법화경론술기』는 『대

---

13 「원효」, 『원효대사정토법보』, 원왕생 편, 2012, 357-379쪽 참조.
14 동국대학교 불교문화연구소편, 『韓國佛敎撰述文獻總錄』, 62쪽.

일본속장경』[15]에는 저자의 이름이 생략된 채 상권만이 실려 있고,『주진법상종장소(注進法相宗章疏)』에 "법화경론술기삼권 의적석의일찬(法花經論述記三券 義寂釋義一撰)"[16]라 되어 있고,『동성전등목록(東城傳燈目錄)』에는 "법화론술기이권 의적석의일찬(法花論述記二卷 義寂釋義一撰)"[17]이라 밝히고 있으며『법화개시초(法華開示抄)』에서도 "우의적사의일사동운운 문광가견지(又義寂師義一師同云云 文廣可見之)"[18]라 하여 앞의 목록 내용을 확인시켜주고 있어서 이 저술은 신라 의적이 찬술했으며, 그 내용이 처음에는 2~3권이었던 것이 누락되어 상권만 남아 있음을 알 수 있다.

『법화경론』의 주해서로는 중국 길장의 『법화론소』(3권)와 의적의 『법화경론술기』가 유명하고, 이보다 후대 일본 엔친(円珍)의 『법화론기(法華論記)』(10권)가 전해질 뿐이다. 현전하는 세친이 지은『법화경론』은 보리유지의 공역본과 늑나마제의 공역본 2권이 전해진다. 이 두 본 중 늑나마제 번역본은 귀경송(歸敬頌)이 없고, 보리유지 역은 귀경송이 들어 있는데, 의적은 바로 보리유지 역 본을 택하여 귀경송부터 풀이했다. 그러나 이들 두 본은 의미상으로는 크게 다르지 않다.

『법화경론술기』의 구성은 먼저『법화경론』인『묘법연화경우바제사』의 제목에 대해 해석하고, 이어 귀경송에 대한 해석을 한 다음 서품부터 차례로 해석해나간다. 그러나 안타깝게도 현존본에는 「방편품」 앞부분까지만 남아 있고(상권) 나머지 부분이 누락되어 있어, 의적의 법화교학을 온전히 알기 어렵게 하고 있다. 의적은 전체를 크게 세 부분으로 나누어 풀이했다.

첫째, 가르침이 일어나는 인연을 밝힌 「서품」은 경론의 일곱 가지의 공덕 성취를 풀이했다. 둘째, 「방편품」은 이승을 파하고 보살승을 밝히는 다섯 부분으로 구성되어 있다. 셋째, 「비유품」부터 끝까지는 십무상(十無上)을 대치하여 실상(實相)을

15『卍續藏經』제1편 95套 4책(『卍續藏』95권, 705頁).

16 藏俊撰『注進法相宗章疏』(『大正藏』55, 1141頁하).

17『東城傳燈目錄』講論錄3(『大正藏』55, 1156頁中).

18 貞慶,『法華開示抄』제1(『大正藏』56, 260頁하).

드러낸다고 한다. 그리고 유통분(流通分)은 셋째의 십무상조에 들어가기 때문에 별도로 세우지 않는다고 했다. 의적이『법화론』의 전 품을 풀이했는지는 알 수 없으나 현존본에는 상권의「서품」전체와「방편품」의 처음 부분만 남아 있다.[19]

(2) 의적의 법화경관

①『법화경론』에 의거한 해석

『법화경론술기』는 유식학의 승려인 의적의『법화경론』강의를 기초로 하여 엮은 책이다.[20] 그러면 의적이『법화경론』을 강의한 이유는 무엇일까.

『법화경론』의 저자 세친은 염오(染汚)의 상태에서 벗어나기 위해서는 진리에 대한 경청이 필요하다고 했다. 부처가 증득한 법계로부터 흘러나온 가르침(경전 등)을 반복적으로 들어야 한다(多聞薰習)고 주장하는 것이다. 무분별지(無分別智), 견도(見道)의 획득이 바로 문훈습(聞薰習)에서 비롯되기 때문이다.[21] 즉 질적으로 다른 대승의 가르침을 들음으로써 발생하게 된 문훈습된 종자가 상속되어 알라야식에 전의됨으로써 출세간의 청정한 마음을 일으킬 수 있다[22]고 보는 것이다. 그러므로 의적이『법화경론』을 강의하였던 것은 통일신라 초기의 대승경전에 대한 관심과 더불어 유식학적인 관점에서 접근하였던 것으로 볼 수 있다. 그리하여 의적은『법화경론』에 대한 깊이 있는 이해를 통해『법화경』을 독자적으로 해석하고 있다.

기본적으로『법화경』28품의 구분을 달리했다. 종래『법화경』을 서분(序分), 정종분(正宗分), 유통분(流通分)으로 구분하던 방식에서 벗어나, 의적은 인연분(因緣分),

---

19 이기운,「신라 義寂의 法華經論述記」, 동국대불교문화연구원 편,『불교원전연구』제3호, 동국대출판부, 2002, 139-141쪽 참조.

20 『法華經論述記』의 화자에 대해서는 박광연,「『法華經論述記』의 構成과 話者」,『梨花史學研究』37(2008) 참조.

21 世親 造, 玄奘 譯,『攝大乘論釋』卷8.

22 박광연,「신라 義寂의 法華經이해」,『불교학연구』제21호, 불교학연구회, 2008, 199쪽.

방편분(方便分), 실상분(實相分)으로 구분했는데, 이러한 구분의 기준은 세친의『법화경론』이다.

「서품」이 인연분, 「방편품」이 방편분, 「비유품」부터 끝까지가 실상분이다. 유통분은『법화경론』「비유품」에 나오는 십무상(十無上)의 열 번째에 해당하므로 별도로 설명하지 않는다고 한다. 인연분, 방편분, 실상분의 내용이『법화경론』과 일치한다. 의적은『법화경』이 "모든 경 중의 왕이며, 법문 중의 최고"라고 하였는데, 어떤 근거에서『법화경』에 이러한 평가를 하고 있을까. 그의 해석을 좀 더 면밀히 살펴보도록 하자.[23]

② 독자적인 일승관

의적은『법화경』의 경명(묘법연화경)에 나오는 연화(蓮花)를 "십만(十慢)의 혼탁함에서 벗어나 일승(一乘)의 실상을 펼친다(出離十慢之濁 開敷一乘之實). 그러므로 연꽃에 비유하는 것이다"[24]라고 하는 등 여러 곳에서『법화경』이 일승법을 설하는 경전임을 밝히고 있다. 그렇다면 의적이 생각하는 일승이란 어떤 의미일까. 의적은 일승의 의미도『법화경론』에서 찾았다.『법화경론』「방편품」에 나오는 '파이명일(破二明一)'을 적극적으로 해석하는 방법으로 이에 답한다.

화상(和尙)이 말하기를, 출수란 비유하면 10만(慢)에 대치하여 꽃이 핌을 비유한 것으로 10가지의 위없음(十種無上)을 비유적으로 드러낸 것이다. 이 경에서 밝힌 것은 오직 두 가지 뜻뿐이니, 앞부분에서는 파이(破二)를 뒷부분에서는 명일(明一)을 밝힌다. 그러므로 연꽃으로 묘법문을 비유했다.…이 경의 종지는 파이명일을 종극으로 삼는다.[25]

의적이 생각한『법화경』의 주제는 파이명일(破二明一) 즉 이승(二乘)을 깨뜨려서

23 박광연,「신라 義寂의 法華經 이해」, 200-201쪽.
24『법화경론술기』卷上(『韓國佛敎全書』2).
25『법화경론술기』卷上.

일승(一乘)을 밝힌다는 것이다. 깨뜨려야 할 이승은 무엇이고, 밝혀야 할 일승은 무엇인가. 파이명일의 해석에는 세 가지 설이 있다고 의적은 말한다.

파이명일(破二明一)에는 세 가지 설이 있는데 같지 않다. 하나는, 파이(破二)는 이승의 집착을 깨뜨린다는 것이고, 명일(明一)은 보살승이다. 둘째 대승, 소승의 두 부류가 이승으로 합해서 한 부류가 된다. 보살승이 한 부류이다. 이 둘이라는 집착을 깨뜨리므로 파이(破二)라 하고, 명일(明一)이란 10종류의 무상(無上)을 말한다. 셋째 설은 이승이 합해서 한 부류가 되고 두 보살이 합해서 한 부류가 된다. 즉 삼승 가운데의 보살승과 운우에 대치하는 보살이 합해서 한 부류가 된다. 이 둘을 깨뜨리는 것이다. 파이명일이란 10종의 무상을 말한다.[26]

이 가운데 의적은 몇 번째 설을 따랐을까. 다음의 다른 인용문에서 그 답을 찾을 수 있다.

묻는다. 어떻게 상무상행(上無相行)이 제7지의 무상행임을 알 수 있는가. 답한다. 『성유식론』 권10에 이르기를, "6지까지에 무상관이 있으나 상간(上間)에서 섞여 현행하고, 뒤의 4지는 순수한 무상관이다." 그러므로 상무상행임을 알 수 있다. 움직이지 않는다는 것은 제7지 무상행이니, 제8지의 행과 뒤의 두 지에서의 무상행이 움직이지 못한다는 것은 도리에 맞지 않다. '이승의 여러 공덕과 같지 않다'에서 이른바 이승이란 성문 벽지불 이승이 아니다. 이승에 대해 말해 보겠다(所說二乘者). 십지를 분별해 보면 앞의 3지의 특징은 세간과 같기 때문에 인천위(人天位)이고, 4지와 5지는 사제관(四諦觀)이니 세성문위(世聲聞位)이고, 제6지에서는 인연관을 닦으므로 벽지불위이고, 제7지는 삼승 가운데 대승위(大乘位)이다. 마지막 3지(8·9·10지)는 일승위(一乘位)이고, 앞의 7지는 삼

26 『법화경론술기』卷上.

승위이다. 성문, 벽지불을 합해서 하나의 승이 되고, 제7지에서 삼승의 보살이 하나의 승이 되므로 합해서 이승이다. 이와 같이 설한 것은 위와 같지 않고 아래와도 같지 않다는 글에 묘하게 부합된다.[27]

의적은 성문승과 벽지불(연각)승을 합한 것이 하나의 승(1승), 삼승의 보살이 하나의 승(1승) 이 둘을 합해서 이승이라고 한다. 그러므로 위의 세 가지 설 가운데 두 번째 설을 따름을 알 수 있다. 성문·연각·보살을 깨뜨리고, 이를 통해 10가지의 위 없음(十種無上)을 밝히는 것이 바로 파이명일이다. 의적이 말하는 일승이란 다름 아닌 십종무상이다.

현존 『법화경론술기』는 여기에서 끝나고 있다. 십종부상에 대한 설명이 없다. 그러나 십종무상이 무엇인지 알 수 있다. 그것은 다름 아닌 『법화경』 「비유품」에 나오는 용어이기 때문이다. 이를 정리하면 다음과 같다.

종자무상(種子無上)	우비유(雨譬喻)
행무상(行無上)	대통지승여래본사등(大通智勝如來本事等)
증장력무상(增長力無上)	상주비유(商主譬喻)
영해무상(令解無上)	계보주비유(繋寶珠譬喻)
청정국토무상(清淨國土無上)	다보여래탑(多寶如來塔)
설무상(說無上)	해계중명주비유(解髻中明珠譬喻)
교화중생무상(教化衆生無上)	지중용출무량보살마하살등(地中踊出無量菩薩摩訶薩等)
성대보리무상(成大菩提無上)	삼종불보리(三種佛菩提)
열반무상(涅槃無上)	의사비유(醫師譬喻)
승묘력무상(勝妙力無上)	기타 경문(經文)

---

27 『법화경론술기』 卷上.

의적은 위없는 (최고의) 종자, 수행, 증장력, 영해(이해력), 청정국토, 설법, 중생교화, 깨달음, 열반 승묘력이 일승이라고 말하고 있다. 『법화경』이 일승을 말하는 경이라는 것은 바로 십종무상을 설함을 말한다는 것이다. 수와 당나라의 승려들이 일승을 종성의 문제나 불성과 관련시켜 이해했던 데 비하여,[28] 의적의 일승 해석은 현실적으로 인간의 최고의 성숙성을 보여주고 있다고 할 수 있다. 이러한 점에서 의적은 『법화경』이 성문이나 연각, 보살 등으로 구분하는 경전관을 가지고 보는 것이 아니라 '파이(破二)' 즉 좋은 종자를 심어주고 최고의 수행을 하도록 증장시키는 힘과, 이해력을 키우고 국토를 청정하게 하고 중생을 교화하고 깨달음을 이루고 열반을 증득하는 데 뛰어난 힘을 갖게 하는 일승을 이루는 것으로서의 '명일 (明一)'을 말하는 최고의 경전이라고 보는 것이다.[29]

(3) 사상사적 의미

의적은 『법화경』을 대법우(大法雨), 대법고(大法鼓), 대법당(大法幢), 대법등(大法燈), 대법라(大法螺) 등에 비유하여 이 설법을 들음으로써 변화가 생긴다고 한다. 제7 문수사리답성취(文殊師利答成就)에 나오는 그 내용을 간략히 살펴보면 다음과 같다.

천제(闡提)는 『법화경』을 듣고 불신(不信)의 장애를 깨트려 십신(十信)의 단계에 들어감으로써 무명(無明)의 습기(習氣)를 없애고 방편생사(方便生死)하여 대정(大淨)의 위(位)에 들어갈 수가 있다. 외도(外道)는 『법화경』을 듣고 아견(我見)의 장애를 깨트려 십해(十解)의 단계에 들어감으로써 아견의 습기를 없애고 인연생사(因緣生死)하여 대아(大我)의 위(位)에 들어갈 수가 있다. 성문(聲聞)은 『법화경』을 듣고, 고(苦)를 두려워하는 장애를 깨트려 십해(十解)의 단계에 들어감으로써 고(苦)를 두려워하는 습기를 없애고 유유생

28 박광연, 「신라 義寂의 法華經이해」, 201-204쪽.
29 박광연, 「신라 義寂의 法華經이해」, 205쪽.

사(有生死)하여 대락(大樂)의 위(位)에 들어 갈 수가 있다. 독각(獨覺)은 『법화경』을 듣고 자애(自愛)의 장애를 깨트려 십회향(十廻向)의 단계에 들어감으로써 자애의 습기를 없애고 무유생사(無有生死)하여 대상(大常)의 위(位)에 들어갈 수가 있다.

천제, 외도, 성문, 독각이 순서대로 『법화경』을 청문(聽聞)하여 십신(十信), 십해(十解), 십연향(十廻向)의 수행 상태를 성취함으로써 정(淨)·아(我)·낙(樂)·상(常)의 위(位)에 들어갈 수 있다고 한다. 정·아·낙·상은 흔히 말하는 상락아정(常樂我淨) 즉 열반의 상태에서 갖게 되는 4가지 덕이다. 이렇게 의적은 천제, 외도, 성문, 독각이 『법화경』을 청문함으로써 변화할 수 있고 한 단계씩 나아가 마침내는 일승의 경지로 성숙되어 갈 수 있다고 보았던 것이다.

또한 의적은 부처가 중생들의 근기가 익기를 기다렸다가 때가 되었으므로 『법화경』을 설한다고 했다. 화상이 말하기를, "여래가 설법하고자 한 때가 이르렀음이 성취되었다는 것은, 깨달음을 이룬 지 40여 년 동안 일찍이 이 묘법을 설하지 않으신 이유는, 중생들의 근기가 아직 익지 않아 설법할 때가 이르지 않았기 때문이다. 이제 근기가 숙성하여 설법할 때에 이르렀다고 하는 것이다. 그러므로 먼저 『무량의경』을 설하니, 이는 『법화경』의 전조이다"[30]라고 하는 화상(和尙)의 말을 인용하고 있는 것이다.

그러면 이 화상은 누구일까. 의적으로서는 당연히 『법화론』의 저자 세친의 말을 인용하는 것일 것이다. 말하자면 의적은 『법화경론』을 통해서 『법화경』을 새롭게 해석했다. 『법화경』의 주제를 파이명일로 파악하였는데, 파이명일이란 성문, 연각, 보살의 단계를 벗어나 10가지의 위없음(十種無上)의 상태로 성숙되어가는 것이다. 의적이 말하는 십종무상이란 『법화경』의 일승사상을 대변하는 말이다. 의적이 제자들에게 세친의 『법화경론』을 강의하고 함께 논의한 이유는 궁극적으로

---

30 『法華經論述記』卷上; 박광연, 「신라 義寂의 法華經이해」, 206-208쪽.

수행을 통해서 8지(八地) 이상의 상태를 증득할 것을 말하고자 함이었을 것이다.[31]

4. 경흥의 법화사상[32]

1) 생애와 저술

경흥(憬興)은 백제의 웅천주(熊川州) 출신으로 통일신라의 신문왕 때 국로(國老)가 되었다.[33] 그는 『금광명최승왕경(金光明最勝王經)』의 주석서를 남기고 있는 것으로 보아 8세기 초반까지 활동했을 것으로 짐작된다. 의정(義淨)이 『금광명최승왕경』의 번역을 마친 때가 703년 10월이고,[34] 사신으로 당에 갔던 김사양(金思讓)이 신라에 가져온 것이 704년 3월이다.[35]

경흥은 『금광명최승왕경』에 대한 여러 부의 주석서를 남기고 있을 뿐만 아니라[36] 원효, 태현을 이어 신라 승려 가운데 세 번째로 많은 저술을 하고, 『열반경』, 『금광명경』, 『반야경』, 『법화경』 등 대승경전에 대한 주석도 하고 있다. 경흥은 『법화경소』도 찬술했다. 특히 이는 그의 현존 저술과 비교해봤을 때 적지 않은 분량으로, 경흥이 『법화경』에 대한 깊은 이해를 지녔으리라 짐작할 수 있다. 그러나 그

---

31 박광연, 「신라 義寂의 法華經이해」, 212-213쪽 참조.

32 최근 박광연의 『신라법화사상사』(혜안, 2013) 중에 경흥의 법화사상에 대한 재구성 차원의 연구가 있어 필자의 동의를 얻어 발췌 소개한다.

33 『三國遺事』卷4, 義解, 憬興遇聖.

34 『開元釋敎錄』卷9에 의하면 武則天 때인 長安 3년(703) 10월 4일 義淨이 西明寺에서 번역을 마쳤다.

35 『三國史記』卷8, 新羅本紀 8, 聖德王3년.

36 『金光明最勝王經』 관련 경흥의 주석서로는 『금광명최승왕경술찬』(5권), 『금광명최승왕경약찬』(5권), 『금광명최승왕경소』(10권)가 있다고 한다(김상현 집, 「(집일)금광명최승왕경경흥소」, 『신라문화』17·18, 2000.

의 『법화경』에 대한 주석서가 현존하지 않는 까닭에 『무량수경연의술문찬(無量壽經連義述文贊)』과 『삼미륵경소(三彌勒經疏)』에서의 『법화경』 인용 태도를 통해 경흥의 사상 일면을 살펴보고 그 의미를 찾아보도록 하겠다.

2) 『법화경』 인용 태도

『무량수경연의술문찬』과 『삼미륵경소』에서 『법화경』이 인용된 예는 단순히 경명(經名)을 제시한 경우를 제외하면 총 7회이다. 많은 숫자는 아니지만 『법화경』에 대한 경흥의 구체적 인식을 살펴볼 수 있다. 또한 세친의 『법화경론』의 인용도 빈번하다.[37] 이에 『법화경』과 『법화경론』에 대한 인식을 그의 사상 맥락 속에서 살펴보겠다.

(1) 부처님의 덕을 설명하는 부분에 『법화경』을 인용

[경] 입불법장구경피안(入佛法藏究竟彼岸)에 대해서.

[찬] 서술한다. 두 번째로 자세히 찬탄함에 두 가지가 있다. 여기에는 처음 실덕(實德)을 찬탄하는 부분이다. 어떤 이는 "불법장(佛法藏)에 들어간다는 것은 인(因)의 상승(上昇)을 펴는 것이고, 구경 (究竟)의 피안이란 과(果)의 필경을 밝히는 것이다. 여래장의 항하사 모래 같이 많은 법을 불법장(佛法藏)이라 하고, 증득하여 이해함을 입(入)이라 하며, 열반의 언덕에 도달하는 것을 구경(究竟)이라 한다"라고 했다. 이는 아마도 옳지 않은 듯하다. 여래장은 곧 불성의 뜻인데, 항하사 같이 많은 덕이 있는 가르침을 깨닫고 이해하

---

37 김양순에 의하면 『無量壽經連義述文贊』에서 『法華經論』 인용은 4회인데, 이 가운데 2회는 『妙法蓮華經玄贊』에서 재인용한 것이라 한다(김양순, 「憬興의 無量壽經連義述文贊연구」, 48쪽). 박광연이 조사한 연구에 의하면 『無量壽經連義述文贊』(8회), 『三彌勒經疏』(1회), 김상현, 『집일금광명최승왕경경흥소』(7회)에서 『법화경론』을 인용한 주요 구절은 16회 이상이다.

는 것을 인(因)의 상승(上昇)이라 하는 것은 경에서 '불성을 볼 때 무상각을 얻는다'고 한 것에 어긋난다. 불성을 증득하는 것은 보리(菩提)의 과(果)가 아니므로 열반의 언덕에 도달하는 것은 마땅히 원적(圓寂)의 과(果)가 아니다. 내(경흥)가 보건대, 들어간다[시는 것은 구경의 증해(證解)를 통달하고 이해하여 여실하게 스스로를 이롭게 함과 남을 이롭게 하는 것을 아는 것이다.[38] 그러므로 불법장에 들어간다고 한 것은 바로『법화경』에서 "부처의 지혜에 잘 들어가 대지(大智)를 통달한다"고 한 것이다. 피안이란 진리이고 이 진리의 실성(實性)을 증득하였으므로 구경이라 하니, 바로『법화경』에서 "피안에 도달한다"고 한 것이다. 항상 세속(世俗)과 승의(勝義)의 두 진리(二諦)를 비추어 자리이타(自利利他)하니 실덕(實德)이라 할 만하다.[39]

여기서 경흥은 불법장(佛法藏) 곧 여래장(如來藏)은 인(因)이고 구경(究竟) 곧 열반(涅槃)은 과(果)라는 해석을 비판한다. 경흥은 인과 과는 구분해 말할 수 있는 것이 아니라고 보는 것 같다. 깨달음을 바탕으로 자리이타(自利利他)를 실천하고 입불법장(入佛法藏), 진리의 실성(實性)을 증득함(究竟彼岸)이 바로 부처의 실덕(實德)이라는 것이다. 입불법장, 구경피안의 개념을 명확하게 설명하기 위해 경흥은『법화경』을 끌어오고 있다. 즉 입불법장은『법화경』의 "선입불혜(善入佛慧) 통달대지(通達大智)"의 의미이고, 구경피안은『법화경』의 도어피안(到於彼岸)의 뜻이라는 것이다. 깨달음을 바탕으로 한 자리이타의 실천이 바로 부처의 지혜를 잘 이해하여 대지(大智)를 통달함이고, 도달해야 할 피안이란 곧 진리(諦)라고 한다. '부처의 지혜'를 강조하고 이를 자리이타의 실천으로 연결시키고 있음을 볼 수 있다.

---

38 知如實自利及事利他.

39『無量壽經連義述文贊』卷上.(『韓國佛敎全書』2).

(2) 일승·삼승의 이해도 기본적으로 『법화경』에 근거

　　[경] 선립방편(善立方便), 현멸도(現滅度)에 대해서

　　[찬] 서술한다. 여기는 네 번째로 다시 '이타(利他)'를 분명히 하는 것이다. 방편이 비록 많지만 여기에서의 방편은 '교권(巧權)'을 말한다. (중략) 내(경흥)가 보건대 방편을 잘 세운다는 것은 의(意) 방편이니, 제불을 수순하여 삼승의 교화를 찾기 때문이다. 삼승을 나타내 보이는 것은 구(口) 방편이니, 일승을 분별하여 삼승을 말하였으므로 삼승도 부처의 방편이기 때문이다. 중승과 하승의 멸도는 신(身) 방편이니, 연각을 중승이라 하고 성문을 하승이라 한다. 『법화경』에서 "이승·삼승의 뜻이 없다"고 한 것과 같으니, 보살은 부정이승(不定二乘)을 이끌어 불승(佛乘)으로 나아가게 하고자 한다. 그러므로 저 열반에 대해 멸도(滅道)를 나타낸다.[40]

　『법화경』에서 삼승의 설정은 결국 방편의 문제로 연결되는데, 『무량수경연의술문찬』의 삼승 이해도 이타(利他)의 방편을 설명할 때 등장한다. 위의 인용문은 이타의 방편을 설명하는 부분이다. 경흥은 일승을 분별하여 삼승을 말한 것은 구(口) 방편이고, 삼승의 교화를 위해 방편을 잘 세운 것은 의(意) 방편이며, 연각과 성문의 멸도(滅度)는 신(身) 방편이라고 한다. 『법화경』에서 "이승 삼승의 뜻이 없다"고 한 것처럼, 연각승·성문승을 구분하지 않고 보살은 이들 부정이승(不定二乘)을 이끌어 불승 즉 지혜를 얻게 해야 한다는 것이다.

　『무량수경연의술문찬』에 보이는 경흥의 중생관은 크게 두 가지 구분방식이 있다. 첫 번째는 보살중(菩薩衆)과 성문중(聲聞衆)의 구분이다. 성문중은 소승행을 닦고 걸식 등으로 스스로 생활하는 자들로 보살과 구분하여 비구라고도 한다.[41] 보

---

40 『無量壽經連義述文贊』卷中(『韓國佛敎全書』2).

41 『無量壽經連義述文贊』卷上.

살중은 대행(大行)을 닦고 깨달음을 추구하고 유정(有情)을 이롭게 하는 이들로서 신통력으로 때에 따라 시현(示現)하여 대승을 수행하는 이들이다.[42] 두 번째는 무문비법인(無聞非法人)과 구삼승(求三乘)의 구분이다.[43] 즉 불법을 비난하고 듣지 않는 존재와, 불법을 듣고 삼승을 추구하는 존재의 구분이다. 경흥은 불법을 비난하거나 듣지 않는 존재는 성선(聖善)에 초감(招感)함이 없고, 삼승을 추구하는 존재는 반드시 불선(佛善)에 초감함이 있다는 견해를 부정한다. 즉 불법을 비난하거나 듣지 않는 이도 불세선(佛世善)에 초감함이 있어 인천(人天)의 선근이 반드시 성취된다고 한다. 이는 보살이 이끌고 가는 무리들에 대한 설명이다.[44]

여기서 경흥은 삼승을 보살의 교화 대상으로서 함께 취급할 뿐 구별하지 않고 있다. 삼승의 설정이 일승으로 이끌기 위한 방편일 뿐임을 다시 확인할 수 있다. 그렇다면 경흥은 일승을 어떻게 정의하고 있을까.

[경] 구경일승(究竟一乘), 우피안(于彼岸)에 대해서

[찬] 서술한다. (중략) 일승(一乘)이란 곧 지혜이다. 비록 삼승(三乘)이 있으나 마침내는 둘이 없으므로 일승이라 한다. 어떤 이는 이 일승을 궁극적으로는 구경(究竟)이라 이름하면서, 열반과(涅槃果)에 도달하므로 피안에 도달한다고 한다. (하지만) 아니다. 만약 일승을 궁구하여 열반에 이른다면 마땅히 보살이 아니다.[45]

경흥은 일승을 구경(究竟)이나 열반과(涅槃果)라고 보는 논의를 비판하면서 일승이 바로 붓다의 지혜임을 말하고 있다. 원효나 의적의 경우처럼 법화사상의 핵심

---

42 『無量壽經連義述文贊』 卷上.

43 『勝鬘師子吼一乘大方便方廣經』 卷1에서 중생을 無聞非法衆生, 求聲聞者, 求緣覺者, 求大乘者로 구분하고 있다.

44 『無量壽經連義述文贊』 卷中.

45 『無量壽經連義述文贊』 卷下(『韓國佛敎全書』 2).

은 일승에 대한 정의라고 할 수 있는데, 경흥이 일승을 지혜로 보았다는 것은 『법화경』의 종지가 붓다의 지혜 즉 불지견(佛知見)에 있다고 본 것이라고 볼 수 있다. 경흥이 말하는 붓다의 지혜란 바로 무분별지(無分別智)·후득지(後得智)를 뜻하는 것이고, 무분별지·후득지를 획득한다는 것은 유식사상이 지향하는 궁극의 목표로서, 이는 존재의 본질을 깨달은 일체지자(一切智者)의 지혜를 뜻하는 것이다. 이와 같은 일체지자의 지혜뿐만 아니라 경흥은 "제법이 꿈이나 번개와 같음을 아는 것이 일상적 진리(世俗諦)에서의 지혜이며, 법성이 공함을 통달하는 것이 궁극적 진리(勝義諦)에서의 지혜이다"[46]라고 말하고 있다.

(3)『법화경』을 통해 수명이 무량한 존재인 붓다를 증명

문: 석가가 미륵보다 먼저 성불하였음은 알겠는데, 두 보살의 진신 가운데 누가 먼저 부처가 되었는지는 모르겠다.

답: 『십주단결경(十住斷結經)』에서 "미륵이 강가의 모래알만큼 많은 겁 동안 수행을 쌓아 먼저 정각을 이룰 것을 서원했다. 내(석가) 몸이 수행을 실천한 것은 그 뒤에 있었다"고 했다. 이 경문으로 미륵(의 진신)이 먼저 (부처가) 되고 석가(의 진신)이 나중에 (부처가) 되었음을 증명할 수 있다. 그런데 『법화경』에서는 "나는 실로 성불한 이래 무량무변나유타겁(無量無邊那由他劫)이 지났다"고 했다. 두 부처의 진신이 모두 본래 오래되고 가까움이 있으니 생각으로 이해할 수 있을 것이다.[47]

『삼미륵경소』 가운데 「미륵상생경료간(彌勒上生經料簡)」에서 석가와 미륵의 성불을 비교하는 대목이다. 이때 『십주단결경』을 근거로 미륵보살이 먼저 정각을 이

---

46 『無量壽經連義述文贊』卷下.
47 『三彌勒經疏』(『韓國佛敎全書』2).

루었음을 증명하고, 『법화경』을 근거로 석가가 성불한 지 무량무변나유타겁이 지났다고 말하고 있다. 이와 관련하여 다음 같은 응불(應佛)의 설법도 주목된다.

문: 화불(化佛)이 무엇 때문에 깊고 깊은 다라니문(陀羅尼門)에 대해 말하였는가.

답: 미륵보살이 깊은 다라니문을 얻었기 때문이다.

문: 응불이 이미 충분히 다라니에 대해 말하였는데, 무엇 때문에 거듭해서 화불이 말하여야 했는가?

답: 응불의 말씀이 공허하지 않음을 증명하기 위해서 화불이 거듭 말한 것이다. 예를 들면 『법화경』에서는 다른 사람들이 의심할까 염려되어 다보불탑이 솟아오르는 것으로 증명하여 말했고, 또 『금광명경』에서도 다른 사람들이 믿지 않을까 염려되어 사불(四佛)이 나타나 붓다의 수명이 무량함을 믿게 했다. 이 또한 마찬가지이다.[48]

『미륵상생경』에서 화불(化佛)이 등장하는 것은 『법화경』의 다보불탑이나 『금강명경』의 사불(四佛)의 역할과 같다고 한다. 즉 다보불탑과 사불을 통해 부처의 수명이 무량함을 증명할 수 있다는 것이다.

(4) 『법화경』으로 정토 설명

[경] 아난백불(阿難白佛), 청정지행(淸淨之行)에 대해서

[찬] 서술한다. 붓다의 수명이 짧다면 5겁 동안 청정행을 닦는다는 것이 맞지 않으므로 붓다의 수명이 42겁임을 드러내어 이 의심을 푼다. 어떤 이(慧遠)는 이렇게 말한다. "부처님이 오랜 겁을 살았는데 겁이 다할 때 중생들이 비록 겁이 다함을 보지만, 불에 타는 국토도 편안하니 법적보살은 5겁 동안 청정한 인(因)을 수행하였기 때문이다. 이

---

48 『三彌勒經疏』.

는『법화경』에서 "중생들이 겁이 다하여 큰 불로 타게 되는 때를 보아도 나의 이 국토는 안온하고, 천인(天人)으로 항상 충만할 것이다"라고 한 것과 같다. 이는 아마도 그렇지 않은 것 같다.『법화경』에서 말하는 것을『법화경론』에서 해석하기를, '보불여래(報佛如來)'의 진실정토(眞實淨土)라고 하였으니 그 국토가 타수용토(他受用土)임을 알아야 한다. 타수용토의 붓다의 수명은 필시 무량하여 42겁이라고 말할 수도 없다. 그런데 지금 42 겁이라 하는 것은 이것이 세수(歲數)의 겁(劫)이기 때문이다. 그러므로 경에서는 5겁 동안의 섭정토행(攝淨土行)은 겁이 다한 것이 아니라고 한다. 대통불(大通拂)의 수명은 겁을 헤아릴 수 없는데도 오히려 정토가 아니다. 어떻게 42겁을 정토라 말할 수 있겠는가.[49]

경흥은 붓다의 수명은 원래 무량한데 세수겁으로 표현해서 42겁일 뿐이라고 한다. 붓다의 수명이 무량한 이유가 바로『법화경론』에서 말하는 것처럼 국토가 "보불여래(報佛如來)의 진실정토"이며, 그 땅이 "타수용토(他受用土)"이기 때문이라 는 것이다. 다시 말해 정토에 있는 붓다의 수명은 5겁도 아니고 42겁도 아니고 무 량하다고 한다. 그리고 무량한 붓다가 계신 국토가 타수용토라는 것이다. 이상과 같이 경흥은『법화경』을 통해서 붓다의 지혜, 붓다의 수명, 붓다의 국토에 대해서 도 말하고 있다.

정리하면, 경흥은『법화경』을 통해 보살은 삼승을 이끌어 일승으로 가야 하는 데, 그 일승이 바로 붓다의 지혜이고 붓다의 지혜란 다름 아닌 자리이타의 실천으 로 나타나고 있음을 말하고 있다.

3) 경흥의 정토관과『법화경』

경흥의 정토사상에서『법화경』이 어떤 위치인지를 점검하기 위해 '정토관'에

49『無量壽經連義述文贊』卷中.

대한 좀 더 깊이 있는 논의를 진행해보자. 특히 '보불여래', '타수용토' 개념이 어떤 맥락에서 등장하고 그것이 가지는 의미가 무엇인지에 대해 살펴보자.

경흥은 정토과(淨土果)로서 항상 법신과 정토를 거론하면서 정토인(淨土因)을 닦아 법신과 정토를 얻는 것이 위없는 깨달음을 얻는 것이라 보았다.

> 먼저 찬탄할 바를 서원으로서 구한다. (중략) 여기에 두 가지가 있으니, 먼저 앞에서 찬탄한 바를 바르게 구함이니 바로 붓다의 법신이다. 나중에 의지 할 바를 기원하는데 그것은 바로 붓다의 정토이다.[50]

> 위없는 깨달음의 마음을 내는 것(發無上覺心)은 곧 앞에서 붓다의 법신과 정토를 원했던 마음이다. (중략) 마땅히 수행을 함이란 곧 법신과 정토의 인(因)을 닦는 것이다. 묘한 국토를 포섭한다는 것은 곧 정토라는 과(果)를 얻고자 하는 것이다. 정각을 이루게 함이란 법신과 정토의 과를 얻고자 하는 것이다.[51]

보살이 찬탄해야 할 것은 부처의 법신과 정토이며, 보살의 수행은 법신과 정토의 인(因)을 닦는 것이고, 수행을 통해 이루어야 할 과(果)가 법신과 정토라고 한다. 그런데 『삼미륵경소』를 보면, 경흥은 성(聖)에 삼신(三身) 즉 진신(眞身), 응신(應身), 화신(化身)이 있는데, 여기서 진신이란 법신과 보신(報身)이라고 말하고 있다. 법신과 보신은 항상 고요하여 움직이는 모습이 없고, 응신은 깨달음을 이룬 석가모니이고, 화신은 때에 따라 중생교화를 위해 나타나는 모습이라고 한다.[52]

이에 대해 원효는 『법화경종요』에서 일승과(一乘果)를 설명하는 부분에서 삼신(三身)에 대해 언급하고 있다. 일승과에 본유과(本有果)와 시기과(始起果)가 있고 본유

---

50 『無量壽經連義述文贊』 卷中.

51 『無量壽經連義述文贊』 卷中.

52 『三彌勒經疏』.

과가 법신(法佛), 시기과가 보신(報佛)과 응화신(應化佛)이라고 했다.[53] 원효는 법신의 측면을 강조하기 위해 법신과 보신, 응화신을 구분했다. 반면 경흥은 법신과 보신을 함께 진신(眞身)으로 설정하고 있다. 그러므로 경흥이 법신과 정토를 나란히 쓴 것은 법신과 보신이 동일하다는 이해가 있었기 때문에 가능한 것이었다. 여기서 경흥이 보신을 중요하게 여겼음을 알 수 있다.

한편 타수용토나 변화토의 술어는 유식학의 개념이다.『불지경론(佛地經論)』,『성유식론(成唯識論)』에서는 불신(佛身)의 관념을 자성신(自性身), 자수용신(自受用身), 타수용신(他受用身), 변화신(變化身)의 사신설(四身說)로 전개하고, 불토도 사토(四土)로 설명하고 있다. 즉 자성신은 불성토(法性土), 자수용신은 자수용토, 타수용신은 타수용토, 변화신은 변화토에 주한다고 한다.[54] 특히『성유식론』에서는 자수용토는 자리(自利)의 땅이고 타수용토 및 변화토는 이타(利他)의 땅이라고 했다.

유식학적 정토 해석은 크게 두 계열이 있다. 선도(善導)-회감(懷感) 계열과 현장-규기 계열이다. 간단히 설명하면 선도는 정토가 타수용토라고 보았다. 선도를 잇는 회감도 타수용토설을 주장한다. 식심(識心)이 낮은 범부도, 지전(地前, 初地 이전)의 보살도, 아미타불의 본원력에 의해 지상(地上, 初地 이상)의 보살과 똑같이 타수용토에 태어날 수 있다는 것이다.[55] 한편 현장과 규기는 서방정토는 타수용토와 변화토가 함께한다는 입장이었다고 한다.[56] 지상의 보살은 타수용토를 보고, 지전은 변화토를 본다는 것이다.[57]

그렇다면 경흥의 입장은 어떠하였는가? 선행 연구에 의하면 경흥은 정토를 타수용토와 변화토가 공존하는 곳으로 보았다고 한다.[58] 현장-규기 계열이라는 것

---

53 『法華宗要』(『韓國佛敎全書』 2.

54 『成唯識論』 卷10(『大正藏』 31, 58b26-c20).

55 村上眞瑞, 「釋淨土群疑論における阿彌陀佛の佛身淨土」, 『印度學佛敎學硏究』 34-1(1985), 226-227頁.

56 김양순, 「憬興의 無量壽經連義述文贊 연구」, 한국학중앙연구원 박사학위 논문, 2009, 127쪽.

57 『阿彌陀經疏』 卷1(『大正藏』 37, 311b18-c8).

58 김양순, 「無量壽經連義述文贊의 四十八願」, 『불교학연구』 18(2007), 311-316쪽.

이다. 그리고 경흥이 보다 중요하게 생각하였던 것은 보살은 지관행(止觀行)에 의해 건립되는 타수용토로서의 정토, 그리고 수행에 의한 정토왕생이었다고 하는 것이다.

그렇다면 경흥이 생각한 타수용토란 어떤 모습일까. 여기서『법화경』과의 연결이 이루어진다. 즉 타수용토의 모습이란 바로『법화경론』에서 말한 '보불여래(報佛如來)의 진실정토(眞實 淨土)'라는 것이다. 이 '보불여래의 진실정토'란 어떤 맥락에서 사용된 표현일까.

대보리(大菩提)를 이루어 무상(無上)을 나타내는 것이니, 세 가지의 불보리(佛菩提)를 나타낸다. 첫째 응불보리(應佛菩提)를 보임이니 응하는 바를 따라 나타내 보임이다.『법화경』에 "모두 여래는 석씨 왕성을 나와 가야성과 거리가 가까운 도량에 앉아서 아뇩다라삼먁삼보리를 얻었다고 생각한다"라고 했다. 둘째 보불보리(報佛菩提)를 나타내 보임이니, 십지(十地)의 행을 성취하여 항상한 열반을 증득함이다.『법화경』에 "선남자들이여, 내가 성불한 지는 한량없고 가없는 백천만억 나유타겁이다"라고 했다. 셋째 법불보리(法佛菩提)를 나타내 보임이니, 말하자면 여래장의 성품은 청정하고 열반도 항상 청량하여 변하지 않는다는 뜻이다.『법화경』에 "여래는 삼계(三界)의 모습을 참답게 보고 알아, 차례로 나아가 삼계를 삼계 같지 않게 보느니라"라고 했다. (중략) 나의 정토가 무너지지 않았으나 중생들이 불에 타서 다함을 보는 것은 "보불여래의 진실정토"가 제일의제(第一義諦, 최상의 진리)에 포섭되기 때문이다.[59]

바로『법화경론』「비유품」에 나오는 십종무상(十種無上: 種子無上, 行無上, 增長力無上, 令解無上, 淸淨國土無上, 說無上, 敎化衆生無上, 成大菩提無上, 涅槃無上, 勝妙力無上) 가운데 여덟 번째인 '큰 깨달음을 이루어 위없음(成大菩提無上)'에 해당하는 부분에서 나오고

59『妙法蓮華經憂波提舍』卷2,「譬喩品」.

있다. 여래의 깨달음에는 응불보리(應佛菩提), 보불보리(報佛菩提), 법불보리(法佛菩提)가 있는데, 보불보리는 십지(十地) 단계를 성취하여 획득한 경지로, 제일의제(第一義諦) 즉 최상의 진리라고 한다. 세친은 『법화경』의 세계가 바로 십지에 이르는 수행으로 획득되는 타수용토의 세계이며, 그 세계가 바로 정토의 모습이라고 보았던 것이고, 경흥은 이러한 세친의 견해를 인용하고 있는 것이다.

　여기서 주목되는 것은 경흥이 『법화경론』의 해석을 통해 정토의 모습을 설명하고 있다는 점이다. 타수용토의 개념은 『불지경론』이나 『성유식론』을 통해서도 설명할 수 있다. 경흥이 인용하고 있는 세친의 『섭대승론석』에서도 18원정(圓淨)을 설명하면서 정토가 수용토임을 밝히고 있다.

　그러면 왜 경흥은 『법화경론』의 '보불여래 진실정토'라는 구절에 의거하여 정토를 설명하고 있는 것일까. 그것은 우선 정토에 대한 논증으로 『법화경』을 제시한 것에서 이해할 수 있을 것 같다. "『법화경』에서 붓타의 수명이 이미 타수용신이라고 하였으니"[60]라는 표현에서 다시 확인할 수 있듯이, 경흥은 『법화경』을 통해서 정토=타수용토임을 강조하고 있다. 『법화경』에는 정토에 대한 묘사가 상세하고 특히 보살의 역할로서 정불국토(淨佛國土)를 내세우고 있다.[61] 『법화경론』에서는 다보여래의 탑이 모든 부처의 국토가 청정함을 나타내는 상징적 존재라고 한다. 다보여래의 탑은 방편으로 모든 부처의 국토가 청정하게 장엄되었음을 보여주는데, 이러한 출세간의 청정한 공간에서는 부처의 수명이 무량하고 모든 업이 차별이 없고 평등하다는 것이다.[62]

---

60 『無量壽經連義述文贊』卷中.
61 『妙法蓮華經』卷4,「五百弟子授記品」
62 『妙法蓮華經憂波提舍』卷2,「譬喩品」.

4) 사상사적 의미

지금까지 살펴본 경흥의 『법화경』 이해, 특히 불토관과 관련된 측면이 신라 불교사에서 가지는 의미를 생각해보자.

신라에서 처음 정토교학을 전개하고 아미타 신앙을 보급시킨 인물은 원효이다. 원효는 아미타불의 정토는 타수용토이며 아미타불은 정정취(正定聚) 이상의 사람들이 보는 보신(報身)이라고 정의했다. 이러한 경지는 수행을 통해 도달할 수 있다고 보았다. 즉 수행을 통해 자신의 본각(本覺)을 깨닫는다면 보불이 될 수 있고 그 경지가 바로 정토라는 것이다.[63] 원효는 정토인(淨土因)으로서 자력의 수행을 강조하는 한편, 왕생인(往生因)으로서 아미타불의 본원력을 강조했다. 원효는 자력과 타력의 병행을 주장하였던 것이다. 그런데 원효가 아미타불의 본원력을 강조하는 이러한 모습이 경흥에게서는 보이지 않는다. 정토에 대한 논의가 조금 달라졌음을 알 수 있다.

경흥이 『무량수경연의술문찬』을 저술한 8세기 전후의 신라 사회에서는 '정토'에 대한 논의가 활발했다. 원효(『무량수경소』)를 필두로 하여 현일(『무량수경기』, 『아미타경소』), 의적(『무량수경술의기』), 도륜(『아미타경소』) 등이 정토 관련 주석서를 남기고 있다. 경흥이 『무량수경연의술문찬』을 저술한 목적은, 첫째 정토가 만들어지는 원인을 밝히기 위함이었다. 극락이 법장(法藏)의 본원에 의해 만들어졌으므로 그의 48원을 자세히 말하여 극락이 지금 나타나는 피토금현(彼土今現) 원인에 대해 설명하겠다는 것이다. 둘째, 법장의 본원이 공허하지 않음을 밝히기 위함이었다. 셋째, 예토(穢土) 즉 현재의 고통을 보여주기 위함이었다. 경흥은 앞서 『관무량수경(觀無量壽經)』을 통해 미래의 고통에 대해 말해주었지만 사람들이 느끼지 못하므로 『무량수경』으로 지금 현재와 미래에 받는 고통을 말해줌으로써 수행자가 복(福)

---

63 金英美, 「元曉의 阿彌陀信仰과 淨土觀」, 『新羅佛敎思想史硏究』, 民族社, 1994, 108쪽.

과 관행(觀行)을 닦아 속히 사바세계에서 벗어나 정토에 태어나게 하고 싶다는 것이다. 한마디로 현재와 미래의 고통 원인이 무엇인지 알아서 복과 관행을 닦아 현재의 예토에서 벗어나 극락을 지금 나타나게 하라는 것이었다.

경흥은 『무량수경연의술문찬』에서 줄곧 보살행의 실천으로 부처의 지혜를 획득하고, 그 지혜가 바로 자리이타의 덕임을 알라고 말하고 있다. 그 획득해야 할 부처의 지혜나 실천해야 할 자리이타의 덕은 바로 『법화경』에서 제시하고 있는 보살행의 모습이다. 다시 말해 보살행의 실천으로 추구해야 할 모델로 제시한 것이 바로 『법화경』이었던 것이다.

5. 발해의 법화신행

1) 발해 불교의 성격

고구려를 계승한 발해가 불교를 언제 수용했는지는 당의 역사를 서술한 『책부원구(冊府元龜)』의 기록을 통해 알 수 있다. 즉 713년 고황 대조영의 명에 의해 태자가 당 조정에 나아가 시장 교역과 입사 예불을 청하는 기록에서 확인된다. 발해 불교의 성격은 사료가 일천하고 남북 분단으로 인해 접근이 여의치 않아 발굴된 일부의 유물과 유적을 통해 재구성할 수밖에 없다.

발해 불교 유물 중 가장 독특한 '이불병좌상(二佛竝坐像)'은 발해 불교의 특성을 엿볼 수 있는 귀중한 문화재이다. 이 유물은 『묘법연화경』「견보탑품」에 나와 있는 불탑을 형상화한 것으로 경주 불국사의 석가탑과 다보탑을 연상하면 짐작할 수 있다. 「견보탑품」은 다음과 같이 설하고 있다.

그때 부처님 앞에 칠보의 탑이 있었다. 높이는 오백 유순이요 넓이는 이백오십 유순이었으며 땅에서 솟아나 공중에 머물러 있었다.…이 보탑 가운데에 여래의 전신이 계셨다. 저 먼 과거의 헤아릴 수 없는 천만억 아승기 세계를 지나서 나라가 있었으니 이름이 보정(寶淨)이었다. 그곳에 부처님이 계셨으니 이름이 다보(多寶)였다. 그 부처님이 본래 보살도를 행할 때 큰 서원을 세웠다. 만일 내가 성불하여 멸도한 뒤 서방국토에 『법화경』을 설하는 곳이 있으면, 나의 탑묘는 이 경을 듣기 위해 그 앞에 솟아나서 증명하고 찬탄하되 거룩하다고 말하리라. (중략) 그때 다보불이 보탑 안에서 자리를 반분하여 석가모니불께 주시고 이 말씀을 하셨다. "석가모니불은 가히 이 자리에 앉으소서." 즉시 석가모니불께서 그 탑 안으로 들어가시어 자리에 가부좌를 맺고 앉으셨다.

『법화경』의 「견보탑품」에 근거한 이불병좌사은 북위 시대의 원강(雲岡) 석굴 벽면에 조성되었다. 그 뒤에도 몇 가지 유사한 유형이 조형되기도 했다. 그런데 발해에서 조성된 이불병좌상은 양손을 무릎 위에 자연스럽게 올려놓고 오른손은 오른쪽 불의 왼손 위에 겹쳐 놓여 있다. 왼쪽의 협시상은 정병을 들고 있는 관음보살로 보이고, 오른쪽의 협시상은 파르라니 머리를 깎은 승려상으로 보이지만 지장보살상으로 확정하기는 쉽지 않다.

2) 유적으로 보는 법화신행

고구려 불상에서는 찾아볼 수 없는 이불병좌상이 특히 중경과 동경 지역에서만 발견되고 있다. 때문에 고구려 후기 이래의 불상 전통이 이들 지역을 중심으로 계승된 것임을 알 수 있다. 그리고 발해 발굴 사지와 유적 및 유물을 통해 상경 용천부 지역에서는 법화신앙과 관음신앙이 유행했다는 사실을 알 수 있다. 뿐만 아니라 연해주 지역에서는 민간신앙까지 흡수한 신앙 형태들이 혼재하고 있어 관음신앙을 포함한 법화신행이 이루어지고, 그 외에도 다른 신앙들이 존재했던 사실을 알 수 있다.

하지만 발해의 불교 지형과 법화신행의 지형을 추적하기란 쉽지 않다. 무엇보다도 일천한 사료와 발굴된 일부의 유물과 유적만으로 발해 불교의 지형을 재구성하기 어렵기 때문이다. 그러나 고구려 이후 230여 년간 동북아시아의 강역을 지배한 제국 발해는 통일신라와 함께 남북국 시대를 열었다는 점에서 주목하지 않을 수 없다. 특히 이불병좌상은 발해 불교의 존재와 법화사상의 존재를 알려주는 귀중한 문화유산이라고 할 수 있다. 발해 불교에서 법화사상과 관음사상은 여타의 사상보다 부각되었던 흔적이라고 할 수 있다.[64]

---

64 원각불교사상연구원 편, 『한국천태종사』, 85-88쪽 참조.

제3장

고려시대의 법화사상

1. 체관과 의통의 법화사상

1) 체관의 입송과 『천태사교의』

당 말기에 중국 불교사에서 가장 혹독했던 무종(武宗)의 불교 탄압[1]을 겪고 극도로 쇠퇴했던 불교는 송 초기 부흥을 맞이했다. 당시 천태의 전적들이 거의 은멸된 상태였다. 『불교통기』 제8 의적전(義寂傳)[2]에 의하면, 오월(吳越) 제5대의 충의왕(忠懿王) 전숙(錢俶)[3]은 당 영가 현각선사의 『영가집(永嘉集)』을 보다가, 그 가운데 "동제사주 차처위제 약복무명 삼장칙열(同除四住 此處爲齊 若伏無明 三藏則劣)" 등의 뜻을 알 수 없어 천태의 덕소국사(德韶國師)에게 자문하니 나계존자(螺溪尊者) 의적(儀寂)을 천거했다. 이에 의적이 답하기를 "그것은 지의의 『법화현의』의 위묘(位妙)에 있는 문구인데, 이 책이 당 말의 난세에 산실되어 현재 우리나라에서는 찾아볼 수 없으나, 고려 등의 외국에 보존되어 있다고 함을 듣고 있으니, 바라건대 왕의 원력으로 구해 주시기 바랍니다"라고 권유했다. 이에 전숙은 특사를 고려에 파견하여 천태의 법화삼대부를 비롯한 경론소를 구하게 되었다.[4] 고려의 광종은 체관에게 부촉

---

1 회창(會昌) 연간(841~847)에 일어났으므로 '회창의 파불(破佛)' 또는 '회창의 법난'이라고 한다.
2 『大正藏』 49-190c.
3 『佛祖統紀』 卷10.

하여 많은 경론소를 오월에 보내어 교학의 부흥을 돕게 했다.

체관이 경소를 가지고 오월에 이른 것은 961년이었다. 체관은 나계의 정혜사(定慧寺)로 의적을 찾아가 그곳에 10년을 머물다가 좌정(坐定)한 채 입적했다. 그곳에서 체관은 『천태사교의(天台四敎儀)』를 저술했다. 그러나 그는 생전에 『천태사교의』를 강설한 일 없이 비장해두었는데 입적한 후 고인이 쓰던 궤 속에서 빛이 발함을 보고 사람들이 놀라 열어보니 그 속에 이 책이 있었다고 한다.[5]

2) 체관의 법화교학

체관이 『천태사교의』를 찬술한 목적은 크게 두 가지로 볼 수 있다. 하나는 천태교학의 기본적인 강요(綱要)를 간결하게 보여주는 것이며, 다른 하나는 다른 교학의 편견을 가려서 비판하는 것이다. 즉 천태 교의에 관한 장소(章疏)는 매우 많지만 그 내용이 복잡하고 어려워 심오한 뜻을 알기 위해서는 그 대요를 요령 있고 간편하게 알 수 있게 해주는 것이 필요했다. 송의 지반(志磐)이 저술한 『불조통기(佛祖統紀)』 「체관조(諦觀條)」에는 『천태사교의』에 관해 다음과 같이 기술하고 있다. "이것으로 말미암아 성대하게 제방(諸方)에 전할 수 있었으며, 초학들을 발몽(發蒙)케 하는 데 크게 도움이 되었다."

체관의 『천태사교의』는 『법화현의』·『법화문구』의 교의에 따라 교상문(敎相門)을 밝히는 저술이다. 물론 관심(觀心)에 대해서도 밝히고 있으나 교상 가운데 포함하여 설하는, 말하자면 교(敎) 중에 관(觀)을 섭취하는 형식이다. 이와 같이 교상의 일문(一門)에다 관심(觀心)을 섭취하고 있는 것은 교상이 바로 밝혀지면 자연히 관심을 수행치 않을 수 없기 때문이다.[6]

---

4 境野黃洋, 『天台四敎儀講話』, 丙午出版社, 昭和 3, 8頁.

5 채인환, 「체관의 천태사교의」, 동국대학교불교문화연구소 편, 『한국천태사상연구』, 동국대학교출판부, 1983, 147-149쪽.

(1) 오시, 오미, 삼조

교상(教相)은 석존일대의 교설을 판석해서 자종(自宗)이 소의로 하는 경전의 지위를 확정하는 데 있다. 특히 지의의 안목에 비친 석존일대의 교설은 석존께서 보리수 아래에서 성도하여 자신의 깨달은 바를 설한 것이 화엄이므로 초시(初時)에 화엄을 두게 되지만, 이 교설을 그대로 바로 저열한 근기들에게 열어 보여줄 수 없으므로 교설을 들어야 할 근기들을 조숙(調熟)케 할 필요가 있었다. 그리하여 이 근기들을 석존의 일대 동안에 조숙케 하신 단계가 바로 화엄, 녹원, 방등, 반야의 사시(四時)이다. 이러한 조숙케 하는 공이 이루어지자 최상지극의 『법화경』교설에 의하여 원돈일승(圓頓一乘)의 묘리를 나타내어 모든 근기들로 하여금 제법실상의 절대경에 들게 한 것이니 최후의 제5시에 마땅히 『법화경』을 둔다는 것이다.

여기에 유미(乳味), 낙미(酪味), 생소미(生蘇味), 숙소미(熟蘇味), 제호미(醍醐味) 등 『열반경』「성행품」의 오미설(五味說)을 배대했다. 그리고 또다시 여기에 『화엄경』의 일광삼조(日光三照)의 삼시(三時) 비유를 고쳐서 만든 고산(高山), 유곡(幽谷), 식시(食時), 우중(禺中), 정중(正中) 등의 대기설법(對機說法)의 대소에 따르는 5종의 구분, 『법화경』의 장자궁자(長者窮子)의 비유에 의한 의의(擬宜), 유인(誘引), 탄가(彈呵), 도태(淘汰), 개회(開會) 등의 화도(化導)하는 의사의 각별에 따른 5단계 구분, 그리고 겸(兼), 단(但), 대(對), 대(帶), 순(純) 등의 교설에 순잡(純雜)의 차이가 있음을 따르는 5단의 구분 등으로 배당했다.

5시(五時)의 판석은 석존의 교화 인도하심을 종적으로 전후의 단계를 구분한 것이나, 석존은 설법하실 때 언제나 상대의 능력이나 성질 그리고 그들의 요구하는 데 응해 대기설법을 하였으므로 횡으로는 5시 하나하나에 5시 설법의 전체가 갖추어져 있는 것이기도 하다. 체관은 『천태사교의』에서 "이것은 가장 둔한 근기의 사람이 갖추어 5미를 모두 겪게 되는 경우를 말하지만, 다른 근기의 사람들은 또

---

6 채인환, 「체관의 천태사교의」, 157쪽 참조.

는 일(一)을 거치거나, 또는 이(二)나 삼(三)이나 사(四)를 거쳐 그 근성이 상달되어 미(味)마다 법계실상에 들어감을 얻으니 어찌 반드시 법화시(法華時)에서만 개회할 것을 기다릴 것인가"라며, 반드시 5시의 시(始)·중(中)·종(終)을 거치지 않고 이근인(利根人)은 어느 일시에서 바로 섭화되어 입실(立實)[7]하는 목적을 이룰 수 있다고 했다.[8]

(2) 법화개현

법화개현의 문제에 대해서는 개권현실과 폐권입실의 문제를 들어 논하고 있다. 개권현실이란 개현(開顯), 폐권입실, 회삼귀일(會三歸一)과 함께 모두 법화 개현의 다른 이름이다. 법화에 이르러 지금까지 설한 4시(四時)는 모두 방편의 가르침이고, 오직 법화만이 부처님의 진실한 가르침이다. 왜냐하면 지금까지 방편의 진실을 구분할 수 없었던 것이 법화에 이르러 방편을 방편으로 알게 되고 진실을 진실로 알게 되었기 때문이다. 법화 본지(本旨)의 소극적인 표현이다.

폐권입실이란 법화에 이르러 지금까지 설해온 모든 가르침이 방편임을 알았기 때문에 방편적인 가르침을 없애고 부처님의 진실한 가르침만이 세워진다는 것이다. 이것은 법화의 본뜻을 드러내는 적극적인 표현이라 할 수 있다. 법화에서 방편과 진실이 하나이니, 방편이 곧 진실인 것이다.

회삼귀일이란 3승의 강물이 흘러 1승의 바다로 들어간다는 뜻이다. 그러므로 3승의 가르침은 방편적인 가르침이며 1승의 가르침만이 진실한 가르침이라는 것이다. 그런데 여기서 주의해야 할 것은, 비록 3승이 1승으로 흘러들어가지만 3승 그 자체는 그대로 1승이 된다는 점이다. 왜냐하면 3승 그 하나하나가 독립된 주체가 아니라면 1승이라는 것도 역시 무의미하기 때문이다. 따라서 3승은 그 자체로서의 주체적인 진실을 갖고 있는 동시에 1승으로 들어가는 객체적인 방편도 함께

---

7 부처님의 진실한 가르침을 세움.
8 채인환, 「체관의 천태사교의」, 158-160쪽 참조.

지닌 것이라고 볼 수 있는 것이다.[9]

(3) 5시8교의 교판 문제

천태교학의 5시8교는 지의에 의해 이루어진 교판으로, 불교의 각종 교판 가운데 가장 뛰어난 것으로 인정받아왔다. 그런데 근래에 일본 불교학계의 일각에서 이에 대한 이론이 제기되었다. 일본 천태학계의 원로 학자 세키구치 신다이(關口眞大)는 '5시8교는 지의가 세운 교판이 아니다'라는 주장을 내세워 학계에 비상한 관심을 불러일으켰다. 즉 지의의 찬술에는 5시라든가 화의사교(化儀四敎), 화법사교(化法四敎) 등의 성어(成語)가 보이지 않으며, 5시8교라는 이름에 상응할 만한 조직이나 구성이 없으니 지의의 교상론이 심히 오해를 받고 있는 까닭에 그 잘못이 고쳐져야 한다는 주장이었다. 마침내 1974년의 일본 인도학불교학회의 학술대회에서는 '5시8교 폐기론(廢棄論)에 대한 의의(疑義)'라는 제목으로 의문을 제시한 사토 테츠에이(佐藤哲英)와의 일문일답 형식으로 논쟁이 전개되었다.[10] 이 논쟁에서 그들은 다음과 같은 점에 대해서는 의견을 같이했다.[11]

① 천태삼대부를 비롯하여 지의의 어떤 찬술에도 5시8교라는 성어는 없다.

② 지의에게는 화의사교, 화법사교 내지는 화의(化儀), 화법(化法)이라는 용어도 없다.

③ 지의의 5시는 5미(五味)에 중점을 두고 있다.

④ 지의가 5시8교라는 개념의 조직에 의해 교상(敎相)이나 교판(敎判)을 말한 곳은 없다.

⑤ 5시8교는 중국 천태에서 후세의 소산이다.

---

9 김진철 역주, 「諦觀錄」, 『천태사교의』, 법화원, 2011, 134-135쪽.

10 그 내용은 『印度學佛敎學硏究』 제23 권2호, 313-326頁에 게재되었고, 상호간의 논쟁은 그 뒤에도 몇 해 동안 계속되었다.

11 佐藤哲英, 『續天台大師の硏究』, 百華苑, 昭和 56, 469頁.

그러나 그들의 차이도 분명해졌다. 사토 테츠에이는 "지의에게 5시8교의 성어는 존재하지 않으나 그 사상 구성은 존재한다"는 주장을 폈고, 세키구치 신다이는 "지의에게는 5시8교라는 성어도 존재하지 않으며 따라서 그러한 사상 구성도 존재하지 않는다"고 주장했다.

그러면 5시8교라는 말이 누구에게서 나온 것이며 그 교판론은 어디서 성립된 것일까. 채인환은, 담연이 지은 법화삼대부의 주석 등에서 5시8교라는 말을 볼 수 있지만 아직 5시8교의 교판이 확립된 것은 아니었고, 명광(明曠)의 『팔교대의(八敎大義)』를 거쳐 체관의 『천태사교의』에 이르러 비로소 5시8교의 이름과 사상이 결부된 조직적인 교판이 확립되었다는 것이다.[12]

3) 의통의 법화사상과 업적

의통(義通, 927~988)은 신라 말 고려 초기에 활약한 고승으로, 족성(族姓)은 윤(尹)씨, 자는 유원(惟遠)이며 일설에는 왕족 출신이라고도 한다.[13] 어려서 출가하여 구산원(龜山院)의 석종(釋宗)에게 사사하고 오로지 『화엄경』과 『기신론』을 배워 국내의 숭앙을 받았다. 936~944년 사이에 중국으로 건너가 운거사(雲居寺)의 덕소(德韶)에게 사사하여 심요(心要)를 전해 받고 다시 중국 천태종 제15조 의적(義寂)을 찾아 일심삼관(一心三觀)의 뜻을 배우고 천태의 종요(宗要)를 깨달았다고 한다.

의통은 이역승(異域僧)임에도 불구하고 중국 천태종 제16조가 되어 보운존자(寶雲尊者)로 추앙받았다. 그 후 고국에 천태 홍법을 뜻하고 돌아오는 길에 사명(四明)에서 군수 전유치(錢惟治)[14]의 간청으로 머물면서 보살계를 주어 그 심요를 설하고 보운사(寶雲寺)에서 교관(敎觀)을 크게 선양했다. 그 문인으로 지례(知禮)와 준식(遵

---

12 채인환, 「체관의 천태사교의」, 160-162쪽 참조.

13 『佛祖統紀』 卷8 「十六祖寶雲尊者義通傳」.

14 체관이 송에 천태 전적을 전하는 계기가 된 친서를 고려에 보낸 오월 충의왕 전홍숙의 子.

式) 등과 같은 쟁쟁한 인물들을 길러내어 중국 천태종의 중흥에 기여했다. 그러나 귀국의 바람을 이루지 못하고 988년 62세로 이국의 땅에서 생애를 마감했다.[15]

2. 의천의 법화사상

1) 의천의 생애와 저술

(1) 생애

우리나라에 천태종을 처음으로 개창했던 의천(義天, 1055~1101)은 중국 천태종 제16조인 의통의 법증손(法曾孫)이 되는 종간(從諫)으로부터 천태의 교관을 받아왔다. 이와 같이 천태의 정통 법맥을 잇고 있는 의천은 문종의 넷째 왕자로 태어났다. 성은 왕씨, 이름은 후(煦), 시호는 대각국사이다. 그는 어려서부터 천성이 총명하고 성인의 길에 뜻이 깊어 주위 사람들의 칭송이 많았다.

의천이 11세 되는 해 어느 날, 문종이 여러 왕자들을 불러놓고 "너희들 중에서 누가 출가하여 복전(福田)을 짓겠는가" 하고 물었다.[16] 이때 의천은 어린 나이이지만 선뜻 일어나 출가를 자원했다. 문종은 국사인 경덕(景德)을 내전으로 불러 삭발을 시키고(1065) 그와 함께 영통사(靈通寺)에서 수업하게 했다. 같은 해 10월 불일사(佛日寺)에서 구족계를 받고 학문에 힘을 기울여 대승·소승의 삼장(三藏)은 물론 유교의 전적과 역사서 및 제자백가의 사상을 두루 섭렵했다. 경덕이 입적하자 그의 강의를 대신 맡게 되었는데, 훌륭한 강의로 인해 그의 명성이 드날리게 되었다. 그리하여 1067년에는 우세(祐世)라는 법호와 함께 승통직(僧統職)을 수여받았다.[17]

---

15 碩慈弘,『天台宗史槪說』, 大藏出版社, 昭和 44, 44頁 참조.
16 趙明基,『高麗大覺國師와 天台思想』, 東國文化社, 1964, 9쪽.
17 「僊鳳寺 大覺國師碑」,『朝鮮金石總覽』上, 330쪽.

의천은 1085년 송나라로 건너갔는데, 송 철종이 영접하여 수도인 변경에 있는 계성사(啓聖寺)에 머물게 했다. 그곳에서 여러 달을 보낸 의천은 항주(杭州) 대중상부사(大中祥符寺) 정원(淨源)에게 갔다. 그곳에서 의천은 정원과 『화엄경』, 『능엄경』, 『원각경』, 『기신론』 등과 천태교학에 대해 서로 토론하고 담론했다. 특히 천태의 정통 법맥을 받은 종간 및 영지사(靈芝寺) 원소(元炤)와의 교류가 깊어 천태교학과 계율과 정토교학에 대해 폭넓은 담론을 갖기도 했다.[18] 또 천태산에 가서 지의의 부도를 참배하고 그 앞에서 발원문을 지어 고려에 절대적으로 필요한 천태교학을 선양할 것을 서원했다. 의천은 중국에 약 14개월 동안 체류하며 명산·고적을 둘러보고 고승·석덕 50여 명을 심방하여 불학(佛學)을 폭넓게 강론하고 1086년에 귀국했다. 고려로 돌아올 때 불교 경전과 장소(章疏) 3천여 권을 구해왔다.

고려로 돌아온 의천은 부왕 문종이 12년에 걸쳐 창건한 흥왕사(興王寺)의 주지로 있으면서 불교 서적의 모집과 정비에도 힘을 기울여 요(遼), 송, 일본 등에서 4천여 권의 장소(章疏)를 수집하고 국내의 고서(古書)를 모았다. 그리하여 흥왕사에 교장도감(敎藏都監)을 두어 이들 경서들을 간행했다. 그 목록으로 『신편제종교장총록(新編諸宗敎藏總錄)』 3권을 편집했는데, 이를 『의천목록』 또는 『의천록』이라고도 한다. 이것은 경, 율, 론 삼장(三藏)의 주역서인 장소(章疏)를 수집하여 목록으로 작성한 것으로, 이러한 부문에서는 최초의 작업이었다. 『의천록』 상권에는 경(經)의 장소 561부 2586권, 중권에는 율(律)의 장소 142부 467권, 하권에는 논(論)의 장소 307부 1687권이 각각 수록되었으니 모두 합쳐 1010부 4740권이 된다. 흥왕사 교장도감에서는 이 목록에 바탕하여 고려속장경[19]을 간행했던 것이다.

의천은 이렇듯 방대한 경론 불사에 헌신하다 보니 과로에 지쳐 1094년에는 해인사에 은거하면서 정양했으나, 숙종이 왕위에 오른 뒤 그의 간청으로 다시 흥왕

---

18 趙明基, 『高麗大覺國師와 天台思想』, 13쪽.
19 趙明基, 『高麗大覺國師와 天台思想』, 19쪽.

사로 돌아왔다. 1097년 국청사(國清寺)가 준공되자 의천은 초대 주지로 취임하여 천태교학을 강의하니 모여드는 학자가 무려 1천 명을 넘었다. 여기에서 비로소 한국불교 역사상 처음으로 천태종이 한 종파로서 개창되었다.[20] 그리고 1099년에는 제1회 천태종 승려시험(僧選)을 행하고, 1101년 10월 47세의 나이로 입적했다.[21]

(2) 저술

의천은 폭넓은 견문과 해박한 지식을 바탕으로 『신편제종교장총록(新編諸宗教藏總錄)』(3권), 『신집원종문류(新集圓宗文類)』(22권), 『석원사림(釋苑詞林)』(250권), 『간정성유식론단과(干定成唯識論單科)』(3권), 『화엄경』(180권), 『열반경』(36권), 『팔사경직석(八師經直釋)』 등의 많은 저술을 남겼다. 그러나 대부분이 없어지고 지금은 『신편제종교장총록』(3권), 『대각국사문집』, 『대각국사외집』의 낙장본, 『원종문류(圓宗文類)』, 『석원사림』의 잔편(殘編), 『간정성유식론단과』의 서문만 전해오고 있다.[22]

의천은 "화엄삼본(華嚴三本) 180권을 비롯하여 『남본열반경』 36권, 『천태묘현』 10권 등을 우리말로 번역하여 제자들에게 강의했다"고 한다. 이 가운데 '묘현 10권'은 지의의 『묘법연화경현의』(10권)를 말한다. 이외에 의천은 체관법사의 『천태사교의』를 주석[23]도 했다.[24]

---

20 『高麗史列傳』 卷3 宗室─大覺國師煦.

21 안중철, 「海東天台의 源流」, 『한국불교학연구총서』 114, 불함문화사, 2004, 279-281쪽 참조.

22 趙明基, 『高麗大覺國師와 天台思想』, 29-42쪽.

23 大覺, 『天台四教儀註』 卷三, 朝鮮佛教總書刊行豫定書目, 1925, 16쪽.

24 李永子, 『한국천태사상의 전개』, 민족사, 1988, 143-144쪽.

2) 의천의 사상

(1) 개관

의천의 사상에 대해서는 그가 단적으로 표현한 저서나 기록이 없으므로 한마디로 무어라 단정하여 말하기는 어렵다. 그러나 신라 불교의 대표라 할 수 있는 원효와의 관계를 살펴봄으로써 그의 사상적 편린을 엿볼 수 있다.

의천은 원효가 입적하고 369년 후에 태어났다. 당시 국가는 신라에서 고려로 바뀌었으나 불교는 호국불교 중심의 신라 불교를 그대로 계승하고 있었다. 의천은 특히 원효의 화쟁사상(和諍思想)을 신봉하고 그 사상을 바탕으로 불교를 개혁하고자 했다. 의천은 원효를 부처님처럼 받들고 의상과 체관을 존숭했던 것은 이들의 원융 이념에 있었던 것이고 화쟁사상을 계승하고 중흥함으로써 교관을 함께 닦는 천태관법을 확립하고자 했다.

의천은 우리나라 불교의 진흥과 발전에 커다란 공적을 남겼다. 외유구법, 불교학의 진흥, 불교 전적의 정비, 속장경 간행, 천태종 개창 등으로 그의 업적을 크게 생각해볼 수 있지만, 특히 천태종의 개창은 교단적으로나 국가적으로 매우 큰 의의를 갖고 있었다.

의천은 원래 화엄종 계통이었다. 그럼에도 불구하고 그가 천태교학을 열심히 연구하고 마침내 천태종을 개창하게 된 데는 그럴 만한 이유가 있었다. 그는 천태의 회삼귀일, 일심삼관(一心三觀)의 교의로서 국가적 기반을 공고히 하고 선교(禪敎)의 통합을 도모하려고 했다. 즉 그의 근본정신은 불교의 여러 사상을 천태의 일불승(一佛乘)으로 지향하고 정혜쌍수의 방법으로 이를 실천하여 국가에 귀일시키고자 했다. 이는 곧 신라의 원효사상을 부흥시켜 당시의 사회와 불교계의 병리현상을 치유하기 위함이었으며, 국민의 통일 원리를 법화사상에서 발견하고 이에 의해 국리민복과 국가사회의 안녕질서가 유지 될 수 있다고 확신했던 것이다. 결국 원효의 통불교 사상인 화쟁사상은 의천에 의해 다시 부흥되었다. 나아가 의천은 화쟁사상을 들어 "해동교주 원효보살은 백가(百家)의 이쟁(異諍)을 융화시켜 하나로 돌아가게 했다"[25]고 했으며, 원효의 저술과 사상적 업적은 마명(馬鳴)이나 용수(龍樹)를 능가한다고 평가했다.

의천은 실천을 위주로 하는 선종이 수행하는 것이 정도인데도 가볍게 법을 증득했다고 만족하는 선납(禪納)들을 크게 꾸짖었고, 교종의 학승들에 대해서도 마음은 명리를 탐하고 교학은 점점 천박해지고 있음을 지적했다. 나아가 교와 선을 겸수하는 것이 불교 수행의 정로(正路)이며 어느 한 쪽이 결여되었을 때는 불안전한 불교라고 주창했다. 이는 의천의 근본적 불교관이자 사상인 동시에 고려 불교에서 천태법화사상의 역할이라고 할 수 있다.

의천은 선과 교를 천태교학으로 융화시킴으로써 고려불교를 바른 길로 인도하여 신라 말부터 일기 시작한 선교(禪敎) 분쟁을 화합시키려 했다. 의천은 천태의 관법에 선을 접목시켰고, 화엄일승과 천태일승이 이론적이나 우주와 인생의 통화적(統和的) 이념에서 같다고 보았다. 그리하여 법화에다 화엄을 포섭하고 그 밖의 모든 사상과 학적 체계를 이에 귀일시킴으로써 교계의 융화와 사상의 통일을 기하려 했다. 그러나 다른 종파처럼 자종(自宗)의 우수성을 내세워 다른 종을 멸시하려고 하는 것이 아니고 천태라는 종마저도 파하여 진승(眞乘)이라는 부처님의 진면목을 드러내고자 했다.

의천은 천태교관을 중시하면서도 불교학을 공부하는 자세에 대해서는 구사론, 유식론, 기신론, 화엄학 등을 두루 배우지 않으면 안 된다고 하여 학문적 편견을 경계했다.[26] 의천은 불교학의 연구에서도 통불교적 연구방법을 취하여 여러 경전을 널리 섭렵함으로써 독특한 교관병수관(敎觀並修觀)을 제창하기에 이르렀다. 따라서 의천의 천태사상은 교(敎)의 전수도 중요하지만 관(觀) 즉 실천을 더 중점적으

---

25 「祭芬皇寺曉聖文」, 『大覺國師文集』 16卷.
26 趙明基, 『高麗大覺國師와 天台思想』, 45쪽.

로 강조함으로써 교관병수사상을 내세우고 있는 데 특색이 있다고 하겠다.[27]

(2) 의천의 화쟁사상

의천은 누구보다도 원효를 존중했다. 의천이 쓴 원효에 대한 제문(祭文)인「제분황사효성문(祭芬皇寺曉聖文)」에는 다음과 같은 글이 있다.

오직 우리 해동보살께서는 법성학과 법상학을 하나같이 이해하여 밝히시고, 고금의 모든 교설을 총괄하여 백가의 이견과 쟁론의 극단을 조화시키셔서 일대에 지극히 공정한 논법을 이루셨다(唯我海東菩薩 融明性相 隱括古今 和百家異諍之端 得一代至公之論)[28]

이 인용문에서 의천의 원효관을 볼 수 있는데, 의천은 원효는 성(性)과 상(相)을 밝혀서 고금 백가들의 날카로운 논쟁을 융화하여 일대에 지극히 공정한 논의를 하고 있다고 말한다. 원효에게는『십문화쟁론(十門和諍論)』이라는 저술이 있기 때문에 의천은 이러한 글을 초(抄)했을 것이다. 또한 의천 말년인 1101년 원효에게 화쟁국사(和諍國師)라는 시호를 내리도록 한 사실[29]은 의천의 원효에 대한 추앙에서 연유한 것으로 볼 수 있다.

의천이 쓴『원종문류』의 잔편에 있는「화쟁편」에는 화쟁에 대한 송구(頌句)가 실려 있다.

사람의 마음은 남과 북이 다르지만   人心南北異

불법은 예나 지금이나 같은 것이니   佛法古今同

진(眞)을 허물지도 속(俗)을 밝히지도 말라.   不壞眞明俗

---

27 안중철,『海東天台의 源流』, 285-286쪽 참조.
28 『大覺國師文集』卷16.
29 고려 숙종 6년 8월.

오히려 색으로 인하여 공을 분별하리니	還因色辨空
그윽한 곳만 찾으면 현상계를 잃을 터이요	探幽唯罔象
본지(本旨)를 잃으면 어린이와 같음이라	失旨并童蒙
집착이 있으면 이는 쟁(諍)이 될 것이요	有著斯爲諍
정(情)을 잊으면 스스로 융통하여지리라.	忘情自可通

이것은 의천의 화쟁사상을 살펴볼 수 있는 중요한 송구이다. 진(眞)과 속(俗), 공(空)과 색(色)의 화쟁을 논하고 집착이 있으면 다툼이 된다고 말하고 있다. 그러면 의천이 존중하는 원효의 화쟁사상은 어떤 것일까.

원효는 『십문화쟁론』을 저술함으로써 불교를 통합하고 회통시키려고 시도했다.[30] 원효는 『열반경종요』에서 '화쟁문(和諍門)', '명화상쟁론(明和相諍論)'을 논했다. 그리고 『기신론별기(起信論別記)』에서도 군쟁지평주(群諍之評主)라고 논하고 있으며, 『금강삼매경론』에서도 "일체교법 무불령입일각미 무불종귀 일심지원 시일승(一切敎法 無不令入一覺味 無不終歸 一心之源 是一乘)" 등을 논하고 있다. 특히 『법화경종요』에서는 삼세제불의 일언일구가 모두 일불승이라고 하고 있다. 모든 언교란 결국 불지(佛智)로 이끄는 방편적 비유의 언사이기 때문에 일언일구도 모두 '불승(佛乘)' 즉 '일승(一乘)'이라고 하는 것이다.

이와 같이 원효는 법화사상인 일불승(一佛乘)에 의해 모든 쟁의를 통화(統和)하려고 했다. 그는 모든 불타의 설법이 다 방편 시설이므로 어느 방법을 쓰든지 관계없이 궁극적으로는 불지(佛智)에 이르는 것이라고 보고 있다. 이와 같은 『법화경』의 논리는 곧 원효사상의 통합이며 결론이라고 할 수 있는 『십문화쟁론』[31]의 논지를

---

30 이종익, 「元曉의 근본 사상」, 『東方思想論叢』(개인문집), 1977, 11쪽.
31 이종익, 「元曉의 근본 사상」, 24-56쪽에서 소개하고 있는 十門은 다음과 같다. ①三乘一乘和諍門, ②空有異執和諍門, ③佛性有無和諍門, ④我法二空和諍門, ⑤三性一二和諍門, ⑥五性成佛和諍門, ⑦二障異義和諍門, ⑧涅槃異義和諍門, ⑨佛身異義和諍門, ⑩佛性異義和諍門.

전개시키는 중요한 근거가 되었다. 물론 원효는 화쟁사상을 『법화경』에 의해 전개시킬 뿐만 아니라 천태의 실천문인 지관(止觀)의 실천 그리고 여래선 등에도 깊이 파고들어 일상생활 속에서 실천했다.[32] 이와 같은 원효의 사상을 철저히 이해하고 있는 의천은 종파를 초월해 원효를 존중하고 추앙하지 않을 수 없었을 것이다.[33]

3) 의천의 교학과 관법

의천의 법화사상은 한마디로 교관병수(敎觀倂修)사상의 실천이라고 할 수 있다. 의천은 먼저 삼승법(三乘法)의 우월성을 주장했다. 즉 "삼승법이 주공(周孔)의 도(道)나 노자·장자의 학(學)과 같이 인승(人乘, 十善五戒)과 천승(天乘, 四禪八定)에서는 동귀(同歸)요 일치하지만, 출세(出世)의 법에서는 어찌 주공이나 노장의 교와 더불어 말할 수 있겠느냐"[34] 하면서 다음과 같이 논했다.

성(性)과 상(相)은 하늘의 일월, 역(易)의 건곤(乾坤)과 같다는 징관(澄觀)의 말을 인용하면서, 학(學)이 성상(性相)의 양철(兩轍)을 겸하여야 통인(通人)이라고 할 수 있다 한다. 구사(俱舍)를 배우지 않으면 소승(小乘)의 설을 알지 못하고, 유식(唯識)을 배우지 않으면 시교(始敎)의 종(宗)을 보지 못하며, 기신(起信)을 배우지 않으면 종돈(終頓)의 뜻을 밝히지 못하고, 화엄을 배우지 않으면 원륭(圓融)의 문(門)에 들어가기가 어렵다.…나아가 이승법(二乘法)도 배워야 하겠거든 하물며 대승(大乘)을 배워야 함은 말할 것도 없다.[35]

---

32 李永子,「元曉の止觀」,『佛敎の實踐原理』, 山喜房佛書林, 1977, 444頁.
33 李永子,『한국천태사상의 전개』, 144-147쪽 참조.
34 『大覺國師文集』卷13, 與內侍文冠書 참조.
35 『大覺國師文集』卷1, 唯識論單科序 참조.

이처럼 의천은 이승법의 참구와 더불어 여러 종학의 학습을 역설한다. 단편적인 내용이지만 법화경의 제법실상(諸法實相)과 상통하는 사상을 논한 것이 있다. 즉 "이 마음은 그의 체(體)가 청정하고, 그의 용(用)이 자재하며, 그의 상(相)이 평등한 것이니, 이것은 불가분(不可分, 不分而分)이다. 비록 이렇게 세 가지 뜻을 설하긴 하지만, 본래부터 성인과 범인은 일체요, 의지함과 올바름은 둘이 아니다. 미혹하면 번뇌생사요, 깨우치면 보리열반이다. 이것을 마음에 미루어 생각하면 마음이 되고 물질에 미루어 생각하면 물질이 된다"[36]라고 역설하는 것은 마음의 본체에 대해 논술한 것이다. 이를 유심(唯心)이나 유물(唯物)이라고 하는 것도 적절치 못한 표현으로 양자를 지양하면서도 둘 다를 포용하고 있는 그대로의 실상이기 때문이다. 이처럼 세간이나 출세간의 제법(諸法)은 모두 동일성이어서 차별이 없는 것이다.

그러나 이러한 법일지라도 그것이 "중생에게 있으면 만혹(萬惑)이 되지만, 보살과 같이 깨달은 분에게 있으면 만행(萬行)이 되고, 붓다에게는 만덕(萬德)이 된다"[37]라고 논하고 있는데, 이는 일경(一境) 중에 일체지혜가 들어 있고 일체지혜 속에 제법계가 함유되어 있으므로 삼관오교(三觀五敎)의 실천수행법으로 법의(法義)를 참구하여 입도(入道)의 안목으로 삼아야 한다는 것이다. 이와 같은 관법(觀法)을 떠나서 다른 방법으로는 성불할 수 없다는 주장이다.[38]

4) 고려의 통일이념과 회삼귀일사상

의천 이전에도 『법화경』의 홍포를 주장한 사례가 있다. 고려 태조가 개국할 때 능긍(能兢) 등의 법사들은 회삼귀일의 『묘법연화경』과 지의의 일심삼관 선법(禪法)

---

36 『大覺國師文集』 卷4 6張.

37 『大覺國師文集』 卷16 示新參學徒緇秀文.

38 이재창, 「대각국사 의천의 천태종 개립」, 동국대학교불교문화연구소 편, 『한국천태사상연구』, 동국대학교출판부, 1983, 191-197쪽 참조.

을 유행시켜 후백제, 신라 및 고려의 삼국 통일의 정신적 기반으로 을 확고히 삼기를 청했다고 한다. 1313년 민지(閔漬)가 찬한 『국청사 금당주불 석가여래사리 영이기(國淸寺 金堂主佛 釋迦如來舍利 靈異記)』에는 수 문제가 들어 수(隋)·진(陳)·제(齊)의 삼국 통일을 위해 회삼귀일의 법문인 『묘법화경』이념을 천태산 아래 국청사에서 홍포하고 곧 천하 통일을 성취했는데, 고려도 건국 초 능긍 등이 그 법의 홍포를 주청했다면서 다음과 같이 말하고 있다.

> 고려 태조가 창업할 때, 행군복전(行軍福田) 사대법사(四大法師)인 능긍 등이 상서를 올리기를, 당(唐)에는 회삼귀일의 『묘법연화경』과 천태지자의 일심삼관의 선법이 있다고 들었습니다. 성군 태조께서 삼한을 합하여 일국을 이루어 풍토가 상합하니 만약 이 묘법을 구하여 유행시킨다면 곧 뒤를 이을 용손(龍孫)의 수명이 연장되고 왕업이 부절(不絕)하여 항상 한 나라가 될 것입니다.[39]

이 상소문에 대해 민지는 이때 고려는 아직 묘법을 구전(求傳)할 틈이 없었다가 후에 선종 때 의천에 이르러 비로소 구법하여 천태종을 육산(六山)에 창립했고[40] 국청사를 창건하여 육산의 근본도량 즉 본산을 삼았다고 했다. 즉 능긍의 상소문 내용은 즉각적 효력은 발생하지 못했으나 그로부터 약 100년 후인 의천에 이르러 비로소 도송(渡宋) 구법할 동기를 제공했다고 말하고 있다.

이와 같은 논지의 내용은 고려 말 천책(天頙)이 예대아감(藝臺亞監) 민호(閔昊)에게 답하는 서장에서도 볼 수 있다.

---

39 閔漬, 「國淸寺金堂主佛釋迦如來舍利靈異記」, 『東文撰』卷68, 103쪽.
40 육산(六山)은 의천 당시의 육종(六宗)을 말한다. 고려 숙종 6년(1101)에 세운 「흥왕사대각국사묘지(興王寺大覺國師墓誌)」에는 "佛子 有戒律宗 法相宗 涅槃宗 法性宗 圓融宗 禪寂宗 師於六宗 竝究至極"이라는 기록이 있다. 『朝鮮金石總覽』上, 293쪽.

고려 개국 시 능긍이 친히 도선(道詵)의 성결(聖訣)을 전하였는데 '삼승회일승(三乘會一乘)' '삼관재일심(三觀在一心)'의 깊은 심심묘법으로서 삼국을 하나로 합하기를 왕에게 상주했다. 그러나 그것은 대각국사에 이르러서야 이 땅에 구전되었고, 회삼귀일의 종복(宗福)과 회삼합일의 터전이 닦아졌다.[41]

고려 말의 『영이기』를 쓴 민지나 민호에게 답서를 쓴 천책은 고려의 통일 이념인 회삼귀일 사상은 능긍 등이 최초로 고려 태조에게 상주했다고 이해하고 있다. 즉 그러한 간접적인 원인이 있었기에 의천이 입송 구법하여 천태법화교관을 전래할 수 있었다고 파악하고 있다. 또한 천책은 회삼귀일 사상의 이론적 근거를 중국의 정통 천태교학자에게 소급 적용시키고 있다.

무릇 회삼풍토상합(會三風土相合)의 본지(本旨)는 비단 도선에서 비롯된 설이 아니라 옛날 천태 제9조인 형계선사(荊溪禪師)의 『법화기(法華記)』 중에 일찍이 이미 해석되어 있다.[42]

이처럼 천책은 담연의 『법화문구기』를 인용하여 천태법화사상을 전개시키고 있고 민지는 중국의 수·진·제 삼국 통일의 이념을 본받아 법화의 교관과 회삼귀일의 법문을 홍포하기를 주장한 데 반해, 의천은 원효의 화쟁론에 입각해 당시의 종파를 회통시키고자 천태종의 개창을 주장했다고 볼 수 있다.

천태교학의 핵심은 선종과 교종을 두루 포용할 수 있는 교관사상(敎觀思想)이다. 의천은 입종(立宗) 전에는 천태교학이라고 표현하기보다 "천태삼관(天台三觀) 최상진선(最上眞善)"이라고 표현하고 있었다.[43] 요약하면 의천은 천태법화사상을 화엄교

---

41 天頙, 『湖山錄』, 28頁.

42 天頙, 『湖山錄』.

43 林存 撰 「僊鳳寺大覺國師碑」, 『朝鮮金石總覽』 上, 330쪽.

학과 달리 교학과 관법이 동시에 일치·융화하고 있다는 측면에서 파악하고 있다.

의천은 천태종 총본산으로 국청사를 창건하고 「신창국청사계강사(新創國淸寺啓講辭)」를 다음과 같이 지었다.

　생각건대 해동의 불법이 전하여진 지 7백여 년이나 되고 있다. 비록 여러 종(宗)이 서로 다투어 펼쳐졌다고 하지만 여러 교(敎)는 별로 활발히 베풀어지지 않았다. 그러나 천태의 가르침 한 가닥만이 그 대(代)를 밝히고 있다. 옛날부터 먼저는 원효보살이 그 아름다움을 칭찬했고 나중에는 체관법사가 전하여 날렸다.[44]

이 글은 국청사 창건 시에 강의를 베풀기 위해 쓴 것이다. 모든 종파가 다투어 입종했지만 그 교학은 오직 천태교학만이 전래될 뿐이라고 하고 있다.[45] 그리고 천태교학의 전래란 곧 법화사상의 전래를 뜻한다.

3. 교웅과 요세의 법화사상

1) 교웅

교웅(敎雄, 1076~1142)은 평양[46] 출신으로 9세 때 장경사(長慶寺) 석찬(釋贊)에게 사사하고 그 사후에 쌍봉사(雙峰寺) 익종(翼宗) 의문하에 들어갔다. 의천이 국청사에서 천태교관을 강설하고 홍양하 때 스승인 익종과 함께 사교삼관(四敎三觀)의 종지

---

44 『大覺國師文集』 卷3, 「新創國淸寺啓講辭」.

45 李永子, 『한국천태사상의 전개』, 147-152쪽 참조.

46 일본의 자료에는 호경인(鎬京人)이라고 되어 있다. 호경은 평양의 옛 이름일 것이다. 硲慈弘, 『天台宗史槪說』, 48頁.

를 배웠다. 1109년 의천이 주맹(主盟)이 되어 나라에서 처음으로 천태종 대선(大選)을 열었을 때 이에 응시하여 상상품(上上品)에 올라 대덕(大德)이 되었다. 그 후 국청사의 복강사(覆講師)로서 경론을 강하고, 예종 때 삼중대사(三重大師), 인종 때 대선사가 되었다. 1142년 국청사에서 67세로 입적했다. 시호는 묘응국사(妙應國師)이다. 그 문하에 덕소(德素) 등 130여 명이 있었다고 한다.

의천에 의해 부흥된 고려 천태종은 교웅, 요세(了世) 등을 배출하고 소자종(疏字宗)과 법사종(法事宗)의 양파로 분파되어 각기 종풍(宗風)을 홍양하게 되었다. 소자종은 경론장소(經論章疏)의 강구전법(講究傳法)을 주로 한 강학연구파이고, 법사종은 법화예참을 수행하여 참법불사에 전념하는 실천수행파이다. 소자종의 시조는 교웅이고, 법사종의 시조는 요세이다. 의천 멸후의 교웅에 의한 국청사에서의 강경활동으로 부양된 고려 천태종은 요세, 천인(天因)으로 계승되었다.[47]

2) 요세

(1) 생애

요세(了世, 1163~1245)의 행적을 전해주는 가장 중요한 자료는 최자(崔滋)가 쓴 「백련사원묘국사중진탑비(白蓮社圓妙國師中眞塔碑)」[48]이다. 이에 따르면 요세는 고려 의종 17년 신번현(新繁縣) 서필중(徐必中)의 아들로 태어나 12세 때 강양(江陽) 천락사(天樂寺) 균정(均定) 문하로 출가했다. 천태교관을 배우고 23세 때 승선(僧選)에 합격한 후 오로지 종승(宗乘, 天台學)에 전념하여 강사(講肆, 講院)에 두루 참석하고 몇 년 안 되어 지귀(指歸)를 통효하여 일가를 이루었다. 36세 되던 해 봄에는 고봉사(高峯寺)에서 법회를 마련하고, 그해 가을 영동산(靈洞山) 장연사(長淵寺)에 머물면서 처음으

---

47 碩慈弘, 『天台宗史槪說』, 48頁.

48 崔滋 撰, 白蓮社圓妙國師中眞塔碑, 『朝鮮金石總覽』上, 590쪽.

로 개당연법(開堂演法)을 했다. 이때 요세는 지눌로부터 선(禪)을 닦기를 권하는 다음과 같은 글을 받았다.

　　물결이 어지러우면 달이 나타나기 어렵고 밤이 깊으면 등불은 더욱 빛난다. 그대에게 권하노니, 마음의 그릇을 바로 하여 감로장(甘露漿)을 쏟지 말기를.[49]

　　그 후 요세는 천태법화학에 일가를 이룬 몸임에도 불구하고 곧 지눌을 찾아가 그 아래서 수년을 머물면서 조계선을 수선했다. 비문은 이때의 상황을 "법우(法友)로서 도화(道化)를 조양(助陽)했다"고 표현하고 있다. 그리하여 지눌이 정혜사를 강남(松廣山 吉祥寺)으로 옮겼을 때(1200) 그를 따라갔다.

　　그뒤 요세는 지눌을 떠나 남원의 귀정사(歸正寺) 등을 유력하다가 46세 되던 해 월생산(月生山) 약사난야(藥師蘭若)에 머물게 된다(1208년). 그곳에서 그는 조계선에서 천태교관으로 되돌아갈 결정적인 자각을 하게 된다. "만일 천태묘해(天台妙解)를 발하지 못하면 영명연수(永明延壽)의 120병(病)을 어떻게 벗어날 것인가?" 문득 혼자 생각하며 깨우쳤다는 것이다. 그리고는 '묘종(妙宗)'[50]을 강설하다가 "시심작불 시심시불(是心作佛 是心是佛)"에 이르러 자기도 모르게 파안하고 그 뒤로는 즐겨 묘종을 강설했다고 한다. 그뿐만 아니라 대중과 함께 맹렬히 참회하고 날마다 오십삼불(五十三佛)[51]을 12편 절하여 기한혹서에도 쉬는 일이 없었으므로 '서참회(徐懺悔)'라 불렀다고 한다.

　　그 뒤 요세는 최표(崔彪)·이인천(李仁闡) 등의 청으로 탐진현(耽津縣) 남해산 옆 옛

---

49 崔滋 撰, 白蓮社圓妙國師中眞塔碑.

50 중국 천태종 제14조 지례가 쓴 『관무량수경묘종초(觀無量壽經妙宗鈔)』(6권)를 가리키는 것으로 보인다.

51 삼겁삼천불(三劫三千佛)이 성도 이전의 인행시(因行時)에 문지(聞持)했던 부처들로서, 사중금죄(四重禁罪)·오역십악(五逆十惡)·방법(謗法, 正法誹謗) 등의 중죄를 참회코자 할 때 그 대상이 된다.

만덕사 터에 80여 간의 가람을 개창하여 그곳으로 옮겼다(1216). 1221년에는 대방수(帶方守) 복장한(卜章漢)의 청으로 관내 백련산(白蓮山)에 도량을 열고 몇 년을 그곳에 머물다가 최표 등의 간청으로 만덕사로 되돌아가 도량을 크게 천양했다. 그즈음 개경으로부터 유자(儒者) 수명이 내려와 문하에 들었는데, 뒤에 백련사 제2세가 되는 천인(天因)과 제4세가 되는 천책(天頙)이 그 속에 끼어 있었다.[52] 1236년 그는 천책에게「백련결사문」을 짓게 했으니,[53] 그것은 지눌이「권수정혜결사문」을 유포한 것(1190)[54]과 동일한 역사적 의의를 갖는다.

진억(津億)의 수정결사(水精結社)[55]나 지눌의 정혜결사에 못지않게 요세의 백련결사도 성황을 이루었다. 득도한 제자가 38인, 개창한 가람이 5개소, 제명입사한 사중(四衆)이 300여 명, 멀리서 인연을 맺은 자는 가히 그 수를 알 수 없다고 한다. 요세는 지극히 검소한 생활로 방장(方丈)에는 항상 삼의일발(三衣一鉢)뿐이었고, 선관송수(禪觀誦授) 틈틈이『법화경』, 준제신주(准提神呪) 1천 편, 미타불호 1만성을 염송하는 것이 일과였으며, 법화삼대부를 절요하고 누판(鏤板)하여 유행시키기도 했다. 그러다가 1245년 원문(院門)을 천인(天因)에게 맡기고 별원으로 퇴거하여 그해 7월 7일 가부좌로 서방을 향해 입적했다. 세수 83세, 법랍 70세였다.[56]

(2) 백련결사의 사상적 동기

요세의 백련결사는 지눌의 정혜결사와 밀접한 사상적 관련을 갖고 성립되었다.

---

52 林桂一,「靜明國師詩集序」(『東文選』卷83);『湖山錄』(新出本) 後卷「答藝臺西監閔昊書」.

53 『萬德寺志』卷頭年表;『東文選』卷2 奇金承制書 '歲在丙申春月 先師命我撰白蓮結社文'.

54 知訥 撰,「勸修定慧結社文」.

55 고려 인종 때 진억(津億)이 지리산의 오대사(五臺寺)에 설치한 수정결사는 동림(東林)·서호(西湖)의 유풍을 따르는 염불결사였다.『점찰선악업보경(占察善惡業報經)』에 의해 선악의 보(報)를 점찰한 다음 악보(惡報)로 판명되면 그것을 참회하는 방법을 썼다(『東文選』卷64).

56 고익진,「원묘국사了世의 백련결사」, 동국대학교 불교문화연구소 편,『한국천태사상연구』, 동국대출판부, 1983, 206-209쪽 참조.

지눌은 1182년 보제사(普濟寺) 담선법회에서 동학 10여 명과 함께 '산림에 은둔하여 습정균혜(習定均慧)에 힘쓰자'고 약속하고,[57] 그 뒤 공산(公山) 거조사(居祖寺)에 모여 정혜결사문을 유포하고(1190) 본격적인 결사운동으로 나아갔다.

한편 연수(延壽)는 중국 선종의 5가7종[58] 중에서 법안종(法眼宗)에 속한 고승이다. 일찍이 고려에도 그 학덕이 알려져 광종의 두터운 존경을 받았으며 고려 승 36명이 그의 선풍(禪風)을 전수했다고 한다. 그의 저술로 『종경록』(100권), 『만선동귀집』(3권), 『선종유심결』(1권) 등이 있다. 앞에서 요세가 말했던 '영명연수(永明延壽) 120병(病)'은 『선종유심결』에서 사종견해(邪宗見解) 120가지를 나열한 것으로, 일진본심(一眞本心, 諸法實相)을 가리키는 진망(眞妄)·유무(有無)·권실(權實)·선교(禪敎) 등의 일체분별취사가 총망라되어 있다. 요세는 그러한 120병을 천태묘해가 아니고는 벗어날 수 없다고 보고 있다.

요세는 지눌과 결별한 뒤 여러 사암을 전전하다가 월생산 약사난야에 이르렀는데 "지자중(智者衆)이 묘종(妙宗)을 강설하는 꿈을 자주 꾸었다"고 한다. 그는 약사난야에서 즐겨 묘종을 강설했고 대중을 이끌고 참회를 닦아 날마다 오십삼불(五十三佛)을 12편 절하였으니 정토신앙과 참회에 특별한 관심이 있음을 보여주고 있다. 만덕산에 보현도량을 열고(1232) 법화삼매를 닦고 정토왕생을 구했으며, 『법화삼매참의』[59]에 의해 장년의 법화참을 닦았다. 이와 같이 요세는 참회와 정토를 강조하는 노선을 걸었다.

요세의 법화사상에 조명되는 인간은 막중한 죄를 지어 자력으로는 도저히 해탈할 수 없는 가련한 중생이다. 요세가 약사난야에서 행한 오십삼불 예참과 만덕산 보현도량에서의 법화삼매나 『법화삼매참의』 그리고 준제주 1천편 등의 행위

---

57 知訥 撰,「勸修定慧結社文」.

58 五家七宗은 임제(臨濟)·위앙(潙仰)·조동(曹洞)·운문(雲門)·법안(法眼)의 5종과 임제에서 분파한 황룡(黃龍)·양기(楊岐)의 2파를 가리킨다.

59 大正 48, 949b·c.

들은 모두 중죄를 참회·소멸하고자 하는 것이다. 요세가 참회와 함께 열렬한 정토구생을 기하고 있기 때문일 것이다. 보현도량에서의 정토구생, 요세의 일과 속에 들어 있는 미타명호 1만성, 결사명을 여산(廬山) 백련사에 따른 것 등은 한결같이 열렬한 정토 찬앙을 보여주고 있다. 다시 말하면 요세는 교화의 대상으로 '죄장이 두텁고 힘없는 연약한 범부중생'을 의식하고 있는 것이다.[60]

(3) 행법의 사상적 배경

이와 같은 요세의 '범부의식'은 새로운 결사운동으로 진전되지 않을 수 없었다. 그리고 그런 결사에서는 '참회멸죄'와 '정토구생'이라는 행법이 중점적으로 행해졌다. 이 행법은 어떤 사상적 원리에 입각해서 행해졌을까? 요세의 백련사는 남해의 만덕사에 보현도량이 개설되고 본격화되었다. 보현도량에서 행해진 행법은 "'법화삼매'를 닦고 '정토왕생'을 구하였는데, 그 하나는 지의의 '삼매참의'에 의해 장년에 걸친 법화참을 닦았다."[61] 이것은 백련결사의 중요한 행법이 '법화삼매'와 '정토왕생'의 두 가지였다는 것과, 그중의 법화삼매는 지의의 『법화삼매참의』라는 문헌에 의했음을 알려준다.

여기에서 문제되는 것은 요세의 정토사상이다. 그런 극단적인 타력본원(他力本願) 사상은 같은 천태종의 정토사상(지의)과 연결되어 있다고 볼 수 있다. 『마하지관』에서 논하고 있는 사종삼매 중 '상행삼매(常行三昧)'는 미타정토에 관한 것이다. 또한 요세는 지례의 『관무량수경묘종초』에 전개되고 있는 '약심관불(若心觀佛)'설을 중시하고 있었던 것 같다. 약심관불이란 '마음에 의해 관불(觀佛)한다'는 뜻으로, 선가(禪家)의 유심관과 선도(善導)의 타력본원설이 자력과 타력의 어느 일방에 치우치는 것과는 달리, 그들을 미묘하게 결합하여(是心作佛 是心是佛) 원돈지관의 부사

---

60 고익진, 「圓妙了世의 白蓮結社와 그 사상적 동기」, 『佛教學報』 15집, 115쪽 참조.

61 崔滋 撰, 白蓮社圓妙國師中眞塔碑.

의삼관(不思議三觀, 空·假·中)에로까지 심화시키고 있다. 결론적으로 백련사의 중요한 행법은 법화삼매참·천태지관·정토구생의 것으로 볼 수 있는 것이다.[62]

4. 천인의『법화경찬』

1) 천인의 생애

천인(天因, 1205~1248)의 활동과 입적에 관해서 임계일(林桂一)이 지은 「만덕산백련사정명국사시집서(萬德山白蓮社靜明國師詩集序)」와 최자의 「만덕산백련사원묘국사비명(萬德山白蓮社圓妙國師碑銘)」[63]에 상세히 기록되어 있다.

천인은 연산군 출신으로 17세에 진사(進士)에 뽑히고 문장력이 빼어나서 성균관(賢關)에 제1석이 되었으나, 곧 사직하고 만덕산으로 들어가서 요세에게 삭발·출가한 것이 고종 12년(1228)[64]이므로 그의 나이 23세였다. 그 후 송광산의 혜심(慧諶)에게서 조계선의 요령을 터득하고 다시 만덕산으로 돌아와 요세의 가르침을 익히며『법화경』을 독송했다. 1232년 요세가 보현도량을 개설하니 2년을 그곳에서 보내고서 지리산, 비슬산 등으로 유행하다가 다시 돌아와 요세의 천태교관을 전수했다. 천인은 요세가 백련사의 법주로서 계승시키려 했으나 사양하고 상락(上洛, 尙州)의 공덕산(功德山, 四佛山)으로 떠났다가 요세가 다시 복귀를 간청하므로 만덕산 백련사 제2세 법주로 취임했다.

1247년 몽고군의 침입으로 완도에 있는 상왕산(象王山) 법화사(法華社)로 피난했다. 이듬해 문인 원환(圓晥)에게 법을 부촉하고 만덕산 남쪽 용혈암(龍穴庵)으로 물

---

62 고익진, 「원묘국사 了世의 백련결사」, 239~241 참조.
63 『東文選』卷83, 卷117.
64 『東文選』卷117.

러났다. 그리고 8월 4일 문제(門弟)를 모아놓고 떠날 것을 알리고 5일 목욕재계하고 자리에 올라 "대장부의 충천의 기염(氣焰)을 어디에 쓸 것인가"라고 근엄하게 말했다. 시자(侍者)가 "사토정경(四土淨境)이 현전(現前)한데 어느 땅에 유희하실지 잘 알지 못하겠습니다"라고 물으니, 천인은 "오직 하나인 성경(性境)이다"라고 답했다. 그리고 대중에게 이르기를 "병든 승이 10여 일 되도록 낟알을 끊으니 다리에 힘이 몹시 없다. 그러나 법신(法身)의 명자(冥資)를 얻으면 다리 힘이 차차 건강해진다. 그 다리 힘을 가지면 천당도 얻을 수 있고, 불찰(佛刹)도 얻을 수 있으며, 또 오온(五蘊)이 확연히 맑아져 삼계에 흔적이 없다"라고 했다. 그리고 다음의 게송을 읊고 입적했다.

반쪽의 밝은 달에 흰 구름 끼고
가을바람에 샘물소리 보내는 여기 어딘가
시방에 무량한 광명의 부처님 나라,
미래의 불사를 다하였구나.[65]

2) 『법화경찬』

『법화현의』(10권)에 대한 의천의 번역은 저술로 완성되지 않았으나 강설(講說)은 이루어지고 있었다.[66] 그러나 천태종이 12세기 이후에 실질적인 종교활동을 활발히 전개시키면서 요세에 이르러 비로소 결실을 맺었다. 요세는 백련사 보현도량 개설의 법주(法主)로서 그다음 제2세 법주의 계승자로 천인을 지명했다. 천인은 보현도량의 천태법화참법의 의례문을 지었는데 저작 연대는 불확실하다. 천인의

---

65 林桂一, 「萬德山白蓮社靜明國師詩集序」, 『東文選』 卷83.
66 李永子, 『한국천태사상의 전개』, 187쪽.

유고시집은 3권이라고 하지만 애석하게도 지금은 전하지 않는다.

그러나 다행히 천인이 지은 『법화경찬(法華經讚)』은 현재 동국대학교도서관에 희귀본으로 소장되어 있다. 그 제목은 '만덕산백련사제이대정명국사후집(萬德山白蓮社第二代靜明國師後集)'이다.[67] 발문에 의하면 어떤 사람이 미타찬(彌陀讚)과 법화찬(法華讚) 약간 편을 봉독하여 정토에 구생(求生)하는 요체로 삼았는데, 이는 국사가 입멸 후 62년이 지난 겨울(1310년) 불귀사(佛歸社)의 장천공(長天公)이 보낸 것이라고 했다.

천인이 『법화경찬』을 저작한 연대와 동기는 불분명하지만, 보현도량의 제2 법주자(法主者)가 되고서 법화참법의 참회의례문으로 저작된 것이 아닌가 추정된다. 이렇게 볼 때 저작 시기를 1240년 전후로 볼 수 있다. 『법화경찬』은 귀의문(歸依文), 미타찬게(彌陀讚偈), 묘법연화경 총찬(妙法蓮華經 總讚), 묘법연화경 별찬(妙法蓮華經 別讚) 28품, 발문(필자 미상) 등으로 구성되어 있다.

귀의문에 의하면 법화참법이 정통적으로 실천되었음을 입증하고 있다. 미타찬게는 7언16구로 된 간략한 게문이다. "아미타의 법성신(法性身)은 우리 자아의 신(身), 심(心)"이라고 하고, "심외(心外)에서 구함은 전도된 생각"이라고 한다. "마음이 깨끗하면 불토가 깨끗하다"고 하고, "염심(染心)으로 정토왕생은 불가능"함을 말한다. 또 『법화경』과의 깊은 인연은 빨리 성불하는 지름길이라 하고, 법화와의 결연이 미타정토에 왕생케 한다고 말한다. 이것은 『법화경』의 정토사상에 대한 천인의 통합된 신앙관이라 볼 수 있다.

묘법연화경 총찬 역시 미타찬게와 똑같이 7언16구로 되어 있다. 별찬도 28품마다 칠언십육구의 찬송으로 읊고 있다. 16구란 4구게성(四句偈頌)을 4송(四頌)으로 묶은 것이다. 그 내용은 신앙적인 찬탄을 주지(主旨)로 하고 있고, 그 1품의 대의(大義)와 요지를 간결하게 요약한다. 표현은 명쾌하고 문장도 유려하다. 그러므로 『법화

---

67 불교문화연구원 편, 『한국불교찬술문헌총록』, 동국대학교출판부, 1976, 131쪽.

경』의 수행자가 수지 독송하면 『법화경』의 원문 전부를 읽기보다 더 쉽게 요령을 파악하게 되어 있다. 각 품에는 중국이나 일본에서 볼 수 없는 표현도 많다.[68]

5. 천책의 법화사상

1) 생애와 저술

(1) 생애

천책(天頙)의 자는 몽저(蒙且)이며 시호는 진정국사(眞靜國師)이다. 『만덕사지(萬德寺志)』에 천책을 "개국공신 신염달후인(開國功臣 申厭達後人)"이라고 기록한 것으로 보아 그의 속성은 신씨가 분명하다. 천책의 생존 연대는 정확히는 알 수 없지만, 그가 지은 『선문보장록(禪門寶藏錄)』의 서문에 적힌 "지원(至元) 30년 계사(癸巳)"라는 문구를 통해 1293년에는 생존해 있음을 알 수 있다. 또한 『만덕사지』 연표(年表)에 의하면 천책이 「보현도량소」를 지은 해가 임진년(1232)인데, 『동사열전(東師列傳)』에 의하면 그것을 지은 시기가 20세 때 과거에 오르고 나서 입산 출가한 후의 일이라고 되어 있으므로 그의 생년은 1210년 무렵으로 추정된다. 또한 『동문선(東文選)』에 수록된 천책이 중서사인(中書舍人) 김록연(金祿延)에게 보낸 칠언율시의 각주에 "천태지자대사가 대소산 혜사선사에게서 법화삼매를 오득한 나이가 23세인데 우리도 23세에 이르러 비로소 원묘국사에게 득도하게 되었다"라고 나이를 비교하는 대목이 있다. 이로 미루어보면 천책은 20세에 과거에 급제하고 3년 후인 23세에 백련사 원묘에게 입산했으므로 그의 생년은 1209년이 된다.[69]

---

68 李永子, 『한국천태사상의 전개』, 190-192쪽 참조.
69 李永子, 『한국천태사상의 전개』, 219-221쪽 참조.

(2) 저술

천책은 문장으로 당대에 이름을 떨쳤다고 한다.[70] 그의 뛰어난 문장력은 신라와 고려를 통틀어 3인의 문학인으로 손꼽힌다. 즉 신라의 최치원, 고려의 천책과 이규보가 그 세 사람이라고 다산 정약용은 「천책시권(天頙詩卷)」에서 언급하고 있다.[71] 다산은 천책의 시를 다음과 같이 표현했다.

시(詩)가 짙은 아름다움이 있고(濃麗), 힘이 강경하며(蒼勁), 산인(山人)에게 있기 쉬운 소간(疏簡)하고 담백한 병이 없다. 학문에도 해박할 뿐 아니라 사회참여에도 재능이 기민했다.

이와 같이 그의 문장력과 학재(學才)는 널리 알려져 내려오고 있었다.[72] 천책은 요세의 명에 의하여 「보현도량기시소(普賢道場起始疏)」를 저술한 지 4년 후인 1236년에 다시 「백련결사문」을 저작한다.[73] 「백련결사문」은 현재 그 일부가 운묵(雲黙)의 『석가여래행적송(釋迦如來行蹟頌)』에 인용·수록되어 전하고 있다.

천책은 『선문보장록(禪門寶藏錄)』(3권), 『선문강요(禪門綱要)』(1권), 『호산록(湖山錄)』(4권), 『해동전홍록(海東傳弘錄)』(4권), 『실부록(室簿錄)』 등을 저술했다. 이 저술 중 『선문보장록』과 『선문강요』는 『선문촬요(禪門撮要)』에 수록되어 전하고 있다. 『해동전홍록』은 4권이라고 하나 현재 남아 있는 것은 요원(了圓)의 『법화영험전(法華靈驗傳)』에 실린 8화(또는 10화)뿐이다. 『실부록』의 내용은 알 수 없지만, 서명이 동시대의 저작인 『만덕사지』와 조선 영조 때 간행된 『불조원류(佛祖源流)』에 보인다.[74]

---

70 『萬德寺志』 卷2; 『東師列傳』 第一.
71 『萬德寺志』 卷2; 丁若鏞, 『丁茶山全集』, 第一詩文集, 304쪽.
72 李永子, 『한국천태사상의 전개』, 221-222쪽.
73 『萬德寺志』 卷2.
74 『萬德寺志』 卷2; 采永, 『西域中華海東佛祖源流』, 高麗祖師.

(3) 입산 출가

천책은 출가를 결심하는 과정에서 백부에게 은밀히 의논을 청하면서 동기를 말하고 있다. "출가하여 불법을 배움으로써 일시에 국가의 은혜와 부처님의 은혜에 보답하고 싶습니다. 이것은 사적인 마음에서 평안을 얻으려는 것이 아닙니다."[75] 이때 천책이 출가하려는 뜻을 저지하기 위하여 백부는 "출가하여 불법 수학하는 것은 좋은 일이기는 하지만, 불법이란 마음에 있는 것인데 하필 출가하여 불효를 행하려 하느냐"고 말했다. 천책이 출가를 결심하는 당시의 상황을 추측하게 한다.

『동사열전』에 의하면, 천책의 은사는 연율(蓮律)과 요세로 되어 있다. 또한 그가 입산한 곳은 만덕산 백련사이며 국사가 된 것은 만년이라고 적혀 있다.[76] 그런데 연율에 대한 기록은 더 이상 찾을 수 없다. 천책의 입산 초기의 행적을 알 수 없으나,『호산록』의 발문을 쓴 정오(丁午)는 "진정(眞靜) 국로(國老)는 유림의 거괴(巨魁)로서 조도(祖道)에 깊이 들었다"[77]고 말하고 있다. 천책이 일찍이 조도를 참구한 예는 『호산록』의「독대장주암청전문(讀大藏住庵請田文)」에서도 볼 수 있다.

貪(貧)道不侫 早參祖域 粗究西來之旨[78]

이는 천책이 일찍이 영리하지 못하여 조역(祖域) 즉 중국의 천태산에 가서 서쪽 즉 인도로부터 건너온 뜻을 참구했다는 뜻이다. 최자가 쓴 탑비명에는 무자년(戊子年, 1228) 여름에는 유생 여러 명을 제자로 받아들여『묘법연화경』을 가르쳐 통달시켰다고 기록하고 있다.[79]

---

75 天頙,「答藝臺亞監藍閔昊書」,『湖山錄』.

76 『東師列傳』卷1. 梵海覺岸,『藏外雜錄』第2(동국대 油印本).

77 『萬德寺志』卷2.

78 天頙,『湖山錄』, 17쪽.

79 『東文選』卷117;『朝鮮金石文總覽』上, 591쪽.

천책과 요세의 관계는 임진년(1232)에 「보현도량기시소」를 천책이 저술했다는 데서부터 명확해진다. 『만덕사지』에 의하면 천책은 백련사 보현도량을 결성할 때 「기시소」를 짓기 이전에 '조도(祖道)'를 참구했다. 어쨌든 천책은 입산 초기에는 조역(祖域)을 참구하고 그 후에 『법화경』에 접근했다.

천책이 법화사상의 진수를 깨달은 것은 상국(相國, 『萬德寺志』에 崔滋)이 '금자연경(金字蓮經)'을 서사케 해줌으로써 천책 자신이 "제불세존이 오직 일대사인연 때문에 세상에 출연하셨음을 비로소 보았다"[80]고 말하고 있는 것으로 보아 간경과 서사를 행하는 과정에서였던 것으로 볼 수 있다.

2) 『호산록』

(1) 『호산록』의 유통

천책의 시문집(詩文集) 『호산록(湖山錄)』이 처음으로 판각되어 간행된 해는 고려 충렬왕 33년(1307) 11년 11월이다.[81] 『호산록』의 최초 집성자는 천책의 문인인 이안(而安)이고, 발문을 지은 사람은 당시 왕사였던 천태종 승려 정오(丁午)이다.

『호산록』이 간행된 지 약 170년이 지난 후에 편찬된 『동문선』에는 천책이 답시(答詩)한 것과 천책의 재가 제자들이 불교를 문도(問道)한 것이 실려 있다. 그리고 다산 정약용이 천책의 시재(詩才)에 감동하고 지은 「제천책국사시권(題天頙國師詩卷)」이 『정다산전서』에 수록되어 있다. 다산은, 유일(有一, 1720~1799)이 『호산록』으로 추정되는 천책의 시문 유집(遺集) 중 잃어버린 절반을 구하려고 무척 노력했으나 결국 취득치 못한 것을 애석해하고 있다. 다산은 결국 '천책시권'의 절반만 보았던 것이다.

---

80 『萬德寺志』卷.
81 『萬德寺志』卷2.

그 후 각안(覺岸, 1820~1896)이 『동사열전』을 저술할 때 정열수(丁洌水, 정약용)의 서문이라고 하면서 시문집을 인용하고 있다. 각안은 "보암문집 이권사편행우세(呆庵文集 二卷四篇行于世)"라고 말하면서, 다산의 「제천책국사시권」에는 "본사권이질(本四卷二帙)"이라고 되어 있다고 기록했다. 이들 기록에 의하면 『호산록』은 본래 2책4권이었다고 생각된다. 『호산록』이란 서명은 『만덕사지』에서 처음 나타난다.

(2) 필사자와 구성

『만덕사지』의 편찬 시에 유전되었던 판각본 『호산록』과는 달리 필사본 『호산록』의 발기(跋記)는 다음과 같다.

一九一六年(大正 五年) 丙辰 十二月 日
大興寺 長春院 完燮書

필사본 『호산록』은 금명(錦溟, 寶鼎)의 소유였지만, 실제로 필사한 것은 제자인 용은(龍隱)이었다. 그는 초기에 대흥사 장춘원에서 서필(書筆)을 수련하고 송광사에 있던 후기에는 추사체의 서필을 익혔다고 하는데, 필사본 『호산록』의 서체가 추사체가 아닌 것을 보면 대흥사 장춘원에 거주할 때 필사한 것 같다. 기산(綺山)이 송광사 주지로 재직할 때(1934년) 용은은 감무(監務)를 맡기도 하고 때로는 법무(法務)를 담당하기도 하면서 『송광사지(松廣寺志)』를 편집할 때 이를 서사했다고 한다.[82]

필사본 『호산록』은 2권으로 구성되어 있는데, 1권은 속제자(俗弟子)들이 불법 문의를 헌시(獻詩)로 보낸 것에 대해 천책이 답한 시를 모은 것이다. 2권은 산문 형식으로 된 글들로 천책이 쓴 소(疏), 원문(願文), 서(書) 등이 수록되고 있다.[83]

---

82 『松廣寺志』, 1097쪽.
83 李永子, 『한국천태사상의 전개』, 228-233쪽 참조.

6. 운묵의 법화사상

1) 운묵의 생애

의천이 천태종을 개종한 이후 교단에 사상적인 특징을 선명하게 남겼다고 전해지는 운묵(雲默)의 생몰 연대를 알려져 있지 않다. 그는 천책의 제자인 이안(而安)의 문하로 천태 혈맥 계보상으로는 정통 백련사 6대에 해당한다고 볼 수 있다. 운묵은 승과(僧科)에 합격하고 굴암사(窟庵寺) 주지를 지낸 뒤 금강산·오대산 등을 편력하다가 시흥산(始興山)에 암자를 짓고 20여 년 동안 머물렀다. 『석가여래행적송(釋迦如來行蹟頌)』, 『천태말학운묵화상경책(天台末學雲默和尙警策)』 등의 저술이 있다.

2) 운묵과 시흥종

(1) 고려의 불교 종파

12세기에 고려 불교의 종파는 조계종, 천태종, 화엄종, 능가종 등이었는데, 13~14세기에는 신인종, 율종, 시흥종, 해동(분황)종, 지념종, 소승종 등의 군소 종파가 나타난다. 이것은 무인정권의 몰락에 이어 왕정복고가 이룩되면서 몽고와의 정치적인 복속관계에 있던 혼란기에 불교계에 나타난 현상이다. 그런데 해동종(분황종), 지념종, 시흥종, 신인종, 소자종, 법사종은 중국에서는 볼 수 없는 종파들이었다.[84]

운묵과 관련된 시흥종은 그리 성하지는 않으나 고려 말에 상당한 교세를 지닌 신흥 교파였다. 시흥종은 운묵이 지은 『석가여래행적송』에서 보여주듯, 많은 경론을 기초로 한 교학 중심의 천태종의 일파였다고 추정되며, 『법화경』 독송 중

---

84 李永子, 『법화 천태사상 연구』, 439-440쪽.

심의 선관(禪觀)을 닦으면서 사종삼매(四種三昧)의 행법인 상행삼매(常行三昧)의 정토
업을 수습하고 공가중(空假中)의 일심삼관(一心三觀)을 실천했을 것으로 짐작된다.[85]

(2) 시흥종의 종지

신흥 종파의 종지에는 당대의 사회상이 반영되어 있다. 이에 시흥종의 종지를
살펴보기로 하자.

첫째, 시흥종은 말법관에 입각한 중생의 미타정토염불을 고려 말의 상황에서 필
요하다고 장려했다.

둘째, 부처님의 의보인 4토(四土), 정보로서 교화 응현하는 3신(三身), 그리고 정토
나 예토라는 개념을 본체와 작용으로 이해한다. 작용인 용(用)에서 보면 완연한 구
별이 있을 수 있지만 본체인 체(體)에서는 하나이다. 따라서 법신과 보, 응신의 삼
신 그리고 범성동거토(凡聖同居土), 방편유여토(方便有餘土), 실보무장애토(實報無障碍
土), 상적광토(常寂光土)의 4토는 작용 즉 본체, 본체 즉 작용의 논리에 의해 하나의
경지이다. 이것은 천태원교사상의 상즉(常卽)의 논리에 근거한 것이다.

셋째, 극락정토는 일념 속의 세계요 아미타부처도 일념의 본성미타이다. 『관무
량수경』의 삼배구품설에서도 궁극적으로 이상으로 하는 것은 극락의 연화대가
아니라 무생법인(無生法忍)에 이르는 것이고, 서방의 이상세계는 그를 위한 좋은 환
경일 뿐이다. 상품상생의 최상근기는 극락의 금강대에 왕생하여 묘법을 듣는 즉
시 무생법인을 얻지만, 하품하생의 근기는 나무아미타불을 10념을 구족하고 극
락의 연화대에 왕생해서도 12대겁이라는 세월 동안 실상법(實相法)을 듣고서야 무
상도심을 발득할 수 있다. 천태의 성구설(性具說)이란 마음이 만법에 두루 갖춰져
있다는 의미이다. 법계와 만법이 마음을 떠나서는 이해될 수 없다는 사상이다. 운
묵의 사상은 이러한 성구설에 근거하고 있다.

---

85 李永子, 『법화 천태사상 연구』, 446-447쪽.

넷째, 성구설의 논리적 인식 즉 실상묘법의 실현은 유(有), 공(空), 역유역공, 비유비공의 4구분별, 공제(空諦, 眞諦), 가제(假諦, 俗諦), 중제(中諦, 一實諦)의 삼제즉일제, 일제즉삼제의 원륭삼제의 논리에 의해 체득된다. 이러한 진리를 체득함으로써 예토가 곧 정토요 생사가 열반인 구극의 경지가 실현될 수 있다. 이러한 진리의 실현을 흔히 자력정토 또는 유심정토(唯心淨土)라고 한다.

다섯째, 유심정토를 실현하는 것은 4문(四門)[86]과 삼관삼제(三觀三諦)를 인식함으로써 가능하다는 것이 천태원교의 교학이지만, 실제적인 종교 신앙생활에서 이행하기는 쉽지 않다. 그러므로 말법중생과 근기의 낮은 민중을 구제하는 방법을 『법화경』에 의거해야 한다.[87]

3) 운묵의 법화정토사상과 성불구제관

(1) 삼관과 사문에 의한 실상묘법의 실현

운묵의 정토관은 극락정토에 왕생하기 위해 지금 '나무아미타불'을 염불하기를 권하지만, 그 정토란 예토의 나라로서 범부와 성인이 함께 거주하는 국토이다. 구품의 왕생근기 중에서 하품하생의 최하근기의 악인이 임종에 아미타불을 10념으로 칭명하면 그 국토에 왕생하고, 비록 12대겁이라는 긴 수행이 필요하지만 결국 무상도심을 낼 수 있다고 보았다. 그리고 현재 다른 세계인 극락정토뿐만 아니라 시간적으로 미래세상에도 미륵정토가 있으므로 결국 누구나 구제받게 된다고 귀결 짓는다.

운묵은 주로 『법화경』에 의거한 관심(觀心), 관불(觀佛)의 성불관과 구제관을 보여주고 있다. 성불을 속히 성취하려면 실상의 묘법을 체득해야 하지만, 어떤 법(經,

---

86 4門은 유(有), 공(空), 역유역공(亦有亦空), 비유비공(非有非空)의 4문을 말한다.
87 李永子, 『법화 천태사상 연구』, 468-469쪽 참조.

五時)도 그 이름이 다를 뿐이지 그 뜻은 궁극적으로 하나라고 본다. 실상묘법은 다음과 같다고 말한다. "영산에서 최후로 방편을 열어 진실을 나타냄은 일체법이 일미(一味)로 융화되고 평등하여 무차별하기 때문이다.…제법이 실상이고 세간의 모습 그대로가 상주이다.…천차만별한 현상이 그대로 묘법 아님이 없다."

모든 여래가 중생의 근기에 따라 설명하지만, 실상묘법은 4문에 의해 인식해야 하고 천태삼관에 의해 삼제(三諦)로 인식되어야 한다. 4문이란 유문(有門), 공문(空門), 역유역공문(亦有亦空門), 비유비공문(非有非空門)인데, 제불여래가 중생에 수순하여 가지가지 법을 설했으나 이 4문을 벗어나지 않는다. 삼관이란 공관(空觀), 가관(假觀), 중관(中觀)이다. 『석가여래행적송』에서는 경전 문자에 대응해 다음과 같이 설명한다. "자(字)는 속제(俗諦)이고, 비자(非字)는 진제(眞諦)이며, 비자(非字)와 비비자(非非字)는 일실제(一實諦)이다. 일제는 곧 삼제이고 삼제가 곧 일제이다."

여기서 속제는 가제를 말하며 진제는 공제요 일실제는 중제를 말한다. 이렇게 표현을 바꾼 것일 뿐 일제 곧 삼제, 삼제 곧 일제는 원융삼제를 말한다. 원융삼제가 즉 실상묘법이다. 이와 같은 원융삼제로써 경문을 인식하게 되면 "손에 책을 들지 않고서도 항상 경을 읽게 되고, 입으로 소리 내어 말하지 않아도 두루 모든 경전을 외게 되고, 부처님이 세상에 출현하지 않아도 항상 불음(佛音 또는 梵音)을 듣고, 마음으로 사유하지 않아도 널리 법계를 비춘다"고 운묵은 역설한다.

운묵은 계속해서 설명한다. "능히 생각하는 사람이 없을지라도 생각되는 경(經)은 있고, 경권, 지묵, 문자가 없더라도 생각하는 사람은 있다. 우리 몸이 안팎이 아니지만 안팎을 떠나지 않고, 경권이 아니지만 경권을 떠나지 않는다. 비록 마음과 입이 아니지만 마음과 입에서 벗어나지 않는다. 시종 어떤 차이나 오류가 없는 것을 불가사의 미묘삼관이라고 한다."

결국 "삼세의 제불이 삼관(三觀)으로부터 생겨난다." 일심삼관을 수행해가면 사바세계의 예토에 있으면서 정토가 실현됨을 설명한 것이다. 이 일심삼관의 수행은 원융삼제의 실상묘법을 관득(觀得)하는 것이다. 이 관득에 의해 생사즉열반이요, 번뇌즉보리의 경지를 스스로 직관적으로 실현 가능하다고 하는 것이다.

(2) 성불구제사상의 『법화경』적 해득

불가사의한 미묘삼관은 경전과 문자뿐만 아니라 다른 모든 일체법이 불사로 이어짐을 말한다. 겸허한 마음, 부드러운 마음, 착한 마음, 한 가지만 닦아도 모든 사물이 성불의 인(因)이 되지 않는 것이 없다. 『석가여래행적송』에서는 『법화경』의 내용을 열거하면서 모든 불사가 그대로 성불의 인연이 됨을 역설하고 있다. 『법화경』의 「방편품」에는 ①보시·지계·인욕·정진·선정·지혜의 6바라밀행, ②사리공양을 위한 불탑 조성에서 모든 재료 사용하는 일, 불묘를 흙으로 짓는 일, 모래로 불탑 조성하는 일, 불상 건립을 칠보, 납, 동의 재료나 흙으로 하는 일, 어린 동자가 장난으로 하는 손톱으로 불상조성을 하는 일, ③사람을 즐겁게 하기 위해 관현악기로 묘음을 내어 공양하는 일, ④산란한 마음이라도 꽃 한 송이를 불상에 공양하는 일. 이러한 일들은 결국 무량불을 친견하고 무상도인을 스스로 성취한다. ⑤부처님께 예배 합장하거나 한 손만 들어 올리거나 머리를 조금 숙이거나 나무불을 한번 외워도 불도를 성취한다 등의 게송이 있다.

이러한 내용은 좌선, 독경, 염불뿐만 아니라 모든 선행인 보시 등 육바라밀은 말할 것도 없고, 어린아이의 조그만 무심한 인연까지 성불의 인연이 됨을 말한 것이다. 방편의 문은 모두 성불의 길로 열려 있다. 『법화경』에서 방편을 열어 진실을 드러냄(開權顯實)을 표방하고 있는 것은 단순한 이론이 아님을 알아야 한다.

운묵은 육바라밀을 행하는 일, 경론을 독송하는 일, 불·보살을 염불하는 일, 불묘를 운영하고 승방을 건립하는 일, 불·보살상을 조성하는 일, 가영(歌詠) 즉 음성으로 불사하는 일, 탑을 청결케 하는 일, 헌화하는 공덕, 향 사루는 공덕, 연등 다는 공덕, 세속의 인의(仁義, 五常)를 행하는 일, 노인을 공경하고 유아를 자애롭게 대하는 일 등의 모든 수행과 불사는 성불과 통한다고 강조한다. 이 모든 방법은 비유컨대 하나의 왕성(王城)에 입성하기 위한 동서남북의 성문일 뿐이다. 그러므로 어느

것이나 결국 성불의 칠보성으로 들어가기 위한 방편이 된다고 운묵은 설명하고
있다.[88]

---

88 李永子, 『법화 천태사상 연구』, 462-466쪽.

제4장
조선시대의 『법화경』 간행과 신행

    조선시대는 훈민정음이 창제되고 어려운 한문 불교 경전이 한글로 번역되어 누구나 쉽게 읽을 수 있게 되었다는 점에서 진정한 의미의 '불교대중화'가 시작된 시기라고 볼 수 있다. 세조는 간경도감(刊經都監)을 설치하고 국가 주도로 불경을 한글로 번역했으며, 간경도감이 폐지된 이후에도 각지의 사찰에서 다양한 불서들이 국역되었다. 특히 『법화경』은 수륙재와 같은 일상적 불교의례에서 염송되었을 뿐만 아니라 한글로 번역되어 조선시대 내내 민중경전(民衆經典)의 지위를 누렸다.

    『법화경』은 조선시대 전 기간에 걸쳐 150여 회나 간행되었는데, 대승경전 중에서 유독 『법화경』이 조선시대에 가장 많이 간행된 이유는 무엇 때문일까? 조선시대에 간행된 『법화경』 판본의 종류, 간행의 시기별 추이, 간행 주체의 변화 등을 통해 당시의 신행 경향, 사회적·종교적 요구 등을 살펴보겠다.

1. 『법화경』의 간행

1) 왕실의 『법화경』 공덕신앙

(1) 사경공덕

조선 개국 이후 숭유억불정책으로 불교는 정치적·경제적 지위를 박탈당했지만,

왕실과 사대부의 신불(信佛) 태도는 고려시대와 다름이 없었다. 특히 수명연장, 왕생극락 등의 현세구복과 사후명복을 목적으로 하는 '사경공덕(寫經功德)'이 널리 행해지고 있었기 때문에 조선 전기에 왕실이나 사대부가에서 발원·간행한『법화경』은 대부분 돌아가신 부모의 명복과 가문의 안녕을 기원하기 위해 판각되었다.

조선 초기 국왕이『법화경』의 사경을 명령한 사례들을『조선왕조실록』에서 확인할 수 있다. 예를 들어 1394년(태조3) 7월 17일 고려 왕씨의 명복을 빌기 위해『법화경』을 금으로 써서 각 절에 나누어 때때로 읽도록 한 것을 비롯하여 태종·세종·문종대에 걸쳐 선왕(先王)의 승하와 왕자 등의 죽음을 애도하며 사찰을 건립하고『법화경』을 사경·간행하는 사례가 매우 많이 보인다.

1450년(문종 원년) 4월 10일 대자암(大慈庵)에서 7일간 설행된 불교행사 때『법화경』이 사경된 정황을 살펴보자. 당시 문종은 죽은 세종을 위해 강희안 및 승려 7명 등에게 명하여 금가루를 아교풀에 타서 불경을 사경하도록 했다. 이때 도승지 이사철은 발문(跋文)에 다음과 같이 썼다.

돌아가신 대왕이 복을 받도록 하기 위해선 오직 대웅씨(大雄氏, 부처님)의 자비로운 교리에 의지해야 한다. 이에 해서(楷書)를 잘 쓰는 사람에게 명하여『법화경』7권,『기신론』1권을 금자(金字)로 쓰게 했다. 모두 정전(赬牋, 붉은 종이)을 사용했고, 장정과 갑함(책갑)도 아주 정교하고 치밀하게 만들었다. (중략) 더욱이『법화경』은 순수하게 실제의 모습을 말한 것이니 이는 곧 부처의 교리 가운데 가장 묘한 것이다.

이처럼 당시 왕실 주도의『법화경』사경은 고급스럽고 신비로운 색종이에 금가루로 사경했고 화려한 장정까지 더해져 최고의 품격을 지닌 것이었다.

(2) 권근과『묘법연화경』

조선 초기의 유학자 권근(權近, 1352~1406)은 정도전과 함께『불씨잡변(佛氏雜辨)』

의 서(序)를 쓰기도 한 척불론자(斥佛論者)인 것 같기도 하지만 여러 불교 문헌에 쓴 발문이나 서문 또는 불교인과의 대화 등으로 미루어볼 때 불교를 이해한 선비였다고 여겨진다. 어떤 면에서 권근은 자유주의 철학자로서 국한 없는 논리를 전개한 인물이다. 그는 『불씨잡변』의 서문에서 다음과 같이 소박한 비평을 하고 있다.

> 유교가 오상(五常)에 의해서 오장(五臟)이 되어지는 이치는 서로 연관되는 건전한 생각이라 하겠으나 불교의 사대위체설(四大爲體說)은 생사까지 연결시켜 보기에는 곤란하다. 또한 불교의 인과윤회설(사람 되고 소 되는 것)은 아무래도 허무하다.[1]

권근은 『법화경』의 발어(跋語)를 네 번씩이나 썼던 점으로 보면 불교에 대한 조예도 인정받았던 인물로 볼 수 있다. 특히 『법화경』에 관한 한 권근은 밀접한 관계를 갖고 있는 만큼 그에 대해 깊은 이해가 필요하다.

역사적으로 돌이켜 보면 만덕사 백련결사 시대에는 『법화경』이 수행의 중심 텍스트였다. 그러나 묘련사(妙蓮寺) 시대에 와서는 『법화경』이 신앙의 텍스트로 바뀌어졌으며 왕족 또는 귀족의 기복신앙의 표본으로 삼았다. 그러다 조선시대에 들어와서는 열반인(涅槃人)의 앞길을 비는 방편으로 금자(金字) 『법화경』의 제작 또는 망인(亡人)의 넋을 비는 사경의 풍조가 성행했다. 태조 이성계의 명으로 멸망한 고려 왕가와 열반인의 영로(靈路)를 빌기 위해 권근이 쓴 「별원법화경발어(別願法華經跋語)」[2]의 내용은 다음과 같다.

> 왕씨를 위하여 금자묘법연화경 3부를 제작하니, 이는 왕씨의 종족과 모든 법계함령(法界含靈)까지 진리에 의지하여 빨리 묘과(妙果)를 징험하도록 하려는 것이다. 남은 은

---

1 『陽村集』 17卷 3冊.

2 『陽村集』 22卷 3冊.

혜를 미루어 신민(臣民)을 이롭게 하기를 바랄 뿐 감히 부덕한 내 몸을 위하여 복을 비는 것은 아니다.

이 같은 유명(幽冥)을 향한 기원은 왕가에 한정된 것이 아니었다. 권근은 중형(仲兄)의 명복을 빌기 위해서도 같은 형식을 취했다. 물론 책을 제작만 하는 것이 아니라 전독(轉讀)도 진행된다. 전독은 승려들에 의해 집례(執禮)된다. 이것이 법사종(法事宗)의 주요 행사였다.

이와 같이 망인을 위해 의식화된『묘법연화경』의 사용은 조선 초에 크게 성행했고, 효도소설『심청전(沈淸傳)』과『구운몽(九雲夢)』등은『묘법연화경』의 토착화로 이루어졌다.[3] 이후 조선 중엽 이이(李珥)가 선조에게 강의하면서『법화경』의 정신을 비유로 설명하는 것을 보면, 그가『법화경』을 다른 불교 경전보다 더 깊이 이해하고 있었음을 짐작할 수 있다.[4]

2) 조선시대의『법화경』판본

(1) 성달생 서사『법화경』

사대부가에서 발원한『법화경』의 간행도 대부분 사후명복을 빌기 위해서였다. 조선시대의 대표적인『법화경』판본이며 후대에도 꾸준히 복각된 성달생(成達生, 1376~1444) 서사본도 마찬가지였다. 이 판본은 1405년 조계종 승려 신희(信希) 등이 성달생에게 기로(耆老)들이 쉽게 볼 수 있도록 작은 글씨로 된『법화경』을 좀 더 큰 글씨로 고쳐줄 것을 부탁하여 서사된 것이다. 아버지의 상중(喪中)이었던 성달생은 선친의 명복을 빌기 위해 청탁을 선뜻 승낙했다고 한다. 성달생은 개성 출신으

---

3 한기두, 「여말선초의 천태·법화사상」, 동국대학교불교문화연구소 편, 『한국천태사상연구』, 동국 대출판부, 1983, 370-371쪽.
4 李永子, 『한국천태사상의 전개』, 민족사, 1988, 40쪽.

로 1402년 조선에서 처음으로 실시된 무과에 장원으로 급제한 인물이다. 그는 능숙한 무예로 북변의 진수(鎭守)와 개척에 크게 공헌했고 일찍부터 필법이 매우 뛰어나 이름을 날렸다.

성달생은 1405년 이후에도 아우 성개(成槪) 등과 함께 『법화경』을 두 차례 더 필사했다. 1422년 인순부윤(仁順府尹) 성억(成抑)의 발원으로 간행된 성달생 형제 서사본은 태종의 4남인 성녕대군(성억의 사위)이 요절하고 태종비 원경왕후가 서거한 뒤 그들의 명복을 빌기 위해 성억이 사촌인 성달생 형제에게 필사를 부탁한 것이었다. 1443년의 성달생 서사본은 1428년 모친상으로 여막에 있던 성달생을 찾아온 승려 해운(海云)이 『능엄경』과 『법화경』을 널리 보급하고자 하는 서원을 말하고 두 경전의 필사를 요청했으나 미루다가 1442년 사위 조절(曺梫)의 도움으로 서사를 마치고(『법화경』 7권 중 한 권만 성달생이 필사했다), 1443년 전라도 고산 화암사(花巖寺)에서 목판으로 간행되었다.

3종의 성달생 서사본은 조선시대 내내 인기가 많아 오랫동안 인경(印經)되었고, 그에 바탕한 복각본도 여러 차례 만들어졌다. 1436년 대구 팔공산 동화사에서 비구 신심(信心)과 의일(義一)이 화주가 되어 효령대군과 판원사(判院事) 이순몽(李順蒙)을 비롯한 60여 명의 시주를 받아 성달생과 성개가 필사했던 1422년 『법화경』을 복각·간행했다. 1545년 전라도 고산 안심사(安心寺)에서 간행했던 『법화경』의 간기(刊記)를 보면 "화암사의 판목이 오랜 세월 동안의 마멸로 더 이상 인경할 수 없게 되어 안심사에 있던 판목을 번각하여 사용했다"고 기록되어 있다. 이때 마멸되었다고 한 '화암사의 판목'은 1443년의 성달생 서사본이며 '안심사의 판목'은 1405년의 성달생 서사본을 가리킨다.

이처럼 조선시대에는 『법화경』에서 설하고 있는 공덕신앙에 기초하여 초기부터 왕실과 사대부가에서 『법화경』을 많이 간행했다.

(2) 금속활자본 『법화경』

조선 초기의 『법화경』 판본은 크게 금속활자본과 목판본으로 구분된다. 우선 금속활자본으로 초주갑인자본(初鑄甲寅字本) 『법화경』이 있다. 초주갑인자는 1434년(세종 16)에 경자자(庚子字) 등 기존 금속활자의 문제점을 보완하여 완성한 것으로 글자체가 매우 아름답고 명정하며 경자자보다 글자가 큰 특징을 보인다. 초주갑인자본 『법화경』은 1457년(세조 3)에 죽은 의경세자(懿敬世子)의 명복을 빌기 위해 『화엄경』, 『능엄경』 등과 함께 간행한 것으로 이후 많은 복각본을 유행시켰다. 충청도 부여 만수산 무량사본(1493), 경상도 안음 영각사본(1549), 전라도 순천 송광사본(1607, 1615), 전라도 보성 개흥사본(1649), 전라도 조계산 선암사본(1660) 등이 모두 초주갑인자본을 복각한 것들이다.

또 다른 금속활자본으로는 1455년(세조 원년)에 『능엄경』, 「원각경」, 『능가경』 등과 함께 간행된 을해자본(乙亥字本) 『법화경』이 있다. 을해자는 강희안의 글씨를 바탕글자로 삼아 동활자로 주조한 것으로 대·중·소의 다양한 크기로 활자를 만들었고 한문 활자와 한글 활자를 모두 갖추고 있다. 을해자는 안평대군의 글씨를 바탕으로 주조해서 사용했던 경오자(庚午字)를 녹여 만든 것이다. 즉 안평대군이 세조의 왕위 찬탈에 반대하다가 죽임을 당하면서 경오자도 함께 폐기되었는데, 이때 이를 녹여 을해자를 만든 것이다. 을해자본의 번각본으로는 경상도 영천 공산사본(은해사, 1531), 황해도 구월산 패엽사본(1564), 전라도 강진 무위사본(1572), 경상도 청도 구룡산 수암사본(1631) 등이 남아 있다.

(3) 목판본 『법화경』

목판본으로는 앞에서 언급했던 3종의 성달생 서사본이 가장 유명하다. 특히 1443년 화암사본에는 성달생 자신이 쓴 발문이 포함되어 있고 다른 2종의 『법화경』 간행 때와는 달리 수백 명에 달하는 승려와 일반인이 시주로 참여했다. 또한 이 판본의 간기에는 사육신 중 한 명이며 성달생의 손자인 성삼문의 이름도 보인다. 그런데 단종 복위 사건이 있은 뒤 판본에 따라서는 원래의 간본과 달리 성달생, 성승, 성삼문 3대의 이름이 삭제된 것도 있다. 1456년에 발생한 단종 복위 사건에 성승과 성삼문이 연루되었던 관계로 이후 원래 판목에서 이들 이름 부분을 깎아내고 인쇄했던 것으로 보인다.

그리고 정확한 연대는 알 수 없지만, 세조 연간(1455~1468)에 개판된 황진손(黃振孫, 1425~?) 서사본이 있다. 황진손은 필법으로 유명했던 사람이다. 현존하는 복각본이 그리 많지 않지만 전라도 김제 승가산 흥복사본(1586), 전라도 진안 반룡사본(1627) 등이 황진손의 서사본이다.

한편 1463년 간경도감에서 간행한『법화경』국역본이 있다. 1461년 6월에 설치된 간경도감은 1471년 12월에 혁파되기까지 10여 종의 불경을 한글로 번역·간행했다. 그중『법화경』은 1463년에 윤사로·황수신 등이 주도하여 번역했다.『법화경』국역본의 체제는 먼저 경문을 새기고 뒤이어 주석(註釋)으로 중국 명나라 일여(一如)의『법화경과주』와 송나라 계환(戒環)의『법화경요해』(이하 '계환해'로 약칭)를 함께 배열했다. 그런데 일여의『법화경과주』는 경문 아래에 쌍행(雙行)의 작은 글자로 배열하고 한글로는 번역하지 않았던 반면에, '계환해'는 경문보다 한 글자 내려 일행(一行)의 중간 글자로 배열하고 한글로 번역하여 서로 간에 위상의 차이가 엿보인다.

이러한『법화경』국역본의 체제는 당시 조선에 들어온『법화경』주석서 가운데 천태 계통의 새로운 주석서인 일여의『법화경과주』는 별로 유행하지 못했고 계환의『법화경요해』가 보다 중요한 위치를 차지하고 있었음을 반영하는 것이다. 더욱이『법화경』언해본에는 처음에 일여의『법화경과주』가 첨입되어 있었지만, 이후에는 그러한 보조적 지위마저도 사라져버린다. 당시 중국과 일본에서는『법화경』의 주석서로 일여의『법화경과주』가 널리 받아들여지고 있었는데, 조선에서만 유독 '계환해'가 성행하였던 것은 고려시대 이래의 선사상과 조선 특유의 화엄사상의 영향에 기인하는 것으로 볼 수 있다.

그 밖에 1459년 세조의 5남인 광평대군의 부인 영가부부인(永嘉府夫人) 신씨(申氏)가 그녀의 원찰인 경기도 개성의 견성암에서 인출한 『법화경』, 1470년 정희대왕대비(貞熹大王大妃) 주관으로 간경도감에서 간행한 큰 글자의 『대자(大字)법화경』 등이 있다. 이 두 본은 앞서 소개한 판본들이 '계환해'였던 것과는 달리 구마라집의 『법화경』으로 주석이 없는 『무주(無註)법화경』이다. 그러나 조선시대에는 『무주법화경』의 간행이 매우 드물었으며, 대부분 『법화경계환해』 7권본을 간행했다.[5]

2. 『법화경』의 한글 번역

조선시대의 불교 경전의 한글 번역은 일반 백성을 대상으로 하는 새로운 차원의 포교사업이자 불교 토착화의 성격을 갖고 있었다. 세종은 『석보상절』과 『월인석보』의 서문에서 "사람마다 쉽게 이해하도록 하기 위하여 훈민정음으로 번역한다"고 언급했다.

1) 『월인석보』에서의 『법화경』 비중

세종 때 간행된 『월인석보』에서 『법화경』은 매우 큰 비중을 차지하고 있다. 또한 『석보상절』에서도 흔히 읽히는 『반야경』이나 『화엄경』 같은 대승경전은 부분적인 인용에 그치고 있는데 비해, 『법화경』은 권13과 권19의 두 권에서만 총 28품 중 6품이 전재되고 있다. 특히 권13에서 『법화경』은 「서품」부터 시작해서 순서대로 전재되어 있다. 최근 『월인석보』에는 『법화경』의 중송(重頌) 부분만 제외하고 산문 형식으로 된 『법화경』의 장행(長行) 부분이 모두 번역되어 실린 것으로 밝혀졌

---

5 원각불교사상연구원 편, 『한국천태종사』, 대한불교천태종출판부, 2010, 282-288쪽 참조.

다.『월인석보』에서 차지하는 이러한 비중은 당시 조선의 불교계에서『법화경』이 얼마나 중시되고 있었는지를 말해주는 것이다.

그런데『월인석보』는 이중적인 불타관을 보여주고 있다. 하나는 역사상의 인간적인 석가의 모습이고, 다른 하나는 영원한 생명으로서의 초인간적인 불타의 모습이다. 그 가운데 영원한 생명으로서의 초월적인 부처 모습을 나타내기 위해 편입된 것이 바로『아미타경』,『법화경』등이었다.

2) 세조의 불경 간행과『법화경』

세조는 불교 경전의 간행에 지대한 관심을 가지고 있었다. 그는 1457년(세조 3)에 해인사의 팔만대장경을 50부 인쇄하기로 마음먹고 다음 해 4월에 그 일을 마쳤다. 이에 소요된 종이만도 40만 권이나 된다. 이에 앞서 세조는 1457년 9월에 죽은 세자의 명복을 빌기 위해 여러 종류의 불경을 간행케 했는데, 불교 경전에 정통한 신하들을 시켜『금강경』,『능엄경』,『법화경』,『영가집』,『증도가』등의 여러 주소(註疏)를 교정하게 한 후 주자소에서 100부씩 인쇄했다. 간행된 불경은 전국의 명산대찰에 나누어 보관했으며 일본과 류큐 왕국(琉球王國)에도 보냈다.

또한 세조는 1458년에『월인천강지곡』과『석보상절』을 합본하여『월인석보』를 간행했다. 1447년에 세종이 지은『석보상절』서문과 1459년에 지은『월인석보』서문에는 이 책의 간행이 세종의 왕비이며 세조의 어머니인 소헌왕후(昭憲王后)의 명복을 빌기 위함이라는 말과 더불어 정음(正音)으로 번역하니 사람들이 쉽게 깨달아 삼보에 귀의하길 바란다는 목적도 함께 공언되어 있다. 그런데 세조는『월인석보』의 불경 편입 작업 과정에서『법화경』에 크게 주목하여『월인석보』아홉 권(권 11~19)에 걸쳐『법화경』을 번역하여 싣고 있다.

3) 간경도감의 설치와 『법화경』

세조대 불경 간행의 중심은 1461년에 설치한 간경도감이었다. 간경도감은 세종대의 책방(冊房), 문종대의 정음청(正音廳), 세조 초기의 주자소(鑄字所) 중심의 출판제도를 계승한 것으로 1471년에 폐쇄되기까지 많은 불경을 간행했다. 세조는 고려 대장도감(大藏都監)의 선례에 따라 한양에 본사(本司)를 두고 개성, 안동, 상주, 진주, 전주, 남원 등에 분사(分司)를 두었고, 의정부, 승정원 등 정부 요직의 관원들을 간경도감의 도제조(都提調), 제조(提調), 사(使), 부사(副使), 판관(判官) 등으로 임명하는 등 막대한 인적·물적 자원을 투입했다.

간경도감에서는 많은 한문 불경을 간행했을 뿐만 아니라 주요 불교 경전을 우리말로 번역하는 국역사업도 병행해 진행되었다. 간경도감에서 새로 개판한 것만도 『화엄경합론』 120권, 『유가론소』 40권, 『능엄경의해』 30권 등 모두 29종에 달한다. 또 의천 때의 고려속장경을 중수 복각하여 간행한 것으로 『법원주림』 100권, 『수능엄경의소주경』 20권, 『열반경소』 20권 등 10종이 있다.

그리고 1462년에 『능엄경』, 1463년에 『법화경』, 1464년에 『영가집』·『금강경』·『심경』·『미타경』, 1465년에 『원각경』, 1467년에 『수심결』 등을 한글로 번역·출간했다. 간경도감의 국역본은 대개 세조가 직접 번역하거나 구결을 달았는데, 『법화경』을 비롯해 『수능엄경』, 『반야심경』, 『영가집』, 『금강경』, 『아미타경』, 『원각경』 등의 9종이 그러하다. 특히 간경도감의 『법화경』 국역본은 『월인석보』에서 뺀 중송(重頌) 부분까지 합해 전체 『법화경』을 한글로 완역한 것이라는 점에서 의의가 크다. 이 『법화경』 국역본은 그 뒤에도 수차례 복각되었는데, 1523년 전라도 영광 구수사(九水寺) 『법화경』 판본도 간경도감 국역본을 복각한 것이다.

세조는 대군(大君) 시절에 당대의 고승 준(俊)에게 불교 경전을 배워 "깊이 불전(佛典)에 통했다"는 평을 들었다. 아무리 세조대의 불경 국역사업이 김수온(金守溫)을 비롯한 신미(信眉)·수미(守眉) 등 고승·석학들의 연찬과 동참 속에서 이루어진 작업이라고 할지라도 세조의 불교적 소양과 학식에서 비롯된 간경도감의 설치와 그 반포의 영향을 부정할 수는 없다.

4)『법화경』 국역의 의의

『월인석보』나 간경도감의『법화경』 국역과 관련해 왜 조선 초기에『법화경』이 완역(完譯)의 대상으로 선정될 수 있었는가 하는 의문이 든다. 그 답은『법화경』국역의 저본이 '계환해'였다는 것에서 찾을 수 있다. '계환해'는『법화경』의 주석서인 소(疏)에 불과하고 경(經)이나 논(論)보다 그 지위가 떨어짐에도 불구하고 조선시대에 들어와『법화경』 자체를 대신할 정도로 높은 위상을 갖게 되었다. 이는 '계환해'가 유독 조선에서 천태종의 보현도량뿐만 아니라 일상적인 불교의 대중법회나 불교결사에서 강본으로 널리 사용되었기 때문이다. 이를 통해 '계환해'는 참회와 정토왕생의 신앙을 대변하는 불경적 위상까지 획득했다.

세종은『석보상절』과『월인석보』의 서문에서 "사람마다 쉽게 이해하도록 하기 위하여 훈민정음으로 번역한다"고 언급했듯이 이와 같은 불경 언해의 목적이 일반 백성을 위한 것이었다. 이에 당시 민중에게 가장 호평받았던『법화경계환해』는 국가 차원의 국역 대상으로서 존중되지 않을 수 없었다고 볼 수 있다. 이처럼 대를 잇는 세조의『법화경』 국역은 일반 백성을 대상으로 하는 새로운 차원의 포교사업이자 불교 토착화의 성격도 갖고 있었다. 특히 16~17세기에『법화경』이 집중적으로 간행되었고 16세기 이후 각 지역에서 일반민이『법화경』의 간행 주체로 등장하고 있다는 점으로 볼 때 조선의 불교계는 개국 이래 쇠락해가기만 한 것이 아니라 오히려 사회적 위기 국면에 더욱 적극적으로 대처하고 있었다고 볼 수 있다.[6]

---

6 원각불교사상연구원 편,『한국천태종사』, 305-314쪽 참조.

3. 『법화경계환해』의 유행

1) 새로운 형식의 판각과 '계환해'

조선 개국 직후에는 고려본을 복각하거나 전대의 경판을 그대로 이용하여 『법화경』을 간행하기도 했는데, 고려본 체제는 대개 주석이 없는 구마라집의 『무주법화경』이며 글자도 작은 『소자법화경』이었다. 또 송나라에서 전래된 판본의 영향으로 『법화경』의 첫머리에 도선(道宣)이 쓴 「법화경홍전서(法華經弘傳序)」 등의 서문을 포함하는 형식으로 간행된 것도 있다. 『법화경』은 이미 조선 초기부터 새로운 형식의 다양한 판각이 이루어졌는데, 조선시대 『법화경』 판본의 거의 대부분은 '계환해'라고 해도 될 정도로 '계환해'가 압도적으로 많이 간행되었다.

'계환해'의 국내 현존 최고 판본은 1240년(고려 고종 27)에 간행된 것이다. 당대 최고 권력자였던 최이가 쓴 발문에 의하면, 사일(四一)이라는 승려가 『법화경계환해』에 통달했는데 그 내용이 단순하면서도 의미가 깊어 보현도량에서 강본(講本)으로 사용하여 확산시키려는 뜻을 가졌다. 최이가 그 말을 듣고 기뻐하면서 조판(雕板)을 후원하여 출판이 이루어지게 된 것이다. 최이의 발문이 있는 '계환해'가 조판된 시점과 백련사 보현도량이 개설된 시점이 8년밖에 차이나지 않기 때문에 발문에 기록된 보현도량은 백련사 보현도량일 가능성이 매우 높다.

2) '계환해'의 특징

계환의 전기는 『신속고승전』에 전해지고 있는데, 그에 따르면 『법화경』 주석서인 『법화경요해』(7권)은 1119년에 시작하여 1126년에 완성되었다. 다른 주석서가 세밀하게 주석하는데 반해, 계환은 요점만 간명하게 간추려 쉽게 설명한 '요해(要解)'를 펴냈다. 계환의 법화관은 화엄과 법화를 하나로 보는 화법일치(華法一致)를 주장하고 있는데, 이는 '계환해'가 화엄사상적인 배경을 일찍부터 갖고 있었던 백련사 계통의 천태종에 수용될 수 있었던 중요한 이유 중 하나였다고 볼 수 있다. 뿐만 아니라 '계환해'에는 제법(諸法)이 실로 '산하대지의 자연 그대로'라고 표현하고 있고, 그러한 묘법을 증득한 자는 '천진(天眞)이 일그러지지 않는다'고 강조하고 있다.

이러한 '계환해'에 대해 권근은 "계환의 소해(疏解)는 뜻이 깊으면서도 간결한 공이 있어 읽는 자는 스스로 밝아져 쉽게 그 뜻을 이해할 수 있다"고 평가했다. 이러한 간결성으로 인해 '계환해'는 고려 말 이래 일반 민중을 대상으로 하는 법화법석(法華法席)의 강본으로 채택되었고, 민중에게 큰 호평을 받아 조선 전역에 널리 확인된 것으로 보인다.

3) '계환해'의 성행

조선시대에 들어와 『법화경계환해』는 그 주석의 간결성과 선적(禪的)인 표현으로 인해 천태종의 테두리를 넘어 다른 종파로 확산되어갔다. 그 최초의 예는 1405년 안심사에서 간행된 성달생 서사본 『법화경』에서 찾아볼 수 있다.

조선시대에 '계환해'가 성행했던 또 다른 이유는 그 무엇보다도 '계환해' 간행에 깃든 '공덕사상' 때문이다. 경전의 사경이나 간행 공덕은 모든 대승경전에서 한결같이 설해졌던 것이다. 이로 인해 국가의 안녕이나 추선(追善, 죽은 자의 명복을 빔)을 목적으로 불경들이 간행되는 일은 허다했다. 그러나 '계환해'처럼 경(經)이 아닌 소(疏)가 공덕신앙과 관련하여 개판되었던 적은 드물다. 1330년(고려 충숙왕 17) 이신기(李臣起)가 발원해서 사경했던 『법화경계환해』도 추선을 위해 금은니(金銀泥)로 사경한 것이다. 또 조선에 들어와서도 왕실이나 사대부가에서 부모의 사후명복을 빌기 위해 『법화경』을 많이 간행했는데, 대부분 '계환해'를 간행했다. 더욱이 추선이라는 부가적인 소원 없이 순전히 『법화경계환해』의 홍포만을 목적으로 간행된 사례도 자주 확인된다. 태종은 부왕과 모후의 명복을 빌기 위해 『법화경』 2부를 금니(金泥)로 사경케 하고, 자신의 넷째아들인 성녕대군의 명복을 빌기 위해 『법화경』을 금서(金書)케 했는데, 이 모두가 '법화법석'에 사용하기 위해 사경한 것이다.

1405년의 성달생 서사본은 퇴역한 기로(耆老)들을 위해 고려본 『소자법화경』을 중자로 바꾸기 위해 간행한 것으로, 당시 퇴직 관료들이 만든 신행단체인 기로회(耆老會)가 법화결사를 맺고 『법화경』을 염송했음이 확인된다. 즉 개성 보암사(寶岩寺)에서 60세가 넘은 퇴직 관료들이 법화결사를 맺고 매월 8, 14, 15, 23, 29, 30일의 육재일(六齋日)에 모여 『법화경』을 서로 돌려가며 읽고 토론하는 한편, 15일의 재일에는 밤을 세워가며 극락왕생을 위한 염불을 했다고 한다.[7]

4. 수륙재와 『법화경』

1) 수륙재 설행의 목적

수륙재(水陸齋)는 조선시대에 여러 목적에서 폭넓게 행해진 불교 의례이다. 대개 소재(消災), 구병(救病) 등 백성에게 닥친 재앙을 없애거나 병을 치료하기 위해 또는 죽은 혼의 천도와 명복을 빌기 위해서 설행되었다. 본래 수륙재는 물이나 육지에 사는 억울한 혼령에게 불교의 법식(法食)을 평등하게 공양하여 구제하는 것을 목적으로 하는데, 당시 백성은 그러한 억울한 혼령들에 의해 일상사의 온갖 불행이 싹튼다고 믿고 있었다. 이러한 발상은 무속적인 해원주술(解怨呪術)에 그 맥이 닿아 있으며, 불교가 그러한 무속적 기능을 포용하는 과정 속에서 자연스럽게 수륙재가 불교 의례로 흡수되었다고 볼 수 있다. 그렇지만 중종 때에는 수륙재를 폐지하

---

7 원각불교사상연구원 편, 『한국천태종사』, 288-296쪽 참조.

고 그 대신 유교적 제례인 여제(厲祭)를 지내게 했다.

　그러나 조선시대 백성에게는 망자의 천도의식을 불교 의례로 하는 것이 관행화되어 있었기 때문에 수륙재는 국가의 공식적인 폐지와 상관없이 16세기 이후에도 민간에서 계속 설행되었다. 수륙재 관련 불교의식 책자가 16~17세기에 집중적으로 간행되었고 수륙재 의식에 사용하기 위해 지은 승려의 '재소문(齋疏文)'도 이 시기에 가장 많이 확인되고 있다.

2) 수륙재와 『법화경』염송

　수륙재의 절차를 기록한 불교의식 책자에는 재단(齋壇)을 설치하는 법, 재단에 설치해야 할 불상이나 신중상, 민간신앙의 대상이 되는 각종 신상(神像), 천도할 영혼의 위패 등을 설치하는 방법 등 수륙재 의식을 위한 상세한 준비과정뿐만 아니라 의식의 순서에 맞추어 절차와 그 내용을 정리해놓았다. 한편 '재소문'은 수륙재를 주재하는 승려가 의식을 행하면서 기원을 적어 불전에 올리기 위해 지은 글인데, 수륙재의 목적과 구체적인 신앙 행위가 묘사되어 있다. 예를 들어 선수(善修)가 지은 「추천부모소(追薦父母疏)」는 돌아가신 부모의 영혼을 천도하기 위해 설행한 수륙재 때 사용했던 재소문이다. 여기에는 "길일을 택해 법회를 개최하오니, 낮에는 『법화경』의 묘법을 펼치고, 밤에는 수륙재를 설행하옵니다"라고 기록되어 있다. 이로 볼 때 당시 수륙재는 주로 밤에 설행되었고 낮에는 그러한 의식의 연장선에서 『법화경』이 염송되고 있었음을 알 수 있다.

　수륙재에서의 『법화경』 염송과 관련해 유정(惟政, 1544~1610)의 『사명당대사집』에 실려 있는 「각림사심검당낙성소(覺林寺尋劍堂落成疏)」도 주목된다. 이 재소문은 각림사에서 심검당을 건립하는 낙성식 때 수륙재도 함께 설행했던 내용을 적어놓은 것이다.

먼저 돌아가신 부모와 스승, 제자들의 영가(靈駕)와 더불어 외로운 무주고혼들이 모두 정토에 왕생하는 원을 이루기를 바라옵니다. 이에 병란이 휩쓸고 간 옛터에 전각을 건립하고 수륙재를 개최하여 낮에는『법화경』을 독송하고 밤에는 삼단승회(三壇勝會)를 설하려 하옵니다.

이처럼「각림사심검당낙성소」에는 수륙재를 설하여 수륙재에 참여한 단월이나 승려의 부모, 스승, 제자의 영혼뿐만 아니라 전쟁 등으로 인해 희생된 무주고혼을 천도하는 것이 수륙재 개설의 목적임을 밝히고 있다. 그런데 여기서도 낮에『법화경』을 독송했다고 되어 있다.「추천부모소」나「각림사심검당낙성소」등으로 볼 때 수륙재 기간 동안 일반적으로 낮에는『법화경』을 염송하는 의식이 함께 병행되었던 것으로 보인다.

수륙재 의식에서『법화경』이 염송되었던 것은『법화경』의 공덕신앙에 기초하여 일반적인 천도재에서『법화경』이 염송되었던 것과 밀접한 관련이 있다. 즉 수륙재 역시 크게 보아 천도재의 하나인 것이다. 수륙에 깃든 억울한 영혼의 천도를 위한 것이니, 이러한 천도재에『법화경』염송보다 더 좋은 게 있을 수 없다. 수륙재 설행 때『법화경』이 염송된 것도 바로『법화경』의 이러한 공덕신앙에 바탕을 두고 있다고 볼 수 있다.

3)『법화경』간행 주체의 변화

고려시대의 불교는 왕실·귀족과 일반 백성 사이에 단층이 존재하는 이중적인 구조를 가지고 있었다. 다시 말하면 왕실·귀족은 한문 경전을 읽고 이해하는 학문불교·교학불교였다면, 일반 백성은 주술이나 미신적인 불교 아니면 정토신앙 같은 것에 매달리는 측면이 강했다. 이 양자 가운데에서 경제력을 가지고 정치적 영향력을 미친 것은 왕실과 귀족들의 불교였다.

그런데 조선시대의 불서 간행에서는 일반 백성이 대규모로 시주자 명단에 등장한다. 1448년 효령대군과 안평대군이 간행한『법화경』과 1500년 상궁 김씨가 발원한『법화경』에도 많은 일반 백성이 시주자로 참여했다. 즉 1448년 간행된『법화경』에는 안평대군의 수서(手書), 양이손의 발문(跋文), 간기(刊記)가 첨가되어 있는데, 발원자로 왕실의 효령대군, 안평대군, 영흥대군, 서원군, 낙안군, 영천군, 그리고 유수(留守) 안석덕을 비롯한 신료들이 기록되어 있고, 이어 각수(刻手), 목수(木手), 야장(冶匠), 화주(化主) 등 각 소임자들의 명단과 대시주라 하여 일반인으로 이루어진 시주자 50여 명의 명단이 기록되어 있다.

조선시대에는 초기부터『법화경』간행에 참여한 시주자 명단에 일반인이 100명 이상 기록된 예가 많이 확인된다. 1443년 성달생 서사본의 간행에는 수백 명에 달하는 승려와 일반인이 시주자로 참여했다. 그런데 16세기에 들어서면 간행 주체에 더욱 큰 변화가 일어난다. 16세기 이전에는 왕실이나 실직(實職)을 가진 명망 있는 사족(士族)이 시주 명단의 첫머리에 확인되지만, 16세기 이후에는 이러한 인물들은 잘 보이지 않게 된다. 1561년(명종 16) 1월 경상도 풍기 소백산 희방사(喜方寺)에서 화암사본을 복각한『법화경』판본에는 100여 명에 가까운 이 지역의 일반인들이 간행 주체로 등장한다. 또 1615년 전라도 순천 송광사에서 간행된『법화경』의 간기에는 왜란으로 1583년 선사 숭인(崇印)이 간행한 판목이 절반가량 소실되자 이에 담현(曇玄) 등이 뜻이 모아 경판을 새로 조성했다고 되어 있다.

이와 같이 일반인 시주자 집단과 불교계가 16~17세기에 안정적으로 결합할 수 있었던 배경은 무엇일까? 그 답은 수륙재 의식과『법화경』의 성행에서 찾을 수 있을 것 같다.

4) 수륙재와 불교 대중화

수륙재는 망자나 전사자에 대한 천도뿐만 아니라 전염병에 대한 치병, 심리적

안정 등도 포함하는 포괄적인 불교 의례라는 점에서 이상기후로 인해 농토가 황폐화되고, 왜란·호란 등 전쟁이 빈발하고, 전염병이 만연하였던 16~17세기 조선 사회의 현실에서는 일반인에게 가장 필요한 종교 의례였다. 당시 사람들은 수륙재를 통해 무주고혼들이 정토로 왕생하게 되면 그 공덕으로 인해 살아 있는 사람들의 재앙이 소멸되고 복덕이 증진된다고 믿었다. 그러므로 수륙재는 전쟁이나 각종 재해로 지쳐 있는 일반인에게 큰 정신적 위로가 되었다. 결국 16~17세기에 승려들의 주도하에 각 지역 사찰에서 『법화경』과 불교의식 책자가 활발하게 간행되고 수륙재가 빈번히 설행되었던 것은 국가가 해주지 못하던 공적인 사회 위무를 불교계가 적극적으로 담당하고 실천하고 있었음을 뜻하는 것이다.[8]

---

8 원각불교사상연구원 편, 『한국천태종사』, 296-304쪽 참조.

제**5**장

조선시대와 근세의 『법화경』 연구

태조 이성계는 당대 걸출한 승려 자초(自超, 무학대사)와 조구(祖丘)의 높은 덕을 흠모하고 있었다. 신료들의 진언으로 폐불숭유정책을 실행하지만 태조 자신은 불법에 귀의하여 자초를 선종의 총섭으로 삼고 조구를 교종의 총섭으로 삼아 조구를 국사로 임명하고 『법화경』을 서사했다. 태종은 숭유정책을 강화했고 세종은 불교를 선종(禪宗)과 교종(敎宗)으로 통폐합했다. 그러나 세종은 불교 자체를 부정하지는 않았다. 현실의 불교 모습에 비판적이었지만, 세종은 만년에 사찰을 건립하고 참예도 했다. 세종을 이은 세조도 폐불정책을 취했지만 불교를 신앙으로 가지고 있었고 경전 출판에 전력을 쏟았다. 이후 불교는 조선시대 500년간 수많은 곡절을 거치면서 부침을 거듭했다. 이에 대표적인 『법화경』 연구 2~3편을 소개한다.

1. 기화의 『법화경송』

1) 기화의 생애

자초의 문하인 기화(己和, 1376~1433)의 속성은 유(劉)씨, 호는 득통(得通), 당호는 함허(涵虛)이다. 1396년 관악산 의상암(義湘庵)으로 출가했으며, 1397년 회암사(檜巖寺)로 가서 자초에게 법요를 들은 뒤 여러 곳을 다니다가, 1404년 다시 회암사에 가서 수도에 정진했다. 1406년 공덕산(功德山) 대승사(大乘寺)에서 4년 동안 『반야경』을 설했고, 1410년 개성의 천마산 관음굴(觀音窟)에서 선을 크게 진작했다. 1414년 황해도 평산의 자모산(慈母山) 연봉사(烟峯寺)의 작은 방을 함허당(涵虛堂)이라 명명하고, 『금강경오가해설의(金剛經五家解說誼)』를 강의했다. 1421년 세종의 청에 의하여 개성 대자사(大慈寺)에 머물면서 왕의 어머니를 위해 명복을 빌고 왕과 신하들을 위해 설법했다. 1424년 여러 곳을 편력하면서 일승(一乘)의 진리를 설파했다. 1431년 문경의 희양산(曦陽山) 봉암사(鳳巖寺)를 중수하고 그곳에서 머물다가 1433년 입적했다.

2) 『법화경송』

기화가 남긴 많은 저술 가운데 『법화경송』(1권)이 있다. 『법화경송』은 『함허당득통화상어록(涵虛堂得通和尙語錄)』에 수록되어 있다.[1]

『법화경송』은 『법화경제(法華經題)』라고도 한다. 『법화경송』은 『법화경』 전체를 경제(經題)로 파악한 칠언절구의 1송(頌), 「서품」 이하 「보현보살권발품」까지 28품의 하나하나에 1송의 절구를 지은 28송, 총송(總頌) 1송, 일대교적(一代敎迹) 1송 등 총 31송의 운문(韻文)으로 된 저술이다. 각각 품의 요체를 칠언절구로 표현하고 있다.

기화는 『법화경송』에서 『법화경』의 종요를 권수(卷首)의 '경제(經題)'를 정리한 1송, 권미(卷尾)의 총송, 일대교적의 1송 등 총 3송으로 파악하고 있다. 권두에 있는 '경제' 1송은 다음과 같다.

법은 달리 법 없으니 이 일법이요   法無異法是一法

체색은 미묘하게 여의어 생각하기 어렵네   體色離微妙難思

범인과 성인의 경지 있으나 과부족 없으니   在凡在聖無缺剩

---

1 『한국불교전서』 7, 동국대학교출판부, 2002, 238쪽.

연화의 묘함을 여기에서 만나네 　　　　　蓮華之妙合於斯

『법화경』의 정식 명칭인『묘법연화경』의 '묘', '법', '연화'의 명칭을 교묘하게 적용하여 1송을 정리하고 있다. 다만 '법', '묘'의 순으로 되어 있다. 법으로서 여러 가지 것이 있는 것이 아니라 일법(一法)뿐이라고 하는 것은 실로 원효가『법화경종요』에서 파악하는 일승(一乘)의 법이라고 볼 수 있다. 범성(凡聖)도 나누지 않고 연화(蓮華)와 같이 묘(妙)하다고 밝힌다.

　이후 각 품의 취지를 설하고 권말의 총송에서 다음과 같이 쓰고 있다.

　　밝은 묘법이 우리 몸 밖에 있는 것이 아니요 　　　不外根塵明妙法
　　생멸을 여의지 않고 진실이 항상함을 보여주네 　　不離生滅示眞常
　　이것은 가히 얻어 깨달은 영산기 　　　　　　　了此可得靈山記
　　어찌 용화를 기다려 다시 거양하리까 　　　　　何待龍華更擧揚[2]

『법화경』을 설한 것은 모든 사람에 대해 평등하게 한 사람도 빠짐없이 부처님의 지견(知見)을 개시오입(開示悟入)케 하기 위한 것임을 묘법으로써 밝힌 것이다. 그것은 생명이 현실의 미혹 세계를 여의지 않는 참된 상주(常住)의 법이었다. 따라서 『법화경』에 의한 것은 모두 석존에게 수기(授記)받는 것이 되고 미륵의 출현을 기다리지 않아도 되는 것이다. 이것은『법화경』이 요의(了義)의 가르침에 다름 아니기 때문이다. 이러한 사고방식은 기화의『법화경송』'총송'에도 나타나고 있다.

　마지막으로 기화는『법화경송』최후의 게송인 '일대교적(一代敎迹)'에서 다음과 같이 설한다.

─────────
2 『한국불교전서』7, 239쪽.

아침해 처음 오를 때 높은 봉우리 비추고	曉日初昇照高峯
수많은 바위산 골짜기 아직 어스프레하나	幾多巖壑尙朦朧
남은 산중의 계곡 모두 다 점점 밝아지네	殘山幽谷漸皆朗
당년에 크고 작은 산 모두 함께 맑은 하늘 되리라	當年洪纖共晴空[3]

『화엄경』의 삼조(三照)의 비유에 의한 것임은 말할 것도 없다. 『열반경』의 오미(五味) 비유나 『법화경』의 장자궁자(長子窮子) 비유 등에 의해 천태교판의 근거로 된 비유이다. 삼조의 비유만이 아니라 묘법을 중시하는 『법화경송』의 각 품(品) 송에도 법화사상의 영향이 나타나 있으며 법화와 선(禪)이 융합된 상당한 수준을 엿볼 수 있다.[4]

2. 설잠의 법화사상

1) 생애

설잠(雪岑, 1435~1493)의 이름은 김시습(金時習)이고, 호는 매월당(梅月堂), 청한자(淸寒子), 동봉(東峰), 벽산청은(碧山淸隱), 췌세옹(贅世翁) 등이다. 한양 성균관 부근 마을에서 태어난 설잠은 3세에 시(詩)를 짓고 5세에 『중용』과 『대학』을 읽어 신동이라는 소문이 당시 국왕인 세종에게까지 알려졌다. 20세에 남효례(南孝禮)의 딸과 혼인하고 이듬해 삼각산 중흥사(中興寺)에서 학업을 계속하던 중 단종이 세조에게 선위(禪位)했다는 소식을 듣고 사흘간 밖에 나오지 않다가 책을 모아 불사른 뒤 스

---

3 『한국불교전서』 7, 239쪽.
4 日本天台學會(叡山學院內), 『天台學報』 特別號, 平成 19年 10月, 58-60頁 참조.

스로 머리를 깎고 출가했다고 한다.

이후 관서·관동·호남 등의 명승지를 돌며 유랑하던 중 1463년 가을 한양에 책을 구하러 왔다가 효령대군의 권유로 세조의 불경언해사업(佛經諺解事業)에 참가하여 내불당(內佛堂)에서 교정일을 맡아보기도 했다. 1465년 봄에는 경주로 내려가 금오산에 금오산실을 짓고 칩거했다. 그가 머물렀던 금오산실은 용장사(茸長寺)이며, 그 집의 당호가 '매월당'이다. 그는 31세부터 37세까지 그곳에 머물렀는데, 우리나라 최초의 한문 소설『금오신화(金鰲新話)』를 비롯하여 수많은 시편들을 지어 묶은 『유금오록(遊金鰲錄)』 등의 저작을 남겼다.

성종이 왕위에 오른 뒤 1471년 설잠은 한양으로 올라와서 이듬해 한양 동쪽 수락산에 폭천정사(瀑泉精寺)를 마련하고 그곳에서 10여 년을 지냈다. 1481년 47세가 되자 돌연히 머리를 기르고 안씨(安氏)를 아내로 맞아들였으나 얼마 후 부인이 죽고 '폐비윤씨' 논의가 일어나자 다시 출가하여 관동지방 등지로 방랑길에 나섰다.

설잠은 마지막으로 충남 홍성 무량사(無量寺)에서 머물다가 59세에 입적했다. 입적하기 전 시신을 화장하지 말 것을 유언하여 제자들이 시신을 절 옆에 안치해두었다가 3년 후 장사를 지내려고 관을 열어보니 안색이 생시와 같았다고 한다. 다비한 후 사리를 수습하여 부도에 안치했다.[5]

2) 저술로 본 설잠의 법화관

설잠의 불교 관계 저술에는 법화사상을 다룬『묘법연화경별찬(妙法蓮華經別讚)』(약칭『연경별찬』), 신라 의상의『화엄일승법계도』에 주를 단『대화엄일승법계도주병서(華嚴一乘法界圖註幷書)』, 화엄사상을 밝힌『화엄석제(華嚴釋題)』, 중국 상찰(常察)이 지은『십현담(十玄談)』을 주해한『십현담요해』, 조동선(曹洞禪)의 오위(五位)를 다

---

5 원각불교사상연구원 편,『한국천태종사』, 대한불교천태종출판부, 2010, 258-261쪽 참조.

룬『조동오위요해(曹洞五位要解)』, 잡설이라 불리는 여러 가지 불교론을 다룬『십장문(十章文)』등이 있다. 이들 저서를 통해 설잠의 다양한 불교사상을 엿볼 수 있다. 특히『연경별찬』은 찬문 형식이면서도 시와 문에 대한 문학성이 풍부하게 들어 있을 뿐만 아니라 법화경관을 깊이 있게 다루고 있는 작품이다.

설잠의 법화사상에 관한 직접적인 저술은『연경별찬』뿐이지만, 그의 저서 곳곳에는『법화경』에 대한 언급이 있다. 시문에서는『묘법연화경』을 읽고 있는 승희도인(昇曦道人)의 모습을 노래하기도 하고, 천태산의 스님들을 흠모하고 천태산 풍경을 부러워하기도 했다. 이러한 천태와 법화에 대한 관심으로 인해『묘법연화경』을 국역하는 데 추천되기에 이른 것이다. 그가 1427년『국역 묘법연화경』의 교정에 참여할 수 있었던 것은『법화경』에 깊은 식견을 가진 인물로 평가되었음을 반증한다.『매월당속집』에는 다음과 같이 기록하고 있다.

계미년(세조 9, 1463) 가을에 책을 사려고 한양에 갔는데 임금께서『묘법연화경』을 새로 번역하고 있었다. 효령대군이 나의 식견을 알아주고 임금께 주청하여 교정보는 일을 허락받았다. 이에 10여 일 동안 내불당에 머물렀다.

당시 왕실의 어른이며 신실한 불교신자였던 효령대군은 설잠이『국역 묘법연화경』을 교정하도록 왕에게 주청한 것이다.

설잠은『연경별찬』서문에서 지의가『법화현의』와『법화문구』를 저술했고, 고려의 체관이『천태사교의』를 저술하여 두 사람의 학설이 나란히 세상에 전한다고 전제하고,『법화경』의 종취는 선(禪)에 속한다고 밝히고 있다. 이와 같이 설잠은 천태의 법화철학을 다룬『법화현의』와『법화경』주석서인『법화문구』를 거론하고 있고, 또 다른 저술인『대화엄일승법계도주병서』에서는 법화원교의 수행체계를 밝힌『마하지관』을 언급하고 있다. 그는 천태삼대부를 모두 섭렵했던 것으로 보인다. 이러한 바탕 위에서 지은『연경별찬』은 천태 5시교판과『법화경』의 삼주설

법 및 제법실상의 경계 등을 밝히고, 『법화경』 일불승의 취지를 설명하고 있다.[6]

3) 『연경별찬』

중국의 지의는 『법화경현의』와 『법화경문구』를 지어 천태법화사상을 개창한 후 고려의 체관이 『천태사교의』를 지어 천태사상을 전했는데, 그 후의 학자들은 다만 문구 해석을 중시해 천태사상과 선사상을 융합시키지 못했다고 설잠은 지적하고 있다. 그리하여 그는 천태사상과 선사상의 융합을 시도했는데, 천태사상의 근본 뜻을 살리면서 조선 초기에 정착하려는 선사상과의 융합으로 실천적 방향을 제시하고 있다. 이런 맥락에서 천태법화사상의 핵심인 제법실상설(諸法實相說)이 설잠의 『연경별찬』에 어떻게 설명되고 선사상과 융합되는지 살펴보겠다.

(1) 『법화경별찬』의 구조

『법화경별찬』은 크게 세 부분으로 나뉘는데, 대강의 구조는 다음과 같다. 설잠은 『연경별찬』의 서문에서 천태사상과 선사상을 융합시키지 않으면 천태사상의 참뜻이 드러날 수 없으며 천태와 선을 잘못된 방향에서 이해하게 된다는 점을 들어 저술의 동기와 목적을 밝히고 있다. 또한 그는 『연경별찬』의 전체 내용을 색(色)과 공(空)이 융합하고 바름도 없고 삿됨도 없다는 것으로 이해한다고 했는데,[7] 이는 색이라는 현실과 공이라는 본래의 세계가 하나이며 바른 것을 찾고 삿된 것을 버린다는 그 분별마저 놓아야 한다는 점을 말하고 있다.

계속해서 그는 『법화경』 28품의 요지는 거칠고 크게 나타난 것과 가장 깊숙하고 현묘한 것이 둘이 아니며, 지금까지 불교의 교판에서 원교(圓敎)와 별교(別敎)를

---

6 원각불교사상연구원 편, 『한국천태종사』, 261-264쪽 참조.
7 『한국불교전서』 7, 287쪽.

구별해서 보았지만 원교와 별교가 하나의 경지라고 말한다. 또한 그 요점을 집약해서 지혜는 능히 각(覺)을 증(證)하고 행(行)은 능히 덕(德)을 이루어 지와 행이 겸전해서 그 현묘함을 체득하므로『묘법연화경』이라 했다 하고 말한다.[8] 그리고 광명이 동쪽에서 비추매 법체(法體)가 우주에 나타나며 부처님의 법우(法雨)가 쏟아지매 여러 근기의 중생이 구원을 받는다고 말한다.[9]

본문에서 설잠은『법화경』의 순서에 따라 각 품의 요점을 밝히고 마지막에는 송(頌)으로써 선사상과 법화사상을 융합시키고 있다. 그는 마지막 부분의 송을 통하여 법설송(法說頌), 유설송(喻說頌), 지원송(智圓頌), 행원송(行圓頌)을 밝히고 구원송(俱圓頌)으로 일치시켜 유통송(流通頌)으로 귀결시킨다. 그리고 본지(本智)는 체가 되고, 묘행(妙行)은 용이 되며 지와 행이 겸전하고[10] 성냄과 기쁨과 치우침과 원만함이 하나의 경지에 들어간다고 말한다.『법화경』은 부처님의 지견(智見)을 열어 보인 것이고 부처님의 본래의 뜻을 드러내는 것이어서 말과 말이 홀로 현묘하고 법과 법이 순연하게 원만하다[11]고 말한다.

(2)『연경별찬』의 내용
① 제법실상설
설잠은『연경별찬』에서『법화경』 28품 각 품의 찬에 들어가기 전에 일곱 축의 대의를 들어 제법실상의 기본적인 원리를 밝히고 있다.

성(性)이라는 것은 본래적인 것과 형상이라는 현실이 하나로 겸해 있는 것이며, 체(體)와 용(用)이 함께 나타나는 것이며, 어리석음과 깨침을 나눌 수 없는 것이며 씨를 뿌림과

8『한국불교전서』 7, 288쪽.
9『한국불교전서』 7, 289쪽.
10『한국불교전서』 7, 294쪽.
11『한국불교전서』 7, 295쪽 .

열매를 거둠이 함께 이루어진 것이다.[12] 한 일과 한 모양이 현묘한 법 아님이 없으며, 한 번 칭찬하고 한 번 들춰내는 것이 모두 현묘한 마음이며, 미루어 드러내고 넓혀서 채우면 산하대지와 밝음과 어둠과 색과 공이 모두 현묘함을 나타내는 것이다. 또한 생사와 열반, 보리와 번뇌가 모두 현묘한 작용이며, 하나하나가 원융하고 두루 갖추어져서 취할 것도 없고 버릴 것도 없고 모자람도 없고 남음도 없는 제법실상의 경지이다 이는 일천강(一千江)의 물이 있으면 일천강의 달이 있고 만리(萬里)의 하늘에 구름이 없으면 만리의 하늘이 하나의 하늘인 것과 같다.[13]

이어서 설잠은 『법화경』 28품에 대해 구체적으로 찬한다.[14] 「방편품」을 찬하기를, 한 빛깔 한 향기가 진여실상(眞如實相) 아님이 없으며 한 번 칭찬하고 한 번 한탄함이 모두 보리(菩提)라는 본래로 나아간다고 하고 있다. 「비유품」을 찬하기를, 불붙은 집이라는 중생의 괴로움이 곧 연꽃이 피어 있는 극락이라 하고 있다. 「약초유품」을 찬하기를, 불성도 없고 성불도 하지 못한다는 오성(五性)이 암마라식이라는 불성과 하나의 경지라 하고 있다.

「수기품」을 찬하기를, 성문이라는 처음 단계가 불과(佛果)라는 대과를 얻은 것이라고 하고 있다. 「견보탑품」을 찬하기를, 과거·현재·미래라는 삼세가 함께 나타나 융합되어 있으며 금생에 태어나지도 않았으며 과거가 없어지지도 않았으니 곳곳에서 도를 깨침을 알아야 한다고 하고 있다. 「제바달다품」을 찬하기를, 종(縱)으로 과거와 현재를 보면 선과 악이 한 주먹에 쥐어지고 횡(橫)으로 보면 남자와 여자가 함께 원만하게 이루어져 있다고 하고 있다.

「권지품」을 찬하기를, 아침마다 닭은 오경(五更)에 울고 봄이 오면 곳곳의 산에 꽃이 아름답다고 하고 있다. 「안락행품」을 찬하기를, 한 마음은 평등해서 아첨하

---

12 『한국불교전서』 7, 288쪽.
13 『한국불교전서』 7, 289쪽.
14 『한국불교전서』 7, 289-294쪽.

고 잘못된 것이 없으며 신(身)·구(口)·의(意) 삼업(三業)은 편안해서 경전과 같은 것이라 하고 있다. 「분별공덕품」을 찬하기를, 영산회상이 비록 멀다 하지만 눈에 부딪히는 바로 그곳이 도량 아닌 곳이 없다 하고 있다. 「법사공덕품」을 찬하기를, 인(因)이 수승하고 과(果)가 수승하여 세제(世諦)라는 현실이 곧 묘법이라는 본래이며 공(功)이 원만하고 덕이 원만하여 색신이 곧 법신(法身)이라 하고 있다.

「상불경보살품」을 찬하기를, 모든 부처님 마음 가운데에서 중생이 때때로 성불을 하고 있고 중생의 몸 안에서 모든 부처가 생각 생각이 참마음을 깨치고 있다고 하고 있다. 「여래신력품」을 찬하기를, 한순간에 백천 년이 나타났고 몇 마디의 말이 높은 범천에 이르렀다 했는데 이는 한순간이라는 가장 짧은 순간과 백천년이라는 가장 많은 시간이 하나의 경지라는 것이며 몇 마디의 말이라는 가장 작은 것과 범천이라는 가장 큰 것이 한 경지라는 것이다. 또한 한 숲의 동산과 한 칸 방이 청정한 도량이며 산골짜기와 벌판이 모든 사람이 공경하는 탑이라고 말하고 있다.

「관세음 보살보문품」을 찬하기를, 현묘한 법은 세간을 벗어나지 않기에 중생들의 괴로움이 곧 참된 경지이며, 넓은 문으로 음성에 응하기에 법계 업의 물결이 모두 원만하다고 말하고, 흐르는 시냇물 소리가 부처의 법문이며 푸른 산 빛깔이 청정법신이라 하고 있다. 삼천법계가 모두 원융하기에 성냄과 기뻐함과 편벽됨과 원만함이 모두 하나의 경지이다. 정밀하지 못한 우유에서 제호라는 가장 맛있는 우유가 나오는 것이므로 두 가지 우유는 맛이 다를 바 없다고 하고 있다.

이와 같이 설잠은 28품에 대한 찬을 통하여 법화사상의 핵심인 제법실상의 원리를 밝히고 있다. 삼천법계가 모두 원융하여 진여실상 아님이 없다는 것과 모든 성품 그대로가 불성 아님이 없음을 여실히 밝혀주고 있다. 특히 그는 제법실상을 단지 교법의 체계로 설하는 것이 아니라 보다 근본적인 진리의 바탕에 입각하여 그 의미를 설하고 있다.

②『법화경』과 선사상의 융합

설잠은『연경별찬』에서 선가(禪家)에서 자주 사용하는 문구를 직접 인용하고 있다. 그는 『연경별찬』의 서문[15]에서 『법화경』을 문구로만 해석하면 분별지만 더욱 늘어나고 마음 깨치는 원리를 밝히지 못하기 때문에 『법화경』의 참 경지는 아니라고 말한다. 또한 『법화경』의 전체적인 요점을 밝히면서 부처님이 처음 녹야원으로부터 열반에 든 발제하에 이르기까지 한 글자도 말하지 않았다는 선종의 공안과 세존이 영산회상에서 꽃가지를 들어 보일 때 가섭이 빙긋이 웃었다는 선종의 공안을 제시하며 『법화경』은 선사상을 통해 그 의미를 집약한다는 입장을 밝히고 있다. 계속해서 혜가(慧可)가 눈 속에 서서 마음을 편안하게 하는 도리를 구하다가 마침내 마음을 찾을 수 없다는 문제를 들면서 이는 마치 가을 하늘이 청명하고 냇물이 맑으며 달이 밝고 서리가 찬 것 같아서 마침내 한 점의 조그마한 헤아림과 생각도 없는 경지라고 말한다. 또한 묘법은 말을 가지고 일컬을 수 없는 것이며 연화는 참이라든가 허식으로 비유할 수 없다고 말한다.[16] 이와 같이 『연경별찬』에는 『법화경』을 선사상을 통해 이해하고 설명하려는 설잠의 입장이 분명히 드러나 있다.

설잠의 『법화경』 28품에 대한 별찬의 송(頌)은 다음과 같다.[17]

「서품」을 찬하기를, 암흑의 산 아래에 대지를 움직이는 광명을 놓았고 죽음의 물 가운데에서 구름을 일으키고 안개를 토한다고 하였으며, 「방편품」을 찬하기를, 달을 실은 배가 동쪽과 서쪽 기슭에 부딪히지 않는 것은 뱃사공의 마음 씀이 좋은 줄을 믿어야 한다고 했다. 「비유품」을 찬하기를, 밤이 되면서 눈바람이 휘몰아치는데 온 하늘의 별빛은 달빛 속에 차가워라 했다. 「약초유품」을 찬하기를, 거울을 깨뜨려서 한 가지 일도 없었는데 두견새만 공연히 꽃 떨어진 가지에서 울고 있다고 했다. 「수기품」을 찬하기를, 장군은 스스로 하늘을 찌르는 뜻이 있으니 여래의 행하던 곳을 향하여 가지 말라고 했다.

---

15 『한국불교전서』 7, 287쪽.
16 『한국불교전서』 7, 289쪽.
17 『한국불교전서』 7, 289-294쪽.

「화성유품」을 찬하기를, 그림자 없는 나무 위에 꽃이 한창 피었으니 그를 채취하여 법왕에게 드린다 했다. 「오백제자수기품」을 찬하기를, 옷 속의 밝은 구슬이 쌓여 있음을 모르고 타향에서 헤매던 세월이 얼마였던가? 오늘 저녁 영산에서 옛 벗을 만났는데 아침 해는 여전히 동쪽에서 떠오른다 했다. 「수학무학인기품」을 찬하기를, 원숭이가 새끼를 안고 푸른 산 밖으로 돌아가는데 새는 꽃을 물어다가 푸른 바위 앞에 떨어뜨린다고 했다. 「권지품」을 찬하기를, 꽃은 비단같이 곱고 물은 쪽같이 푸른 것인데 도를 중히 여기고 삶을 가볍게 여겨 몸을 아끼지 않고 이제까지 계속한 분 그 누구이던가 했다.

「안락행품」을 찬하기를, 호수에 풍랑이 급하지만 사람을 건네는 배가 침몰 되었다 함은 못 들었다 했다. 「종지용출품」을 찬하기를, 전광석화가 번쩍이며 하늘 밖을 지나갔는데 어리석은 사람은 아직도 달 가의 별만 바라보고 있구나 했다. 「여래수량품」을 찬하기를, 연등불의 뒤를 이어 보리를 증득하였음은 평지에서 물결이 이는 것이라 하겠으며 왕궁에 내려오고 열반에 들었음은 누런 나뭇잎을 돈이라 한 것이라 했다. 「분별공덕품」을 찬하기를, 만일 몸을 돌리는 조그마한 힘을 안다면 모든 물건들이 모두 서로 만난다 했다. 「상불경보살품」을 찬하기를, 흰 종이 위에다 검은 먹으로 쓴 글자를 그대여 눈을 떠서 눈앞을 보라 했다.

「촉루품」을 찬하기를, 두어 줄 범자(梵字)는 구름 속의 기러기 떼와 같고 무생(無生)의 한 곡조는 시냇물 속의 거문고라 했다. 「약왕보살본사품」을 찬하기를, 대나무 그림자가 뜰을 쓸어도 티끌은 일지 않고 달이 못 속을 뚫어도 물은 흔적이 없다 했다. 「묘음보살품」을 찬하기를, 이와 같은 삼매는 문수보살도 알지 못했는데 이와 같은 선근을 화덕보살이 어찌 능히 알겠는가? 한조각 달의 그림자를 일천 시냇물에 나누고 외로운 소나무 소리는 사시(四時)의 바람에 맡긴다 했다. 「관세음보살보문품」을 찬하기를, 그렇다면 미묘한 창도(唱道)가 오는 곳에 있는가, 한밤중 바위 위에 달이 고요한데 높은 나무에 늙은 원숭이가 소리 내어 울고 있구나 했다.

「다라니품」을 찬하기를, 금강의 보배칼이 하늘을 기대어 서리같이 차니 외도(外

道)와 사마(邪魔)들이 모두 뇌가 찢어진다고 했다. 「보현보살권발품」을 찬하기를, 대인의 참되고 청정한 경지를 알고자 하면 산 높고 바다 넓음은 예나 지금이나 같다고 했다. 설잠은 「법설송」을 찬하기를 한 광명이 동쪽으로 팔천 국토를 비추니 대지와 산하가 치솟는 해와 같이 밝으니 곧 이것이 부처의 미묘한 말인 것이며 모름지기 밖을 향해 부질없이 찾지 말라 했다.

이와 같이 28품의 별찬과 송을 살펴보면 설잠은 『연경별찬』에서 선종과 융합을 꾀하고 있음을 알 수 있다.

설잠의 입장은 중국과는 대조적인 면을 보인다. 중국에서의 사상적 발전은 법화와 화엄의 사상을 수용하여 선사상이 이루어졌고, 설잠은 역으로 선사상을 통해 법화사상을 해석하고 있기 때문이다. 중국 사회의 불교 탄압이라는 특수한 조건 속에서 법화사상과 화엄사상이 자연스레 선사상에 흡수될 수 있었고 그러한 선사상이 전해진 지 오래되었기 때문에 설잠이 선사상을 통해 법화사상을 이해할 수 있었던 것이다.

불교의 탄압이 가장 심했던 설잠의 생존 시기에 특히 법화사상에 대한 관심이 없었던 상황에서 『법화경』에 대해 깊이 연구하고 『연경별찬』을 저술한 설잠의 의도에는 독특한 법화사상이 숨어 있다고 볼 수 있다. 그것은 중국에서 법화사상과 화엄사상이 철학화·사변화되는 단점을 극복하고 실천적이고 생명력이 있는 선사상이 꽃을 피울 수 있었던 것처럼, 설잠 자신의 내면에서 실천적이고 생명력 있는 삶을 끊임없이 추구하면서 부정을 통한 절대 긍정의 세계를 꿈꾸고 있는 그의 세계관 곧 그의 독특한 불교관이 숨어 있는 것으로 보이는 것이다.[18]

18 한종만, 『한국불교사상의 전개』, 민족사, 1998, 348-356쪽 참조.

3. 근세의 홍선과 법화사상

1) 홍선의 생애와 저술

홍선(泓宣, 1904~1979)의 호는 태허(太虛)이며, 1925년 일본 게이오대학(慶應大學)을 수학하고 1928년 낙산 묘각사 토굴을 개산했다. 1930년 선암사(仙巖寺)에서 경운(擎雲)의 제자가 되었다. 1931년부터 4년 동안 불경을 배우고 1935년부터 소요산 백운암(白雲庵)에 들어가 1000일 동안 안거했다. 그 뒤 중국 산시성(山西省)으로 가서 고승들의 가르침을 받고, 1940년 원불(願佛)인 목불상을 모시고 귀국하여 서울 종로구 숭인동 낙산 밑에 묘각사(妙覺寺)를 창건하고 포교를 시작했다.

1950년 한국전쟁이 일어나자 경상북도 상주시 모동면으로 자리를 옮겨 백화암(白華庵)을 창건하고 선정(禪定)을 익히면서 보임(保任)하는 한편 『법화경』을 사경하며 묘리를 깨우쳐갔다. 그 당시 그는 백화암 대사로 널리 알려졌다. 6년 동안 상주에 머무르다가 서울로 돌아와 하루도 빠짐없이 파고다공원에 나가 일 없이 그곳을 찾는 사람들에게 설법했다. 1957년 법화 계통을 규합하여 일승불교현정회(一乘佛敎顯正會)를 창립하고 회장으로 취임했으며, 1965년 12월 8일 대한불교불입종(大韓佛敎佛入宗)을 창종했다. 1966년 불입종의 초대 종정(宗正)이 된 뒤 제자들을 가르치고 포교에 전력하여 불입종을 크게 발전시켰다.

1970년 한일불교친선회(韓日佛敎 親善會) 고문으로 추대되었고 1971년 정부로부터 보국훈장(保國勳章)을 받았다. 1973년 마하연불교학생회를 창립하고, 불교잡지 『범성(梵聲)』을 창간하여 청소년 교화와 문서 포교에 노력을 기울였다. 1975년 한중불교회(韓中佛敎會) 고문에 취임하고 1976년 묘각사 대웅전을 중창하고 100일 안거 중 『묘법연화경』 전 7권을 사경했다. 1979년 낙산 묘각사에서 열반에 들었다. 유문집으로 『성불도(成佛圖)』, 『불종대의(佛宗大意)』, 『해동천태법화종법맥소고』를 남겼다.

2) 불입종 창종

(1) 종명과 연혁

무릇 종명(宗名)이란 그 종교의 종체(敎祖, 敎理, 敎團)를 함축하여 하나로 표출하므로 종명 속에는 그 종교의 특색과 참뜻이 그대로 포함되어야 하며 불변의 영구 지속성이 있어야 한다. 불입종(佛入宗)의 종명은 종지(宗旨)인 불지지견개시오입(佛之知見, 開·示·悟·入)의 첫 자인 불(佛)자와 끝 자인 입(入)자를 뽑아 지었다. 그 뜻은 세간과 출세 간의 일체(一體)를 의미하고 붓다의 지견도(知見道)에 들어가는 불입(佛入)과 붓다의 지견(知見)이 내게 들어오는 수순중생(隨順衆生)의 참뜻을 나타낸 실상묘법의 전법(傳法)을 위해 명명(命名)한 것이다.

한편 대한불교불입종은 통불교적 일불승법(一佛乘法)의 법화이상을 실천사상으로, 『법화경』에 나타난 붓다의 사상을 새로운 제도로 마련하고자 출범한 것이다. 그 발생의 시기는 8·15해방과 함께 여명의 질서가 성립될 무렵이었고, 그 성립은 홍선 의 오랜 수도와 법력의 힘으로 한국적 법화문(法華門)인 법화행자의 모임체로 일승불교현정회(一乘佛敎顯正會)가 창립된 1957년부터이다. 법화교단(法華敎團)의 통합을 위한 노력은 법화신행의 한국적 토착을 뜻하는 주력(呪力)의 통일과 합장불의 봉안으로 한국 불교사에 길이 남을 새로운 종단의 개설을 보게 된 것이니 이때가 1965년이었다.

(2) 종지

불입종의 종지는 '붓다의 지견을 열어서 보고 깨달아 들어가는 것이다(佛之知見, 開·示·悟·入)' 즉 개불지견(開佛知見)·시불지견(示佛知見)·오불지견(悟佛知見)·입불지견(入佛知見)이다.

이를 간추려 설명하면 붓다의 지견(知見)이란 천지간에 있는 모든 만물이 크기도 하고 작기도 하며 낳기도 하고 멸하기도 하며 있기도 하고 없기도 하며 조촐하기도 하고 더럽기도 한 제법실상의 이치를 가장 올바르게 알아보는 것을 뜻함이요, 또는 무상정변지(無上正遍智)이고, 무상정변견(無上正遍見)이며, 무상정변각(無上正遍覺)이다. 다시 말하면 이 위없는 참된 진리를 두루 바르게 보며 두루 바르게 깨달음을 '지견'이라고 한다.

그러므로 시방과 삼세의 모든 붓다께서 이 세상에 출현하신 것은 오직 일체 모든 중생으로 하여금 '붓다의 지견'을 얻게 하기 위한 것이고, 그 방법으로는 붓다의 지견을 열고(開), 보고(示), 깨닫고(悟), 들어가는(入) 이 네 가지의 순서를 통해 믿음을 창출해나가는 것이다.

첫째, '붓다의 지견'을 연다는 것은 우리의 마음 가운데 있는 무명(無明)의 미정(迷情)을 깨트려 없애고 나면 참다운 진리의 문이 스스로 열리어지게 되는 것을 가르친 것이다. 둘째, '붓다의 지견'을 본다는 것은 일체의 모든 번뇌를 끊어서 없애고 나면 근본 진리에 지혜의 눈이 확연하여 우주 만법의 실상이 밝게 나타나서 스스로 보이게 되는 것이다. 셋째, '붓다의 지견'을 깨닫는다고 하는 것은 우주 만법에 대한 진리의 본체 그대로가 나타나는 실상(實相)이요, 나타나는 실제 그대로가 진리의 본체임을 바로 깨달아서 알게 되는 것을 가르친 것이다. 넷째, '붓다의 지견'에 들어간다고 하는 것은 우주 만법의 진리를 여실하게 깨달은 그 실상의 경계에 증입(證入)하여 붓다의 지견 속에 들어가고 나(我)의 증득(證得)한 경지로 불의 지견이 들어오는 것을 가르친 것이다.

붓다의 정변지(正遍知)는 일체의 모든 지혜를 갖추어 가지고 있으므로 우주 간의 모든 물질이나 중생 안에 가지가지 심정에 있어서 그 나타나는 실상에 대해 알지 못하는 것이 없는 것이다. 정변견(正遍見)은 우주 만법의 진리를 가장 올바르게 크고 높게 깨달아 보게 되는 것으로서, 이는 일체의 모든 중생도 본래부터 스스로 구족하여 있으므로 처음에 생성하여 나오는 것도 아니요 아주 소멸하여 없어지는 것도 아니며, 더하거나 덜하거나 하는 것이 아닌 까닭으로 무한생성(無限生成)하는 근본체인 법성(法性)인 것이다.

이를 다시 말하면, 붓다의 '정변지'와 '정변각'의 근본이 되는 그 당체는 유정계 (有情界)에서는 진여(眞如)라고도 하며 그 있는 개체에 따라서 표현하는 용어만 다를 뿐 그 내용상의 '진리 개념'에는 조금도 다를 것이 없는 것이다. 실로『묘법연화경』은 모든 경전에서 말씀하신 것을 두루 회통하여 '붓다의 지견(佛之知見)'이라고 간명하고도 적절하게 말씀하여 놓은 것이다.

(3) 소의경전

불입종에서는 일불승법『법화경』을 소의경전(所依經典)으로 숭봉한다. 조석예경과 법요의식에『묘법연화경』을 독송함은 물론이요, 동시에 수지(受持)하고 서사(書寫)하고 따라서 수행하는 것을 신앙의 절대적인 생명으로 한다. 또한 설법 때나 큰 집회에서 법화사상에 입각한 대중생활의 원리를 강설한다. 그리고 숭고한 정통 법화교리로서 '믿음의 생활신조'를 구현시키는『묘법연화경』강좌를 전 종도들에게 실시한다.

그러므로『묘법연화경』은 불입종의 법보이다. 그 특징은 다음과 같다. 붓다가 49년의 일대시교(一代示教) 중 최후의 영산회상에서 설법한 대승경교(大乘經教)인 동시에 모든 제자들에게 수기(授記)를 하여 회삼승·귀일승(會三乘歸一乘)을 했고, 일체 중생으로 하여금 온갖 속박으로부터 해탈하여 자유롭고 바른 길을 친절하게 교시하신 일불승(一佛乘)의 법을 말씀하신 것이다.

『묘법연화경』에 과거 모든 부처님이 일체 중생으로 하여금 유일인 불승(唯一佛乘)을 증득케 하기 위해 사바세계에 출현했으며, 미래의 모든 붓다도 일체 중생으로 하여금 마침내 유일인 불승을 증득케 하기 위하여 사바세계에 출현하실 것이며, 현재 국토 중의 붓다도 역시 일체 중생으로 하여금 틀림없이 유일인 불승을 증득케 하기 위하여 사바세계에 출현하셨다. 붓다도 또한 이와 같이 일체 중생으로 하여금 오직 하나인 유일 불승을 증득케 하기 위하여 사바세계에 출현했다고 본사(本師) 석가모니부처님께서 친히 말씀하셨던 것이다.

이러한 위대성을 실상묘법의 신앙관으로 발굴해 나가는 종풍(宗風)으로『묘법연화경』을 소의경전으로 삼고 있는 것이다. 예컨대 자기의 고향을 잊어버리고 길가에서 방황하고 있는 궁자(窮子)에게 그 지견의 문을 활짝 열어놓아 어둡고 불안하고 초조한 생활에서 무명(無明)의 미정(迷情)을 스스로 깨뜨리게 하여 선도함과 같은 것이다. 이와 같은 부처님의 지견문(知見門) 안에서 그 번뇌와 망상을 끊어버리고 스스로 지혜로운 자성(自性)의 본체를 보이게 하여주는 것이다.

다시 말하면 비로소 자기 집에 들어가 건물 전체를 분명히 알도록 보여줌과 같으며, 그렇게 하여 일체중생으로 하여금 범부와 부처님과의 경계를 깨달아 알게하는 것이다. 비유하면 잃어버렸던 자기의 집에 돌아와서 모든 제도와 규모의 활용가치가 있고 없는 것을 비로소 확실히 깨달아 알게 하여주는 것과 같은 것이다. 그리하여 부처님의 지견을 중생으로 하여금 증득하여 구경성불도(究竟成佛道)에들게 함이며 그 집이 자기의 안주처이니 안심입명(安心立命)하게 하는 것과 같은 것이다.

이렇게 일대사인연(一大事因緣)의 그 당체는 변함없이 상속됨을 비장(秘藏)하여놓은 것이『묘법연화경』인 까닭에『묘법연화경』에서 간절히 일러주신 불입종의종지, 불지지견 개·시·오·입(佛之知見, 開·示·悟·入)은 붓다의 갖추어져 있는 일체의법이며, 일체의 자유로운 힘이며, 일체의 비밀한 법을 호념하여 간직함이며, 심히깊고 미묘한 이치를 모두『묘법연화경』에서 잘 알도록 말씀하여 놓은 것이다(如來一切 所有之法 如來一切 自在神力 如來一切 秘要之藏 如來一切 甚深之事 皆於此經 宣示顯說). 그러므로 불입종은 법화이상의 신앙관을 생활신조로 삼는『묘법연화경』을 소의경전으로 한 것이다.

3) 불입종의 교전, 『불종대의』[19]

(1) 불입종의 독창적 성격

『불종대의(佛宗大意)』는 불입종 종도의 자세를 선언하는 것으로부터 시작한다. 그것이 바로 종도의 세 가지 맹서이다.

우리는 겨레를 위하여 눈이 되겠다.
우리는 겨레를 위하여 등불이 되겠다.
우리는 겨레를 위하여 길잡이가 되겠다.

이는 불입종도의 기본자세이며 종도로서 실천해야 할 위대한 강령의 선언이다. 우리는 나라가 있고 겨레가 있으므로 독립 국가이다. 티베트처럼 겨레는 있으되 나라가 없으면, 우리가 일본에 나라를 빼앗긴 것과 무엇이 다르겠는가. 이 선언은 우리 겨레로 하여금 겨레이게 하는 불입종의 위대한 사명을 선포한 것이다. 진리를 바로볼 수 있는 지혜의 눈을 뜨게 하고, 어리석음으로부터 벗어나게 하는 지혜의 등불이 되고, 모든 이의 귀의처인 진리의 세계로 인도하려는 정직하고 성실한 길잡이가 되겠다는 불입종의 애국정신·애족정신·자유정신·협동정신을 읽을 수 있다.

불입종은 승려 중심의 종단이 아니라 출가자와 재가자가 한 덩어리가 되는 승속일체(僧俗一體)인 종도대중의 종단을 구축함을 목표로 삼는다. 거룩한 붓다의 지견을 계발하여 실천과 수행을 해서 자아를 완성하려는 대원을 세운다. 개인의 안심입명을 위하여 복을 빌기보다는 모든 인류가 함께 행복과 평화를 누리기 위하

---

19 '태허조사 탄신 108주년 학술대회'(2012년 10월 10일)에서 발표된 이평래(충남대 명예교수)의 「불종대의 해제」를 발췌하여 실었다.

여 복을 짓는 공복신앙(共福信仰)의 조화로움을 연출하여 자오(自悟)·자각(自覺)·자증(自證)의 불교생활을 구현하려는 의지를 머리말에 담고 있다.

(2) 불입종의 시대성

창종의 뜻, 종명, 연혁, 종지, 소의경전, 본존(本尊), 종기(宗旗) 등을 통해 불입종이 어떤 종단인지『불종대의』를 중심으로 살펴보겠다.

창종의 참 뜻은, 조선조 500년 동안 불교의 탄압으로 불교의 정통성을 상실하게 되어 무주공산처럼 된 한국의 불교계를 혁신하여 새 시대에 맞는 새로운 불교운동을 전개하려는 것이다.

종명은, 그 종교의 교조·교리·교단의 종체를 함축하고 있기 때문에 그 종교의 특색과 진의를 담고 있어야 한다. 현재의 한국 불교의 교단의 명칭은 고승의 법명, 산수의 지명, 경전의 이름에서 비롯된 것이 대부분이지만, 불입종의 종의 이름은 재래의 형식적이고 인습적인 틀을 탈피하여『묘법연화경』의 정신을 선양하려는 의지의 발로라고 보인다. 불입종의 종명은 종지인 '불지지견, 개·시·오·입(佛之知見, 開·示·悟·入)'의 첫 글자인 불(佛)자와 끝 글자인 입(入)자를 뽑아 불입(佛入)이라고 했다.『묘법연화경』「방편품」가운데에서 그 전거를 찾아보면 다음과 같다.

부처님·세존은, 중생으로 하여금 거룩하신 부처님의 지견을 열어(開) 청정함을 얻게 하려고 세상에 출현하시며, 중생에게 거룩하신 부처님의 지견을 보이려고(示) 세상에 출현하시고, 중생으로 하여금 거룩하신 부처님의 지견을 깨닫게 하려고(悟) 세상에 출현하시며, 중생으로 하여금 거룩하신 부처님의 지견의 도에 들어가게 하려고(入) 세상에 출현하시느니라.

이것을 보면『묘법연화경』의 정신을 근본으로 한 것임을 잘 알 수 있다. '불입(佛入)'은, 세간과 출세간의 일체(一體)를 의미하고, 거룩하신 부처의 지견의 도에 들어

간다, 또는 거룩하신 부처님의 지견이 내게 들어온다는 수순중생의 참 뜻을 나타낸 것이다. 이것이야말로『묘법연화경』에서 말씀하는 실상의 묘법을 전법하여 유포하려는 의지를 강하게 드러낸 것이다. 이렇게 해서 1965년 당시 공보부에 등록을 함으로써 오늘날의 관음종이 새 시대의 종단으로 탄생한 것이다.

연혁을 살펴보겠다. 불입종은 통불교적인 일불승의 가르침인 법화의 이상을 실천사상으로 한다. 8·15해방과 함께 시작하여 1957년 일승불교현정회(一乘佛敎顯正會)를 창립하고『묘법연화경』을 서사·수지·독송·교계(敎誡)·청문하면서 또한 그 전도에 생명을 걸고 투혼을 했다. 오로지『묘법연화경』을 중심축으로 하여 수행·교육·포교를 실행했다. 법화행자의 황색납자·가사착의와 법화신앙의 한국적 토착화를 뜻하는 주력(呪力)의 통일과 합장불의 봉안에서 그 연혁의 정신을 잘 알 수 있다.

종지는, 앞에서 서술한 것처럼 불입종의 종명은 그대로 불입종의 종지이다. "거룩하신 부처님의 지견을 열어서, 보고, 깨달아, 들어가는 것이다(佛之知見 開示悟入)"라는 종지는 개불지견(開佛知見)·시불지견(示佛知見)·오불지견(悟佛知見)·입불지견(入佛知見)의 광대하고 원만한 뜻을 담고 있다. 시방삼세의 모든 부처님이 이 세상에 출현한 것은 모든 중생으로 하여금 '부처의 지견'을 얻게 하기 위한 것이며, 그 방법으로 개불지견·시불지견·오불지견·입불지견의 네 가지를 실천하여 믿음을 창출하는 것이다.

소의경전은, 서두에 서술한 것처럼『묘법연화경』을 중심으로 한다.『묘법연화경』에서 그와 맥락을 같이 하는 부분을 좀 더 인용하여 설명하면 다음과 같다.

샤리뿌뜨라여, 과거의 모든 거룩하신 부처님은 한량없이 많고 헤아릴 수 없이 많은 방편과 갖가지 인연과 비유와 말씀으로 중생을 위하여 모든 법을 연설하셨느니라. 이 법도 모두 다 일불승을 위함이었으므로 이 모든 중생이 모든 거룩하신 붓다님으로부터 법을 듣고 마침내 모두 다 일체종지를 얻었느니라.

샤리뿌뜨라여, 미래의 모든 거룩하신 붓다님도 세상에 출현하시어 또한 한량없이 많고 헤아릴 수 없이 많은 방편과 갖가지 인연과 비유와 말씀으로 중생을 위하여 모든 법을 연설하실 것이니라. 이 법도 모두 다 일불승을 위함이므로 이 모든 중생이 모든 거룩하신 붓다님으로부터 법을 듣고 마침내 모두 다 일체종지를 얻을 것이니라.

샤리뿌뜨라여, 현재 시방(十方)의 한량없이 많은 百千萬億 불국토 가운데의 모든 거룩하신 붓다님도 중생을 요익하고 안락하게 하시는 바가 많으니라. 이 모든 거룩하신 붓다님도 한량없이 많고 헤아릴 수 없이 많은 방편과 갖가지 인연과 비유와 말씀으로 중생을 위하여 모든 법을 연설하시는 것이니라. 이 법도 모두 다 일불승을 위함이므로 이 모든 중생이 모든 거룩하신 붓다님으로부터 법을 듣고 마침내 모두 다 일체종지를 얻느니라.

위의 논증으로도 『묘법연화경』을 소의경전으로 하는 종단을 개창한 까닭을 충분히 알 수 있을 것이다.

제4부

일본의 법화사상

제1장

쇼토쿠 태자의 법화사상

1. 불교의 일본 전래와 쇼토쿠 태자

1) 불교의 일본 전래

538년 백제 성왕이 불상과 경론을 전해주었다고 하는 것이 불교의 일본 전래에 관한 공식적인 견해이다. 이 설은 『죠구 쇼토쿠 법왕 제설(上宮聖德法王帝說)』이라는 문헌에 의한 것으로 『법왕제설』은 『니혼쇼키(日本書紀)』보다 이전에 만들어졌을 뿐만 아니라 747년의 간코지(元興寺) 자료(『元興寺伽藍緣起幷流記資材帳』)에도 이 해의 불교 전래 사실을 기록하고 있어 사료적 가치가 높이 평가되고 있다.

『법왕제설』에는 577년 백제국으로부터 전해진 200여 권의 경론 가운데 『법화경』 들어 있었다는 기사가 있다. 또한 쇼토쿠 태자가 소지한 경(經) 등으로 미루어 볼 때 적어도 6세기 말경에 일본으로 『법화경』이 전해졌던 것은 확실하다. 쇼토쿠 태자의 삼경소(三經疏)에는 『무량의경』, 『우바새계경』, 『열반경』, 『법고경』, 『무량수경』, 『유광경』, 『주유마경』 등의 경전 외에 『대지도론』, 『법화의기』 등의 논석서(論釋書)가 인용되고 있어 그즈음 전래되었던 경론 일반을 알 수 있다.

또한 하쿠호시대(白鳳時代, 645/662~710)에 일체경(一切經, 대장경)이 전래되었다. 즉 651년 코토쿠 천왕은 아지부미야(味經宮)에 2100여의 승니(僧尼)를 청하여 일체경을 독송케 하고, 673년 텐무 천황은 675년 관리를 사방으로 보내어 일체경을 구해 이듬해 아스카데라(飛鳥寺)에서 일체경을 독송하고 있을 정도였으므로 하쿠호 시대에는 꽤 많은 경론이 전해져 있던 것을 알 수 있다. 그리고 나라시대(奈良時代)에는 중국으로부터 불상과 경론이 직접 전래되어 일본 불교가 활성화되었다.[1]

2) 쇼토쿠 태자의 이상

불교가 전래되고 약 50년간 불교를 받아들일 것인지 어떻게 할 것인지에 대해서 소가(蘇我)와 모노베(物部) 두 가문을 중심으로 분쟁이 있었으나 소가의 주장이 대세를 이루어 일본에서 불교가 공인되었다. 그 무렵에 태어난 쇼토쿠 태자(574~622)는 일본이 불교 국가로 자리 잡는 데 절대적인 공헌을 했다.

태자는 요메이 천황의 제1태자로 태어났으며, 후에 그의 덕을 연모하여 '쇼토쿠'라는 경칭이 주어졌다. 태자는 595년 일본에 건너간 고구려의 혜자(惠慈)에게 불교를 배웠다. 천성적으로 총명한 태자는 교리를 깊이 궁구하고 삼보흥륭을 꾀하여 『법화경』, 『승만경』, 『유마경』을 강의하고 세 경의 의소(義疏)를 저술하기에 이르렀다.

섭정(攝政)에 오른 이듬해인 594년 태자는 '불교 흥륭의 조'를 공포하여 불교를 적극 육성하고 앞장서서 불교 문화를 건설하고자 했다. 또한 604년 태자가 직접 17조 헌법을 만들었다고 전해지는데, 여기에는 태자의 이상이 담겨 있었다. 태자의 불교신앙은 외형적으로는 시텐노지(四天王寺), 호류지(法隆寺) 등의 사찰을 세우고 불상을 조성하는 것에서 잘 드러나고 있다. 615년 쓴 『법화경의소』의 자필본이 현재 전해지고 있어 태자의 저술임을 분명히 하고 있다. 또 태자가 소지했다고 전하는 『법화경』은 호류지와 시텐노지에 전승되고 있고 태자의 전기에는 태자가 소지했던 『법화경』에 관한 이야기가 다양하게 기록되어 있다. 이것은 태자가 『법화

---

1 立正大學 日蓮敎學硏究所, 『日蓮宗讀本』, 平樂寺書店, 昭和 57, 69-72頁.

경』에 깊은 관심을 가졌음을 보여준다.

2. 나라(奈良) 불교의 융성과 『법화경』

1) 대규모 사찰의 조영

710년 나라로 천도가 이루어진 후 그곳에는 여러 곳에 커다란 사찰이 세워졌다. 즉 코후쿠지(興福寺), 다이안지(大安寺) 등이 세워지면서 720년경에는 48개의 사찰이 자리 잡았고 8세기 중엽 7대사(大寺)를 헤아리게 되었다. 그중에서도 총국분사(總國分寺)라고 불리는 토다이지(東大寺)의 건립은 국가적인 대조영사업으로 유례가 없는 광대한 것이었다. 현재의 토다이지 금당은 1709년에 재건된 것이지만 세계 최대 목조건축물이다. 그리고 나라시대의 불교는 남도육종(南都六宗)이라 하여 삼론종(三論宗), 성실종(成實宗), 법상종(法相宗), 구사종(俱舍宗), 율종(律宗), 화엄종(華嚴宗)의 6종파가 번성했다.

2) 『법화경』의 독송

『법화경』은 나라시대에도 불전의 수일(隨一)로서 독송·서사되고 학문으로서 연찬되었다. 『쇼쿠니혼기(續日本記)』에 의하면, 정교일치(政敎一致)의 이상 아래 불교를 치국의 법으로서 쓰고 그 실현을 위해 세운 고쿠분지(國分寺)와 고쿠분니지(國分尼寺)의 창건 소칙(詔勅)이 741년의 일이라고 기록되어 있지만, 738년이라는 견해도 있다. 이렇게 이러한 목적으로 세운 고쿠분지에는 『금광명경』을 안치하여 이를 독송케 하고 '금광명호국지사(金光明護國之寺)'라 부르며 승사(僧寺)로 운영했고, 고쿠분니지에는 『법화경』을 안치하여 이를 독송케 하고 '법화멸죄지사(法華滅罪之寺)'

라 부르며 니사(尼寺)로 운영했다.『금광명경』은『인왕경』과 함께 국가를 보호하여 안온케 하고 재앙을 막아주어 백성의 평안과 오곡의 성취를 기원하는 경전으로서 독송하고,『법화경』은 여인·악인의 성불을 설한 인간 구제의 가르침이며 석존의 본지(本地)를 선양한 공덕 수승한 경전이라 하여 중용되었던 것이다.

쇼소인(正倉院) 문서인 「지식우바새공진문(智識優婆塞貢進文)」을 보면, 738~745년간 25명의 우바새 이름이 올라 있는데, 그들의 나이는 17세에서 48세에 이른다는 것과 그들이 독경·송경(誦經)한 경전의 이름을 알 수 있다. 독경의 항목에 11개의 경전 이름을 들고 있는 사람도 있고 '법화최승의 이경(二經)'이라고 적힌 사람도 있는데, 그들은 모두『법화경』을 독경의 가장 위에 써 놓고 있다. 또『법화경』독경은 음독만이 아니라 훈독도 행하고 있는데, 특히 다른 경에 비해『법화경』의 훈독을 가장 많이 들고 있다. 그리고 '『주법화경(注法華經)』1부'를 독경 내용에 올린 사람도 있다. 이를 통해『법화경』의 음독·훈독이 병행되었고『주법화경』을 읽는 것도 행해졌던 것을 알 수 있으며,『법화경』을 훈독함으로써 단지 읽는 사람만이 아니라 듣는 사람에게도 그 내용을 이해시키고『주법화경』을 통해 교의(敎義)를 이해하려고 한 나라시대 사람의 태도를 엿볼 수 있다.

『법화경』의 교의적 해석과 관련해서 나라시대에 중국과 한국으로부터 전해진『법화경』의 주석서는 약 30종 정도 있었던 것이 추정된다. 그들 가운데 오늘날 전해지지 않아 알 수 없는 것도 있지만, 당시『법화경』연구가 왕성하게 이루어졌음을 알 수 있다. 천태의 법화론서는 당의 승려 감진(鑑眞)에 의해 전래되었지만,『법화경』의 교의는 삼론종·법상종·화엄종 등의 입장에서 연구되었다. 즉 삼론종에서는 주로 길장의『법화의소』와『법화유의(法華遊意)』에 근거해 삼론의 사상 연구가 이루어졌고, 법상종에서는 규기의『법화현찬』과 지주(智周)의『법화현찬섭석(法華玄贊攝釋)』을 비롯해 세친의『법화론』이 중요시되고 원홍(元弘)의『법화경론자주(法華經論子注)』[2]도 활용되었던 것 같다. 화엄종에서는 원효의 주석서가 주류를 이루었는데 법화 연구로는『법화경종요』가 전해지고 있다. 원래 화엄과 법화는 교리상 공통점이 많은 것으로 연구되고 있다.

3) 사경

나라시대에는 『법화경』 서사(書寫)가 왕성했다. 나라시대 사경은 729~749년 사이 사경사(寫經司)·사경소(寫經所)의 설치로 조직이 완비되고 경사(經師)를 비롯해 사경생(寫經生), 교생(校生), 장황(裝潢), 형생(瑩生), 화사(畵師), 필공(筆工), 사인(舍人), 사정(仕丁) 등의 역할을 맡은 사람들이 모인 사경 전문소가 세워졌다. 사경소에는 사소소(寫疏所), 사경후소(寫經後所), 사서소(寫書所), 사후서소(寫後書所) 등의 부서가 있었다. 그 밖에 18개소에 이르는 대사찰과 공사(公私)의 사경 전문 도량에서 사경이 이루어졌다. 이에 따라 사경사업은 급속도로 발전했고 당의 사례에 준해 서사한 경은 교생에 의해 오자·탈자가 교정되는 엄격한 과정을 거쳤다. 그 때문에 원본이 일본으로 전해진 경론은 바로 서사되었고, 당의 서체를 그대로 모사하여 한 자, 한 획을 소홀히 하지 않는 훌륭한 해서(楷書)의 사경이 작성되었다.

『법화경』은 이들 공사(公私)의 사경소에서 가장 많이 서사된 경전이다. 때로는 20부, 45부, 56부, 99부, 100부, 1000부의 『법화경』이 서사되었던 기록이 있다. 즉 751년 사서소에서 20부, 760년 토다이지 사경소에서 40부, 749년 사서소에서 56부, 739년 사경사에서 99부, 754년 100부, 748년 사경소에서 1000부의 『법화경』이 서사되었고, 738년부터 20여 년간 15번 1권씩 사경했다고 한다.

사경에는 소지(素紙)뿐만 아니라 감지(紺紙)와 색지(色紙)가 사용되었고, 묵서(墨書) 외에 금자(金字)나 은자(銀字)로 쓴 것도 있었다. 그 밖에 일반적인 1행 17자 형식 외에 1행 34자 형식의 가는 글자로 사경한 경도 전해지고 있다.

---

2 원홍의 『법화경론자주』는 신라시대의 승려 작품으로 최근에 그 자료가 일본에서 발견되었고, 김천학에 의해 한국에 소개되었다.

726년 쇼무 천황은 선제(先帝)를 위해 석가상을 만들고『법화경』을 사경하여 야쿠시지(藥師寺)에서 재(齋)를 올렸고, 746년 료벤(良弁)이 겐사쿠도(羂索堂)에서 황제와 황후를 모시기 위해 여러 사찰의 대중을 모아 법화회(法華會)를 열었다. 이것이 법화회의 시작이다. 이후에 성대히 행해진 법화천부회(法華千部會)의 유래는 748년의 1000부 서사에 있다. 또 당대『법화경』영험담의 몇몇『영험기(靈異記)』와『법화험기(法華驗記)』에 실려 있다.

일본의 상대(上代)에는 관음신앙이 번성하여「관세음보살보문품」이 별행(別行)되고 서사도 행해졌다. 723년 황태자의 병 치유를 위해 행한 관음보살상을 만들고『관음경』177권을 정사(淨寫)한 것 등도 관음신앙의 예이다. 또한 나라시대의 불교는 교학에 통달한 사람에 의해 6종파로 나뉘었지만,『법화경』은 항상 중요한 경전으로서 각 사찰에서 또는 여러 사람에 의해 독송되었다. 아미타 회과(悔過)에서『법화경』을 독송했던 것도 그러한 예이다.

이 시기 일본에서『법화경』과 관련된 가장 유명한 조각은 하세데라(長谷寺)의 천불다보불탑상(千佛多寶佛塔像)이다. 동판 아랫면에 석가·다보의 이불병좌상을 배치하고, 윗면에 쇄신사리(碎身舍利)를 모시고 주위에 천여 개의 작은 불상을 새긴 것으로 높이는 약 84센티이다.

3. 삼경의소

불교가 전래되고 얼마 되지 않은 고대 일본의 섭정인 쇼토쿠 태자는『법화경의소』(4권)을 비롯하여,『승만경의소』(1권),『유마경의소』(3권) 등을 저술했다. 쇼토쿠 태자가 지은『승만경』·『법화경』·『유마경』에 대한 주석서, 이른바 삼경의소(三經義疏)는 현존하고 있다.『니혼쇼키』에 의하면, 태자는『승만경』을 스이코 천황을 위해 강설했고 또한『법화경』을 오카모토궁(岡本宮)에서 강설했다고 한다.『법왕제설』에 의하면, 태자는『법화경』등의 경소(經疏) 7권을 지었다고 하는데, 태자가 직접 쓴『법화경의소』4권의 초고(草稿)가 현재 교토의 궁전에 소장되어 있다.

1)『법화경의소』

『법화경의소』는 법운이 지은『법화경의기』(8권)를 요약하고 자신의 견해를 덧붙인 것이다. 지의에 의하면『법화경』은 본불(本佛)로부터 적(迹)을 드리운 응적(應迹) 즉 석존의 입장에서 설하는 전반의 적문(迹門)과 구원(久遠)의 본불을 나타내는 후반의 본문(本門)으로 나뉜다. 적문의 중심인「방편품」의 십여시(十如是)에 대해 법운은 권지(權智)의 지경 즉 다른 사람을 인도하는 수단으로서 일으킨 지(智)의 대상이라고 보았으나, 태자는 실지(實智)의 지경 즉 일체의 사물을 여실하게 아는 진실지(眞實智)의 대상(깨달음의 내용)이라고 해석하고 있다. 또한 법운은「수량품」의 석존의 불신(佛身)을 신통연수(神通延壽)의 입장에서 불수장원(佛壽長遠)이라고만 말하고 있는 데 대해서 태자는 "부처의 수명은 궁극 없다"고 고치고 있다. 이것은 과무상(果無上)의 법신상존(法身常存)이라고 해석하는 것 같다.

또한 태자는『법화경의소』에서 오시교(五時敎)에 대해 주석하면서,『아함경』은 사제(四諦)와 12인연을,『반야경』은 법성공(法性空)을,『유마경』은 파집(破執)을,『열반경』은 상주불과(常住佛果)를 밝히고 있는 데 대해,『법화경』은 '여래는 일교(一敎)를 가지고 일기(一機)에 응하여 일리(一理)를 밝혀 일인(一人)을 교화한다'는 실지(實智)를 밝힌다고 말한다. 즉『법화경』은 일인일과(一因一果)의 법인 하나의 대승에 의해서 일체 중생이 성불한다고 하는 것을 밝히는 경이라는 것이다. 일인일과는 여러 가지 다른 가르침을 수행하고 있어도 실은 같은 인(因)에 의한 동일한 성불이라는 과(果)를 얻는 도리를 말하고 있다.

『법화경』은 만선개성불(萬善皆成佛, 萬善成佛),[3] 불수명무궁극(佛壽命無窮極, 佛壽長遠)[4]을 밝히고 있다. 그것은『열반경』에서 일체중생 실유불성(一切衆生 悉有佛性),[5] 여래상주 무유변역(如來常住 無有變易)[6]에 이르는 것이라고 말한다. 「방편품」 이하의 12 품은 인일(因一)의 뜻을 밝혀 일대승(一大乘)을 가지고 성불한다고 하는 인(因)을 설하고, 「종지용출품」 이하의 2품 반은 과의장원(果義長遠)의 뜻을 밝혀 누구나 성불하여 도달하는 부처는 무상단수(無常短壽)의 자가 아니다(영원의 수명을 갖는다)라고 말한다.

2) 『승만경의소』

석존이 이 세상에 나와 설한 본회(本懷)를 밝히는 『법화경』은 모든 사람이 빠짐 없이 균등하게 부처가 된다고 하는 일대승을 철저하게 설하는데, 태자는 이 점에 주목했다. 또 태자는 불신(佛身)의 상주를 밝히는 『열반경』과 같은 취지를 설하는 『승만경』에 강한 관심을 보이고 『법화경』과의 밀접한 관계를 인정했다. 『법화경』 의 '불수장원'과 『열반경』의 '불과상주'를 『승만경』의 일승원과상주(一乘圓果常住)[7] 의 이치와 동일하다고 보고, "일승은 일체삼보(一體三寶)의 인(因), 일체삼보는 일승의 과(果)이다"라고 하여 『승만경』이 『법화경』과 같이 일승의 인과를 설한다고 보았다.

제1 탄덕불 진실공덕장(歎德佛 眞實功德章) 서두의 "선(善)을 행한다는 뜻은 귀의에 있다"라는 말은 통계게(通戒偈)와 삼귀계(三歸戒)에 일치한다. 그러나 "만행의 근본도를 밝힘에는 상주진실(常住眞實)에 귀의해야 한다"고 하는 점이야말로 새로운 국면이다. 즉 만행의 근본으로서 상주진실(常住眞實)[8]에 귀의해야 한다는 사고방식이

---

3 많은 선(善) 가운데 어느 정도만 행해도 성불할 수 있다.
4 부처의 수명은 영원하다.
5 모든 살아 있는 것은 성불할 수 있는 본질을 품는다.
6 여래는 항상 있어서 생멸하는 일이 없다.
7 일승에 의해 얻어진 불과(佛果)는 상주(常住)이다.
8 지금 여기에 있는 참된 것.

나온다. 상주진실이란 삼보의 본질이고 삼보를 받아들이는 것이다. 그러한 상주진실에 귀의하여 계를 받고 선을 행하는 것에서 모든 행위의 근본인 도(道)가 분명하게 성취된다고 하는 것이다.

제2 십대수장(十大受章)에서는 대승계인 삼취정계(三聚淨戒) 즉 섭율의계(攝律儀戒),[9] 섭선법계(攝善法戒),[10] 섭중생계(攝衆生戒)[11]를 상세하게 설하고 있다. 이 장의 결론은 요컨대 "정법(正法), 진실의 불법을 받아 지니려고 하는 마음을 잃지 않는" 것을 강조하는데 있다. 여기에서 말하는 섭수란 지킨다고 하는 의미이다. 정법을 지키는 것은 제8지 이상의 보살이다. 섭수정법지심(攝受正法之心)[12]이 섭선법계이다. 진리를 지키려고 하는 마음을 잃지 않는 것이 계(戒)이다.

삼대원장(三大願章)에서는 정법지혜를 얻기를 바라는 원, 중생을 위해서 법을 설하기를 바라는 원, 법을 지킬 것을 바라는 원을 설하고 있지만, 종국에는 정법의 호지(護持)를 원하는 호지정법(護持正法)의 원을 강조하고 있다.

섭수정법장(攝受正法章)에서는 섭수정법 즉 정법을 수지하는 것을 강조한다. 그것은 제8지 이상의 보살의 일념 가운데 만행의 정법을 닦는 마음이지만, 만선을 발생하는 작용을 갖는 대원(大願)이다.

다음의 일승장(一乘章)은 매우 중요하다. 거기에서는 다음과 같이 설하고 있다. 즉 정법을 섭수한다고 하는 것은 능생(能生)이고 모든 선(萬善)을 만들어내는 주체적인 기능을 가지고 있다. 섭수정법에 의해 만들어내는 것 즉 소생(所生)의 법이 만선이다. 그러나 능생의 섭수정법과 소생의 만선은 유일한 과(果)를 달성하는 일승으로 정리해가야 한다. 일승이란 모든 사람이 동일하게 부처(常住一果, 一體三寶)가될 수 있는 유일한 승물(乘物, 탈것)이다. 일승은 정법을 수지하는 것(능생)이고, 수

---

9 스스로 법을 잃지 않는 율의(律儀)를 지켜 의악(意惡)을 그만두는 계.

10 악을 행하지 않을 뿐만 아니라 나아가 선을 닦는 계.

11 중생을 교화하기 위해서 자신을 올바로 하는 계.

12 진리를 지키려고 하는 마음.

지함으로써 만들어지게 되는 만선(소생)이 필연적으로 말씀에 이르는 길로 향하게 된다. 그것은 상주일과인 붓다의 과덕(果德)을 초래하는 유일한 인행(因行)이기 때문에 일인(一因)이라고도 칭한다. 여기에 만선동귀라든지 일인일과(因行果德), 일승인과라고 하는 보다 종합적이고 통일적인 실천적 사고방식이 나오게 된다.

한편 『법화경의소』에 의하면 묘법연화와 섭수정법의 관계는 일체(一體)로서 영원한 일승의 인(因, 行)·과(果, 德)의 법이 묘법(妙法, 正法)이고, 연화는 인(因, 花)·과(果, 實)가 함께 이루어진다고 하는 묘법의 뜻을 비유로 보여주는 것이다. 『승만경의소』에 의하면 그러한 만선(萬善)으로 함께 돌아가 일승의 인과를 갖춘 정법을 호지하는 것이 섭수정법(攝受正法)이고, 그것은 또 만선을 자아내는 뜻(작용기전)을 갖는다고 한다.[13]

3) 『유마경의소』

쇼토쿠 태자는 일본인의 윤리관에 새로운 전기를 마련했다. 악한 행위가 아니라 선한 행위를 추구해야만 한다는 것이었다. 그것은 『유마경의소』「보살품」에 단적으로 명시되고 있다. 즉 "반드시 악을 여의고 선을 취함"은 칠불통계게(七佛通戒偈)에 상당한다. 그리고 "악을 여의고 선을 취할 때는 반드시 삼보(三寶)로 근본으로 삼는다"는 것은 헌법 2조의 삼귀계(三歸戒)에 상당한다.

계(戒)는 본래부터 비(非, 잘못)을 막고 악을 그만두게 하는 신중함이고 훈계이지만, 자발적인 노력에 의한 것을 특징으로 한다. 그러나 그 내적인 기준인 근본의지처로 되는 것은 삼보이고 불법(佛法)이어야 한다. 이와 같이 보면 헌법도 유계(遺戒)도 『유마경의소』도 계(戒)를 근본사상으로 하고 있다고 볼 수 있다.

---

13 伊藤瑞叡, 『日蓮精神の現代』, 大藏出版, 平成 元年, 42-44頁.

4. 태자의 묘법연화경관

태자는 『묘법연화경』의 '묘법'에 대해 『법화경의소』의 총서에서 다음과 같이 말하고 있다.

대저 묘법연화경이란 다만 이것은 모든 만선을 취하여 합하여 일인(一因)으로 되는 풍전(豐田), 700년의 근수(近壽), 바뀌어 장원(長遠)으로 되는 신약(神藥)이다. 만약 석가여래의 이 세상에 응현(應現)하시는 대체의 뜻을 논하면 실로 적합하게 경(『묘법연화경』)의 가르침을 설하여 동귀(同歸)의 묘인(妙因)을 수행하여 둘도 없는 대과(大果)를 얻고자 하는 것이다.…널리 만선동귀의 진리를 밝혀 둘도 없는 대과를 얻게 하고자 하는 것이다.

그리고 경제석(經題釋)에서는 다음과 같이 말한다.

'묘법'이란 인도에서는 삿다르마라고 한다. 그런데 '묘'란 이것은 추(조잡)을 초월한다는 호칭이고, '법'이란 즉 이 경 가운데서 설하는 일인일과(因도 일승, 果도 일승 즉 일승인과)의 '법'이다.…일승인과의 법은 초연(超然)으로서 옛적의 삼승인과를 초월하기 때문에 '묘'라고 칭하는 것이라고 한다. '연화'란 인도에서는 분다리카(分陀利華)라고 한다. 이것의 성(性)인지 꽃(花)과 열매(實)는 함께 이루어진다. 이 경은 인(因)과 과(果)를 함께 밝히는 것으로 뜻은 저 꽃과 같다. 그러므로 그에 따라 비유로 하는 것이다.

여기에서는 '묘법'이란 일승인과의 '법'이라고 말하고 있다. 즉 '묘법'이란 붓다가 되기 위한 인행(因行)과 그 인행으로 인해 얻어지는 붓다의 과덕(果德)을 함께 갖추고 있는 유일한 승물(가르침)으로서의 '법'이라고 하는 것이다. 따라서 그것은 조잡한 삼승의 인과를 초월한 미묘한 것이기 때문에 '묘법'이라 칭한다고 한다. 이 일승인과라고 하는 생각은 『승만경의소』의 일승장(一乘章)에서의 일승을 상주일과(常住一果)의 인(因)이라고 보는 사고방식에 합치된다. 만선(萬善)을 일여(一如)로 돌아가게 하는 묘인(妙因)의 일인(一因)과, 그 일인을 수행하여 얻게 되는 둘도 없는 대과(大果)인 불덕(佛德)을 종합하여 보유하고 있는 일승인과가 '묘법'이고, 그 '묘법'을 설하는 것이『묘법연화경』이라고 하는 것이다.[14]

---

14 伊藤瑞叡, 『日蓮精神の現代』, 31-34頁.

헤이안(平安)시대의 법화사상

1. 사이쵸의 법화사상

1) 생애와 저술

(1) 생애

사이쵸(最澄, 767?~822)의 시호는 전교대사(傳敎大師)이다. 고쿠분지의 교효(行表)
에게 출가하여 불교를 배우고 19세 때 토다이지에서 구족계를 받았으나 세월의
무상함과 어지러운 정법을 한탄하며 초막을 짓고 참선과 독경에 전념했다. 804년
당시의 천태 경전에 자구가 틀리고 누락된 부분이 많음을 한탄하고, 쿠카이(空海)
등과 함께 당으로 건너가 담연의 제자인 도수(道邃)를 만나 천태의 교관을 묻고 보
살계를 받았다. 그 후 천태교학, 달마선, 밀교 등을 배우고 천태 계통의 경전과 밀
교 경전을 얻었다. 1년간 당나라에 머무른 뒤 귀국하여 히에이산에 엔랴쿠지(延曆
寺)를 세우고 천태법화종을 열어 일본 불교의 여러 종파를 통일하는 데 힘쓰다가
56세에 입적했다.[1]

---

1 山川智應, 『法華思想史上の日蓮 聖人』, 新潮社, 昭和 9, 394-451頁. 참조.

제2장 | 헤이안(平安)시대의 법화사상　**497**

(2) 저술

사이쿄는『주무량의경(註無量義經)』,『수호국계장(守護國界章)』,『법화수구(法華秀句)』,『법화론과문(法華論科文)』등 많은 논서를 저술했으나,『법화론과문』만 현존한다.

『법화론과문』은 그 이름이 보여주듯이 세친의『법화론』을 분과한 것으로,『법화경』을 주석한『법화론』의 뜻에 의거하여『법화경』각 품의 대의를 밝히는 성격이 강하다. 또한『법화경』의 각 품과『법화론』의 내용을 대응시켜 분별하는 것을 주안으로 하고 있다.

목록으로 전하는 사이쿄의 저술 중 그의 법화 사상과 관련된 것들을 추려보면,『법화론초(法華論抄)』(1권),『법화론약송(法華論略頌)』(1권),『법화론집해(法華論集解)』(1권),『법화론송도(法華論誦圖)』(2권),『법화론정성문(法華論定性文)』(1권),『복법화론결정쟁초(復法華論決定諍抄)』,『연화의(蓮華義)』(1권),『오심팔심초(五甚八甚抄)』(1권),『파이명일의집(破二明一義集)』(1권),『법화칠유초(法華七喻抄)』(2권),『오포외집(五怖畏集)』(1권) 등이 있다.

이 저술들은 전하지 않지만 서명(書名)으로부터 그 내용을 추측해볼 수 있다.『법화론초』는『주법화론(注法華論)』이라고도 하는데,『법화론』에 대한 통석(通釋)으로 보인다.『법화론약송』,『법화론집해』,『법화론송도』는『법화론』주석의 의미에 관한 정리 논집 또는 자료 집적인 것으로 볼 수 있다.『법화론정성문』과『복법화론결정쟁초』는『수호국계장』(권하)의 하,『법화수구』(권상)에 있는데『법화론』의 사종성문 등의 해석에 대한 논술로 보인다.『연화의』,『오심팔심초』,『파이명일의집』은 법화론 해석과 관계가 있는 것으로 보이며,『법화칠유초』는 7유에 대한 해석이고,『오포외집』은 오포외에 관한 논서의 모음과 각각 관련된 것으로 볼 수 있다.

이와 같이『법화론』에 관해 많은 저작이 있다는 것은 사이쿄가『법화론』연구에 얼마나 심혈을 기울였는지 짐작케 한다.[2]

---

2 大久保良順先生壽記念論文集刊行會 編,『佛敎文化의 展開』,山喜房, 平成 6, 415-419頁 참조.

2) 사이쵸의 법화사상

사이쵸의 천태본각사상(天台本覺思想)을 간략히 살펴보겠다. 사이쵸는 법화의 종합적·통일적 진리관과 화엄의 근본적·순일적 진리관을 교묘하게 융합했다. 그에게는 현실을 에워싸는 법화의 세계관과 이상에 빛나는 화엄의 세계관이 하나로 결합된 것이었다. 이상과 현실의 일치이다. 사이쵸 이후 법화, 화엄, 밀교, 선 등 대승불교의 대표적 사상들이 결집되었고, 드디어 철리(哲理)로서 궁극의 단계에까지 이렀다. 이것을 천태본각사상이라고 부른다.

천태본각사상은 법화의 교리를 근간으로 하면서 모든 불교사상을 모아 불교를 그 극점에까지 이르게 했다. 즉 시비, 선악, 미추 등 인간의 상대적·이원적 사고와 판단을 뛰어넘는 절대적 일원(一元)의 세계를 분명히 보여주려고 했던 것이다. 거기에서는 하늘과 땅의 경계가 없어지고 위와 아래의 구별이 없어지며, 있는 것은 오직 무한의 우주 공간이고 영원의 절대시간이다. 그로부터 현실의 순간은 영원한 시간이 약동하는 모습으로 긍정된다. 생도 사도 모두 영원한 생명의 활동의 한 형태로 긍정되는 것이다. 결국 사이쵸는 "구원(久遠)의 일월(日月)도 오늘의 일월(日月)도 미래의 일월(日月)도 일월일체(日月一體)이며, 미래의 묘래(妙來), 무생(無生)의 진생(眞生), 무법(無去)의 원법(圓去), 무사(無死)의 대사(大死)이며, 삼라만상의 제법은 본불(本佛)의 수명(壽命)이라고 설하고 있다.

이러한 사이쵸의 천태본각사상은 불교계뿐만 아니라 일반의 사상계나 문예에도 커다란 영향을 미쳤다. 취하든 버리든 그것은 무시할 수 없는 사상으로 중세 일본의 사상적 배경이 되었다. 호넨(法然), 신란(親鸞), 도겐(道元), 니치렌(日蓮) 등 가마쿠라시대의 승려들도 한 번은 히에이산의 학승으로서 천태본각사상을 익혔던 것이다.[3]

---

3 田村芳朗, 『法華經』, 中央公論社, 昭和 44, 37-38頁.

2. 엔닌의 법화사상

1) 생애와 저술

엔닌(円仁, 794~864)의 시호는 자각대사(慈覺大師)이다. 14세에 히에이산 엔랴쿠지의 사이쵸 문하에 들었다. 838년 일본을 출발하여 중국으로 건너가서 양주 개원사에서 금강계대법을 받고 용흥사(龍興寺)에서 『관지의궤(觀智儀軌)』를 받았다. 이후 적산 법화원에 머물면서 천태산 성지를 순례한 후 장안으로 향했다. 장안에 머물며 여러 문헌을 필사하고 귀국하던 중 역풍을 만나 9년간 중국에서 생활하며 불교를 연구하고 범어와 범음을 배웠다. 847년 귀국한 그는 854년부터 10년간 천태좌주(天台座主)로 있다가 864년 입적했다.

한편 엔닌은 약 100부에 이르는 저서를 지었다고 하나 지금까지 전해지는 것은 수십 부에 지나지 않는다. 그중 원종(圓宗)에 관한 것으로는 『법화적문관심절대묘석(法華迹門觀心絶對妙釋)』, 『법화본문관심십묘석(法華本門觀心十妙釋)』, 『속제불생불멸론(俗諦不生不滅論)』, 『천태법화종경지일심삼관문(天台法華宗境智一心三觀文)』, 『심성론(心性論)』, 『기심중의기(己心中義記)』, 『적광토기(寂光土記)』, 『칠유의(七喩義)』 등이 있다.

2) 저술로 본 엔닌의 법화사상

『법화적문관심절대묘석』과 『법화본문관심십묘석』은 모두 적본(迹本)을 상·하권으로 나누고, 상권을 직지도량강(直至道場講), 하권을 돈증보리강(頓證菩提講)이라고 이름 붙였다. 지의의 『법화현의』에 밝히고 있는 심불중생(心佛衆生)의 삼법(三法)과 적문·본문(迹門·本門) 및 관심(觀心)의 삼중십묘(三重十妙)를 취하여 이 묘법의 대차(大車)를 타고서 바로 묘각과만(妙覺果滿)의 도량에 이르러야 한다는 종지를 강술한 것이다.

『속제불생불멸론』은 겨우 두 장에 불과한 저술로, 일찍이 사이쵸로부터 논지를 받았다고 한다. 즉 마지막 부분에 "선사(先師)는 '내가 항상 홍전하는 이제(二諦)의 생멸하지 않는 뜻을 말하나 세상 사람들이 믿음이 편벽되어 진제불생멸(眞諦不生滅)의 뜻과 세제불생멸(世諦不生滅)의 이치를 알지 못하니, 그대는 이 뜻을 세상에 유통시켜 전하고 원교를 홍통시켜 유정(有情)을 이익케 하라'고 말했다. 그 논정(論定)하는 바는 천태의 사리불이(事理不二)의 교지로서 세간상상주(世間相常住)의 해설이다"라고 서술하고 있다.

『천태법화종경지일심삼관문』 역시 겨우 두 장 반의 저술로 사리상즉(事理相卽)의 취지를 논한 것이다. 이사(理事)의 법체(法體)는 불이(不二)이지만 사(事)는 항상 차별한다. 많은 사람들이 이를 깨닫지 못하고 사(事)의 불즉(不卽)을 가지고 모두 별교(別敎)에 속하고, 단지 상즉을 가지고 차난(遮難)의 분제(分齊)라 하는 것은 매우 잘못되어 있는 것이라고 말한다.

『심성론』은 한 장 반의 분량으로 천태의 관심의(觀心義)를 논한다. "심성의 본원은 범성일여(凡聖一如)로서 둘 없고 셋 없다. 이를 본각(本覺)의 여래라 한다. 이 진리를 깨달은 자를 성인이라 하고 미혹한 자를 범부라 한다. 일여(一如)는 즉 삼제부사의(三諦不思議)의 묘체로서 이를 깨달아 구극에 이르는 것은 이지불이(理智不二)의 깨달음이다. 즉 버려야 할 생사도 없고 구해야 할 열반도 없는 경지에 이르러 비로소 우리의 색심(色心)이 부처라고 증오(證悟)하는 것이다. 이것을 경에서는 시법주법위세간상상주(是法住法位世間相常住)라고 한다.

『기심중의기』는 종이 7매에 가득한 논문이다. 석존에 대해 엔닌 자신의 요해(了解)를 고백한 것으로, 수악(修惡)·성악(性惡)·십계(十界)의 유전(流轉), 성선성악(性善性惡)·환원복본(還源複本)의 뜻과 자행화타(自行化他)의 도리를 논한다.

『적광토기』는 2매 반의 분량으로, 적광리토(寂光理土)를 논한다. 즉 "대통불(大通佛)의 출세, 화도(化導)의 수적(垂迹), 그리고 석존 입멸 이후 적광(寂光)의 길이 끊어지려고 하는데, 원돈(圓頓)의 행자가 아니라면 이 도를 물을 자가 없다. 번뇌로 생사에 속박된 범부가 언제 이 땅에 들 것인가. 듣자하니 서방에 극락이 있다. 이것은 동거정토(同居淨土)의 적광이다. 만일 저 땅에 태어나 무생인(無生忍)을 얻는다면 법성진여(法性眞如)의 땅은 어찌 먼 것이 되겠는가"라고 말한다. 엔닌이 원돈의 깨달음을 보여줌과 동시에 원생서방(願生西方)의 뜻을 누설한 것이다. 히에이산 불법(佛法)으로부터 정토교가 파생한 것은 이에 연원한다고 볼 수 있다.[4]

3. 엔친의 법화사상

1) 생애

엔친(円珍, 814~891)의 시호는 지증대사(智證大師)이다. 15세 때 히에이산 엔랴쿠지로 출가하여 19세에 수계하고 사미가 되었고 12년간 농산(籠山) 수행을 했다. 846년 추천을 받아 학두(學頭)가 되고, 850년 내공봉십선사(內供奉十禪師)에 봉해졌다. 그 무렵부터 입당 구법에 뜻을 두었다고 한다. 853년 당의 무역선을 타고 입당하여 천태산의 국청사에서 일본의 유화승 엔사이(圓載)를 만났다. 이듬해 선림사(禪林寺)의 유적을 찾아보고 월주의 개원사(開元寺)에서 천태종의 깊은 뜻을 듣고 855년 엔사이와 함께 관정으로 향했다. 청룡사의 법전(法全)으로부터 금강계 등을 전수받았다. 858년 귀국한 후 78세에 입적했다.

2) 『법화론기』

『법화론기(法華論記)』는 세친의 『법화론』에 대한 엔친의 주석서이다. 『법화론』이

---

4 上杉文秀, 『日本天台史』, 破塵閣書房, 昭和 10, 289-298頁 참조.

인도로부터 중국으로 전래되어 한역된 것은 보리유지·담림의 공역과 늑나마제·승랑의 공역 등 2회 정도이다. 『법화론』은 인도 찬술의 『법화경』에 관한 중요한 논전임에도 불구하고 이에 대한 연구서는 매우 적다. 오늘날까지 길장의 『법화론소』와 엔친의 『법화론기』만 전할 뿐이고 신라 의적(義寂)의 것이 있으나 일부가 산실되어 남아 있는 것은 상권의 일부분뿐이다.

엔친은 의진(義眞)의 제자로, 19세에 수계하고 사미가 되어 이듬해 차나업(遮邪業) 전공의 학생이 되었다. 이때는 홍법대사 쿠카이가 56세로 조정의 신임이 두텁고 명성이 천하에 떨치고 있었다. 전하는 바와 같이 엔친이 쿠카이의 생질인 것과 히에이산에 올라 차나업 학생으로 일기(一紀)의 롱산(籠山, 산에 틀어박혀 수행하는 것)에 들어갔다고 하는 것과는 커다란 차이가 있다. 37세 되는 850년에 산왕명신(山王明神)의 몽고(夢告)라고 하는 형태로 당나라에 들어갈 것을 뜻하여 당의 선종(宣宗) 대중(大中) 7년(853)에 복주(福州) 개원사(開元寺)에 도착했다. 엔친이 『법화론기』를 지은 것은 853년 중국 천태산에 있을 때였다. 그때의 상황을 경광(敬光)의 『지증대사연보』에서 살펴보면 다음과 같다.

제형(齊衡)의 원년 갑술(甲戌), 대중(大中) 8년 사(師, 엔친) 41세, 2일, 불롱사(佛隴寺)에 도착하다. 정광(定光)의 금지(金地)를 거쳐 지자(智者)의 은봉(銀峰)에 오르다. 사찰의 동남쪽에 석상(石像)이 있다. 고래로 상전하여 이르기를, 지자가 삼매를 닦을 때 보현보살이 도량에 강림하시고, 타고 계신 육아(六牙)의 백상(白象)이 돌로 변했다(身形牙鼻). 완연히 서로 닮았다. 코끼리의 남쪽에는 석굴이 있고, 굴속에 석고(石鼓)가 있다. 지자는 법을 설할 때 이것을 친다. 대중은 모여든다. 멸후에 이를 치지만 적막하여 소리가 없다. 사(師)는 시험 삼아 작은 돌을 가지고 이를 친다. 소리는 산골짜기에 울린다. 듣는 사람은 놀랍고 이상하게 생각하지 않는 사람이 없다. 사찰의 북쪽으로 가기를 수십 리의 최고봉에 이르다. 화정(華頂)이라 한다. 즉 지자가 마(魔)를 항복시키고 신승(神僧)임을 보여준 곳이다. 고죽삼립(苦竹森立)하고 다수림(茶樹林)을 제작한다. 화정을 내려와 계곡의 곁을 걸어 돌다리에 이르다. 다리(橋)는 홍량(虹梁)과 같아 깊은 골짜기를 건넌다. 그 아래로 만장(萬丈) 물소리는 천둥소리 같다. 또 화정으로부터 돌아와 국청(國淸)에 이르러 여름을 지내다. 때에 물외(物外) 지관(止觀)을 강설하다. 사는 듣기에 맡기다. 또 교문(敎文) 삼백여권을 사(寫)하다. 7월, 월주(越州) 개원사(開元寺)에 이르러『법화론기』를 정리하다. 9월 지자 9세손 양서(良諝)가 이 태교(台敎)를 강설하는 것을 듣다. 12월『집요(集要)』상·중 2권을 조사하여 정리하다.

이 기록에 의하면,『법화론기』는 854년 7월부터 9월에 걸쳐 저술되었다. 길장은『법화론』을 주석할 때 541단으로 분절하여 상세하게 논하고 있다. 엔친은 296단으로 나누어 논한다. 길장의 주석에는『지도론』,『섭론』,『법화소석(法華疏釋)』,『무량의경』,『성실론』,『열반경』,『불성론』,『승만경』,『중론』,『유론본(有論本)』등의 경전과 도안, 승조, 승예 등의 설을 수용하고 있지만, 엔친은『법화문구』,『법화문구기』,『법화현의』,『석첨(釋籤)』을 압도적으로 많이 인용하고『대승지관법문』등의 인용도 있다.

엔친의『법화론』에 대한 주석은 거의 지의의 소(疏)와 주석을 인용한 내용이며, 독자적인 해석은 양적으로 극히 적다. 즉 천태 개조의 주석으로 주석한다는 태도이다. 이것이 2권의『법화론』에 대해『법화론기』가 10권이 된 까닭이라고 볼 수 있다.『법화론기』의 압권은『법화론』의 3종 불보리를 설하기에 앞서 14문(門)에 걸쳐 설명하는「현론(玄論)」에 있다.「현론」의 대부분도 인용이지만, 엔친의 사상을 파악할 수 있는 매우 중요한 글이다.

『법화론』의 3종 보리란 세친이 설하는 3종 불보리로 응화불보리(應化佛菩提), 보불보리(報佛菩提), 법불보리(法佛菩提)를 말한다. 응화불이란 곳에 따라 응견하기 위해서 시현한 부처로,「수량품」에 말하는 석가가 궁을 나와 멀지 않은 곳의 도량에 앉아서 무상정등보리(無上正等菩提)를 얻은 부처이고, 보불보리란 십지(十地)의 보살도를 완성하여 항상 열반을 증명하고 있는 부처로,「수량품」에서 말하는 "나는 실로 성불한 이래로 이미 무량무변백천만억나유타겁이다"라고 설하고 있는 부처이며, 법불보리란 여래장·진여의 체(體)를 말하는 것으로 그 성(性)은 청정하여 열반상주(涅槃常住)이고 청량하여 변하지 않는 뜻을 갖는 법성(法性)이다. 이것은 「수량품」에 "여래는 여실하게 삼계의 상(相)을 지견하고 있다"고 설하는 것이다.

3) 『법화론기』의 「현론」

『현론』은 14문으로 되어 있다. 즉 명수문(名數門), 번명문(翻名門), 융통문(融通門), 석방문(釋妨門), 수성문(修性門), 본적문(本迹門), 권실문(權實門), 수량문(壽量門), 상무상문(常無常門), 융통문(融通門), 수연감견문(隨緣感見門), 불적현본(拂迹顯本), 총료간문(摠料簡門), 출이문(出異門)이다. 그 내용 중 중요한 몇 가지를 살펴보겠다.

엔친은 명수문에서 출이문에 이르기까지 주로 『법화문구』와 육조(六祖)의 주석을 인용하고 있다. 14문 가운데 『법화문구기』를 참고로 하여 주석한 것은 비명문, 융통문, 석방문, 수성문, 본적문, 권실문, 수량문, 상무상문, 융통문, 수연감견문, 불적현본, 총료간문이다. 또한 『법화현의』를 참고로 하여 세운 것은 본적문, 권실문이며, 스스로 주긋한 것은 명수문, 상무상문, 불적현본, 출이문이라고 볼 수 있다.

엔친은 「현론」에서 지의의 「수량품」 불신(佛身)에 대한 논석을 그대로 따르고 있으므로 이것을 엔친의 불신관(佛身觀)이라고 보아도 될 것이다. 즉 엔친의 불신관은 지의의 불신관을 그대로 계승하고 있다고 볼 수 있다.

이런 관점에서 엔친의 『대일경(大日經)』에 대한 견해도 설명할 수 있다. 즉 당의 광수(廣修)·유견(維蠲)이 『대일경(大日經)』은 제3의 방등부(方等部)에 속한다고 주장한 것에 대해 엔친은 20조에 걸쳐 이를 반박하고 『대일경』은 제5시(時)에 속한다고고 논파했다. 나아가 쿠카이가 불성일승여래밀장(佛性一乘如來密藏) 위에 따로 비밀장(秘密藏)을 세워 진언(眞言)이라 한 것에 대해서도 엔친은 반론을 폈다.

『대일경』에 대한 엔친의 견해는 다음과 같다. 계경(契經)에는 자문(字門)이 있고 진언문(眞言門)이 있어 하나 같지 않지만, 비밀의궤문(秘密儀軌門)에서는『대일경』을 설한다. 따라서 이것을 방등부에 속하는 것이라고 하는 것은 분명히 잘못이다. 지의가『마하지관』에서 "지자(智者)는 법화(法華)를 행하여 다라니를 발한다"라고 했듯이, 지의가 논하고 있는 4교(四教)는 총지문(摠持門)을 포섭하는 것이며 낙설변재(樂說辯才)는 총지력(摠持力)에 의한 것이다. 만약 이것을 아니라고 하는 자가 있다면 그는 천태의 사종(師宗)에 위배하는 것이다. 안으로 비밀교를 증득하고 밖으로는 현시교(顯示教)를 말하는 것이다. 그러므로 일체의 모든 수행의 과(果)는 진언문에 의해서 증득하는 것이고, 이것은 음적(陰的) 법화천태의 뜻에 맞는 것으로 전혀 이론이 없다.

이상으로 미루어 보아 엔친의『법화론기』는 지의의 입장에서『법화론』을 해석한 것으로 볼 수 있다.[5]

4. 중국과 일본 천태종의 상위점

일본 천태종은 사이쵸가 803년 구법 입당하여 천태 제6조 담연의 제자 도수·행만(行滿)으로부터 천태법문을 상승(相承)하고 여기에 선(禪)·계(戒)·밀(密)을 상승한 종파이다. 일본 천태종의 특징으로 ① 법화원교종(法華圓敎宗)으로서 중국 천태 상승(相承), ② 원(圓)·밀(密)·선(禪)·계(戒)의 4종 융합, ③ 남도육종(南都六宗) 등의 도시불교에 대한 산림(山林)불교로서 혁신, ④ 원(圓)·밀(密)의 일치, ⑤ 원돈삼학(圓頓三學) 구족(具足), ⑥ 대승국(大乘國) 일본의 자각과 말법관(末法觀), ⑦ 진호국가(鎭護國家) 사상 등을 꼽을 수 있다.

당에서 귀국한 사이쵸는 원돈계단(圓頓戒壇)의 건립과 법상종의 토쿠이츠(德一)

---

5 立正大學 法華經文化研究所 編,『法華文化研究』第15號, 1989, 1-22頁 참조.

와의 일삼권실(一三權實)의 논쟁에 주력했다. 일삼권실론은 나라시대 불교를 대표하는 법상종과 새로운 종인 천태종의 교리 논쟁으로, 일승(一乘)을 설하는 교(敎)와 삼승차별을 설하는 교(敎)는 무엇이 진실이고 어느 것이 방편인지 하는 문제를 중심으로 불성론(佛性論)을 비롯한 폭넓은 주제로 논쟁이 전개되었다. 사이쵸는 이를 통해 일본 천태종의 의의를 이론적으로 천명하려고 대승원돈계 건립의 사상적 근거를 분명히 하고자 했다.

이러한 일본 천태종과 중국 천태종은 어떤 상위점이 있는지를 살펴보겠다.

첫째, 중국 천태종은 법화원교일법문(法華圓敎一法門)의 종으로 순수한 교법(敎法)에 관한 것의 상승에 한정된다. 반면 일본 천태종은 천태법화종이라 하여 원·밀·선·계 4종 상승의 종으로 쇼토쿠 태자를 혜사의 후신이라고 보는 등 신념적인 상승의 일면을 지니고 있다. 그러나 현재는 단지 천태종이라는 이름으로 일관한다.

둘째, 중국 천태종은 5시8교의 독자적인 교판을 갖는다. 반면 일본 천태종은 5시교판을 계승하고 있지만, 새로이 밀교를 더한 일본 천태종은 결국 5시5교(五時五敎)의 교판을 세웠다. 『법화경』의 해석에서 중국 천태종은 약교별여(約敎別與)와 약부통달(約部通達)의 이변(二邊)이 함께 행해졌던 반면, 일본 천태종은 약부석(約部釋)에 중점을 두고 있다. 또한 중국 천태종에서 본적이문의 구별은 오직 구근금석(久近今昔)의 부동(不同)이라는 점에서 나눌 뿐이고 이문(二門) 교리에 고하(高下)나 천심(淺深)을 두지 않는 반면, 일본 천태종에서는 적문은 인분리원(因分理圓)을, 본문은 과분사원(果分事圓)을 설한다고 보면서 그들 사이에 승열(勝劣)·천심(淺深)을 둔다.

셋째, 대체로 중국 천태종에서는 수행에 정진하고 단계적으로 번뇌를 끊고 깨달음에 이른다고 하는 종인향과(從因向果)의 법문 즉 시각법문(始覺法門)이 주를 이루고 있는 반면, 일본 천태종에서는 적극적 현실 긍정에 입각하는 종과향인(從果向因)의 법문 즉 본각법문(本覺法門)이 주류를 이룬다.

넷째, 중국 천태종에서는 법화개회의 절대문(絕待門) 정신에 의거한 소승계(小乘戒)에 따라 승려에게 250계의 수지를 요구하고 그들의 출가를 중핵으로 하여 교단이 조직되었다. 일본 천태종에서는 사이쵸의 정의법화 방의범망(正依法華 傍依梵網)의 원돈계(圓頓戒)의 주장에 따라 상대문(相待門)을 주로 하여 소승계를 버리고 순대 승계를 수지한다. 그러므로 출가의 보살과 재가의 보살의 두 종류가 있으며 진속(眞俗) 일관하고 출가재가는 겸섭되어 있다.

다섯째, 중국 천태종은 초국가적이고 세계성·보편성을 가진 교법을 전개하지만, 일본 천태종에서는 진호국가(鎭護國家) 사상이 한 축을 이루고 있으며 왕불이법(王佛二法)은 양륜쌍익(兩輪雙翼)·함개상응(函蓋相應)한다고 보고 있다. 또한 사이쵸의 '일본일주 원기순숙(日本一州 圓機淳熟)'은 일본에서 일향원돈대승(一向圓頓大乘)의 기(機)라고 하여 특별한 관심을 받는다.

이처럼 다른 특징을 지닌 중국 천태종과 일본 천태종이지만, 사이쵸 스스로 천태 법화원종(天台法華圓宗)이라고 했듯이 근본적인 기조에서는 전혀 다른 점이 없다.[6]

---

6 有賀要延, 『日蓮各派の教學』, 山喜房, 昭和 50, 68-71頁.

제3장

『법화경』과 가마쿠라(鎌倉)시대의 불교

1. 신란의 법화경관

1) 생애와 저술

신란(親鸞, 1173~1262)은 1181년 9세에 엔랴쿠지 삼문적(三門跡) 중 하나인 쇼렌인(靑蓮院)의 지엔(慈円)에게 출가하여 20년간 학생 아닌 당승(堂僧, 잡역승)의 생활을 했다. 29세 때 염불 암송을 중시하는 호넨의 문하로 들어가서 그의 가르침을 더욱 발전시켜 새로이 정토진종(淨土眞宗)을 열었다. 저서로는 『교행신증(敎行信證)』, 『정토화찬(淨土和讚)』, 『고승화찬(高僧和讚)』, 『유신초문의(唯信抄文意)』, 『입출이문게송(入出二門偈頌)』, 『정상말화찬(正像末和讚)』 등이 있다. 시호는 견진대사(見眞大師)이다.

2) 신란과 히에이산 교학

사이쵸에 의해 시작된 히에이산 불교는 『법화경』 내지 법화사상을 근간으로 하는 원(圓)·밀(密)·선(禪)·계(戒)의 합일을 꾀한 종합불교의 성격을 띠고 있었다. 그 후 엔닌·엔친·안넨(安然)에 이르러 서서히 태밀사상(台密思想)으로 발전했고 이후 료겐(良源)·겐신(源信)에 이르러 밀교와 함께 천태정토교적 색채를 띠게 되었다.

엔닌의 교학은 지관·차나 양업의 일대 원교론(圓敎論)과 여러 사상과 신앙의 절대적인 가치를 인정하는 평등관에 기반한 현밀이교(顯密二敎)이다. 현교는 수타의(隨他意)의 교로서 억겁 수행의 점교(漸敎)이고, 밀교는 수자의(隨自意)의 교로서 돈증(頓證)불교이다. 돈증불교는 색심자재(色心自在)·색심불이(色心不二)·비정비불성(非情非佛性)을 체득케 하고 사리이밀(事理二密)은 이밀·사밀로 대별된다. 또한 이밀은 색심불이·진속이제의 원리를 설하고, 사밀은 색심불이·현밀불이(顯密不二)의 원리를 신(身)·어(語)·의(意)의 삼밀묘수(三密妙修)에 의해 진여수연(眞如隨緣)의 결과를 체득케 한다. 그리고 구밀(俱密)에 의해 대단원을 맺는다.

이러한 엔닌의 일대원교론은 현밀쌍수에 기반하지만 차나업을 입각점으로 하고 있다. 그의 차나업은 어디까지나 이밀·사밀이라는 위치를 잃지 않고 심오한 철리를 구체적으로 인간의 행동에서 확보하려고 하고 인간 개개의 행동실천이 매개 과정 없이 곧바로 여법적(如法的)인 붓다의 구극을 체득케 하려는 것으로 볼 수 있다. 이것은 사이쵸의 개창으로 비롯된 일본 천태종은 복합 불교로서 종종 이론적인 현교(顯敎)로 기울고 있던 상황에서 실천적 밀교를 강화하여 즉신성불(卽身成佛)·즉심시불(卽心是佛)의 실체를 확보하려는 것으로 보아야 한다. 즉 실질적인 개혁이 아니라 방법론적인 약진을 지향했던 것이다.

한편 안넨은 대일여래와 같은 특수한 불타를 인정하지 않고 삼세제불의 법신위(法身位)를 대일(大日)이라 하고, 후세의 교상(敎相)을 종인지과(從因至果)라 하며, 사상(事相)을 종과지인(從果至因)이라 하듯이, 추상적인 이밀보다 구체적인 사밀에 무게를 두고 있다. 이러한 안넨의 사상은 천태법화종의 전성시대에 입산한 감수성 강한 청년승 신란이나 도겐 등에게 사상과 신앙 면에서 많은 영향을 주었을 것이다.

3) 정토와 『법화경』

정토종의 신란과 『법화경』의 관계는 과연 어떨까. 신란이 쓴 『교행신증』에는 정토와『법화경』의 관계를 말해주는 다음과 같은 구절이 있다.

불퇴전(不退轉)은 범어로는 아유월치(阿惟越致), 산스크리트어 avairatya, avaiartika 등의 음사로, 퇴보하는 일 없는 계위라고 한다. 법화경에 이르되, "미륵보살이 증득한 경지(報地)이다"라고 한다. 일념왕생(一念往生) 즉 미륵과 같다. 부처님의 말씀 헛되지 않다. 이 경은 실로 왕생의 지름길로 가는 비술이고 지름길(徑術)이며, 고(苦)를 벗어나는 부사의한 방법(神方)이니 모두 신수信受해야 한다.[1]

이처럼『법화경』을 신수(信受)하라고 하는 말은 아마도 당시의 천태의 일심삼관(一心三觀)의 행법은 너무 고차원이고도 자신과는 머나먼 거리에 있는 행법으로 자신과는 어울리지 않는다고 생각했기 때문이고,『법화경』그 자체에도 끌리는 생각을 지니고 있었을 것이다.

신란은 본디 히에이산 상행삼매당(常行三昧堂)의 당승이었다. 그러므로 천태종에서 존중하는 법화경을 읽고 그 깊은 뜻을 탐구하지 않았을 리가 없고, 또 상행삼매를 수행하고 미타불이 어떠한 부처님인지를 깊이 생각하지 않았을 리도 없다. 이리하여 법화경과 무량수경의 사이에 권실차별(權實差別)을 넘어 부처님의 자비심(慈悲心)이 강력하게 현시되고 있는 것을 생각하지 않을 수 없을 것이다.[2]

또한 신란은 미타신앙의 '출(出)의 공덕'을『법화경』「보문품」에서 설하는 관세음보살의 자비로서 설명한다. 33신(身) 등의 여러 가지 형태를 나타내고, 여러 가지 연(緣)에 따라서 중생의 여러 가지 고난을 구제하며 여러 가지 원망(願望)을 바라보

---

1 星野元豊, 石田充之, 家永三郎 校注,『日本思想史大系』14 收錄「敎行信證」信卷, 岩波書店, 1971, 106-107頁.
2 橫超慧日,『法華經序說』, 法藏館, 1962, 107頁.

는 관음의 자비가 신란에게는 미타불의 '시응화신(示應化身)'과 똑같았다. 『법화경』이 아미타불의 출입자재(出入自在)를 거부한다면 보문의 명칭에 대응할 수 없게 될 것이다. 지의는 "문(文)에 보문(普門)이라고 하는 관(觀)이 만약 원만하지 못하면 문(門)을 보(普)라고 할 수 없다"라고 말했다. 이미 『법화경』은 서방불(西方佛)로서 아미타불을 모시고(「화성유품」), 구원본불(久遠本佛)의 '시현(示現)'을 설하고(「여래수량품」), 법화 청문의 여인에게 사후의 서방정토에의 왕생을 허용하고(「약왕보살본사품」), "서방에 행복의 광맥이 있고 더러워지지 않는 희귀한 세계가 있다. 그곳에서 지도자 아미타불은 지금 이 세상에 존재하는 자들의 지도자로서 주(住)한다"고 설한다.[3] 그렇다고 하면 신란은 『법화경』과 『무량수경』 사이의 권실차별을 넘어 부처 공통의 대자비심을 느끼고 이해하고 있었다고 볼 수 있다.[4]

2. 도겐의 법화사상

1) 생애

도겐(道元, 1200~1253)은 13세에 히에이산의 엔랴쿠지로 출가해 천태교학을 수학했다. 그 후 히에이산을 내려와 겐닌지(建仁寺)로 들어가 에이사이(榮西)의 수제자 묘젠(明全)에게서 선(禪)을 배웠다. 1223년 그는 묘젠과 함께 중국으로 구법 여행을 떠났다. 중국에 도착한 그는 여러 사찰들을 역방하며 견문을 넓히다가 1225년 5월부터 조동종 선사 여정(如淨)의 문하로 들어가 엄격한 선 수행을 지도받고 1228년 일본으로 귀국했다

---

3 『文庫版法華經』 下, 岩波書店, 1967, 90頁.
4 戶頃重基, 『日蓮敎學の思想史的硏究』, 富山房, 昭和 51, 385-389頁 참조.

귀국 후 선 수행을 적극적으로 설파하던 도겐은 1233년 코쇼지(興聖寺)로 가서 그곳에서 10여 년간 머물며 저술 활동과 제자 육성, 좌선의 보급에 혼신을 다했다. 그의 저술로는 『정법안장(正法眼藏)』, 『보권좌선의(普勸坐禪儀)』 등이 유명하다. 도겐은 1244년 타이부츠지(大佛寺)를 개창하고 2년 후 에이헤이지(永平寺)로 개명한 후 그곳에서 약 10년간 머물다가 1252년 54세의 나이로 쿄토에서 입적했다.

2) 도겐과 법화사상의 개현

도겐은 히에이산 교학의 법화일승(法華一乘)을 받아들였지만 '본래본법성(本來本法性) 천연자성신(天然自性身)'에 관련되고 '제불위심마(諸佛爲甚摩), 다시 발심하여 삼보리의 도를 수행'하는 즉 중생본래불이라고 설하는 천태의 본각사상에 의문을 가졌다. 인간이 사는 필연으로서 본질적인 것을 심신(心身)으로 걸고 가는 것은 무엇인가. 그는 송나라로 갈 때 육왕산이나 천동산 전좌(典座)와의 상량(商量)을 암암리에 꾀했지만, 이와 대응하는 것으로서 『법화경』을 다시 보았다. 사이쵸가 히에이산 교학을 열고 일승지관원(一乘止觀院)을 시작한 것은 법화일승의 정신을 『마하지관』에 의해 실천적으로 완전하게 하려고 한 것이었다. 말하자면 『법화현의』와 『법화문구』는 『법화경』의 교리적 사상이고, 『마하지관』은 실천과 수행의 입장에서 『법화경』을 이해하고 있었다.

『마하지관』 중 도겐의 마음을 끈 것은 지의가 설하는 '4종 삼매'였다. 특히 관법(觀法, 실천)에 의해 공가중(空·假·中)의 삼제(三諦)를 즉공(卽空)·즉가(卽假)·즉중(卽中)으로서 종합적·일체적으로 체득·실천한다는 것이 도겐의 생애에 일관하는 사상적 기반을 형성했던 것으로 보인다. 도겐이 『법화경』에 깊은 관심을 갖고 있었던 것은 다음과 같은 글이다.

법화경은 제불여래 일대사 인연이다. 큰스승 석존이 설하신 제경 가운데에 법화경

이것은 대왕(大王)이고 대사(大師)이다. 여타의 경, 여타의 법은 모두 이 법화경의 신민(臣民)이고 권속(眷屬)이다.…법화의 공덕력을 받지 않으면 여타의 경이 있을 수 없다. 여타의 경 모두 법화에 귀투(歸投)하여 받들 것을 기대하는 것이다(歸依三寶).

이상과 같이 도겐의 사상적 입장의 근저로 된 것은『법화경』이다. 그는 결국 "석가의 법화가 아니고 제불의 법화가 아니며 법화의 법화이다(法華轉法華)"라고 하기에 이른다. 말하자면 불법의 궁극을『법화경』에 구했던 것이다.

도겐의『법화경』에 대한 문증(文證)으로서 들 수 있는 다음과 같은 구절이 있다.

얼마나 기쁜가.
산에 있어 적막하나
이로 인해 항상 법화경을 읽네.
오직 나무 아래 정진함은 무엇인가.
증애심만 시어머니 같네.
가을 깊어지는 밤비 소리여.

도겐은 "법화경 중의 설(說)은 진실이고 여타 경 중의 설은 모두 방편을 띤 것이다"라고 믿어 의심치 않았으며,『보경기(寶慶記)』에서는 철저하게 지의의 교학을 파헤치면서『정법안장』을『법화경』의 주석서로 삼았다. 즉 '전법화(轉法華)'를 말하며『법화경』「여래수량품」의 계송을 전재했다.

일심(一心)으로 견불(見佛)하고자 하는 것은 자연스런 일인가. 붓다라고 하는 것인가를 참구(參究)한다. 분신(分身)으로 성도하였을 때 있고, 전신(全身)으로 성도하였을 때가 있다. 영축산을 함께 나옴은 신명(身命)을 스스로 아끼지 않는 것에 의한 것이다. 상주(常住) 설법인 개시오입(開示悟入)이 있고, 방편으로 열반(涅槃)을 나타내는 개시오입이 있다. 보지 못한다 하더라도 가까운 누구인가 일심(一心)의 회불회(會不會)를 믿지 않으랴. 천인(天人)이 항상 가득한 곳은 석가모니불·비로자나의 상적광토(常寂光土)이다. 자연히 사토(四土)에 갖추어진 우리들 즉 하나같은 불토(佛土)에 거(居)하는 것이다.

이는 도겐이「여래수량품」을 어떻게 읽을까 하는 점에 표적을 맞춘 것이라 할 수 있다. 어쨌든 도겐은『법화경』의 인격적 생명의 약동하는 사상(事相)의 면을 선택하고,『마하지관』의 삼관의 원융적(圓融的) 결론인 즉중(卽中)의 전개에 의해 공간적인 이곳, 시간적인 지금이라고 하는 현실 인식의 위에 서서 뜻대로『법화경』의 개현을 기대하려고 하고, 그러한 가운데 본각 사상의 이사쌍수(理事雙修) 내지 이사원융(理事圓融)의 접착점을 발견했던 것이다.

3) 도겐 사상의 핵심

도겐은 변할 수 없는 연기(緣起) 가운데서 "세계는 시방세계 모두 불세계(佛世界)이고 비불세계는 아직 없다"는 우주관과 세계관을 보여준다. 우주적 규범으로서의 현상계를 공간적으로 이해하면 "변법계(遍法界) 모두 불인(佛印)으로 되고 진허공(盡虛空) 모두 깨달음이 된다"는 것이다. 시간적으로 이해하면 "시시(時時)의 시(時)에 진유진계(盡有盡界)가 있다. 잠시 지금의 때에 의지하는 진유진계가 있는지 없는지 관상(觀想)해야 한다.…그곳에 있으니 누구라도 지금이다." 또한 그는 우주 그 자체가 불(佛)이고 깨달음의 당체인 것을 논증한 후 "초목총림(草木叢林)의 무상한 것이 즉 불성이고 인물신심(人物身心)의 무상한 것이 즉 불성이다. 국토산하의 무상한 것, 이것이 불성이므로 그런 것이다"라고 투철한 현실 인식의 위에서 제법실상의 진실을 철저하게 구명하고 있다.

수행 실천에 대해서는 단순한 청규(淸規)나 법의(法儀)로 끝나는 것이 아니라 "제법(諸法)이 불법(佛法)인 시절…자기를 진척시켜 만법을 수증(修證)하는 것을 미혹이라 하고, 만법이 진척되어 자기를 수증(修證)하는 것은 깨달음이라 한다"고 말한다. '제법이 불법(佛法)인 시절' 즉 '제법실상'은 만법(萬法) 가운데 속한 일거수일투족이라 하더라도 불작불행(佛作佛行) 아닌 것이 없는 도(道)의 철저함을 갖지 않으면 안 된다는 것이다.

또한 그 행동 실천은 "제불이 바로 제불일 때는 자기를 제불이라고 깨달아 알지 못하고 증명된 부처가 부처를 증득해간다"라고 하여 무소득의 순수행(純粹行)이라고 했다. 즉 무소득의 순수행은 하루하루(一日一日)의 생활을 부처를 짓고 부처의 행을 충실히 해가는 것이다.

히에이산 교학의 대부분이 실체를 즉신성불(卽身成佛), 현신성불(現身成佛), 부모소생신(父母所生身), 당체성불(當體成佛), 수지즉성(受持卽成), 수득현성(修得顯成), 즉신즉불(卽身卽佛)이라 하여 외연적(外緣的)인 것을 지향하는데 비해, 도겐은 과감히 내훈적(內薰的)인 즉심시불(卽心是佛)로서 일관한다. 『보권좌선의』나 『정법안장』의 '변도화(弁道話)', '행지(行持)', '수기(授記)', '관음', '왕색선타파(王索仙陀婆)' 등에서 누누이 즉심시불을 사용하고, 때로는 즉심즉불·즉심불를 사용한다. '즉심시불'이란 다음과 같은 것이다.

소위 제불이란 석가모니불이다. 석가모니불 이것은 즉심시불이다. 과거·현재·미래의 제불, 모두 부처로 될 때는 반드시 석가모니불로 되는 것이고 이것은 즉심시불이다.

이 하루의 신명(身命)은 존중해야 할 신명이고 존중해야 할 뼈대이다. 이 행지(行持) 있을 신심(身心) 스스로 사랑해야 하고 스스로 존중해야 한다. 우리는 행지(行持)에 의해 제불의 행지 즉 견성하고 제불의 대도(大道)에 통달하는 것이다. 그러면 즉 하루의 행지, 이것은 제불의 종자이고 제불의 행지이다.

석가모니불 즉 '즉심시불'에 이르는 전개에 의해 우리의 하루 행사가 제불의 종자이고 제불의 행사로 되는 것이다. 하루 아니 일순일순의 시간과 공간에 걸친 행동 실천이 그대로 석가모니불의 당체가 된다는 놀라운 계기이다.[5]

3. 니치렌의『법화경』수용

신란, 도겐, 니치렌(日蓮, 1222~1282)은 각기『법화경』을 정통의 최고 경전으로서 숭배하는 일본 천태법화종 총본산인 히에이산 엔랴쿠지에서 배우고 영향을 받으면서 하산한 후 독자적인 길을 걸었다. 니치렌은 21세부터 32세까지 12년간 히에이산에서 지내면서『법화경』을 믿고 의지하기로 믿음을 정했다. 신란, 도겐, 니치렌 가운데 히에이산의 감화를 가장 크게 받고 개산조 사이쵸를 불교사(佛敎史)상 마음의 스승으로서 존경하고 후에『법화경』의 행자를 자부하게 된 사람은 니치렌이었다. 이에 신란과 도겐의『법화경』수용과 비교를 필요로 하는 범위 내에서 간략하게 니치렌의 법화경관을 살펴보겠다.

1) 신란과의 비교

니치렌은 신란의『법화경』수용과 두 가지 점에서 차이를 보인다. 하나는 구원실성(久遠實成)의 불신론(佛身論)이고, 다른 하나는 현세이익론(現世利益論)이다.

먼저, 구성(久成)의 미타와 구성(久成)의 석가 문제를 보면, 신란이『법화경』「수량품」의 구성불신론(久成佛身論)을 석존이 아닌 미타불을 구성(久成)의 미타불로 설하는 데 대해, 니치렌은 오직 석존을 개현(開顯)하는 구성(久成)의 석존으로서『법화경』의 신앙에 충실했다. 이러한 생각의 차이는『무량수경』과『법화경』사이의 절

---

5 守屋茂,『京都周辺における道元禪師』, 同朋舍出版, 1994, 75-75頁 참조.

충적인 견본의 결과일 수도 있다고 본다. 왜냐하면『무량수경』과『법화경』은 불수구원(佛壽久遠)에 관한 공통된 사상이 있기 때문이다. 정토교가 정의(正依)로 하는『무량수경』은 경제목이 나타내고 있는 것처럼 불수무량(佛壽無量)을 상징하고 있고,『법화경』「수량품」도 역사상의 석존이 성불한 이래 구원(久遠)이고 수명은 무량아승지겁이라고 설하고 있는 것이다.

둘째, 염불 대 법화사상이라는 견지에서 보면, 일본의 정토불교는 법화불교와 같은 현세이익을 취함에 다름이 없다. 칭명염불에 의한 현세이익의 신앙은 "정해진 업(定業)마저 참회하면 반드시 소멸한다. 어찌 부정업(不定業)이랴"(『可延定業御書』)와『법화경』의 공덕에 의지하여 정해진 업(定業)도 능히 바꾸는 것까지도 믿고 있던 니치렌 사이에서는 칭명(稱名)과 창제(唱題)라는 형식의 차이밖에 찾아볼 수 없는 것이다.

2) 도겐과의 비교

다음으로 도겐과 니치렌의 법화경관을 비교해보겠다.

첫째, 다반겸학(多般兼學)의 가부(可否) 문제가 있다. 도겐은 임제선 정도로 불립문자(不立文字)를 내세우지는 않았지만 교종(敎宗)의 니치렌에 비하면 선과 교의 안목이 다를 수밖에 없다. 지관타좌(止觀打坐)에서 다반경학은 유해무익하다. 뿐만 아니라 교학 편중은 수행 문제는 던져버리고 경전의 사상 문제로 우열 논쟁에 사람들을 방황케 한다. 그러나 다행히도『법화경』에는 이 문제를 풀어줄 수 있는 보살도로서의 수행 사상적인 배경이 있다. 니치렌은 교(敎)→리(理)→행(行)→과(果)의 서열을 중시했다. 니치렌도 도겐과 같이 수행을 중시했기 때문에『법화경』의 행자를 자칭했다. 그러나 그의 행(行)은 어디까지나 경문의 색독(色讀)이고 여설수행(如說修行)이었지 '불립문자'를 부르짖고 '지관타좌'의 행을 하는 것은 아니었다. 니치렌은 도겐과 달리 교학(敎學)을 중시했다. 당연히 교상(敎相)에 관한 폭넓은 교양과 지식을 익혀 많은 사람들을 교화의 대상으로 했다. 니치렌은 다반겸학의 경험으로 배운 정수(精髓)를 창제를 행하는 가운데 모두 수렴하고 말았다.

둘째, 주객이 전도된 기증개현(己證開顯)의 문제가 있다. 니치렌에게 『법화경』의 여설수행은 『법화경』의 문자에 비추어 자신의 몸을 반성하는 정도를 지나 『법화경』에 읽히고(教) 『법화경』을 읽어 돌리는(觀) 것이다. 『법화경』의 교주 석존에게 주(主)·사(師)·친(親)의 세 가지 덕을 부여하고 있는 것이다. 『법화경』을 주체적으로 읽어 돌려주었던 점에서 니치렌은 도겐과 다르지 않다. 달랐던 것은 도겐이 법화의 색독으로부터의 수난은 물론 '지관타좌'로부터의 세법(世法)의 저항조차 전혀 경험하지 않았다고 하는 점이다.[6]

---

6 戸頃重基, 『日蓮教學の思想史的研究』, 395-400頁 참조.

제4장

니치렌종과 『법화경』

니치렌종(日蓮宗)의 『법화경』 연구는 크게 나누어 세 시기로 구분할 수 있다. 첫째는 니치렌종 초기 홍통을 위해 『법화경』을 의용하는 시기이고, 두 번째는 무로마치(室町)시대 전후 일본 천태종의 교양에 의거하여 『법화경』의 해석에 니치렌 종의를 부가 또는 발견해나간 시기이며, 세 번째는 근세에 들어 송의 천태학의 저술을 주로 의용한 천태3대부의 연구 시기이다.

1. 법화경 연구의 개관

1) 니치렌의 법화경 해석

니치렌의 『법화경』 강술 또는 주소(註疏)를 알 수 있는 것은 『어강문서(御講聞書)』(伝日向筆受), 『어의구전(御義口伝)』(伝日興筆受), 『주법화경(註法華經)』 등이다. 『어강문서』와 『어의구전』은 경의 요문(要文)을 중심으로 니치렌이 『법화경』을 강설한 것을 정리하고 있다. 『어강문서』와 『어의구전』은 후세에 종의(宗義)를 논하는 저술에 종종 인용되고 있지만 온전히 니치렌의 저작이라고 보기 어렵다. 『주법화경』은 니치렌이 가지고 있던 '주법화경'에 여러 저술의 요문을 인용·서사한 책이다. 따라서 『주법화경』 또한 니치렌의 순수한 저술은 아니라고 본다. 그 내용 중 천태삼대부 및 말주(末註)로부터 인용된 것은 805장(章)을 헤아리고, 지의·담연 등의 저술과 일본 천태의 전적에서 인용한 것을 더하면 천태 관계를 인용한 것이 과반수를 점한다.[1]

2) 상대의 『법화경』 강석

니치렌종 종학 장소목록(宗學 章疏目錄) 등에 의하면, 니치렌이 남긴 글(遺文)의 견문(見聞)이 많고 『법화경』 강술 등은 적다.

저자	『법화경』 관계 저술	유문 관계 저술
니치린(日輪)_傳	『법화홍통비문서(法華弘通秘問書)』	
니치고우(日鄕)		『약왕품득의초오서(藥王品得意抄奧書)』
니치죠(日像)	『법화종지문답초(法華宗旨問答抄)』	
니치젠(日全)	『법화문답정의초(法華問答正義抄)』	
닛케이(日經)		『법화취요초견문(法華取要抄見聞)』
		『법화제목초견문(法華題目抄見聞)』

위에 든 『법화경』 관계의 저술 가운데 니치린(日輪, 1272~1359)의 작이라고 알려진 『법화홍통비문서』에는 「방편품」·「제바달다품」·「권지품」·「안락품」 등의 9품이 남아 있는데 후세 법손에 의한 위찬서라는 주장이 있고,[2] 니치죠(日像, 1269~1342)의 『법화종지문답초』는 그의 포교 실천을 기반으로 법화종 종지를 문답체로 밝힌 단편의 저작이므로 『법화경』 강술은 아니다.

『법화경』 강술이라 볼 수 있는 것은 니치젠(日全)의 『법화문답정의초』(22권)으로, 1333년경부터 1344년까지 주(註)를 한 것이다. 이 책은 1권으로부터 12권까지는 『법화경』의 개경·결경을 파악하고 있으나, 13권부터 21권까지는 정토, 진언, 선, 천태

---

1 執行海秀, 『御義口伝の研究』, 山喜房仏書林, 2006 참조.
2 執行 海秀, 『日蓮宗教學史』, 平楽寺書店, 1952, 55頁.

에 대한 견문, 22권은 법화·천태·진언 승열사(勝劣事), 니치렌종의 관심(觀心)과 행상(行相)에 대한 논서이다. 그러나 전반적으로 이 책은 품품(品品)의 요의를 들어 『법화경』을 해석하며 강석하는 내용으로 본문 중에 다른 요문이 인용되기도 하지만 기본적으로는 법화3대부에 의한 해석이다.

3) 무로마치시대의 『법화경』 강석

난보쿠초(南北朝)시대(1334~1391)는 제문류(諸門流)가 분화·확장되는 시기로 문류교학의 발흥기이다. 『법화경』에 관한 저술로서는, 니치류(日隆)의 『법화종본문홍경초(法華宗本門弘經抄)』(113권)을 비롯하여, 니치죠(日朝)의 『보시집(補施集)』(100여 권)과 『법화강연초(法華講演抄)』(36권), 닛쵸(日澄)의 『법화계운초(法華啓運鈔)』(55권), 니치겐(日源)의 『강연법화의초(講演法華義抄)』(23권), 닛츄(日忠)의 『법화직담초(法華直談抄)』(권수 불명) 등 많은 저술이 이루어지고 있다.

각 품에 대한 단편적인 사기(私記)로는 니치류의 『삼대부약대의(三大部略大意)』를 비롯한 몇 편의 저술, 니치요(日耀)의 『지관견문(止觀見聞)』, 닛신(日真)의 『천태삼대부과주(天台三大部科註)』, 니치죠의 『십불이문주(十不二門註)』 등이 있다. 그리고 천태 3대부에 관한 강술이나 일본 천태와 관계가 있는 것으로는 니치가쿠(日學)의 『혜심류대강사문서(慧心流大綱私聞書)』와 『삼관구결(三觀口決)』, 니치죠의 『혜심류칠개견문사(惠心流七箇見聞私)』, 니치이(日意)의 『이첩초사기(二帖抄私記)』, 니치엔(日延)의 『천태현지구결(天台玄旨口決)』과 『일심삼관구결(一心三觀口決)』, 니치요의 『이첩초견문(二帖抄見聞)』·『보취일전(宝聚日伝)』·『이첩초견문(二帖抄見聞)』·『침월집(枕月集)』 등이 있다.

4) 근세의 법화3대부 연구

근대의 니치렌종은 그 전통을 일신하여 종래와는 다른 경향을 보인다. 천태3대부를 중심으로 한 원시 천태의 연구가 성해지고 『법화경』 연구도 천태학으로 기우는 것을 볼 수 있다. 단림(檀林) 초기의 법화3대부의 강술로 남아 있는 것은 니치겐의 『천태삼대부사기(天台三大部私記)』이지만, 이 책은 닛쥬(日重)의 3대부 강술에 기초하고 있다. 근세의 법화3대부 연구는 삼광무사회(三光無師會)에 비롯되었다. 삼광무사회의 '문구무사(文句無師)'는 지의를 초극한다고 하는 의식을 갖지 않고 충실하게 이해하는 것을 목적으로 했다. 에도(江戶)시대 초기로부터는 법화 관계의 저술에서 니치렌종의 연구가 주류를 이루고 있다.

2. 니치렌종 『법화경』 강술서의 특징

1) 니치류의 『법화종본문홍경초』

니치류(1384~1463)는 니치렌의 입적한 후 활발하게 저술활동을 했다. 『법화경』 관계 저술은 『법화종본문홍경초』 113권 외에도 법화3대부에 관한 『삼대부약대의』 17권을 비롯하여 수십 권의 저술이 있고 유문 주석에서도 몇 권의 저서를 남겼다. 『법화종본문홍경초』는 3대부의 주해를 니치렌종의 견지해서 전개한 것으로, 적문을 소의로 하는 천태종에 대해 법화 본문에 입각한 니치렌종의 확립을 지향하고 있다. 니치류는 대당분별을 중심으로 천태종과 니치렌종의 차이점을 명확히 하고 있다. 『법화종본문홍경초』는 전체적으로는 지의의 해석에 대해 니치렌종의 해석이나 이해를 논하는 것이다. 이러한 태도는 저술 전체에 일관되어 있다. 니치류가 보기에 천태종학은 본문의 종학으로 개전되어야 할 필요성을 갖고 있었는데, 거기에 법화3대부를 의용하면서 법화 본문의 홍경(弘經)을 분명히 하는 연유가 있는 것이다.

2) 니치죠의 『법화초안초』

니치죠(日朝, 1422~1500)는 40세 때 가마쿠라 히키가야(比企谷) 묘혼지(妙本寺)에서 『법화경』을 강론하고 47세 때 법화 8강을 열었다고 한다. 또한 68세 때 70일간에 걸쳐 『법화현의』를 강론했다고 한다. 『법화경』에 관한 니치죠의 저술은 『보시집(補施集)』(약 100권), 『법화초안초(法華草案抄)』(7권), 『법화강연초(法華講演抄)』(36권), 『법화10강(法華十講)』(10권), 『법화대강집(法華大綱集)』(2권), 『방편품기(方便品記)』(1권), 『보현경(普賢經)』(1권), 『보현경사기(普賢經私記)』(2권), 『보현경별기(普賢經別記)』(1권), 『보현경사초(普賢經私抄)』(2권) 등이다.

니치죠의 교학 연구는 만년에 집필된 『보시집』 약100권에 집약되어 있는데, 『법화경』에 관한 연구도 상당 부분을 점하고 있었다. 또한 1675년경에 간행되었을 것으로 추정되는 『법화초안초』는 권말 후기에 적힌 글에 의하면 『법화강연초』 가운데 『법화경』의 요의를 이해하는 데 필요한 핵심 부분만 추린 것으로 보인다. 따라서 『법화초안초』는 『법화경』의 학문적 주석이라기보다는 『법화경』에 기초해 니치렌종의 입장을 세우려는 내용을 담고 있다.

『법화초안초』는 『법화경』 주석의 통례가 그렇듯이 가장 먼저 경의 제목에 관한 강담(講談)이 있고 이어서 「서품」 이하 각 품의 강술에 들어간다. 그런데 경의 제목에 관한 강담 중 니치렌의 『법화취요초(法華取要抄)』에 따라 니치렌종의 요법으로 『법화경』을 받아들여야 한다고 서술하고 있는 점이 특이하다. 각 품의 강술에서는 먼저 각 품의 권두에서 『묘법법화경』의 제목을 해석하면서 권두의 내용을 다시 서술한다. 이어서 각 품 제목의 의미와 대요를 기술하고 중요한 내용에 대해 종의적인 해석을 하다가 각 품의 말미에서는 신앙적인 수용법을 기술하고 있다.

이와 같이 『법화초안초』는 니치렌종이 천태법화교학을 기초로 형성되었음을 보여줄 뿐만 아니라 니치렌종의 특수성도 함께 서술하고 있다. 즉 본문의 강술은 천태3대부를 기본으로 각 품의 대의나 간요를 계략적으로 파악하면서 그 위에 니치렌의 유문을 인용함으로써 니치렌종 종의를 도출하고 있다. 『법화초안초』는 결국 천태3대부는 니치렌종의 『법화경』 이해를 바탕으로 이해되는 것이고 니치렌종과 모순되지 않음을 보여주는 저술이라고 할 수 있다.

3) 닛쵸의 『법화계운초』

『법화계운초』는 닛쵸(日澄, 1441~1510)가 1483년경부터 가마쿠라 묘호지(妙法寺) 본당에서 행한 『법화경』 강담의 필록으로 근세에 상당히 유포되었던 것 같다. 『법화계운초』는 『법화경』을 독자적으로 해석하기보다 여러 가지 해석을 모은 것으로 큰 줄거리는 법화3대부에 의한 것이다. 따라서 『법화계운초』는 각 품 권두에서 대의와 종의, 그리고 그 품이 『법화경』에서 어떤 위치인지를 간략하게 서술하고 있다.

닛쵸는 「서품」 견문에서 『법화계운초』에 대해 "이 초(抄)는…본말·석의·대강에 대해 어서(御書)에 취합하여 말한 것으로 나의 우안(愚案)이다"라고 말하고 있다. 즉 닛쵸는 여러 해석의 유취를 관련된 니치렌의 유문(御書)과 대비하면서 『법화경』의 경의와 문구를 해석함으로써 『법화경』 해석과 니치렌종을 일치시키고, 나아가 '닛쵸의 기증(己證)'을 꾀하고 있다. 닛쵸는 어떤 입장에서 자신의 수정을 덧붙이려 했을까? 닛쵸 교학은 다음과 같은 특징을 지니고 있다.

첫째, 그는 니치렌종은 천태종을 초극하고 있다고 생각한다. 예컨대 『법화경』의 경명에 대해 논하면서 "당종(當宗)은 본화(本化)보살 건립의 종이므로 이로써 본지(本地)를 가지고 말하면 여러 종 가운데 당종 정도의 원종(圓宗)은 없다"고 말한다.

둘째, 그는 절복(折伏)을 강조한다. 예컨대 "니치렌의 행규(行規)를 배우려고 하는 의식은 각처에서 볼 수 있다. 또 말법 금시의 홍교(弘敎)는 절복이 아니면 안 된다"고 말하고 있다.

셋째, 그는 방법의식(謗法意識)을 가지고 있었다. 예컨대 「서품」 견문에서 "『법화경』의 신심(信心)은 가히 방법(謗法)을 싫어하는 것이다"라 말하고, 또 1558년 8월 13일부터 8일간 태풍이 있었던 것에 대해 "국토의 재난은 방법(謗法)에 의한 것"이라 말하고 있다.

넷째, 그는 창제권진(唱題勸進)을 강조했다. 예컨대 "관심석은 중요한 것이다. 다만 이것은 이관(理觀)이다. 말법(末法)시대인 지금은 가히 쓸 수가 없다. 다만 나무묘법연화경을 행해야 한다(觀心釈肝要也, 但此理観也, 末法今不可用之, 但事行南無妙法蓮華經故也)"라고 하여 사행(事行)에서 『묘법연화경』을 중심에 둘 것을 강조하고, "전전하여 서로 신(信)을 돕고 진력함을 돕는다. 진력함은 염(念)을 돕고 염은 정(定)을 돕는다. 계(戒) 또한 이와 같다(展轉相扶信扶進, 進扶念念扶定, 乃至戒亦爾也)"이라 하여 신심(信心)은 정의(正意)를 뜻하고 부조(扶助)는 글의 어려움을 뜻한다고 해석하며, 말법시대에는 이관(理觀)으로는 어렵기 때문에 창제를 해야 한다고 강조했다.

4) 삼광승회의 『문구무사』와 니치젠의 『삼대부사기』

에도시대에 들어서면 단림의 교과에서 천태3대부가 큰 비중을 차지하고 있었기 때문에 니치렌종뿐만 아니라 여러 종파의 강설이 빈번하게 열렸다. 이때 천태3대부 연구는 종의(宗義)보다는 천태학 자체에 관한 것이었으므로 이를 '태가(台家)의 학을 열었다'라고 말한다. 그 전환점에 서는 것이 『문구무사(文句無師)』이다.

『문구무사』는 1568년부터 4년간 닛코(日珖)·닛타이(日諦)·니치젠(日詮)에 의한 법화문구 강담의 필록이다. 세 명의 강회를 삼광승회(三光勝會) 또는 삼광무사회(三光無師會)라 칭했기 때문에 그 필록을 『문구무사』라 부른다. 닛코·닛타이·니치젠은 『법화현의』와 『마하지관』에 대해 해석하기도 했으며, 담연의 『법화문구기』를 강했다고도 한다. 그러나 『문구무사』는 주로 송의 천태학이 주석한 내용을 인용하여 강설한 것이다.

삼광승회에 닛츄도 참여해 천태3대부를 강술했다고 하는데, 닛츄의 강술을 들은 니치겐은 그것을 바탕으로 『삼대부수문기(三大部随聞記)』를 저술했다. 『삼대부수문기』는 『법화현의문서초』(10권), 『법화문구수문기』(10권), 『마하지관수문기』(10권)의 총칭이다. 『법화문구수문기』는 원래 이이다카단림(飯高檀林)에서 닛츄에게 의뢰한 것을 대신 일원이 강의한 필록이다. 그러나 이 책의 「별두통기(別頭統記)」에 "초기중상강위수문기, 후수학자간위수문기(初記重上講為随聞記, 後酬學者間為随問記)"라고 되어 있어 닛츄의 강술에 기초했음을 알 수 있다. 따라서 니치겐의 『법화문구수문기』는 이즈카강사(飯塚講肆)을 계승한 최초의 단림인 이이다카단림에서의 강술을 정리한 것으로 후세에 적지 않은 영향을 미쳤다.

『법화문구수문기』는 독자적인 해석이 거의 없는 말주(末註)의 유취(類聚)라고 할 수 있는데, 중요하게 인용된 저술은 『법화문구보정기(法華文句補正記)』(10권, 唐 道暹 述), 『법화문구사지기(法華文句私志記)』(14권, 智雲 述), 『법화삼대부보주(法華三大部補注)』(14권, 宋 從義 述), 『법화문구기전난(法華文句記箋難)』(4권, 有厳 述), 『법화삼대부사기(法華三大部私記)』(証真 述) 등이다. 이와 같은 '말주의 유취'라고 할 수 있는 경향은 니치겐의 「법화경대의(法華經大義)」(2권)를 비롯한 여타의 저술에서 나타나고 있다. 이는 그가 송의 천태학으로 기울고 있음을 보여준다.

이러한 천태학의 주석은 에도시대의 출판서 중에서 큰 비중을 차지하고 있으며 니치겐의 저술에서 압도적 다수를 점하고 있다는 것은 그러한 연구 경향이 어느 정도가 유포되었는가를 증명하는 것이며 근세 니치렌종 종학사의 경향을 상징하는 것이다.

보론

근현대의 국제적『법화경』연구*

1. 유럽인의 티베트 불교 연구

석존이 입멸 후 불과 수십 년 안에 인도 가까이까지 원정 온 알렉산더 대왕에 의해 인도와 로마의 통상로가 확립되었고, 아쇼카 왕(BC. 268~232?)의 전도사 파견에 의해 불교는 인도의 서쪽으로 퍼져갔다. 그 후 17세기에 유럽 제국이 아시아로 세력을 뻗치면서 인도의 철학과 불교는 유럽인의 관심을 받게 되었다. 유럽에서『법화경』연구가 이루어지기에 앞서 많은 이들의 모험과 진리에 대한 탐구심이 있었다.

유럽에 제대로 된 불교 지식이 전해진 것은 16세기 말 티베트에 들어간 포르투갈 선교사로부터였다. 포르투갈의 예수회파의 선교사 안드라데(Antonio d'Andrade, 1580~1634)는 구게 왕국의 수도에 들어갔다가 귀국 후 보고서를 출판했는데, 이것이 프랑스어로 번역되자 유럽인은 티베트에 많은 관심을 갖게 되었고 많은 선교사들이 티베트의 르카쩨나 라싸를 찾았다. 18세기에서 19세기에 걸쳐 본격적으로 티베트에 들어가 언어를 익힌 유럽인은 이탈리아 출신의 카푸친회 선교사였던

---

* 이 장은 渡邊宝陽 監修,『法華經の事典』, 東京堂出版, 2013, 455-468頁의 내용을 저자가 지역과 시대별로 재정리한 글이다.

펜나(Francesco Orazio della Penna, 1680~1745)이다. 1716년으로부터 15년간이나 라싸에 살면서 약 3만 3천 단어를 수록한『티베트어사전』(이탈리아어)을 완성하고, 쫑카파의『보리차제론광본(Lam rin chen mo)』과『바라제목차경(波羅提木叉經)』을 번역하고 티베트 역사에 대해서도 저술했다.

1714년 이탈리아의 선교사 데시데리(Ippolito Desideri, 1684~1733)와 포르투갈의 선교사 프레이레(Manuel Freyre, ?~1719?)는 라다크로부터 라싸에 들어갔다. 데시데리는 1721년까지 티베트의 승원에서 티베트어와 티베트 종교에 대해 배우고『티베트안내기』(1712~1727)를 출판하여 티베트불교(라마교)를 소개했다. 1719년부터 약 25년간 라싸에 살았던 카푸친회 선교사 게오르기(Antonio Georgi, 1711~1797)는 『티베트 알파벳(Alphabetum Tibetanum)』(Rome, 1762)을 출판했다.

유럽 최초의 본격적인 티베트학 학자는 헝가리의 쾨뢰스(Alexander Csoma de Körös, 1784~1842)이다. 쾨뢰스는 간난신고(艱難辛苦)의 1인 여행으로 인도에 이르러 히말라야의 라마 사원에서 티베트 불교를 연구하고, 티베트어 사전『티베트어와 영어 사전(Essay towards a Dictionary, Tibetan and English)』과 문법서『티베트어 문법』(1834)을 출판하고『산스크리트어·티베트어·영어 어휘집(Sanskrit-Tibetan-English Vocabulary)』(1910)도 작성했다. 그를 '서양의 보살'이라고 부르기도 했다. 일본 다이쇼대학(大正大學)에는 '쵸마 보살'이라는 그의 동상이 있다.

또한 모라비안 교회의 선교사 슈미트(Isaac Jacob Schmidt, 1779~1847)는『티베트어 문법』(1839)과『티베트어·독일어 사전』(1841)을 출판했으며, 야시케(H. A. Jäschke, 1817~1883)는 1857년 라다크에 모라비안 교회를 세우고『티베트어 문법』(1874),『티베트어 사전』(1881)을 출판했는데, 이 서적들은 현재도 티베트 문헌의 해독에 사용되고 있다.

인도 출신 티베트 학자 다스(Sarat Chandra Das, 1849~1917)는 영국정부 정보원이었다고 하는데, 달라이 라마 13세 때 학승을 가장하여 라싸와 그 외 지역을 여행(1881~1883)하고 지도를 작성했다. 또한 그는 귀중한 정보를 수집하여 티베트 정부의 체포령이 내리자 티베트를 탈출하여 티베트의 지리에 관한 보고서를 편찬했다. 이와 유사한 사건이 몇 번 발생했기 때문에 티베트 정부는 영국령 인도와의 외교 마찰을 빚기도 했다. 다스의 작성한 『티베트어·영어 사전(Tibetan English Dictionary)』는 현재에도 티베트 불교 연구에 사용되고 있다.

2. 일본인의 티베트 불교 연구

가와구치 에카이(河口慧海, 1866~1945)는 황벽종의 승려로 『쵸마의 생애』(1855)를 읽고, 또한 『법화경』 「방편품」의 십여시(十如是)가 원전에서는 어떻게 되어 있는지 확인하기 위해서 티베트 행을 결의했다. 1896년 다지린에 잠든 쾨뢰스의 묘지에 참배하고 대보리회(大菩提會)의 챤드라 보스의 소개로 챤드라 다스의 아래에서 티베트어를 배웠으며, 1900년 티베트에 들어가 극적인 대모험 끝에 티베트 문헌과 산스크리트 문헌을 구해 본국으로 돌아갔다. 가와구치 에카이가 수집한 문헌 가운데는 샤르 사원의 고승에게서 받았다고 하는 『법화경』 산스크리트어 사본도 있는데, 그는 티베트어 『법화경』을 일본어로 번역·출판하여 『법화경』 연구에 지대한 공헌을 했다. 가와구치 에카이가 가지고 온 『법화경』 산스크리트어 사본은 현재 도쿄 대학에 소장되어 있다.

타카쿠스 준지로(高楠順次郎, 1866~1945)는 네팔에서 『법화경』 산스크리트어 사본을 가지고 돌아갔다. 타카쿠스 준지로는 옥스퍼드에서 공부하고 카렐 대학(프라하)의 빈테르니츠(Moriz Winternitz, 1863~1937)에게 산스크리트를 배웠다. 귀국 후 여러 사원에 소장되어 있던 경전을 교정하여 『대정신수대장경(大正新修大藏經)』과 팔리어 불전을 집성한 『남전대장경(南傳大藏經)』 등을 출간했다.

오타니 고즈이(大谷光瑞, 1876~1948)는 오타니 탐험대를 조직하여 영축산이나 왕사성을 특정하고 서역의 호탄, 쿠차, 투루판, 둔황 등을 조사했다. 그들이 수집한 것 가운데는 극히 귀중한 산스크리트어 사본『법화경』이 포함되어 있었다. 그러나 제2차 대전의 패전으로 수집품을 뤼순(旅順)의 박물관에 맡겨두었기 때문에 오랫동안 행방불명이 되고 말았으나 초역(抄譯)이 근년에 발견되어 출판되었다. 이 사본은 구마라집 역『법화경』에 가장 가깝다고 평가되고 있다.

아오키 분쿄(青木文敎, 1886~1956)는 오타니 고즈이의 후원으로 1912년 티베트 라싸에 들어가 티베트 불교를 연구했다. 현재 티베트 망명정부의 국기 '설산사자기(雪山獅子旗)'는 그의 디자인이라고도 전한다. 다다 토간(多田等觀, 1890~1967)은 티베트어를 익히고 달라이 라마 13세의 신임을 받아 외국인으로서 처음 게셰(博士) 자격을 취득하고, '데르게 판 티베트대장경' 전권(全卷) 등 희구본을 포함한 2만 4천 점의 문헌을 일본으로 가지고 돌아갔다. 그는 대장경 이외의 문헌 목록인『서장찬술 불전목록(佛典目錄)』을 간행하여 티베트학을 진흥시키는 데 기여했다.

1934~1935년 오기와라 운라이(荻原雲來)와 츠치다 가츠야(土田勝彌)는 티베트어 역과 한역을 종합하고 영어로 번역한 산스크리트어로 된『법화경』(『改訂梵文法華經』)을 다이쇼대학에서 발표했다. 여기에는 가와구치 에카이가 샤르 사원에서 가져온『법화경』에 있던 라후라의 찬송(讚頌)이 부가되어 있다.

사카모토 유키오(坂本幸男)는 세계 각지에 산재해 있는『법화경』사본을 정력적으로 수집하여 '법화경문화연구소'를 설립함과 동시에 많은 불교학자들을 초청하여 법호가 번역한『정법화경』에 관한 세미나를 개최했다. 한편 마츠나미 세이렌(松濤誠廉)과 츠카모토 게이쇼(塚本啓祥)을 중심으로 산스크리트어 사본 연구회를 발족되어 젊은 연구자들을 중심으로『범문법화경사본집성(梵文法華經寫本集成)』(12권)을 출판했다. 이 책은 현존하는『법화경』38종을 한 번에 볼 수 있도록 케른본과 오기와라·츠치다본을 기준으로 각행(各行)이 대교(對校)되어 있기 때문에 사본에 의한 산스크리트어의 서사 계통과 용법, 결락(欠落)을 바로 알 수 있게 되어 있다. 또한 어떤 문장이 한역『법화경』의 어디에 해당하는지도 알 수 있게 되어 있어『법화경』연구에 지대한 공헌을 했다. 나카무라 즈이류(中村瑞隆)는 티베트어 역『법화경』의 여러 판(베이징판, 데르게판, 나르탄판, 쵸네판 등)을 비교·연구하여 『법화문화연구(法華文化研究)』[1]에 연재했다.

3. 독일과 영국의 서역 탐험

독일인에 의한 서역 탐험은 서역 북도를 중심으로 전후 4차례 탐험대가 조직되었다. 르코크(Albert von Le Coq, 1860~1930)는 제2차 이후 탐험대의 중심 인물이다. 제2차(1904~1905)는 투루판 부근의 성지(城址)와 천불동(千佛洞) 발굴을 중심으로, 제 3차(1905~1907)는 쿠차·카라샤르·투루판을 중심으로, 제4차(1913~1914)는 쿠차·마라르바시를 답사하고 많은 문헌을 가지고 돌아갔다.

영국의 스타인(Marc Aurel Stein, 1862~1943)은 1900년대에 여러 차례 탐험대를 조직하여 호탄 부근의 니야 유적을 발견하고 유명한 둔황 문헌을 가지고 돌아갔다. 그중에는 현재의 구마라집 역 『법화경』과는 다소 번역어가 다른 문헌도 있다. 그 이전 1821년 영국의 변리공사로 부임한 호지슨(Brian Houghton Hodgson, 1800?~1894) 은 네팔에서 불교 문헌 사본의 수집했는데, 그 가운데 『법화경』의 산스크리트어 사본이 있었다. 이들 사본은 런던과 파리에 있던 아시아협회나 캘커타와 옥스퍼드의 도서관에 인도되었고 이에 의해 사본 연구가 왕성하게 되었다.

4. 유럽의 『법화경』 연구

한편 거의 같은 시기에 덴마크의 언어학자 라스크(Rasmus Kristian Rask, 1787~1832)

---

1 立正大學法華經文化研究所 刊.

는 스리랑카에서 팔리어·싱하리어로 된 많은 사본을 수집하여 귀국하자 유럽에서의 팔리어 연구가 일대 전환기를 맞았다. 1837년 호지슨이 산스크리트어 불교문헌의 사본 88본을 프랑스의 아시아협회에 보낸 후 부르누(Eugéne Burnouf, 1801~1852)는 바로 그들 사본을 해독하기 시작했다. 그는 대부분의 시간을 『법화경』 해독으로 보냈는데, 유럽에서의 『법화경』 연구 제1호는 프랑스의 부르누이다. 그의 『인도 불교사 서설(Introduction a L'Histoire du Buddhisme Kndien)』(1844, 1852)의 제2권에 프랑스어 역 『법화경(Le Lotus de la Bonne Loi)』이 들어 있다.

부르누의 부친은 산스크리트어에도 통한 언어학자이고 부르누 또한 어학에 탁월한 재능을 가지고 있었다. 그는 『법화경』에는 표준적인 산스크리트어와 푸라크리트어가 섞여 있으며 장행(長行) 부분이 먼저 성립되고 게송(偈頌)은 후에 부가된 것이라고 주장했다. 그는 아직 불교의 전체 상(像)이 정확히 파악되지 않은 시대에 산스크리트어 사본을 해독하여 『법화경』을 "흰 연꽃이라고 하는 비유로 현실의 사람들을 구제하는 세 가지의 방법(三乘)이 기본적으로 동일(一佛乘)하다는 붓다의 중요한 교의를 논한 것이다"라고 이해하고 그 성립까지 논하고 있다.

프랑스어로 번역된 『법화경』은 대승불교사상을 유럽에 전하기에 충분했다. 네덜란드의 케른(Johan Hendrik Casper Kern, 1833~1917)은 프랑스어 역 『법화경』에 자극을 받아 『법화경』을 영어로 번역하여 『올바른 법의 연(蓮)(The Saddharma Pundarika or the Lotus of the True Law)』(1884)라는 제목으로 출판했다. 이것은 프랑스어 역 『법화경』 영역본이 아니었다. 그는 또한 1912년 일본의 난조 후미오(南條文雄)와 함께 『법화경』 사본을 해독하여 출판했다(Saddharma-Pundarikasūtra). 그는 『법화경』을 발달하지 않은 기적극(奇跡劇)이며 본래 게송으로 구성되어 있던 것이 그 설명을 위해서 장행이 부가된 것이라고 주장했다. 그러나 「보탑품」이나 「용출품」 등의 옛 형태를 따르지 않는 게송은 후에 제작된 것이어서 모든 게송의 성립이 빠르다고는 할 수 없고 전체가 동일인에 의한 제작이라고 생각할 수 없다고 주장했다. 또한 구마라집 역에서는 「촉루품」의 위치가 「신력품」의 뒤에 있어 『정법화경』이나 네팔에서 발견된 산스크리트어 사본과 다른 것은 구마라집 역의 『법화경』이 고형(古形)을 유지하고 있기 때문이며, 250년경에 「약왕품」 이후의 유통분이 부가되었을 것이라고 주장했다.

또한 1873년 불교·유교·도교의 연구가인 이탈리아의 종교학자 푸이니(Carlo Puini, 1839~1924)는 『관음경 게송(Avalokiteśvara Sūtra)』을 이탈리어로 출판했다.

5. 유럽의 불교학 연구

유럽의 불교학에 공헌한 인물로 벨기에의 푸생(Louis de La Vallée Poussin, 1869~1938)을 빼놓을 수 없다. 그는 레비(Sylvain Lévi)와 케른에게 사사하고 『구사론』(1923~1931)과 『유식학』(1928~1929)을 출판한 불교학자이다. 프랑스의 레비(1863~1935)는 구마라즙의 고향인 쿠차의 토카라어를 연구하여 쿠차 출토 문헌을 분석한 첫 번째 연구자이다. 네팔, 기르기트 등지의 중앙아시아로부터 수집된 『법화경』의 산스크리트어 사본은 영국의 대영박물관, 파리의 국립공문서관 등에 보관되어 있다.

영국의 침례교 선교사인 리처드(Timothy Richard, 1845~1919)는 1910년 『고등 불교 신역 성서: 법화경과 대승기신론의 신역』[2]을 출판했고, 수딜(William Edward Soothill, 1861~1935)은 1930년 구마라집 역 『법화경』을 영어로 번역·출판했다. 수딜이 구마라집 역 『법화경』을 만난 것은 니치렌종의 승려 가토 후미오(加藤文雄)이 옥스퍼드 대학에 유학하고 있을 때였다. 가토 후미오에게 『법화경』의 번역에 도움을 요청 받은 수딜은 그와 함께 4년 동안 노력한 끝에 1925년 마지막 원고를 완성했다.

---

2 원서의 제목은 *The New Testament of Higher Buddhism: Being a New Translation of The Saddharma Pundarika and The Mahayanasraddhotpada Sastra*이다.

이후 1938년 바르크(W. Baruch)는 네덜란드 라이덴에서 구마라즙 역『법화경』을 출판했다(*Beiträge zum Saddharmapuṇḍarikasūtra*). 이와 같이 잇달아 구마라집 역이 영역되게 된 것은『법화경』의 문화적 영향을 구마라집 역이 아니고서는 알 수 없다고 하는 때문이었다. 구마라집 역『법화경』은 "훌륭하고 신비적인 극동의 가장 중요한 종교서", "아시아 반분(半分)의 복음서"로 평가되었다.

6. 동서양의『법화경』출판 붐

한편 수딜의 도움으로 영역된 채 릿쇼대학(立正大學) '법화경문화연구소'에 간직되어 있던 가토 후미오의 구마라집 역『법화경』의 또 다른 영역본(*Myōhō-Renge-Kyō: the Sutra of the lotus flower of the wonderful law*)은 1971년에 빛을 보았고 법화삼부경의 영역본(*The Threefold Lotus Sutra*)도 1975년에 출판되었다.

니치렌종의 개교사(開敎使)인 무라노 센슈(村野宣忠)은 1974년『법화경』영역본을 출판했는데(The Sutra of the Lotus Flower of the wonderful Dharma),『법화경』을 소의로 하는 교단의 개교사가 영역한 것으로서는 가토 후미오 이래로 처음이었다. 그 밖에도 허비츠(Leon Hurvitz), 쉔화(宣化), 왓슨 등이『법화경』을 영역했다.[3] 쉔화는 중국 선(禪)을 미국에 소개하여 큰 영향을 주었을 뿐만 아니라 '불교경전영역협회'를 설립하여 활약하고 있다.

유럽과 미국 등지의『법화경』연구는 점차 주석 연구로 나아가는 경향을 보이고 있다. 벨기에의 라모트(Étienne Lamotte, 1903~1983)는 1970년 구마라집 역『대지도론』을 프랑스어로 번역·출판하였는데, 그의 상세한 연구는 유럽뿐만 아니라 일

---

3 Leon Hurvitz, *Scripture of the Lotus Blossom of the Fine Dharma: The Lotus Sutra*, Columbia University Press, 1976.

Hsüan-Hua, *The Wonderful Dharma Lotus Flower Sutra*, 10vols., 1977~1982.

Burton Watson, *The Lotus Sutra*, Columbia University Press, 1993.

본의 불교학을 크게 진전시켰다. 또한 1990년에는 뉴욕주립대학의 김영호(Young-ho Kim)은 『도생의 법화경 주석의 연구(Tao-sheng's Commentary on The Lotus Sūtra: A Study and Translation)』를 발표했다.

로베르(Jean-Noël Robert)는 프랑스에서 『법화경』 해설서를 출간했고,[4] 일본계 미국인 타나베 부부는 일본인이 『법화경』을 어떻게 받아들이고 있었는지를 소개했다.[5] 1989년 스완슨(Paul Swanson)은 천태교학에 관한 저서를 출간했고,[6] 셴(Haiyan Shen)은 2005년 인도에서 천태교학에 관한 저서를 출간했다.[7]

이와 같이 『법화경』 연구가 여러 국가들에서 이루어지면서 '국제법화경학회(The International Conference on the Lotus Sutra)'가 창립되었다. '국제법화경학회'는 1984년 미토모 켄요(三友健容), 타나베(George Tanabe), 이치시마 쇼신(一島正眞), 와타나베 호요(渡邊宝陽) 등을 주축으로 만들어졌다. 그리하여 『법화경』과 그 문화를 연구하는 세계의 학자들을 모아 1984년 첫 학회가 하와이 대학에서 개최되었고, 그후 라이덴대학(네덜란드), 마르부르크대학(독일), 릿쇼대학(일본), 토론토대학(캐나다)에서 학회가 개최되었다. 이 학회에서는 발표는 대부분 영어로 하지만, 일본어로 토론할 수 있을 정도로 일본 문화와 『법화경』의 연구가 주류를 이룬다. '국제법화경학회'에 참여하고 있는 일본 이외 외국 학자들은 그로너(Paul Groner, 인디애나대학), 돌체(Lucia Dora Dolce, 런던대학), 파이(Michael Pye, 마르부르크대학), 스완슨(Paul Swanson, 난잔[南山]대학), 로즈(Robert Rose, 오타니[大谷]대학), 스톤(Jacqueline Stone, 프린스턴대학), 보링(Richard Bowring, 케임브리지대학), 로베르(Jean Noël Robert, 프랑스고등학

---

4 Jean-Noël Robert, *Le sutra du lotus, suivi du Livre des sens innombrables et du Livre de la contemplation de Sage-Universel*, Paris: Fayard, 1997.

5 George J. Tanabe, Jr. and Willa Jane Tanabe, *The Lotus Sutra in Japanese Culture*, University of Hawaii Press, 1989,

6 Paul Swanson, *Foundations of T'ien-t'ai Philosophy: The Flowering of The Two-Truths Theory in Chinese Buddhism*, Asian Humanities Press, 1989.

7 Haiyan Shen, *The Profound Meaning of the Lotus Sutra: T'ien-t'ai Philosophy of Buddhism*, Originals, 2005.

술연구원), 지포린(Brook Zipporyn, 시카고신학대학), 스티븐슨(Daniel Stevenson, 캔자스대학) 등이다.

부록

『법화경』 관련 연표

* ㉠은 중국, ㉡은 한국, ㉢은 일본에 대한 내용이다.

256	㉠ 강량(彊梁), 『법화삼매경(法華三昧經)』 한역
265	㉠ 축법호(竺法護), 『살운분타리경(薩芸芬陀利經)』 한역
286	㉠ 축법호, 『정법화경(正法華經)』 한역
335	㉠ 지도근(支道根), 『방등법화경(方等法華經)』 한역
350	㉠ 구마라집(鳩摩羅什), 구차국(龜玆國)에 태어남
356	㉠ 구마라집, 어머니와 함께 출가
372	㉡ 고구려 소수림왕 2년 불교 전래
384	㉠ 구마라집, 구차국을 공략한 후량 여광(呂光)의 포로가 됨. 이후 18년간 양주(涼州)에서 생활
384	㉡ 백제 침류왕 원년 불교 공전
401	㉠ 구마라집, 관정으로 옮김. 이후 산스크리트 경전류의 한역에 종사함
405	㉠ 구마라집, 『대지도론(大智度論)』 한역
406	㉠ 구마라집, 『묘법연화경(妙法蓮華經)』 한역(409년 몰)
432	㉠ 도생(道生), 『묘법연화경소(妙法蓮華經疏)』 지음
441	㉠ 담마밀다, 『관보현보살행법경(觀普賢菩薩行法經)』 한역
481	㉠ 담마가타야사나, 『무량의경(無量義經)』 한역
5세기 말	㉠ 유규(劉虯), 『주법화경(注法華經)』 지음
515	㉠ 혜사(慧思), 허난성 상차이현(上蔡縣)에서 태어남
467~529	㉠ 법운(法雲), 『법화경의기(法華經義記)』 지음
528	㉡ 신라 법흥왕 15년 불교 공인
535~537	㉠ 보리유지(菩提留支)·담림(曇林), 『묘법연화경우바제사(妙法蓮華經憂波提舍)』 한역
6세기 중반	㉠ 혜사, 『법화경안락행의(法華經安樂行儀)』 지음
560	㉠ 지의(智顗), 혜사에게 배움
570년 전후	㉡ 백제의 현광(玄光)은 중국 유학 중 혜사의 지도로 법화묘지(法華妙旨)를 증오 후 귀국, 지의와 쌍벽을 이룸
568	㉠ 지의, 7년에 걸쳐 금릉에서 『법화경(法華經)』, 『대지도론(大智度論)』 등을 강함
6세기 후반	㉠ 지의, 『사념처(四念處)』 지음

575	⊛ 지의, 천태산에 올라 천태교학 확립
583	⊛ 관정(灌頂), 지의에게 사사. 형주의 옥천사로 옮김
587	⊛ 지의,『법화문구(法華文句)』지음
593	⊛ 지의,『법화현의(法華玄義)』지음
594	⊛ 지의,『마하지관(摩訶止觀)』지음(597년 몰)
595	⊛ 고구려 혜자(慧慈), 일본에 건너가 쇼토쿠 태자의 스승이 됨
596	⊛ 고구려 파약, 중국 국청사에 입산하여 지의에게 사사
6세기 말	⊛ 길장(吉藏),『법화현론(法華玄論)』지음
601	⊛ 사나굴다·달마급다,『첨품묘법연화경』한역
601~604	⊛ 신라 연광(緣光), 중국 천태산 유학 후 법화의 묘전을 배우고 묘관 수련 후 귀국
615	◎ 일본 쇼토쿠 태자,『법화경의소(法華經義疏)』지음
660년 이후 (통일신라 초기)	⊛ 원효,『법화종요(法華宗要)』,『법화경방편품요간(法華經方便品料簡)』,『법화경요약(法華經要略)』,『법화약술(法華略述)』지음
	⊛ 경흥(憬興),『법화경소(法華經疏)』지음
	⊛ 순경(順璟),『법화경요간(法華經料簡)』지음
	⊛ 현일(玄一),『법화경소(法華經疏)』지음
	⊛ 의적(義寂),『법화경론술기(法華經論述記)』,『법화경강목(法華經綱目)』,『법화경요간(法華經料簡)』,『법화경험기(法華經驗記)』지음
	⊛ 도륜(道倫),『법화경소(法華經疏)』지음
	⊛ 태현(太賢),『법화경고적기(法華經古迹記)』지음
632~682	⊛ 규기(窺基),『法華經玄贊』지음
730	⊛ 통일신라의 법융(法融)·이응(理應)·순영(純英), 천태5조 현랑(玄朗)에게 천태교관을 전수받고 귀국
742~755	⊛ 담연(湛然),『법화현의석첨(法華玄義釋籤)』지음
758~762	⊛ 담연,『법화문구기(法華文句記)』지음
765	⊛ 담연,『마하지관보행전홍결(摩訶止觀輔行傳弘決)』지음
701~800	⊛ 불공(不空),『법화의궤(法華儀軌)』한역
804	⊛ 신라 오공(悟空), 중국 천태산의 국청사에 신라원 건립(1417년경 소실)
806	◎ 사이쵸(最澄), 일본 천태법화종의 개시를 인정받음
818	◎ 사이쵸,『천태법화종년분학생식(天台法華宗年分學生式)』,『수호국계장(守護國界章)』지음
820년대 초반	⊛ 청해진대사 장보고에 의해 중국의 적산 법화원 건립
821	◎ 사이쵸,『법화수구(法華秀句)』지음
849	◎ 엔친(円珍), 입당하여 천태산에 오름
855	◎ 엔친, 천태산에서『법화론(法華論)』얻음

867	◎ 엔친,『강연법화의(講演法華儀)』를 지었다고 전함
헤이안(平安)	◎ 류혼지(立本寺) 장(藏)『남지금계법화경(藍紙金界法華經)』 성립(經朝, 訓点·奧書). 혼포지
중기	(本法寺) 장(藏)『감지금니법화경(紺紙金泥法華經)』 성립(傳·小野道風筆). 키타야마혼몬지
	(北山本門寺) 장(藏)『남지금니법화경(藍紙金泥法華經)』 성립
936	ⓗ 고려 창업 당시 능긍(能兢)은 '회삼귀일 일심삼관(會三歸一 一心三觀)' 교의로 삼한을 회
	합하여 일국을 완성할 것을 상소했다고 전함
936~944	ⓗ 고려 의통(義通), 중국으로 건너가 중국 천태 제15조 의적(義寂)에게 일심삼관(一心三
	觀)의 묘법을 배우고 중국 천태 16조가 됨.『관경소기(觀經疏記)』,『광명현찬석(光明玄贊
	釋)』 등을 지음
956	◎ 겐신(源信),『칭찬정토경(稱讚淨土經)』을 강하고, 무라카미(村上)천황의 법화 8강 강사
	중 1명으로 선발됨
961	ⓗ 고려 체관(諦觀), 송으로 건너가『천태사교의』 저술하고 입적
970	ⓗ 고려 지종(智宗), 오월국에 건너가 연수(延壽)의 심인(心印)을 받고 귀국함
1006	◎ 겐신,『일승요결(一乘要決)』 지음
1040~44	◎ 친겐(鎭源),『대일본법화영험기(大日本法華零驗記)』 지음
1097	ⓗ 고려의 의천(義天), 천태종 개립
1110	◎『법화수법일백좌문서초(法華修法一百座聞書抄)』 완성(저자 미상)
헤이안 후기	◎ 혼코지(本興寺) 장(藏) 장식경(裝飾經)『감지은계금자법화경(紺紙銀界金字法華經)』 성립.
	혼류지(本隆寺) 장(藏) 장식경『감지은계금자법화경』 성립.
1232	ⓗ 고려의 요세(了世), 보현도량을 개설
1198	ⓓ 종효편(宗曉編)『法華顯應錄』이 작성됨
1225	◎ 홍예판(弘睿版)『법화경』이 개판됨(春日版. 法華版經現存刊記中初出本)
1242	◎ 니치렌(日蓮), 히에이산(比叡山)에 유학
1253	◎ 니치렌, 입교개종(立敎開宗)함
1263	◎ 심성제사도판(心性第四度版)『법화경』 개판(春日版. 心性改版經은 15도판까지인데, 제4
	도판이 현존하는 초출경[初出經])
1268	◎ 교넨(凝然),『팔종강요(八宗綱要)』 지음
1274	◎ 니치렌,『주법화경』을 정리 재편함
1331년 전후	ⓗ 고려 요원(了圓),『법화영험전』 간행
1331	◎ 묘센지(妙宣寺) 장(藏)『일야자조필세자법화경(日野資朝筆細字法華經)』 작성
1334	◎ 니치죠(日像), 윤지(綸旨)를 받아 일본 법화종이 공인됨
1392	ⓗ 조선 태조원년 대법회 개설로 천태의 석덕(碩德) 모두 참여
1394	ⓗ 천태의 조구(祖丘), 조선 초기의 국사로 봉해짐. 행호(行乎) 등, 만덕산 백련사의 황폐함
	을 탄하여 중건함.

1401	◉ 『천태사교의요문(天台四敎儀要文)』 간행
1405	ⓗ 성달생(成達生), 목판본 『묘법연화경』 서사본 작성
1434	ⓗ 초주갑인자본(初鑄甲寅字本) 『법화경』 간행
1460년 전후	ⓗ 황진손(黃振孫), 목판본 『법화경』 서사본 작성
1463	ⓗ 간경도감, 『법화경』 국역본 간행 이후 주로 계환(戒環)의 『법화경요해(法華經要解)』 이용
15세기 초기	ⓗ 기화(己和), 『법화경송』 지음
15세기 초기	ⓗ 설잠(雪岑), 『연경별찬(蓮經別讚)』 지음
1455	ⓗ 세조원년 금속활자본 을해자본(乙亥字本) 『법화경』 간행
1476	◉ 닛신(日親), 『법화대의(法華大意)』 지음
1499	◉ 닛신(日眞), 『천태삼대부과주(天台三大部科註)』 지음
1500	◉ 닛신(日眞), 『법화십묘불이문과문(法華十妙不二門科文)』, 『법화현기십불이문과문(法華玄記十不二門科文)』, 『법화경삼대부과문(法華經三大部科文)』 춘일판(春日版) 지음
1564	ⓗ 이순재(李順才) 가문에서 『묘법연화경』 간행(동국대조사본)
1646	◉ 니치겐(日源), 『사교의집해사기(四敎儀集解私記)』 간행
1648	◉ 칸에이지판(寬永寺版, 天海版) 『대장경(大藏經)』 개판
1649	◉ 니치겐의 『법화대의(法華大意)』가 간행됨.
1660	◉ 유키마사(元政), 『본조법화전(本朝法華傳)』 지음
1697	◉ 니치교(日曉), 『법화안심록(法華安心錄)』 지음
1835	◉ 닛센(日瞻), 『법화경음의개정(法華經音義改正)』, 『법화경요품개정(法華經要品改正)』 간행
1830~1844	◉ 슈엔(宗淵), 『범한양자법화품제(梵漢兩字法華品題)』, 『범한법화타라니(梵漢法華陀羅尼)』 지음
1913	◉ 타카쿠스 준지로(高楠順次郎), 난조 후미오(南條文雄) 등 편, 『범본법화경(梵本法華經)』 완성
1914	◉ 시마지 다이토(島地大等), 『한화대조묘법연화경(漢和對照妙法蓮華經)』 간행
1928	ⓗ 태허(太虛), 서울 낙산에 묘각정사 설립(이후 1951년 묘각사로 개칭)
1931	ⓗ 태허, 일본 게이오대학 유학 니치렌종 혼몬지(本門寺)를 찾아 『묘법화경』과 인연.
1950	ⓗ 태허, 상주 백화암 창건
1955	ⓗ 태허, 『해동천태법화종법맥소고』 저술(입적 12년 후인 1991년 발견)
1957	ⓗ 이법화(李法華), 진해에 영산 법화사 개창(1962년 서울교당 개설)
1965	ⓗ 태허, 대한불교불입종(佛入宗) 창종(이후 제2대 원장 홍파에 의해 1988년 관음종[觀音宗]으로 개칭)
1968	ⓗ 조계종과 대불련, 군법사 제도 마련
1972	ⓗ 태허, 한문·한글 대역 『묘법연화경』 간행
1974~1977	ⓗ 태허, 『체관록(諦觀錄)』을 한글로 번역 해설하여 「피안의 등대」라는 제목으로 잡지 『범

성(梵聲)』(통권 15~50호)에 연재(1979년 몰)

1975	⑥ 대한불교총연합회, 용태영 변호사의 협력으로 '부처님오신날'이 공휴일 지정됨.
1985	⑥ 도림(道林), 제주 고관사에서 기도 중 아미타불로부터 한문『법화경』전질 발견 섭수 7년에 걸쳐 번역하고 후 '불사리탑' 불사 성취
	⑥『한글대장경: 법화경』출간
1988	⑥ 경운원기(擎雲元奇), 명성황후로부터『법화경』사경의 청을 받고 통도사 백련암에서 일자일배하며『금니묘법연화경』69,384자 한 질 14책을 3개월 만에 사경(경상남도 유형문화재 제97호, 통도사박물관소장)
1990	⑥ 도림,『법화경예찬』지음
1993	⑥ 도림, 서울 마포구 서교동에『법화경』사경 전법도량 법화정사 개원(2005년 1월 동대문구 제기동으로 이전)
1997	⑥ 이법화, 재단법인 대한불교영산법화회 법인 설립
2000	⑥ 도림, 천안에 구룡사를 복원하고 세계불교수도원 설립. 사경답과 부처님동산 조성
2003	⑥ 도림, 사경권법을 위한『법화경노래』,『법화경예찬』간행
2005	⑥ 도림,『법화행자기도문』지음
2006	⑥ 도림, '재단법인 세계대각법화회' 창설
2008	⑥ 김진철, 계환(戒環)의『법화경요해』번역 출판
2013	⑥ 김진철, 일여(一如) 해설『묘법연화경』번역 출판

지은이

이광준(李光濬)

학력: 동국대 졸업. 서울대 학생연 인턴. 고려대 석사. 일본 고마자와대학(駒澤大學) 심리학 박사.

전공: 카운슬링, 치료심리학, 선심리학

경력: 백상창신경정신과 임상심리실장, 한림성심대학 교수, 국제일본문화연구센터(國際日本文化研
　　究センター) 외국인연구원(교수), 일본 하나조노대학(花園大學) 국제선학연구소(國際禪學研究所)
　　연구원, 일본 류코쿠대학(龍谷大學) 비상근강사

외래강의: 동국대, 중앙승가대, 경희대, 충북대

현재: 동서심리학연구소 소장, 일본불교심리학회 정회원, 일본 류코쿠대학 불교문화연구소 객원연
　　구원

저서: 『カウンセリングにおける禪心理學的研究』(山喜房佛書林, 1994), 『한국적 치료심리학』(행림,
　　1996), 『일본, 그 문화와 사회』(학문사, 1996), 『카운슬링과 심리치료』(학문사, 1998), 『정신분석해
　　체와 禪心理學』(학문사, 2000), 『漢方心理學』(학문사, 2002), 『佛敎의 懺悔思想史』(우리출판사,
　　2006), 『韓日佛敎文化交流史』(우리출판사, 2007), 『佛敎とカウンセリングの理論と實踐』(共著, 龍
　　谷叢書, 自照社, 2013) 외 30여 편의 논저.

법화사상사

초판 발행 2015년 1월 5일

지은이　이광준
펴낸곳 레미엣나 주식회사

등록 2006년 7월 27일 제300-6-108
주소 서울시 동대문구 왕산로 19나길11
전화 02-928-2112
팩스 02-928-7557

ISBN 978-89-968996-6-2　93220

책값 30,000원

사 홍 서 원

한없는 중생을 건지오리다

끝없는 번뇌를 끊으오리다

무량한 법문을 배우오리다

위없는 불도를 이루오리다